HISTOIRE GÉNÉRALE

DES

ARTS APPLIQUÉS A L'INDUSTRIE

DU Ve A LA FIN DU XVIIIe SIÈCLE

PAR

ÉMILE MOLINIER

*Ouvrage honoré d'une souscription du Ministère de l'Instruction publique
et des Beaux-Arts*

I

IVOIRES

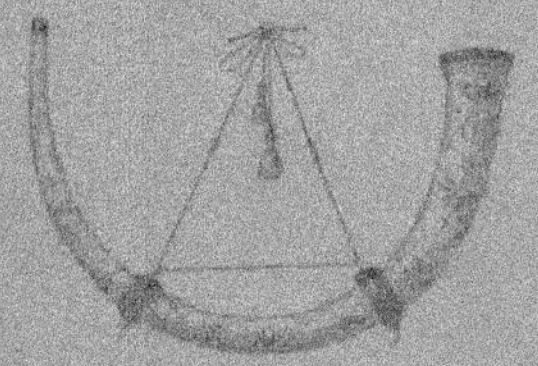

PARIS

LIBRAIRIE CENTRALE DES BEAUX-ARTS

É. LÉVY ET Cie, ÉDITEURS

13, RUE LAFAYETTE, 13

<table>
<tr><td>LONDRES</td><td>BRUXELLES</td></tr>
<tr><td>GL DAVIS</td><td>É. LYON CLAESEN</td></tr>
<tr><td>107, New Bond Street</td><td>4, Rue Berckmans</td></tr>
</table>

HISTOIRE GÉNÉRALE

DES

ARTS APPLIQUÉS A L'INDUSTRIE

TOME I

IVOIRES

MÂCON, PROTAT FRÈRES, IMPRIMEURS

HISTOIRE GÉNÉRALE

DES

ARTS APPLIQUÉS A L'INDUSTRIE

DU Ve A LA FIN DU XVIIIe SIÈCLE

PAR

ÉMILE MOLINIER

Ouvrage honoré d'une souscription du Ministère de l'Instruction publique
et des Beaux-Arts

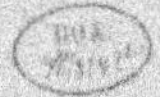

I

IVOIRES

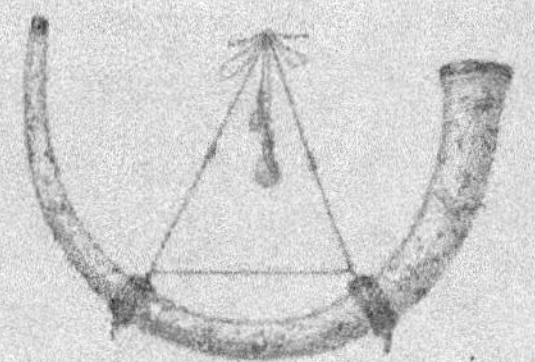

PARIS

LIBRAIRIE CENTRALE DES BEAUX-ARTS

E. LÉVY ET Cie, ÉDITEURS

13, RUE LAFAYETTE, 13

LONDRES   BRUXELLES
Ch. DAVIS   E. LYON-CLAESEN
147, New Bond Street   8, Rue Borckmans

A MONSIEUR

HENRY ROUJON

DIRECTEUR DES BEAUX-ARTS

Monsieur le Directeur,

Vous n'avez jamais cessé de vous intéresser à mes travaux et dès que je me suis ouvert à vous de mon projet d'écrire une Histoire générale des Arts industriels, vous m'avez vivement encouragé à le mettre à exécution. J'ai suivi votre conseil et voici mon premier volume. Bien que mon œuvre soit bien imparfaite, permettez-moi de la placer sous votre protection en témoignage de la profonde reconnaissance avec laquelle j'ai l'honneur d'être

Votre très humble, très obéissant et très dévoué serviteur,

ÉMILE MOLINIER.

Palais du Louvre, 1ᵉʳ Janvier 1896.

AVANT-PROPOS

L'étendue d'un ouvrage aussi considérable que celui que j'entreprends ici trouve son excuse dans les nombreux travaux auxquels les mêmes matières ont donné lieu. Ce n'est point un sujet neuf assurément; mais c'est un sujet auquel les découvertes de chaque jour, les progrès de la science donnent constamment une nouvelle forme. Aussi, deux ou trois fois en un siècle, est-il nécessaire de présenter un résumé aussi complet que possible de l'état de nos connaissances, en ce qui touche aux arts dits industriels. Et si j'ai adopté ce titre, ce n'est que pour me conformer à un usage reçu; car il va sans dire que je considère l'art comme absolument un, et que toutes ses manifestations, qu'elles s'appliquent à la décoration intérieure, au mobilier, au costume, ont droit à leur place au soleil, au même titre que la peinture, la sculpture et l'architecture.

En écrivant ce livre, ai-je mieux fait que mes devanciers, je ne le pense pas; tout mon mérite assurément est d'écrire en 1895 et d'avoir profité, dans la mesure du possible, des travaux de ceux qui m'ont frayé la voie. L'ai-je fait aussi complètement que je l'aurais désiré moi-même, aussi complètement surtout que l'auraient souhaité ceux qui daigneront feuilleter ces pages? je n'ose l'assurer. Mais ce que je tiens à déclarer, en tête d'un travail qui sera peut-être de quelque utilité même à ceux qui me critiqueront, c'est que ce livre est un livre de bonne foi.

Laissant de côté les théories trop hasardées, à leur place dans des monographies, et qui parfois par leur excès même rendent service aux progrès de la science ou tout au moins les préparent, sans m'interdire d'émettre des théories personnelles que j'ai toujours tenté d'appuyer sur l'étude des textes et des monuments, j'ai pensé qu'en un livre de ce genre, il fallait surtout songer à présenter un tableau fidèle de nos connaissances actuelles. J'ai écarté aussi systématiquement l'exposé de théories trop générales pour être vraies, et me suis borné à exposer les faits tels qu'ils me semblaient résulter de l'étude méthodique des monuments; j'ai évité de la sorte de faire un livre où l'on retrouverait trop les traces des préoccupations de notre époque, si inquiète, peut-être sans raison, au point de vue artistique. J'ai cherché, en un mot, à faire une enquête impartiale et scientifique.

J'ai tenté de présenter cette exposition de la façon la moins aride; si cependant on trouvait mon livre trop sec, j'espère qu'on me pardonnera ce défaut, très grand je l'avoue, en raison des sentiments d'impartialité qui m'ont guidé; j'espère aussi qu'on me pardonnera également les innombrables lacunes, les erreurs nombreuses qu'on pourra relever dans mon livre, parce qu'en traitant une matière si abondante, personne ne se peut flatter de ne rien omettre. Sans me dissimuler les imperfections d'une œuvre qui m'a coûté bien des peines, j'imagine que ce tableau des arts appliqués à l'industrie rendra cependant plus de services que les livres qui ont déjà été publiés sur le même sujet, parce que j'y ai groupé plus de monuments que mes devanciers ; et en archéologie, science où l'art de comparer les monuments entre eux est le commencement de la sagesse, il faut autant que possible étayer chaque mot, chaque opinion par une ou plusieurs œuvres figurées. C'est le seul moyen d'obtenir une vérité relative. Le présent livre n'aurait-il que cet avantage sur ceux qui l'ont précédé que ce serait déjà, je crois, quelque chose.

Le projet que je commence à mettre aujourd'hui à exécution et que je mènerai à fin si je n'ai pas trop présumé de mes forces et du nombre d'années qui me restent à vivre, je ne l'ai point conçu à la légère ; l'idée première m'en est venue il y a de longues années déjà en commençant à l'École du Louvre une série de cours publics sur l'histoire des arts mineurs, cours dans lesquels j'ai cherché à donner au public studieux qui m'écoutait un résumé consciencieux de l'état des questions que je traitais devant lui ; il m'a semblé que ces notions, patiemment recueillies, et dont l'ensemble me permettra de poursuivre rapidement l'impression de mon ouvrage, pourraient être utiles si, réunies en volumes, développées, appuyées sur de nombreuses reproductions de monuments, on en formait un de ces répertoires que notre pays, on l'oublie trop souvent, a été le premier, on pourrait ajouter le seul, à mettre au jour.

C'est en France, on peut le dire hautement et l'honneur ne me semble pas mince, que les monuments du moyen âge ont été pour la première fois mis en lumière ; la chose peut paraître assez naturelle quand on songe au rôle prépondérant que notre pays a joué au point de vue artistique jusqu'au XVI⁰ siècle. Sans parler des recherches passionnées d'un Gaignières, des essais d'un Montfaucon ou d'un Lebeuf, personne ne pourra nier que c'est bien dans notre pays qu'a pris naissance le mouvement archéologique qui a eu pour résultat d'apporter, par l'étude critique des monuments, un élément nouveau à la science historique. Les travaux d'un Alexandre Lenoir, d'un Willemin, d'un Pottier, pour imparfaits qu'ils nous puissent paraître aujourd'hui, ont eu cependant pour résultat de sauver de l'oubli non seulement des œuvres d'art des plus précieuses, mais des documents historiques d'une valeur inestimable. Ces travaux ont eu plus de portée qu'on ne le pourrait croire et une partie du mouvement littéraire qui a signalé la première moitié de notre siècle, le mouvement romantique, est issu du Musée des Monuments français. Ce serait donc s'abuser étrangement que de croire que de semblables recherches sont vaines et futiles et ne peuvent faire la joie que de quelques érudits ou de quelques collectionneurs d'objets anciens ; aujourd'hui une certaine école, qui croit à la génération spontanée de l'art, maltraite volontiers les uns et les autres quand elle ne leur prodigue pas des qualificatifs très malsonnants. En réalité, de cette étude de l'art ancien a vécu tout l'art de notre siècle ; et quant à notre art contemporain, c'est de cette étude qu'il vivra encore parce qu'on ne pourra jamais ébranler cette vérité qu'en art comme en toute chose on est toujours le fils de quelqu'un ; l'étude directe de la nature a rarement suffi à former des artistes. Notre infériorité présente au point de vue des arts mineurs tient à d'autres causes ; en en rejetant la faute sur les archéologues, qui, dit-on, ont inoculé au public une sorte de virus, le goût de l'objet ancien, on commet un véritable déni de justice. Sans eux, qui depuis quarante ans et plus n'ont cessé de rendre le public plus difficile en lui faisant mieux connaître les merveilles du passé, les artistes, qui trouvent leur influence si déplorable, n'existeraient même pas. On l'oublie trop volontiers, aujourd'hui que tant de gens se sont mis, ce qui ne laisse pas que d'être plaisant, à la recherche d'un style, comme si un style était chose qui se pouvait inventer du jour au lendemain et surtout se reconnaître au moment où il est créé ; erreur aussi grave que celle qui consisterait à imposer aux artistes les modèles du passé pour leur en faire faire des copies serviles, de misérables pastiches.

Mais laissons là ces opinions paradoxales et constatons des faits. La publication de livres tels que ceux de Willemin[1], de Du Sommerard[2], de Séré et de Lacroix[3], de Louandre[4], de Labarte[5], de Viollet-le-Duc[6]; la formation de Musées où les arts mineurs du moyen âge et de la Renaissance sont amplement représentés ont eu une influence indéniable sur la marche et le développement de l'art moderne et, selon moi, lui ont rendu des services. Si on niait ces services, il n'en resterait pas moins acquis que de semblables efforts ont profité à l'histoire et nous ont initiés plus complètement à la connaissance du passé. Un tel résultat ne suffirait-il pas à légitimer les recherches archéologiques?

Je dois indiquer ici, au moins sommairement, quelle sera l'économie du présent ouvrage.

Le plan d'une histoire des arts industriels tel qu'on le peut concevoir aujourd'hui est un peu différent de celui que Labarte a exécuté. Le cadre qu'il s'était imposé était suffisamment vaste pour l'époque où il écrivait et on ne saurait trop lui rendre cette justice que, le premier, il a abordé certaines questions d'archéologie du moyen âge. Mais si, d'une part, il a traité des sujets qui ne peuvent guère être rangés parmi les arts industriels, telle la miniature qu'il est bien difficile de séparer de l'histoire de la peinture décorative ou de la peinture de chevalet, il n'a dit qu'un mot de bien des séries qu'à ce moment personne ne songeait à étudier dans un livre de ce genre : c'est ainsi qu'il ne parle presque pas des armes, qu'il ne dit rien du fer, des petits bronzes, des cuirs, etc., etc. Puis, des époques entières sont à peu près passées sous silence, dans leurs principales manifestations tout au moins : l'ameublement du XVIIe et du XVIIIe siècle, si important pour l'histoire de la décoration, en France surtout, a été systématiquement mis de côté. Cette omission volontaire n'était déjà plus légitime à l'époque où Labarte écrivait. J'ai cru devoir agir autrement et l'art des deux derniers siècles, toutes les fois qu'il se manifeste vraiment par des séries importantes, tient dans mon livre une large place.

Voici, du reste, l'énoncé des matières que je compte successivement traiter, en me tenant dans les limites chronologiques indiquées par le titre de l'ouvrage : les ivoires, les bois sculptés et les meubles du moyen âge et de la Renaissance ; les sculptures en buis, en pierre de Munich et en cire ; les meubles du XVIIe et du XVIIIe siècle ; l'orfèvrerie et la bijouterie ; l'horlogerie ; la glyptique ; la tapisserie et les étoffes ; la céramique ; l'émaillerie ; la verrerie et les vitraux ; la mosaïque et la peinture sous verre ; la ferronnerie et la serrurerie ; la dinanderie et les petits bronzes ; les incrustations sur métaux ; les cuirs ouvragés et les reliures ; les armes et la coutellerie.

Commençant au Ve siècle environ, je n'ai pas cru devoir faire précéder chaque partie d'un résumé amenant l'histoire de chacune des séries jusqu'au véritable point de départ de mes études. Outre que c'eût été là refaire en raccourci l'histoire de l'art dans l'antiquité et la faire de seconde main, sauf en certains cas où il s'agit de questions d'origine, je ne vois pas l'utilité absolue d'une semblable méthode ; et d'ailleurs la place m'eût manqué ; j'aurais été contraint de sacrifier dans le corps de l'ouvrage des renseignements d'une utilité plus immédiate. J'en dirai autant des longs développements historiques qu'on rencontre à chaque pas dans Labarte ; j'ai dû m'en priver pour la même raison et j'ai mieux aimé remplacer par des descriptions de monuments des notions que l'on trouve un peu partout. C'est en effet à signaler le plus grand nombre possible d'œuvres que je me suis appliqué. Je ne pouvais songer à les indiquer toutes ; j'espère toutefois, qu'étant donné l'état actuel de nos connaissances, je n'en ai pas laissé échapper de très importantes ; mais, dans l'espèce, il est presque impossible d'en être absolument assuré.

Tout en cherchant à montrer et à décrire le plus grand nombre de monuments nouveaux ou peu connus,

---

1. Monuments français inédits, pour servir à l'Histoire de France, Paris, 1839, 2 vol. in-4°.

2. Les Arts au Moyen Âge, Paris, 1838-1846, 5 vol. in-8° de texte et 6 vol. in-4° de planches.

3. Le Moyen Âge et la Renaissance, histoire et description des mœurs et usages; Paris, 1848-1851, 5 vol. in-4°.

4. Les Arts somptuaires, Paris, 1852, 4 vol. in-4°.

5. Histoire des Arts industriels au Moyen Âge et à l'époque de la Renaissance, 1re édition : 4 vol. in-8° de texte, 2 vol. in-4° d'atlas, Paris, 1864-1869 ; 2e édition, 3 vol. in-4°, Paris, 1872-1874.

6. Dictionnaire raisonné du mobilier français de l'époque carolingienne à la Renaissance, Paris, 1865-1875, 6 vol. in-8°.

J'ai dû cependant faire entrer dans l'illustration quelques morceaux célèbres qui maintes fois ont été publiés ; il est des œuvres qu'il faut toujours avoir sous les yeux comme de véritables points de repère et d'ailleurs on ne me pardonnerait point de les avoir omises : on les trouvera donc ici ; quant aux illustrations dans le texte, autant que la chose a été possible à concilier avec les exigences de la mise en pages, j'ai cherché à les placer auprès du passage où il en est question. C'est dire que dans la manière de composer et de présenter mon travail, j'ai agi aussi librement qu'on peut le désirer. Et si je dois payer un large tribut de reconnaissance à tous ceux qui ont bien voulu m'encourager de leurs conseils, me fournir mainte indication précieuse et ainsi collaborer d'une façon très désintéressée à mon œuvre, il n'est que juste que mon éditeur ait aussi sa part dans mes remerciments. Il faut un certain courage pour se lancer dans une entreprise aussi longue et aussi difficile que la publication d'un pareil livre ; il en faut d'autant plus que, si on peut y récolter beaucoup d'honneur, il est peu probable qu'on en puisse tirer beaucoup de profit. C'est là une vérité que tous ceux qui savent ce que coûte un livre ne contrediront pas ; et, bien qu'il ne soit plus guère dans les habitudes des auteurs de faire l'éloge de ceux qui se chargent de présenter leur prose au public, je croirais manquer à mon devoir si je ne remerciais très cordialement mon éditeur d'avoir mis au jour mon livre. Je ne fais, après tout, que faire revivre un usage fort ancien ; et dans un livre d'archéologie la chose est permise.

J'arrête ici cet avant-propos qui suffira, je crois, à expliquer ce que j'ai voulu faire et la façon dont a été conçu l'ouvrage. Si j'en disais plus je ferais une introduction, sujet attrayant sans doute, mais assez inutile ici, pour le moment du moins. Quand mon ouvrage sera terminé, peut-être sera-t-il opportun d'en faire une ; mais jusque là ce serait un hors-d'œuvre dont bien des parties seraient sans doute à modifier quand je fermerai mon dernier volume.

Paris, 31 décembre 1895.

LES IVOIRES

CHAPITRE I.

LES IVOIRES DE LA DÉCADENCE ROMAINE

I. LES DIPTYQUES CONSULAIRES.

La sculpture en ivoire, qui permet de suppléer, pour bien des siècles, à l'absence presque complète de sculpture monumentale, offre encore cet avantage de pouvoir être étudiée dans ses origines sur des monuments à date certaine échelonnés sur une longue série d'années. On ne peut souhaiter à coup sûr meilleur point de départ pour l'étude d'une suite d'œuvres du moyen âge que celui que constitue l'ensemble des diptyques du vᵉ et du vIᵉ siècle. D'après ces ivoires de médiocre dimension, mais souvent chargés de scènes compliquées, presque toujours aussi de motifs de décoration caractéristiques, il est relativement aisé de tracer l'histoire de l'art romain et de l'art gréco-romain, d'observer leur décadence en Occident, leurs transformations et leurs modifications en Orient sous des influences fort complexes.

A ce titre, l'étude des diptyques doit prendre place en tête de tout ouvrage sur les arts du moyen âge, terme dont il serait aussi difficile de définir la signification exacte que de déterminer l'étendue. Tous les ouvrages qui ont traité de cette matière ont consacré un chapitre à ces intéressants monuments ; et je ne parle pas seulement des livres spéciaux dans lesquels, depuis le xvIIᵉ siècle, d'illustres savants se sont appliqués à déterminer leur origine, leur date, leur signification. On n'a pas pensé que l'on pût se soustraire ici à cet usage ; on a même cru qu'en donnant à cette étude des proportions plus vastes, en coordonnant les résultats obtenus jusqu'à ce jour, on rendrait quelques services. Sans avoir la prétention de remplacer des livres classiques, tel que celui de Gori, on a cru bon de présenter ici un état complet de la question, un ensemble qui, éclairé par de nombreuses gravures, facilitera d'utiles comparaisons et engagera peut-être plus tard quelque érudit à entreprendre le *corpus* des diptyques que l'on attend encore.

Le mot *diptyque* sert à désigner un ensemble de deux tablettes, de bois, d'ivoire ou de métal, réunies par des charnières, avec ou sans ornements sur leurs faces extérieures, mais dont les faces intérieures, enduites de cire, sont destinées à recevoir des inscriptions tracées à l'aide d'un style. Ce mot *diptyque* vient du neutre de l'adjectif grec δίπτυχος, dérivé de δίς (deux fois) et de πτύσσω (je plie). Dans le latin classique, ce petit meuble, d'un usage courant dans l'antiquité, est désigné par les mots *tabellae*, *pugillares*, *codices*, *codicilli* ; le mot *diptychon* ne se rencontre qu'à une basse époque et désigne les diptyques que l'on offrait en cadeau, beaucoup plus grands que ceux dont on se servait habituellement pour la correspondance ou pour la comptabilité[1]; les diptyques dont on a à s'occuper ici atteignent jusqu'à trente ou quarante centimètres de hauteur. Parmi les diptyques rentrant dans cette classe que nous a légués l'antiquité romaine, et de beaucoup les plus importants sont les *diptyques consulaires*; on peut en rapprocher, au point de vue de l'histoire de l'art, les diptyques de fonctionnaires, les diptyques impériaux ou même les diptyques de simples particuliers. Mais les diptyques consulaires les dépassent tous en intérêt : une bonne partie d'entre eux sont exactement datés et peuvent par conséquent servir à établir une précieuse chronologie pour fixer l'âge des monuments sculptés à partir du commencement du v° siècle.

On ne sait au juste à quelle époque s'établit l'usage pour les consuls d'envoyer des diptyques à leurs amis et à l'empereur le jour de leur installation.

Le premier diptyque à date absolument certaine, celui de la cathédrale d'Aoste, remonte à l'année 406[2]; mais cette coutume était déjà adoptée au iv° siècle. Une constitution du code Théodosien, de l'an 384, interdit à tous fonctionnaires autres que les consuls *ordinarii* de donner des diptyques d'ivoire ; mais la constitution ajoute : dans l'exercice de leurs fonctions publiques[3], ce qui semble impliquer que de simples particuliers pouvaient offrir des diptyques. Cette disposition du code Théodosien eut le sort de la plupart des lois somptuaires, dispositions incohérentes engendrées par des esprits chagrins et arriérés, qui se figurent qu'une loi peut quelque chose contre la coutume et la mode. Dix ans plus tard elle était ouvertement violée. Dans une de ses lettres[4] (année 393-394), Symmaque annonce à son frère Flavianus qu'il lui envoie un diptyque d'ivoire au nom de son fils devenu questeur; dans la même lettre, il nous apprend qu'il offre également à l'empereur, à l'occasion du même événement, un diptyque monté en or[5].

Tels qu'ils nous sont parvenus, les diptyques consulaires ou les autres diptyques de la basse époque romaine n'ont plus l'aspect somptueux qu'ils présentaient à l'origine; on vient de voir que l'un des diptyques envoyés par le fils de Symmaque était serti d'or; l'un des diptyques conservés à Monza[6] porte encore des traces d'une monture de ce genre; enfin dans quelques diptyques, qui, tels que le diptyque Barberini[7], étaient de trop grandes dimensions pour être composés d'un seul morceau d'ivoire, les différentes pièces — généralement au nombre de cinq — qui composaient chacun des feuillets, étaient reliées entre elles par une monture plus ou moins somptueusement décorée, en or ou en argent[8].

À l'extérieur des diptyques consulaires, outre les représentations sculptées que l'on étudiera tout à l'heure, on voit une inscription donnant le nom du consul, son titre accompagné des qualificatifs de *vir industris*, *patricius*, quelquefois aussi la mention d'une fonction officielle remplie antérieurement. Parfois aussi cette inscription est une dédicace à l'empereur, tel le diptyque d'Aoste dédié par Probus à

---

1. Saglio, *Dictionnaire des Antiquités grecques et romaines*, au mot *Diptyque*.

2. Voyez plus bas ma liste des diptyques consulaires, n° 2. — Si l'on adopte, comme je fais dans ma liste, l'opinion de Camille Jullian (*Mélanges d'archéologie et d'histoire*, publiés par l'École française de Rome, t. II, 1882, p. 1 à 35), le plus ancien diptyque est en réalité celui de Monza qui, suivant cet archéologue, représenterait Stilicon, sa femme Serena et leur fils Euchérius, et non pas Aetius, Galla Placidie et Valentinien III, suivant un avis assez généralement partagé. Ce diptyque pourrait donc être daté de l'an 395; c'est l'opinion à laquelle je me suis rangé en dressant ma liste des diptyques.

3. « Cum publica celebrantur officia; » Cfr. Saglio, ouvr. cité.

4. *Symmachi epistolae*, édition Seeck, II, 81.

5. « *Diptychon* auro circumdatum. » — Quelques diptyques encore existant, ayant trait à des événements publics, viennent confirmer le texte de Symmaque : on peut citer entre autres le diptyque du Musée Mayer, à Liverpool, représentant trois magistrats présidant des jeux. Ce diptyque se trouvait autrefois à Mâcon; il est gravé dans Millin, *Voyage dans les départements du Midi de la France*, t. I, pl. 24; — Jones, Waring, *Art treasures; Sculpture*, pl. 1; — *Montani, del instituto archeologico di Roma*, 1863, p. 115; — Saglio, *Dictionnaire des Antiquités grecques et romaines*, fig. 2536; — Cfr. Pulszky, *Catalogue of the Fejérváry ivories*, p. 16.

6. Liste des diptyques, n° 1.

7. Cfr. Saglio, *Dictionnaire des Antiquités grecques et romaines*, fig., n° 2433.

8. Je ferai remarquer toutefois qu'il n'est pas absolument certain que l'ivoire Barberini soit un fragment de diptyque; mais j'ai dû le considérer comme tel, ainsi que mes devanciers, tout en exprimant mes doutes, afin de ne pas passer sous silence un monument qui, par son style et l'époque où il a été créé, se rapproche des diptyques consulaires.

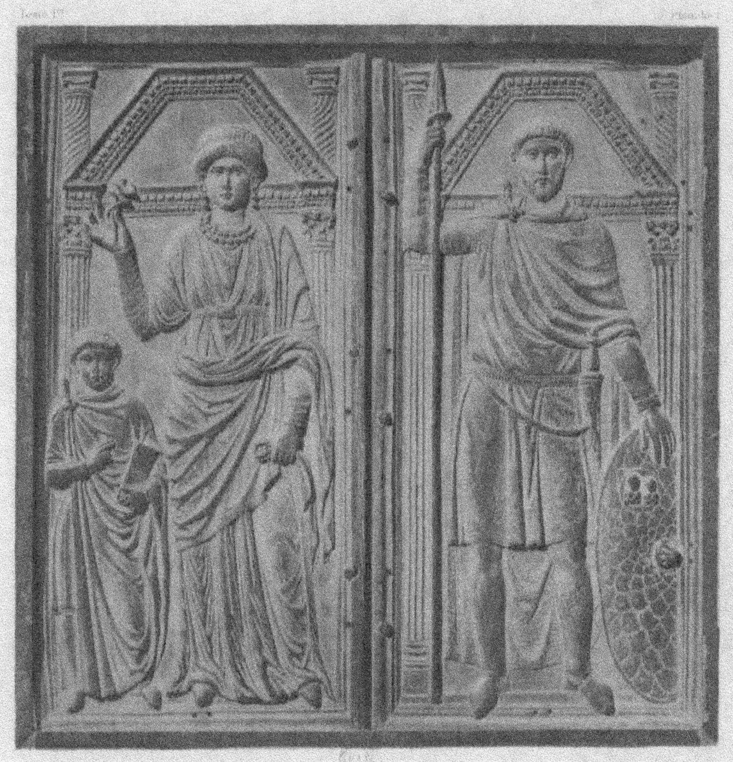

STILICON, SON ÉPOUSE SERENA ET LEUR FILS EUCHERIUS

Honorius (406) [1], ou une dédicace aux sénateurs, tels les diptyques de Justinien (521) [2]. Dans certains cas, ces titres sont accompagnés du monogramme du consul, parfois même, comme dans le feuillet de diptyque d'Areobindus (506), au Musée du Louvre, le monogramme est seul figuré [3].

Quelques diptyques n'offrent aucune autre décoration que des ornements ou des inscriptions, d'autres montrent le portrait de l'empereur ; enfin la règle la plus généralement adoptée a été d'y sculpter la représentation du consul. Quand le consul est figuré, il est représenté en buste ou en pied, debout ou assis.

Dans les plus anciens diptyques, tels que celui de Félix (année 428) [4] ou celui d'Asturius (année 449) [5], le consul n'est point figuré présidant les jeux du cirque, comme on le voit sur des diptyques d'une époque plus moderne : debout ou assis à la porte de sa demeure, il semble attendre les félicitations de ses amis.

A partir de l'année 487 (Diptyque de Boethius) [6], le consul, représenté en buste ou en pied, porte en main un attribut particulier, la *mappa circensis*, le morceau carré d'étoffe blanche dont il se servait pour donner le signal des jeux, tandis que dans le diptyque d'Asturius, le consul porte seulement un *volumen*.

La *mappa* n'est pas, du reste, le seul insigne qui sur les diptyques caractérise la personne du consul. Assis sur la *sella curulis*, le siège curule, sans dossier, et dont les pieds et les montants sont décorés de griffes et de mufles de lions, quelquefois surmontés de figures de Victoires, comme dans un diptyque d'Anastasius (année 517) [7], ses pieds reposent sur un *scabellum* composé d'un ou de deux gradins. De la main gauche il tient un sceptre (*sceptrum*, *scipio*) surmonté d'une aigle [8] ou de l'image de l'empereur [9] ou de ces divers attributs à la fois [10]. Parfois même le sceptre se termine par deux figures en bustes de membres de la famille impériale [11]. Les chaussures du consul sont aussi d'une forme particulière : ce sont les *campagi* en cuir blanc et doré retenus sur la jambe par des courroies dont les extrémités retombent sur le pied.

Le costume du consul se compose d'une tunique talaire muni de manches (*pœnula*) ; d'une tunique plus courte à larges manches passée sur la première (*colobus*) et enfin d'une bande d'étoffe brodée, posée en sautoir, de l'épaule gauche venant passer sous le bras droit. L'ensemble de la tunique et de la draperie formait la trabée, teinte de pourpre (*trabea* ou *toga picta*). Tel était l'ensemble du costume consulaire officiel, celui qui est représenté sur les diptyques et qui rend les personnages qui le portent si faciles à distinguer des autres magistrats.

Mais il faut bien avouer que, si l'on s'en tient aux monuments parvenus jusqu'à nous, ce n'est que vers la fin du v° siècle que l'on paraît avoir adopté une véritable formule pour la composition des diptyques consulaires. Avant cette époque, les artistes semblent avoir joui d'une liberté relative en ce qui touchait l'interprétation de leur sujet ; et encore, même à la fin du v° siècle, combien de variantes importantes ne relève-t-on pas sur ces ivoires. En tout cas, admettrait-on qu'à partir de cette date le type a été, sauf certains détails, pour ainsi dire immuable, on n'en devrait pas moins reconnaître que les plus anciens diptyques (Monza et Aoste, n°° 1 et 2 de la Liste) prouvent qu'une variété infinie était admise dans les représentations destinées à décorer ces ivoires.

<hr>

1. Liste des diptyques, n° 2. « *Domino nostro Honorio semper augusto Probus famulus vir clarissimus consul ordinarius.* »

2. « *Flavius Petrus Sabbatius Justinianus vir inlustris, comes, magister equitum et peditum praesentalium et consul ordinarius Munera parva quidem pretio sed honoribus alma patribus ista mea offero consul ego.* »

3. Héron de Villefosse, *Feuille de diptyque consulaire conservée au Musée du Louvre*, Gazette archéologique, 1884, p. 117, pl. 16-17. — Ces monogrammes rendent quelquefois une attribution exacte très difficile ; voyez par exemple le diptyque à monogramme (n° 30 de ma liste) que l'on a voulu attribuer au consul Romulus en se basant sur une lecture fort ingénieuse du monogramme, et qui est de date manifestement postérieure.

4. Liste des diptyques, n° 3.

5. Ibid., n° 4.

6. Ibid., n° 5.

7. Ibid., n° 13.

8. Par exemple sur le diptyque de Boethius (année 487) ; Liste des diptyques, n° 3.

9. Diptyque de Clementinus (année 513) ; Liste des diptyques, n° 15.

10. Diptyque d'Anastasius (année 517) ; Liste des diptyques, n° 18.

11. Par exemple sur le diptyque de Félix (428). Liste des diptyques, n° 5.

Présenter ces observations d'une manière absolument affirmative serait peut-être aller trop loin parce qu'on pourrait objecter que les plus anciens des diptyques, celui d'Aoste, destiné à l'empereur, tout au moins — ont un caractère spécial et que, précisément en raison de ce caractère, le sculpteur a bien pu s'affranchir de certaines règles ; néanmoins, de l'étude des diptyques de la fin du v⁵ et du vi⁵ siècle, en somme assez nombreux, il résulte qu'on peut observer une telle diversité de types adoptés qu'on est bien contraint d'admettre que les artistes n'étaient pas astreints à l'exécution d'une sorte de thème absolument invariable.

Au point de vue du style des sculptures elles-mêmes, une semblable remarque a son prix. Dès qu'un artiste n'est pas forcé de répéter toujours la même chose, il y a des chances pour que dans les œuvres qui sortent de ses mains se rencontre un certain caractère original et personnel qui augmente beaucoup la valeur du monument au point de vue de l'histoire de l'art. Un simple coup d'œil jeté sur les planches ou les dessins qui accompagnent cet ouvrage fera mieux comprendre ce que j'avance qu'une longue dissertation.

Si l'on omet les diptyques consulaires qu'une destination spéciale doit faire écarter du débat, on relève en parcourant notre liste descriptive la plus grande variété dans la représentation du consul, de ses attributs, des personnages qui accompagnent le magistrat : bien plus, pour un même consul, le type adopté est variable ; on pourrait même supposer que le diptyque était plus ou moins orné suivant le degré occupé dans la hiérarchie par le personnage auquel il était destiné. On peut citer comme exemple de dissemblances profondes entre les diptyques émis par un même consul la série des ivoires au nom d'Areobindus, consul en 506 [1].

Si on ne sait au juste à quelle époque les consuls adoptèrent l'usage des diptyques, il est également difficile de dire quand s'est fixé le thème iconographique que nous voyons adopté le plus généralement au vi⁵ siècle, c'est-à-dire non seulement la représentation du consul présidant les jeux et tenant dans la main droite la *mappa*, mais la représentation des jeux eux-mêmes. Ce type iconographique, qui, dans la série des diptyques consulaires, est de beaucoup le moins nombreux, est cependant celui sous lequel on se représente presque toujours ces monuments : on ne le relève cependant — et pas toujours absolument complet, car les jeux sont souvent remplacés par les figures de deux appariteurs vidant des sacs d'argent — que sur douze diptyques ou fragments de diptyques, dont aucun n'est antérieur au vi⁵ siècle [2]. Mais ce type ne paraît être qu'un développement de thème primitif représentant le consul debout, présidant les jeux, ou assis à la porte de son palais attendant les félicitations de ses amis, tel que nous le trouvons à l'aube du v⁵ siècle [3], exactement depuis l'année 428 [4], tel que nous le rencontrons avec des additions, il est vrai, encore en 518. Il est probable que c'est vers la fin du v⁵ siècle ou au commencement du vi⁵ siècle que les ivoiriers, d'additions en additions, sont arrivés à créer le diptyque consulaire à composition compliquée dont les meilleurs exemples appartiennent au consulat d'Anastasius (517).

Si durant le vi⁵ siècle le thème du diptyque consulaire est devenu plus complexe, par contre aussi, en certains cas, il s'est simplifié ; il semble que le jour où le diptyque consulaire est parvenu à être un objet d'art chargé de nombreuses figures et partant coûteux, on ait éprouvé le besoin d'établir en quelque sorte des catégories dans ces largesses et que l'on ait proportionné la richesse de l'ornementation du diptyque au rang que le destinataire occupait dans la hiérarchie. On a été ainsi amené à fabriquer des feuillets

---

1. Nᵒˢ 7 à 15 de ma liste des diptyques consulaires.

2. Diptyques d'Areobindus, consul en 506 ; nᵒˢ 7, 8, 9, 10 de ma liste ; — diptyque de Clementinus, consul en 513 ; nᵒ 15 de ma liste ; — diptyques d'Anastasius, consul en 517 ; nᵒˢ 17, 18, 19, 20 de ma liste ; — diptyque de Læsandrus, consul en 530 ; nᵒ 34 de ma liste ; diptyque d'Orestes, consul en 530 ; nᵒ 35 de ma liste ; — diptyque de Justinus, consul en 540 ; nᵒ 40 de ma liste.

3. En écartant bien entendu le diptyque qu'avec Jullian j'attribue à Miliтом et à l'année 400, et le diptyque de Probus (406) qui, destiné à l'empereur, offre le type impérial avec en sous-inscription dédicatoire donnant le nom du consul.

4. Diptyque de Félix, consul en 428 ; nᵒ 3 de ma liste. — Diptyque d'Asturius, consul en 449 ; nᵒ 4 de ma liste. — Diptyque de Boëthius, consul en 487 ; nᵒ 5 de ma liste. — Diptyques d'Anthemius, consul en 455 ; nᵒ 18 de ma liste. — Diptyque de Magnus, consul en 518 ; nᵒˢ 21, 22, 23, 24, 25 de ma liste.

d'ivoires sommairement ornés de quelques feuillages encadrant un monogramme donnant le nom du consul [1], ou un buste consulaire accompagné d'un monogramme [2], ou un buste sans monogramme [3]. Les formules de salutations, latines ou grecques, datent également du vi[e] siècle et se trouvent sur des diptyques qui peuvent compter parmi les plus élégamment composés et sculptés [4].

De ces premiers diptyques, à dates certaines ou à peu près certaines, on ne peut séparer au point de vue de l'étude de la sculpture un certain nombre d'autres monuments qui, pour ne pas présenter sous le rapport historique un intérêt égal, nous montrent absolument les mêmes procédés d'exécution; les diptyques non datés que l'on trouvera plus loin réunis [5] peuvent à bon droit être rangés parmi ceux qui offrent au point de vue iconographique le plus de prix. L'un d'eux même, celui d'Halberstadt [6], par l'étrangeté de sa composition peut être considéré comme remontant au ve siècle, c'est-à-dire à la première époque des diptyques consulaires: on pourrait en dire autant du diptyque de Bourges [7] et du diptyque provenant de la collection Gherardesca de Florence conservé aujourd'hui au Musée Britannique [8]. L'un et l'autre de ces monuments offrent des sujets si différents, ou du moins traités d'une façon si différente des compositions que nous font connaître les diptyques du vi[e] siècle, que l'on peut à bon droit les considérer comme très anciens, sans admettre le moins du monde la fable qui voudrait retrouver dans le diptyque de Bourges le diptyque de Clovis [9]; sans accepter l'opinion de Pulszky qui voudrait reconnaître dans le feuillet de diptyque du Musée Britannique, à travers la représentation de l'*Apothéose de Romulus*, une allusion au consul Aurelius Romulus (année 308 [10]), il faut cependant classer ces ivoires parmi les plus anciens puisqu'ils nous montrent une certaine liberté dans l'exécution et dans le choix du sujet: on peut les considérer comme des œuvres sculptées sur commande et non des reproductions faites à l'avance, à la douzaine, d'après un modèle-type que l'usage avait fait adopter.

En considérant les sculptures des diptyques consulaires, on arrive à cette conclusion que, si beaucoup d'entre eux se répètent et montrent presque identiquement les mêmes représentations, ces ivoires si grossiers, si imparfaits qu'ils soient, ont cependant demandé de la part de ceux qui les ont exécutés une certaine invention; ils sont en cela différents sinon supérieurs à d'autres diptyques destinés à être offerts par de simples particuliers où la copie d'un modèle plus ancien, souvent encore assez parfaitement traduit, est absolument flagrante [11].

Sans parler du diptyque conservé à Monza et offrant les images de Stilicon, de sa femme Serena et de leur fils Eucherius [12], ivoire à bon droit célèbre et dans lequel la recherche dans l'exécution de portraits exacts est très visible — portraits pour lesquels l'artiste ne pouvait s'inspirer d'un type conventionnel et devait par conséquent tirer tout de son propre fond, beaucoup de diptyques consulaires montrent la préoccupation de rendre fidèlement la physionomie du consul; même dans le diptyque d'Aoste, dont les deux feuillets ne sont, si on les juge superficiellement, que la reproduction d'un type de statue impériale bien connu, l'artiste n'a adopté la reproduction d'un type banal et maintes fois employé que

---

1. Diptyque d'Areobindus, consul en 506; n° 11 de ma liste.

2. Diptyque d'Areobindus, consul en 506; n° 12 de ma liste. — Diptyque d'Apion, consul en 539; n° 37 de ma liste.

3. Diptyque d'Areobindus, consul en 506; n° 13 de ma liste. — Diptyque de Philoxenus, consul en 525; n° 29 de ma liste.

4. Diptyques de Justinus, consul en 521; n°s 26, 27, 28 de ma liste. — Diptyques de Philoxenus, consul en 525; n°s 29, 30 de ma liste.

5. N°s 38 à 48 de ma liste.

6. N° 38 de ma liste.

7. N° 41 de ma liste.

8. N° 49 de ma liste.

9. Cette opinion tout à fait inacceptable repose uniquement sur une interprétation erronée des textes mentionnant la prétendue dignité consulaire dont aurait été revêtu Clovis. — Cfr. Meyer, ouvr. cité, p. 52.

10. D'après Pulszky, *Catalogue of the Fejérváry ivories*, p. 78; — et il appuie cette opinion sur une lecture du monogramme tracé au bant du diptyque; lecture qui n'est rien moins que certaine. — le troisième personnage représenté sur cet ivoire serait l'empereur Maxime, et le personnage relégué dans l'Olympe son fils Aurelius Romulus, consul en 308 et mort la même année.

11. Par exemple dans le diptyque des Nicomaques et des Symmaques, copie bien évidente de sculptures grecques. Voyez plus bas ce que je dis de ce diptyque à propos des *Diptyques des particuliers*.

12. Je ne mentionne que pour mémoire, en dehors de l'opinion trois acceptable d'après laquelle le diptyque de Monza représenterait Aetius, Galla Placidia et Valentinien III, — d'autres opinions émises à son sujet: on y a vu l'empereur Théodose ou Gratien ou Valentinien II, sa mère Justine et Aetius ou Boniface; Agilulf, Theodelinde et Adaloald; l'empereur Phocas et l'impératrice Leontia; le roi anglo-saxon Ethelred et la reine Berthe. Ces dernières opinions et un assez grand nombre d'autres, que l'on trouvera indiquées dans le *Thesaurus* de Gori, ont aussi peu de celles auxquelles on peut faire l'honneur d'une discussion; il suffit de les indiquer en passant, pour le cas, fort improbable du reste, où elles se produiraient à nouveau.

dans la pose et l'attitude de l'empereur ; quant au visage il a cherché à faire un Honorius aussi ressemblant que possible. On peut très certainement en dire autant de la plupart des figures consulaires dans lesquelles, sans exception, se retrouve la même préoccupation naturaliste, le même soin dans la représentation aussi ressemblante que possible d'un portrait que le destinataire du diptyque doit reconnaître avant même que d'avoir lu les noms et les titres qui l'accompagnent.

La chose peut d'abord paraître assez surprenante dans des monuments qui devaient, dans un laps de temps relativement court, être exécutés en grand nombre et dans lesquels aussi beaucoup de détails identiquement répétés montrent que les ateliers d'ivoiriers, comme ceux d'où sont sortis les sarcophages chrétiens, vivaient volontiers de la reproduction de quelques types iconographiques peu variés, concordant même quelquefois assez mal avec la destination des monuments[1]. Il n'en n'est pas moins vrai que quand on passe en revue la série des physionomies consulaires que nous montrent les diptyques, que, d'autre part, on examine et l'on compare les divers diptyques d'un même consul qui nous sont parvenus, on est bien forcé d'admettre qu'ils présentent des portraits véritables et non de banales figures destinées à offrir aux yeux du vulgaire l'incarnation d'une des premières magistratures de la hiérarchie romaine ; dans toutes ces physionomies, jeunes ou vieilles, pleines ou alourdies par des rides, on sent un accent de sincérité qui ne laisse pas que d'étonner à une époque où la décadence artistique était générale et dans un objet où le sculpteur n'avait pas pour le soutenir et pour guider sa main un modèle ancien. On peut même dire que ce besoin d'exactitude dans le portrait du consul a duré jusqu'à la fin de l'institution elle-même : la figure émaciée et malade de Basilius, consul en 541[2], est si bien traitée comme un véritable portrait que les deux feuillets qui le composent, séparés aujourd'hui, ont été cependant facilement rapprochés rien que par la comparaison des physionomies ; et cependant des différences dans les dimensions de ces ivoires, résultat d'une mutilation, rendaient tout d'abord incertaine une pareille restitution.

Au point de vue de la façon de sculpter l'ivoire, on peut dire que, sauf exceptions, les diptyques consulaires sont des œuvres qui accusent la plus entière décadence de la technique ; même dans le diptyque d'Aoste, auquel l'imitation d'un type ancien de statue impériale donne encore une fière tournure, il est facile de discerner au premier coup d'œil que l'artiste est des plus maladroit. S'il sait encore dessiner, il ne sait plus se défendre d'une irrémédiable mollesse qui l'amène à alourdir tous les traits, à empâter son personnage et à lui donner un aspect trapu et tassé sur lui-même alors que les proportions, en hauteur du moins, sont encore passables ; les extrémités, surtout les extrémités inférieures, démesurées, montrent cet œdème qui signale les œuvres de sculpture de décadence. L'ornementation, d'exécution plus facile cependant, est à peine passable, si on la compare aux modèles classiques qu'elle a la prétention de reproduire. On a quelque difficulté à comprendre comment, dès le commencement du ve siècle, les modèles anciens étaient à ce point méconnus et mal traduits. Et cependant ce diptyque d'Aoste est presque un chef-d'œuvre si on le compare aux diptyques du vie siècle. Là, dans la plupart des cas, le relief, beaucoup moins accentué, atteste une déplorable tendance à transformer la sculpture en un travail de gravure. Cela est surtout sensible dans l'exécution des draperies, du costume consulaire où la préoccupation de rendre avec exactitude tous les plus minces détails de l'ornementation des étoffes fait absolument oublier la disposition harmonieuse des plis dont la statuaire antique avait si savamment tiré parti : ces plis sont indiqués par un trait profondément gravé, tandis que des lignes plus fines dessinent d'une façon géométrique les ornements de toutes sortes dont se charge le vêtement d'apparat du consul.

Heureusement qu'à côté de ces productions d'un art en somme engourdi et maladroit peuvent

---

1. Voyez à ce sujet les indications publiées par Edmond Le Blant, *Les ateliers de sculpture des premiers chrétiens*, et *De quelques types des temps païens reproduits par les premiers fidèles*, dans les *Mémoires d'archéologie et d'histoire*, publiés par l'École française de Rome, 1882, p. 348, pl. V à IX ; 1884, p. 678, pl. XIII, XIV.

2. Nº 47 de mon Index.

prendre place d'autres pièces, qui, sans être parfaites, accusent soit un plus grand respect des traditions antiques, soit des tendances nouvelles.

II

DIPTYQUES DE FONCTIONNAIRES ROMAINS ET DIPTYQUES DITS IMPÉRIAUX

On a vu plus haut qu'une disposition du Code Théodosien interdisait aux fonctionnaires autres que les consuls l'usage des diptyques; on a montré aussi par des textes que cette loi avait parfois été peu respectée. C'est ce qui explique comment nous possédons encore quelques diptyques ayant servi aux mêmes usages que les diptyques consulaires, mais qui ne peuvent émaner que de magistrats hiérarchiquement très inférieurs aux consuls. La plupart de ces ivoires sont dépourvus d'inscriptions, ce qui ne laisse pas que de présenter quelque difficulté quand on veut en fixer exactement la date; néanmoins, leur style permet de les considérer comme contemporains des diptyques consulaires, c'est-à-dire du ve et du vi[e] siècle. Un seul d'entre eux, le plus important il est vrai, pourrait à la rigueur remonter jusqu'à la fin du ive siècle; c'est le diptyque de Rufius Probianus, vice-préfet du prétoire de Rome, conservé à la Bibliothèque de Berlin[1]. Ce diptyque, complet aujourd'hui[2], offre à la partie supérieure de chacun de ses feuillets la même terminaison en angle obtus que le diptyque d'Aoste qui, on se le rappelle, date de 406. De plus, la bordure ornée de palmettes qui borde chacun des bas-reliefs est identique comme composition, comme style et comme exécution à la bordure d'un diptyque privé, celui des Nicomaques et des Symmaques[3], exécuté soit entre les années 392-394, soit en 401. Étant donné que le diptyque de la bibliothèque de Berlin est d'une exécution tout à fait supérieure, il est assez légitime de le considérer comme exécuté vers la même date.

Comme sur les diptyques consulaires, une longue inscription gravée en beaux caractères nous donne les noms et le titre du magistrat, Rufius Probianus, vice-préfet du prétoire de Rome. De ce Rufius Probianus on ne sait rien; aucun texte ne vient nous indiquer à quelle époque il a pu exercer sa charge. Il faut donc se contenter et du style de la sculpture et des quelques rapprochements que l'on vient de faire pour émettre une conjecture au sujet de la date du monument. Assis dans son tribunal, sur un siège élevé, à haut dossier, le vice-préfet, dans l'un des feuillets, le premier, est dans l'attitude du juge; il porte la trabée; près de lui sont debout deux greffiers munis de tablettes. En arrière, à gauche, on aperçoit un des accessoires du tribunal, les *vexilla regalia*, sortes de panneaux sur lesquels sont peints les portraits de l'empereur ou de l'impératrice, puis, au-dessous, soit la figure du magistrat lui-même, soit la représentation des provinces sur lesquelles s'étend sa juridiction; dans tous les cas, ces figures, assez indistinctes du reste, sont représentées dans l'attitude de la marche et portent devant elles des volumens. Enfin, au-dessous de ces figures, on voit un *volumen* fermé. Dans ce premier feuillet, les plaideurs auxquels Rufius Probianus va rendre la justice appartiennent à la plus haute classe; ce sont des personnages sénatoriaux et ils portent la trabée; entre les deux plaideurs, un trépied supporte un petit encrier circulaire où trempe un calame; tout autour de cet encrier sont figurées les ondes d'un liquide, dont on a donné une explication ingénieuse. Ce trépied serait une sorte d'horloge

---

1. N° 16 de ma liste; planche IV.

2. C'est sans aucune raison valable que l'authenticité de ce curieux monument, décrit autrefois par Labarte, dans son *Histoire des Arts industriels*, 2e édition, t. I, p. 17, a été mise en doute dans la *Revue des Sociétés savantes*, t. VI (1873), p. 290. Aucun des arguments mis en avant par l'auteur du mémoire précité, arguments très spécieux du reste, ne saurait prévaloir contre un examen impartial du monument, l'un des plus beaux ivoires de la basse époque romaine.

3. Voir plus loin la description et la reproduction de ce diptyque, N° 57 de ma liste.

à eau, de clepsydre, destinée à mesurer le temps aux plaideurs[1]. Le second feuillet offre une disposition identique au premier, mais il contient toutefois des particularités intéressantes : Rufius Probianus juge des gens du commun vêtus de la chlamyde, et lui-même a pris ce costume qu'agrafe sur l'épaule droite une longue fibule ; les greffiers n'ont pas exactement la même attitude que dans le premier feuillet, ce qui indique chez l'artiste une certaine tendance à produire une véritable œuvre d'art ; enfin Probianus lui-même déroule sur ses genoux un *volumen* où se trouve une formule d'acclamation : *Probiane floreas, Vive Probiane*, formule rare, mais dont on a relevé cependant quelques exemples[2].

L'importance de ce diptyque pour l'histoire de la sculpture en ivoire ne peut échapper à personne ; c'est même à cause de son aspect insolite et de l'étrangeté de sa composition qu'on a été jusqu'à en suspecter l'authenticité, mais, je le répète, c'est là un point qui ne peut faire aucun doute quand on a sérieusement examiné le monument. Avec le diptyque des Nicomaques et des Symmaques on peut certainement, sans crainte de forcer trop la mesure, avancer que le diptyque de la Bibliothèque de Berlin est le plus bel ivoire de cette époque qui nous ait été conservé. Ce n'est sans doute pas encore lui assigner un bien haut rang dans la série des monuments antiques, mais néanmoins ces deux figures de magistrats ne vont pas sans être empreintes de cette noblesse particulière aux images sculptées sur les tombeaux romains ; noblesse très froide assurément, mais qui ne manque pas de grandeur. Ce qu'il faut surtout remarquer dans cette œuvre, c'est que l'artiste a su, ayant à reproduire deux fois sur le même monument une scène à peu près identique, varier l'attitude de ses personnages, disposer habilement les draperies, imprimer à toutes ces physionomies un caractère que l'on retrouve bien rarement aussi fermement et aussi sagement traité dans les diptyques consulaires qui s'élèvent peu au-dessus du médiocre, même dans la représentation de la figure principale. A remarquer aussi, et c'est un point qu'il ne faut pas négliger dans l'étude des monuments de basse époque, les proportions heureuses des personnages, étant admise toutefois cette convention que le personnage principal est d'une taille bien supérieure aux autres.

Un abîme sépare le diptyque de la Bibliothèque de Berlin, véritable œuvre d'art, des autres diptyques émanés sans doute de fonctionnaires que je pourrai citer ; quelques-uns, du reste, n'était le costume porté par les magistrats qui y sont représentés, sont assez semblables comme dispositions générales aux diptyques consulaires.

L'un deux, conservé au Musée Meyer[3] à Liverpool, a été considéré par Pulszky[4] comme fort ancien et comme véritablement consulaire ; à vrai dire, cette opinion a quelque chose de séduisant au premier abord, car on aurait là un monument antérieur à l'époque où le type des ivoires consulaires s'est définitivement fixé ; d'autre part, l'ordonnance de la scène qui est figurée sur cet ivoire rappelle un peu le diptyque que j'attribue à Lampadius[5]. Mais, comme l'a fort bien remarqué l'auteur de l'article *Diptyque*, dans le *Dictionnaire des Antiquités grecques et romaines* de Saglio[6], cette analogie n'est qu'apparente et il est impossible de reconnaître un consul dans un personnage tenant la *mappa* qui se trouve figuré non pas à la place d'honneur, mais à gauche du principal magistrat, dans la tribune du cirque. Car si la *mappa* peut passer pour un des attributs qui distinguent la personne du consul, d'autres magistrats en faisaient aussi usage pour donner le signal des jeux. Cet ivoire, quel que soit son intérêt, doit donc être placé parmi les diptyques de simples fonctionnaires. Quant à sa date, il ne me paraît pas possible de la faire remonter plus haut que le Ve ou le VIe siècle, et je le croirais même plus volontiers de cette dernière époque.

Au point de vue de la représentation des jeux du cirque, son rapprochement avec un diptyque, com-

---

1. Voyez Meyer, *Zwei antike Elfenbeintafeln der k. Staats-Bibliothek in München*, pp. 58, 59.
2. Voyez Meyer, *ouvr. cité*, p. 57.
3. N° 56 de ma liste.
4. *Ouvr. cité*, p. 16.
5. N° 32 de ma liste.
6. Tome II, p. 323. On trouvera précisément dans le *Dictionnaire des Antiquités grecques et romaines* une gravure de ce feuillet de diptyque, fig. n° 2,456.

plet celui-là, qui fait partie des collections de l'Ermitage impérial à Saint-Pétersbourg[1] (Ancienne collection Basilewski) paraît s'imposer : dans le feuillet de Liverpool, on assiste à un combat contre des élans; dans le diptyque de Saint-Pétersbourg, des bestiaires, que les formes variées des segments brodés sur leur costume indiquent comme appartenant à deux troupes différentes, se livrent à un véritable massacre de lions et de bonnes. Les diverses phases du combat, comme dans l'ivoire de Liverpool, sont superposées, sans que l'artiste manifeste aucune velléité de rendre la perspective; on sent qu'il travaille d'après un modèle auquel il n'ajoute ni ne retranche rien; les deux feuillets sont identiquement semblables, sauf des différences insignifiantes dans l'indication de la fourrure des animaux. C'est là, si je ne me trompe, un signe certain d'une grande indigence artistique, car cette répétition n'était commandée par rien. Toute représentation du personnage émettant le diptyque est bannie de cet ivoire, dépourvu également d'inscription. Bref, c'est une œuvre banale, mais qui, précisément à cause de ce caractère nettement constaté, ne laisse pas que d'être intéressante.

D'autres ivoires soulèvent de nombreux problèmes à peu près insolubles. Un diptyque du Cabinet de Vienne[2] pourrait bien à la rigueur être considéré comme consulaire : on y voit les figures symboliques de Rome et de Constantinople, assez conformes à celles que nous font connaître d'autres diptyques, ceux de Magnus[3] par exemple; quant aux inscriptions que Gori a cru y lire, elles existent bien en effet, mais ne sauraient être considérées comme contemporaines de la sculpture. Ce sont des additions faites après coup, à une date très postérieure; gravées dans le champ, elles occupent une place où aucun diptyque consulaire ne nous montre d'inscription[4]. Gori a cru lire sur le premier feuillet le nom de *Joannes* (Flavianus) consul, en 538, date qui concorderait assez bien avec le style du monument, d'une facture très barbare; sur le second feuillet, il lit le mot *Faustitas*. J'avoue que ces lectures me paraissent plus que douteuses et que sans aller plus loin que la planche donnée par Gori, gravure sans caractère mais assez exacte, on peut déjà donner très aisément une lecture plus vraisemblable de ces inscriptions : sur le premier feuillet on pourrait lire : *Temperantia*, sur le second : *Castitas*; et ces mots tracés au moyen âge, à une époque où la signification de ces deux figures était dès longtemps oubliée, ont eu pour but de transformer en la représentation de deux vertus des images auxquelles il fallait bon gré mal gré donner un sens. Si la lecture que je propose est exacte, on aurait là un nouvel exemple de ces transformations par simple addition d'une inscription si communes au moyen âge et même à l'époque de la Renaissance. Mais n'ayant point l'original sous les yeux je n'insiste pas sur un point qui, au surplus, n'a aucun intérêt pour l'étude qui nous occupe.

Un diptyque complet conservé à Novare[5], un feuillet analogue faisant partie des collections du Musée de Bologne[6] sont des œuvres assez ternes qui nous représentent des magistrats dont les fonctions ne peuvent être déterminées d'une façon exacte; aucun attribut, aucun indice ne peut mettre sur la trace d'une interprétation certaine.

Est-ce bien d'un fonctionnaire qu'il s'agit dans un fragment excessivement mutilé qui, découvert à Trèves en 1875, appartient au Musée de Berlin[7] ? Une figure de Muse, une inscription trop trompée pour être d'une interprétation certaine — on en a donné plusieurs lectures — ne constituent pas à proprement parler des indications bien claires pour asseoir un jugement.

C'est ici le lieu de dire quelques mots de deux diptyques auxquels Meyer[8] a fait une place dans sa liste et qui tous deux sont d'origines et d'époques très différentes. Le premier, connu sous le nom de *diptyque Barberini*, du nom de la Bibliothèque de Rome où il est conservé, se composait originairement de cinq pièces d'ivoire assemblées par une moulure métallique de façon à former un grand rectangle;

---

1. Nº 52 de la liste.
2. Nº 53 de la liste.
3. Nº 21 de la liste.
4. Gori a publié deux fois ce diptyque, au tome II de son *Thesaurus*, pl. II et pl. IX. La planche IX porte seule les inscriptions qui sont absentes de la première.
5. Nº 54 de la liste.
6. Nº 55 de la liste.
7. Nº 56 de la liste.
8. Nº 38 de la liste de Meyer.

E. Molinier, *Arts industriels.* — I

quatre de ces pièces subsistent encore aujourd'hui. Le second[1], qui est parvenu complet jusqu'à nous bien que les deux feuillets en soit encore séparés — l'un est au Cabinet de Vienne, l'autre au Musée du Bargello, à Florence — ne me paraît en aucune façon pouvoir prendre place ni parmi les diptyques consulaires, ni parmi les diptyques de fonctionnaires de la fin de l'Empire romain[3]. C'est une œuvre franchement byzantine sur laquelle on me paraît avoir écrit depuis Gori, qui le premier l'a publiée, beaucoup de choses fausses; on a même été jusqu'à se tromper étrangement sur le sexe du personnage représenté sur l'un des feuillets et si je le maintiens dans ma liste ce n'est que parce que je trouve là, en nature, l'une des dernières traces de l'usage des diptyques. L'un et l'autre feuillet de ce diptyque figurent une impératrice — il ne peut y avoir, quoi qu'en ait pensé mes illustres devanciers, aucun doute sur ce point, — et plus loin au chapitre relatif aux ivoires byzantins, on verra si l'on peut reconnaître quelle est l'impératrice qui a pu se faire représenter avec les attributs de la puissance impériale. En tout cas, c'est un monument d'une époque sensiblement plus basse que le VIe siècle, qui peut simplement servir à montrer combien les usages romains se sont fidèlement conservés dans l'empire d'Orient. Ceci dit et toutes réserves faites au sujet de ce diptyque, je reviens à l'ivoire Barberini.

Il se composait de cinq plaques d'ivoire réunies probablement par une monture de métal ; une partie centrale, deux bandes horizontales, formant le haut et le bas, deux bandes verticales formant les côtés; de ces dernières, celle de gauche subsiste seule[2].

Au centre est représenté un empereur, sur un cheval cabré, foulant aux pieds une femme qui porte des fruits dans les plis de sa tunique; à gauche, un barbare. Sur la plaque de gauche on voit, se détachant sur un fond d'architecture, un soldat présentant une statue de la Victoire à l'empereur. A la partie supérieure, deux génies ou deux Victoires ailés, vêtus de longues tuniques, soutiennent un disque sur lequel est représenté le Christ, bénissant suivant la formule grecque; dans le champ, on aperçoit la représentation sommaire du soleil, de la lune et des étoiles. La partie inférieure enfin est ornée de figures de barbares, apportant des présents; au centre, entre un lion et un éléphant, est sculptée une Victoire.

L'assimilation de cet ivoire, sinon aux diptyques consulaires tout au moins aux diptyques de fonctionnaires romains, repose sur deux faits : nous savons par deux fragments conservés dans la collection Trivulzio, à Milan[4], qu'il a existé en effet des diptyques dont chaque feuillet était composé de cinq morceaux; la chose peut être considérée comme absolument certaine puisque l'un de ces fragments porte une inscription donnant une partie des titres d'un consul ; d'ailleurs, dans la Bibliothèque de Munich se trouve un ivoire représentant un consul qui paraît avoir fait partie d'un de ces feuillets de diptyques en cinq morceaux[5]. Mais dans l'ivoire Barberini aucune des plaques ne porte d'inscription et le fragment, la cinquième plaque, sur laquelle devrait se trouver la figure du consul, a disparu. Il s'ensuit qu'il serait bien téméraire d'affirmer que nous avons là un feuillet de diptyque en cinq pièces : s'il s'agissait d'un consul ou d'un autre fonctionnaire romain qui aurait tenu à faire représenter sur son diptyque la figure impériale, il n'est guère douteux qu'il eût pris soin de faire aussi inscrire sur l'ivoire une dédicace à l'empereur; or ici il n'y a aucune trace de dédicace quelconque bien que les plaques sur lesquelles l'inscription aurait certainement pris place soient intactes. Étant donné le caractère de cette sculpture, il est absolument impossible d'adopter l'avis de Meyer qui voudrait en faire un monument du IVe ou du Ve siècle ; elle n'est certainement pas antérieure au VIe siècle et pour cette époque nous avons des exemples de ces assemblages de cinq morceaux d'ivoire, dont on n'a jamais eu l'intention de faire des diptyques : à mon avis, nous possédons là l'un des plats de la reliure d'un livre dédié à un

1. Meyer, *ouvr. cité*, p. 80.
2. N° 57 de la liste, planche v.
3. Hauteur : 0m,43. — Largeur : 0m,28. Publié par Gori, *ouvr. cité*, t. II, pl. I ; — Saglio, *ouvr. cité*, fig. 2469. — Cfr. Meyer, *ouvr. cité*, p. 49 et suiv., 82, n° 58.
4. N° 46, 47 de la liste.
5. N° 40 de la liste. — Dans le travail de Meyer, que j'ai déjà si souvent cité, on trouvera une bonne reproduction de ce fragment transformé en plat de reliure, à la planche III. Voyez plus haut le rapprochement que je fais de ce fragment avec le diptyque Rufius Probianus.

empereur, reliure à peu près contemporaine des ivoires qui recouvrent encore aujourd'hui l'Évangéliaire de Saint-Lupicin, que possède la Bibliothèque Nationale[1]. Or ces ivoires de Saint-Lupicin sont précisément du VIe siècle et proches parents d'un monument que l'on étudiera plus loin, celui-là absolument daté, la chaire d'ivoire de l'évêque de Ravenne, Maximien. L'ivoire Barberini, comme les feuillets du Cabinet de Vienne et du Musée Bargello, sont donc à supprimer de la liste des diptyques proprement dits : le premier parce qu'il ne paraît pas avoir fait partie d'un véritable diptyque; les seconds par la raison que, s'ils composent bien un diptyque, ce diptyque ne saurait être assimilé ni par le type qu'il nous offre, ni par l'époque à laquelle il a été sculpté, ou aux diptyques consulaires, ou aux diptyques de fonctionnaires romains.

III. LES DIPTYQUES DES PARTICULIERS.

L'étude des diptyques ayant un caractère historique a pu engendrer un assez grand nombre d'hypothèses plus ou moins fondées, mais qui toutes ou presque toutes contiennent du moins une part de vérité; par contre, les diptyques dont les sujets sont empruntés à la mythologie païenne ont donné lieu à une foule de dissertations dont on me permettra de passer la majeure partie sous silence. Sauf une exception, en effet, nous ne pouvons aucunement savoir pour qui ces diptyques ont été faits, quels événements ont donné lieu à leur création; et bien souvent aussi la date à laquelle ils ont été sculptés reste incertaine. Ces tablettes, fabriquées pour de riches particuliers qui voulaient faire connaître à leurs amis une circonstance de leur existence qu'ils considéraient comme heureuse, guérison, mariage, etc., ont avec les diptyques consulaires ce caractère commun de n'être, en quelque sorte, que l'enveloppe somptueuse d'une lettre. De ces objets, du reste, il y en avait de fort simples, pour toutes les bourses, pourrait-on dire; un diptyque trouvé à Rome il y a quelques années sur le mont Esquilin, celui qui porte le nom de *Gallienus Concessus* nous fournit un exemple d'un diptyque très ordinaire. Les feuillets en ivoire, découpés à leur partie supérieure, sont rattachés l'un à l'autre par des anneaux d'argent. Mais la surface en est tout unie et dépourvue de sculpture; on y lit seulement le nom du propriétaire : **GALLIENI CONCESSI V** (*iri*) **C** (*larissimi*)[2] . Le monument est, on le voit, des plus modestes, et pourtant ce personnage occupait un rang élevé dans la société.

Si l'on admettait l'opinion de Pulszky[3] , il faudrait faire remonter jusqu'au second siècle l'un des diptyques privés qui sont parvenus jusqu'à nous, celui qui après avoir fait partie de la collection Gaddi, se trouve au Musée Meyer, à Liverpool. Mais j'avoue qu'en présence d'une œuvre d'un style aussi lourd, il me paraît bien difficile de lui attribuer une date si ancienne ; le diptyque représentant Esculape et Télesphore, Hygie et l'Amour[4] me paraît contemporain des autres diptyques à sujets mythologiques que nous possédons, c'est-à-dire du IVe ou du Ve siècle. Cette réserve faite, on peut reconnaître que l'artiste s'est évidemment inspiré d'œuvres datant d'une époque florissante de la sculpture; on a pu rapprocher, par exemple, la pose de l'Esculape appuyé sur un bâton de l'attitude de l'Hercule Farnèse, au repos sur sa massue. Mais il n'y a là rien qui puisse nous étonner, rien qui ne concorde avec ce que nous savons des répétitions dans l'art de l'antiquité, et on pourrait ajouter dans l'art de tous les temps. Les artistes qui cultivent les arts mineurs, s'ils montrent parfois quelque originalité dans leurs compositions, vivent surtout d'emprunts à des œuvres célèbres sous le patronage desquelles ils placent en quelque sorte leurs imitations.

1. Manuscrit latin n° 9384.
2. *Bullettino della commissione archeologica municipale*, 1874, p. 101-103; — Saglio, *Dictionnaire des Antiquités grecques et romaines*, t. II, p. 271, fig. 2454.
3. Ouvr. cité, p. 33 et suiv.
4. N° 61 de la liste.

On a donc le droit de se montrer sceptique au sujet de la date à attribuer au diptyque du Musée Meyer, d'autant que le plus beau des diptyques privés existant aujourd'hui, celui qui par son style et l'habileté de son exécution se rapproche le plus des sculptures de la bonne époque, celui qui au siècle dernier se trouvait encore dans l'église de l'abbaye de Montier-en-Der, ne peut remonter plus haut que la fin du IVe ou le commencement du Ve siècle. Si celui du Musée Meyer a été fabriqué vraisemblablement pour faire part d'une heureuse guérison, c'est probablement à l'occasion d'un mariage que celui qui portent les inscriptions **NICOMACHORVM, SYMMACHORVM** a été sculpté [1]. Les sujets représentés sur ces deux plaques d'ivoire, qui pendant plusieurs siècles ont servi de portes au principal reliquaire de l'abbaye de Montier, sont évidemment des copies, mais des copies très habilement faites, de sculptures beaucoup plus anciennes; ces deux femmes faisant un sacrifice, par la simplicité de leur attitude, la disposition des draperies, les proportions font songer à des stèles grecques du IVe siècle. Nul doute que l'artiste ne se soit inspiré directement d'un de ces beaux modèles ou tout au moins d'une de leur bonne imitation gréco-romaine. Or, d'après les recherches les plus récentes [2], ce diptyque que virent et décrivirent les bénédictins au XVIIIe siècle, ce diptyque apporté au VIIe siècle par saint Bercaire, peut-être de Terre Sainte, plus probablement de Rome [3], a dû être sculpté soit à propos du mariage de Nicomachus Flavianus, fils de Virius Nicomachus Flavianus avec la fille de Quintus Aurelius Symmachus (consul en 391), — mariage qui fut célébré entre les années 392 et 394; soit à propos du mariage de Quintus Fabius Memmius Symmachus avec Galla, fille de Nicomachus Flavianus, en 401. Entre ces deux dates, il y a fort peu d'écart; c'est donc, bien que la chose ne laisse pas que d'étonner au premier abord, à la fin du IVe ou tout au commencement du Ve siècle seulement que ce magnifique diptyque a été sculpté [4]. Nous possédons là un monument daté exactement, qui peut utilement servir à contrôler les dates que l'on a voulu imposer à certains ivoires, qui, tout compte fait, se trouvent être contemporains des diptyques consulaires; mais comme on l'a remarqué plus haut, alors que pour les diptyques consulaires les ivoiriers se trouvaient livrés à leur propre force, et par conséquent, vu l'époque de décadence artistique où ils vivaient, ne pouvaient produire que des œuvres très médiocres, les mêmes artistes, quand on leur commandait des diptyques à sujets mythologiques, pouvaient puiser à pleine main dans les modèles antiques. Quelle que fût leur inhabileté, l'excellence du modèle faisait qu'il restait toujours dans leur faible copie un reflet de la pureté de l'art classique.

Sur ce diptyque des Nicomaques et des Symmaques, il est encore une remarque à faire qui peut motiver d'utiles rapprochements, servant à dater d'autres ivoires ; on a déjà signalé la ressemblance de ses bordures ornées de palmettes, d'un style bien particulier, avec les ornements qui entourent le diptyque de Rufius Probianus, à la bibliothèque de Berlin; il faut encore en rapprocher pour le même motif un bel ivoire chrétien qui fait partie de la collection Trivulzio, à Milan, et dont on trouvera la reproduction sur notre planche VI; la porte du tombeau du Christ, figuré sur cet ivoire, montre exactement le même ornement. Ce n'est pas à dire que l'on puisse affirmer que l'on est là en face d'œuvres sorties toutes trois du même atelier; mais on peut très légitimement conclure de ces rapprochements que ces ivoires sont à peu près contemporains ; étant donné le petit nombre des renseignements que nous possédons sur ces monuments, on ne saurait négliger de semblables points de repère.

Ces traditions de l'antiquité classique que l'on vient de remarquer sur le diptyque de Montier se retrouvent très vivaces encore sur un diptyque conservé à Brescia [5] qui, lui aussi, a donné lieu à de longues

---

1. Nº 55 de la liste.

2. Voyez Otto Seeck, De Symmachi vita, dans les Monumenta Germaniae historica, Auctores Antiquissimi, t. VI (1883), p. LIX.

3. C'est du moins ce que rappelait un distique gravé sur le reliquaire dont les ivoires formaient la porte :

   Hæc tabula Sanctum obtegit opus Bercharius illi
   Quam peregrinans terra Sancta dedit.

4. Les deux feuillets du diptyque de Montier sont malheureusement aujourd'hui séparés ; l'un est au Musée de Cluny, l'autre au Musée du South Kensington. Le premier fut retrouvé au fond d'un puits en 1860 et acquis par Du Sommerard ; il est infiniment regrettable que Du Sommerard n'ait pas aussi acheté à ce moment le second feuillet, dont il connaissait l'existence. Cfr. Catalogue du Musée de Cluny, éd. de 1881, nº 1046.

5. Nº 50 de la liste.

dissertations ; on s'accorde à y reconnaître les images d'Hyppolite et de Phèdre, de Diane et de Virbius ou de Diane et d'Endymion ; mais ce n'est point là ce qui doit fixer notre attention tout particulièrement ; c'est l'architecture surtout, ce sont ces arcs en porte à faux dressés sur des colonnes cannelées, ces coquilles qui garnissent les tympans, souvenir de la sculpture antique et que nous retrouvons identiques sur les diptyques consulaires, qu'il faut remarquer. Ce sont là des transformations, des modifications qui ne peuvent laisser subsister aucun doute sur l'âge de ces monuments qui, je le répète encore, appartiennent au même âge, au même courant artistique. Le diptyque de Trieste[1], avec sa distribution en deux registres, le diptyque d'Esculape et d'Hygie, comme celui de Monza[2], sont des œuvres auxquelles on ne saurait attribuer, malgré les sujets qu'elles représentent, une bien haute antiquité. Partout on retrouve le reflet de bons modèles classiques, mais partout aussi cette lourdeur et cette maladresse dans l'exécution qui indique une époque de décadence absolue. Je ne sais trop du reste si cette lourdeur, cet empâtement des formes ne sont pas préférables à l'amaigrissement systématique qu'offre le *diptyque des Muses* que possède le Musée du Louvre[3] ; malgré tout l'intérêt qui s'attache aux sujets qui y sont figurés, il est bien difficile de reconnaître dans cet ivoire autre chose qu'une œuvre de basse époque, une copie d'un modèle ancien exécutée par un artisan maladroit.

Le diptyque de Monza, celui qui représente une Muse jouant de la lyre et un poète, doit nous arrêter un instant ne fût-ce qu'à cause de l'étrangeté des opinions qui se sont produites à son sujet. La physionomie du poète, très particulière, indique suffisamment que l'artiste n'a pas voulu faire une image banale : c'est un portrait. Mais ce fait évident une fois constaté, doit-on aller plus loin ? doit-on, comme l'a fait Gori, nous donner à choisir entre Ausone, Claudien ou Boèce[4] ? doit-on, comme Pulszky, y reconnaître Ennius ou Homère[5] ? Ces recherches me semblent bien vaines et bien stériles. Telle ou telle de ces conclusions n'augmenterait pas la valeur du monument, puisque toutes ces opinions, sous la plume de savants sérieux, ne peuvent être données que comme des hypothèses ; et parfois, elles peuvent avoir une influence déplorable sur ceux qui, trop naïfs, les prennent au pied de la lettre et en tirent, trop logiquement, toutes les conséquences[6].

Le trésor de la cathédrale de Sens possédait autrefois un diptyque d'ivoire qui peut passer pour l'un des plus curieux parmi les diptyques à sujets mythologiques ; il est aujourd'hui au Musée de cette ville où il recouvre encore le manuscrit auquel il sert de reliure depuis le xiiie siècle ; et le manuscrit lui-même, la fameuse *Prose de l'âne*, n'a pas peu contribué à rendre l'ivoire célèbre. Le lever du Soleil et le lever de la Lune, sous les traits de Bacchus et de Diane, tels sont les sujets représentés sur ces plaques, dont la description, depuis Millin, qui les publia le premier, a été donné maintes et maintes fois. Je n'ai donc pas à la refaire et d'ailleurs on la retrouvera dans la liste des diptyques[7] ; la seule chose qu'il soit nécessaire de signaler à ce propos, c'est la grossièreté du travail de ces ivoires dont on ne peut guère se faire une idée que devant les originaux ; on sent là, aussi bien que dans le feuillet de diptyque provenant de Bourges et représentant les Muses et une scène dyonisiaque[8], que possède la Bibliothèque Nationale, que l'ouvrier avait entre les mains un original passable qu'il copiait de son mieux, mais sans en comprendre le style et sans connaître les finesses du métier. Quant à supposer qu'un ivoirier du ve ou du vie siècle fût capable de tirer de son propre fond des scènes aussi compliquées, il est bien difficile de l'admettre ; une telle science de composition répond à une habileté manuelle supérieure,

---

1. No 60 de la liste.
2. No 62 de la liste.
3. No 61 de la liste.
4. Gori, *mon. cité*, t. IV, pl. xx et xx.
5. Pulszky, *ouvr. cité*, p. 37.
6. Précisément à propos de ce diptyque de Monza a été publié à Metz, en 1849, une singulière dissertation (liberté philosophie, théologie, écriture de *Cassianus Mélacus* par Luigi Biraghi, Soc. Hist. Della Bibl. Ambrosiana, Paris, 89 p., pl.) où se trouve en outre une mauvaise reproduction de l'image du poète (Planche 8). L'auteur veut à toute force reconnaître Boèce dans cette sculpture ; jusque là il n'y a rien que de très naturel et de peu neuf. Mais où la science de l'auteur devient véritablement archaïque, c'est quand il prétend lire des inscriptions relatives à Boèce et à ses ouvrages sur le colorera et sur la robe qui sont figurés aux pieds du personnage ; le sculpteur y a gravé quelques traits destinés à représenter l'écriture et d'aut être non seulement un paléographe de premier ordre, mais en droit fort ligne pour y lire les onze lignes que transcrit imperturbablement Biraghi.
7. No 64 de la liste.
8. No 63 de la liste.

Ces ivoires ne peuvent être considérés que comme des imitations, précieuses sans doute, mais qui attestent beaucoup de maladresse et une impuissance complète à créer une œuvre personnelle.

Ce court tableau de l'état de la sculpture en ivoire à l'époque de la décadence de l'empire romain, les reproductions qui l'accompagnent suffiront à se faire une idée de ce qu'était cet art quand l'artiste dut substituer aux sujets mythologiques et païens les sujets chrétiens; ces notions suffiront au lecteur, surtout s'il parcourt le catalogue sommaire qu'on a dressé de ces monuments, catalogue accompagné d'une bibliographie suffisante pour lui permettre de se reporter aux travaux spéciaux dans lesquels on a pu consacrer de longs développements à des sujets qu'il n'était permis ici que d'effleurer.

L'intérêt considérable que présentent les diptyques au point de vue historique a fait qu'on a un peu laissé dans l'ombre leur incontestable valeur artistique. Non point, je le répète, que de semblables sculptures puissent être, sauf de rares exceptions, considérées comme des œuvres bien remarquables, mais parce que, par cette série véritablement imposante de monuments datés, débute une période artistique nouvelle. On a sans doute remarqué que la plupart de ces diptyques sont émanés de consuls d'Orient, et dès lors il n'est que légitime d'en faire honneur à l'art auquel la fondation de Constantinople, au IV⁵ siècle, allait non pas donner naissance, — il existait déjà, — mais permettre de se développer avec une nouvelle vigueur. Le vieil art hellénique, toujours vivant, malgré bien des défaillances, allait relever la tête; adoptant mille innovations venues d'Asie, de Syrie surtout, il allait créer en architecture, en décoration un style jeune, qui, complètement séparé de la branche gréco-romaine, envahira à son tour une bonne partie de l'Italie et exercera une puissante influence sur presque tout l'Occident pendant de longs siècles du moyen âge.

À dire vrai, ces modifications apportées par les Byzantins dans le style de la sculpture sont plus faciles à saisir à leur apogée, au X⁵ ou au XI⁵ siècle, qu'à leur point de départ; il en est de même de toute période artistique qui, en ses commencements, n'est différenciée de la période précédente que par des nuances presque imperceptibles. À considérer les choses dans leur ensemble, il n'y a guère de différence, au point de vue du style, entre un diptyque exécuté en Italie au V⁵ siècle et un diptyque sculpté à Byzance au VI⁵ siècle. Ce n'est que peu à peu que le fossé se creuse entre les deux arts. La séparation est d'autant plus délicate à établir que l'art gréco-romain, tel qu'il était pratiqué en Italie et dans le Midi de la Gaule, avait subi lui aussi plus d'une atteinte des éléments étrangers, syriens ou alexandrins, qui plus tard devaient exercer une si puissante influence à Byzance. Ce n'est plus une nouveauté depuis les publications sur l'art syrien[1], que de dire que l'ornementation gréco-syrienne a hanté l'imagination des artistes, qui au IV⁵, au V⁵, au VI⁵ siècle travaillaient la pierre ou le marbre, l'ivoire ou le bronze, élevaient des palais ou sculptaient des sarcophages, en Italie ou en Gaule. Dans l'histoire de cette filiation artistique, c'est surtout de l'architecture que jusqu'ici on s'est occupé et on admet généralement aujourd'hui que l'usage de certains partis pris de construction, de la coupole sur pendentifs si fréquemment employée dans les édifices byzantins, par exemple, a pris naissance en Syrie dès le III⁵ siècle; il semble même logique d'admettre que les architectes grecs qui ont élevé les monuments de Syrie ont été chercher leur inspiration dans des monuments asiatiques qu'on n'est pas peu étonné de voir servir de modèles de nombreux siècles après leur création. Mais c'est un fait tout à fait évident devant lequel il faut s'incliner. C'est la doctrine qu'a adoptée un éminent archéologue que ses études ont amené, dans ces dernières années, à tirer des conclusions des nombreux travaux de détails auxquels avait donné lieu une question si ardue mais si intéressante; ces conclusions, absolument logiques, je ne puis que les adopter et les mettre sous les yeux du lecteur : « Nous avons le droit de remonter ainsi du palais de Chosroès à celui de Sargon. Peut-être un jour essayerons-nous de parcourir en sens inverse le même chemin; peut-être chercherons-nous s'il n'y a pas lieu d'admettre que ces exemples et ces traditions aient pu contribuer, vers la fin de l'empire romain, à pousser l'architecture dans une nouvelle voie.

1. De Vogüé, *Architecture civile et religieuse de la Syrie centrale du IV⁵ au VII⁵ siècle.*

C'est en Asie Mineure que nous voyons apparaître alors cette école, dont tous les ouvrages n'ont pas encore été étudiés avec l'attention qu'ils méritent. Les édifices que bâtissent ces novateurs se distinguent par le rôle qu'y joue la voûte et particulièrement la coupole sur pendentifs; on y remarque aussi certains procédés de construction qui, semble-t-il, n'étaient pas connus et n'ont jamais été d'usage en Occident. Nous avons peine à croire que les chefs de cette école, quel qu'ait été leur talent, aient inventé de toutes pièces, tiré de leur propre fond un système dont le principe est si différent de celui des édifices grecs et même de celui des édifices romains du haut empire. Ce système ils ont dû le perfectionner en y faisant entrer la colonne; mais n'est-il pas vraisemblable qu'ils en ont pris quelque part l'idée première, et qu'ils se sont fait enseigner par ceux qui les pratiquaient depuis un temps immémorial, les méthodes qui pouvaient faciliter et abréger le travail d'exécution ? L'Asie Mineure touche à la Mésopotamie, où toutes les villes importantes avaient de ces édifices bâtis en briques et surmontés de dômes. Les Romains fréquentaient la vallée de l'Euphrate; ils y étaient amenés tantôt par le commerce, tantôt par la guerre; la victoire les avait conduit plus d'une fois jusqu'à Ctésiphon, sur le Tigre. L'occasion ne leur avait donc pas manqué d'étudier l'architecture orientale dans le milieu même où elle avait pris naissance; ils avaient pu la juger et l'apprécier, sur place, dans de grands ensembles qui certainement avaient leur noblesse et leur beauté, surtout quand ils possédaient encore leur riche décoration. Le génie grec avait à peu près épuisé toutes les formes et toutes les combinaisons que comportait le style classique; il était las de tourner toujours dans le même cercle et de se voir condamné à de perpétuelles redites. On comprend que dans son dessein de se renouveler, il ait songé à s'inspirer de modèles qui pourraient, il le sentait, lui fournir les éléments d'un thème original, susceptible de se prêter à bien des variations et à bien des développements. Si vous vous placez à ce point de vue, les architectes de Sainte-Sophie, Isidore de Milet et Anthemios de Tralles, vous apparaîtront comme les continuateurs et les disciples de ces maîtres oubliés, dont l'art déjà savant a soulevé de terre des millions et des millions de briques, pour les suspendre en voûtes et en hautes coupoles au dessus de la tête des Sargon et des Nabuchodonosor [1]. »

Si je cite en entier ce passage dont les conclusions me paraissent les plus légitimes, si j'admets que l'art oriental a pu influer sur le style des constructeurs grecs d'Asie Mineure et par leur canal profondément imprégner d'art asiatique l'architecture byzantine, c'est pour indiquer que la même voie a été suivie par un style décoratif nouveau, amalgame d'art grec et d'art oriental; et ce style, ce n'est pas seulement Byzance qui l'a subi; l'Italie et la Gaule n'ont pu échapper à son influence. Ce n'est point dans la sculpture des figures qu'on en peut surtout reconnaître les effets; les constructions de Syrie ne nous montrent guère de représentations de la figure humaine; mais dans la sculpture ornementale, mille formules classiques de décoration ont été changées du tout au tout. Si l'on prend la peine de parcourir concurremment les planches publiées par Vogüé et les planches qui accompagnent le magistral ouvrage de Le Blant sur les sarcophages chrétiens de la Gaule, on sera frappé des analogies non seulement de style, mais de dispositions que présentent certains grands motifs décoratifs qui apparaissent pour la première fois en Syrie au IVe siècle pour être employés couramment dans notre pays au Ve et au VIe siècle. Combien l'influence de ce style nouveau dut être plus grande quand, à Constantinople, autour d'une cour fastueuse, autour de princes grands constructeurs et amis du luxe le plus effréné, se formèrent de véritables écoles artistiques ! Les modèles de décoration, l'Orient continua à les leur fournir; mais ils purent puiser aussi à pleines mains dans les chefs-d'œuvre de la sculpture antique amenés de toutes les parties de l'Empire et entassés à Constantinople; et ce nouvel art grec, né en Orient au point de vue de l'architecture et de la décoration, put continuer, en sculpture et en peinture, les traditions de l'art hellénique ancien et dans certains cas se montrer un élève très passable. A un art qui reprenait une nouvelle vitalité, il fallait un domaine plus vaste que celui que lui offrait la série des sujets imaginés par les premiers chrétiens; l'iconographie se compliqua et se développa dans la voie du christianisme; dans un sens

----

1. Georges Perrot, *Histoire de l'art dans l'Antiquité*, t. II, p. 476-477.

plus large, tout en conservant soigneusement certaines traditions païennes et classiques que l'art byzantin, même en ses plus mauvais jours, a su ne jamais abandonner.

Ce n'était pas un mince mérite assurément que de tenter de faire revivre et de continuer les traditions de l'art classique à un moment où la cause de l'art semblait, pour longtemps tout au moins, absolument sacrifiée. Les artistes byzantins ont-ils complètement atteint ce but? oui, dans une certaine mesure; et sans leur faire la part d'influence qu'on leur a autrefois attribuée sur tout le développement artistique du moyen âge, il est légitime de reconnaître que le rôle qu'ils ont joué ou directement ou indirectement dans la marche de l'art en Occident a été des plus considérables. Art vivant, éminemment transformable, nullement figé, comme on l'a cru autrefois, l'art byzantin a su être le gardien fidèle de certaines traditions de tenue qu'en Occident les artistes des premiers siècles du moyen âge avaient complètement oubliées. Ce n'est que le jour où il a été de nouveau épuisé, après une longue existence, qu'il est devenu l'art immuable et hiératique qui n'a pas peu contribué à donner à l'épithète de byzantin le sens défavorable dans lequel elle est si souvent employée.

LISTE DES DIPTYQUES CONSULAIRES
DONT LES DATES PEUVENT ÊTRE CONSIDÉRÉES COMME CERTAINES

1. (Vers l'an 400.) — STILICON.

PLANCHE I.

1er *feuillet* : Stilicon, debout, barbu, vêtu d'une tunique à manches longues et d'une chlamyde fort longue, retenue sur l'épaule droite par une grande fibule, s'appuie de la main droite sur une lance et de la gauche sur un bouclier ovale : ses jambes sont recouvertes de chausses collantes et les pieds sont chaussés du *campagus*. Au côté gauche du personnage pend une longue épée, à poignée dépourvue de quillons, suspendue à un ceinturon accompagné d'un baudrier. En arrière de Stilicon, une façade d'architecture composée d'un fronton en forme de trapèze, soutenu par deux colonnes cannelées, flanqué lui-même de deux colonnettes cannelées en spirales.

2e *feuillet* : Deux personnages debout : Serena, fille d'Honorius et épouse de Stilicon, et Eucherius, leur fils. Eucherius est représenté à gauche, debout, les cheveux coupés en rond sur le front et les oreilles, vêtu d'une tunique à manches, serrée aux hanches par une ceinture, d'une tunique de dessous, un peu plus longue, et d'une toge drapée comme une chlamyde, retenue sur l'épaule droite par une grande fibule. De la main gauche, ramenée vers la poitrine, Eucherius porte des tablettes ; de la droite il fait un geste impératif. Serena est vêtue d'une tunique talaire à longues manches et de la *stola*, tunique plus ample, à manches courtes. Par dessus la *stola* est placée une écharpe qui se drape sur l'épaule gauche et revient sur le bras gauche. Ses cheveux forment un bourrelet autour de la tête, puis un chignon en forme de diadème ; à ses oreilles sont suspendus des pendants ; un double collier de perles entoure son cou. De la main gauche, abaissée, elle tient un mouchoir ; de la droite, relevée, une fleur (? une rose). Même fond d'architecture que sur le premier feuillet.

Monza, Trésor de la Basilique.

Hauteur : 0^m,325. — Largeur : 0^m,15.

Publié : Gori, *Thesaurus veterum diptychorum*, t. II, pl. VII ; — Didron, *Annales archéologiques*, t. XXI, p. 222 ; — Labarte, *Histoire des arts industriels*, 1re édition, Album, t. I, pl. II ; 2e édition, t. I, pl. I ; — Saglio, *Dictionnaire des Antiquités grecques et romaines*, t. II, fig. 2458 ; — Cfr. Pulszky, *Catalogue of the Fejérvary ivories*, p. 19 ; — Wieseler, *Das diptychon Quirinianum zu Brescia nebst Bemerkungen über die diptycha überhaupt*, p. 43 ; — Westwood, *A descriptive catalogue of the fictile ivories in the South Kensington Museum*, n° 42, 43 ; — Meyer, *Zwei antike Elfenbeintafeln der Staats-Bibliothek in München*, p. 42, 73, n° 47 ; — C. Jullian, *Le diptyque de Stilicon au trésor de Monza*, dans les *Mélanges d'archéologie et d'histoire publiés par l'école française de Rome*, t. I, p. 5 à 35.

2. (Année 406.) — PROBUS, CONSUL À ROME.

PLANCHE II.

1er *feuillet* : L'empereur Honorius, debout, vêtu d'une cuirasse, tient dans la main gauche le globe surmonté de la représentation d'une Victoire et dans la main droite un *labarum* portant l'inscription : *In nomine Christi vincas semper*. Au dessus de cette figure, l'inscription : D*omino* N*ostro* **HONORIO** **SEMP**er **AVG**usto ; au dessous : **PROBVS FAMVLVS V**ir C*larissimus* **CONS**ul **ORD**inarius.

2e *feuillet* : Honorius debout, vêtu d'une cuirasse, la main droite sur un long bâton ou sceptre, s'appuie de la main gauche sur un bouclier. Mêmes inscriptions dédicatoires que sur le premier feuillet.

Aoste, Trésor de la Cathédrale.

Hauteur : 0^m,285 et 0^m,295. — Largeur : 0^m,134.

Publié : Garzera, *Memorie della R. Accademia di Torino, classe della scienze morali*, t. 38 (1873), p. 240; — Aubert, *Liste*, p. 224; — *Revue archéologique*, 1862, p. 161. — Cfr. Mommsen, *Corpus Inscript. lat.*, t. V, 4, n° 6836; — Chabouillet, *Revue des Soc. Savantes*, 5e série, t. VI, 1873, p. 284; — Meyer, *ouvr. cité*, p. 10, 12, 13, 55, 62, n° 1.

3. (Année 428.) — FÉLIX, consul a Rome.

1er *feuillet* : Le consul debout, portant un sceptre dans la main gauche et ramenant la main droite vers sa poitrine; à la partie supérieure, l'inscription : FL*avii* FELICIS V*iri* C*larissimi* COM*itis* AC MAG*istri*.

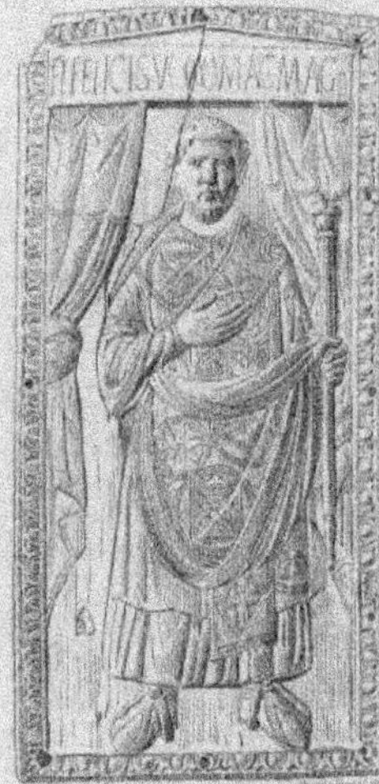

N° 1. — FÉLIX, consul en 428.
(Paris, Bibliothèque Nationale)

2e *feuillet* : Le consul debout, vêtu de la chlamyde retenue sur l'épaule par une fibule, tenant un *volumen* dans la main droite; à la partie supérieure, l'inscription : VTRI*u*sQue MIL*itiae* PATR*icius* ET CO*n*sul ORD*i*narius. Ce feuillet est perdu aujourd'hui.

Paris, Bibliothèque nationale (1er feuillet); autrefois a Saint-Junien.

Hauteur : 0^m,28 et 0^m,29. — Largeur : 0^m,14.

Publié : Mabillon, *Annales ord. S. Benedicti*, t. III, p. 202; — Banduri, *Imperium orientale*, pars IV, p. 491; — Gori, *ouvr. cité*, t. I, pl. II. — Lenormant, *Trésor de Numismatique et de Glyptique*, t. II, pl. XII; — Louandre, *Les Arts somptuaires*, t. I, pl. II; — Saglio, *ouvr. cité*, t. I, fig. 1900. — Cfr. Pulszky, *ouvr. cité*, p. 6; — Chabouillet, *ouvr. cité*, p. 274-283; — Westwood, *ouvr. cité*, n° 41; — Meyer, *ouvr. cité*, p. 8, 14, 17, 28, 62, n° 2.

4. (Année 449.) — ASTURIUS, consul a Rome.

1er *feuillet* (perdu) : Le Consul, barbu, assis sur la chaise curule, tenant dans la main gauche un sceptre surmonté de deux bustes; dans la droite, ramenée vers la poitrine, un *volumen*; il est accompagné de deux acolytes vêtus de tuniques et de chlamydes; l'un porte les faisceaux, l'autre un vase en forme de coupe; au fond, quatre colonnes soutenant un fronton. En haut, l'inscription : FL*avius* ASTYRIVS V*ir* C*larissimus* ET INL*ustris* COM*es* EX.

2e *feuillet* : Même représentation que sur le premier feuillet. Inscription : MAG*istro* VTRIVS Que MIL*itiae* CONS*ul* ORD*inarius*.

Darmstadt, Musée. (Le 2e feuillet seulement.) Autrefois à Liège.

Hauteur : 0^m,17. — Largeur : 0^m,13.

Publié : Wiltheinius, *Diptychon Leodiense ex consulari factum episcopale*. — Gori, *ouvr. cité*, t. I, pl. III; — Schuermans, *Les diptyques consulaires de Liège*, dans le *Bulletin des Commissions royales d'art et d'archéologie*, Bruxelles, t. XXII, 1881, p. 223, pl. I, II; — Nähring, *Kunstschätze aus dem Museum in Darmstadt*. — Cfr. *Jahrbuch des Vereins der Alterthumsfreunde im Rheinlande*, t. VIII, p. 133; — Pulszky, *ouvr. cité*, p. 7; — Rossi, *Inscriptiones christianae*, t. I, p. 325, n° 582; — Schäfer, *Denkmäler der Elfenbeinplastik in Darmstadt*, p. 22; — Westwood, *ouvr. cité*, n° 44; — Meyer, *ouvr. cité*, p. 13, 14, 17, 18, 21, 37, 62, n° 3.

5. (Année 487.) — BOETHIUS, consul a Rome.

1er *feuillet*. — Le consul, debout sous un fronton supporté par deux colonnes, tient de la main gauche le sceptre surmonté d'un aigle, et de la droite la *mappa*; à ses pieds, des sacs d'argent. Inscription à la partie supérieure : NAR (?) MANL*ius* BOETHIVS V*ir* C*larissimus* ET INL*ustris*. Au tympan, dans une couronne de laurier, un monogramme.

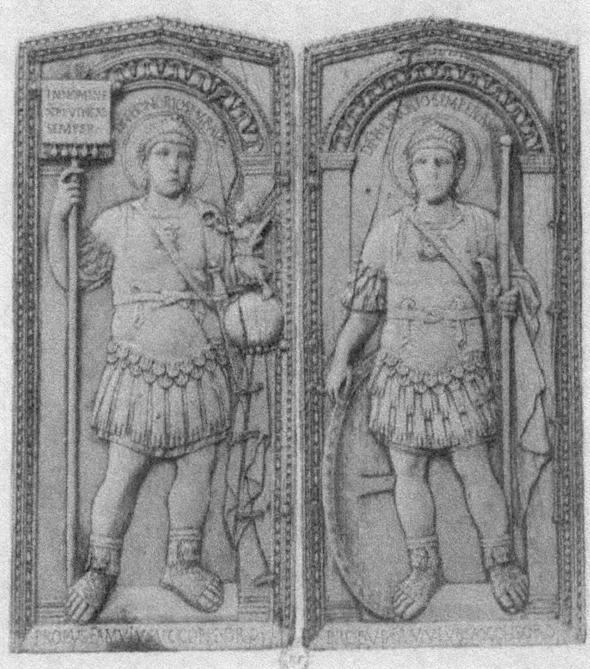

DIPTYQUE DU CONSUL PROBUS

2e feuillet : Le consul, dans le même costume que sur le premier feuillet, mais assis. Inscription à la partie supérieure : **EX P***raefecto* **P***raetorio* **P***raefectus* **V***rbi* **SEC***undum* **CONS***ul* **ORD***inarius* **ET PATRIC***ius*. Même monogramme que dans le feuillet précédent.

Brescia, Musée.

Hauteur : 0ᵐ,34. — Largeur : 0ᵐ,125.

Publié : Hagenbuch, *De diptycho brixiano Boethii* ; — Gori, *ouvr. cité*, t. I, pl. IV; — Saglio, *ouvr. cité*, t. I, fig. 1913 — Cir. Pulszky, *ouvr. cité*, p. 9; — Mommsen, *Corp. Inscr. Lat.*, t. V, 8120, 1; — Westwood, *ouvr. cité*, nᵒˢ 47, 48; — Meyer, *ouvr. cité*, p. 11, 16, 18, 64, nᵒ 5.

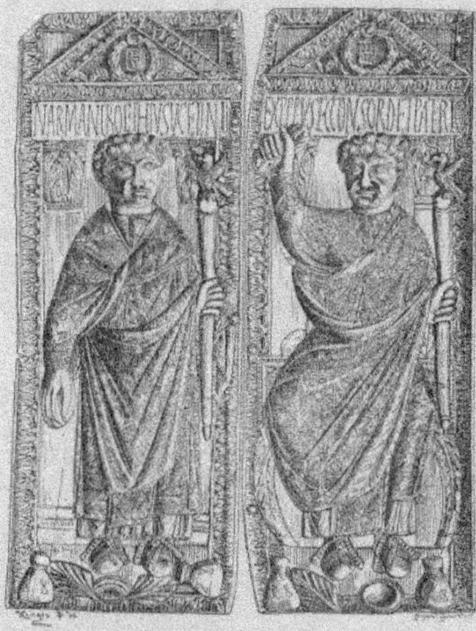

Nº 5. — Boethius, consul en 487.
Brescia, Musée.

6. (Année 488.) — SIVIDIUS, consul a Rome.

1ᵉʳ feuillet : Dans un médaillon circulaire bordé d'un large rang de feuilles sommairement sculptées, placé au centre du feuillet, est gravée l'inscription : **RVFIVS ACHILIVS SIVIDIVS V***ir* **C***larissimus* **ET INL***ustris* **EX PRAEF***ecto* **VRBIS**. De ce médaillon central se détachent, haut et bas, deux groupes symétriques de rinceaux terminés par des palmettes ; enfin les angles du feuillet, bordé d'une moulure, sont occupés par quatre rosaces à feuillages disposés en hélice inscrivant une rosette.

2e feuillet : Même décoration : **PATRICIVS ITERVM PRAEF***ectus* **VRBIS CONSVL ORDINARIVS**.

Paris, Bibliothèque nationale. (Le premier feuillet seulement, acquis en 1880; le second semble aujourd'hui perdu.) Provient du Séminaire de Gerunda, en Valais.

Hauteur : 0ᵐ,356. — Largeur : 0ᵐ,107.

Cfr. De Levis, *De Batii Ach. Sisilii praefectura et consulatu epistola*, Turin, 1808, in-4º. — Gazzera, *Memorie dell' R. Accademia di Torino*, t. 38, (1834), p. 228; — Borghesi, *Annali del Instituto*, 1849, p. 345; — Mommsen, *Inscr. Helv.*, 341, 1; — Rossi, *Inscrip. Chr.*, p. cxviii; — Rahn, *Geschichte d. bild. Künste in der Schweiz*, p. 140; — Meyer, *ouvr. cité*, p. 64, 65, nº 6; — *Bulletin de la Soc. des Antiquaires de France*, 1880, p. 190; — Héron de Villefosse, *Feuille de diptyque consulaire conservée au Musée du Louvre*, dans la *Gazette archéologique*, 1884, p. 138, nº 5; — Chabouillet, *Catalogue... de la collection des deniers mérovingiens des viie et viiie siècles*, 1890, p. xi.

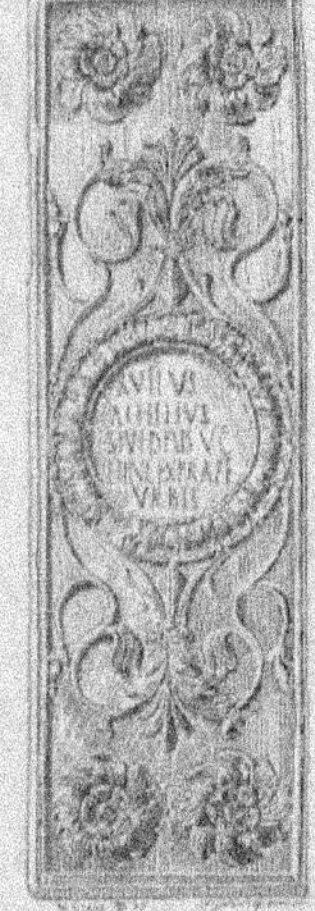

Nº 6. — Symous(?), consul en 506.
(Paris, Bibliothèque Nationale.)

7. (Année 506.) — AREOBINDUS, CONSUL A CONSTANTINOPLE.

1ᵉʳ *feuillet* : A la partie supérieure, le consul assis, de face, imberbe, tenant de la main droite la *mappa*, et de la gauche un sceptre terminé par une aigle entourée d'une couronne de laurier surmontée d'une figure impériale debout, tenant d'une main le globe, de l'autre une lance. Les pieds du consul reposent sur un escabeau. Son siège est orné de griffes et de mufles de lions, un anneau dans la gueule; enfin la décoration est complétée, à droite et à gauche, par deux Victoires debout élevant au dessus de leur tête des boucliers offrant la représentation d'un personnage en buste. Au second plan, à droite et à gauche du consul, près de colonnes dont on n'aperçoit que les chapiteaux ornés de larges feuilles, surmontés d'un abaque décoré d'une oraisette, se tiennent debout deux personnages, imberbes, dont les chlamydes, retournées sur l'épaule droite par une longue fibule, sont munies de segments brodés de forme rectangulaire.

Au dessous des pieds du consul est figurée l'une des tribunes du cirque occupée par huit personnages, imberbes, vus à mi-corps. Au dessous enfin, dans l'arène, quatre gladiateurs transpercent quatre lions de leurs épieux, tandis qu'un cinquième personnage semble les exciter au combat.

A la partie supérieure du feuillet, bordé d'une moulure, dans un cartouche, est gravée l'inscription : 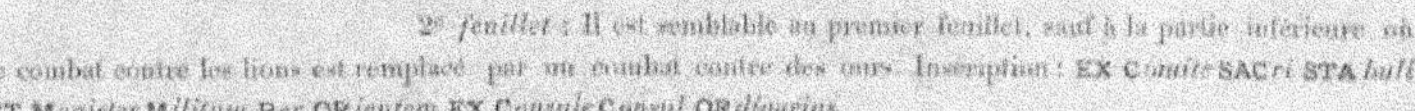FL*avius* AREOB*indus* DAGAL*aiphus* AREOBINDVS V*ir Inlustris*.

2ᵉ *feuillet* : Il est semblable au premier feuillet, sauf à la partie inférieure où le combat contre les lions est remplacé par un combat contre des ours. Inscription : EX C*omite* SAC*ri* STA*buli* ET M*agister* M*ilitum* P*er* OR*ientem* EX C*onsule* C*onsul* OR*dinarius*.

Ce feuillet est mutilé à la partie gauche.

Zürich, Musée National suisse.

Hauteur de chaque feuillet : 0ᵐ,36. — Largeur : 0ᵐ,13.

Publié : Hagenbuch, *ouvr. cité*, p. 232; — Gori, *ouvr. cité*, t. I., pl. VII; — Voegelin, *Mittheilungen der ant. Gesellschaft in Zürich*, t. XI, 4ᵉ cahier, (1857), p. 70; — Rahn, *Geschichte der bildenden Künste in der Schweiz*, p. 100 (le 1ᵉʳ feuillet); — *Zürich und das Schweizerische Museum*, 1890, pl. xxx. — Cfr. Mommsen, *Corp. Inscr. Helv.*, 342, 2; — Pulszky, *ouvr. cité*, p. 11; — Westwood, *ouvr. cité*, nº 33 et p. 486; — Meyer, *ouvr. cité*, p. 12, 19, 21, 65, nº 7; — A. Héron de Villefosse, *ouvr. cité*, nº 6.

8. (Année 506.) — AREOBINDUS, CONSUL A CONSTANTINOPLE.

1ᵉʳ *feuillet* : Mêmes dispositions et même représentation du consul à la partie supérieure du feuillet que sur le diptyque de Zürich; toutefois, le sceptre du consul est terminé par deux figures drapées assises, au lieu de la figure impériale. Les spectateurs dans la tribune du cirque sont au nombre de dix. A la partie inférieure est figuré un combat contre des ours, beaucoup plus compliqué que dans les feuillets déjà décrits. Inscription gravée dans un cartouche au haut du feuillet : FL*avius* AREOB*indus* DAGAL*aiphus* AREOBINDVS V*ir Inlustris*.

Saint-Pétersbourg, Musée de l'Ermitage (Ancienne collection Basilewsky).

Hauteur : 0m,38. — Largeur : 0m,145.

Publié : A. Darcel, *Collection Basilewsky*, pl. vii, p. 12, n° 45. — Cfr. Westwood, *ouvr. cité*, p. 401. — Meyer, *ouvr. cité*, p. 65, 66, n° 8. — A. Héron de Villefosse, *ouvr. cité*, n° 7.

9. (Année 506.) — AREOBINDUS, consul à Constantinople.

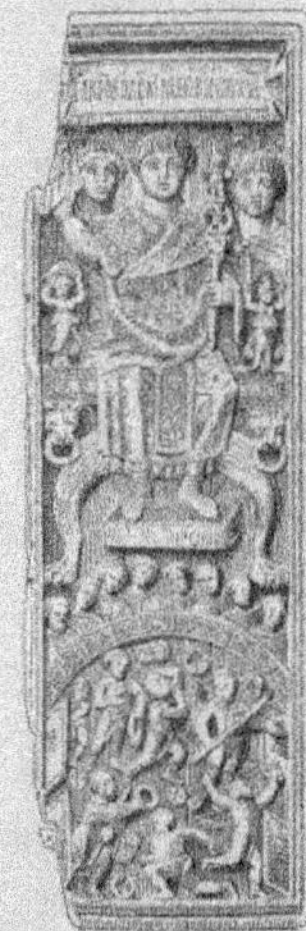

N° 9. — AREOBINDUS,
consul en 506.
(Besançon, Musée)

1er *feuillet* : Mêmes dispositions et même représentation du consul que sur le diptyque de Zürich. Dans l'arène est figuré un combat de gladiateurs. Inscription dans un cartouche au haut du feuillet : FL*avius* AREOB*indus* DAGAL*aiphus* AREOBINDVS VI*r* I*ndustria*.

Besançon, Musée.

Hauteur : 0m,37. — Largeur : 0m,126.

Publié : Coste, dans le *Magasin encyclopédique* de Millin, t. VIII (1802). — Millin, *Monuments inédits*, t. I, p. 360. — Cfr. Meyer, *ouvr. cité*, p. 65, 66, n° 9. — A. Héron de Villefosse, *ouvr. cité*, n° 8.

10. (Année 506.) — AREOBINDUS, consul à Constantinople.

2e *feuillet* : Dispositions et figure du consul presque semblables au diptyque de Zürich; néanmoins, il faut signaler un arc en maçonnerie construit au dessus de la figure du consul entre les deux colonnes représentées au second plan. A la partie inférieure, un combat contre des ours parmi lesquels on aperçoit aussi un taureau et un cheval. Inscription : EX C*omite* SAC*ri* STA*buli* ET M*agister* M*ilitum* P*er* OR*ientem* EX C*onsule* C*onsul* OR*dinarius*.

Ce feuillet pourrait bien être le complément du feuillet conservé au Musée de Besançon.

Paris, Musée de Cluny (Ancienne collection Baudot, à Dijon.)

Hauteur : 0m,37. — Largeur : 0m,130.

Publié : Montfaucon, *Antiquité expliquée*, Supplément, t. III, p. 219 (attribué par erreur à Stilicon); — Gori, *ouvr. cité*, t. I, pl. I; — *Catalogue de la collection de feu M. H. Baudot* (1894), n° 309. — Cfr. Meyer, *ouvr. cité*, p. 65, 66, n° 10; — A. Héron de Villefosse, *ouvr. cité*, n° 9.

11. (Année 506.) — AREOBINDUS, consul à Constantinople.

1er et 2e *feuillet* : Chacun des feuillets est orné de deux grandes cornes d'abondance croisées par leur partie médiane, entourées d'une guirlande de lierre et remplies de fruits; des cornes s'échappent deux tiges végétales plusieurs fois recourbées rappelant également par leur forme les feuilles de lierre. Au dessous des cornes d'abondance, une corbeille en vannerie remplie de fruits. Entre les cornes, dans le champ, sculpté en relief, le monogramme AREOBINDVS, surmonté d'une croix. Deux cartouches, placés à la partie supérieure de chacun des feuillets, portent, gravés en creux, les noms et les titres du consul : 1er *feuillet* : FL*avius* AREOB*indus* DAGAL*aiphus* AREOBINDVS VI*r* I*ndustria*; — 2e *feuillet* : EX C*omite* S*acri* STAB*uli* ET M*agister* M*ilitum* P*er* OR*ientem* EX C*onsule* C*onsul* ORD*inarius*.

Lucques, Bibliothèque du Chapitre.

Hauteur : 0m,34. — Largeur : 0m,125.

Publié : Donati, *De dittici degli antichi profani e sacri*, pl. IV. — Gori, ouvr. cité, t. I, pl. VIII. — Cfr. Pulszky, ouvr. cité, p. 11. — Westwood, ouvr. cité, n°° 31 et 32. — Meyer, ouvr. cité, p. 65, 66, n° 11. — A. Héron de Villefosse, ouvr. cité, n° 10.

12. (Année 506.) — AREOBINDUS, consul a Constantinople.

1er et 2e *feuillet* : Le centre de chacun des feuillets, absolument semblable, est occupé par un médaillon circulaire, environné de deux grands rinceaux, d'une sculpture très sommaire, dont les extrémités sont réunies au haut et au bas de l'ivoire par des bagues. Dans le médaillon central est figuré le consul, à mi-corps, imberbe, tenant de sa main droite, élevée, la *mappa*, et de la gauche un sceptre surmonté du buste impérial. Au dessus et au dessous du médaillon sont sculptés en relief deux monogrammes semblables donnant le nom du consul en grec : **APEOBINΔOC**.

Milan, collection Trivulzio. Anciennes collections Settala et Possenti de Fabriano.

Hauteur : 0m,34. — Largeur : 0m,11.

Publié : Gori, ouvr. cité, t. II, pl. XVII. — *L'art*, t. XXVIII, (1882), p. 249. — Cfr. Pulszky, ouvr. cité, p. 21. — Mommsen, *Corp. inscr. lat.*, t. V, n° 8120, 8. — Meyer, ouvr. cité, p. 65, 66, n° 12. — H. Graeven, *Eustelle consulardiptychon*, dans les *Mittheilungen des K. D. Archaeologischen Instituts*, 1892, t. VII.

13. (Année 506.) — AREOBINDUS, consul a Constantinople

PLANCHE III

Feuillet unique : La face principale de ce feuillet est semblable au diptyque n° 12. Le revers de ce feuillet porte une ornementation compliquée : on y a figuré en sept registres superposés le Paradis terrestre ; Adam et Ève tentés par le serpent ; un centaure et une centauresse et deux sirènes à corps d'oiseaux ; des satyres et des hommes à têtes d'animaux ; un griffon, un lion et une lionne, une licorne et un cerf, un bélier, un taureau et un bouc ; un cheval et une jument (?), un chameau, un sanglier, un ours ; un éléphant et un animal impossible à déterminer. Une large bordure entoure tous ces sujets : elle est décorée de tiges de feuillages dépourvus de symétrie au milieu desquels se jouent des oiseaux ou de petits quadrupèdes.

Paris, Musée du Louvre.

Hauteur : 0m,36. — Largeur : 0m,11.

Publié : A. Héron de Villefosse : *Feuille de diptyque consulaire conservée au Musée du Louvre* dans la *Gazette archéologique*, 1884, p. 117-128. — Cfr. H. Graeven, ouvr. cité, p. 205, 206.

La lecture du monogramme **APEOBINΔOC** ne paraît pas certaine à Héron de Villefosse, qui identifie à tort ce feuillet avec un des feuillets du diptyque de la collection Settala, publié par Gori (c'est mon n° 12), et qui se trouve aujourd'hui dans la collection Trivulzio, à Milan. Le feuillet du Louvre a été inconnu à Gori. Dans l'impossibilité de faire concorder le monogramme avec tout autre nom de consul, Héron de Villefosse maintient ce diptyque, dans la liste donnée par lui, à ce personnage. J'imite son exemple, tout en ne partageant pas ses scrupules sur la lecture du monogramme. Quant à l'opinion émise par mon savant confrère au sujet de la date des sculptures du revers de ce feuillet possédé aujourd'hui par le Louvre, je ne puis en aucune façon l'adopter. Il attribue ces sculptures à l'art italien du commencement du XVe siècle et les compare aux bas-reliefs de la façade du dôme d'Orvieto. Il les rapproche ensuite d'un ivoire publié par Grivaud de la Vincelle (*Monuments antiques inédits*, t. II, pl. XXVII, p. 242) et faisant partie de la collection Denon (aujourd'hui dans la collection Carrand, au Musée du Bargello, à Florence) et remarque que le style lui paraît le même, sous toutes réserves toutefois, n'ayant jamais vu, dit-il, ce dernier monument en original. Le rapprochement est en effet très juste en ce qui concerne ce dernier ivoire, un diptyque dont nous donnons une partie (Planche V) en héliogravure, et l'autre partie en dessin dans le texte, à propos des ivoires chrétiens. Mais ce diptyque de la collection Denon ne saurait être postérieur au XVe siècle ; d'ailleurs, ni le style ni la composition du revers du feuillet du Musée du Louvre ne peuvent appartenir à la Renaissance italienne ; on y retrouve des traces d'influences antiques qui ne ressemblent en rien aux copies d'antiques exécutées au XVe siècle en Italie. La façon de présenter les végétaux rappelle beaucoup les sculptures des sarcophages chrétiens et les sculptures syriennes du IVe et du Ve siècle. On retrouve là, selon moi, une représentation qui n'est pas sans analogie avec celle qui décore le diptyque de Bourges, aujourd'hui à la Bibliothèque Nationale, moins grossière à la vérité mais de style analogue. Ce bas-relief a dû être exécuté très peu de temps après la sculpture du diptyque consulaire lui-même, mais incontestablement par un artiste encore très habile, et surtout plus habile que celui qui avait représenté le consul.

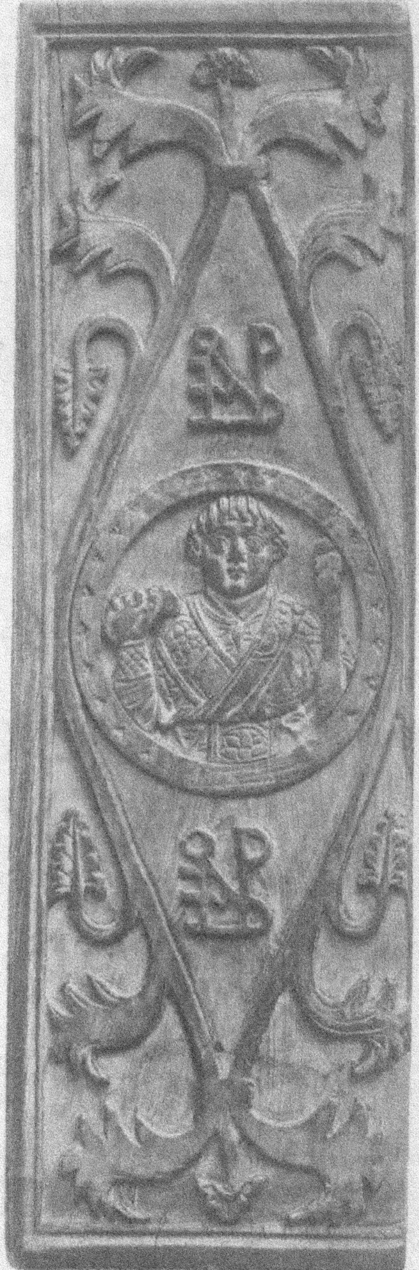

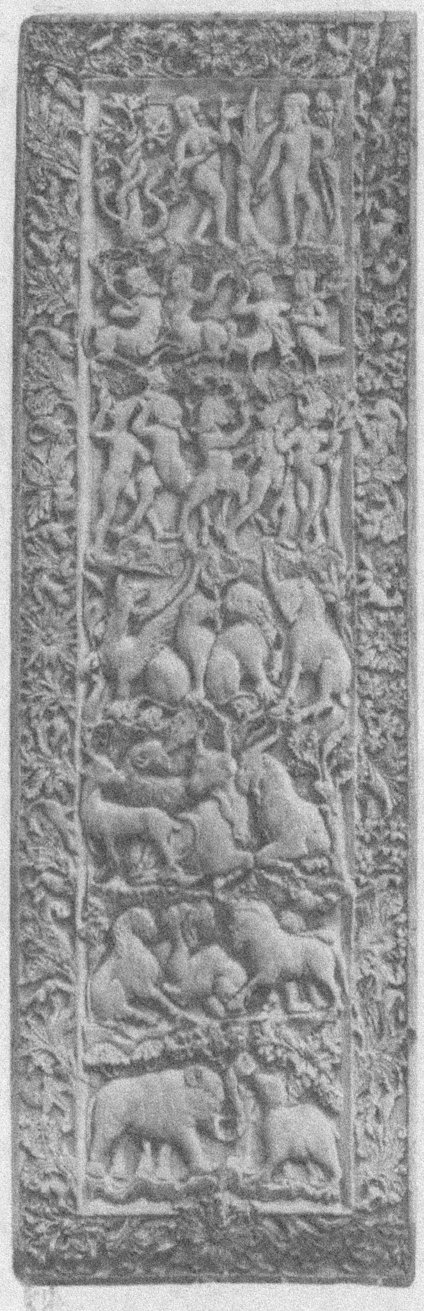

FEUILLE D'UN DIPTYQUE CONSULAIRE
MUSÉE DU LOUVRE

14. (Année 506.) — AREOBINDUS, consul à Constantinople.

1er et 2e *feuillet* : Semblables l'un et l'autre. Le centre de chaque feuillet est occupé par un médaillon circulaire environné de deux grands rinceaux adossés, dont les extrémités sont réunies au haut et au bas de l'ivoire par une sorte de bague. Dans le médaillon central est représenté le consul, à mi-corps, imberbe, tenant la *mappa* de la main droite levée; de la gauche, un sceptre surmonté d'un buste impérial. Au dessus et au dessous du médaillon, sont sculptées deux rosaces.

Bologne, Museo Civico. (Autrefois dans le trésor de l'église de S. Gaudenzio, à Novare.)

Publié : Gori, *ouvr. cité*, tome II, pl. v. — Cfr. Westwood, *ouvr. cité*, p. 363; — Meyer, *ouvr. cité*, p. 5, 31, 76, n° 35; — A. Héron de Villefosse, *ouvr. cité*, p. 12.

Je classe ce diptyque, bien que dépourvu de toute inscription et de tout monogramme, parmi les diptyques d'Areobindus, à la suite du feuillet possédé aujourd'hui par le Musée du Louvre. Cette assimilation est absolument justifiée, le style et la disposition des ornements étant les mêmes dans les deux monuments; après un examen consciencieux, il paraît évident que les deux diptyques sont sortis du même atelier, à la même époque; on pourrait presque ajouter qu'ils ont été sculptés par la même main.

15. (Année 513.) — CLEMENTINUS, consul à Constantinople.

1er *feuillet* : Le consul est assis sur un siège muni d'un coussin, à pieds ornés de griffes et de mufles de lions portant des anneaux dans leur gueule. Il est imberbe; de la main droite abaissée, il tient la *mappa*; de la gauche, un sceptre terminé par un buste impérial. Au second plan, à droite et à gauche du consul, deux femmes casquées debout; l'une tient de la main gauche un sceptre terminé par une boule ou une haste, de la main droite un petit objet circulaire, sans doute une tessère; l'autre un étendard sur lequel est représenté un personnage, en buste. Tout à fait en arrière, deux colonnes réunies par une arcature interrompue par un large médaillon circulaire sur lequel est gravée une étoile à huit branches dont chaque branche est terminée par une des lettres du nom ΚΛΕΜΗΝΤΥ. Au dessous de la figure du consul, deux personnages imberbes, vêtus de tuniques, versent les pièces de monnaies contenues dans les sacs qu'ils portent sur leurs épaules; à terre sont figurés des pièces de monnaies et des diptyques. Au dessus de la figure du consul, un cartouche portant gravés les noms du magistrat; puis tout en haut, dans deux médaillons circulaires séparés par une croix, les portraits de l'empereur et de l'impératrice, à mi-corps. Inscription sur deux lignes : **FL**acius **TAVRVS CLEMENTINVS ARMONIVS CLEMENTINVS**.

2e *feuillet* : Semblable au précédent quant à la décoration sculptée. Inscription sur deux lignes : **V**ir **In** Lustris **COM**es **SACR**arum **LARG**itionam **EX CONS**ule **PATRIC**ius **ET CONS**ul **ORDIN**arius.

Liverpool, Musée Meyer.

Publié : Gori, *ouvr. cité*, t. I, pl. ix; — Christ. Gottl. Schwarz, *Exercitationes academicae*, 1783, p. 208, Dissertation de Gust. Phil. Negelein, *De vetusto quodam diptycho*; — James Waring, *Art Treasures, Sculpture*, pl. i, fig. 1, 2; — *Journal of archæological institute*, t. XII, p. 412; — Marriott, *Vestiarium Christ.*, pl. 24 (le second feuillet) — Cfr. Pulszky, *ouvr. cité*, p. 12, 40; — Westwood, *ouvr. cité*, n°s 54, 55; — Meyer, *ouvr. cité*, p. 18, 20, 31, 66, 67, n° 13; — A. Héron de Villefosse, *ouvr. cité*, n° 12.

Le revers des feuillets de ce diptyque offre une inscription pieuse gravée, rédigée en grec, qui paraît remonter au règne du pape Adrien Ier († 772). Cette inscription a été publiée par Gori et par Pulszky.

16. (Année 515.) — ANTHEMIUS, consul à Constantinople.

1er *feuillet* : Anthemius, imberbe, est assis de face, vêtu de la trabée consulaire sur les bandes de laquelle sont brodés trois portraits, un de femme et deux d'hommes; de la main gauche, il porte un sceptre surmonté d'une aigle entre les ailes de laquelle est placé un médaillon renfermant le buste impérial; de la main droite élevée il tient la *mappa*.

Son siège est soutenu par des pieds terminés par des griffes d'animaux; il est orné de deux têtes de lions portant un anneau dans la gueule. A droite et à gauche du siège, une Victoire ailée, placée sur une sphère, sert de cariatide; elle supporte la colonne torse qui forme, avec le fronton, l'édicule sous laquelle le consul est assis. A droite et au dessus du fronton, dans un médaillon, un buste d'impératrice richement parée; à gauche, un buste d'empereur, la chlamyde agrafée sur l'épaule droite. A la partie supérieure, deux Victoires ailées tiennent une guirlande qui vient passer au dessous d'un troisième médaillon renfermant aussi un buste d'homme, la chlamyde agrafée sur l'épaule droite; un petit encadrement dominant toute la composition contient cette inscription: **PROCOP**ius **ANTHEM**ius **ANT**hemii **FIL**ius.

Limoges (Conservé autrefois à); perdu aujourd'hui.

Publié: *Diptyque consulaire trouvé à Limoges*, plaquette de 8 pages, in-12, avec gravure; s. d., fin du XVIIe ou commencement du XVIIIe siècle; — Tripon, *Historique monumental de l'ancienne province du Limousin*, p. 9, planche. — Cfr. Allou, *Inscription des monuments des différents âges observés dans le département de la Haute-Vienne*, p. 71; — Abbé Texier, *Manuel d'épigraphie suivi du recueil des inscriptions du Limousin*, p. 109, nº 47; — Abbé Arbellot, *Bulletin de la Société archéologique et historique du Limousin*, t. XXII, p. 204; — A. Héron de Villefosse, *ouvr. cité*, p. 120. L'auteur de ce dernier mémoire, auquel j'emprunte la description du feuillet de diptyque d'Anthemius, pense que l'Anthemius du diptyque est en réalité Procope, fils de l'empereur Anthemius, consul à Constantinople en 515. Dans cette hypothèse très vraisemblable, que j'adopte, les bustes figurés à la partie supérieure du diptyque représenteraient l'empereur Anastase, l'impératrice Ariane et l'empereur Anthemius, père du consul.

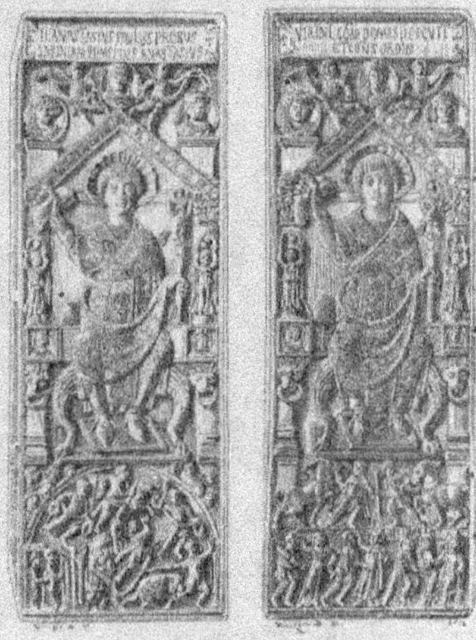

Nº 17. — ANASTASIUS, consul en 517.
(Paris, Bibliothèque Nationale)

17. (Année 517.) — ANASTASIUS, consul à Constantinople.

1er *feuillet*: Le consul, imberbe, les cheveux coupés en rond sur le front et sur les tempes, tient de la main droite levée la *mappa*, et de la gauche le sceptre surmonté d'une aigle entre les ailes de laquelle est inscrit, dans une couronne de laurier, un buste impérial. Le siège est orné de têtes de lions, un anneau dans la gueule, de deux bustes de femmes nimbées et couronnées (Rome et Constantinople ; les accoudoirs sont surmontés de deux Victoires supportant dans des couronnes de laurier des bustes impériaux. En arrière du siège du consul est figuré un fronton triangulaire supporté par des colonnes ; au tympan est sculptée une coquille qui a passé quelquefois à tort pour un nimbe ornant la tête du magistrat, parce que cette coquille est figurée exactement derrière lui. Au dessus du fronton sont représentés dans des médaillons circulaires : au centre, l'Empereur (Anastase) en buste, accompagné de deux petits génies portant des guirlandes ; à droite, Anastasia (?), femme de Pompée et mère d'Anastase le jeune ; à gauche, Pompée, père d'Anastase, imberbe, portant la trabée. Au dessous du consul, on aperçoit l'enceinte du cirque et dix spectateurs contemplant un combat contre des ours. A la partie supérieure du feuillet, dans un cartouche, est gravée l'inscription : **FL**_avius_ **ANASTASIVS PAVLVS PROBVS SABINIAN**_us_ **POMPEIVS ANASTASIVS.**

2ᵉ _feuillet_ : La partie inférieure et l'inscription sont seules différentes du feuillet précédent. A la partie inférieure, divisée en deux registres, on voit deux femmes vêtues en amazones tenant en main des espèces de labarums et conduisant deux chevaux par la bride ; on assiste sans doute là aux préparatifs d'une course de chevaux ; plus bas, une scène d'affranchissement : Anastasia, mère du consul, frappe sur le front d'un esclave bossu qui tend les bras vers elle avec un geste de remercîment ; un appariteur du consul frappe également sur le front d'un autre esclave ; enfin, à droite, sont figurées la Tragédie, la Comédie et la Musique. Inscription disposée comme sur le feuillet précédent : **VIR INL**_ustris_ **COM**_es_ **DOMESTIC**_orum_ **EQVIT**_um_ **ET CONS**_ul_ **ORDIN**_arius._

Paris, Cabinet des Médailles, à la Bibliothèque nationale. Autrefois à la cathédrale de Bourges.

Hauteur : 0ᵐ,37. — Largeur : 0ᵐ,13.

Publié : Wilthemius, _Diptychon Leodiense_, pl. II ; — Gori, _ouvr. cité_, t. I, pl. XII ; — Dibdin, _Bibliographie. Tour in France_, t. II, p. 117 ; — Lenormant, _Trésor de numismatique et de glyptique ; Bas-reliefs et ornements_, t. I, pl. XIII ; — Labarte, _Histoire des Arts industriels_, 1ʳᵉ éd., _Album_, I, pl. III ; 2ᵉ édition, 1ᵉʳ vol., pl. II. — Saglio, _Dictionnaire des Antiquités grecques et romaines_, t. I, fig. 1907. — Cfr. Chabouillet, _Revue des Soc. Savantes_, Vᵉ série, t. VI (1873), p. 297 ; — Westwood, _ouvr. cité_, nᵒˢ 58, 59 ; — Meyer, _ouvr. cité_, p. 67, nᵒ 14.

18. (Année 517.) — ANASTASIVS, consul à Constantinople.

1ᵉʳ _feuillet_ : Mêmes dispositions et mêmes représentations que dans le diptyque précédent : à noter seulement quelques différences : les génies qui accompagnent la figure de l'empereur sont remplacés par des Victoires ; le sceptre du consul se termine par une aigle inscrite dans une couronne de laurier que surmonte un cartouche servant de base à trois bustes. Dans le bas sont figurés sur les gradins du cirque douze spectateurs contemplant un combat contre des ours. L'inscription porte **PROVS** au lieu de **PROBVS.**

Berlin, Musée. Autrefois à Liège.

Hauteur : 0ᵐ,36. — Largeur : 0ᵐ,125.

2ᵉ _feuillet_ : Contre-partie du feuillet précédent. Mêmes dispositions que sur le feuillet précédent : Les têtes représentées de face sur le siège du consul sont coiffées du pétase. A la partie inférieure, on voit deux amazones, une scène d'affranchissement et un personnage dont le nez est pincé par un crabe. Dans l'inscription, **Vir** au lieu de **VIR** et **ORD**_inarius_ au lieu de **ORDIN**_arius._

Ce feuillet est brisé à la partie inférieure et à la partie supérieure, à droite, mais peut être rétabli à l'aide de la planche publiée par Gori.

Londres, Musée de South Kensington. Autrefois à Liège.

Hauteur : 0ᵐ,36. — Largeur : 0ᵐ,125.

Publié : Wilthemius, _Diptychon Leodiense_, pl. I ; — Salig, _De diptychis veterum_ (le 1ᵉʳ feuillet) ; — Gori, _ouvr. cité_, t. I, pl. XI ; — Maskell, _Catalogue of the ivories in the South Kensington Museum_, p. 131 (le 2ᵉ feuillet) ; — Schuermans, _Les diptyques consulaires de Liège_, dans le _Bulletin des commissions royales d'art et d'archéologie_, t. XXIII, pl. III et IV. — Cfr. Westwood, _ouvr. cité_, nᵒ 60 (1ᵉʳ feuillet) ; — Meyer, _ouvr. cité_, p. 67, nᵒ 15.

19. (Année 517.) — ANASTASIUS, consul a Constantinople.

2e *feuillet* : Semblable pour la partie supérieure au diptyque de Liège (Berlin et Londres). Même inscription. A la partie inférieure, deux amazones tenant deux chevaux par la bride; au second registre, une troupe de jongleurs.

Vérone, Bibliothèque du Chapitre.

Hauteur : 0m,36. — Largeur : 0m,12.

Publié : Gori, *ouvr. cité*, t. II, pl. xIII. — Cfr. Mommsen, *Corp. Insc. lat.*, t. V, 8120, 2 ; — Meyer, *ouvr. cité*, p. 67, nº 40.

20. (Année 517.) — ANASTASIUS, consul a Constantinople.

2e *feuillet* (fragment d'un) : Deux amazones conduisant deux chevaux par la bride ; une troupe de jongleurs et d'équilibristes; La Tragédie.

Paris, Ancienne collection de Janzé. On ignore où ce fragment se trouve aujourd'hui.

Hauteur : 0m,100. — Largeur : 0m,125.

Publié : Westwood, *ouvr. cité*, nº 6; photographie, p. 5 ; — Meyer, *ouvr. cité*, p. 17, 67, nº 47 ; — A. Héron de Villefosse, *ouvr. cité*, nº 17, et p. 6. — Graeven *ouvr. cité*, p. 204, 205, pense que ce fragment pourrait appartenir au diptyque d'Anthemius (nº 16).

21. (Année 518.) — MAGNUS, consul a Constantinople.

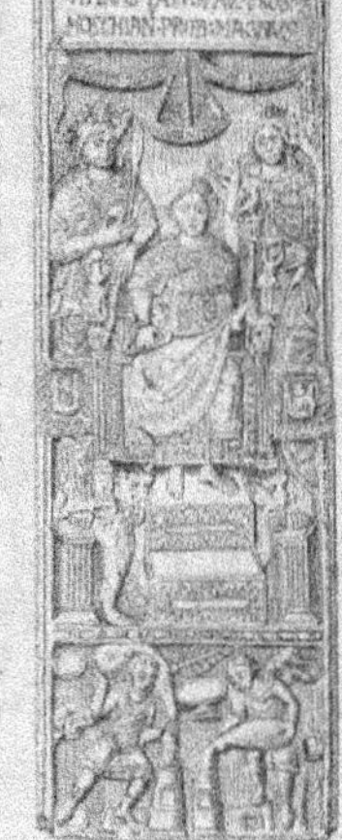

1er *feuillet* : Le consul, imberbe, les cheveux divisés sur le front et frisés, est assis sur un trône élevé de deux marches dont les montants verticaux, en forme de pilastres cannelés surmontés de deux figures de Victoires, soutenant au dessus de leur tête deux objets impossibles à caractériser (des images en buste sans doute), reposent sur un autre siège rappelant par sa forme la chaise curule à pieds ornés de griffes et de têtes de lions tenant des anneaux dans la gueule. A droite et à gauche du siège du consul, deux panneaux rectangulaires en faisant partie renferment des bustes de personnages, de face. Le consul tient de la main droite abaissée la *mappa*, et de la gauche un sceptre surmonté d'une aigle. A droite et à gauche du siège du consul se tiennent debout deux figures de femmes, casquées, symbolisant les villes de Rome et de Constantinople; l'une tient une lance et une tessère, l'autre s'appuie sur un bouclier. Au dessus de la tête du consul, des festons et une couronne de feuillages ornés de croix de distance en distance. Au dessous de la figure du consul, deux personnages vêtus de tuniques courtes et de petits manteaux flottants versent des sacs d'argent; dans le champ, on aperçoit des pièces de monnaie, des diptyques. A la partie supérieure du feuillet, dans un cartouche, est gravée l'inscription : H (sic pour FL*avius*) ANASTASIVS PAVL*us* PROB*us* MOSCHIAN*us* PROB*us* MAGNVS.

Paris, Bibliothèque nationale. Autrefois en Hollande, à Leyde.

Hauteur : 0m,38. — Largeur : 0m,13.

Cfr. Gori, *ouvr. cité*, t. II, pl. xv (la planche annoncée par Gori n'existe pas) ; — Pulszky, *ouvr. cité*, p. 13 ; — Chabouillet, *Catalogue des camées... de la Bibliothèque impériale*, nº 3265; *Revue des Sociétés savantes*, 5e série, t. VI (1873) p. 200 ; — Westwood, *ouvr. cité*, nº 62; — Meyer, *ouvr. cité*, p. 18, 32, 68, nº 18; — A. Héron de Villefosse, *ouvr. cité*, nº 18.

Nº 21. — MAGNUS, consul en 518.
(Paris, Bibliothèque Nationale.)

22. (Année 518.) — MAGNUS, consul a Constantinople (Attribué à).

1er *feuillet* : Semblable pour la figure du consul et la composition à celui qui est décrit sous le numéro précédent ; l'inscription consulaire a été remplacée au xIe ou au xiiᵉ siècle par la suivante qui s'applique vraisemblablement à un évêque de France : **PIO PRAESVLE BALDRICO IVBENTE**. Ce feuillet est en os au lieu d'être en ivoire.

Liverpool, Musée Meyer.

Hauteur : 0ᵐ,35. — Largeur : 0ᵐ,13.

Cfr. Pulszky, *ouvr. cité*, p. 13; — Braun, *Bullet. dell' Instituto*, 1854, p. 82; — Westwood, *ouvr. cité*, p. 22, n° 63. — Meyer, *ouvr. cité*, p. 5, 69, n° 19.

23. (Année 518.) — MAGNUS, consul a Constantinople (Attribué à).

1ᵉʳ *feuillet* : Semblable de tous points au feuillet possédé par la Bibliothèque nationale; le cartouche au dessus de la tête du consul est vide, et entre ce cartouche et les guirlandes est sculptée, en relief, l'inscription : **+ ARABONTI. DEO VOTA.** Ce feuillet est en os au lieu d'être en ivoire.

Saint-Pétersbourg, Musée de l'Ermitage. (Ancienne collection Basilewsky.)

Hauteur : 0ᵐ,36. — Largeur : 0ᵐ,14.

Publié : Darcel, *Collection Basilewsky*, p. 12, n° 47, pl. vii; — Westwood, *ouvr. cité*, p. 404; — Meyer, *ouvr. cité*, p. 5, 22, 69, n° 20.

24. (Année 518.) — MAGNUS, consul a Constantinople (Attribué à).

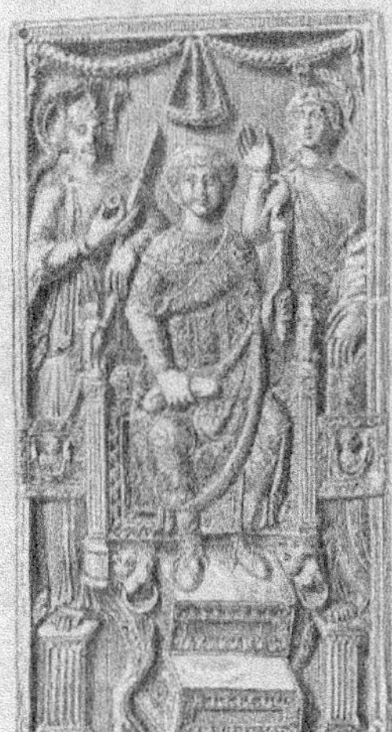

N° 24. — Magnus, consul en 518.
(Paris, Bibliothèque Nationale.)

1ᵉʳ *feuillet* : Le consul, imberbe, les cheveux frisés tout autour de la tête, est représenté exactement de la même manière que sur le diptyque portant le nom de Magnus que possède la Bibliothèque nationale; le siège sur lequel il est assis est de tous points semblable; dans les médaillons latéraux, de forme rectangulaire, on voit des personnages à mi-corps portant dans une draperie dont ils tiennent les deux extrémités des présents (? des pièces de monnaie) destinés à la distribution; figures casquées de Rome et de Constantinople, à droite et à gauche du consul, au dessus duquel sont suspendus des festons et une couronne de feuillages. Tout au haut du feuillet, un bandeau anépigraphe.

Paris, Bibliothèque nationale.

Hauteur : 0ᵐ,26. — Largeur : 0ᵐ,13. (Ce feuillet a été évidemment raccourci.)

Publié : Du Cange, *Glossarium mediae et infimae latinitatis*, éd. Henschel, t. VII, pl. i; — Gori, *ouvr. cité*, t. II, pl. ii; — Lenormant, *Trésor de Numismatique et de glyptique; Bas-reliefs et ornements*, t. II, p. 54; — Lenoindre, *Les Arts somptuaires*, t. II, p. 61; — Saglio, *ouvr. cité*, t. I, fig. 1900; — Cfr. Chabouillet, *Catalogue des camées....... de la Bibliothèque impériale*, n° 3267; *Revue des Sociétés Savantes*, 3ᵉ série, t. VI (1873), p. 303; — Westwood, *ouvr. cité*, n° 64; — Meyer, *ouvr. cité*, p. 69, n° 21.

25. (Année 518.) — MAGNUS, consul a Constantinople (Attribué à).

1ᵉʳ *feuillet* : Semblable pour la disposition au feuillet possédé par la Bibliothèque nationale; mais le consul, au lieu d'être imberbe, est représenté avec toute sa barbe, vieux, le front ridé, la tête à demi chauve et les cheveux disposés en trois touffes sur le front et au dessus des oreilles. Cette dissemblance dans la représentation de la personne du consul rend l'attribution douteuse; dans tous les cas il s'agit bien ici d'un consul du viᵉ siècle.

Milan, Musée Brera.

Hauteur : 0m,258. — Largeur : 0m,127.

Cfr. *Carroni, Ragguaglio del viaggio*, t. II, p. 208 ; — Pulszky, *ouvr. cité*, p. 208 ; — Westwood, *ouvr. cité*, p. 23, n° 65 ; — Meyer, *ouvr. cité*, p. 18, 69, 70, n° 22.

26. (Année 521). — JUSTINIANUS, consul à Constantinople.

1er et 2e *feuillet* : Le centre de chacun des feuillets est occupé par un médaillon circulaire bordé d'un rang de perles, de volutes et de palmettes d'un assez beau style, contenant une inscription dédicatoire gravée. Aux angles de chacun des feuillets on voit en outre quatre rosaces d'un fort relief dont le centre est formé par un mufle de

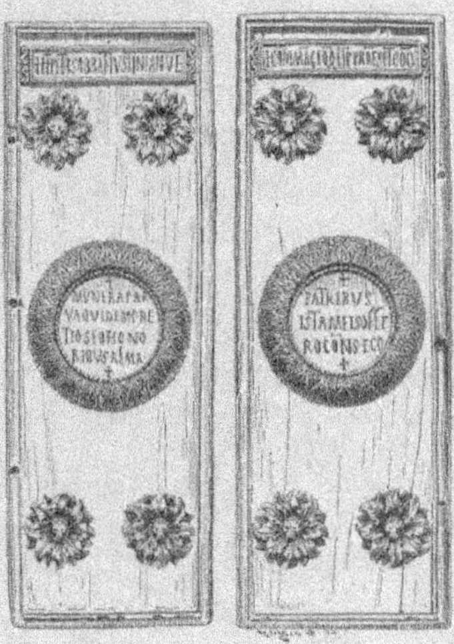

N° 26. — JUSTINIANUS, consul en 521.
(Collection Trivulzio, à Milan.)

lion ; enfin, tout au haut, deux cartouches allongés terminés par des volutes et contenant, gravés, les noms et les titres du consul. — 1er *feuillet* : + FL*avius* PETR*us* SABBAT*ius* IVSTINIAN*us* V*ir* *Illustris* ; — 2e *feuillet* : COM*es* MAG*ister* EQQ*uitam* ET P*editum* PRAES*entalium* ET C*onsul* Or*Dinarius* — 1er *feuillet* : + MVNERA PARVA QVIDEM PRETIO SED HONORIBVS ALMA + ; — 2e *feuillet* : + PATRIBVS ISTA MEIS OFFERO CONS*ul* EGO +.

Milan, Collection Trivulzio.

Hauteur : 0m,36. — Largeur : 0m,13.

Publié : Allegranza, *Opuscoli*, Crémone, 1781. — Cfr. Borghesi, *OEuvres*, t. VII, p. 50; — Rossi, *Inscr. chr.*, t. I, p. 384. — Wieseler, *Das diptychon Quirinianum zu Brescia*, p. 10; — Mommsen, *Corp. Insc. lat.*, t. V, 8120, 3; — Meyer, *ouvr. cité*, p. 56, n° 23.

27. (Année 521.) — JUSTINIANUS, CONSUL A CONSTANTINOPLE.

1er et 2e *feuillet* : Mêmes dispositions et mêmes ornements que sur le diptyque précédent; la seule différence consiste dans la manière d'abréger le nom du consul, écrit **IVSTIN**, au lieu de **IVSTINIAN**. Traces d'attaches en argent.

Le Puy. Collection Aymard.

Hauteur : 0^m,34. — Largeur : 0^m,13.

Cfr. A. Héron de Villefosse, *ouvr. cité*, n° 21.

28. (Année 521.) — JUSTINIANUS, CONSUL A CONSTANTINOPLE.

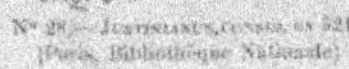

1er *feuillet* : Entièrement semblable comme inscriptions et ornements au premier feuillet du diptyque complet de la collection Trivulzio.

Paris, Bibliothèque nationale. Provient d'Autun.

Hauteur : 0^m,38. — Largeur : 0^m,13.

Publié : Millin, *Voyages dans les départements du Midi*, pl. 10. — Cfr. Chabouillet, *Catalogue des camées..., du Cabinet des Médailles*, n° 3263 ; *Revue des Sociétés Savantes*, t. VI (1873), p. 204 ; — Meyer, *ouvr. cité*, p. 70, n° 24.

N° 28. — JUSTINIANUS, CONSUL EN 521.
(Paris, Bibliothèque Nationale)

29. (Année 525.) — PHILOXENUS, CONSUL A CONSTANTINOPLE.

1er et 2e *feuillet* : Chacun de ces feuillets offre la même disposition. Chacun d'eux est bordé d'une moulure, et dans le champ sont disposés verticalement trois médaillons circulaires déterminés par des bandelettes perlées, liées ensemble à leur point de tangence. Dans les médaillons supérieurs est représenté deux fois le consul, imberbe, les cheveux frisés et retombant sur le front, vêtu de la trabée, tenant dans la main gauche un sceptre terminé par un bouton feuillagé surmonté d'un buste ; dans la main droite élevée, la *mappa*. Les médaillons inférieurs contiennent deux figures de femme (? l'épouse du consul) à mi-corps, de face, vêtues de robes brodées, les cheveux ceints d'un diadème, des pendants aux oreilles, un collier au cou, tenant des deux mains un petit étendard chargé d'une couronne de laurier. Dans les médaillons intermédiaires sont gravés les noms et les titres du consul, en latin ; dans le champ, sur quatre lignes, en lettres capitales en relief, est sculptée une inscription grecque : 1er *feuillet* : FL*avius* THEODORVS FILOXENVS SOTERICVS FILOXENVS VIR ILLVSTR*is*; 2e *feuillet* : COM*es* DOMEST*icorum* EX MAGISTRO M*ilitum* PER THRACIA*m* ET CONSVL ORDINAR*ius*. — 1er *feuillet* : ΤΟΥΤΙ ΤΟ ΔΩΡΟΝ ΤΗ ϹΟΦΗ ΓΕΡΟΥϹΙΑ ; — 2e *feuillet* : ΥΠΑΤΟϹ ΥΠΑΡΧΩΝ ΠΡΟϹΦΕΡΩ ΦΙΛΟΖΕΝΟϹ. Monture en argent, estampée de rosettes, de disques ponctués et d'une course de feuilles de lierre.

Paris, Bibliothèque nationale. Provient de l'église Saint-Corneille, à Compiègne.

Hauteur : 0^m,38. — Largeur : 0^m,14.

Publié : Sirmond, *Sidonius Appollinaris*, liv. I, epist. 6; — Mabillon, *Annales ord. S. Benedicti*, t. III, p. 522; — Bandini, *Imperium Orientale*, t. II, p. 407; — Gori, *ouvr. cité*, t. II, pl. XV; — D'Agincourt, *Histoire de l'art*, pl. XII, nº 6; — Lenormant, *Trésor de numismatique et de glyptique*, t. II, pl. 53. — Cfr. Chabouillet, *Catalogue des camées... du Cabinet des Médailles*, nº 3206; *Revue des Sociétés Savantes*, t. VI (1873), p. 309; — Westwood, *ouvr. cité*, nºˢ 66, 67; — Meyer, *ouvr. cité*, nº 26, 71, 72; — Graeven, *ouvr. cité*, p. 206.

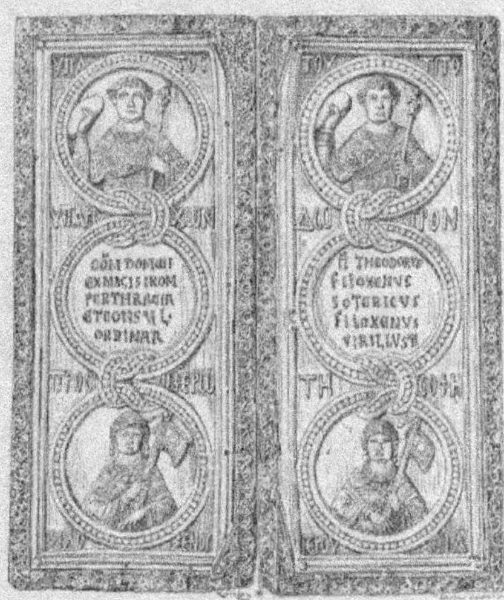

Nº 21. — PHILOXENUS, CONSUL EN 525.
(Paris, Bibliothèque Nationale)

30. (Année 525.) — PHILOXENUS, CONSUL A CONSTANTINOPLE.

1ᵉʳ et 2ᵉ *feuillet* : Chacun des feuillets est bordé d'une moulure. Dans le champ est figuré en relief un grand losange terminé haut et bas par un fleuron trilobé, inscrivant un médaillon octogonal, bordé de palmettes, contenant, gravés, les noms et les titres du consul, en latin. Au dessus et au dessous de ce médaillon, dans le champ, deux feuilles de vigne se rattachant par leurs tiges aux losanges. Aux angles supérieurs et inférieurs quatre médaillons circulaires contenant une inscription grecque gravée. Une partie de l'angle inférieur droit du second feuillet a disparu, enlevant une partie du nom du consul qui termine l'inscription grecque. — 1ᵉʳ *feuillet* : FL*avius* THEODO*rus* FILOXENVS SOTERICVS FILOXENVS VIR ILL*ustris*; 2ᵉ *feuillet* : COM*es* DOM*esticorum* EX MAGISTR*o mili- tum* PER THRACIA*m* ET CONSVL ORDIN*arius*. — 1ᵉʳ *feuillet* : ΤΩ ϹΕΜΝΥΝΟΝΤΙ ΤΟΙϹ ΤΡΟΠΟΙϹ ΤΗΝ ΑϹΙΑΝ; 2ᵉ *feuillet* : ΥΠΑΤΟϹ ΥΠΑΡΧΩΝ ΠΡΟϹΦΕΡΩ ΦΙΛΟΞΕΝΩ.

Milan, Collection Trivulzio.

Hauteur : 0ᵐ,31. — Largeur : 0ᵐ,13.

Publié : Graeven, *ouvr. cité*, p. 206. — Cfr. Mommsen, *Corp. Inse. lat.*, t. V, n° 8120, 4 ; — Westwood, *ouvr. cité*, p. 364. — Meyer, *ouvr. cité*, p. 22, 27, 42, 74, n° 27.

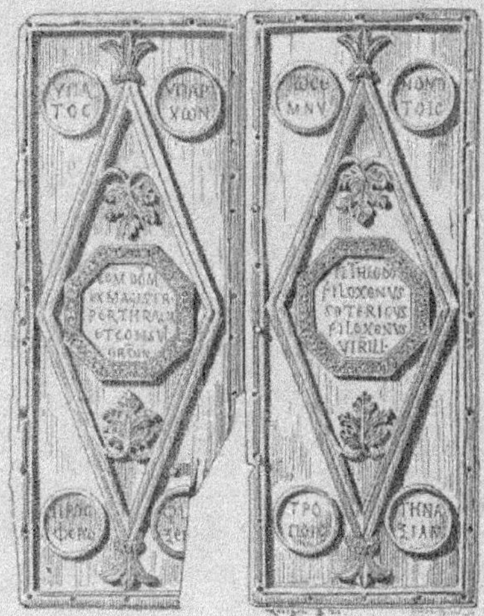

Nº 30. — PHILOXENUS, consul en 525.
(Collection Trivulzio, à Milan.)

31. (Année 525.) — PHILOXENUS, consul a Constantinople.

Second feuillet d'un diptyque, tout à fait semblable au précédent. Dans le médaillon central, l'inscription : **COM**es **DOM**esticorum **EX MAGISTR**o **PER THRACIA**m **ET CONSVL ORDIN**arius. Dans les médaillons circulaires occupant les angles du feuillet, on lit les mots : ΥΠΑΤΟC ΥΠΑΡΧΩΝ ΠΡΟCΦΕΡΩ ΦΙΧΞΕΝ (sic).

Liverpool, Musée Meyer.

Hauteur : 0m,34. — Largeur : 0m,44.

Cfr. Pulszky, *ouvr. cité*, p. 44, n° 33; — Westwood, *ouvr. cité*, n° 68. — Ce feuillet de diptyque est considéré comme d'une authenticité douteuse par certains archéologues; voyez Pulszky, *ouvr. cité*, p. 44.

32. (Année 525.) — PHILOXENUS, consul a Constantinople.

Diptyque absolument semblable à celui précédemment décrit sous le n° 30 quant aux ornements. Nombreuses traces d'inscriptions semblables à celles qui figurent sur les autres diptyques de Philoxenus.

Paris, Bibliothèque nationale, Provient d'Autun.

Hauteur : 0m,35. — Largeur : 0m,13.

Publié : Millin, *Voyage dans les départements du Midi*, t. I, pl. 19, n° L. — Cfr. Chabouillet, *Catalogue des camées..... du Cabinet des Médailles*, n° 3204; *Revue des Sociétés Savantes*, t. VI (1874), p. 303; — Westwood, *ouvr. cité*, n° 57; — Meyer, *ouvr. cité*, p. 11, 70, n° 46; — Graeven, *ouvr. cité*, p. 269.

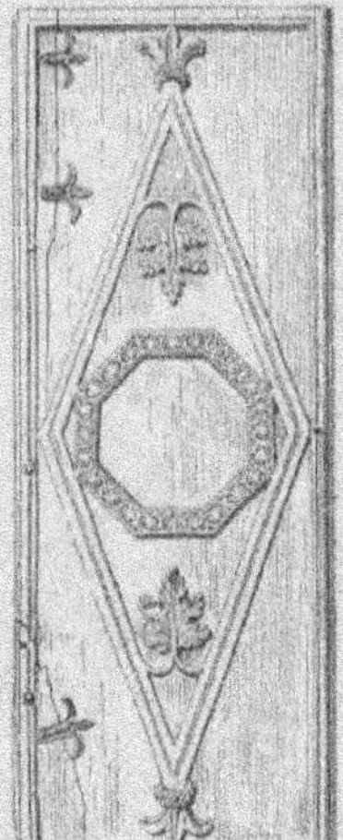

N° 32 — PHILOXENUS, CONSUL EN 525.
(Paris, Bibliothèque Nationale)

33. (Année 530.) — LAMPADIUS, consul à Constantinople.

Feuillet unique : A la partie supérieure, dans une tribune, sont assis trois personnages : Au centre, le consul, barbu, tenant de la main droite la *mappa*, de la gauche, le sceptre; à droite et à gauche, deux autres personnages, également barbus, vêtus de la trabée; celui de droite tient également dans la main droite la *mappa*. En arrière des personnages, une galerie d'architecture, interrompue en son centre par une arcature semi-circulaire, à laquelle sont suspendues des guirlandes de feuillages. A la partie inférieure du diptyque est représentée une course de char dans le cirque ; on y voit quatre chars attelés chacun de quatre chevaux; ils tournent autour de la *spina*, terminée par des *metae*; sur la *spina*, qui sort de réservoir d'eau, se dressent un obélisque et deux groupes de captifs accroupis à côté de trophées. Au dessus de ce groupe où figure le consul est gravée l'inscription : **L.AMPADIORVM.**

Brescia, Musée.

Hauteur : 0m,29. — Largeur : 0m,11.

Publié : Gori, *ouvr. cité*, II, pl. xix; — D'Agincourt, *Histoire de l'art*, pl. xii, n° 3. — Cfr. Pulszky, *ouvr. cité*; — Mommsen, *Corp. inscr. lat.*, V, 8120, 3; — Wieseler, *Das diptychon Quiriniaum zu Brescia*, p. 27. — Meyer, p. 36; *ouvr. cité*, p. 17, 31, 33, 34, 78, n° 42.

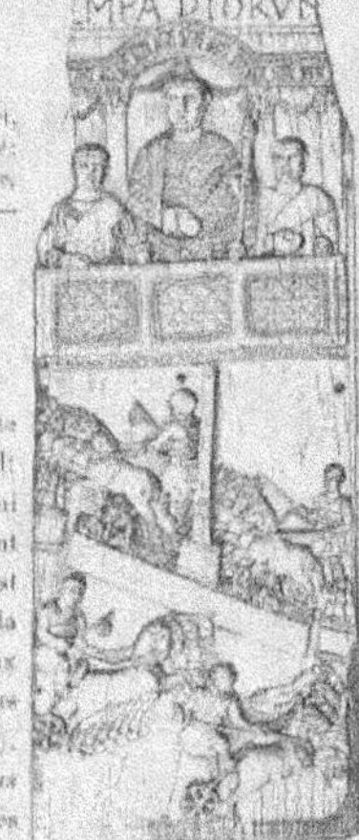

N° 33. — LAMPADIUS, CONSUL EN 530.
(Brescia, Musée.)

34. (Année 530.) — ORESTES, consul à Rome.

1er feuillet : Le consul est représenté assis sur la chaise curule; de la main droite abaissée, il tient la *mappa* ; de la gauche, un sceptre terminé par un buste impérial; à droite et à gauche du consul, au second plan, en avant de deux colonnes qui soutiennent une arcade, sont représentées deux femmes casquées, debout, symbolisant Rome et Constantinople; la première tient de la droite une tessère sur laquelle est tracée la lettre **A**, et de la gauche une haste; la seconde lève la main droite et la tient ouverte, et de la gauche porte un étendard; au dessous du consul, deux personnages imberbes, vêtus de tuniques, versent des sacs d'argent. Au dessus de la tête du consul, dans un disque, est inscrit un monogramme : **ORESTIS.** Plus haut un cartouche porte gravée l'inscription : **RVF***ius* **GENN***adius* **PROB***us* **ORESTIS**; enfin tout en haut, dans deux médaillons, entourés d'un rang de perles et séparés par une croix sont sculptés un buste d'homme, imberbe, et un buste de femme dans lesquels on peut reconnaître l'impératrice Théodora et son fils, peut-être même l'empereur Justinien.

2e feuillet : Il est entièrement semblable au premier, sauf pour l'inscription : **V***ir* **C***larissimus* **ET INL***ustris* **CON***sul* **ORD***inarius.*

Londres, Musée de South Kensington.

Hauteur : 0m,33. — Largeur : 0m,120.

Publié : Gori, *ouvr. cité*, t. II, pl. XCII. — Cfr. Maskell, *Catalogue of the ivories in the S. Kensington Museum* p. 35 ; — Rossi, *Inscriptiones christianae*, t. 1, 470, 471 ; — Mommsen, *Corp. Inscr. lat.*, t. V, 8126, 6. — Meyer, *ouvr. cité*, p. 11, 20, 22, 31, 73, n° 29.

35. (Année 539.) — APION, consul à Constantinople.

1er et 2e *feuillet* : Sur chacun des feuillets, dans un médaillon circulaire accompagné de feuillages, le consul en buste tenant la *mappa* et le sceptre. Inscriptions : 1er *feuillet* : **FL**avius **STRATEGIVS APION STRATEGIVS APION** ; 2e *feuillet* : **V**Ir **INL**ustris **COM**es **DEVVO**tissimorum **D**oMM*esticorum* **ET CONS**ul **OR**dinarius.

Oviedo, Chapitre de la cathédrale.

Hauteur : 0m,44. — Largeur : 0m,15.

Publié : Hübner, *Sitzungsberichte der Berliner Akademie der Wissenschaften*, 1861, p. 857 ; — José Amador de los Rios, *Monumentos arquitectonicos de España* ; — *Museo español de Antiguedades*, t. I, 1872, p. 385. — Cfr. Hübner, *Die antike Bildwerke in Madrid*, 1862, p. 313 ; — Mommsen, *Corp. Inscr. lat.*, II, n° 2699. — Meyer, *ouvr. cité*, p. 73, n° 30.

36. (Année 540.) — JUSTINUS, consul à Constantinople.

1er *feuillet* : Au centre, dans un médaillon circulaire bordé d'une course de feuillages, le consul, imberbe, vu à mi-corps tenant de la main droite levée la *mappa*, et de la gauche le sceptre terminé par un buste impérial. Ce médaillon est accompagné à sa partie supérieure et à sa partie inférieure de deux volutes adossées terminées par des feuillages stylisés. A la partie inférieure du feuillet, deux personnages imberbes, vêtus de tuniques, versent l'argent contenu dans des sacs qu'ils portent sur leurs épaules dans des vases en forme de seaux. A la partie supérieure du feuillet, trois médaillons circulaires offrent les représentations en buste du Christ, au centre, à gauche de l'empereur Justinien, à droite de l'impératrice Théodora. L'inscription est gravée sur deux lignes dans un cartouche terminé par des volutes à ses extrémités : **FL**avius **MAR**ius **PETR**us **THEODOR**us **VALENT**inianus **RVST**icus **BORAID**es **GERM**anus **IVST**inus.

2e *feuillet* : Semblable au premier ; inscription sur une seule ligne : **V**Ir **SNL INL**ustris **C**omes **DOM**esticorum **ET CONS**ul **ORD**inarius.

Berlin, Musée.

Hauteur : 0m,335. — Largeur : 0m,130.

Publié : Westwood, *Proc. Oxford Arch. Soc.*, 1862, p. 133 (le premier feuillet seulement) ; — *ouvr. cité*, nos 49, 50. (Westwood attribue par erreur ce diptyque à Valentinianus, consul en 505.) — Meyer, *ouvr. cité*, p. 9, 30, 74, n° 31 et pl. I.

37. (Année 541.) — BASILIUS, consul à Constantinople.

1er *feuillet* : Le consul représenté debout, les cheveux coupés en rond sur le front et sur les oreilles, le visage allongé, la barbe courte. De la main droite ramenée vers la poitrine, il tient la *mappa* ; de la gauche, il porte un sceptre terminé par un globe surmonté d'une croix. Sur le vêtement du consul, sur l'épaule droite, est brodée la représentation d'un personnage conduisant un char traîné par deux chevaux, de face. A gauche du consul est figurée une femme debout, la poitrine à demi nue ; elle pose la main droite sur l'épaule droite du consul et de la gauche tient un étendard chargé d'une couronne. A la partie inférieure du feuillet est figurée une course de chars dans le cirque : les chars, au nombre de quatre, sont représentés, deux en avant, deux en arrière de la *spina* terminée à ses extrémités par trois *metae*. Enfin dans l'angle droit on voit un personnage imberbe, debout, la main droite levée, tenant de la gauche un *volumen* (le consul ?) qui semble prendre sous sa protection un autre personnage plus petit, barbu, vêtu d'une pénule, qui se tient près de lui. Bordure de feuillages. Dans le haut du feuillet, sur une seule ligne, est gravée l'inscription : **ANIC**ius **FAVST**us **ALBIN**us **BASILIVS V**Ir **C**larissimus.

Florence, Musée des Offices.

Hauteur : 0m,340. — Largeur : 0m,125.

2e feuillet : Fragment; la plaque a été visiblement coupée vers le bas, mais elle est de même largeur que la précédente et également ornée sur les côtés d'une bordure de feuillages. Une Victoire assise, au dessus d'une aigle éployée, soutient un médaillon ovale offrant le buste du consul, absolument semblable à celui qui est figuré sur le premier feuillet, accompagné de la légende : **BONO REI PVBLICE ET ITERVM**. Au haut du feuillet est gravée, sur une seule ligne, la suite de la légende du premier feuillet : **ET INL***ustris* **EX C***omite* **DOM***esticorum* **PAT***ricius* **CONS***ul* **ORD***inarius*.

Milan, Musée Brera.

Hauteur : 0m,20. — Largeur : 0m,125.

Publié : Buonarroti, *Osservazioni sopra tre dittici antichi d'avorio*, dans les *Osservazioni sopra alcuni frammenti di vasi antichi di vetro*; — Donati, *De' dittici degli antichi profani e sacri*; — Gori, *ouvr. cité*, t. II, pl. xx, xxi. — Cfr. Rossi, *Inscr. Christ.*, t. p. 460; — Usener, *Anecdoton Holderi*, t. I, note 8; — Westwood, *ouvr. cité*, n° 71, 72; — Meyer, *ouvr. cité*, p. 13, 17, 18, 22, 25, 28, 48, 71, n° 32.

DIPTYQUES CONSULAIRES ANONYMES

38. ANONYME. — v^e ou vi^e siècle.

Chacun des feuillets est divisé en trois registres. 1er *feuillet; partie centrale* : Le consul, debout, vêtu de la trabée brodée, tenant de la main droite élevée la *mappa*, de la gauche un sceptre surmonté de deux bustes. Debout, à droite et à gauche du consul, se tiennent deux personnages portant la trabée, sans broderies. *Registre supérieur* : Deux empereurs assis, entre deux femmes symbolisant les villes de Rome et de Constantinople, puis deux gardes debout; en arrière de ce premier rang de personnages, une figure de femme. *Registre inférieur* : Des prisonniers, hommes et femmes.

2e feuillet. Partie centrale : Le même personnage (le consul) que dans le premier feuillet, vêtu de la tunique et de la chlamyde retenue par une fibule sur l'épaule droite; il tient le bras gauche abaissé le long du corps et ramène le bras droit vers la poitrine; les deux premiers doigts de cette main sont étendus. Le registre inférieur et le registre supérieur sont semblables à ceux du premier feuillet, mais les captifs sont autrement disposés.

Halberstadt, trésor de la Cathédrale.

Hauteur : 0m,28. — Largeur : 0m,153 et 132.

Publié : Förstemann, *Neue Mittheilungen* (*Thüringisch-Sächsischer Verein*), t. VII, 2 (1844), pl. i; — Eye et Falk, *Kunst und Leben der Vorzeit*, pl. i et ii; — Bock, *Geschichte der liturg. Gewänder*, pl. ii; — *Mittheilungen der KK. Centralcommission*, t. XV. — Cfr. Pulszky, *ouvr. cité*, p. 21. (Cet auteur y reconnaît un diptyque d'Aetius et le rapporte à l'année 454.) — Kugler, *Kl. Schriften*, t. I, p. 135; — Wieseler, *Das diptychon Quirinianum zu Brescia*, p. 43; — Westwood, *ouvr. cité*, n° 45, 46; — Meyer, *ouvr. cité*, p. 16, 20, 25, 28, 29, 30, 47, 63, n° 4.

39. ANONYME. — v^e ou vi^e siècle.

1er *feuillet* : Sous une arcature en plein cintre accompagnée de deux aigles et soutenue par deux colonnes dont les chapiteaux sont à peine visibles, est assis le consul sur un siège bas à montants cannelés en spirales, garni d'un coussin. Sous les pieds du consul est placé un escabeau orné de griffes de lions. Le consul est représenté à demi chauve, barbu, tenant de la main droite élevée la *mappa*, de la gauche un sceptre terminé par deux bustes. A droite et à gauche se tiennent debout deux assistants imberbes, vêtus de tuniques, tenant en main des *flabella* (?). A la partie inférieure du feuillet, un bellnaire imberbe vient de transpercer de son épieu un tigre. Son bras gauche est protégé par un brassard qui remonte jusqu'à l'épaule ; de la main droite levée, il semble par son geste demander au public d'admirer son action. Autour de lui, trois autres tigres, dont l'un est couché.

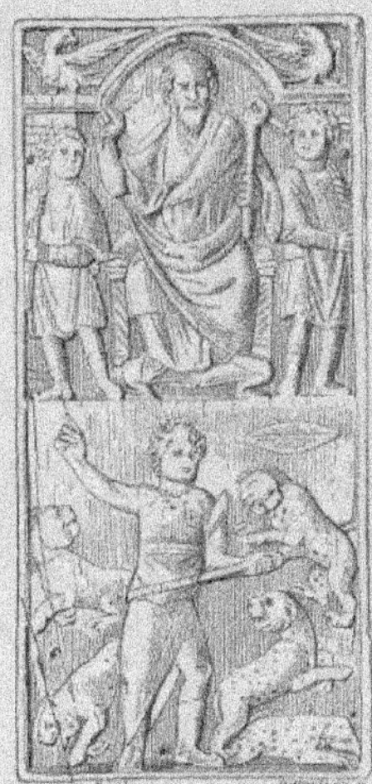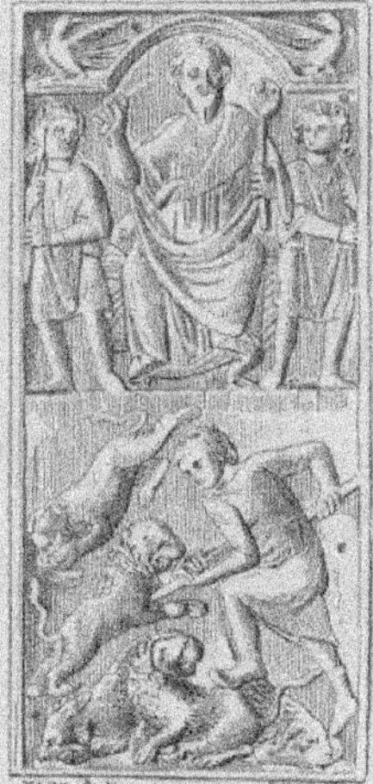

N° 39. — DIPTYQUE CONSULAIRE, Ve OU VIe SIÈCLE.
(Bourges, Musée)

2e feuillet : La partie supérieure est semblable, sauf de très légères différences, au premier feuillet. À la partie inférieure, un bellnaire reçoit un lion sur son épieu. Quatre autres lions, dans différentes attitudes, sont figurés dans le champ.

Bourges, Musée. Provient de la Cathédrale de cette ville.

Hauteur : 0m,235. — Largeur : 0m,145.

Publié : Dumoutet, *Les diptyques de Bourges*, dans les *Mémoires lus à la Sorbonne*, 1863 (1864), p. 234, 235, pl. VII, VIII. — Cfr. Chabouillet, *ouvr. cité*, p. 298; — Meyer, *ouvr. cité*, p. 32, 77, n° 38.

40. ANONYME. — Ve ou VIe siècle.

Feuillet connu sous le nom d'*Apothéose de Romulus* : À droite, un triomphateur barbu, la main gauche appuyée sur une haste, tenant de la droite une branche de laurier, assis sous une édicule en forme de façade de temple, placée sur un char traîné par quatre éléphants. Sur le dos des éléphants sont montés quatre conducteurs; un autre marche devant eux ; la tête de ce dernier est brisée. Au second plan, un personnage nu enlevé d'un pyrée à triple étage par un char traîné par quatre chevaux; deux aigles s'envolent devant lui. Le même personnage enlevé au ciel par deux génies nus, l'un barbu, l'autre imberbe, est présenté à l'assemblée des dieux. Les dieux, parmi lesquels on reconnaît Jupiter et Apollon, sont au nombre de six; le ciel est représenté par un arc sur lequel sont figurés les signes du Zodiaque : La Balance, le Scorpion, le Sagittaire, le Capricorne, le Verseau. Le bord du feuillet est orné d'un rang d'olives; à la partie supérieure, deux volutes découpées à jour accostent un médaillon circulaire portant un monogramme gravé dont la partie centrale est formée par la lettre **O**.

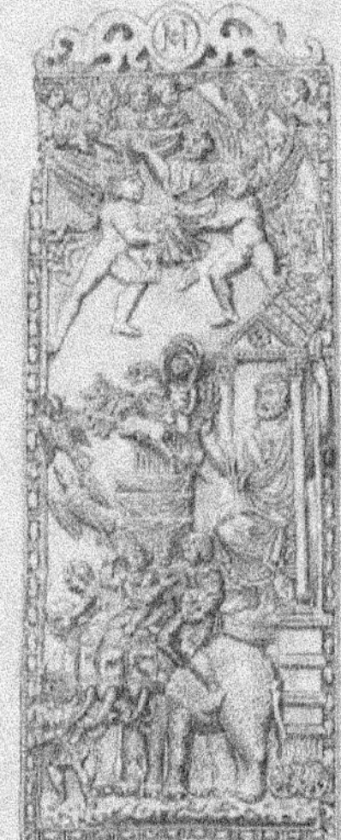

Londres, Musée Britannique. Autrefois à Florence, dans la collection Gherardesca.

Hauteur : 0m,29. — Largeur : 0m,11.

Publié : Buonarotti, *Osservazioni sul alcuni frammenti*, p. 230; — Gori, *ouvr. cité*, pl. XIX; — Millin, *Galerie mythologique*, pl. 171; — Seglio, *ouvr. cité*, t. II, fig. 2460; — Ch. Palacky, *ouvr. cité*, p. 18; — Wieseler, *ouvr. cité*, p. 40; — Chabouillet, *ouvr. cité*, p. 288; — Meyer, *ouvr. cité*, p. 34, 77, n° 40.

41. ANONYME. — VIe siècle.

2e *feuillet* : Au centre du feuillet, dans une couronne de fruits et de feuillages accompagnée de bandelettes, est représenté un consul à mi-corps, imberbe; de la main droite abaissée, il tient la *mappa*; de la gauche, un sceptre, terminé par une croix. Quatre rosaces cantonnent cette sculpture; le haut du feuillet est occupé par un cartouche terminé par des volutes et portant gravée l'inscription suivante : **V**ir **C**larissimus **ET INL**ustris **EX C**omite **D**omesticorum **CONS**ul **ORD**inarius.

Rome, Bibliothèque Barberini.

Hauteur : 0m,34. — Largeur : 0m,12.

Publié : Meyer, *ouvr. cité*, p. 11, 31, 75, n° 34, pl. 4. — Cfr. Borghesi, *Œuvres*, t. VII, p. 51.

42. ANONYME. — VIe siècle.

Fragments (deux) d'un feuillet, presque complètement usés, sur lesquels on distingue cependant encore la représentation d'un consul assis, tenant de la main droite la *mappa circensis*. Au dessus de cette figure, un arc en plein cintre accompagné de deux oiseaux et un disque sur lequel était probablement gravé un monogramme. Au revers de ces fragments ont été postérieurement sculptés la Crucifixion et d'autres scènes de la Passion.

Londres, Musée de South Kensington et Musée Britannique.

Hauteur du fragment conservé au Musée de South Kensington : 0m,16. — Largeur : 0m,16.

Cfr. Maskell, *Catalogue of the ivories ancient and mediaeval in the South Kensington Museum*, p. 107; — Westwood, *ouvr. cité*, n° 74; — Meyer, *ouvr. cité*, p. 31, 73, n° 34.

43. ANONYME. — VIe siècle.

Diptyque dont chaque feuillet est décoré au centre d'un médaillon circulaire entouré de feuillages, renfermant un buste de consul, jeune, tenant la *mappa* et le sceptre. Au dessus et au dessous de ce médaillon, deux rosettes encadrées par de grands rinceaux grossièrement sculptés comme sur le feuillet du diptyque d'Areobindus conservé au Musée du Louvre.

Os de chameau.

Liverpool. Musée Meyer.

Hauteur de chaque feuillet : 0ᵐ,325. — Largeur : 0ᵐ,13.

Cfr. Pulszky, *ouvr. cité*, p. 44, nᵒˢ 34, 35; — Westwood, *ouvr. cité*, nᵒ 76; — Meyer, *ouvr. cité*, p. 5, 31, 70, nᵒ 15.

44. ANONYME. — VIᵉ siècle.

1ᵉʳ *feuillet* : Le consul imberbe, les cheveux coupés sur le front et frisés au dessus des oreilles, est assis sur la chaise curule, ornée de feuillages et à pieds terminés par des griffes de lions. Sous ses pieds, un escabeau également orné de feuillages. Il porte le costume consulaire et de la main droite élève la *mappa*, tandis que de la gauche il tient un sceptre terminé par un fleuron. Cette figure est surmontée d'un arc en plein cintre, inscrivant une coquille reposant sur deux pilastres cannelés qui descendent jusqu'au bas du diptyque où ils encadrent un compartiment orné de feuillages en très bas relief. A la naissance de l'arc, au dessus des chapiteaux, est sculptée en relief l'inscription : **DAVID REX**. Une croix surmonte l'arc qu'accompagnent deux aigles. Bordure de feuillages.

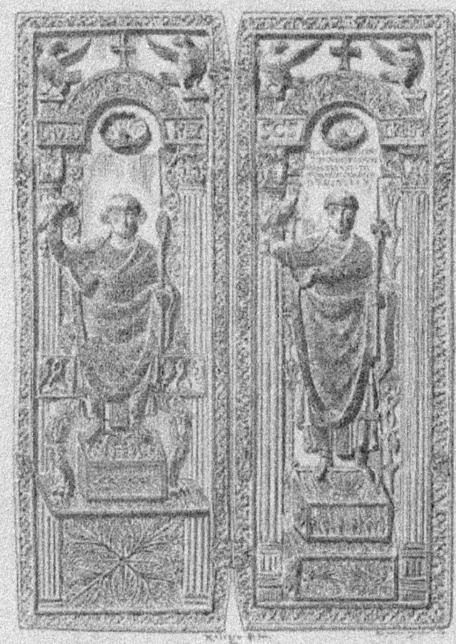

Nᵒ 44. — DIPTYQUE CONSULAIRE REMANIÉ, VIᵉ SIÈCLE.
(Monza, Trésor de la Basilique)

2ᵉ *feuillet* : Le consul, imberbe, portant la couronne cléricale, debout sur un escabeau composé de deux marches, sous une arcade d'architecture semblable à celle figurée dans le feuillet précédent ; de la main droite élevée, il tient la *mappa* ; de la gauche, un sceptre terminé par une croix. Au dessus des chapiteaux, l'inscription : **SanCtuS GREGOR**-*ius*. Même décoration à la partie supérieure du diptyque que sur le feuillet précédent. Entre la coquille sculptée sous l'arcade et la tête du consul est gravée, en cinq lignes, l'inscription suivante : **+ GREGORIVS PRᴇSVL MERI ∥ TIS ET NOMINE DIGNVS ∥ VNDE GENVS DVCIT ∥ SVMMVM CONSCEN ∥ DIT HONOREM.**

Monza, Trésor de la Basilique.

Hauteur : 0m,36. — Largeur : 0m,14.

Publié : Gori, *ouvr. cité*, t. II, pl. vi ; — Martigny, *Dictionnaire des Antiquités chrétiennes*, p. 255, 256. — Cfr. Meyer, *ouvr. cité*, p. 31, 32, 76, n° 37 ; — Saglio, *ouvr. cité*, t. II, p. 271, au mot *diptyque* ; — Pulszky, *ouvr. cité*, p. 23 ; — Westwood, *ouvr. cité*, n° 83, 84. Voyez plus haut ce que l'on dit de ce diptyque consulaire transformé, vers le xie siècle, en diptyque ecclésiastique.

45. ANONYME. — vie siècle.

Feuillet unique. Le consul, que des additions ou des transformations ont changé en Saint-Pierre, est assis sur un siège bas muni d'un coussin et orné d'arcatures. La trabée est encore très visible. De la main droite abaissée, le consul tient un *volumen* qui a remplacé la *mappa* ; le sceptre, porté de la main gauche relevée, a été transformé en clé. Nimbe gravé ; couronne cléricale tracée au milieu de cheveux frisés. Barbe courte indiquée par des traits gravés sur une figure primitivement imberbe. Au fond, une arcade d'architecture en plein cintre flanquée de deux sortes de clochetons de style roman. Remaniements opérés au xe ou xie siècle quand on transforma ce diptyque consulaire en couverture de manuscrit.

Prague, Bibliothèque du chapitre métropolitain.

Hauteur : 0m,257. — Largeur : 0m,113.

Publié : *Auswahl von kunstgewerblichen Gegenständen aus der retrospectiven Ausstellung in Prag, 1891* ; Prague, 1892, pl. 27. — Cfr. Graeven, *ouvr. cité*, p. 213.

46. ANONYME. — vie siècle.

Partie supérieure d'un diptyque dont chaque feuillet était composé de cinq morceaux d'ivoire.

Deux Victoires vêtues de longues tuniques soutiennent une couronne de chêne ornée de bandelettes renfermant un buste de femme, couronnée, de face, soutenant de la main gauche une corne d'abondance ; la main droite est ramenée vers la poitrine et ouverte. Sur la bordure, qui contourne trois des côtés, sont sculptés des fruits ; à la partie inférieure, un long cartouche sur lequel est gravée l'inscription : **AC TRIVMFATORI + PERPETVO SEMPER AVG**usto.

Milan, Collection Trivulzio.

Largeur : 0m,336. — Hauteur : 0m,107

Publié : Meyer, *ouvr. cité*, pl. i, p. 50, 51, 82, n° 39.

47. ANONYME. — vie siècle.

Partie inférieure d'un diptyque dont chaque feuillet était composé de cinq morceaux d'ivoire.

Aux extrémités, deux femmes barbares accroupies, de face, allaitant des enfants et portant des tributs. Au centre, deux groupes de deux barbares opposés symétriquement l'un à l'autre et apportent des tributs ; entre ces deux groupes, à terre, deux prisonniers barbares accroupis, les mains liées derrière le dos. Ces derniers personnages sont de plus petite dimension. A la partie inférieure et sur les côtés, sur la bordure, sont sculptés des fruits ; à la partie supérieure, à droite, deux cartouches portant des inscriptions gravées : à gauche, **+ VIR ILLVSTR**is **COM**es **PROTIC** (?) **+** ; à droite, **+ ET CONSVL ORDINAR**ius **+**.

Ce fragment a pu faire partie du même ensemble que le numéro précédent.

Milan, Collection Trivulzio.

Hauteur : 0m,104. — Largeur : 0m,336.

Publié : Meyer, *ouvr. cité*, pl. II, p. 50, 51, 82, n° 59.

48. ANONYME — VIe siècle.

Partie supérieure d'un diptyque dont chaque feuillet était composé de cinq morceaux d'ivoire.

Deux Victoires soutenant une couronne renfermant un buste de femme. Ce fragment est tout à fait analogue comme style et comme disposition aux fragments de la Collection Trivulzio.

Bâle, Musée.

Largeur : 0m,33. — Hauteur : 0m,080.

Publié : Rossi, *Bulletino di archeologia christiana*, année 1878, pl. I, n° 3. — Cfr. Meyer, *ouvr. cité*, p. 50, 82, n° 60.

49. ANONYME — VIe siècle.

Deux fragments de la partie droite d'un feuillet de diptyque composée de plusieurs morceaux d'ivoire, insérés dans la reliure du manuscrit n° 23630 de la Bibliothèque de Munich.

1er *fragment* (à droite) : Un consul imberbe debout, dirigé vers la gauche et portant devant lui un gros rouleau de parchemin qu'il va offrir en présent. Derrière le consul, plus haut sur la tablette, est figuré un personnage, debout, jeune, imberbe, vêtu d'une sorte de manteau orné sur les épaules de deux broderies circulaires; à son cou est suspendue par un collier une *bulla*; il est armé d'un bouclier ovale orné de gravures, et d'une lance. Bordure composée de rais de cœur et d'oves; seconde bordure verticale, à droite, composée de rosaces inscrites dans des rectangles.

2e *fragment* : Un personnage jeune, imberbe, debout, de face, vêtu d'une longue robe à manches étroites, portant dans la main droite une sorte de longue canne terminée par une palette. Au dessus de ce personnage, est debout une Victoire soutenant de ses deux mains au dessus de sa tête une couronne de laurier entourant un buste d'homme, de face, les cheveux courts, barbu, se détachant sur un fond traversé par une bande d'ornement. A gauche, bordure de rosaces inscrites dans des compartiments rectangulaires.

Meyer (*ouvr. cité*, p. 45 et suiv.) compare ces fragments à un ivoire de la bibliothèque Barberini (voyez plus haut, p. 16); il suppose que nous avons là les vestiges d'un diptyque offert par un consul à l'empereur, dont le centre devait offrir l'image de l'empereur lui-même. Au milieu de la couronne de laurier nous aurions le portrait de l'empereur, et Meyer identifie cet empereur avec Julien; suivant sa conjecture nous aurions donc là un fragment de diptyque de l'année 362, du consul Mamertinus. J'avoue ne pouvoir accepter cette hypothèse, le travail de l'ivoire me paraissant tout à fait identique à celui des ivoires du VIe siècle.

Munich, Bibliothèque.

Hauteur : 0m,27. — Largeur : 0m,058 et 0m,047.

Publié : Meyer, *ouvr. cité*, pl. III, p. 45 à 53, 87, n° 61.

DIPTYQUES DE FONCTIONNAIRES

50. RUFIUS PROBIANUS, Vice-Préfet ou Préteur a Rome. (Fin du ivᵉ ou commencement du vᵉ siècle.)

Planche IV.

1ᵉʳ *feuillet* : Dans une salle rectangulaire soutenue par des colonnes, sur un siège élevé de deux degrés, est assis Probianus, imberbe, de face, les cheveux courts; il est vêtu de la trabée; de la main gauche il s'appuie sur un *volumen*; de la main droite il fait un geste impératif. A droite et à gauche sont debout deux scribes, représentés plus petits que le magistrat, tenant des tablettes ouvertes et des styles. A gauche, au fond, on aperçoit un tableau divisé en quatre compartiments : les supérieurs sont occupés par deux figures en buste (?l'empereur et l'impératrice); les deux inférieurs, par deux personnages debout, marchant l'un vers la droite, l'autre vers la gauche et portant devant eux un présent (?). Au dessus de la tête du personnage principal est placé un cartouche, sur lequel est gravée l'inscription : **RVFIVS PROBIANVS V***ir* **C** *larissimus*. Au registre inférieur, de chaque côté d'un trépied sur lequel est placé un encrier, deux plaideurs debout, qu'à leur costume on peut reconnaître pour des personnages sénatoriaux. Bordure de palmettes.

2ᵉ *feuillet* : Mêmes dispositions que sur le premier feuillet, mais le magistrat porte la chlamyde et non plus la trabée. De ses deux mains il déroule sur ses genoux un *volumen*, sur lequel on lit : **PROBIANE FLOREAS**; au dessus de sa tête, dans un cartouche, est gravée l'inscription : **VICARIVS VRBIS ROMAE**. Au second registre, mêmes dispositions que sur le premier feuillet, mais les personnages sont, d'après leur costume, d'un ordre inférieur.

Berlin, Bibliothèque. (Couverture d'un manuscrit.)

Hauteur : 0ᵐ,29 et 0ᵐ,306. — Largeur : 0ᵐ,12.

Publié : Le 2ᵉ feuillet dans Westwood, *Proc. Oxford. architect. soc.*, juin 1863, p. 131; *ouvr. cité*, p. 13; — Meyer, *ouvr. cité*, pl. ii, p. 5, 17, 21, 35 à 41, 53, 78, nᵒ 41; — Saglio, *ouvr. cité*, fig. 2457. — Cfr. Labarte, *Histoire des Arts industriels*, 2ᵉ éd., t. I, p. 13; — Chabouillet, *ouvr. cité*, p. 290. — Ce dernier auteur considère bien à tort ce diptyque comme apocryphe; pas un des arguments sur lesquels l'auteur a établi cette singulière hypothèse ne résiste à une critique sérieuse. On peut s'étonner avec lui qu'un monument de cette importance soit demeuré à peu près inconnu jusqu'à l'apparition de l'ouvrage de Labarte; mais combien de monuments conservés dans les musées sont encore aujourd'hui tout à fait méconnus? Quant à supposer qu'un diptyque dont toutes les parties attestent à tel point la conservation du style classique puisse être classé parmi les imitations faites à la Renaissance, c'est un jugement qui ne laisse pas que d'étonner beaucoup ceux qui ont étudié les faux antiques créés en Italie au xvᵉ et au xviᵉ siècle. Je ne l'aurais même pas mentionné s'il ne venait d'un savant qui a, pendant de longues années, conservé les diptyques du Cabinet de France.

51 — vᵉ ou viᵉ siècle.

Feuillet unique : Les jeux du cirque. Dans le haut de la composition est figurée une loge dans laquelle sont assis trois magistrats qui président aux jeux; deux sont barbus, le troisième est imberbe. Tous trois portent la trabée; celui qui occupe le centre tient de la main droite une patère, celui de droite la *mappa*. Dans le cirque, quatre gladiateurs luttent contre cinq élans.

Liverpool, Musée Meyer.

Hauteur : 0ᵐ,21. — Largeur : 0ᵐ,12.

Publié : Millin, *Voyage dans les départements du Midi de la France*, t. I, pl. 21; — James Waring, *ouvr. cité*, pl. x, nᵒ 3; — *Monumenti dell' Instituto*, t. V, pl. 51; — Saglio, *ouvr. cité*, fig. 7459; — Pulszky, *ouvr. cité*, p. 16; — Chabouillet, *ouvr. cité*, p. 290; — Meyer, *ouvr. cité*, p. 21, 34, 77, nᵒ 41.

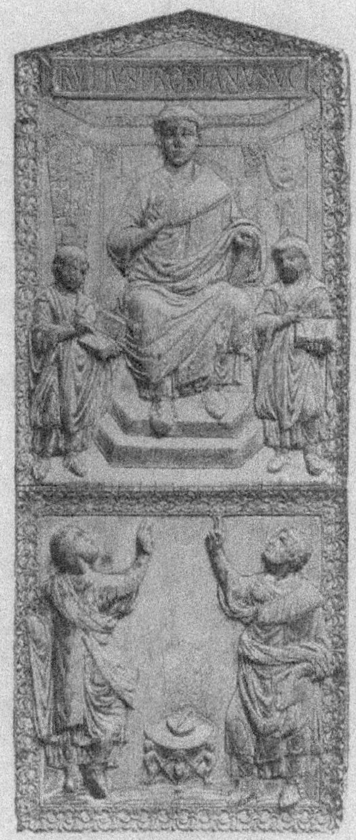
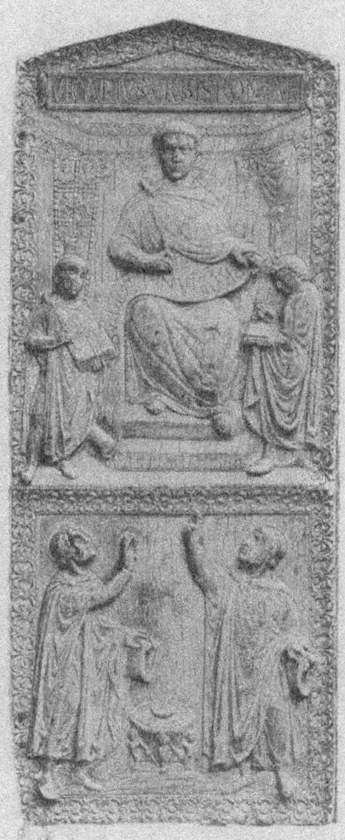

DIPTYQUE DE RUFIUS PROBIANUS
VICE-PRÉFET DU PRÉTOIRE DE ROME
MUSÉE DE BERLIN

52. — Ve ou VIe siècle.

1er *feuillet* : Jeux du cirque. Quatre belluaires armés d'épieux combattent, dans différentes attitudes, contre des lions et des lionnes, au nombre de huit ; plusieurs de ces animaux ont déjà mordu la poussière ou se tordent de douleur en essayant d'arracher les épieux qui les ont blessés. Le costume des belluaires se compose d'une tunique courte, d'une casaque munie d'une seule manche qui protège le côté gauche de la poitrine, de genouillères et de brodequins. Sur la poitrine et dans le dos, les belluaires portent un segment rectangulaire brodé sur l'étoffe. Encadrement composé d'un rang de perles et d'olives alternant.

2e *feuillet* : Réplique du premier feuillet, semblable quant à l'attitude des personnages et des animaux ; certains détails du pelage des lions indiqués sur le premier feuillet sont ici absents. De plus, les segments brodés sur la casaque affectent la disposition circulaire. Même bordure sur trois côtés que dans le feuillet précédent .

Saint-Pétersbourg, Musée de l'Ermitage (Ancienne collection Basilewsky).

Hauteur : 0m,335. — Largeur : 0m,110.

Publié : A. Darcel, *Collection Basilewsky*, p. 10, n° 43, pl. vi.

53. — VIe siècle.

1er *feuillet* : Sous une édicule à fronton triangulaire, supportée par deux colonnes à chapiteaux ornés de feuillages et à fûts historiés, est représentée Rome sous les traits d'une femme debout, casquée, portant dans la main gauche un globe surmonté d'une Victoire, appuyée de la droite sur une haste.

2e *feuillet* : Même architecture abritant une figure allégorique de Constantinople, femme debout, couronnée, tenant de la main gauche une corne d'abondance, de la main droite une palme ; un petit génie ailé est figuré près de son épaule droite. Le haut de chacun des feuillets forme un angle obtus. Bordure décorée d'oves.

Deux inscriptions, tracées, à l'encre, vers le IXe siècle, se lisent sur ces feuillets. Gori a cru lire sur le premier le nom de *Joannes (Flavianus)*, consul en 538, et sur le second le mot *Faustitas*. Sur une photographie, que me communique obligeamment M. R. von Schneider, on lit clairement : *Temperancia* et *Castitas* (Voyez plus haut, p. 9).

Vienne, Cabinet des Antiques.

Hauteur : 0m,273. — Largeur : 0m,115.

Publié : Gori, *ouvr. cité*, t. II, pl. III et pl. IV. — R. von Schneider, *Album auserlesener Gegenstände der Antiken-Sammlung*, pl. XLIX. — Cfr. Pulszky, *ouvr. cité*, p. 28 ; — Wieseler, *ouvr. cité*, p. 26 ; — Meyer, *ouvr. cité*, p. 21, 41, 81, n° 54.

54. — VIe siècle.

1er *feuillet* : Sous une édicule en forme de coupole supportée par deux colonnes à chapiteaux ornés de feuillages, des rideaux fermant à demi l'entrée de cette édicule, est debout un personnage barbu, vêtu d'une tunique et d'une chlamyde agrafée par une longue fibule sur l'épaule gauche ; des deux mains, il tient un *codex* ou des tablettes. Bordure ornée d'oves.

2e *feuillet* : Même architecture. Le personnage dans la même attitude que sur le premier feuillet ; la chlamyde est agrafée sur l'épaule droite ; le personnage laisse pendre le bras gauche le long du corps, et de la main droite relevée fait un geste impératif. Bordure ornée d'oves.

Novare, Trésor de la Cathédrale.

Hauteur : 0m,315. — Largeur : 0m,140.

Publié : Gori, ouvr. cité, t. II, pl. ... — Cfr. Pulszky, ouvr. cité, p. 22; — Wieseler, ouvr. cité, p. 43; — Westwood, ouvr. cité, n°s 74, 75; — Meyer, ouvr. cité, p. 8, 42, 79, n° 48.

55. — VIᵉ siècle.

Feuillet unique : Sur un fond orné d'un chrisma se détache un personnage debout, imberbe, vêtu d'une tunique et d'une chlamyde retenue sur l'épaule droite par une fibule. De la main droite relevée il tient un *volumen*.

Bologne, Museo Civico.

Hauteur : 0m,165. — Largeur : 0m,075.

Décrit : Bianconi, *Osservazione di un frammento di tavoletta antica d'avorio stimata consolare*, Bologne, 1775; — Garrucci, *Storia dell'arte cristiana*, t. VI, pl. 448, n° 9; — Wieseler, ouvr. cité, p. 40; — Westwood, ouvr. cité, p. 361, n° 1; — Meyer, ouvr. cité, p. 42, 79, n° 49.

56. — VIᵉ siècle.

Feuillet unique : Une Muse debout, drapée, tournée vers la droite, la jambe gauche repliée, appuyée à une colonne. De la main gauche elle tient un *volumen* ou peut-être un *plectrum*. A gauche, un amour debout, portant une palme; au second plan, sur une base d'architecture, est placé un buste viril; sur la base on distingue les lettres **AN**, assez indistinctes. Toute cette représentation est abritée par un fronton orné en son tympan d'une coquille, sur la frise duquel est gravée l'inscription : *Optimo* (?) **PATRE** *Tito* (?) **SECVNDO**. Dans l'écoinçon, au dessus du rampant gauche du fronton, est sculptée une rosace.

Ce feuillet de diptyque est brisé et incomplet à droite.

Berlin, Musée. Trouvé à Trèves en 1875.

Hauteur : 0m,228. — Largeur : 0m,095.

Publié : Carl Bone, *Antikes Elfenbeinrelief aus Trier*, dans les *Jahrbücher des Vereins von Alterthumsfreunden im Rheinlande*, année 1877, p. 90 à 110, pl. ... — Cfr. Meyer, ouvr. cité, p. 12, 35, 78, n° 45. — Je donne l'interprétation, peu certaine du reste, de l'inscription d'après Bone; Meyer pense, en s'appuyant sur l'opinion de Mommsen, que la première lettre de l'inscription est un **Q** et non un **O**.

57. — VIIᵉ siècle.

PLANCHE V, n° 3.

1ᵉʳ *feuillet :* Sous une édicule terminée par une coupole côtelée supportée par des colonnes à chapiteaux feuillagés et à fûts cannelés est assise une impératrice vêtue d'une chlamyde chargée de pierreries; elle tient en main le globe surmonté d'une croix. Deux aigles supportant des guirlandes flanquent la coupole, et des rideaux glissent sur une tringle sont symétriquement relevés derrière la souveraine. Traces de dorure plus récente que la sculpture.

2ᵉ *feuillet :* Même architecture abritant une figure d'impératrice debout, couronnée, vêtue d'une chlamyde bordée de pierreries, ornée d'un segment rectangulaire, brodé également, sur lequel est figuré un personnage en buste, imberbe, couronné, vêtu de la trabée, portant de la main droite la *mappa*, de la gauche un sceptre. L'impératrice porte de la gauche un sceptre, de la droite un globe surmonté d'une croix.

Vienne, Cabinet des Antiques (1ᵉʳ feuillet), Florence, Musée du Bargello (2ᵉ feuillet).

Hauteur : 0m,263 et 0m,295. — Largeur : 0m,13 et 0m,135.

Publié : 1ᵉʳ feuillet : Gori, ouvr. cité, t. II, pl. 4; 2ᵉ feuillet : Montfaucon, *Antiquité expliquée*, t. III, 1ʳᵉ partie, pl. XXVI; — Gori, t. II, pl. XI; — R. Von Schneider, ouvr. cité, pl. C; — Cfr. Pulszky, ouvr. cité, p. 22; — Westwood, ouvr. cité, p. 151; — Meyer, ouvr. cité, p. 32, 42, 80, n° 50.

DIPTYQUES DE PARTICULIERS

58. — Fin du ive ou commencement du ve siècle.

1er *feuillet* : Une femme debout, tournée vers la gauche, tenant deux torches renversées, devant un autel allumé, abrité par un pin auquel sont suspendues deux sonnettes. Dans le haut, sur un cartouche, est gravée l'inscription : **NICOMACHO RVM.** Bordure ornée de palmettes. Traces de monture en argent estampé de fleurettes.

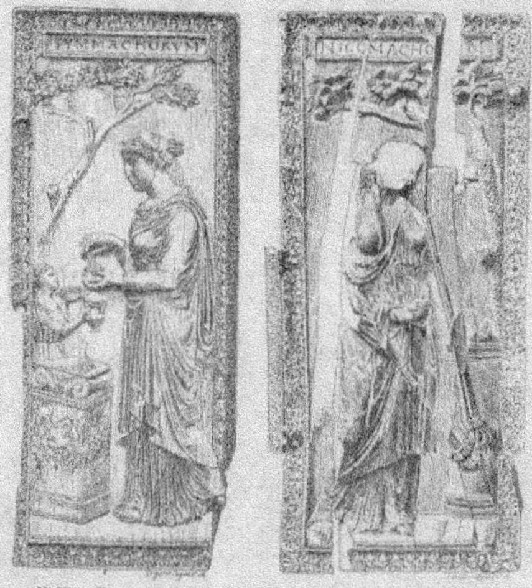

Nº 58. — Diptyque des Nicomaques et des Symmaques, ive ou ve siècle.
(Musée de South Kensington ; — Musée de Cluny.)

2e *feuillet* : Une femme debout tournée vers la gauche, devant un autel dressé sous un chêne, jette de l'encens sur le feu du sacrifice.

Dans le haut, sur un cartouche, est gravée l'inscription : **SYMMACHORVM.** Même bordure que sur le premier feuillet.

Paris, Musée de Cluny (1er feuillet) ; Londres, Musée de South Kensington (2e feuillet) ; complet autrefois à l'abbaye de Montier-en-Der.

Hauteur : 0^m, 29. — Largeur : 0^m, 12.

Publié : Martène et Durand (D. D.) *Voyage littéraire de deux religieux bénédictins,* 1re partie, p. 98 ; — Gori, *ouvr. cité,* t. I, pl. vi ; — Maskell, *ouvr. cité,* p. 14 (photographie). — Cfr Otto Seeck, *De Symmachi Vita,* dans les *Monumenta Germaniae historica, Auctores antiquissimi,* t. VI, 1883, p. cix ; — Palacky, *ouvr. cité,* p. 23 ; — Borghesi, *Annali del Instituto,* 1840, p. 301 ; — Wieseler, *ouvr. cité,* p. 27 ; — Westwood, p. 8 et 365 ; — Meyer, *ouvr. cité,* p. 35, 43, 81, nº 53.

59. — V⁰ ou VI⁰ siècle.

1ᵉʳ feuillet : Sous une arcade en plein cintre supportée par deux colonnes torses, ornée d'une coquille, sont debout deux personnages. A gauche, un jeune homme, nu, chaussé de brodequins, retient une lance de la main droite et de la gauche porte des tablettes ouvertes. A droite, appuyée contre une des colonnes, se tient une femme drapée, la main droite relevée à la hauteur de l'épaule. Entre les deux personnages, à la partie supérieure, voltige l'Amour enfant ; à la partie inférieure, un chien. On s'accorde à reconnaître dans ces deux personnages les représentations d'Hippolyte et de Phèdre.

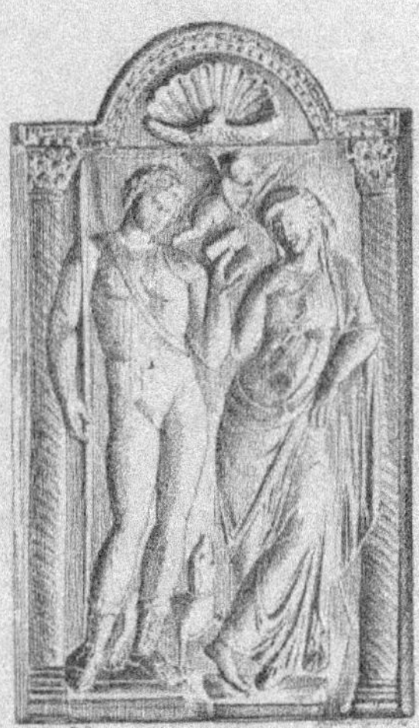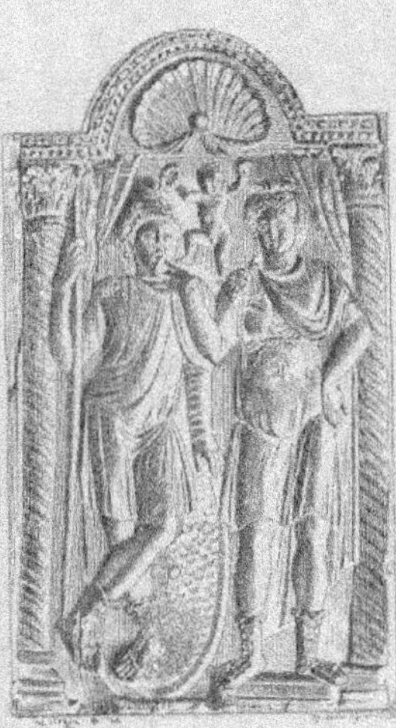

N° 59. — DIPTYQUE, V⁰ ET VI⁰ SIÈCLE.
(Musée de Brescia)

2ᵉ feuillet : Même architecture que sur le feuillet précédent, mais toutefois entre les colonnes est fixée une barre transversale à laquelle sont suspendus des rideaux glissant au moyen d'anneaux et tirés en arrière des colonnes. A droite est debout une femme (? Diane), la main gauche appuyée sur la hanche ; de la main droite elle caresse le menton d'un jeune homme (? Virbius ou Endymion), debout près d'elle ; ce dernier, les jambes croisées, chaussé de brodequins, est coiffé d'un bonnet phrygien ; d'une main il s'appuie sur un bouclier ovale, de l'autre sur une lance. Entre les deux personnages, à la partie supérieure du diptyque, un petit génie portant deux couronnes de feuillages.

Brescia, Musée.

Hauteur : 0ᵐ,25. — Largeur : 0ᵐ,14.

Publié : Gori, *ouv. cité*, t. IV, pl. XVII ; — Wieseler, *Das diptychon Quirinianum*, pl. I. — Cfr. Westwood, *ouv. cité*, n⁰ˢ 18, 19 ; — Meyer, *ouv. cité*, p. 34, 43, n° 57.

60. — VIᵉ siècle.

Feuillet unique : Les scènes qui y sont représentées sont divisées en deux registres.

Registre supérieur : Les Dioscures, coiffés du bonnet phrygien, vêtus de tuniques courtes, chaussés de brodequins, s'embrassant. A droite et à gauche, deux groupes de deux génies soutenant deux lances. Dans le haut de la composition, deux coquilles formant un double tympan.

Registre inférieur : Europe caressant Jupiter sous la forme d'un taureau; trois petits génies, dans différentes attitudes, accompagnent ce groupe. Dans l'angle supérieur de droite, dans un médaillon circulaire, est figuré un buste d'homme barbu, de trois quarts à gauche; mêmes tympans en forme de coquilles que dans le registre supérieur.

Une large bordure, composée d'une course de pampres au milieu desquels se jouent des génies portant des coupes ou des oiseaux, entoure tout le bas-relief. Cette bordure est mutilée. Cet ivoire a servi de reliure.

Trieste, Musée.

Hauteur : 0m,21. — Largeur : 0m,135.

Publié : P. Pervanoglu, *Diptychon des städtischen Museums zu Triest* dans l'*Archäologische Zeitung*, nouvelle série, t. VIII, 1876, p. 131, 132, pl. 12. — Cfr. Sagho, *ouvr. cité*, t. II, p. 270.

61. — VIᵉ siècle.

1ᵉʳ *feuillet* : Esculape debout, barbu, vêtu d'un manteau qui laisse une partie du buste à découvert, appuyé sur un bâton autour duquel s'enroule un serpent; de la main gauche, il tient un *volumen*. Près de lui, à gauche, on aperçoit Télesphore, le génie de la guérison, lisant dans un livre. Au second plan, à droite et à gauche, deux piliers surmontés l'un d'une corbeille de fleurs, l'autre d'une corbeille qu'un enfant entr'ouvre pour en laisser sortir le serpent d'Esculape; des guirlandes de feuillages, attachées par des bandelettes, réunissent les deux piliers que surmonte un cartouche sans inscription. Bordure ornée de feuillages et de fleurs.

2ᵉ *feuillet* : Hygie, debout, appuie son bras gauche sur un trépied d'où sort un serpent auquel la fille d'Esculape offre sa nourriture; vêtue d'une tunique et d'un manteau; ses cheveux divisés sur le front et réunis en chignon derrière la tête sont entourés d'un diadème; près d'Hygie, à gauche, Cupidon, demi-nu, tenant un arc de la main gauche. Même disposition pour le fond que dans le feuillet précédent; sur le pilier de gauche est encore représentée une corbeille qu'entr'ouvre un génie pour en laisser sortir le serpent d'Esculape; sur le pilier de droite sont placés un bassin et une aiguière.

Liverpool, Musée Meyer.

Hauteur : 0m,32. — Largeur : 0m,14.

Publié : Gori, *ouvr. cité*, t. IV, pl. xx, xxi; — Garrucci, *Raggualio del viaggio*, t. II, pl. ix; — Raphael Morghen, *Palmerini's Catalog*, n° 201; — Pulszky, *ouvr. cité*, frontispice; — Wieseler, *Denkmäler d. alten Kunst*, t. II, pl. lxi. — Cfr. Pulszky, *ouvr. cité*, p. 35, 40; — Maskell, *ouvr. cité*, p. 166; — Westwood, *ouvr. cité*, n° 15, 16; — Meyer, *ouvr. cité*, p. 43, 81, n° 55.

62. — VIᵉ siècle.

1ᵉʳ *feuillet* : Une Muse debout, couronnée de fleurs, tournée vers la droite et touchant d'un *plectrum* une lyre qu'elle tient de la main gauche en l'appuyant sur une colonnette. Au second plan est figuré un édifice d'une riche architecture composé d'un rez-de-chaussée avec colonnades et d'un premier étage avec colonnades également, accompagné d'un tympan semi-circulaire orné d'une coquille.

2ᵉ *feuillet* : Un personnage chauve (?) un poète, imberbe, âgé, tourné vers la gauche, assis sur un siège muni d'un coussin, les jambes croisées, les pieds placés sur un escabeau. De la main droite il tient un *volumen*; près de loi, à ses pieds, un *volumen* à demi déroulé et un *codex* ouvert. Même architecture que dans le feuillet précédent, mais retournée.

Monza, Trésor de la Basilique.

Hauteur : 0^m,340. — Largeur : 0^m,125.

Publié : Gori, *ouvr. cité*, t. II, pl. VII. — Didron, *Annales archéologiques*, t. XXI, p. 260, 261. — Cfr. Pulszky, *ouvr. cité*, p. 27 ; — Wieseler, *ouvr. cité*, p. 31 ; — Westwood, *ouvr. cité*, p. 21, 22 ; — Meyer, *ouvr. cité*, p. 43, 50, nº 56.

63. — VIᵉ siècle.

« Diptyque du quatrième siècle environ de l'ère chrétienne, offrant dans deux tablettes les figures de six personnages, sans doute des auteurs, accompagnés des Muses qui les inspirent. Dans la première tablette est représenté Hérodote assis dans une pose méditative et retournant la tête vers Clio, qui déploie un rouleau. Au dessous est un

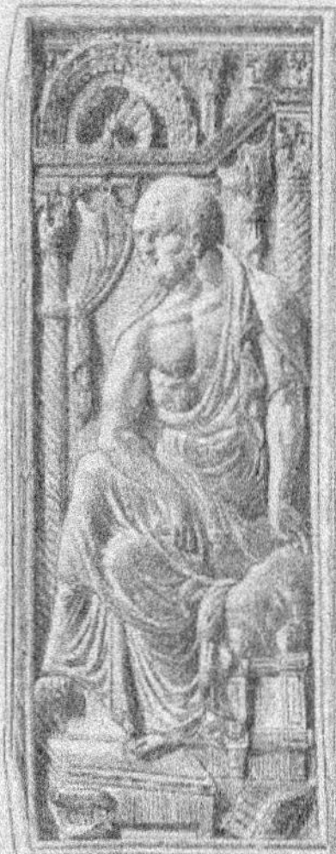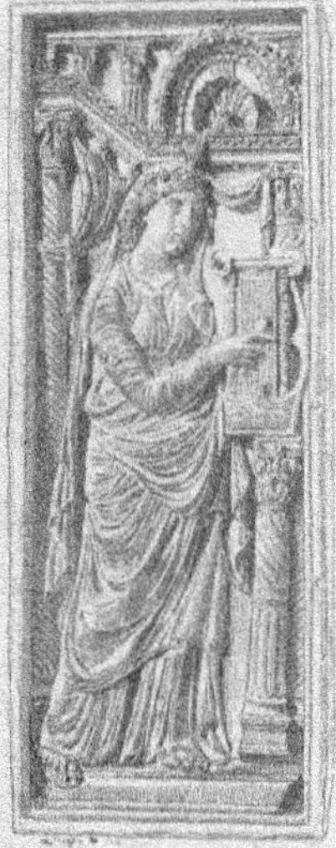

Nº 63. — Diptyque, VIᵉ siècle.
(Monza, trésor de la Basilique)

poète barbu, peut-être Anacréon, accompagné d'Euterpe, munie de deux flûtes. Plus bas, dans le dernier compartiment de cette tablette, on voit Aristote assis, portant la main droite vers sa figure ; près de lui est Polymnie debout.

« La seconde tablette offre un poète barbu, dont la tête semble avoir quelque ressemblance avec celle d'Euripide. Melpomène, munie de sa lyre, est près de lui. Au dessous est Ménandre, debout, appuyé contre un cippe; Thalie portant le masque comique est à côté de Ménandre. Le dernier compartiment montre un poète imberbe, assis et retournant la tête avec un sourire satyrique ; c'est peut-être Horace ; Erato tenant le *scrinium* accompagne ce poète. »

J'emprunte cette description à de Witte, mais sans garantir l'identification qu'il a cru pouvoir faire des différents personnages figurés sur ce diptyque.

Paris, Musée du Louvre.

Hauteur : 0^m,29. — Largeur : 0^m,075.

Décrit : J. de Witte, *Cabinet d'antiquités de feu M. le Chevalier Durand*, 1836, n° 1256, p. 158. — Clr. Pulszky, *ouvr. cité*, p. 28; — Westwood, *ouvr. cité*, n° 25; — Meyer, *ouvr. cité*, p. 43, 80, n° 52.

64. — VIe siècle.

1er *feuillet* : Bacchus Hélios, barbu et nu, tenant de la gauche un thyrse, de la droite un charchesion, debout sur un char que traînent un centaure et une centauresse. Près du Dieu se tient Ampélos portant un pedum. Plus bas on aperçoit trois divinités marines nageant sur les flots. Dans le haut, des scènes de vendanges.

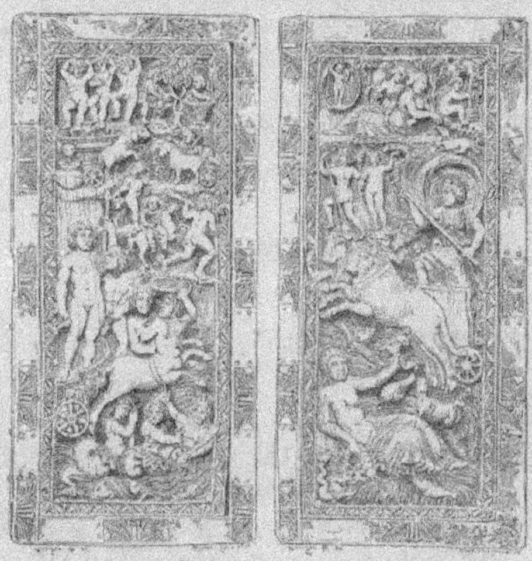

N° 64. — Diptyque, VIe siècle.
(Sens, Musée.)

2e *feuillet* : Le lever de la lune. Au dessus d'une figure de la mer, symbolisée par une femme assise près des flots et entourée de poissons ou de crustacés, Diane est debout sur un char traîné par deux taureaux ; vêtue d'une longue tunique et d'une draperie qui flotte au dessus de sa tête qu'orne un croissant, de ses deux mains elle soutient une torche. Au dessus de cette figure, on aperçoit un satyre et une femme nue ; plus haut, Vénus dans une coquille, deux femme couchées, dont l'une joue avec un chien, et un amour. Bordure composée, comme dans le premier feuillet, d'un motif d'ornement gravé plutôt que sculpté, de feuilles de lauriers alternant avec de petits fleurons.

Sens, Musée. Autrefois dans le Trésor de la Cathédrale.

Hauteur : 0^m,327. — Largeur : 0^m,126.

Publié : Millin, *Voyage dans les départements du Midi*, t. 1, pl. II, III; *Monuments antiques inédits*, t. II, pl. 30, 31. — Lacroix et Séré, *Le moyen âge et la Renaissance*, la Reliure, pl. C. — Labarte, *Histoire des Arts industriels*, 1re édition, Album, pl. C. — Montaiglon (A. de), *Le Trésor de la Cathédrale de Sens* dans la *Gazette des Beaux-Arts*, t. XXI, XXII 2e période, 1881, p. 20 et 21 du tirage à part. — Cfr. Pulszky, *ouvr. cité*, p. 27; — Westwood, *ouvr. cité*, nos 22, 24; — Mayer, *ouvr. cité*, p. 31, 81, n° 36.

Mon excellent confrère, Maurice Prou, me communique une brochure de M. Julliot, *Les deux feuillets du diptyque de Sens et un troisième feuillet qui en dérive* (S. l. n. d. [1880], in-8°, 13 pp.); probablement un extrait d'un volume non encore paru du *Bulletin de la Soc. archéologique de Sens*, dans laquelle ce diptyque est plus minutieusement décrit que je ne puis le faire ici. Je remarquerai, toutefois, que c'est à tort que M. Julliot qualifie ce diptyque de consulaire. Quant au troisième feuillet dont il donne l'image, c'est un centon fort maladroit composé à l'aide de motifs pris dans les deux feuillets du diptyque de Sens; malgré l'autorité du nom de François Lenormant auquel est dû le catalogue de la collection Baïf (vente de mars 1867, n° 619) dont cet ivoire a fait partie, on ne peut hésiter à le considérer comme apocryphe; tous ceux qui jusqu'ici se sont occupés des diptyques ont fait sagement de ne pas enrichir leur liste de l'œuvre d'un faussaire.

<h2 style="text-align:center">65. — XIᵉ siècle.</h2>

Feuillet unique : Il est divisé en trois registres, les deux premiers sont occupés par des représentations des neuf Muses dans différentes attitudes, portant leurs attributs, et accompagnées d'Apollon. Le registre inférieur offre une scène dyonisiaque : on y voit Bacchus appuyé sur un thyrse, un bacchant jouant de la double flûte, une bacchante dansant, un berger et Silène.

Ces fragments d'ivoire ont été mutilés sur leurs bords, au XVIᵉ siècle, pour former avec deux autres fragments d'ivoire sculptés, ceux-ci du XIᵉ siècle et représentant les Évangélistes, la couverture d'un Évangéliaire au Trésor de la cathédrale de Bourges. Les ivoires du XIᵉ siècle, d'une facture très barbare, ont été également recoupés de telle façon qu'on a fait disparaître une partie de l'architecture qui encadrait les personnages.

Paris, Bibliothèque Nationale.

Hauteur : 0ᵐ,21. — Largeur : 0ᵐ,12.

Publié : J. Dumoutet, *Mémoire sur les diptyques de la Cathédrale de Bourges*, dans les *Mémoires lus à la Sorbonne*, en 1893 [1894], p. 220-212, pl. IX et X. — Cfr. Chabouillet, *ouvr. cité*, p. 208. — J'ai maintenu ces ivoires dans la liste des diptyques simplement pour me conformer à une habitude; car, provenant d'un coffret ou d'un autre petit meuble, ils ne composent nullement un véritable feuillet de diptyque; ce sont des bandes absolument détachées les unes des autres qu'on a superposées pour former cette reliure; elles n'ont de commun avec les diptyques que l'époque où elles ont été sculptées.

A cette liste déjà trop longue on pourrait peut-être ajouter plus d'un ivoire de la décadence romaine qui peut être considéré comme ayant fait partie de diptyques. Je me contenterai de citer un ivoire divisé en quatre registres, représentant des hommes et des femmes combattants, fixé sur la reliure du manuscrit n° 359 de la Bibliothèque de Saint-Gall (Cfr. Westwood, *ouvr. cité*, p. 4, n° 11 et p. 485); cet ivoire paraît devoir être attribué au Vᵉ ou au VIᵉ siècle; — puis un ivoire, assez maladroitement scié en deux parties, représentant une femme jouant de la lyre qu'écoutent deux personnages, l'un assis, l'autre debout, formant la reliure d'un manuscrit de la Bibliothèque de l'Arsenal, à Paris (publié, par Cahier et Martin, *Nouveaux Mélanges d'archéologie, Ivoires, Miniatures, Émaux*, p. 75). Ce très curieux monument ne doit pas non plus être antérieur au Vᵉ siècle.

IV. — LES IVOIRES A SUJETS CHRÉTIENS

Comment un nombre relativement considérable de diptyques consulaires ou tout au moins de diptyques de fonctionnaires romains sont-ils parvenus jusqu'à nous? C'est une question que l'on peut se poser tout d'abord en présence des monuments que j'ai énumérés plus haut; il est heureusement assez aisé d'y répondre. On ne peut supposer que ces monuments, si précieux au point de vue de l'histoire de l'art, aient été conservés pour des motifs de même ordre que ceux qui nous les font rechercher aujourd'hui; ce sont des raisons plus pratiques et ne présentant aucune trace de sentiment archéologique qui les ont fait garder précieusement dans les trésors d'églises. Il ne faut pas oublier que les évêques, à l'époque pour laquelle nous possédons des diptyques, comptaient parmi les personnages les plus influents de la hiérarchie; que tous aient reçu des diptyques des consuls, la chose n'est guère croyable, mais un certain nombre d'entre eux, du moins, ont dû eux aussi, tout comme les fonctionnaires civils d'ordre supérieur, participer à la distribution des diptyques leur annonçant l'élévation de tel ou tel à cette dignité. Cette raison, jointe à un motif d'ordre liturgique, est suffisante pour expliquer le soin dont ont été entourés ces monuments; les diptyques, en effet, consulaires ou non, s'adaptaient à merveille à un usage chrétien qui remonte à la primitive Église. Il existait, en effet, des diptyques ecclésiastiques, tablettes ayant un caractère officiel, dont la lecture était prescrite pendant la célébration de la messe. Or ces diptyques ecclésiastiques ayant à n'en pas douter une forme analogue à celle des diptyques consulaires, rien de surprenant que l'on ait employé pour les remplacer des ivoires consulaires qui devenaient hors d'usage le lendemain même de leur envoi.

Les diptyques ecclésiastiques renfermaient les noms des offrants, des magistrats élevés en dignité, des clercs associés à une même communion; à cette liste, souvent déjà longue, on ajoutait les noms des martyrs et des confesseurs, et de ceux qui étaient morts dans la foi orthodoxe[1].

Cet usage ne nous serait-il pas affirmé par des textes, ne saurions-nous pas d'une façon positive que les noms des bienfaiteurs de l'Église, des empereurs et des Césars, des évêques, des martyrs et des confesseurs prenaient place sur les diptyques, qu'un certain nombre de monuments parvenus jusqu'à nous nous feraient soupçonner une semblable coutume. Le diptyque conservé dans le trésor de la cathédrale de Novare[2] nous offre la liste des évêques de cette ville; le diptyque de Brescia porte, tracée sur son revers, une formule liturgique[3].

Régulièrement, on ne pouvait inscrire sur les diptyques que les noms des fidèles orthodoxes, les évêques, les prêtres et les fidèles appartenant à la communion de l'Église. Cette règle était pour ainsi dire absolue, et les exceptions qu'elle souffrit montrent très bien combien on attachait d'importance à sa stricte observation. Si l'on connaît des exemples de personnages dont les noms furent rayés des diptyques à cause de leurs opinions considérées comme entachées d'hérésie, on peut citer par contre des noms d'évêques hétérodoxes parvenant par intrigue ou par fraude à s'y faire inscrire. Un semblable honneur était considéré comme très important au point de vue religieux aussi bien qu'au point de vue politique; c'est ainsi que les évêques d'Orient, partisans de saint Jean Chrysostome, ne

---

1. Sur l'usage des diptyques dans l'Église chrétienne, voyez A. Molinier, *Les obituaires français au moyen âge*, Paris, 1890, in-4°, chapitre I.

2. N° 54 de la liste des diptyques. Le texte est publié dans Gori, cité, t. II, p. 291.

3. N° 4 de la liste.

reconnurent l'autorité de son successeur qu'après l'inscription de ce dernier sur les diptyques de l'église patriarcale [1].

De ces séries de noms inscrits sur les diptyques, de trois de ces séries tout au moins provenaient trois suites de recueils dont la rédaction a été poursuivie pendant tout le moyen âge : 1° les listes épiscopales; 2° les martyrologes; 3° les obituaires ou listes de bienfaiteurs, tous documents d'une grande importance historique dont, on peut le voir, l'origine remonte à une très haute antiquité.

On peut se demander dans quel but certains personnages usaient de leur influence ou de toutes les influences pour faire inscrire leurs noms sur les diptyques; un sentiment de vanité n'y était certainement pas étranger de leur vivant, mais ce sentiment devait encore être davantage flatté en songeant qu'après leur mort on les implorerait comme des saints, comme des intermédiaires puissants entre l'humanité et le ciel. En effet, en ce qui concernait les évêques morts dans la foi orthodoxe, l'inscription de leurs noms sur les diptyques ne constituait pas une prière adressée pour eux à la divinité par les fidèles, mais bien une prière adressée à eux par les fidèles. C'est bien cette signification et cette intention qu'il faut attribuer à l'inscription qui, dans certaines églises, a duré jusqu'au XIIᵉ siècle, du nom des évêques sur des diptyques ou de simples textes. C'est aussi de cet usage et du sens qu'on lui a attribué que vient la signification actuelle du mot *canoniser* qui ne veut pas dire autre chose que « nommer » au canon de la messe. On peut voir par là combien un usage qui, à l'origine, a pu passer pour une simple mesure de déférence et de courtoisie, a pu avoir d'influence sur le développement du culte des saints.

A partir du XIIᵉ siècle, du reste, on peut constater que, dans ces listes d'évêques, l'intérêt historique l'emporte visiblement sur l'intérêt religieux; il est bien certain que le scribe de Novare, qui, en plein XIVᵉ siècle, inscrivait sur le diptyque le nom d'un évêque, son contemporain, n'avait nullement l'intention de lui adresser des prières et de le ranger au nombre des bienheureux; c'était bien plutôt une façon de le recommander aux prières des fidèles; insensiblement, le diptyque de document liturgique s'était transformé en document historique.

Aux exemples prouvant l'adaptation des diptyques consulaires aux usages de l'église chrétienne cités plus haut, aux exemples des diptyques de Novare et de Brescia on en peut encore ajouter d'autres qui tous prouvent les mêmes errements; le diptyque de Clémentinus (513)[2] porte au revers une inscription liturgique grecque qui date de 772 environ, du règne du pape Adrien Iᵉʳ; le diptyque d'Anastasius (517)[3], autrefois conservé à Liège, porte au revers une inscription de quarante-deux lignes, l'oraison du Canon commençant par les mots *Communicantes*; enfin le fameux diptyque du même consul Anastasius[4], conservé autrefois à la Cathédrale de Bourges, montre une rare persistance de cet antique usage. Au revers du diptyque fut primitivement écrite une liste des évêques, poursuivie jusqu'au milieu du XIᵉ siècle; cette première liste fut continuée jusqu'à la fin du XIIIᵉ siècle, puis, la place faisant défaut pour inscrire de nouveaux noms, le tout fut recopié vers le milieu du XIVᵉ siècle sur un cahier de parchemin, et la liste fut continuée jusqu'en 1789; le diptyque d'ivoire ne formait plus dès lors que les plats d'une reliure.

Mais il y a mieux; un diptyque conservé au Trésor de la basilique de Monza prouve, quoiqu'on ait soutenu le contraire, que, dès une époque fort ancienne, dès l'époque carolingienne tout au moins, peut-être même plus tôt, dans certaines églises, tout en admettant l'usage des diptyques consulaires pour abriter les listes de bienheureux, on fit des tentatives pour modifier autant que possible le type consulaire sculpté sur l'ivoire. Un examen consciencieux du diptyque en question prouve surabondamment un fait contre lequel quelques archéologues, s'appuyant sur des arguments plus spécieux que solides, se sont inscrits en faux.

Le diptyque du Trésor de Monza, dont on a donné plus haut la description [5], offre sur l'un de ses

1. A. Molinier, *ouvrage cité*, p. 5.
2. N° 15 de la liste.
3. N° 16 de la liste.
4. N° 17 de la liste.
5. N° 14 de la liste. Je donne dans cette liste une reproduction de ce diptyque consulaire renommé.

feuillets l'image du roi David, sur l'autre celle de saint Grégoire. L'un et l'autre de ces deux personnages, représentés l'un assis, l'autre debout, portent tous deux le costume de consul et tiennent de la main droite la *mappa*; il est bien difficile de croire que ces attributs ont été donnés gratuitement à ces personnages par un sculpteur qui aurait tenu à les représenter avec l'accoutrement réservé à l'un des plus hauts grades de la hiérarchie romaine. Néanmoins, c'est l'opinion la plus récemment adoptée par trois auteurs qui s'en sont occupés [1], je préfère pour ma part m'en tenir à l'hypothèse émise jadis par Gori [2], hypothèse qu'a admise, avec juste raison, l'abbé Martigny, dans son *Dictionnaire des Antiquités chrétiennes* [3], et qui consiste à considérer le diptyque de Monza comme un diptyque originairement consulaire, auquel, grâce à des remaniements très postérieurs, on a voulu imprimer un caractère absolument religieux et chrétien.

M. Bloch [4] pense que le diptyque a été créé tel que nous le voyons aujourd'hui au ve siècle, un peu après le pontificat de saint Grégoire : « Le mélange des attributs consulaires et ecclésiastiques s'expliquerait, dit-il, par la gloire mondaine de la famille Anicia, dont l'évêque de Rome était sorti. Il est fait allusion aux honneurs exercés par cette famille dans l'inscription même [5]. » Il n'est pas très malaisé de réfuter une semblable opinion. Je persiste à ne pas comprendre pourquoi un artiste chargé de représenter sur un ivoire chrétien le roi David et l'évêque de Rome eût eu l'idée bizarre de donner à ces deux personnages précisément le costume consulaire absolument exact, alors qu'il eût été à la fois plus naturel et plus conforme aux traditions iconographiques d'attribuer à l'un un costume impérial, à l'autre un costume ecclésiastique. Même en admettant cette singulière anomalie dont il serait sans doute difficile de citer des exemples, pourquoi ces deux personnages porteraient-ils en main la *mappa* destinée à donner le signal des jeux accompagnant d'ordinaire l'avènement du consul? Voilà un attribut dont la présence ne s'explique pas, surtout si l'on admet que l'ivoire a été sculpté *tel quel*, à une époque où sa signification spéciale était comme de tous. Je sais bien que l'on peut objecter que le sceptre que porte David, terminé par un fleuron, est d'une forme inusitée; que la croix que tient en main saint Grégoire ne fait pas non plus partie des attributs de la puissance consulaire; d'accord, mais cette opinion tombe si l'on suppose que l'ivoire a été remanié, ce qui semble résulter de l'examen de quelques-unes des particularités qu'il présente. L'inscription qui accompagne la figure de l'évêque de Rome fait allusion, dit-on, à la gloire de la *gens Anicia*, d'où il était sorti. Mais l'examen des caractères de cette inscription démontre qu'elle n'a pu être gravée au ve siècle; elle est de plusieurs centaines d'années postérieure ; les deux vers qui la composent sont le commencement d'une pièce de douze vers qui se retrouve en tête de plusieurs manuscrits de l'Antiphonaire, dit de Saint Grégoire; et cette pièce contient le nom du poète qui l'a composée, un nommé Erfridus [6]; ce nom, aussi bien que la versification, rappelle beaucoup les poésies de l'époque carolingienne. Enfin, et j'imagine que cet argument paraîtra décisif pour ruiner la thèse adoptée par M. Bloch, même à supposer que le diptyque de Monza a été créé originairement tel que nous le voyons aujourd'hui, il n'a pu être sculpté au ve siècle; il appartiendrait tout au plus au viie siècle, puisque Grégoire le Grand est né vers 540, a été élu pape en 590 et n'est mort qu'en 604. On ferait difficilement admettre qu'on l'ait qualifié de *Sanctus* de son vivant; donc le diptyque de Monza serait en tout cas postérieur à l'année 604 [7].

De tout cela, que faut-il conclure? Que dans le diptyque de Monza nous avons un véritable diptyque consulaire, transformé probablement à l'époque carolingienne, et par conséquent une preuve nouvelle

---

1. Pulszky, *ouvr. cité*, p. 37; Mayer, *ouvr. cité*, p. 31, 32; Bloch, dans le *Dictionnaire des Antiquités grecques et romaines* de Saglio, au mot *Diptyque*.

2. *Ouvr. cité*, t. II, p. 304-308.

3. Au mot *Diptyque*.

4. Article cité.

5. L'inscription gravée au dessus de la tête de saint Grégoire, sur le feuillet de diptyque.

6. Voyez Gori, *ouvr. cité*, t. II, p. 218.

7. Un argument tiré de ce fait que le consul, sur le même diptyque, aurait été représenté sur l'un des feuillets assis, sur l'autre debout n'aurait pas de valeur non plus : le diptyque de Boethius (n° 5 de la liste) présente la même anomalie. C'est ce qu'a fort judicieusement remarqué Graeven, *ouvr. cité*, p. 218 et suiv.), qui consacre un assez long passage à l'étude du diptyque de Monza et en rapproche l'ivoire conservé à Prague (n° 43 de la liste).

ajoutée à celles données plus haut de l'adaption des diptyques consulaires à un usage chrétien. Au nom et aux titres du consul, gravés en creux, on n'a pas eu beaucoup de peine à substituer les noms de *David rex* et *Sanctus Gregorius* exprimés par des caractères en relief; aux bustes ou aux aigles qui terminaient les sceptres on a substitué dans l'un des cas un fleuron, d'un mince relief, dans l'autre une croix; le siège consulaire a été lui aussi modifié : on l'a chargé de rinceaux grossiers que l'on rencontre fréquemment dans la sculpture du VIIIe et du IXe siècle en Italie; on en a orné aussi les pieds, qui, de leur ancienne structure, n'ont conservé que les griffes terminales; enfin la scène figurée à la partie inférieure du premier feuillet a fait place à une grande rosace décorative dépourvue de relief, mais d'un style qu'il serait difficile de faire remonter au Ve siècle. Des modifications analogues se sont étendues au second feuillet; les cheveux du consul ont été maladroitement raccourcis et ramenés aux proportions de la couronne cléricale. Il est probable aussi que quelques changements ont été opérés à la partie supérieure du diptyque où la croix a dû remplacer un buste impérial ou une figure analogue, mais c'est là un point sur lequel il serait imprudent d'être tout à fait affirmatif. Aussi bien est-il d'importance fort secondaire, et l'opinion qu'on pourrait émettre à son endroit ne saurait valablement modifier le jugement d'une saine critique sur l'ensemble. Quant à l'idée d'opposer David à saint Grégoire, c'est une pensée si naturelle que de mettre en parallèle l'auteur des Psaumes et l'auteur de l'Antiphonaire, et elle appartient à un symbolisme si simple qu'elle n'a vraiment pas besoin d'une longue explication. Surtout si l'on réfléchit que ce diptyque, qui peut-être a servi au même usage que les autres diptyques consulaires utilisés ensuite pour l'église, a été transformé en reliure d'antiphonaire. En résumé, le diptyque de Monza peut être considéré comme un véritable diptyque consulaire créé au Ve ou au VIe siècle, puis remanié et transformé au VIIIe ou au IXe siècle.

Ce diptyque de Monza ainsi modifié ne constitue pas, du reste, une exception. Meyer a déjà signalé[1], Graeven[2] a décrit un feuillet de diptyque conservé dans la Bibliothèque du chapitre métropolitain de Prague, qui, transformé en couverture de manuscrit, a subi un travail de défiguration analogue. Du consul assis et que le sculpteur n'a pas songé à dépouiller de toutes les pièces du costume consulaire, on a fait un saint Pierre. La *mappa*, qu'il tenait de la main droite abaissée, est devenue un *volumen*; ses clés, il les tient à la façon d'un sceptre; les souliers ont été supprimés pour faire place à une anatomie très imparfaite; un nimbe très plat a été tracé autour de la tête et, au milieu des cheveux, on a creusé la couronne cléricale; le consul étant imberbe, pour figurer la barbe de l'apôtre, on a dû se contenter de traits gravés. Le tout s'enlève sur un fond d'architecture romane dans lequel il n'est pas très difficile de reconnaître les traces de deux colonnes soutenant une arcature. Voilà encore un argument décisif contre l'opinion de ceux qui voudraient voir dans le diptyque de Monza un original[3].

De ces diptyques civils transformés ou détournés de leur usage primitif pour recevoir une destination liturgique, il convient de rapprocher d'autres ivoires de la même époque, qui, dès l'origine, ont été créés de toutes pièces pour inscrire les listes dont on a parlé. A dire vrai, on connaît peu de témoignages certains de cette habitude qui dut être assez générale, toutes les églises n'ayant pas à leur disposition des diptyques civils tout prêts à recevoir des inscriptions liturgiques. Mais ces exemples, pour rares qu'ils soient, suffisent amplement à prouver qu'un tel usage existait déjà au moment où l'on créait encore des diptyques consulaires; d'ailleurs, les *diptyques* font, d'après les conciles, partie du mobilier liturgique que le garde du trésor de l'église, le sacriste, est chargé de conserver[4]. Beaucoup de couvertures de livres, dont la sculpture doit remonter au VIe siècle, peuvent à la rigueur avoir servi, à

---

1. *Ouvr. cité*, p. 82. Meyer qui, lorsqu'il écrivait, ne possédait qu'une description sommaire de l'objet, n'a pas osé lui donner place dans son catalogue.

2. *Ouvr. cité*, p. 213.

3. N° 15 de la liste.

4. Concile de Mopsueste, en 550, cité par Gori, *Thesaurus veterum diptychorum*, t. I, p. 45 : « Reverentissimus sacrorum custos venerandae istius sanctissimae ecclesiae adicent... diptycha, in quibus memoriae sacerdotum istius optimae civitatis scripta continentur vocabula. Johannes presbyter et archidiaconus dixit : secundum possessam vestrae sanctitatis later sacra vasa quae a me servantur habentur ista diptycha prodit et ad recitationem porrigo... »

l'origine, de véritables diptyques, puis avoir été plus tard transformés en reliure ; mais comme la preuve serait difficile à faire au sujet de cette destination primitive d'objets parvenus jusqu'à nous, je n'en veux retenir que deux exemples qui ne me paraissent guère discutables : *Le Livre d'ivoire* de la cathédrale de Rouen, aujourd'hui conservé à la Bibliothèque de cette ville, et le diptyque de Tongres.

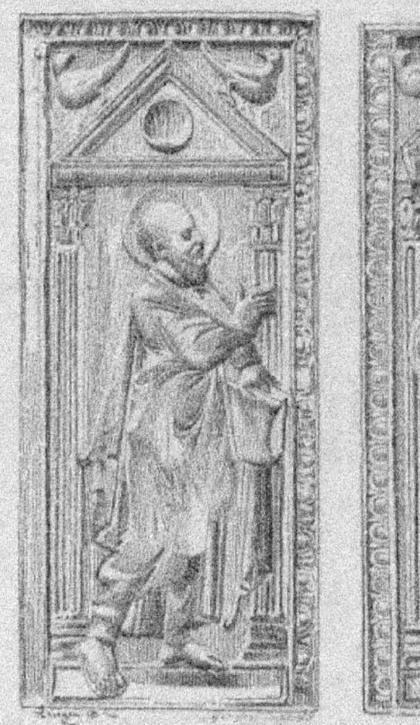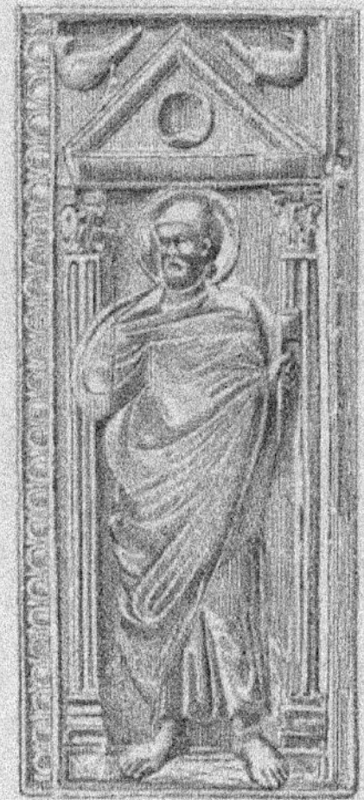

LE LIVRE D'IVOIRE DE LA CATHÉDRALE DE ROUEN, V^e OU VIe SIÈCLE.

(Bibliothèque de Rouen)

Dans une savante dissertation [1], Linas a fait connaître l'histoire du monument rouennais, qui, vers le XIIe siècle, a été inséré dans les plats de la reliure d'un manuscrit contenant la notice des archevêques de Rouen, manuscrit qui a subi plus tard de nombreuses additions. Il est plus que probable qu'il en a été à Rouen comme il en fut à Bourges et que le jour où les revers des feuillets d'ivoire furent incapables de contenir tous les noms que l'on y voulait inscrire on se décida à transcrire ces noms sur des feuilles de parchemin, et de la sorte le diptyque se trouva transformé en reliure. C'est l'opinion qu'a émise Linas, et je m'y rallie volontiers. Le diptyque de Rouen [2] peut être considéré comme remontant au Ve ou au VIe siècle, et n'était la ressemblance qu'offrent ses sculptures avec certains sarcophages chrétiens de Gaule on pourrait certes lui assigner une date un peu plus ancienne tant les traditions de l'art antique y sont encore conservées relativement intactes.

Chacun des feuillets est orné d'un fronton triangulaire soutenu par des pilastres cannelés à chapiteaux corinthiens ; au tympan est figurée une coquille et sur les rampants sont debout deux oiseaux, deux paons, selon toute vraisemblance. Cette architecture de style classique abrite deux personnages : l'un, debout et le corps presque de face, nimbé, tient un attribut, une clef, qui ne peut laisser aucun doute

---

1. *Gazette archéologique*, 1886, p. 26-47, planche IV.

2. Hauteur : 0m,245. — Largeur : 0m,115.

sur son identité, au point de vue iconographique; c'est bien à une représentation de saint Pierre que l'on a affaire, mais ce saint Pierre est une copie encore assez pure du *Sophocle* du Musée de Latran ou de l'*Aristide Farnèse*. La figure qui lui fait pendant, personnage chauve, barbu et nimbé, dans lequel Linas veut reconnaître un saint Jean et dans lequel il faut plutôt voir, en adoptant l'opinion de Westwood[1], un saint Paul, est représentée de profil, marchant vers la droite. De la main gauche, ce personnage tient un *volumen* déplié et de la main droite levée paraît enseigner sa doctrine. La liberté relative avec laquelle est traitée la draperie, certains détails de costume, tels que les *bullae* ou glands qui ornent les angles du *pallium*, la justesse des mouvements, tout indique que l'ivoirier a eu sous les yeux un bon modèle. Cette figure de saint Paul prouve que dans certains cas les ivoires sont sortis des mêmes ateliers que les sarcophages chrétiens ou tout au moins, si l'on trouvait cette opinion trop hasardée, qu'ivoiriers et sculpteurs se sont inspirés des mêmes modèles; un sarcophage chrétien de Gaule[2] présente textuellement le même personnage et on serait tenté de croire qu'il y a là mieux qu'une ressemblance fortuite; d'ailleurs, l'examen de l'autre feuillet, inspiré par un type iconographique fréquemment employé dans la sculpture antique, ne vient-il pas amplement confirmer une opinion que l'examen du beau diptyque des Nicomaques et des Symmaques rendait fort plausible? En groupant ces différents témoignages, n'est-on pas amené à supposer légitimement que ceux qui, à la basse époque romaine, exécutaient les ivoires s'inspiraient des mêmes modèles que ceux qui sculptaient le marbre ou la pierre?

Cette ressemblance entre une partie du diptyque de Rouen et un sarcophage chrétien de Gaule ne peut-elle pas non plus nous amener à une conclusion autre que celle qu'a formulée Linas au sujet de l'origine de ce vénérable monument? Il a cru pouvoir lui assigner pour auteur un imagier grec; j'y reconnaîtrai plus volontiers la main d'un artiste d'Occident, soit un italien, soit un gallo-romain. A tout prendre, il n'y a pas une énorme différence de style entre l'ivoire de Rouen et un autre ivoire qui fait maintenant partie des collections du Louvre[3], et que Linas datait avec toute raison de l'aurore du vie siècle; et, malgré certaine ressemblance entre le type du Christ qui y est figuré et le type du Christ adopté par les artistes grecs, il n'est pas douteux que le monument du Louvre appartienne à l'art latin.

Il en est sans doute tout autrement du second diptyque chrétien que l'on peut citer, le diptyque de Tongres, dont les deux feuillets ont été séparés, à une époque que j'ignore. Si les personnages qui y sont représentés sont les mêmes que sur le diptyque de Rouen, le style adopté par l'artiste est sensiblement différent; d'une facture excessivement sommaire, ce diptyque se rattache à l'art grec tel qu'il a été pratiqué en Italie, et surtout à Ravenne, au vie siècle; le trône en ivoire de l'évêque Maximien, dont on trouvera plus loin la description, montre, dans plusieurs des bas-reliefs qui l'ornent, la même négligence, la même absence de relief, la même mollesse d'exécution.

L'un des feuillets, celui qui est encore conservé à Tongres[4], porte tracés sur son revers les noms des évêques de Tongres, puis de Liège, depuis Artger († 855) jusqu'à Baudry († 959); il a conservé une partie de sa bordure sur laquelle court un rinceau grossièrement tracé, tel qu'on en voit sur le monument de Ravenne. Saint Paul y est représenté debout, bénissant à la grecque, sous une arcade soutenue par ces colonnes, à chapiteau surmonté d'un abaque volumineux, tel que nous en montrent tous les monuments de Ravenne.

---

1. *Ouvr. cité*, p. 446.

2. E. Le Blant, *Sarcophages chr. de la Gaule*, pl. xx, n° 1.

3. N° 2 du *Catalogue des Ivoires*. Quand Linas a écrit cet ivoire on n'en connaissait qu'une partie qui appartenait à Ernest Odiot; cette partie a depuis été acquise par le Louvre; la seconde partie, appartenant au Musée du Puy-en-Velay, est venue à son tour se réunir à la première et permettre de se rendre compte exactement d'un monument qui, à l'origine, a constitué peut-être un véritable diptyque, plus probablement une reliure d'évangéliaire. Ces ivoires sont gravés dans mon Catalogue.

4. Publié par Bousson, *Éléments d'archéologie chrétienne*, 2e édition, t. I, p. 194. Cet auteur attribue avec toute raison ce monument au ve siècle, mais son analogie évidente de style avec le fauteuil de Ravenne lui a fait supposer sans aucun motif que ce bas-relief avait originairement fait partie de la décoration d'un siège d'évêque analogue au siège de l'évêque Maximien. Ce ne serait que plus tard que ce fragment aurait été utilisé pour composer un diptyque. Cette opinion ne repose, que je sache, sur aucun document.

Le type iconographique, grossièrement transcrit mais très reconnaissable, est plutôt dessiné à l'aide de larges coups de burin et d'échoppe que sculpté; il en est de même du second feuillet[1] où nous voyons saint Pierre dans la même attitude : on est là en présence, non plus d'ivoires sculptés sous l'inspiration latine, mais de monuments sortis d'un atelier grec. Quant à expliquer comment ce diptyque est parvenu à Tongres, c'est un fait qu'il est impossible d'expliquer, mais qui ne constitue pas une exception : d'autres ivoires de même style ont été très anciennement importés en Gaule; il me suffira de citer l'Évangéliaire qui, de l'abbaye franc-comtoise de Saint-Lupicin, est entré dans la collection de la Bibliothèque nationale. Mais avant de passer à l'examen de ces monuments purement byzantins, il en est quelques-uns qui paraissent plutôt d'inspiration latine, quoique sur certains points mélangés de style byzantin, qu'il faut étudier.

Il est toute une série de petits meubles en ivoire, de forme cylindrique, qui, dans l'église primitive, ont été destinés à conserver les hosties, mais qui, au point de vue du galbe et du décor exécuté en bas-relief, ne sont que l'imitation d'ivoires antiques faisant partie du mobilier féminin. Ces pyxides, qui existent en assez grand nombre dans les musées, offrent du reste, quelques-unes du moins, des sujets mythologiques ou des sujets civils qui ne peuvent laisser aucun doute sur la nature de leur première destination; ce n'est que très postérieurement au moment où ces pièces ont été sculptées, qu'elles ont dû

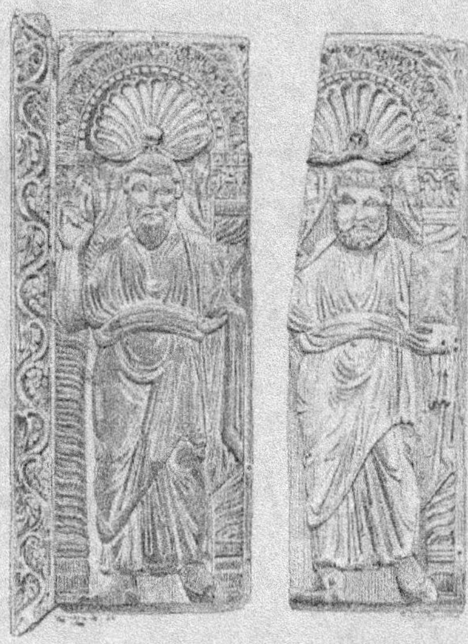

DIPTYQUE DE TONGRES, VIᵉ siècle.
1ᵉʳ feuillet : Trésor de la Cathédrale de Tongres
2ᵉ feuillet : Ancienne Collection Spitzer

trouver place dans le mobilier liturgique[2]. Mais, à côté de ces monuments transformés, il en existe un assez grand nombre d'autres, dont la série peut remonter jusqu'au Vᵉ siècle environ et qui paraissent beaucoup plutôt appartenir à l'art latin tel que nous le font connaître les sarcophages chrétiens d'Italie et de Gaule qu'à l'art nouveau et transformé tel que nous le trouvons sur les monuments de Ravenne.

Le plus ancien ou tout au moins le plus remarquable de ces monuments paraît être la belle pyxide conservée au Musée de Berlin[3]. La sculpture, d'un fort relief et d'un très beau style, peut soutenir la

1. Jadis dans la Collection Spitzer; publié dans la *Collection Spitzer*, tome I, *Ivoires*, n° 1, planche I. J'ai fait remarquer, en décrivant cette pièce, qu'une maladroite restauration, qui embrasse toute la partie gauche du feuillet, faisait bénir saint Pierre suivant le rite latin; il n'est pas douteux que son geste de bénédiction ne doit être restitué, avec cette mutilation, au geste de saint Paul. — De cet ivoire provenant de Tongres, on peut rapprocher un autre feuillet de diptyque de même style et de même facture représentant saint Paul, acquis par le Musée de Cluny, à la vente Spitzer (voir ci-dessus, t. I, pl. I, n° 2).

2. Parmi ces pyxides détournées de leur première destination, on peut citer celle de Xanten, publiée par Aus'm Weerth, *Kunstdenkmäler der christlichen Mittelalters in den Rheinlanden*, pl. XVII, n° 1; on a donné deux explications du bas-relief qui se développe sur son pourtour; les uns y ont reconnu la naissance de Jupiter, les autres Achille à Scyros. Sans entrer dans cette discussion épineuse, rappelons seulement que ce monument doit être du Vᵉ ou du VIᵉ siècle et fabriqué en Italie. Une autre pyxide, conservée au Trésor de Sens, représente un combat de cavaliers et de piétons contre des bêtes fauves (Vᵉ siècle). On trouve un dessin de ce dernier monument dans A. de Montaiglon, *Antiquités et curiosités de la ville de Sens* (extrait de la *Gazette des Beaux-Arts*, 1880), p. 27 du tirage à part.

3. Bode et von Tschudi, *Beschreibung der Bildwerke der christlichen Epoche*, n° 12?, pl. LXVI. — Je renvoie à l'article de ce catalogue pour l'indication des différents ouvrages dans lesquels ce beau monument a été étudié et décrit; j'indiquerai toutefois la photographie qu'a publiée Westwood, *A descriptive Catalogue of the fictile ivories in the South Kensington Museum*, n° 767, p. 374. Une reproduction développée s'en trouve aussi dans Pératé, *L'Archéologie chrétienne*, p. 314.

comparaison avec les meilleurs sarcophages chrétiens. Les scènes, du reste, le Christ assis au milieu des douze apôtres et enseignant, et le sacrifice d'Abraham sont de celles que l'on rencontre fréquemment sur les premiers monuments chrétiens. La figure du Christ surtout est drapée avec beaucoup de liberté, le mouvement est juste et l'exécution très large et encore savante.

Mais est-ce bien là un monument que l'on peut faire remonter jusqu'au ive siècle? On peut en douter en voyant la forme de l'arc accosté de deux folioles qui termine le dossier du siège du Christ, forme d'architecture que nous rencontrons dans pas mal de diptyques du vi^e siècle. Néanmoins, ce monument ne fût-il que de cette dernière époque qu'il faudrait admettre que le sculpteur savait encore déployer une grande habileté quand il avait sous les yeux de bons modèles[1].

Il faut reconnaître, du reste, que les autres pyxides du même genre ne s'élèvent généralement pas au dessus du médiocre; quelques-unes mêmes sont d'une facture tellement sommaire qu'on peut croire que ces œuvres sont sorties d'ateliers provinciaux où les traditions antiques étaient bien peu vivaces[2]. Sans qu'il soit possible d'attribuer des dates certaines à une série de sculptures qui n'offrent pas des éléments de critique bien nombreux, on peut cependant avancer, sans crainte de se tromper de beaucoup, que la plupart d'entre elles ont vu le jour au ve et au vi^e siècle, peut-être même au viie siècle, et presque toujours en Italie, ce qui explique assez les traces d'influences byzantines, que malgré leur grossièreté trahissent quelques-uns de ces monuments. C'est à cet art italien du ve ou du

vi^e siècle que j'attribuerai la pyxide de Werden[3], représentant la *Nativité* et l'*Annonce aux bergers*; la pyxide du Musée de Rouen, offrant l'*Adoration des Mages et des Bergers*; une autre pyxide du Musée de Cluny[4], sur laquelle on voit des sujets bien fréquents sur les sarcophages chrétiens, sculptés avec une certaine pureté de style. *La Guérison du Paralytique, la Guérison de l'aveugle-né, la Samaritaine, et la résurrection de Lazare*[5], *Jonas jeté à la mer et Jonas déposé sur le rivage par la baleine*, symbolisme si simple de la résurrection, sujets chers aux sculpteurs de marbre ou de pierre, se retrouvent aussi et traités d'une façon identique

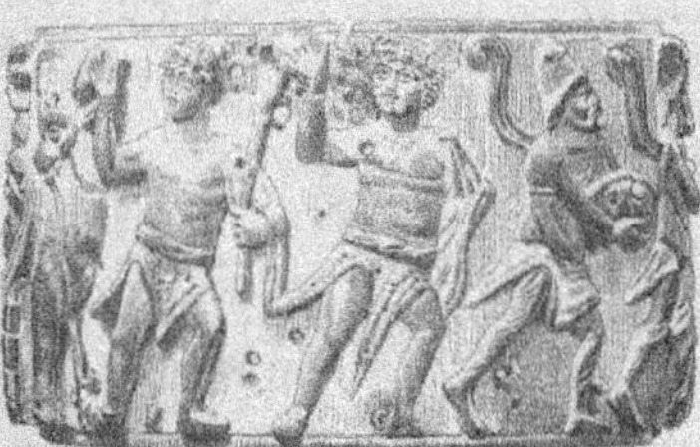

PYXIDE. L'ADORATION DES BERGERS, L'ADORATION DES MAGES.
(Musée de Rouen)

sur les pyxides[6]; plus rarement on y rencontre des sujets de l'Ancien Testament[7].

Ces pyxides, il semble bien qu'on doive les rapprocher de monuments tels que l'Évangéliaire de la Bibliothèque de Ravenne, que Gori a publié, et sur lequel nous rencontrons absolument les mêmes sujets que sur les sarcophages[8].

Au centre de ce monument, sous une sorte de coupole d'architecture côtelée, est assis sur un trône le Christ enseignant, entre deux anges et saint Pierre et saint Paul. Au dessous de cette scène, un bas-relief, qui fait partie de la même plaque que celle où est représenté le Christ, nous montre les trois Hébreux dans la fournaise secourus par un ange. Sur les côtés on rencontre successivement la *Guérison*

---

1. Dans le même ordre d'idée, j'ai quelque peine à adopter la date du ive siècle pour une figure en ivoire du *Bon Pasteur*, qui a fait partie de la Collection Basilewsky (Darcel, *Collection Basilewsky*, n° 28, pl. v). Cfr. Westwood, *ouvr. cité*, p. 102.

2. Voyez par exemple une des pyxides du Musée de Cluny (n° 1034 du *Catalogue* de 1881), *Le Christ enseignant*; les extrémités des personnages, les visages sont à peine ébauchés ainsi que l'architecture sur laquelle ils se détachent; la draperie est indiquée seulement par quelques traits.

3. Ansm Woeth, *ouvr. cité*, pl. xxix. — Comme le remarque Ansm Woeth, saint Joseph et la Vierge rappellent encore le Jupiter et la Junon antiques.

4. N° 1033 du *Catalogue* de 1881.

5. Voyez à peu près les mêmes sujets sur deux pyxides publiées par Gori, *ouvr. cité*, t. IV, pl. xxiii (Pyxide de l'église de Pesaro), et pl. xxiv (Pyxide du trésor du dôme de Milan).

6. Darcel, *Collection Basilewsky*, n° 28, pl. xii; — Gori, *ouvr. cité*, t. IV, pl. xxix, et Westwood, *ouvr. cité*, n° 69.

7. *Moïse recevant les Tables de la loi*; *le frappement du rocher*, *Moïse instituant les rites religieux*, sur une pyxide de la collection Basilewsky (Darcel, *ouvr. cité*, n° 29). *Les trois jeunes Hébreux dans la fournaise* (*ibid.*, n° 27, pl. ii).

8. Gori, *ouvr. cité*, t. III, pl. viii, p. 69. Cet évangéliaire appartenait alors à l'église Saint-Michel de Murano.

de l'*Aveugle-né*, *Jésus guérissant un possédé*, *la résurrection de Lazare*, *la guérison du paralytique*. Au bas, enfin, les deux scènes les plus fréquemment représentées de la légende de Jonas : Jonas précipité à la mer, et le prophète déposé par la baleine sur le rivage, où il se repose à l'ombre d'un arbre sommairement indiqué. A la partie supérieure du monument, on aperçoit un motif de décoration qui n'est point nouveau; on l'a déjà rencontré sur des fragments de diptyques consulaires, composés de plusieurs pièces : deux victoires ou deux anges, vêtus de longues tuniques, soutenant une couronne de laurier inscrivant une croix. Aux extrémités enfin se tiennent debout deux anges vêtus de tuniques et de chlamydes ornées de segments brodés, appuyés sur des hastes terminées par des croix et portant en main le globe du monde.

Voilà un monument que l'on peut considérer, ainsi que quelques-unes des pyxides que l'on signalait tout à l'heure, comme fortement influencé au point de vue du style par l'art grec, par l'art byzantin, doit-on dire à cette époque, alors que sous le rapport de l'iconographie nous n'avons là rien que l'on ne puisse trouver sur les sarcophages sculptés au IVe et au Ve siècle, en Italie et dans le Midi de la Gaule. A dire vrai, ce sont de simples nuances qui séparent, au point de vue du style, ces très anciens monuments byzantins des monuments exécutés en Italie à la même époque; mais néanmoins les nuances deviennent plus visibles, à mesure que les deux branches s'éloignent du tronc commun, l'une pour mourir presque ou tout au moins ne vivre que de souvenir, l'autre pour se développer, prendre une vie nouvelle, personnelle et originale où un ressouvenir de l'art grec s'additionne d'art asiatique, d'art syrien surtout, et d'art alexandrin. L'Évangéliaire de Murano fait déjà présager le fauteuil d'ivoire de l'évêque de Ravenne Maximien, l'Évangéliaire de Saint-Lupicin et une foule d'autres œuvres dans lesquelles la main de praticiens grecs, ou d'Italiens travaillant sous la direction des Grecs, est aisée à reconnaître.

Il ne faut pas songer à donner ici une description détaillée de tous les monuments d'ivoire que l'on peut considérer comme antérieurs au VIIe siècle, antérieurs à la querelle des iconoclastes dans l'Empire d'Orient; je mentionnerai toutefois un certain nombre de pièces qui me paraissent plus anciennes que cette époque et peuvent permettre d'établir une différence assez sensible entre les œuvres créées avant et après la crise qu'eut à subir l'art byzantin. Il ne faudrait pas, du reste, ainsi qu'on l'a fait quelquefois, exagérer l'importance de cette crise. Sans doute, sous les empereurs iconoclastes, le développement de l'art religieux subit un temps d'arrêt, bien qu'il soit très difficile d'admettre que leurs prescriptions aient été suivies à la lettre dans toute l'étendue de l'Empire; mais il ne faut pas oublier non plus qu'il y eut des moments où le culte des images fut sinon permis du moins toléré, et que d'ailleurs les artistes ne manquèrent pas d'occasions pour employer leur activité en traitant d'autres sujets et par conséquent continuer les traditions classiques. On verra, en effet, plus loin, en étudiant quelques monuments civils d'origine byzantine, que jamais les artistes grecs n'ont abandonné ni les sujets, ni les traditions artistiques de l'antiquité païenne.

C'est ici le lieu de parler d'un très curieux diptyque, qui a fait partie de la collection Denon[1] et qui, après bien des vicissitudes, a fini par passer entre les mains du sieur Carrand qui l'a légué au Musée de Bargello, à Florence. Ce monument que l'on peut attribuer au VIe siècle environ, d'une rare beauté, offre cet avantage de pouvoir être considéré comme un monument exécuté en Italie, presque en dehors de toute influence grecque directe[2], au Ve ou au VIe siècle. On y retrouve complètement et avec un travail fort soigné l'art que nous font connaître les sarcophages, art si profondément imprégné de traditions romaines, ou plutôt gréco-romaines au point de vue de la disposition et du style des ornements. Le premier feuillet nous montre Adam dans le Paradis terrestre, complètement nu, assis près d'un arbre, qu'à son feuillage on prendrait pour un chêne; sa figure est jeune, ses

---

1. Grivaud de la Vincelle, *Monuments antiques inédits*, t. II, pl. xxxvi, p. 213.

2. Nous donnons ici l'un des feuillets de ce diptyque; le second est reproduit sur la planche v, n° 2. L'on a déjà dit un mot à propos du revers sculpté du feuillet de diptyque d'Areobindus, possédé par le Louvre, revers reproduit sur la planche III.

cheveux courts sont curieusement frisés. Cette figure nue, copiée sur quelque bas-relief beaucoup plus ancien, est encore d'un bon dessin et le modelé est assez habilement traité : les mains et les pieds sont, il est vrai, déjà légèrement disproportionnés, mais cependant les mouvements sont justes et indi-

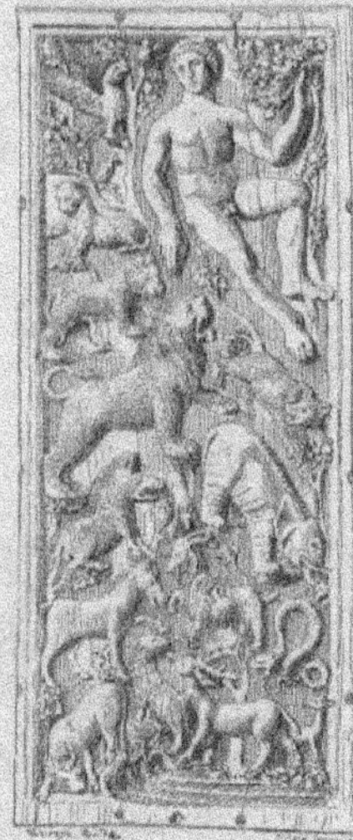

quent chez l'artiste une préoccupation sérieuse de comprendre les formes ; c'est surtout dans la représentation des animaux que le sculpteur a triomphé : tous, grands et petits, sont traités avec un soin qui trahit autre chose que l'imitation servile d'un bon modèle : si l'aigle rappelle un peu trop les aigles romaines, le lion, l'ours, le taureau, l'éléphant, la chèvre sont sculptés par un homme qui a observé par lui-même la nature, qui a vu des animaux et en a compris le côté pittoresque. Il ne faudrait pas sans doute en conclure qu'il a étudié la nature avec les mêmes yeux qu'un artiste moderne, mais il n'en est pas moins vrai qu'il y a là une tentative très curieuse, couronnée d'un succès relatif pour s'affranchir des formules purement classiques. Cet éloignement du thème antique, je l'ai constaté déjà au revers du feuillet de diptyque d'Areobindus, reproduit sur la planche III, proche parent de l'ivoire du Musée de Bargello, mais dont la facture plus grossière, quoique dans le même sentiment, semble devoir faire reporter l'exécution du diptyque possédé autrefois par Denou jusqu'au Ve siècle. Pour le revers du diptyque d'Areobindus, en effet, il ne peut dater que du VIe siècle, puisqu'il a dû forcément s'écouler un certain nombre d'années entre le moment de l'émission du diptyque (506) et le moment où l'on a jugé à propos d'enjoliver ainsi son revers. Le sujet est identique : nous sommes encore dans le Paradis terrestre et nous assistons à la scène de la tentation d'Ève par le serpent. Mais ici plus de modelé, plus de justesse dans les mouvements qui tournent à la contorsion ; et puis l'antiquité païenne tourmente l'esprit de l'artiste : aux animaux du Paradis, il ajoute les monstres de la fable, les Centaures, les fauves, les hommes à têtes d'animaux, les griffons, les sirènes, toutes choses

ADAM DANS LE PARADIS TERRESTRE.
Feuillet de diptyque.
(Musée du Bargello, à Florence)

qu'il copie sur les bas-reliefs classiques, non pas textuellement, mais en variant lui-même les attitudes de façon à ce que tous les acteurs qu'il représente prennent réellement part à la scène principale. Dans la bordure il rompt complètement avec les traditions de l'ornementation classique : plus de motifs stylisés et alternant régulièrement ; il emploie les végétaux à la façon des décorateurs de sarcophages ; dans la plante il ne considère plus ni la feuille, ni la fleur, ni le fruit ; il la veut représenter dans son ensemble, depuis son pied jusqu'à l'extrémité de sa tige, et au milieu de cette forêt en raccourci courent et s'agitent une foule de petits animaux. C'est là un exemple de cette décoration de style tout nouveau, telle que nous en trouvons des spécimens sur les entablements des constructions de la Syrie centrale, telle que nous la retrouvons sur les bordures du siège d'ivoire de Ravenne. Mais ce n'est pas sur les ivoires seulement que ces tendances se font jour : sur les sarcophages, partout on adopte la même convention ; le sculpteur qui veut représenter la vigne symbolique représente un cep de vigne, tout entier, avec sa souche, ses feuilles, ses grappes.

Le second feuillet du diptyque du Bargello n'est pas moins intéressant que le premier, non pas tant à cause des sujets empruntés à l'histoire de saint Paul qui y sont représentés que du style de la sculpture. Il me semble, quant à moi, trouver là un spécimen d'art latin presque vierge de toute influence grecque. Je sais bien qu'on pourra m'objecter que le saint Paul assis sur une sorte de trône

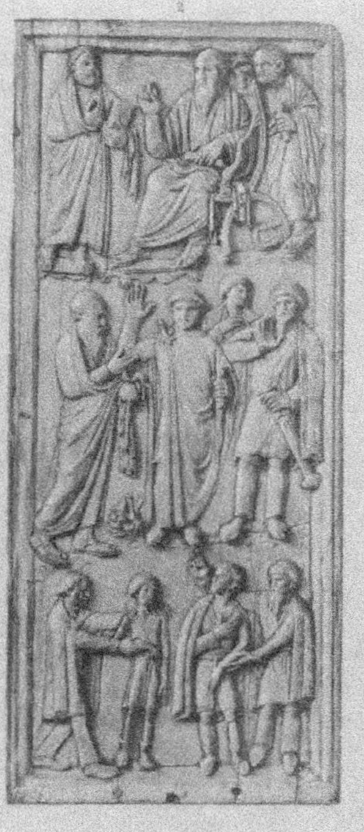

FEUILLET DE DIPTYQUE
MUSÉE BRITANNIQUE
VIᵉ siècle

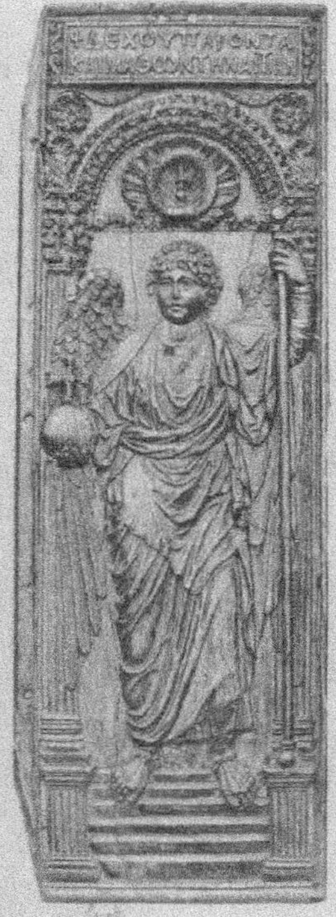

FEUILLET DE DIPTYQUE
MUSÉE DE MARSEILLE À RAVENNE
VIᵉ et VIIᵉ siècle

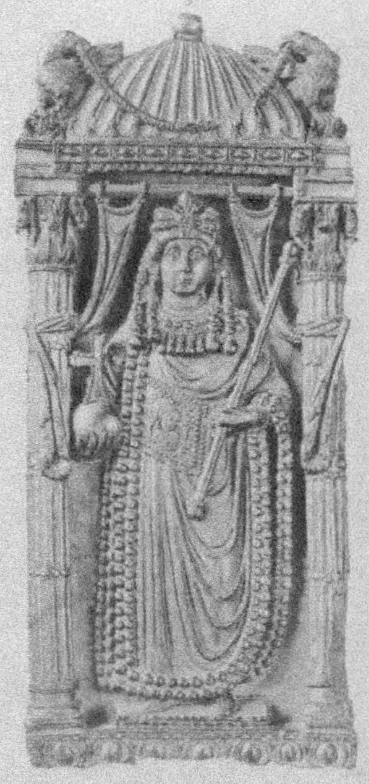

FEUILLET DE DIPTYQUE
MUSÉE, NOUVELLE GALERIE
VIIIᵉ siècle

figuré au premier registre fait un geste de bénédiction qui rappelle beaucoup la bénédiction grecque; mais le style des physionomies, la façon de draper les personnages rappelle tellement les représentations des sarcophages chrétiens qu'il paraît bien difficile de ne pas attribuer à l'Italie un monument dont tant de parties rappellent encore la meilleure époque de l'art classique[1].

Les sujets représentés sur ce feuillet peuvent donner lieu à des interprétations diverses. S'il est bien difficile de ne pas reconnaître saint Paul — attribution qui est confirmée par l'examen du second registre — dans le personnage assis et bénissant, représenté tout au haut de la plaque, on est moins certain de l'identité du personnage de gauche, debout sur un escabeau, drapé dans une toge et portant un livre dans la main gauche; on y a reconnu saint Pierre, et en effet, étant donné les règles iconographiques déjà usitées à ce moment, la présence d'un escabeau sous les pieds du personnage indique qu'il s'agit d'un homme important; d'autre part, la figure, ronde, barbue, les cheveux en couronne, tout cela concorde assez bien avec le type adopté pour représenter le prince des apôtres. Le troisième personnage appuyé sur le dossier du siège de saint Paul, de style absolument romain, drapé, et tenant un *volumen*, est plus difficile encore à nommer; on y a voulu reconnaître le pape Linus, le successeur immédiat de saint Pierre, mais j'avoue ne pouvoir considérer cette interprétation que comme une ingénieuse conjecture. Ne serait-ce pas plutôt un apôtre? En tout cas, il en porte le costume. Le second et le troisième registres, la chose ne fait pas de doute, rappellent des épisodes du séjour de saint Paul à Malte[2]. Saint Paul après avoir essuyé une tempête débarque à Malte; lui et ses compagnons, pour se réchauffer, allument du feu, et une vipère réveillée par la chaleur se précipite sur la main de l'apôtre et s'y attache. « Cet homme, disent ceux qui l'entourent, est vraiment un meurtrier; la tempête l'a épargné, mais la vengeance le poursuit et veut sa mort. » Mais le saint jette le reptile dans les flammes et n'éprouve aucun mal. C'est évidemment cette scène qui est figurée sur le diptyque. Le personnage qui, debout près de lui, vêtu d'une chlamyde brodée, tient un *volumen* dans la main gauche et élève la main droite avec un signe d'étonnement, est sans doute Publius que les *Actes* qualifient de *princeps* de l'île de Malte; au second plan, le personnage dont on n'aperçoit que le buste doit être le frère de Publius; enfin, à droite, le troisième personnage, barbu, vêtu d'une tunique, d'un manteau court de peau et armé d'une épée, est soit l'un des gardes de Publius, soit le centurion qui avait sauvé Paul pendant la tempête.

Le troisième registre n'est pas moins curieux que le précédent. D'après les *Actes*, saint Paul, n'ayant souffert aucun mal de sa blessure, est bien accueilli par les habitants de Malte, qui le tiennent pour un dieu, et en particulier par Publius, qui pendant trois jours lui donne l'hospitalité. Le saint guérit le père de Publius malade de fièvre et de dysenterie; puis tous ceux qui étaient malades, à cette nouvelle, accourent vers lui et s'en vont sains et saufs. La représentation du père de Publius, sorte de cadavre émacié, qu'un personnage semble pour ainsi dire lever de terre, est particulièrement curieuse; il faut signaler aussi l'étrangeté des costumes, ces manteaux de peau, munis de manches, mais que les personnages agrafent simplement par devant sans passer les manches, l'accoutrement des jambes, sortes de pantalons qui retombent jusque sur la chaussure, les tuniques ouvertes par devant et serrées par une ceinture. Il y a là une recherche de costume, bien rare dans les monuments de basse époque, qui augmente encore l'intérêt de l'ivoire de Bargello. Ajoutons que l'exécution est excellente et que les draperies rappellent les meilleurs diptyques consulaires. Si je m'étends aussi longuement sur cette œuvre, ce n'est pas sans motif; c'est pour mieux accentuer la différence qui existe entre une œuvre de ce genre, que je considère comme latine, et des ivoires qui sont évidemment fabriqués en Italie sous une influence grecque, ou bien à Constantinople même ou tout au moins dans l'empire d'Orient, à la même époque ou à peu près.

---

1. Ce monument a été publié autrefois par Dobau, *Monumenti diversi au trésor*, t. I, pl. 29; par Garrucci, *Storia dell'arte cristiana*, t. VI, pl. 461, 462; et enfin le second feuillet a été reproduit en photographie par Westwood, qui donne une description de l'ensemble (ivoir.) cité, p. 44, nos 442, 443.]

2. *Acta Apostolorum*, cap. XXVIII.

D'après son style même, l'allure superbe du personnage qui y est figuré, le soin apporté à l'exécution de l'architecture, il n'est pas possible de faire descendre plus bas que l'aurore du VIe siècle le beau feuillet de diptyque que possède le Musée Britannique[1]. Cet ange debout sous une arcade, à l'entrée d'un édifice, a la fierté d'une figure de Victoire; on dirait une statue impériale drapée, et tout dans sa pose, depuis la haste sur laquelle il s'appuie jusqu'au globe qu'il tient dans la main, rappelle un bon modèle classique. Sans doute on pourrait signaler quelques défaillances dans l'exécution du modelé, dans le traitement des draperies; mais à une époque si tardive, ce sont là péchés véniels, et en face d'une œuvre d'un caractère aussi grandiose, le mot n'est pas trop fort, il faut surtout penser aux souvenirs qu'elle évoque, à la civilisation qu'elle représente plutôt que s'arrêter à des imperfections de détail. Or l'inscription qui surmonte ce feuillet d'ivoire[2] ne peut laisser planer aucun doute sur son origine. Nous avons bien là une œuvre indiscutablement grecque, une œuvre dont la copie amollie se retrouve dans des œuvres byzantines très inférieures. Le type de physionomie que nous fait connaître cet ange, ce visage rond et plein, ces grands yeux fixes, nous les rencontrons aussi dans mainte œuvre ou tout à fait byzantine, ou fortement imprégnée de style byzantin. À cette dernière classe appartient sans aucun doute la belle cassette en ivoire du Musée de Brescia, où les sujets communs sur les sarcophages chrétiens[3] sont traités suivant les règles de l'iconographie latine, mais dans le style byzantin : le bon Pasteur, l'histoire de Jonas, l'histoire de Suzanne, Daniel dans la fosse aux lions, le Christ enseignant sont des sujets d'un caractère banal et qui n'ont rien de particulièrement byzantins.

Les ivoires présentant ce double caractère ne sont pas du reste excessivement rares, et, parmi les plus beaux échantillons que l'on en puisse montrer, il faut placer les reliures de deux manuscrits qui autrefois appartinrent à la Cathédrale de Metz, et que l'on conserve aujourd'hui à la Bibliothèque Nationale à Paris[4]. Si, à l'époque carolingienne, les deux plaques d'ivoires qui composent les plats de ces reliures ont reçu une somptueuse monture d'or enrichie de pierreries et de filigranes, on ne peut assurément s'y tromper, ces sculptures sont d'un style beaucoup plus ancien; elles présentent même cette particularité d'avoir peut-être inspiré quelques-unes des plus belles œuvres sorties des mains des ivoiriers carolingiens; les bordures notamment ne sont pas sans analogie avec les encadrements des diptyques sculptés dans les grandes abbayes de France ou d'Allemagne au IXe et au Xe siècle[5]. Sans parler de l'architecture qui n'est plus l'architecture romaine, sans parler des bordures de pampres, de fleurs et de feuillages, disposées en course qui, si elles ont la forme antique n'en ont plus le style, certains détails d'iconographie révèlent un art nouveau[6].

Chacune des plaques qui ornent ces reliures est divisée en trois registres sur lesquels se déroulent des scènes dont les personnages sont entièrement sculptés à jour. Sur la première (manuscrit latin 9393) nous assistons à l'*Annonciation*, à l'*Adoration des Mages*, au *Massacre des Innocents*; sur la seconde

---

1. Reproduit sur la planche v, n° 1.

2. « ✠ ΔΕΧΟΥ ΠΑΡΟΝΤΑ ΚΑΙ ΜΑΘΩΝ ΤΗΝ ΑΙΤΙΑΝ, Reçois l'objet que voici et apprends la cause... » L'inscription se continuait évidemment sur l'autre feuillet.

3. Décrite dans les *Mittheilungen der K. K. Central-Commission*, t. XVI, p. LXVI. Un des panneaux est photographié dans Westwood, *Fictile Ivories*, n° 94, pl. III. Voyez également Pérate, *l'Archéologie chrétienne*, p. 310; et Garrucci, *Storia dell'arte cristiana*, t. VI, pl. 451 à 453.

4. Manuscrit latin n° 9388. Publié par Labarte, *Histoire des Arts industriels*, 1re édition, Album, t. I, pl. v; 2e édition, tome I, pl. x; et manuscrit latin n° 9393. Il faut remarquer que ces deux plaques ont primitivement fait partie d'un même ensemble; elles offrent des dispositions identiques et sont l'œuvre de la même main.

5. Des ivoires byzantins existaient très certainement en Gaule à l'époque carolingienne, mais outre ces monuments, d'autres furent à cette époque apportés d'Orient qui purent fournir d'utiles modèles aux ivoiriers. Citons par exemple le cas de cet évêque de Cambrai, Halitgarius, qui, dans la première moitié du IXe siècle, rapporta des tablettes d'ivoire de Constantinople : « tabulas eburneas, quibus libri coaperti ibidem erat spectandae. » (*Gesta episcoporum Cameracensium*, I, 42, dans les *Monumenta Germaniae historica, Scriptores*, t. VII, p. 416).

6. Comme sur un grand nombre de sarcophages, les mages sont représentés avec le costume que l'on donnait dans la sculpture classique aux prisonniers barbares et coiffés du bonnet phrygien; on verra que cette tradition iconographique s'est conservée fort longtemps en Occident et qu'elle a été généralement adoptée par les ivoiriers de l'époque carolingienne. De l'*Adoration des Mages*, figurée sur la reliure de la Bibliothèque Nationale, on peut rapprocher un très joli fragment, représentant le même sujet, conservé au Musée de Nevers (publiée dans le *Bulletin Monumental*, t. 50 [1884], p. 703 et suiv.). Cette plaque, provenant sans doute d'une cassette, offre, outre la scène qui nous occupe, la représentation d'une partie de la Nativité. Le style des ornements, oves, rais de cœurs, olives, etc... est encore tout classique. Au sujet de la représentation de l'Adoration des Mages, voyez un article de Bayet, *Mémoire sur un autel conservé à Salonique; la représentation des Mages en Orient et en Occident pendant les premiers siècles du Moyen âge*, inséré dans les *Archives des Missions scientifiques*, 3e série, t. III, p. 441 et suivantes.

(manuscrit latin 9388), au *baiser de Judas*, à *l'arrestation du Christ*; on y voit encore le *Christ mené devant Pilate*, le *Reniement de saint Pierre*, puis la *Crucifixion*. Cette dernière scène nous montre le Christ cloué par quatre clous à la croix que surmonte un *titulus* tout à fait disproportionné, entre les deux larrons crucifiés sur des troncs d'arbre et, chose bizarre, représentés absolument nus. À droite et à gauche se tiennent debout, de profil, tournés vers la croix dans une attitude suppliante, la Vierge et saint Jean; Longin perce de sa lance le flanc du Christ, tandis que Stephaton lui présente l'éponge imbibée de vinaigre. Le style des figures est encore excellent, les draperies habilement disposées, et les costumes sont encore purement et simplement les costumes romains. Pilate n'est pas accoutré comme un fonctionnaire byzantin, et les soldats qui emmènent le Christ n'ont point l'allure ni l'uniforme des gardes de l'empereur. Mais cette iconographie compliquée jointe à la richesse de l'ornementation complètement travaillée à jour, avec une virtuosité étonnante du reste, tout cela nous éloigne de la simplicité de l'art des sarcophages latins; on ressent là comme un avant-goût des sculptures fouillées à l'excès que l'on trouve à Ravenne, de ces chapiteaux travaillés minutieusement, de ces plaques de marbre qu'un ouvrier ingénieux s'est évertué à réduire à l'état de dentelle. Cet ensemble a pu être sculpté en Italie, mais par un ouvrier qui subissait l'influence des ouvriers byzantins, tant au point de vue de la décoration qu'au point de vue de l'iconographie; nul doute d'ailleurs que, très habile lui-même, cette influence ne se soit réduite pour lui à un minimum. D'autres confrères moins adroits, au contraire, subissaient plus largement la suprématie grecque. Le sculpteur qui a exécuté l'Évangéliaire de la Cathédrale de Milan[1] n'était pas de taille à résister à de semblables suggestions. Si son dessin, si l'accoutrement de ses personnages est encore latin, son iconographie est tout à fait grecque, et comme les ivoiriers de Constantinople il va puiser ses inspirations dans les Évangiles apocryphes[2].

Chacun des plats de la reliure milanaise comprend huit sujets superposés : un dans le haut, un dans le bas, trois à droite, trois à gauche, le tout rangé autour d'un compartiment central, renfermant d'un côté la représentation de l'Agneau mystique, de l'autre une croix. Enfin aux angles sont figurés les évangélistes et leurs symboles, dans des couronnes de feuillages. Sur le premier plat on voit la *Nativité* et le *Massacre des Innocents*, l'*Annonciation*, l'*Annonce aux bergers*, le *Baptême du Christ*, l'une des *Saintes Femmes au sépulcre*, le *Christ devant Pilate*, l'*Entrée à Jérusalem*. Sur le second plat sont figurés l'*Adoration des Mages*, la *Guérison de l'Aveugle-né*, la *Guérison d'un paralytique*, la *Résurrection de Lazare*, le *Christ et saint Pierre et saint Paul*, la *Cène*, le *Christ et la Samaritaine*.

Dans la façon de représenter ces divers épisodes des Évangiles, il y a encore beaucoup de souvenirs de l'art latin; l'architecture, notamment, continue les traditions que nous montrent les sarcophages : le tombeau du Christ est encore figuré par un petit temple précédé d'un escalier et non point par un édifice circulaire comme dans la plupart des monuments byzantins; mais l'iconographie latine a subi plus d'une entorse, et l'*Annonciation* est représentée conformément à la version de l'Évangile apocryphe de saint Jean : la vierge sort de sa maison pour aller puiser de l'eau à une fontaine et c'est là qu'elle entend la voix de l'Ange lui apprenant qu'elle concevra le Sauveur[3].

Ces quelques monuments que je viens d'examiner me serviront de transitions pour parler d'œuvres que, sans contestation possible, on peut qualifier de byzantines; ce n'est pas à dire que dans quelques-unes d'entre elles le caractère purement grec ne soit mitigé par des souvenirs latins. Mais on peut dire d'une façon générale que les monuments que l'on va faire passer

---

1. L'un des plats est reproduit par Labarte, 1re édition, Album, t. I, pl. vi; 2e édition, t. I, pl. v; les deux plats dans Garrucci, *Storia dell'arte cristiana*, t. VI, pl. 454, 455.

2. Labarte (ouvr. cité, 2e éd., t. I, p. 33), pour déclarer cette reliure complètement byzantine, s'appuie sur un fait qui n'est matériellement pas exact et qu'il importe de rectifier. Il prétend que l'anneau d'or, fixé au centre de l'un des plats et entouré d'une couronne sculptée dans l'ivoire, est exécuté en émaux cloisonnés, ce qui, pour lui, indique suffisamment l'origine byzantine de l'ensemble. Or, ce bijou n'est pas du tout émaillé; mais appartient à la série des travaux d'orfèvrerie enrichis de pierreries ou de verroteries cloisonnées. Il ne faudrait donc pas, dans l'espèce, en faire un argument; mais l'opinion de Labarte ne m'en paraît pas moins justifiée par le style des ivoires.

3. « Et accepta leodrio, exiit haurire aquam; et ecce vox dicens illi : Ave Maria gratia plena. » C'est par erreur que, dans ce bas-relief, on a voulu reconnaître la représentation d'Agar dans le désert.

sous les yeux du lecteur appartiennent à l'art grec, ou tout au moins à l'art grec tel qu'il était pratiqué en Italie, dans les contrées où l'influence byzantine était prépondérante. Car il importe de ne pas oublier que cette première période de l'art byzantin, au moins en ce qui concerne les ivoires, ne nous est guère connue que par des monuments — j'en excepte les diptyques consulaires — exécutés en dehors de Byzance. C'est là une des causes qui peuvent expliquer le caractère mixte des œuvres que l'on vient de mentionner et de quelques autres que l'on mentionnera encore. Ces ivoires, dans lesquels le mélange des deux arts existe, sont les plus difficiles et de beaucoup à étudier; mais on ne devait pas les passer sous silence; au surplus, ils nous auront fourni une utile transition entre les monuments où domine encore l'art classique et ceux, beaucoup plus nombreux, où se fait jour des tendances toutes nouvelles.

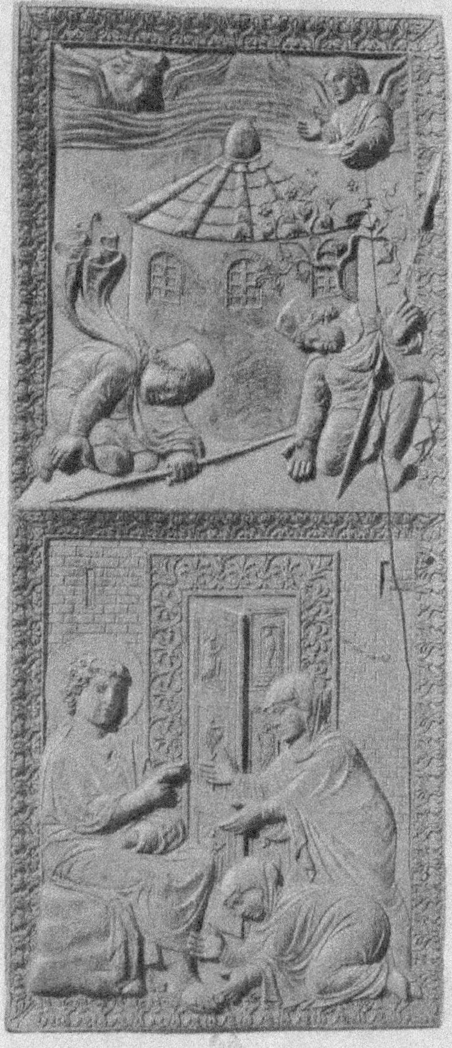

FEUILLET DE DIPTYQUE

CHAPITRE II

LES IVOIRES BYZANTINS

I. LES MONUMENTS ANTÉRIEURS À LA PÉRIODE DES EMPEREURS ICONOCLASTES

A la fin du IVe siècle ou au commencement du Ve siècle on peut faire remonter la série des monuments d'ivoire, franchement byzantins, qui ne s'interrompt qu'à la fin du premier quart du VIIIe siècle, avec l'avènement des empereurs iconoclastes. On vient de voir combien il est parfois difficile d'opérer un départ rationnel parmi les monuments parvenus jusqu'à nous, combien, parmi eux, conservent encore les traditions de l'art classique, tout en montrant quelques tendances nouvelles. Si quelques-uns de ceux que l'on va étudier présentent encore les mêmes anomalies, la plupart, cependant, peuvent être, sans hésitation, attribués à des artistes grecs.

Le beau diptyque des Nicomaques et des Symmaques[1] a déjà servi, grâce à la date à peu près exacte qu'on peut lui attribuer, à restituer à la fin du IVe ou au commencement du Ve siècle le diptyque du vice-préfet du prétoire Rufius Probianus. Ce même diptyque fournit encore un utile élément de chronologie pour dater une belle œuvre reproduite sur la planche VI, et qui fait partie de la collection Trivulzio, à Milan. Est-ce simplement sur son style que l'on peut s'appuyer pour faire remonter cette sculpture jusqu'au Ve siècle, contrairement à l'opinion de Westwood[2] qui en veut faire un monument de l'époque carolingienne? Le style annonce cependant une haute antiquité, mais il serait peut-être hasardeux de se servir de cet argument unique. Il y a mieux : les motifs d'ornement qui entourent ce feuillet de diptyque, la frise surtout qui décore les jambages et le linteau de la porte du sépulcre, constituent des éléments d'appréciation qui ne peuvent guère tromper. Or, les mêmes dispositions de palmettes, inscrites dans un motif cordiforme, se retrouvent et sur le diptyque des Nicomaques et des Symmaques, et sur le diptyque de Rufius Probianus. Faudrait-il en conclure que les trois monuments sont sortis du même atelier? Non, assurément; une telle conclusion serait trop rigoureusement logique pour être légitime. Mais il est permis d'affirmer que ces divers ivoires sont contemporains les uns des autres, à trente ou quarante années près ; et c'est là une précision dont on a le droit de se contenter pour des époques aussi anciennes. Divisée en deux registres, la plaque de la collection Trivulzio représente à sa partie supérieure le tombeau du Christ, édifice circulaire, muni de curieuses fenêtres en plein cintre, gardé par deux soldats endormis ; au dessus, dans les nuages, planent deux des symboles des évangé-listes, le Bœuf de saint Luc et l'Homme de saint Mathieu; figuré ici sous la forme d'un ange à trois paires d'ailes. Au second registre, on se trouve à la porte du tombeau du Christ dont l'issue est entr'ouverte. Les deux Marie sont en adoration devant un ange nimbé assis sur un rocher, qui les bénit et leur apprend que le Christ est ressuscité. La scène, malgré la lourdeur du dessin, les proportions ramassées des personnages, ne manque pas d'une certaine simplicité grandiose. Sur les vantaux de la porte du sépulcre sont sommairement indiqués quelques-uns des épisodes des Évangiles : la

---

[1] Voyez plus haut, pp. 8 et 43.

[2] Ouvr. cité, p. 466.

Résurrection de Lazare, Zachée monté sur un figuier pour mieux voir Jésus entrant à Jérusalem, le *Christ bénissant*, le *Christ guérissant un aveugle*.

Je viens de dire que les gardes du tombeau du Christ étaient endormis ; il serait peut-être plus juste de dire que ces deux soldats, dont les yeux sont figurés ouverts, viennent d'être frappés de terreur en voyant le Christ ressuscité, ce qui, du reste, concorde bien avec leurs gestes d'étonnement et le mouvement désordonné imprimé au manteau de l'un d'eux, mouvement maladroitement indiqué, mais dont il faut toutefois noter l'intention. Le costume de ces guerriers n'est point le costume romain. Leurs cheveux longs sont coiffés d'une sorte de bonnet ; ils portent une tunique courte et des braies, des souliers retenus par des cordons, un manteau agrafé sur l'épaule droite. Cet accoutrement si simple qu'il soit a cependant une saveur particulière ; ce n'est pas le costume militaire que nous trouvons sur la chaire de l'évêque Maximien, à Ravenne ; ce n'est pas non plus le costume des gardes impériaux de Byzance. Mais il serait très difficile de préciser exactement à quelle contrée il appartient. Ce qu'il faut remarquer bien plutôt, et ce qui au point de vue de l'origine de l'ivoire est une indication précieuse, c'est la forme particulière du tombeau, ou Saint Sépulcre, cette forme circulaire que nous allons retrouver, développée et enjolivée sur un très grand nombre de productions byzantines. La coupole n'est pas encore clairement indiquée, car le tuilage à la romaine peut tout aussi bien recouvrir un comble en bois qu'une voûte ; mais tout à l'heure nous allons rencontrer les mêmes dispositions, très clairement transcrites, et cette fois, c'est bien d'une coupole qu'il s'agit. Ce qu'on ne saurait non plus passer sous silence, ce sont les fenêtres à remplages, de pierre sans doute, découpés à jour ; et enfin cette tige de lierre qui grimpe contre le mur du sépulcre ; cette fantaisie est un peu en dehors des traditions classiques.

La présence des symboles de deux des évangélistes sur cet ivoire, sa forme indiquent suffisamment que nous avons là la moitié d'un diptyque ; et ces symboles mêmes fournissent un élément de date. C'est au Ve siècle qu'apparaît le symbolisme tiré de la vision d'Ézéchiel (I) et de l'Apocalypse (c. IV, 6, 7) appliqué aux évangélistes. Par conséquent, le feuillet de diptyque de la collection Trivulzio ne saurait être antérieur au Ve siècle. Si on établit un synchronisme entre cette particularité et le style des ornements, on est amené à penser que c'est en effet aux environs du Ve siècle que cet ivoire a été sculpté.

Quatre plaques conservées au Musée Britannique[1] se rattachent absolument à la même période et vraisemblablement au même centre artistique. Le style est identique, bien que l'exécution soit visiblement due à un artiste inférieur. Les costumes sont encore des costumes romains pour certains personnages, mais dans beaucoup de détails se trahit une autre influence. Ces coiffures bizarres en forme de calottes, ces longues braies recouvrant les jambes, que j'ai signalées tout à l'heure en décrivant l'ivoire de la collection Trivulzio, se retrouvent ici. De ces quatre plaques, je ne veux retenir ici qu'une seule représentant précisément *les Saintes Femmes au Tombeau du Christ* et m'y arrêter un instant. L'artiste ne disposait pas d'un espace suffisant pour diviser son sujet en deux parties. Le centre de la composition est occupé par le tombeau : c'est un édifice rectangulaire, muni de colonnes à ses angles, terminé par une coupole élevée sur un tambour percé de fenêtres en plein cintre avec remplages comme dans l'ivoire de la collection Trivulzio. Dans la façade de cette édicule s'ouvre une porte dont l'un des vantaux, celui de gauche, est brisé, mais dont celui de droite, muni d'un anneau passé dans un mufle de lion de fort relief, est orné de deux bas-reliefs : la *Résurrection de Lazare* et un personnage assis dans une attitude méditative. À droite et à gauche sont assis deux soldats endormis, armés de lances, appuyés sur des boucliers circulaires, très bombés, munis de boucles très saillantes ; ils sont imberbes, portent les cheveux longs

<hr>

1. Westwood, ouvr. cité, p. 44, nos 103 à 107. Deux de ces plaques sont reproduites en photographie ; Westwood les attribue à l'art italien et à une période peu déterminée, du Ve au XIIIe siècle ; toutes les quatre sont gravées dans Garrucci, ouvr. cité, t. VI, pl. 446, nos 1 à 4.

coiffés d'un bonnet plat ; leur costume se compose d'une tunique courte, de braies descendant jusque sur le cou-de-pied où elles se réunissent aux brodequins. L'attitude de l'un de ces soldats, celui de droite, endormi, le bras droit ramené au dessus de sa tête, le bras gauche appuyé sur son bouclier, rappelle beaucoup certains personnages de sarcophages antiques. Au second plan, à droite et à gauche, également, sont assises deux saintes femmes, voilées, dans une attitude méditative qui n'est pas non plus sans trahir un modèle classique. Ici évidemment la donnée iconographique est différente : les saintes femmes averties par l'ange se demandent ce qu'elles vont faire. Mais on le voit, architecture, style des personnages, courts et ramassés, costume, tout indique un autre art que l'art italien proprement dit et rappelle le bel ivoire de la collection Trivulzio.

Mon argumentation est surtout basée sur les formes que revêt l'architecture dans ces différents bas-reliefs. Une plaque d'ivoire conservée à Munich, au Musée National bavarois, permet d'accentuer encore ces conclusions et de rendre à l'art byzantin tout un groupe de sculpture que certains auteurs, tels que Westwood, seraient tentés de considérer comme latins, en faisant abstraction de la décadence qu'a dû subir l'art italien au ve et au vi[e] siècle. La plaque du Musée de Munich[1] représente en partie le même sujet que l'on vient d'étudier.

A gauche est figuré le tombeau du Christ près duquel on aperçoit deux gardes dont l'un est endormi ; au premier plan, un ange annonce aux trois saintes femmes la résurrection du Christ dont l'ascension est figurée à l'arrière-plan, à droite. Or, ce tombeau du Christ, ce Saint Sépulcre, tel qu'il est représenté ici, est un édifice rectangulaire, muni d'une porte flanquée de niches ornées de statues, terminé par une coupole soutenue par une colonnade surmontée d'un tambour. Au dessus des colonnes, qui sont jumel-lées, sont placés des bas-reliefs circulaires représentant des personnages à mi-corps. Dans l'architecture latine, on chercherait vainement des monuments de cette forme, qui, au contraire, dut être commune dans les édifices d'Orient au ve et au vi[e] siècle. Le style de l'œuvre, du reste, permet pleinement de la rapprocher du feuillet de diptyque de la collection Trivulzio, mais, s'il se peut, la scission entre l'art latin et l'art byzantin y est encore plus prononcée. On y retrouve les mêmes proportions un peu courtes, mais une variété dans les attitudes et les gestes qui fait le plus grand honneur à l'artiste qui l'a conçue. La partie où est figurée l'Ascension peut être considérée comme une œuvre de premier ordre, auprès de laquelle la même scène sculptée par les artistes byzantins du xe ou du xie siècle peut passer pour une simple caricature.

Je ne voudrais pas fatiguer le lecteur en énumérant tous les monuments sur lesquels des scènes sem-blables sont sculptées ; il en est un cependant que, vu son importance et la date beaucoup trop moderne, selon moi, qu'on lui a assignée, je ne puis passer sous silence. Je veux parler d'un diptyque conservé au Trésor de la cathédrale de Milan. Labarte, qui l'a publié[2], l'attribue à l'art italien du ixe siècle. Je ne puis, pour ma part, accepter cette attribution, car le style de ce monument me paraît devoir le faire classer parmi les ivoires exécutés à Byzance ou sous l'influence byzantine, vers le vi[e] ou le viie siècle. D'ailleurs, à supposer qu'une attribution à l'art italien fût légitime, il faudrait encore définir à l'art de quelle partie de l'Italie il appartient ; et, à dire vrai, les quelques monuments italiens du ixe siècle datés authentique-ment, que l'on possède, nous font reconnaître dans l'art de la péninsule un style bien différent[3] ; sauf de très rares exceptions, l'impuissance des artistes à rendre la figure humaine et à la modeler est manifeste, et quant à l'ornement, il est ou géométrique ou tellement stylisé que son exécution ne demandait pas de véritables qualités de sculpteur[4]. Dans le diptyque du Dôme de Milan, au contraire, l'artiste fait preuve

---

1. *Katalog des bayerischen national Museums*, t. V, *Romanische Alter-thümer*, par H. Graf, pl. cr, n° 157. — Ce monument est également gravé dans Garrucci, *ouvr. cité*, t. VI, pl. 459, n° 4.

2. *Histoire des Arts industriels*, 2e édit., t. I, pl. xic.

3. Sur les transformations de l'art italien dans les premiers siècles du moyen âge, sur le style des monuments datés que l'on y rencontre, voyez l'ouvrage de Cattaneo, *L'architecture en Italie du VI au XI siècle*, Venise, 1890, in-8°. Cet ouvrage est précieux non seulement par son texte absolument terre à terre et exempt de théories hasardeuses, mais encore par la série de termes de comparaison que fournissent ses figures.

4. Un second ivoire publié aussi par Labarte (*ibid.*, pl. xvi), fort précieux, du reste, comme du xe siècle italien, ne saurait non plus être maintenu ni à cette date ni à cette nationalité. Cette plaque sculptée

de véritables qualités de dessin et se montre encore habile modeleur ; sa décoration est à la hauteur du reste, finement et régulièrement exécutée. Sans doute ses personnages sont un peu courts comme dans beaucoup des ivoires que l'on a passés en revue jusqu'ici ; mais sur cette anatomie empruntée à l'art chrétien des sarcophages, les draperies sont encore très honorablement disposées. Enfin, et c'est là un point sur lequel il faut insister, l'architecture est surtout byzantine. Deux fois nous y voyons répétée la figure du Saint Sépulcre sous forme d'édifice circulaire surmonté d'une coupole, et les soldats qui gardent cet édifice d'architecture orientale sont équipés comme les gardes des empereurs byzantins. Si cet ivoire avait été sculpté dans le style italien du ixe siècle, toutes ces figures montreraient la plus grande barbarie ; sinon il faudrait en conclure qu'il aurait été fabriqué par un artiste venu de quelque abbaye carolingienne de Gaule ou de Germanie ; et alors le style serait tout autre : au lieu de ces personnages courts et trapus, nous aurions des personnages plus allongés, d'une exécution plus sèche et plus nerveuse, tels que nous en montrent tant de monuments carolingiens.

Ce sont là des raisons indirectes pour appuyer une attribution, mais ce sont des raisons qui prennent une singulière valeur quand elles viennent s'ajouter à des motifs tirés d'une ressemblance frappante avec des monuments byzantins [1].

Si je ne craignais de prolonger outre mesure cette étude des monuments byzantins, il est un objet au sujet de la date duquel on a émis parfois quelques doutes, sur lequel tout au moins on a évité de se prononcer, qui devrait prendre place ici : Je veux parler de la ceinture dite de saint Césaire (✝ 542), conservée à l'église de la Major, à Arles [2]. La boucle de cette ceinture de cuir noir, décorée du monogramme du Christ exécuté en broderie, est d'ivoire sculpté. Sur cette boucle est figuré le Saint Sépulcre, édifice rectangulaire, surmonté d'une coupole soutenue par des colonnettes. A droite et à gauche du sépulcre, on aperçoit deux soldats endormis, debout, appuyés contre le monument. Leur costume, leur coiffure en forme de bonnet phrygien indiquent suffisamment que l'on a ici affaire à des Orientaux, tandis que la bordure composée de rais de cœur alternant avec des baies de laurier atteste la persistance de souvenirs classiques. Cette décoration de style tout byzantin est sculptée sur la plaque qui maintient la boucle sur la ceinture ; quant à la boucle elle-même, elle porte une décoration de pampres que l'on rencontre sur une foule de monuments fabriqués soit à Byzance, soit en Syrie ou en Égypte, du ve au viie siècle.

J'avoue ne pas trop comprendre pourquoi certains doutes ont été émis au sujet de l'antiquité de cette ceinture. Est-ce parce que, si l'on admet l'attribution à saint Césaire, il faut faire remonter sa fabrication jusqu'au vi[e] siècle ? Est-ce parce que son existence et sa transmission dans le trésor de l'église d'Arles, depuis cette époque reculée, paraissent trop bien coïncider avec le testament de saint Césaire léguant ses vêtements à son successeur sur le siège épiscopal ? Est-ce parce que ce monument, si on l'attribue au vi[e] siècle, prend en même temps le caractère de relique ? Je ne sais ; toujours est-il que personne n'ose se prononcer sur son âge exact, et que la dernière fois que ce vénérable monument prit place dans les vitrines d'une exposition, on l'a daté du viie siècle [3], date beaucoup plus difficile à défendre que le vi[e]. Pour ma part, je trouve la tradition qui attribue cette ceinture à saint Césaire très acceptable au point de vue archéologique, le seul dont on ait à se préoccuper ici ; il ne me répugne nullement d'en faire un monument du vi[e] siècle. Je voudrais pouvoir montrer la même indulgence pour beaucoup d'objets

---

sur ses deux faces, d'abord par un ciseleur très barbare, au ixe ou au viiie siècle, a été travaillée sur l'autre face à une époque relativement florissante de l'art, au xe siècle, en Allemagne. Nous possédons trop de monuments de cette époque, absolument authentiques, pour que l'on puisse hésiter sur une attribution que justifie pleinement le dessin des figures, l'ornementation et le style général. Cette plaque, représentant l'Entrée du Christ à Jérusalem et Marie répandant des parfums sur les pieds du Christ, a fait partie de la collection Soltykoff.

1. Voici l'indication des sujets figurés sur l'ivoire du Dôme de Milan : Le lavement des pieds, Jésus couronné par les soldats ; Pilate se lave les mains ; Judas pendu, Le tombeau du Christ gardé par les saintes femmes au tombeau, Le Noli me tangere, Le Christ apparaît aux apôtres, L'incrédulité de saint Thomas.

2. On en trouvera une bonne reproduction dans le Bulletin monumental, t. 43 (1877), p. 460, accompagnée d'un article de Lenoire ; — Viollet le Duc (Dictionnaire du Mobilier, t. III, p. 65 en a donné aussi un dessin. Une autre reproduction assez fidèle dans Garrucci, ..., t. VI, pl. 459.

3. Exposition rétrospective de l'art français au Trocadéro en 1889, p. 9, n° 13.

que beaucoup d'archéologues n'osent discuter par respect pour des traditions souvent fort peu respectables.

Mais cette digression, au sujet de la ceinture de l'archevêque d'Arles, m'a entraîné déjà trop loin ; j'ai hâte de revenir à l'étude de monuments dont l'âge et l'origine ne peuvent faire de doute pour personne.

L'église métropolitaine de Ravenne possède, depuis le milieu du VIe siècle environ, un monument dû au savoir-faire des ivoiriers byzantins, d'une beauté hors ligne et d'une importance capitale au point de vue archéologique. J'ai nommé le trône épiscopal de l'évêque Maximien (né à Pola en 498; évêque de Ravenne en 546; ✝ en 553). Aucun musée ne peut montrer aussi vénérable relique que ce fauteuil d'ivoire sur lequel l'évêque a pris soin, au milieu d'ornements d'une rare beauté, de faire sculpter son monogramme : *Maximianus episcopus*.

Ce siège se compose d'un grand panneau antérieur accompagné de deux montants verticaux à section rectangulaire, dont les parties inférieures forment les pieds, et les parties supérieures, les bras ; de deux grands panneaux verticaux disposés à droite et à gauche, formant un angle droit avec la partie antérieure; enfin d'un dossier demi-circulaire, cintré à sa partie supérieure, divisé en compartiments rectangulaires, sur ses deux faces, par de larges bandes d'ornement [1]. Ce dossier, primitivement, était décoré de vingt-quatre bas-reliefs : sept seulement sont encore en place aujourd'hui, quatre à l'intérieur, trois à l'extérieur. Quelques autres, arrachés à des époques indéterminées, font aujourd'hui partie de diverses collections publiques ou privées [2].

La partie antérieure de ce siège dont on trouvera ici [3] une fidèle image est la plus connue ; c'est aussi la plus belle au point de vue artistique ; mais le reste de la décoration du fauteuil ne lui cède en rien au point de vue historique ou archéologique. Cette partie antérieure se compose de cinq panneaux en hauteur et de deux larges frises horizontales. Sur les cinq panneaux sont représentés autant de personnages, debout sous des arcades en plein cintre, dressées sur des colonnes cannelées en spirales et inscrivant des coquilles. Le panneau central est occupé par une figure de saint Jean-Baptiste debout, barbu et les cheveux longs, chaussé de sandales, vêtu d'une tunique talaire et d'une peau de bête nouée sur la poitrine comme un manteau [4]. De la main gauche il supporte un disque chargé d'une représentation de l'agneau mystique, de la main droite il fait un geste de bénédiction à la grecque. Cette figure, dont l'aspect grandiose n'échappera à personne, est d'une exécution absolument supérieure. L'attitude est absolument correcte, la draperie bien dessinée et largement traitée, comme il convient dans une figure de grande dimension. Le type adopté pour le Précurseur n'est nullement émacié ni farouche; son visage respire la bonté et la joie comme il convient au messager de la bonne nouvelle, et ce type, du reste, ne diffère pas très sensiblement de celui qui, dans des monuments presque contemporains que l'on citera tout à l'heure, a été adopté pour la figure du Christ. C'est ce qui explique comment on a pu croire quelquefois que ce personnage figurait le Christ et non pas saint Jean-Baptiste. Dans les quatre personnages dirigés deux vers la gauche, deux vers la droite, qui flanquent l'image du Précurseur, il faut, sans aucun doute, reconnaître les quatre évangélistes. Placés comme le personnage central sous des arcatures, leurs gestes sont à peu près identiques ; de la main droite ils font un geste de bénédiction ou d'enseignement et de la gauche portent des livres fermés dont les plats sont uniformément ornés d'une croix. Trois sont barbus, le quatrième est représenté imberbe. J'avoue que n'était que cette assimilation avec les quatre porte-parole du Christ s'impose en quelque sorte, j'aimerais à reconnaître dans les deux personnages de gauche saint Pierre et saint Paul, dont nous retrouvons là les types iconographiques, plus grossièrement,

---

1. Le siège mesure 1m 21 en hauteur et 0m 63 en largeur.

2. Les photographies faites par Ricci, photographe à Ravenne, donnent la série presque complète des bas-reliefs aujourd'hui connus ; on trouve d'autre part dans Garrucci, *Storia dell' arte cristiana*, t. VI, la reproduction du siège de Maximien.

3. Planche VII.

4. Ce n'est pas sans étonnement qu'on lit dans Labarte (ouvr. cité, 2e édit., t. I, p. 17) que « le Christ (il a pris saint Jean-Baptiste pour le Sauveur) porte un vêtement sacerdotal peu usité ». Cette phrase laisserait supposer que l'auteur en connaissait d'autres exemples, ce qui paraît difficile à admettre. Il ne peut y avoir du reste aucun doute sur l'identité du personnage représenté ici.

mais si clairement indiqués sur un monument dont il a été plus haut question, le diptyque de Tongres.
Mais il est évident que le doute n'est pas permis; c'est bien des évangélistes qu'il s'agit, et si leur
type iconographique est commun à celui adopté pour certains des apôtres les plus fréquemment représentés, il ne faut s'en prendre qu'à l'indigence des modèles que l'artiste avait à sa disposition. Si ces
quatre figures, qui ne sont pas exactement de même dimension, sont, deux au moins, d'un plus fort

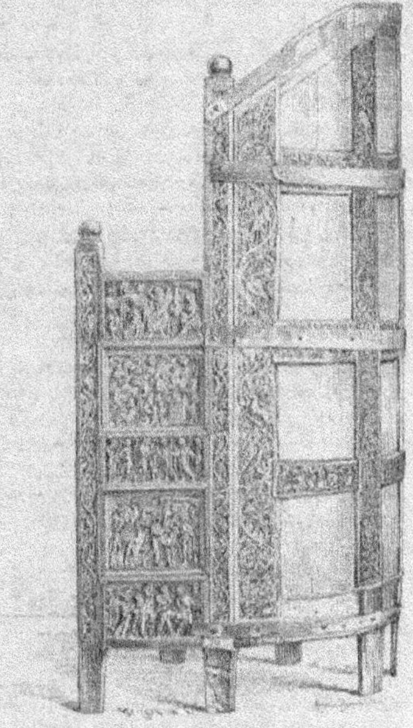

Siège de l'évêque Maximien, VIᵉ siècle.
(Cathédrale de Ravenne.)

relief que le panneau central, on ne peut néanmoins douter que le tout soit de la même main : on y
retrouve la même manière de traiter les draperies, largement, mais très habilement, les mêmes proportions, le même soin dans l'exécution des extrémités, la même architecture. Ces cinq figures réunies,
à une époque où la sculpture monumentale était en pleine décadence, comme l'a remarqué justement
Bayet [1], constituent à elles seules un monument d'une importance unique; elles peuvent servir à constater un progrès très réel dans l'art de l'ivoirier. Malheureusement, comme on le verra tout à l'heure,
le trône de l'évêque Maximien forme en quelque sorte une exception; il ne manque pas de monuments byzantins, créés vers la même époque, dans lesquels on retrouve les mêmes types iconographiques, mais dont l'exécution peu soignée atteste au contraire une réelle décadence par comparaison

1. L'Art byzantin, p. 92.

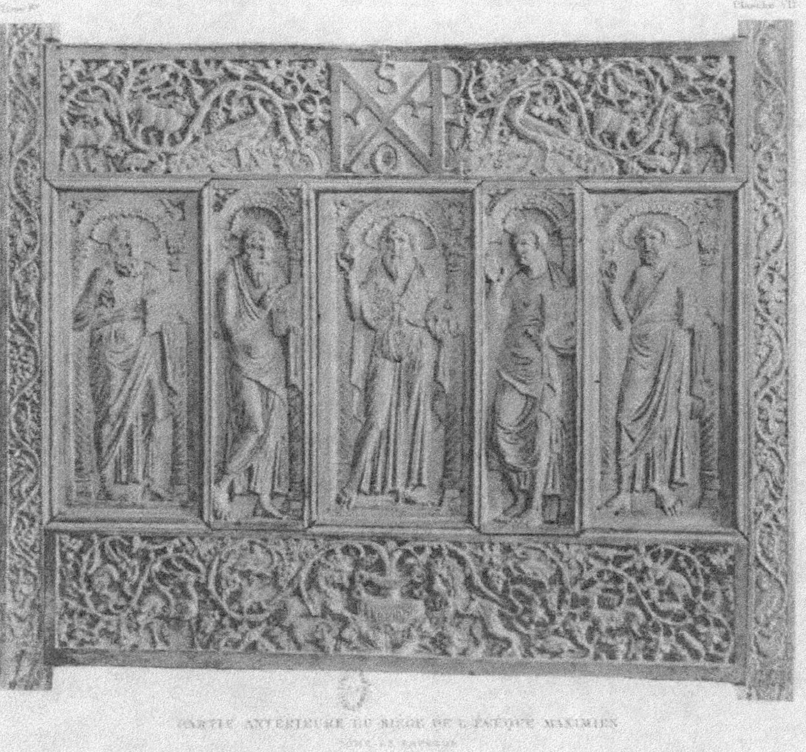

PARTIE ANTÉRIEURE DU SIÈGE DE L'ÉVÊQUE MAXIMIEN

avec l'art que nous font connaître les diptyques consulaires. N'est-on pas autorisé à en conclure que s'il existait des artisans capables de faire progresser l'art byzantin et de l'amener lentement à un véritable épanouissement, beaucoup continuaient à produire des œuvres dans lesquelles il est difficile de ne pas reconnaître la continuation de la décadence artistique la plus profonde.

Les frises d'ornement qui décorent cette partie antérieure du siège de Maximien méritent qu'on s'y arrête un instant. Aucun monument d'ivoire de l'époque antérieure ne nous montre une pareille entente de la décoration jointe à une habileté technique au dessus de tout éloge ; franchement, en face de ces tiges de pampres profondément refouillées et au milieu desquelles s'agite tout un monde, on est bien obligé d'admettre que, dans certains centres, l'art de l'ivoirier au vi[e] siècle avait fait de réels progrès ; que s'il n'atteignait pas les sommets où l'avait conduit l'art classique des bonnes époques, il était cependant sorti de l'ornière où il croupissait aux bas temps de l'Empire romain. Sur cette chaire de Ravenne, un art nouveau s'affirme en réalité, rempli encore des souvenirs de l'art classique, mais inspiré aussi par des formes provinciales de l'art grec. Ces paons ne sont-ils pas la copie presque textuelle, mais une copie supérieure à l'original, d'une frise de linteau de porte que Vogüé a reproduite[1], la porte de Dana, en Syrie? Mais ce motif d'ornement, vieux au vi[e] siècle, qui à ce moment est déjà parvenu jusqu'en Gaule depuis de longues années, prend une nouvelle forme sous les mains de l'habile sculpteur qui sait lui imprimer une tournure personnelle. On peut en dire autant de la frise inférieure où l'artiste a su vivifier une formule nullement nouvelle ; les lions sont proches parents de ceux qui figurent sur certains sarcophages chrétiens[2], mais les lièvres, les canards, les oiseaux de toute sorte qui circulent au milieu d'une végétation exubérante, appartiennent à un autre art, moins encore à l'art syrien qu'à l'art alexandrin mélangé d'éléments tout à fait orientaux, tel que nous le font connaître en particulier les tapisseries coptes[3]. Ce sont là des rapprochements qui, au premier abord, peuvent paraître bien osés, mais qui deviennent fort légitimes si on prend la peine de faire quelques comparaisons. Sur les tissus fabriqués en Égypte on retrouve mainte et mainte fois ce rinceau courant abritant dans ses plis alternativement une feuille et une grappe, puis un petit animal, quadrupède ou volatile, qui le plus souvent n'est placé là que comme un simple motif décoratif, isolé, sans lien ni avec le motif précédent, ni avec le motif suivant.

Cette infiltration d'art égyptien n'apparaît pas seulement dans l'ornementation du devant de la chaire de Ravenne. Les bas-reliefs qui en ornent les côtés en portent aussi la trace. Il est vrai que par un hasard assez singulier les sujets qui y sont traités y prêtaient particulièrement, puisqu'il s'agit de l'*Histoire de Joseph*. L'artiste, ayant dès lors à représenter des Égyptiens, a cherché à donner aux physionomies un aspect de vérité qui témoigne de préoccupations bien étranges à une pareille époque. Les bas-reliefs qui ornent les côtés du siège au dessous des bras sont au nombre de dix, cinq de chaque côté. Ces tableaux ne se suivent pas dans un ordre absolument logique : c'est ainsi que la *Rencontre de Jacob et de Joseph*, le *Désespoir de Jacob* ne se trouvent pas exactement à la place qu'ils devraient occuper si le sculpteur avait suivi au pied de la lettre le texte qu'il voulait traduire en sculpture. Voici l'indication des sujets représentés. *Côté gauche : Joseph placé par ses frères dans une citerne; Joseph vendu par ses frères; Joseph vendu à Putiphar par les marchands égyptiens; La femme de Putiphar veut faire violence à Joseph, qui est conduit en prison; Jacob, à la vue de la tunique ensanglantée de son fils, déchire ses vêtements. — Côté droit : Songe de Pharaon; Joseph explique le songe de Pharaon; Joseph fait donner du blé à ses frères; Joseph fait arrêter ses frères; Rencontre de Jacob et de Joseph.*

---

1. *Architecture de la Syrie centrale*, t. I, pl. 45.
2. Voyez notamment le sarcophage de Tipasa publié dans la *Revue des Sociétés savantes*, 5e série, t. VI (1873), p. 124.
3. Voyez Gerspach, *Les tapisseries coptes*, passim. Il faut remarquer que ces tapisseries sont parfois d'époques très différentes; mais, toutefois, elles nous montrent un style de décoration tellement uniforme, qu'au point de vue spécial où l'on se place en ce moment, on peut jusqu'à un certain point faire abstraction de ces dates et les considérer en bloc.

Cette ornementation est, on le voit, assez compliquée. Est-elle sculptée par le même artiste que le devant du siège? Il serait téméraire de l'affirmer, tant le travail est différent : autant les figures du Précurseur et des apôtres sont soignées, jusque dans les plus petits détails, autant ici l'artiste a usé de liberté. Toutefois, pour ma part, je ne serai pas éloigné d'admettre une paternité commune ; sans doute le travail est moins parfait, mais au point de vue du dessin, de la composition, du sens dramatique de la scène, il révèle un artiste de tout premier ordre ; sans doute, comme tous ses contemporains, il accepte certaines formules iconographiques ; les frères de Joseph sont des bergers antiques tous de même physionomie, ou à peu près, tous armés de l'inévitable *pedum*. C'est ainsi qu'il était de mise de représenter des bergers, nous ne devons donc pas nous en étonner. Mais aussitôt qu'il peut reconquérir sa liberté, comme il en profite ! Il varie les attitudes, les types pour mieux faire comprendre la scène et en faire ressortir le côté pittoresque. Il y aurait là de curieuses comparaisons à faire avec un manuscrit célèbre, le manuscrit de la *Genèse* conservé à Vienne [1], où sous une forme plus grossière et plus maladroite se retrouvent, à côté de morceaux absolument insignifiants parce qu'ils ne font que reproduire un thème iconographique connu, des tendances au réalisme qui ne laissent pas que de surprendre chez des artistes de décadence, mais indiquent très nettement qu'on est en face d'œuvres produites à une époque de transformation. Le bas-relief représentant le désespoir de Jacob est peut-être à ce point de vue l'un des plus intéressants ; s'il n'est pas l'un des plus beaux, il est certainement l'un de ceux où l'on rencontre quelque chose d'inattendu. L'attitude résignée de Rachel, assise, les mains croisées sur l'un de ses genoux, n'est pas absolument la reproduction d'une formule ; on y sent plus qu'une tentative d'observation de la nature, une réussite presque complète, un essai pour sortir du chemin battu.

Ces tendances réalistes, cette étude personnelle de la nature se voient encore d'une façon très évidente dans les bas-reliefs qui ornent le côté droit du siège. Dans deux d'entre eux surtout, *Joseph expliquant les songes de Pharaon* et *Joseph faisant arrêter ses frères*, si l'on trouve la représentation de soldats vêtus à la byzantine, on voit aussi des Éthiopiens à type très caractérisé, à figures camardes, à cheveux crépus tressés en cordelettes. Les costumes, l'armement de ces personnages ne sont ni romains ni byzantins ; leurs longues épées, larges et droites, sont évidemment copiées sur des armes que le sculpteur avait vues. Si au point de vue du mouvement des personnages, de la composition, il n'y a rien à dire de particulier de ces bas-reliefs, on peut donner quelques éloges à la *Rencontre de Jacob et de Joseph*. Cette sculpture, où nous voyons Jacob vieux et infirme serrer contre sa poitrine son fils enfin retrouvé, est une très belle chose digne de l'art classique auquel, du reste, bon nombre des gestes et des attitudes des personnages sont empruntés. L'exécution en est rude, presque sauvage, mais les attitudes sont si justes, l'opposition entre ce vieillard fatigué par l'âge et la douleur, aux formes alourdies, et ce jeune homme, à l'allure élégante, est si bien ménagée qu'on s'arrête à contempler ce bas-relief comme on examinerait la première idée, le croquis d'un tableau de maître. Auprès de lui, les autres compositions, *Joseph donnant du blé à ses frères*, le *Songe de Pharaon*, quel que soit leur mérite, ne sont que passables. Signalons toutefois, mais au point de vue iconographique, le Génie ailé, barbu et portant une torche qui se dresse en face de Pharaon endormi. Cette représentation du génie du sommeil montre la persistance d'une de ces vieilles traditions païennes qui ont toujours subsisté dans l'art byzantin.

J'estime que les larges bandeaux d'ornements qui divisent le dossier du siège en seize compartiments à l'extérieur, en huit compartiments à l'intérieur, appartiennent au même courant artistique, et ont peut-être été exécutés sinon par la même main du moins dans le même atelier que les ornements de la partie antérieure. Moins soignés, d'un relief moins fort, ce qui s'explique facilement par l'emplacement qu'ils occupent dans l'ensemble, le style est absolument le même : ce sont des pampres naissant de vases ovoïdes à panse côtelée posés sur des feuillages ; des oiseaux et des animaux de toute sorte se jouent au

---

1. Von Hartel et Wickhoff, *Die wiener Genesis*, Vienne, 1895, in-folio. (Supplément au tome XVI du *Jahrbuch der Kunsthistorischen Sammlungen des Kaiserhauses*.)

milieu d'une végétation luxuriante traitée avec une liberté qui annonce un ornemaniste connaissant supérieurement son métier. Ici, la sculpture en ivoire s'élève jusqu'à la hauteur de la sculpture en marbre et les dimensions mêmes des ornements, beaucoup plus grands qu'ils ne le sont d'ordinaire, accentuent encore la ressemblance. Mais les bas-reliefs que ces bandeaux devaient encadrer et dont il reste un si petit nombre peuvent-ils être considérés comme absolument byzantins, comme créés dans le même atelier, sous les mêmes influences que le reste? Il serait absurde de supposer que ces plaques proviennent d'un autre monument et ont été fixées là après coup; leur forme, leurs dispositions condamnent d'avance une semblable hypothèse; mais il est très légitime de supposer que pour mener rapidement un travail aussi considérable on a dû avoir recours à un assez grand nombre d'artisans; peut-être même ces artisans faisaient-ils partie du même atelier, mais peut-être aussi leur éducation artistique n'était-elle pas la même; peut-être les uns étaient-ils byzantins, les autres italiens. Toujours est-il que sans parler de l'exécution, très inférieure dans ces bas-reliefs, le style est presque aussi latin que byzantin et certaines scènes rappellent beaucoup les sculptures des sarcophages.

L'une des plaques fixées à l'intérieur du dossier, vers la gauche, offre un sujet relativement rare en iconographie, bien qu'il soit en partie indiqué dans le *Guide de la peinture*[1]; saint Joseph adressant des reproches à la Vierge. La Vierge, debout près d'une fontaine, une coupe en main, écoute les reproches que lui adresse saint Joseph debout à l'entrée d'un édifice; de la main gauche il tient un bâton. Au second plan, un ange bénissant et tenant un sceptre. C'est la réunion en une seule scène de deux épisodes : Joseph adressant des reproches à la Vierge et l'Ange instruisant Joseph de son erreur. Dans ce bas-relief, comme dans les autres destinés à décorer le dossier, on ne peut certainement pas dire que la composition, le dessin n'indiquent une habileté assez grande; mais l'exécution a été trop hâtive pour que l'artiste pût soigner le modelé qui est indiqué plutôt qu'exécuté à l'aide de traits profonds. C'est ce procédé de gravure que l'on a déjà signalé à propos du diptyque de Tongres et que l'on rencontre si souvent employé dans les ivoires byzantins du vi[e] et du viie siècle. Remarquons en outre que la plupart de ces plaques décorant encore aujourd'hui le dossier du siège de Maximien ou ayant très certainement fait partie de sa décoration[2] portent à la partie inférieure ou à la partie supérieure une ornementation composée de losanges et de disques, dans lesquels on reconnaît les olives et les perles de la décoration classique. Toute cette ornementation est traitée, comme le reste, d'une façon sommaire et peu soignée.

Voici l'indication des scènes représentées sur quelques-unes de ces plaques, encore fixées ou détachées du fauteuil, mais se trouvant dans différents musées ou collections[3] : *L'Annonciation*. La Vierge est assise dans une chaire à haut dossier, en vannerie, si l'on en juge par le travail de gravure qui en décore le dossier et les côtés; de la main droite elle tient une navette et un fuseau; une haute corbeille est placée près d'elle, à sa gauche. L'ange portant un sceptre s'avance vers elle en la bénissant. C'est tout à fait la formule adoptée plus tard par tous les artistes byzantins. — *Voyage de la Sainte Famille à Bethléem*, sujet qui, à tort, a été interprété comme représentant la fuite en Égypte[4]. A la partie supérieure, on voit saint Joseph endormi auquel un ange apparaît; plus bas, la Vierge soutenue par saint Joseph est montée sur un âne qu'un ange conduit par la bride. Le groupe de saint Joseph et de la

1. Didron et Durand, *Manuel d'iconographie chrétienne*, p. 136 : « Joseph, s'apercevant de la grossesse de la mère de Dieu, lui adresse des reproches : Moïse, La Sainte Vierge enceinte; Élisabeth dans l'étonnement, Au-devant est Joseph, appuyé d'une main sur un bâton; il étend l'autre vers la Vierge, qu'il considère d'un regard triste. »

2. Telles que celles qui se trouvent au Musée Brera à Milan (Westwood, ouvr. cité, p. 30, n° 80, ibid., p. 463), ou au Musée de Naples (ibid., p. 421).

3. Toutes ces pièces font partie de la série des photographies du fauteuil, photographié à Ravenne. Garrucci (*Storia dell'arte veneta*, t. VI, pl. 414 et suiv.) a publié en son entier le trône épiscopal de Ravenne. Voici l'énumération de tous les sujets représentés sur les plaques du dossier existant aujourd'hui : 1. *L'Annonciation* (Musée Oliveri, à Rascano); 2. *La Vierge prouvant sa virginité* (en place); 3. *Le Voyage à Bethléem* au dôme de Ravenne; détaché); 4. *La Nativité* (autrefois collection Trivulzio, puis Trotti, à Lemance); 5. *L'Adoration des Mages* (en place); 6. *Le Baptême du Christ* (en place); 7. *L'entrée du Christ à Jérusalem* (collection Trotti); 8. *Le miracle de Cana* (au dôme de Ravenne; détaché); 9. *La Multiplication des pains* (en place); 10. Suite de la Multiplication des pains de festin de Cana, saint Garrucci (Musée Oliveri, à Pesaro); 11. *Le Christ et la Samaritaine* (Musée de Naples); 12. *Guérison de l'Encéphale* Musée Brera, à Milan).

4. Le bas-relief, l'un des plus intéressants de la série, a été publié par Garrucci (ouvr. cité, t. VI, 4e partie, pl. XIII).

Vierge, qui a absolument le type et l'accoutrement d'une matrone romaine, est l'un des plus remarquables de toute cette série ; l'exécution est aussi moins sommaire que dans les autres bas-reliefs et surtout on sent la main d'un artiste tout à fait capable de composer une scène[1].

Il n'y a rien de particulier à remarquer au sujet d'un compartiment de l'intérieur du dossier et qui donne la représentation de la moitié de l'*Adoration des Mages*, le complément de la scène devant être représenté sur un bas-relief qui n'existe plus. La Vierge est assise sur un siège à haut dossier sur le haut duquel s'appuie saint Joseph ; elle soutient sur ses genoux l'Enfant Jésus qu'un ange debout près d'elle semble désigner du geste à l'adoration des Rois. Dans le ciel est figurée l'étoile qui a guidé les Mages. *Le Baptême du Christ*, tel qu'il est ici représenté, pourrait donner lieu, au point de vue iconographique, à de longs développements : Le Christ, debout et complètement nu, dans les eaux du Jourdain, a l'apparence d'un enfant ; deux anges portent ses vêtements, et le Saint-Esprit, sous la forme d'une colombe, plane au dessus de sa tête. Saint Jean, au type très accentué et tout à fait conforme à celui qui est figuré sur le devant du siège, ne peut donner lieu à aucun rapprochement intéressant ; mais il n'en est pas de même de la personnification du fleuve Jourdain qui, appuyé sur son urne renversée, se retourne pour regarder le Sauveur. Nous possédons là dans cette représentation, fréquente dans les monuments byzantins, et dont on trouve des exemples dans les mosaïques de Ravenne même, une preuve de la persistance des traditions antiques dans l'iconographie de certaines scènes de l'Évangile, un chaînon qui permet de rattacher à l'art classique, jusqu'à un certain point du moins, des ivoires exécutés à une époque très tardive du moyen âge[1].

Le Miracle de Cana offre un type du Christ plus conforme à celui des sarcophages que celui que nous venons d'indiquer : c'est un jeune homme, imberbe, les cheveux frisés, mais ce n'est plus un enfant. Il est nimbé et tient une croix ; il bénit les amphores placées devant lui, et un échanson lui présente une coupe. Au fond on aperçoit un apôtre tenant des tablettes. *La Multiplication des pains* a donné naissance à deux bas-reliefs : dans l'un le Christ, la tête entourée d'un nimbe crucifère, étend les mains sur deux corbeilles contenant le pain et les poissons que lui présentent deux apôtres, tandis que deux apôtres, au second plan, font des gestes d'étonnement ; dans l'autre, les apôtres procèdent à la distribution, et une partie des convives, deux hommes et une femme, ont pris place autour d'une table semi-circulaire ; la présence de ce *triclinium* antique en plein désert ne laisse pas que de surprendre. Il ne me reste plus à mentionner que le *Christ guérissant l'Aveugle-né*[2] et *Le Christ et la Samaritaine*[3], bas-reliefs d'un art très médiocre, provenant certainement du siège de Ravenne, mais peut-être d'une autre main que ceux que je viens de mentionner.

On trouvera peut-être que je me suis étendu bien longuement sur ce siège épiscopal de Ravenne ; mais son importance est tellement grande, on y trouve la clé de tant de petits problèmes que soulève l'étude des premiers ivoires franchement byzantins, qu'on peut s'étonner qu'il n'ait pas donné lieu à une publication complète véritablement digne de lui ; on n'en connaît guère communément que la partie antérieure, la plus belle sans doute ; mais les autres bas-reliefs, pour être plus grossiers, ne le cèdent pas en intérêt, et surtout leur étude permet de formuler sur l'ensemble des conclusions. La chaire épis-

---

1. En suivant l'ordre des faits, c'est ici que viendrait se placer une plaque qui faisait autrefois partie de la collection Trivulze, qui est ainsi décrite par Bugati (*Appendice a memorie storico-critiche intorno il culto di S. Celso*, p. 275.), cfr. Westwood, *ouvr. cité*, p. [illegible]) : « Un pezzo d'avorio ancora inedito il quale » posseduto dal venditissimo Sign. D. Carlo Trivulzi ed apparterria per alcuni certissimi indizi alla celebre cattedra d'avorio della chiesa cattedrale di Ravenna. Rappresentasi in esso dell' una parte l'entrata di Gesù Cristo in Gerusalemme, e dell' altra la Natività di Nostro Signore e con esso la storia del costerico, la quale [illegible] la pone nella sua incredulità intorno alla verginità di Maria la madre di Dio nel misterioso partorimento di quella mano, che troppo curiosa [illegible] avendo tentato di accertarsene. Ora questa storia [illegible] di papa Gelasio viene considerata [illegible] creduta di Venus, la quale [illegible] sopra il santo [illegible].

2. Du coffret d'ivoire conservé au Musée de Brunswick et dont il sera plus loin question, œuvre du Xe siècle, nous montre encore [illegible] tation du Jourdain. Je cite cet exemple entre beaucoup d'autres, car ils abondent pour l'époque carolingienne.

3. Au Museo Bojra, à Milan. Cfr. Westwood, *ouvr. cité*, p. 51, n° 39.

4. Au Musée de Naples. Cfr. Westwood, *ouvr. cité*, p. 421. — Ces deux derniers bas-reliefs sont ceux qui rappellent le plus, dans tout l'ensemble, les sculptures des sarcophages chrétiens d'Italie.

copale de Ravenne est, à mon avis, un monument complètement byzantin, conçu par un seul artiste qui en a exécuté lui-même les meilleures parties et a fait sculpter le reste sous sa direction, soit par des Byzantins, soit par des Italiens. Mais la conception, le parti pris décoratif, la distribution des bas-reliefs, le choix des ornements, tout cela revient à un seul et même artiste qui a suivi toute l'entreprise. On peut dire que la chaire de Maximien est une sorte d'étalon de la sculpture byzantine du milieu du VIe siècle auquel il faut toujours se rapporter pour juger des monuments d'ivoire de cette haute époque.

Les ivoires qu'on en peut rapprocher sont assez nombreux : je me contenterai d'en citer deux ou trois, parce que pour ceux-là on peut considérer le rapprochement comme absolument certain : j'ai déjà mentionné plus haut le diptyque de Tongres[1] et la couverture de l'Évangéliaire de saint Lupicin, à la Bibliothèque Nationale, à Paris[2]. Ce dernier monument, dont chaque partie est composée de cinq morceaux d'ivoire, d'une sculpture grossière, mais très caractéristique, par les scènes qui sont représentées sur ses bords, le choix des sujets, rappelle beaucoup les sculptures des sarcophages : les Anges soutenant une couronne de laurier inscrivant une croix que l'on voit à la partie supérieure des plats ont leurs analogues dans certains diptyques consulaires[3]; enfin les plaques centrales, le Christ assis et bénissant entre deux apôtres, la Vierge entre deux anges, assise et portant l'Enfant Jésus, sortent à n'en pas douter d'un atelier byzantin, peut-être même de Ravenne, tant le style adopté est identique avec celui que nous révèle les bas-reliefs du dossier de la chaire de Maximien. Le Christ est identique comme type au saint Jean-Baptiste du monument de Ravenne et très proche parent des apôtres de Tongres. Mais ici, la présence du nimbe crucifère ne peut laisser aucun doute sur l'identité du personnage. Il faut remarquer toutefois que ce Christ porte les cheveux longs et retombant sur les épaules, une barbe longue qui ferait penser à saint Paul, alors que sur les bas-reliefs qui l'entourent et où sont représentés les principaux épisodes de la Vie du Sauveur, il a les traits d'un jeune homme complètement imberbe. Et cependant ce monument est bien homogène, et tous les bas-reliefs peuvent être considérés comme exécutés sinon par le même artiste du moins dans un même atelier et en même temps. De semblables différences dans la représentation d'un même personnage plusieurs fois répété attestent combien, en somme, on apportait peu de soin à l'exécution de ces sculptures. Et cependant ces œuvres, si grossières qu'elles nous paraissent aujourd'hui, si barbares, ont exercé une réelle influence. Un évangéliaire conservé à Saulieu montre sur les deux plaques d'ivoire qui le recouvrent une copie d'un modèle semblable aux deux panneaux du manuscrit de saint Lupicin : les sujets sont identiques, disposés de même façon; mais le faire absolument mou, les types déformés et sans caractère dénotent qu'on est en présence d'une copie exécutée vraisemblablement en Gaule, à une époque qu'il est bien difficile de déterminer exactement, mais qui doit être antérieure au XIe siècle. Un artiste de l'époque romane aurait plus d'accent personnel dans l'exécution des têtes, des draperies surtout, où l'on s'est contenté de reproduire sans style ce que l'on voyait sur l'original byzantin. Peut-être même pourrait-on faire remonter cette copie jusqu'à une époque très voisine de l'exécution de l'ivoire byzantin, si nous avions d'autres exemples d'ivoires sculptés avec quelque talent dans notre pays au VIIe ou au VIIIe siècle. Mais étant donné la pénurie extrême de monuments pour cette époque, et l'absence de caractère artistique de ceux, fort rares, qui subsistent, la difficulté même de les dater, il vaut mieux se contenter de signaler l'Évangéliaire de Saulieu comme un monument d'époque indéterminée, mais copié sur un original byzantin[4].

---

1. Voyez plus haut, p. 73, la reproduction de ce diptyque.

2. Manuscrit latin, n° 9384. Publié en entier par Lenormant, *Trésor de Numismatique et de Glyptique*, t. II, pl. 9, 10, 11, 12; le plat supérieur dans Bouchot, *Les reliures d'art à la Bibliothèque Nationale*, Paris, 1888, pl. X un atelier intermédiaire entre celui d'où est sorti l'Évangéliaire de Ravenne (voyez plus haut, p. 56) et celui qui a produit l'Évangéliaire de saint Lupicin, j'attribuerai quatre plaques qui font partie de la Collection Michell, à Paris, et que Courajod, *Storia dell'arte cristiana*, t. VI, pl. 445, a publiées (la Résurrection de Lazare, l'Hémorroïsse, l'Aveugle-né, le Paralytique).

3. Voyez le n° 16 de la liste des diptyques.

4. Darcel (*Exposition rétrospective de l'art français au Trocadéro en*

On vient d'étudier des monuments dont la plupart sont assez faciles à dater et à classer, tous les ivoires byzantins ne se laissent pas aussi facilement deviner. Bon nombre offrent mille petits problèmes dont les solutions peuvent être très différentes.

L'ivoire conservé au Trésor de la cathédrale de Trèves est un de ceux qui ont le mieux montré combien, en archéologie, on peut parfois émettre, sur une même question, des avis différents, tous appuyés, en apparence du moins, sur des textes ou des monuments qui donnent une certaine vraisemblance à de simples hypothèses. Le dessin qu'on donne ici de ce monument, s'il ne permet pas de se rendre un compte absolument exact de son style, m'autorisera cependant de n'en pas faire une longue description.

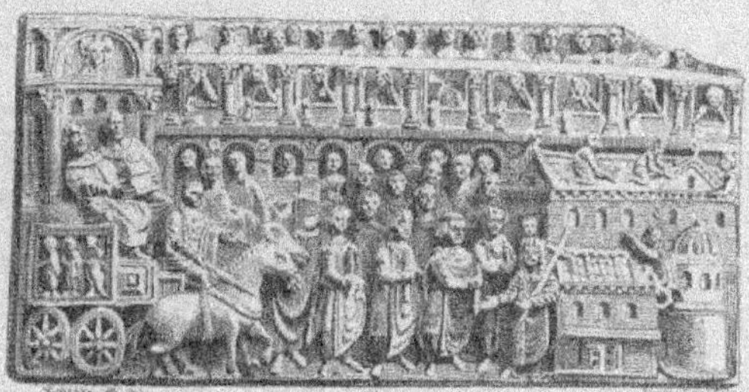

DÉDICACE D'UNE BASILIQUE.
(Ivoire conservé au Trésor de la Cathédrale de Trèves.)

Tout à fait à droite du bas-relief, on voit une église en forme de basilique qu'on est en train d'achever : des ouvriers juchés sur le toit achèvent la couverture. A la porte de cet édifice se tient debout une femme en costume impérial portant une croix, qui ne peut être considérée comme un attribut banal; sa forme, ses dimensions indiquent, et ici je fais appel au témoignage de tous les iconographes, qu'il s'agit de la Vraie Croix; un tel attribut désigne clairement le personnage qui le porte, sainte Hélène. Vers la gauche et se dirigeant vers la basilique, se déroule tout un cortège : on voit d'abord un empereur tenant un cierge accompagné de trois personnages vêtus de tuniques et de chlamydes, portant également des cierges, puis un char, une *carruca*, à quatre roues, traîné par deux chevaux, orné de bas-reliefs et dans lequel sont assis deux personnages barbus, deux ecclésiastiques — le pallium est très visible — portant une châsse. Au second plan se développe un vaste édifice dont on aperçoit, à gauche, la porte surmontée d'une figure du Christ en buste, puis plus loin les arcades supportant un étage percé de fenêtres, puis un second étage ou une terrasse; des personnages portant des encensoirs sont figurés

1889, p. 9, n° 76 : attribue l'Évangéliaire de Saint-Andoche de Saulieu au IXᵉ siècle, date qu'il me paraît aussi difficile d'accepter que de rejeter. Cet ivoire a été publié dans les *Mémoires de la commission des Ant. de la Côte-d'Or*, t. V, 1888. Puisqu'il est ici question d'imitation d'ivoires plus anciens, je dois dire un mot de deux ivoires conservés au Musée de Berlin et qui sont identiques, pour la plus grande partie, aux plaques centrales de la reliure de saint Lupicin. (Cfr. Bode et von Tschudi, *Beschreibung der Bildwerke der christlichen Epoche*, n° 458, 439, pl. LV.) Bibron, qui en a parlé et a publié une de ces plaques (*Annales archéologiques*, t. XVIII, p. 301), considère ces monuments comme apocryphes. J'avoue que, bien que ces ivoires soient entrés à une époque déjà ancienne au Musée de Berlin avant 1821, dit le Catalogue, je suis obligé de partager cette opinion et de les considérer comme des imitations de l'Évangéliaire de saint Lupicin, déjà connu au XVIIᵉ siècle (cfr. DD. Martène et Durand, *Voyage littéraire* (1717), t. I, p. 175). Au point de vue du style, ces ivoires sont indiscutables; ils ne le sont pas plus au point de vue iconographique. Le Soleil et la Lune figurés au sommet de chacun des deux panneaux n'ont aucune raison d'être, non plus que la lettre G ou C sculptée en relief au bas des mêmes bas-reliefs. Mais ces raisons sont secondaires; le style est plus important, et le style est absolument moderne. Je remarquerai, toutefois, que Bibron s'est étrangement trompé en niant également l'authenticité de l'Évangéliaire de saint Lupicin, sur lequel il lui était cependant si facile d'être renseigné.

à toutes les arcades, aux fenêtres et sur la terrasse. Tel est dans son ensemble ce curieux monument publié maintes fois et sur lequel on a beaucoup disserté. Voyons maintenant s'il est possible de le dater et d'en donner la signification.

Écartons d'abord l'opinion la moins vraisemblable émise à son sujet, celle de Westwood[1]. D'après cet archéologue, ce bas-relief représente l'impératrice sainte Hélène reçue à la cathédrale de Trèves et y faisant transporter des reliques; le bâtiment figuré au second plan ne serait autre que la célèbre *Porte Noire* et le travail serait byzantin ou carolingien du VIIe au IXe siècle. Pour juger sainement de ce bas-relief, il faut d'abord faire absolument abstraction de sa présence à Trèves; il s'y trouve aujourd'hui et il provient probablement du Trésor de la cathédrale ou de l'abbaye de Saint-Maximin; enlevé à l'époque de la Révolution, il est revenu à la cathédrale en 1845. Mais rien ne nous autorise à supposer que ce monument est demeuré à Trèves depuis son origine; il est beaucoup plus vraisemblable d'admettre qu'on est là en présence d'une épave du sac de Constantinople, en 1204. C'est à cet avis très plausible que se sont, du reste, rangés la plupart des savants qui l'ont étudié.

Ans'm Weerth, qui a publié cet ivoire comme les autres pièces conservées à Trèves[2], pense que nous sommes là en face d'une œuvre d'un caractère banal représentant simplement la dédicace d'une église indéterminée et l'attribue au XIe siècle. Or, le monument étant incontestablement byzantin, on éprouve quelque difficulté à considérer la basilique ici figurée comme une église byzantine du XIe siècle; de plus, il est assez peu probable qu'au XIe siècle on fît encore usage du char d'une forme très particulière et tout à fait antique que l'on remarque sur cet ivoire. L'avis d'Ans'm Weerth me paraît donc peu fondé, et j'en dirai autant, pour les raisons que j'exposais tout à l'heure, de l'opinion de ceux qui, reconnaissant là une représentation d'un fait historique, se fondant sur une certaine ressemblance plus apparente que réelle de l'édifice figuré au second plan avec la *Porte Noire*, veulent y *voir* la translation des reliques du Christ à Trèves opérée par sainte Hélène et l'évêque Agricius (313-335). Je le répète, ce n'est pas à un fait de l'histoire de Trèves que, selon moi, ce monument peut se rapporter.

Avec l'opinion émise par le Dr Kraus[3], on rentre dans les hypothèses raisonnables. Cet archéologue pense que notre ivoire représente la dédicace de Sainte Marie des Blachernes que Léon Ier (457-473) fit construire pour y déposer la *palla* ou voile de la Vierge. L'empereur et l'impératrice représentés seraient donc Léon Ier et Vérine. Un autre savant, qui jadis fit part de son sentiment à Linas[4], qui lui aussi a publié cet ivoire, le P. Martinov, était d'un autre avis : il y voyait la translation des reliques de saint Étienne opérée vers 428 de Jérusalem à Constantinople. Il faudrait y reconnaître alors Théodose II et sa sœur Pulchérie qui, jusqu'à 450, partagea le pouvoir avec lui. On sait, en outre, que Théodose II construisit une église, que termina Pulchérie, et où fut déposée la ceinture de la Vierge.

Linas a émis un autre avis. Il reconnaît bien dans ce bas-relief la dédicace d'une basilique; il y reconnaît également la présence de sainte Hélène et d'un empereur, mais se fondant sur l'absence de barbe chez tous les personnages, sauf chez le Christ et les évêques assis dans la *carruca*, il en conclut que le monument est antérieur au VIIe siècle. Le port de la barbe, dit-il, ne fut réellement inauguré que sous Phocas (602-610). Je ne vois aucune raison plausible de rejeter l'opinion de Linas et, du reste, l'examen de l'architecture que, pour ma part, je ne comprends pas du tout comme lui, vient pleinement confirmer la date qu'il assigne à notre bas-relief. La basilique, dit-il, a deux croisillons terminés en cul de four; or, pour rétablir le plan de l'édifice figuré ici en élévation, il est nécessaire de se rappeler comment les artistes byzantins et les artistes du moyen âge comprenaient la perspective : la partie de l'édifice surmontée d'une voûte en cul de four que nous apercevons n'est pas l'extrémité du transept, mais l'abside, dont la perspective, comme cela a généralement lieu, est fausse. Quant à ce que Linas prend pour le

---

1. *Ouvr. cité*, p. 64, n° 148.
2. *Kunstdenkmäler des christl. Mittelalters in den Rheinlanden*, pl. XVII, fig. 1.
3. *Beiträge zur trierschen Archäologie und Geschichte*, t. I, p. 121.
4. *Esmaillerie, métallurgie, tarsatique; les expositions rétrospectives. Bruxelles, Dusseldorf, Paris en 1880*, p. 147-148.

porche ou narthex de la basilique, c'est le bas côté avec son étagement. Cette interprétation ne peut être douteuse, puisque la porte principale de l'édifice est figurée sur la façade. La construction sculptée au second plan du bas-relief n'est point l'atrium de la basilique qui serait beaucoup trop important pour un tel édifice, mais un palais quelconque, ainsi qu'on peut s'en rendre facilement compte en se reportant à une mosaïque de San Apollinare Nuovo, à Ravenne, dans laquelle est figuré un palais d'une façon à peu près identique[1]. Mais ce sont là de minces détails auxquels je ne m'arrêterais même pas si je ne tenais en haute estime les travaux de Linas; ce que je veux retenir de son argumentation, et ce que j'admets bien volontiers, c'est que le monument peut être antérieur au VIIe siècle. Quant à désigner l'église à propos de laquelle ce bas-relief a été sculpté, c'est un point que je laisse à éclaircir à ceux pour lesquels l'histoire byzantine n'aurait point de secret. Mais on peut toutefois remarquer que dans ce bas-relief sainte Hélène est déjà représentée d'une façon toute traditionnelle. S'il me paraît difficile d'être aussi affirmatif que l'a été Linas et de considérer l'ivoire de Trèves comme certainement antérieur à Phocas (602), il me semble légitime cependant de le regarder comme un monument très voisin de cette date; pour beaucoup de monuments byzantins, certainement plus modernes que celui-là, on ne peut présenter des conclusions plus exactes, à plus forte raison pour une sculpture dont le style, le sujet peuvent donner lieu à discussion.

Je sais bien que l'archéologue qui l'a publié en dernier lieu[2] n'admet pas que cet ivoire soit byzantin. « A notre avis, dit-il, l'architecture et la taille en fort relief sont essentiellement d'art occidental : les costumes impériaux pourraient seuls prêter à l'équivoque. L'artiste avait un talent incontestable, d'ordre supérieur, ce qui prouve qu'il avait sous les yeux les bons modèles de l'antiquité, dont il s'inspirait autant que possible. » Or, ni l'architecture qui est ici en cause, ni le fort relief de l'ivoire ne sont des arguments bien probants. La construction du second plan, je le répète, ressemble à s'y méprendre au palais figuré sur la mosaïque de San Apollinare Nuovo, à Ravenne. Je ne voudrais pas pousser plus loin le rapprochement; je veux seulement indiquer que le mosaïste et l'ivoirier, Byzantins tous deux, ont compris de la même manière la représentation d'un palais. Quant à l'imitation d'un modèle antique, elle se réduit à bien peu de chose : en Orient comme en Occident, au Ve siècle, — c'est la date que Palustre assigne à l'ivoire de Trèves — les artistes s'inspiraient tous plus ou moins de l'antique, le copiaient même servilement, mais cela ne constitue ni pour un pays ni pour un autre un trait caractéristique. Pour la forme de la basilique, il faut remarquer que si l'usage de la coupole a été très répandu en Orient, plus d'une église a échappé à ce mode de construction. Enfin, nous n'avons aucune raison de croire qu'on ait voulu retracer là un fait de l'histoire de Trèves; toutes les vraisemblances militent au contraire pour nous faire croire que cet ivoire a été apporté de Constantinople à Trèves, après 1204.

Au point de vue de la disposition du sujet, de l'emploi de l'architecture dans la décoration de l'ivoire, on peut certainement rapprocher, par sa date tout au moins, de l'ivoire de Trèves, un bas-relief entré au Louvre depuis peu d'années et dans lequel on s'accorde à reconnaître saint Paul prêchant au milieu d'une ville[3]. On s'accorde également à y voir un monument exécuté en Italie, sous l'influence byzantine sans doute, et dans une contrée où elle était prépondérante, ainsi que l'atteste l'accoutrement des personnages, mais où cependant les traditions de l'art gréco-romain étaient encore assez vivantes. Certainement, si un artiste purement byzantin avait eu à représenter un groupe d'édifice aussi considérable, on y retrouverait des traces d'architecture orientale.

En avant d'un groupe d'édifices figurant une ville, est assis l'apôtre, sur un siège garni d'un coussin, muni d'un haut dossier rectangulaire, décoré d'un ornement treillissé. Vêtu d'une tunique et d'une

---

1. Voyez la représentation exacte de ce palais, dans Rahn, *Ravenna*, p. 16 (Extrait des *Jahn's Zeitschrift für Kunstwissenschaft*, 1869.)

2. Léon Palustre, le *Trésor de Trèves*, pl. I, p. 1, 2.

3. *Catalogue des ivoires du Louvre*, n° 3, publié par G. Schlumberger. Fondation Eugène Piot, *Monuments et mémoires*, t. I, p. 165-170, pl. xxII; *Mélanges d'archéologie byzantine*, p. 193-198, pl. VII. J'ai donné moi-même une reproduction de cet ivoire dans mon *Catalogue des ivoires du Louvre*.

toge, le front découvert, la barbe longue, nimbé, il fait de la main droite ouverte un geste de prédication, de la gauche il tient un livre fermé. Autour de lui, à droite et à gauche et en arrière, se tiennent debout, sur quatre rangs, une trentaine de personnages, barbus ou imberbes, les cheveux longs, coupés sur le front et retombant le long des joues. On ne distingue bien que le costume de ceux qui occupent le premier plan : ce costume, de style byzantin, se compose d'une longue tunique brodée tombant jusqu'aux chevilles et d'un long manteau brodé également, agrafé sur l'épaule droite. Les personnages de gauche tiennent la main droite levée et ouverte, ceux de droite portent de la main gauche des livres fermés ; tous s'inclinent vers le saint. La ville figurée à l'arrière-plan se présente, au centre, sous la forme d'une large muraille, surmontée d'une architecture décorée d'un rang d'ornements de forme ovale (des oves?), de denticules et de moulures supportant des créneaux taillés en échelons, les merlons étant percés en leur centre d'ouvertures circulaires. A droite et à gauche, deux façades d'édifices construits à la romaine, surmontés de frontons percés d'*oculus*. A toutes les baies de ces édifices sont figurés des personnages. Au dessus de la partie centrale, un édifice construit sur un plan semi-circulaire, accompagné d'autres édifices disposés à droite et à gauche de façon à donner l'illusion d'une série de constructions tout à fait monumentales ; à toutes les ouvertures de ces édifices ou aux balcons qui font saillie sur leurs façades, on aperçoit de nombreux personnages qui écoutent la parole du saint. Cet ivoire, de couleur rousse très foncée, a sans doute été primitivement teint en couleur pourpre, comme, du reste, beaucoup d'ivoires byzantins ou italiens. Épave d'un grand ensemble décoratif, a-t-il fait partie de la décoration d'un meuble ? C'est là une question insoluble. Mais peu importe, il offre cet intérêt de nous fournir un exemple de ce qu'était la sculpture en ivoire dans un pays soumis à l'influence byzantine, mais où les artistes avaient pu encore conserver quelque personnalité.

Antérieur, selon moi, à la crise qu'allait traverser l'art byzantin avec le règne des empereurs iconoclastes est un beau monument qui fait partie de la collection Trivulzio [1]. C'est une plaque, en hauteur, représentant l'*Annonciation*, malheureusement brisée et quelque peu mutilée à sa partie inférieure. La scène se passe en avant d'un édifice orné d'une colonnade supportant un fronton triangulaire. L'architrave est ornée de denticules ; plus haut, sur l'entablement, se développe un ornement rappelant la grecque ; enfin un fleuron gravé s'épanouit au tympan. Les colonnes, munies de chapiteaux ornés de volutes que l'on ne peut rapprocher d'aucun ordre classique, ont des fûts historiés de feuillages disposés par zones séparées par des bandeaux perlés. La Vierge, debout sur une sorte d'escabeau ou de coussin, vient de se lever de son siège à l'approche de l'ange. Ce siège est un fauteuil à haut dossier, en vannerie, tel que celui qu'on a déjà rencontré sur l'une des plaques du trône épiscopal de Maximien, à Ravenne. Près d'elle, dans une corbeille, également en vannerie, on aperçoit un fuseau et des navettes. La pose de la Vierge est contournée et maniérée au possible ; vêtue d'une tunique talaire et d'un grand manteau, dont un pan ramené sur sa tête retombe comme un voile, muni de broderies et de franges, elle relève le bras gauche et semble porter la main à son oreille, tout en inclinant la tête, comme pour mieux écouter la parole du messager céleste. Les traits sont assez réguliers, les mains, bien que trop grandes, d'une facture excessivement soignée ; les yeux disproportionnés, dessinés tout à fait en amande, ombragés d'épais sourcils, ce qui indique que cet ivoire n'était pas destiné à être peint, trahissent une main assez maladroite, bien que scrupuleuse. Les mêmes défauts, les mêmes fautes grossières de dessin, mais aussi la même recherche, le même maniérisme se retrouvent dans la figure de l'ange, qui debout devant la Vierge, nimbé comme elle, fait de la main droite un geste de bénédiction et de la gauche tient un long sceptre terminé par une boule. L'ange est vêtu d'une tunique à manches courtes et d'un vaste manteau dont il ramène les plis de la main gauche. Le modelé du bras nu, des mains, du pied seul apparent, muni d'une curieuse sandale garnie d'une sorte de treillis au talon, atteste la même recherche que la figure de

<hr>

[1] Cité par Westwood, *ouvr. cité*, p. 366, n° 3 et publié par Garrucci, *Storia dell'arte cristiana*, t. VI, pl. 454.

la Vierge; les glands ou *bullae* pendus aux angles du manteau, le soin apporté à la facture des boucles de la chevelure, le type encore classique, rappelant un peu l'ange conservé au Musée Britannique, attestent une haute antiquité. Le style général du bas-relief indiquerait suffisamment l'origine grecque d'une pareille sculpture, origine du reste pleinement confirmée par deux inscriptions sculptées en relief au dessus des personnages, l'une en toutes lettres, l'autre sous forme de monogramme : + ΓΑΒΡΙΗΛ (Gabriel); + Η ΠΑΝ ΑΓΙΑ ΜΑΡΙΑ (sainte Marie).

Il est incontestable que ces figures, malgré leur maniérisme joint à une assez grande maladresse de dessin, trahissent une imitation très directe de l'art classique et que l'on ne saurait rapprocher ce bas-relief des œuvres exécutées à Byzance au Xᵉ et au XIᵉ siècle. Ces dernières, en assez grand nombre, sont infiniment plus correctes; ce sont des produits d'un art parvenu à sa maturité dans lequel il est plus difficile de reconnaître les éléments qui l'ont composé à l'origine; ce sont aussi des œuvres plus froides dans lesquelles on ne rencontre pas ces velléités de recherche dans les mouvements que montre l'ivoire de la collection Trivulzio. En adoptant la date du VIIᵉ siècle pour ce monument, on se tiendra dans des données très vraisemblables.

Un diptyque conservé aujourd'hui en Angleterre [1], un autre conservé à Crémone [2], bien qu'ils soient vraisemblablement de provenance assez différente, nous montrent des répétitions de types iconographiques déjà connus. Le premier, possédé autrefois par l'abbaye de Saint-Maximin, à Luxembourg, offre les figures de quatre évangélistes debout, portant des livres, chaussés, bénissant à la grecque, proches parents des personnages du diptyque de Tongres; les scènes représentées à la partie supérieure de chacun des feuillets, Jésus guérissant un paralytique, Jésus et la Samaritaine, sont identiques aux mêmes scènes figurées sur les pyxides d'ivoire. Ce diptyque date du VIᵉ ou du VIIᵉ siècle. C'est aussi à ce dernier siècle, peut-être même au commencement du VIIIᵉ siècle, que j'attribuerai le diptyque de Crémone. Sur ce monument sont représentés, sous des arcatures soutenues par des colonnes cannelées, les deux martyrs Akakios (+ Ο ΑΓΙΟC ΑΚΑΚΕΙC +) et Théodore (ω sic ΑΓΙΟC ΘΕΟΔΟΡΟΟ), ainsi que les désignent les inscriptions gravées sur les archivoltes, qui inscrivent elles-mêmes des coquilles comme on en voit sur les diptyques consulaires. Les deux saints, l'un barbu, l'autre imberbe, les cheveux longs, nimbés, sont vêtus de tuniques courtes et de chlamydes agrafées sur l'épaule gauche par de longues fibules. Ils tiennent les mains relevées et ouvertes dans une attitude d'adoration. Au dessus des archivoltes sont représentés à mi-corps, sur l'un des feuillets, le Christ nimbé et barbu entre deux saints; sur l'autre, la Vierge, nimbée également, entre deux anges.

Dragoni qui a expliqué ce diptyque a pensé qu'on pouvait le rapporter à l'année 519 et au règne de Justin Iᵉʳ. Les raisons qu'il en donne sont tellement spécieuses qu'il n'est guère utile de les rapporter ici. Mais on peut remarquer avec Garrucci que la forme ΑΚΑΚΕΙC pour ΑΚΑΚΙΟC appartient au dialecte de Macédoine et au dialecte d'Alexandrie. On aurait donc là un monument de style byzantin incontestablement, mais créé en dehors de Byzance.

---

[1] Autrefois à l'abbaye de Saint-Maximin de Luxembourg; aujourd'hui en collection Bateman, Yougrave, Derbyshire; publié par Garrucci, *Storia dell'arte cristiana*, t. VI, pl. 456. — Westwood, *ouvr. cité*, nᵒˢ 115, 116, attribue ces diptyques au VIᵉ ou au VIIᵉ siècle.

[2] Publié par Allegranza, *Opuscoli eruditi*, Crémone, 1781, p. 16, 24; Ant. Dragoni, *Sul dittico eburneo dei SS. Martiri Teodoro ed Acacio*, Parma, 1819; Garrucci, *ouvr. cité*, t. VI, pl. 453; cfr Meyer, *ouvr. cité*, p. 78, nᵒ 18, 1.

II. LA PÉRIODE DES ICONOCLASTES.

La période qui comprend les règnes des empereurs iconoclastes s'étend, prise dans son ensemble, du règne de Léon l'Isaurien (717) au règne de Michel III (842). Cette crise a-t-elle eu sur le développement de l'art byzantin une influence très profonde? Telle est la question que l'on doit se poser quand on étudie l'histoire du Bas Empire. Les poursuites dont le culte des images fut l'objet, la persécution dirigée contre les moines surtout purent certainement arrêter pendant un temps le développement de l'art religieux, celui que nous connaissons le mieux à Byzance. Mais il faut remarquer aussi que les prescriptions des empereurs ne durent pas toujours être appliquées à la lettre, surtout en dehors de Constantinople même, et que, du reste, durant cette période de plus d'un siècle, il y eut plus d'une accalmie. Dans un gouvernement autocratique tel que celui des empereurs grecs, la tyrannie a elle-même de puissants correctifs : d'abord le peu de durée du règne des souverains, qui ne meurent tranquillement que par exception ; puis l'inertie administrative qui escompte toujours le lendemain et les changements possibles, probables même, dans la direction du gouvernement. Il s'ensuit que les règlements les plus stricts, les ordonnances les plus draconiennes ne sont guère exécutés que dans la capitale même, sous les yeux du souverain ; dix lieues plus loin, toutes ces prescriptions sont à peu près lettre morte ou mollement appliquées. Ce qui est vrai en général l'est encore davantage dans les pays d'Orient où la remise au lendemain est de rigueur. Et le jour où le siège de l'empire romain fut transporté en Orient, il hérita amplement de toutes les traditions des monarchies orientales. Mais il y a plus ; admettrait-on que les prescriptions des conciles obtenues et promulguées par un Léon l'Isaurien et un Constantin Copronyme ont été appliquées dans toute l'étendue de l'empire byzantin, qu'on n'en serait pas moins forcé de reconnaître qu'à Constantinople l'art religieux n'était pas tout ; il y tenait une fort large place assurément ; mais dans un milieu aussi luxueux, dans une cour aussi fastueuse, il y avait encore place pour un art civil, dont en fait le développement n'a jamais été interrompu. On en a pour preuve non seulement un nombre très respectable de monuments encore existants, mais l'essor nouveau que nous voyons l'art religieux prendre aussitôt que le culte des images est officiellement rétabli. On ne s'expliquerait pas comment au Xe siècle, au XIe siècle l'art religieux a pu produire des œuvres aussi parfaites, si les traditions n'avaient été en quelque sorte conservées et développées logiquement par les artistes qui produisaient surtout des monuments civils. Ces derniers avaient de bonnes raisons pour perpétuer les principes de l'art classique ; contraints d'exécuter constamment des sujets rappelant l'antiquité païenne, il leur fallait se retremper dans l'étude des monuments anciens qui, du reste, à Constantinople même, se présentaient partout à leurs regards ; peintres et sculpteurs, chargés d'illustrer des manuscrits des auteurs classiques grecs ou latins, ou de décorer de scènes mythologiques une foule de petits meubles d'usage courant, ont conservé presque intact le précieux dépôt qu'ils avaient reçu des anciens ; leurs œuvres, moins connues que les œuvres religieuses, parce qu'elles sont moins nombreuses, ne composent pas une des parties les moins curieuses du patrimoine byzantin. C'est là surtout qu'on peut voir combien étaient dans l'erreur ceux qui ont voulu voir dans l'art grec du moyen âge un art hiératique, tout de formules, incapable de vivre, d'évoluer, de se développer logiquement. Malheureusement, les monuments parvenus jusqu'à nous sont si peu nombreux, que bien souvent c'est par simple induction que l'on peut parvenir à se faire une idée exacte de cet art ; mais les textes sont là pour nous attester que les traditions de luxe inaugurées par un Constantin ou un Justinien ne se sont jamais perdues à Constantinople. Jamais cour ne fut plus fastueuse, plus pompeuse et ne dépensa plus sans compter d'une façon tout orientale, même aux moments les plus critiques. Il semble que les monarques byzantins, incertains de l'avenir, aient voulu chacun à leur tour épuiser tout l'étalage du luxe qui peut rehausser l'éclat d'un pouvoir absolu.

Il n'est pas inutile de donner ici un bref aperçu historique de cette période où dominèrent les iconoclastes : à tout prendre, ces empereurs, pour illettrés qu'ils fussent pour la plupart, poussés bien entendu par des gens dont les sentiments au point de vue des images étaient beaucoup plus raisonnés, ne faisaient que faire revivre une tradition chrétienne bien ancienne, la haine du chrétien contre les belles divinités païennes, contre tout un cortège de dieux, séduisants, rien que par leur aspect, un peuple aux instincts artistiques. Mais ce retour à des idées bien anciennes dans le christianisme, à la haine de la forme et de la beauté, inventions du démon, prit à Byzance le caractère aigu que toute discussion religieuse prend chez des Orientaux fanatiques : l'extermination de tous ceux qui n'ont pas la même façon de penser est de règle et pratiquée immédiatement si la chose est possible. Seulement les iconoclastes se trompaient de porte : les images chrétiennes s'étaient substituées aux images païennes dans l'esprit des Grecs : tant d'anciennes divinités protectrices s'étaient réincarnées et rajeunies dans le christianisme, le besoin inné à l'humanité de s'adresser à un être supérieur représenté par quelque chose de matériel était trop fort, pour qu'une doctrine aussi sèche eût quelque chance de réussite; elle pouvait s'imposer pour un temps par la violence, mais la violence s'use à la longue, se lasse et ne peut d'ailleurs modifier à ce point le tempérament de tout un peuple. Un jour ou l'autre les Grecs devaient revenir à l'adoration, quelque peu païenne, au fond, de leurs innombrables petites images.

Ce n'était point le premier venu que Léon l'Isaurien qui, en 717, déposa l'empereur Théodose III pour se mettre à sa place. Fils d'un cordonnier de Séleucie, il s'était élevé par son seul mérite jusqu'au grade de maître de la milice et fit plus d'une fois preuve de réels talents militaires; on aurait pu même faire l'éloge de son règne, chose assez rare dans l'histoire byzantine, s'il eût été mieux entouré et mieux conseillé. Jusque vers 726, on n'eut qu'à se louer de son habileté à gouverner un État difficile à diriger et à défendre, mais l'hérésie des iconoclastes gâta tout. L'activité que Léon avait jusque là employée contre les ennemis de l'Empire, il la tourna contre les malheureux artistes coupables, par leur talent à peindre ou à sculpter, de perpétuer les traditions d'un culte pour les images réputé digne des païens. Deux édits de 726 ordonnèrent de détruire les images du Christ, de la Vierge et des saints; lancé sur cette pente dangereuse, le zèle de l'empereur ne connut plus de bornes et brisa tous les obstacles : l'incendie de la Bibliothèque de Constantinople, brûlée avec ceux qui en avaient la garde, montra avec quelle opiniâtreté de brute ce fanatique était décidé à faire respecter les principes religieux très arrêtés qu'on lui avait inculqués. Son fils, Constantin IV Copronyme, qui lui succéda à sa mort, survenue en 741, ne se montra pas plus doux pour les fabricants d'images, continua les persécutions contre les moines, et les fit ratifier par un concile en 754. Défense était faite sous peine d'excommunication de représenter aucune figure religieuse; et à cette peine morale, l'empereur se chargeait de donner une sanction effective, la mutilation ou la prison. Léon IV (775-780) ne fut guère plus doux que son père. Mais sous Constantin VI et surtout grâce à sa mère Irène, singulier mélange de vice et de vertu, ces dispositions cruelles firent place pour un temps à une tolérance relative, à une certaine bienveillance même pour le culte des images. La joie des artistes fut de courte durée. Un nouvel usurpateur, Nicéphore (802-811), n'eut pas plutôt relégué Irène à Lesbos que les persécutions recommencèrent pour cesser de nouveau pendant le règne trop court de Michel Rhangabé, dont les successeurs, Léon V, Michel le Bègue, Théophile furent tous, à certains moments, de zélés iconoclastes. S'ils n'apportèrent pas dans la réalisation de leurs idées l'esprit de suite d'un Léon l'Isaurien ou d'un Constantin Copronyme, c'est que le temps leur manqua, non la volonté. Tous furent grands ennemis des artistes religieux et en particulier des moines. Il faut arriver jusqu'à Michel III, remplacé en réalité par sa mère, Théodora (842), pour voir rétablir véritablement en Orient le culte des images.

Ce n'est pas à dire que ces empereurs fussent pour cela ennemis des arts en général; le dernier surtout, Théophile (829-842), fut au contraire grand constructeur de palais et d'églises; mais il ne pouvait admettre la représentation d'une personne divine ou de saints. Il n'eût plus manqué que de proscrire complètement la figure humaine pour voir bientôt l'art byzantin devenir un art vivant de motifs géométriques comme certaines branches de l'art oriental. Fort heureusement, les iconoclastes ne tombèrent pas dans ces excès qui eussent infailliblement amené l'art byzantin à une transformation complète : il est probable qu'on eût vu se former de très bonne heure dans l'empire d'Orient un style analogue à ce que devait être plus tard le style arabe.

Possédons-nous dans la série des ivoires byzantins des monuments que l'on puisse considérer comme contemporains des querelles des iconoclastes? Oui, très probablement, du moins parmi les monuments qui n'offrent aucune figure religieuse ; peut-être même qu'un certain nombre de monuments exécutés dans des pays soumis à l'influence artistique de Byzance, mais ne suivant que de très loin sa ligne de conduite au point de vue politique, datent de cette époque. Mais, il faut bien l'avouer, les études d'art byzantin ne sont pas encore aujourd'hui assez avancées pour qu'il soit, dans la plupart des cas, bien aisé de discerner un monument qui a été sculpté au commencement du viiie siècle d'un monument né au ixe. Il faut donc maintenir dans une certaine mesure cette division, absurde et arbitraire en soi, entre la période antérieure à la querelle des iconoclastes et la période postérieure à cette même querelle.

Il existe un diptyque dont les deux feuillets sont aujourd'hui séparés, l'un étant possédé par le Cabinet des Antiques de Vienne, l'autre par le Musée du Bargello, à Florence, que Montfaucon a publié en partie, que Gori a donné dans son entier [1]. On trouvera la reproduction de l'un des feuillets, celui de Florence, sur la planche v, n° 3 [2]. L'interprétation de ce monument a donné lieu à bien des discussions : Gori, qui en a publié les deux parties, pense que le feuillet qui est aujourd'hui à Vienne [3] représente peut-être l'empereur Justinien; le second feuillet, celui qui est aujourd'hui à Florence [4], nous offrirait les traits de l'empereur Justin II le Jeune, neveu et successeur de Justinien, contrairement à l'opinion émise par Montfaucon qui, en quête d'un nom possible, avait nommé Galla Placidia. Et Gori, bien qu'il ne soit pas absolument sûr du sexe du personnage représenté [5] — il se demande si nous n'aurions pas là les traits de la fameuse Théodora, — identifie Justin II avec Justin, consul en 540. Or cette identification n'est rien moins que certaine. Flavius Justinus, consul en 540, pourrait bien être distinct de Justin II, devenu empereur en 565, à la mort de Justinien.

Pulszky [6] admet l'opinion de Gori; il n'y a aucune raison de douter de la légitimité de cette explication, dit-il, car le costume est bien conforme au costume impérial du vie siècle; mais, par un singulier lapsus, il croit que le savant florentin a désigné Justin Ier et son neveu Justinien. Peu importe, du reste, car ces deux hypothèses sont également inadmissibles. Westwood [7] n'admet l'attribution du feuillet de Vienne à Justinien qu'avec un point d'interrogation et pense que l'autre reproduit les traits d'une impératrice. Meyer [8] reconnaît à son tour une figure d'empereur dans l'ivoire de Vienne, mais voit une figure féminine dans le feuillet de Florence, qui alors appartenait à Spitzer. Ces deux savants sont revenus, on le voit, en partie du moins, à l'opinion de Montfaucon. Mais avec cette opinion il n'y a encore que la moitié du chemin de fait.

---

1. Liste des diptyques, n° 57.
2. Ce feuillet a été également publié par Labarte dans un article sur la collection Carrand, inséré dans la *Gazette des Beaux-Arts*, 1862, t. II, p. 337.
3. Il était alors dans la collection Riccardi, à Florence.
4. Montfaucon qui le premier l'a publié (*Antiquité expliquée*, t. III, 1re partie, pl. xxvi, p. 46) n'indique pas où cet ivoire était conservé; il dit seulement que le dessin, bien imparfait du reste, lui en a été communiqué par le Brue.
5. « Tota difficultas in eo sita est, ut perspicere adsequamur, utrum foemina, an maecena exhibeat » (dit Gori, t. II, p. 262).
6. Ouvr. cité, p. 22.
7. Ouvr. cité, p. 173 et p. 194.
8. Ouvr. cité, p. 80, n° 31.

Quelques mots de description ne seront peut-être pas absolument inutiles. Dans le feuillet conservé à Vienne est figuré un personnage assis sur un trône gemmé, muni d'un dossier élevé. De la main gauche le personnage tient un globe surmonté d'une croix, tandis qu'il fait un geste de la main droite étendue. Son costume se compose d'une tunique, dont les extrémités des manches sont ornées de pierreries, et d'une chlamyde agrafée sur l'épaule droite. Cette chlamyde est bordée d'un double rang de grosses perles, de métal sans doute, et montre sur la poitrine un large segment brodé de pierreries et de perles, contenant, dans un médaillon, un portrait en buste. La coiffure se compose d'une sorte de bonnet ou de couronne orné de perles d'où retombent de chaque côté du visage imberbe de doubles pendants de pierreries. Des fils de perles sont disposés dans les cheveux, sur le front et sur les tempes; un collier de perles entoure le cou. Cette figure assise est abritée sous une sorte de coupole côtelée, supportée par des colonnes cannelées, divisées en plusieurs parties dans leur hauteur par des anneaux gemmés. Entre ces colonnes est placé un support, triangle de métal sur lequel glissent, au moyen d'anneaux, des rideaux qui sont relevés et dont les extrémités sont nouées autour des colonnes. Enfin, à droite et à gauche de la coupole, à l'aplomb des colonnes, au dessus de fleurons, sont perchés deux aigles destinés à supporter des guirlandes de laurier. Pour compléter cette brève description, signalons enfin l'escabeau gemmé placé sous les pieds du personnage, chaussés de souliers brodés de perles et remarquablement petits.

L'ivoire conservé à Florence, et qui, selon moi, forme la contre-partie du précédent, nous montre la même architecture; mais ici le personnage est debout au lieu d'être assis. De la main droite il tient le globe surmonté d'une croix, de la gauche un sceptre terminé par une boule à chacune de ses extrémités. Le costume est au reste le même à peu de chose près : sur le segment brodé on voit un personnage en buste, imberbe, de face, coiffé d'un diadème orné de pierreries, vêtu de la trabée, tenant de la main droite levée la *mappa*, de la gauche un sceptre qui paraît se terminer par un buste sortant d'un fleuron, comme les anciens sceptres consulaires. La coiffure du personnage, au visage imberbe et plein, aux traits réguliers, est à peu près identique à celle que l'on remarque sur le feuillet de Vienne; les cheveux sont aussi ornés de fils de perles, mais le bonnet ou couronne est surmonté d'un fleuron que dans leur naïveté les graveurs de Montfaucon et de Gori ont pris pour une fleur de lis; sa forme trilobée en rappelle en effet quelque peu le galbe.

Pour avoir songé même un instant à reconnaître des personnages masculins dans les deux figures de ce diptyque, il a fallu que Gori cherchât de parti pris sur tous les ivoires des représentations de consuls ou d'empereurs. Je ne parle pas de l'opinion de Pulszky qui, évidemment, n'a jeté sur ces monuments qu'un coup d'œil distrait, et a adopté l'opinion de Gori, en la défigurant du reste. Comme l'a dit l'auteur du *Thesaurus diptychorum*, la difficulté est de savoir si nous avons affaire à un homme ou à une femme. L'accoutrement des empereurs d'Orient, composé de riches étoffes surchargées de broderies et de pierreries, ne laisse en effet que difficilement deviner le sexe; mais cependant il y a un point dans ce costume qui ne saurait tromper, c'est la coiffure qui, dans l'un comme dans l'autre feuillet, est bien une coiffure de femme : avons-nous là une coiffure en cheveux naturelle ou une coiffure postiche, c'est ce que je ne me chargerai pas de décider : l'arrangement très symétrique de la chevelure lui donne en effet plutôt l'air d'un bonnet, disons d'une perruque, mais il faut compter aussi avec la maladresse du sculpteur; et comme on retrouve la même coiffure sur une foule de monuments byzantins et que l'on ne peut bonnement admettre que l'usage de la perruque fût aussi général, il faut bien croire que les artistes byzantins ont traduit de la sorte une coiffure en cheveux qui consistait à former tout autour de la tête une sorte de bourrelet retenu par des bandelettes ou des fils de perles. Comment se faisait cette coiffure, c'est ce que je ne me charge pas d'expliquer, mais il faut constater que c'est celle que portent un très grand nombre d'images byzantines de la Vierge; nous la trouvons dès la fin du IVe siècle ou le commencement du Ve siècle : Serena, sur le diptyque de Monza (planche), est coiffée de la sorte. Du reste, au moins pour l'un des personnages nommés par Gori, y eût-il doute sur le sexe, qu'il faudrait encore rejeter son identification; la physionomie de Justinien nous est bien connue par la mosaïque de Saint-Vital, à Ravenne, et il n'y a rien de commun entre ses traits assez durs et très masculins et le visage replet, le cou gras et sillonné de replis de la matrone de l'ivoire de Vienne. Et cette mosaïque de Saint-Vital peut servir de point de comparaison non seulement en ce qui concerne le visage, mais encore pour le costume impérial d'apparat du VIe siècle : il est riche, sans doute, moins surchargé que ne le sera plus tard le costume de l'empereur[1], mais le costume de l'impératrice Théodora est bien autrement somptueux; et précisément dans le cortège de l'épouse de l'empereur se retrouve la coiffure caractéristique que l'on vient de signaler, coiffure que porte également Juliana Anicia, fille de l'empereur Olybrius, dans l'une des miniatures du célèbre manuscrit de *Dioscoride*, à la Bibliothèque impériale de Vienne[2] (VIe siècle).

Si ni l'une ni l'autre de ces figures ne sont des figures d'empereur, si, par contre, ce sont des figures de femmes et des impératrices ainsi que l'indiquent suffisamment les attributs qu'elles portent, quelle est la femme qui, dans l'histoire byzantine, a été assez hardie pour se faire représenter comme un empereur? La réponse à cette question, pour épineuse qu'elle paraisse au premier abord, s'impose, et nul doute qu'elle ne fût venue à l'esprit des savants qui, autrefois, se sont occupés de ce diptyque, si, avant de se tromper sur l'identification des personnages, ils ne s'étaient pas trompés également sur l'âge du monument. Nous avons assez d'ivoires datés du VIe siècle pour nous apercevoir que ceux-ci sont d'une autre époque et d'un autre style : il ne peut plus y avoir d'hésitation en face d'une pareille sculpture comme en face des nombreux diptyques que j'ai décrits plus haut : on ne peut l'attribuer qu'à l'art byzantin absolument formé, ayant son caractère propre, développé dans un autre sens que l'art gréco-romain. Et cependant, ce ne sont point les formes élégantes et élancées, les délicatesses d'exécution qui signalent les sculptures du Xe et du XIe siècle, de la plus belle époque de l'art du Bas Empire. Il faut donc attribuer cette sculpture à une date intermédiaire, et cette opinion, à laquelle on est forcément conduit par l'étude du caractère de l'œuvre, vient parfaitement corroborer l'hypothèse que l'on peut faire au point de vue de l'identité du ou des personnages qui y sont représentés.

Il ne manque pas assurément, dans l'histoire byzantine, de femmes qui, à un certain moment, ont joué un rôle politique important; l'histoire de chaque pays, du reste, pourrait fournir quelques exemples des mêmes accidents; il est probable toutefois que dans cet ordre d'idée les Byzantins, tout bien pesé, conserveraient l'avantage. On pourrait citer pas mal d'impératrices qui ont gouverné effectivement pendant un ou plusieurs règnes, paralysant, ou à peu près, l'action d'un empereur nominal; mais il y avait cependant un empereur en titre au nom duquel on gouvernait. Une impératrice seule fit mieux et s'émancipa complètement. Ce personnage, dont par un phénomène inexplicable on a fait une sainte, c'est Irène, femme de Léon IV et tutrice de son fils Constantin VI, qui succéda nominalement à son père à l'âge de neuf ou dix ans, en 780. Cette Athénienne remuante ne se contenta pas d'être régente; elle voulut régner et régna. Orthodoxe elle-même, elle rétablit, non sans peine du reste, le culte des images; un premier concile assemblé par elle, à cet effet, à Constantinople, en 786, fut dispersé par la garde impériale; un second concile, tenu à Nicée, déclara hérétiques les iconoclastes et condamna les décisions du concile

---

1. Voyez plus loin l'ivoire de Romain IV et d'Eudoxie (xie siècle) possédé par la Bibliothèque Nationale.

2. Labarte (ouvr. cité, t. II, p. 162, pl. xviii a donné une bonne reproduction en couleur de cette miniature si souvent citée.

tenu sous Constantin Copronyme. Un tel changement dans la politique de l'empire pouvait fournir au fils d'Irène une bonne occasion pour profiter du mécontentement général, reprendre le pouvoir ou reléguer à son tour sa mère dans un couvent. A Byzance, on était depuis longtemps déjà habitué à ces changements à vue. Constantin, en 790, put en effet mettre à exécution ce projet qu'il devait caresser depuis assez longtemps. Mais il avait compté sans l'habileté de sa mère, qui, se voyant vaincue, dut comploter dès lors la mort de son fils qui paraît avoir été aussi faible que mal conseillé. Rappelée au palais, elle pousse Constantin, dont par ses caresses elle a regagné la confiance, à répudier sa femme Marie pour épouser l'une de ses suivantes ; et un tel acte une fois accompli, acte qui soulève toute la cour et le clergé contre lui, elle se range résolument parmi ses ennemis, le fait jeter en prison et lui fait crever les yeux si brutalement qu'il en meurt (797). Désormais maîtresse absolue, Irène règne cinq ans, jusqu'à la fin de l'année 802, date à laquelle Nicéphore se fit couronner empereur et relégua Irène dans l'île de Lesbos, où elle mourut un an après. Son pouvoir fut de courte durée, mais que de projets ne fit-elle pas en si peu de temps? Être complexe, mélange bizarre de fantaisie féminine et d'esprit politique, si elle prenait plaisir à affirmer son pouvoir, à figurer dans les cérémonies avec toute la pompe impériale, le sceptre en main et la couronne sur la tête, elle songeait aussi, si l'on en croit les historiens byzantins, à une sorte de restauration de l'empire romain, elle eût voulu offrir sa main à Charlemagne. Quoi qu'il en soit, dans cette histoire byzantine qui nous fait assister à des événements si incroyables, le règne d'Irène est peut-être encore l'un des plus surprenants, car, cette fois, l'impératrice ne se contenta pas de gouverner, elle voulut davantage et régna effectivement. On ne peut ici évidemment entrer dans les détails de ce règne, mais ce qu'on vient d'en dire ne suffit-il pas amplement, joint à l'étude du style de l'œuvre, à permettre une attribution du diptyque de Vienne et de Florence à l'impératrice Irène? Ce nom a déjà été prononcé pour le feuillet conservé à Florence, celui que reproduit notre planche V[1] ; il faut également, je crois, le prononcer pour le feuillet conservé à Vienne et reconnaître dans l'un et dans l'autre un même personnage. S'il me paraît difficile d'interpréter le personnage dont le buste est brodé sur le vêtement de l'impératrice dans le feuillet de Vienne, il ne me semble pas douteux que dans le feuillet de Florence, dans ce personnage imberbe et jeune, vêtu de la trabée, portant la *mappa* et un sceptre, on ne doive reconnaître le jeune Constantin VI qui, comme empereur, était également consul. Il est plus que probable que ce diptyque a dû être sculpté tout à fait au commencement du règne de Constantin, vers 780, à une époque où Irène absorbait déjà tout le pouvoir et considérait à tel point l'empereur comme un enfant, qu'elle n'hésitait point à le corriger de sa propre main, ce dont le jeune prince, on le conçoit, était profondément mortifié. Mais au fond, cette question de date — elle ne peut varier que de peu d'années — est secondaire ; ce qu'il importait de montrer, c'est que le diptyque de Florence et de Vienne ne saurait représenter des empereurs ; le costume, l'aspect des personnages et jusqu'au modelé de la poitrine qui se laisse parfaitement deviner sous l'accoutrement impérial, auraient dû faire soupçonner que l'on se trouvait en face d'une de ces anomalies qui ne doivent jamais surprendre dans l'histoire byzantine.

Si l'on admet cette manière de voir, ce monument présente encore un autre intérêt : il nous offre un jalon précieux dans l'histoire de l'art byzantin, puisqu'il aurait été sculpté en pleine période iconoclaste — la série des empereurs iconoclastes ne se termine qu'avec Théophile († 842) — c'est-à-dire à une époque pour laquelle nous ne possédons pas de monuments, du moins de ce genre, datés d'une façon certaine. On remarquera qu'aucun autre symbole religieux

1. Pérat, *La Collection Carrand*, Gazette des Beaux-Arts, 1898, t. II, p. 311.

que la croix ne figure sur ce diptyque, ce qui tendrait encore à prouver qu'il date tout à fait du commencement de la régence d'Irène, antérieurement au rétablissement du culte des images. On verra plus loin que sur les diptyques byzantins, celui d'Halberstadt, par exemple, figurent en général, non seulement des symboles, mais encore des figures religieuses.

Il faut laisser passer une période de presque un siècle pour trouver un ivoire byzantin à date certaine. Un monument possédé par le Musée de Berlin, qui en a fait l'acquisition il y a peu d'années, nous représente selon toute vraisemblance la Vierge couronnant l'empereur Léon VI. On peut donc rapporter cette sculpture à l'année 886[1]. Sur l'un des côtés de cette plaque cintrée par le haut et travaillée sur ses deux faces,[2] on voit le Christ bénissant représenté à mi-corps, de face, entre saint Pierre et saint Paul. Au dessus de ces figures règne un bandeau, ou plus exactement une architrave, chargée d'une inscription, supportée par deux colonnettes et surmontée elle-même d'une arcature en plein cintre dont l'archivolte porte également une inscription. Entre l'architrave et l'archivolte, la demi-circonférence ainsi obtenue est décorée de trois arcatures ou niches en plein cintre décorées de coquilles. Enfin, à l'aplomb des colonnettes, sur les rampants de l'archivolte, naissent des fleurons ou plus exactement des feuillages formant une sorte de terminaison pour le monument tout entier. La décoration de l'autre face est absolument conçue sur le même plan : A la place occupée par le Christ, saint Pierre et saint Paul sur la première face, la Vierge, accompagnée de l'archange Gabriel, pose la couronne sur la tête d'un empereur, en grand costume d'apparat, tenant en main le sceptre et le globe. L'artiste a évidemment cherché à faire un portrait : le basileus porte la barbe courte, les traits sont accentués, ce n'est certainement pas une banale figure d'empereur. Sur la tranche de la plaque enfin sont figurés saint Sabas et peut-être saint Agapitus, et au dessus d'eux commence un ornement en forme de tresse qui contourne toute la partie supérieure du monument. L'inscription dont Schlumberger a donné la transcription et la traduction, est ainsi conçue : « Éternel, le basileus Léon se réjouira en ta force et combien s'égayera-t-il en ton salut ! Augmente et prospère et règne, basileus Léon. Par les prières du disciple du Christ, fortifie-toi pour ton serviteur. »

A-t-on là un fragment de la partie centrale d'un triptyque ? J'ai quelque peine à le croire : en tout cas le monument est important en ce qu'il porte en quelque sorte une date certaine : parmi les empereurs du nom de Léon les premiers sont beaucoup trop anciens pour que l'on songe à leur attribuer ce monument ; Léon III, IV et V furent iconoclastes : il est donc très possible de le rapporter à Léon VI, qui lors de son couronnement, en 886, avait l'âge de vingt et un ans qui concorde bien avec l'âge du basileus figuré ici. Maintenant faut-il admettre que cet ivoire de la fin du IX⁰ siècle a été exécuté pour quelque église de Constantinople ? Sur ce point je serai moins affirmatif : le monument est fort intéressant, fort curieux ; mais, étant donné son aspect barbare et brutal, j'ai quelque peine à voir là autre chose qu'un monument d'art provincial. On aura beau m'objecter que cet ivoire a été en quelque sorte sculpté au lendemain de la crise des iconoclastes, j'admettrai difficilement que dans la capitale de l'empire byzantin on sculptât un Christ et des apôtres d'un style aussi sauvage et en même temps si maladroit. C'est en dehors de Constantinople qu'il faut chercher le pays où a été exécuté par un artisan arriéré cet ivoire dont la date fait en grande partie l'intérêt.

Si j'insiste sur cette pièce, c'est que, à mon avis, très malheureusement, elle ne peut servir de point de comparaison pour établir des espèces de jalons dans la chronologie de l'art byzantin ; et c'est une circonstance que l'on peut déplorer. Car parmi les ivoires byzantins, attribuables au IX⁰ siècle, parce qu'ils sont postérieurs aux iconoclastes et qu'ils offrent une très vague ressemblance avec le diptyque où nous reconnaissons l'impératrice Irène, je n'en vois que très peu à signaler. Et encore ne faut-il pas oublier

---

1. Publié par G. Schlumberger d'abord dans la *Gazette des Beaux-Arts* en 1892, puis dans les *Mélanges d'archéologie byzantine*, 1re série. — 1890, p. 119 à 119 et p. 347.

2. Hauteur : 0m 40; largeur : 0m 10; épaisseur : 0m 020.

qu'au point de vue de l'étude du style, on est obligé de prendre son point de comparaison une soixantaine d'années auparavant, ce qui ne laisse pas d'être très périlleux. Je mentionnerai toutefois trois plaques ayant fait partie d'un même ensemble : deux sont conservées à la Bibliothèque de Ravenne, une troisième au Musée de South-Kensington[1] ; elles représentent chacune un personnage à mi-corps, dans un cercle entouré de feuillages.

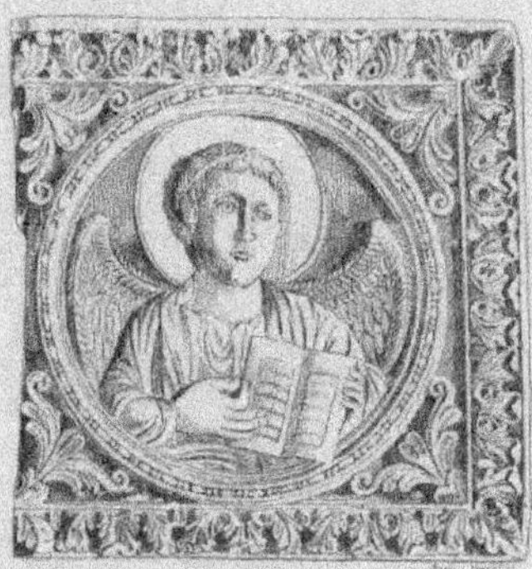

L'ANGE, SYMBOLE DE SAINT MATHIEU, IXᵉ SIÈCLE.
(Bibliothèque de Ravenne)

Ces bustes du Christ et de l'Ange de saint Mathieu, l'aigle, symbole de saint Jean, sont de très bonnes sculptures un peu lourdes, mais assez caractéristiques. L'image de l'attribut de saint Mathieu, que l'on donne ici, peut permettre de se faire aisément une idée du style de ces pièces, que Westwood, je ne sais sur quels arguments, a attribué à l'art italien du Xᵉ siècle. La façon de travailler l'ivoire, le style sont bien byzantins, les bordures mêmes accusent la même origine ; et il ne faut pas oublier que si nous retrouvons des bordures de feuillages très analogues dans un certain nombre d'ivoires sculptés à l'époque carolingienne, ce n'est certainement pas en Italie que ces ivoires ont été sculptés.

De ces monuments de Ravenne il faut évidemment rapprocher au point de vue du style une grande plaque qui décore la reliure d'un manuscrit de la Bibliothèque nationale (manuscrit latin 9387) et que Labarte a publié[2]. Dans cette figure du Christ imberbe, au visage rond, aux cheveux soigneusement partagés sur le sommet de la tête, aux yeux un peu saillants et marqués du point visuel, on retrouve absolument les types du Christ et de l'ange de saint Mathieu que je mentionnais tout à l'heure ; mêmes défectuosités aussi dans les extrémités qui ont un aspect grossier et peu soigné. Mais l'architecture gracieuse, les colonnes cannelées, l'archivolte décorée de feuillages et flanquée de deux paons, aussi bien que la draperie habilement disposée à l'antique font déjà présager les chefs-d'œuvre du Xᵉ et du XIᵉ siècle. On sent un art qui n'est pas encore en possession de tous ses moyens mais qui cherche sa voie et va bientôt la trouver.

III. LES OBJETS CIVILS FABRIQUÉS PAR LES BYZANTINS DU VIIIᵉ AU XIᵉ SIÈCLE

En transcrivant le titre de ce paragraphe, il serait peut-être plus exact de dire qu'il s'agit seulement ici des coffrets, car c'est surtout par ces petits meubles que l'art civil byzantin est représenté. Mais cette série est particulièrement précieuse à plus d'un titre : d'abord en ce qu'elle nous initie à un côté de l'art byzantin encore assez peu connu, qui nous montre le perpétuel souvenir de l'antiquité classique, des usages de l'antiquité, des scènes mythologiques hantant le cerveau des Grecs du Bas Empire ; puis il y a de grandes chances pour que nous

---

1. Maskell, *A description of ivory of European origin in the South-Kensington Museum*, p. 104, nᵒˢ 238-87 ; — Westwood, *ouvr. cité*, nᵒ 284.

2. *Ouvr. cité*, 2ᵉ édition, t. I, pl. XII.

possédions là dans quelques-unes de ces pièces des échantillons de cet art civil qui continua, bien entendu, à vivre pendant les querelles des iconoclastes et contribua à conserver à Constantinople les traditions de l'art ancien.

Il n'y a pas fort longtemps que l'attention des archéologues a été attirée sur ces coffrets civils, et vraisemblablement ceux qu'a mis au jour Aus'm Weerth[1] dans son grand ouvrage sur les monuments des pays Rhénans sont les plus anciennement publiés[2]. Puis Darcel en a dit quelques mots en publiant ceux qui faisaient partie de la collection Basilewsky[3]. Depuis lors, on voit citer partout les coffrets analogues comme coffrets italo-byzantins (?) sans que rien ne vienne positivement justifier ce qualificatif, sans même que les dates qu'on leur assigne d'ordinaire (du VIIIe au Xe siècle ou au XIe siècle) ne soient appuyées sur aucun argument plausible.

Or la dénomination d'italo-byzantins attribuée à ces coffrets ne peut provenir que de ce fait que les exemples les plus remarquables de cette série assez nombreuse viennent d'Italie et que d'autre part les reliefs qui les ornent trahissent une influence byzantine et orientale. C'est d'Italie que vient en effet le coffret de Veroli, conservé au Musée de South-Kensington[4], c'est d'Italie, de Volterra, que venaient les deux coffrets de la collection Spitzer dont le plus beau est entré au Musée de Cluny[5]; c'est d'Italie aussi que proviennent la plupart des monuments de ce genre qui, dans ces dernières années, ont été apportés en France ou en Angleterre. Mais est-ce une raison suffisante pour leur imposer cette dénomination? On pourrait, à ce compte, tout aussi bien les appeler germano-byzantins, car les églises d'Allemagne en renferment un assez grand nombre qui y sont conservés depuis de longs siècles. Qu'on en trouve dans le Midi de la péninsule italienne, en pays très influencé par les Byzantins et leur art, la chose n'est pas faite pour nous surprendre; qu'on en trouve aussi en Allemagne, dès le haut moyen âge, le fait n'a rien de bien étonnant. Mais la présence de ces monuments aussi bien en Allemagne qu'en Italie ne doit pas influer beaucoup sur notre jugement. Il faut considérer les œuvres en elles-mêmes et voir à quel art elles se peuvent rattacher le plus étroitement.

Ces coffrets sont de deux formes différentes : à couvercles plats et fermant à coulisse et alors la serrure se trouve placée à l'une des extrémités; ou à couvercle en dos d'âne et alors la serrure est à la partie antérieure, comme dans les coffrets ordinaires. Mais quelle que soit la forme adoptée, la décoration est peu variée : elle se compose de médaillons rectangulaires en os, entourés de moulures peu compliquées de profil, accompagnés de bordures courantes plus ou moins larges, sur lesquelles se trouvent répétés à l'infini un seul motif d'ornement ou deux motifs alternant. Ces plaques d'os sont assemblées au moyen de colle et de chevilles sur un bâti généralement en bois tendre. La répétition fréquente des mêmes sujets, des mêmes ornements, prouve que ce ne sont point des objets de grand luxe, et il est bien rare que ces coffrets s'élèvent au dessus de ce que nous appellerions la tabletterie. La matière employée dans la plupart des cas, l'os au lieu de l'ivoire, indique aussi fort bien que c'étaient là des meubles à bon marché. Tels qu'ils sont cependant, ils offrent pour les archéologues un assez grand intérêt parce qu'ils nous montrent à une époque assez basse la persistance des motifs de décoration antique; ce sont aussi des témoins indiscutables de l'infiltration des motifs de décoration orientale.

Il serait inutile d'entreprendre ici la description de tous ces coffrets, car, je le répète, les motifs qui les décorent ne sont pas excessivement variés. Il suffira d'indiquer le décor que l'on peut relever sur quelques-unes de ces pièces et de voir si on en peut tirer quelque conclusion au point de vue de leur origine et de leur âge. Sur le coffret de Xanten[6] on rencontre la représentation

1. *Denkmäler des christlichen Mittelalters in den Rheinlanden.*
2. Il a donné la reproduction de celui qui est conservé à Cravenbourg (pl. VI) et de celui qui est conservé à Xanten (pl. XVII); mais l'un des inscriptions sont médiocres.
3. *La Collection Basilewsky*, p. 39 et pl. XXX et XX.
4. Maskell, ouvr. cité, p. 17, n° 216.
5. Voir la reproduction de ce coffret, planche XXX.
6. Publié par Aus'm Weerth, ouvr. cité, pl. XVI.

plusieurs fois répété d'Hercule ou étouffant le lion de Némée ou d'Hercule au repos assis sur un rocher recouvert de la peau du lion; on y voit aussi des personnages coiffés de casques pointus, armés de lances courtes, de boucliers ronds, ou décochant des flèches; si l'on en juge par le costume de quelques-uns, ces guerriers sont simplement des belluaires, des combattants du cirque: il en est qui portent, par dessus leur tunique courte, une pièce, probablement de métal ou de maille, destinée à protéger le haut du bras et le flanc quand ils combattent les bêtes féroces avec un épieu. Tous ces médaillons du coffret de Xanten sont encadrés de frises portant sculptés en relief peu accentué des cercles inscrivant des rosaces ou des étoiles à pétales aigus.

Ce sont des sujets analogues que l'on trouve sur le coffret de Cranenburg[1], des cavaliers chargeant avec la lance ou lançant le javelot, des belluaires, des athlètes, des génies nus et ailés ou des personnages présidant aux jeux du cirque. Les bandes d'ornement sont les mêmes et ce sont celles que nous retrouvons aussi sur le coffret conservé au Musée du Bargello, à Florence, où des combattants à pied, demi-nus, alternent avec des centaures, des génies jouant de la trompette ou des amours naviguant à cheval sur des dauphins. Mais déjà dans ce coffret du Bargello nous voyons apparaître un motif d'ornementation un peu différent dont l'origine est difficile à déterminer. Ce ne sont plus seulement des rosettes ou des étoiles qui ornent les bordures; dans le décor du couvercle en dos d'âne, dans les angles on voit apparaître, dans des médaillons circulaires, des têtes représentées de profil, imberbes, les cheveux crépus et entourés d'un diadème, sorte de reproduction d'un type monétaire beaucoup plus ancien. Dans les coffrets de la collection Basilewsky[2], ces têtes alternent régulièrement avec les rosaces, tandis que l'accoutrement des personnages sculptés dans les médaillons révèle une imitation certaine de costumes orientaux. C'est aussi cette décoration qui figure sur le coffret provenant de Volterra reproduit sur la planche VIII et que possède le Musée de Cluny. Ce dernier, sans contredit un des plus intéressants de toute la série, ne peut laisser subsister aucun doute sur la signification des sujets représentés tant sur les flancs que sur le couvercle du coffret. Si l'on y voit Hercule portant sa massue et la peau du lion de Némée, on y reconnaît une foule de combattants du cirque, et même un belluaire qu'une bête féroce a terrassé; bien plus, sur le couvercle, nous assistons à une véritable bataille dans l'hippodrome; une partie des combattants sont reconnaissables à leur costume pour des Orientaux, des Sarrazins; d'autres montés sur des chars se battent au javelot. Ce sont des scènes tirées des représentations de l'hippodrome de Constantinople.

Il ne serait pas très utile de s'étendre sur la description de ces monuments qui tous se ressemblent plus ou moins; mais, à côté de ces coffrets représentant des épisodes des jeux du cirque, il est bon de signaler ceux sur lesquels figurent des motifs de décoration empruntés soit à des sculptures, soit à des étoffes orientales. Un des meilleurs exemples qu'on en peut citer, provenant aussi de Volterra, faisait partie de la Collection Spitzer; les félins qui y sont représentés, les aigles terrassant de petits animaux, même les paons accostant un vase dans lequel ils boivent, ce vieux symbole qui se retrouve dans tant de monuments chrétiens, tout cela est directement imité de modèles orientaux[3]. Mais où ce coffret, dont la date de fabrication doit être sensiblement la même que celle des pièces plus haut mentionnées, se différencie des autres, c'est par les tresses, les entrelacs qui cernent les médaillons, tresses dont on trouve des exemples sur une foule de monuments byzantins, et aussi par des médaillons découpés à jour contenant des feuilles d'érable ou de vigne, nerveusement sculptées et s'enlevant

---

1. Publié par Aus'm Weerth, ouvr. cité, pl. 11.
2. Ouvr. cité pl. XXVII et XXVIII.
3. Un coffret qui a fait partie d'une collection vendue à Paris en 1887, la collection Raoul Richard, offrait des sujets également copiés sur des monuments orientaux; félins poursuivant des lièvres, félins terrassant des biches ou des gazelles. Ce coffret, semblable par la forme et la décoration à ceux que je décris, est photographié dans le catalogue de cette vente. N° 1 du Catalogue.

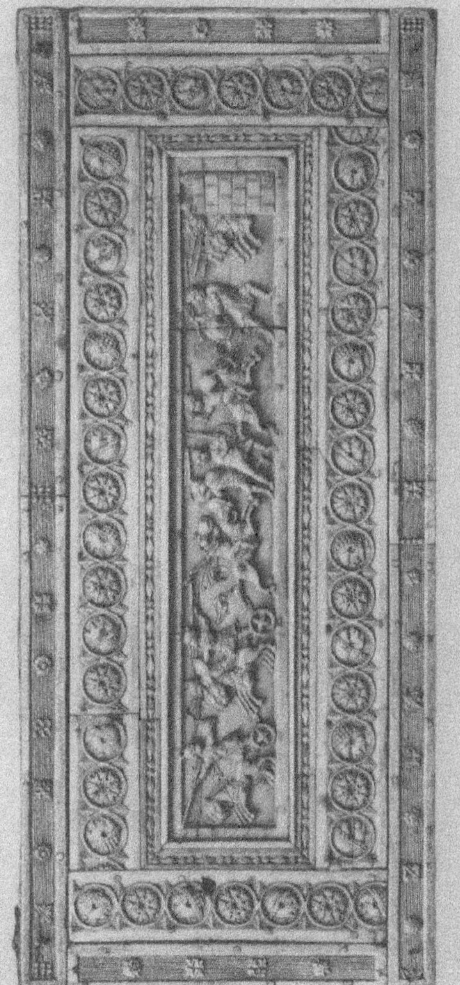
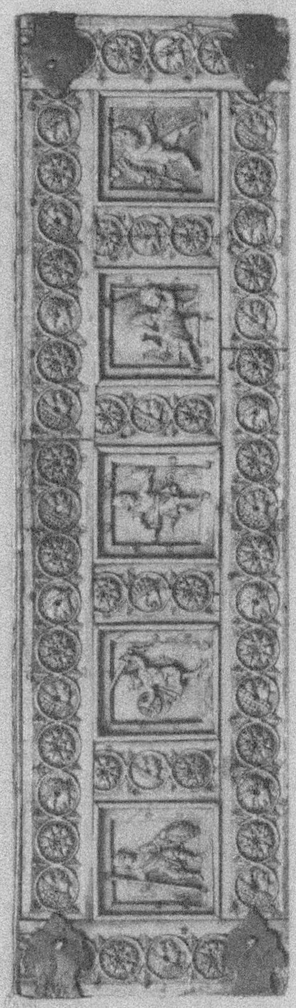

sur un fond de bois doré. C'est là un motif nouveau alternant avec les éternelles rosettes. Au point de
vue technique, je le répète, malgré les différences qui existent dans sa décoration, ce coffret est
tellement semblable aux autres qu'on peut le considérer comme exécuté dans le même milieu artistique
et à une époque très rapprochée de celle qui a vu naître ses congénères. Ces découpages, s'enlevant
sur un fond d'or, constituent un détail à noter ; il est probable qu'une telle technique n'a pas été sans
influence sur certains procédés que l'on retrouve employés en Occident, à l'époque carolingienne. Ici,
il s'agissait d'un coffret d'os, d'une œuvre bon marché ; on s'est contenté de l'apparence de l'or ; ailleurs,
dans des sculptures en ivoire particulièrement soignées, le métal lui-même, incrusté dans l'ivoire
comme dans un autre métal, a été considéré comme un excellent moyen pour animer et rehausser
la teinte du meuble[1].

COFFRET BYZANTIN, IXe-XIe SIÈCLE.
(Ancienne Collection Spitzer)

En publiant les coffrets de la collection Basilewsky, Darcel a émis l'opinion que les scènes qui y sont
représentées, les scènes surtout où l'on voit des cavaliers et des piétons à l'accoutrement oriental,
pouvaient être un souvenir des victoires remportées au-delà de l'Euphrate par Basile le Macé-
donien, en 872. C'est, je crois, sans profit pour la solution de la question, limiter tant soit peu le
débat. Point n'était besoin de la campagne heureuse de Basile pour mettre les Byzantins en contact
avec les Orientaux ; d'ailleurs, si on faisait le total des éléments dont se compose l'art décoratif à
Byzance, l'Orient y entrerait pour un assez fort appoint. Mais, de l'opinion de Darcel, je ne veux retenir
qu'une chose, à savoir qu'il considérait ces sculptures comme byzantines ; en fait, les inscriptions
grecques tracées sur un coffret du même genre, conservé à Darmstadt, autant que le style des monuments, lui donnent absolument raison. Mais est-il possible d'aller plus loin et d'apporter une preuve
nouvelle à l'appui de son assertion ? Peut-être.

Remarquons d'abord que toute l'ornementation orientale que l'on rencontre sur ces coffrets est une
ornementation purement et simplement copiée, non encore transformée, telle qu'on la retrouve sur les
monuments byzantins du Xe et du XIe siècle ; tous ces motifs sont encore très voisins des originaux et
n'ont pas encore éprouvé ce travail de modification, de stylisation dans un autre sens que subit tout
élément étranger se mêlant à un art bien vivant et qui a son existence propre. Il faudrait en conclure
que ces sculptures sont antérieures à la renaissance du Xe et du XIe siècle ; et à cause des sujets
classiques qui y abondent, on pourrait être tenté d'en faire remonter la fabrication à une date très

reculée. Un monument pris dans une autre série de l'art byzantin va me servir à montrer que cette opinion extrême ne serait pas acceptable.

Il existe dans le trésor de la basilique de Saint-Marc, à Venise, une superbe coupe en verre violet foncé, à panse renflée, à bords renversés, qui provient sans doute du pillage de Constantinople en 1204[1]. D'une conservation merveilleuse, cette coupe possède encore ses anses d'orfèvrerie en forme de double volute, que l'on retrouve dans une foule de monuments de l'orfèvrerie byzantine. La décoration de sa panse est exécutée en or et en émail peint; dans des médaillons sont représentées des scènes inspirées par la mythologie antique; les bordures de ces grands médaillons sont composées de frises ornées de rosaces très semblables à celles qu'on signalait tout à l'heure sur les bordures de coffret, et dans les écoinçons, entre chaque médaillon, se voient des médaillons plus petits contenant ces têtes de profil, d'origine énigmatique, qui figurent également sur les monuments en question. On a donc là, en une matière différente, sur un objet que la perfection de son exécution a dû toujours faire considérer comme précieux, un exemple d'une décoration tout à fait du même genre que celle des coffrets en os. A l'intérieur de la coupe est tracée en or une imitation d'inscription arabe placée là comme décoration, qui prouve que si les sujets qui décorent la coupe sont de style et d'inspiration classiques, il ne saurait cependant être question de faire remonter à une date fort reculée ce spécimen, unique en son genre, de la virtuosité des verriers byzantins. Il serait sans doute fort difficile de dire à quelle époque les artistes byzantins, précédant sur ce point, comme sur beaucoup d'autres, les artistes occidentaux, ont fait usage comme motif de décoration d'imitations de caractères d'inscriptions arabes; mais, en tout état de cause, placer ce moment avant le viii° ou le ix° siècle me paraîtrait bien téméraire. J'ai interrogé à ce sujet l'un de mes savants confrères, M. Casanova, du Cabinet des médailles, en lui soumettant une copie de l'inscription du vase de Saint-Marc. Dans les caractères, il a reconnu une imitation de l'écriture dite carmathique qui fleurit surtout en Égypte à l'époque des Fatimites (909-1171). Il pense que l'inscription primitive datait des environs de 1100. Dans une partie de l'inscription, moins déformée que le reste, il pense pouvoir lire la date 500 de l'hégire, soit 1107 environ. D'autre part, les ornements dorés, rinceaux complètement stylisés, qui courent sur le champ de la coupe entre les médaillons, apparaissent sur des étoffes persanes et byzantines du viii° au xii° siècle, sur lesquelles on relève aussi l'emploi de petites rosaces ou de fleurettes formant un ornement continu sur les bandeaux entourant les médaillons[2]. Nous voilà donc ramenés par des arguments tirés d'un monument byzantin à une date sensiblement concordante avec celle que, par l'inspection seule du style, quelques archéologues avaient été amenés à assigner aux coffrets en os byzantins.

Une autre pièce, celle-là prise dans la série qui nous intéresse plus particulièrement, va nous amener aux mêmes conclusions.

Il existe dans la basilique de Saint-Pierre de Rome un monument que depuis deux siècles on a jugé à propos de déguiser sous une enveloppe aussi pompeuse que de mauvais goût, un siège décoré de plaques d'os que la tradition considère comme le propre siège offert par Pudens à saint Pierre. C'est là une opinion qui a priori ne laisse pas que de surprendre, car, pour l'admettre, il faudrait également admettre des faits qui sont encore à démontrer. Mais peu importe. Ce siège, cette sella gestatoria, munie d'anneaux sur ses flancs et d'un dossier triangulaire, remonte à n'en pas douter à une époque déjà fort respectable. Elle se compose visiblement de deux parties, l'une plus ancienne que l'autre[3].

Garrucci a examiné ce monument sans parti pris et je ne puis faire mieux que de résumer ce qu'il en a dit dans son histoire de l'art chrétien.

1. Pasini, Il tesoro di San Marco, pl. ii, n° 78, et pl. xxi, n° 82. — E. Molinier, Le Trésor de la Basilique de Saint-Marc, p. 38 et suiv.

2. Voyez notamment une étoffe de soie à grands médaillons renfermant des figures de lions [illegible], une [illegible] presque [illegible] animaux disposés symétriquement publiée par Bock, Geschichte der liturgischen Gewänder des Mittelalters.

Wien, 1860, t. I, fig. 1.

3. Le siège dit de saint Pierre a été publié par Garrucci, Storia dell'arte cristiana, t. VI, pl. VII, et en dernier également une gravure dans Westwood [illegible], etc., p. 511 [illegible] et [illegible] au moyen âge, dans Nesbitt, l'étude [illegible] dans Northcote, Roma sotterranea.

Le bois sur lequel sont placés les revêtements d'os sculpté est différent pour les deux fragments dont se compose le monument, siège rectangulaire à quatre pieds, muni d'un dossier terminé par un fronton percé de trois ouvertures circulaires, surmontant lui-même quatre arcatures en plein cintre, portées par des pilastres. Ce dossier, comme tout le bâti du siège est, dit-on, de bois d'acacia et bien conservé; sur le montant de ce dossier, sur son fronton sont plaqués des bandeaux d'ornements décorés de feuillages dont on parlera tout à l'heure. Quant au devant du siège lui-même, il est formé par des panneaux de chêne recouverts de plaques d'os sculpté de forme rectangulaire, au nombre de dix-huit. Sur douze de ces plaques sont représentés les travaux d'Hercule, sur les six autres des animaux fabuleux ou des symboles païens : un monstre à tête d'éléphant, un monstre à tête de lièvre, un monstre à tête d'oiseau, un triton tenant en main deux poissons, un poisson monstrueux, enfin un des signes du Zodiaque, le Scorpion. Quelques-unes ont été placées à l'envers, ce qui dénote un remaniement bien maladroit. Ces plaques ont été incrustées de feuilles d'or qui presque partout ont été enlevées.

Si on saisit bien les explications de Garrucci, le dessin aurait d'abord été cerné par un trait gravé en creux; puis l'artiste aurait creusé toute la surface circonscrite par ce trait, et dans le creux ainsi obtenu on aurait fait adhérer des plaques d'or. C'est là une technique très rare dont on retrouve cependant quelques exemples dans des monuments carolingiens du IXᵉ et du Xᵉ siècle. Il est à croire que les artistes de France ou d'Allemagne ne faisaient, en employant ce système, qu'imiter une technique étrangère. Garrucci attribue ce travail au XIᵉ siècle. On verra tout à l'heure si cette date est acceptable.

Sur les bandes d'ornement qui garnissent le dossier, au dessus du fronton, juste au milieu, est représenté un personnage en buste, la tête ceinte d'une couronne fleuronnée, portant en main le globe impérial et un sceptre aujourd'hui brisé. Le personnage, en fait de barbe, ne porte que la moustache. Garrucci qui a étudié la physionomie de ce personnage, le rapproche de la fameuse miniature donnant le portrait de Charles le Chauve[1], et du bronze représentant Charlemagne qui, autrefois conservé à la cathédrale de Metz, a fini par faire partie des collections de la Ville de Paris, au Musée Carnavalet[2]. A droite et à gauche de ces bustes on aperçoit des anges en adoration. Au sommet du dossier, à droite et à gauche, sont figurés deux autres bustes, peut-être des apôtres. Enfin dans les rinceaux qui recouvrent la totalité de ces bandes d'ornement, on aperçoit tout un peuple de monstres : sirènes et centaures, animaux fabuleux, monstres marins.

Il n'est pas absolument facile de tirer une conclusion de toutes ces explications données d'après un monument entrevu plutôt que vu, et que l'on semble craindre de laisser examiner, comme si la date attribuée à une chaise d'ivoire pouvait modifier un dogme. La date du IXᵉ siècle que Garrucci propose pour le dossier me semble assez acceptable, car cette décoration de rinceaux au milieu desquels se jouent des personnages ou des animaux, on la retrouve sur d'autres monuments d'ivoire, en particulier sur deux plaques conservées au Musée de Cluny[3] et qui peuvent parfaitement être attribuées à la fin du IXᵉ siècle ou au commencement du Xᵉ siècle, malgré l'aspect par certains côtés très classique des scènes qui y sont représentées. Quant à accepter la date proposée pour le devant du siège, le XIᵉ siècle, c'est une hypothèse qui peut soulever plusieurs objections; car on ne voit pas pourquoi au XIᵉ siècle le siège aurait subi cette addition et on serait tenté, logiquement, de reconnaître dans ces plaques représentant les travaux d'Hercule, une œuvre beaucoup plus ancienne. Dans ce cas, les conclusions de Garrucci seraient absolument renversées : ce ne serait pas pour décorer un

---

1. Publiée par Montfaucon, *Monuments de la Monarchie française*, t. I, p. 304; Lenormant, *Les Arts somptuaires*, t. I des planches.
2. Aus'm Weerth, *De Reiter-Statuette Karls des Grossen* dans les *Jahrbü-* cher des Vereins von Alterthumsfreunden im Rheinlande, 1885, p. 120, pl. iv.
3. N° 142 du *Catalogue* de 1881. Je parle plus loin de ces plaques au chapitre des ivoires carolingiens.

siège carolingien qu'on aurait ajouté ces plaques, mais le siège carolingien aurait été fait pour les enchâsser, pour ainsi dire. Alors ce serait retomber ici en pleine légende en attribuant forcément un âge plus reculé que le IXe siècle à ces bas-reliefs. Retrouver dans ces fragments une partie du siège curule de Pudens, lequel n'a vraisemblablement jamais possédé de siège curule; voir dans ces représentations des Travaux d'Hercule une allusion plus ou moins symbolique aux victoires de la foi chrétienne sur le paganisme; c'est professer une opinion qui échappe à toute appréciation scientifique; mais, à vrai dire, il paraîtrait plus naturel qu'au IXe siècle on eût fait un siège pour y enchâsser un objet que l'on considérait comme une relique que de supposer qu'un siège du IXe siècle a reçu au XIe siècle une addition formée d'un objet dont le style et la facture sont beaucoup plus anciens. Je disais tout à l'heure que cette technique de l'incrustation de l'or sur l'ivoire se rencontre dans des monuments carolingiens du IXe siè-cle; et là, bonnement, on ne peut consi-

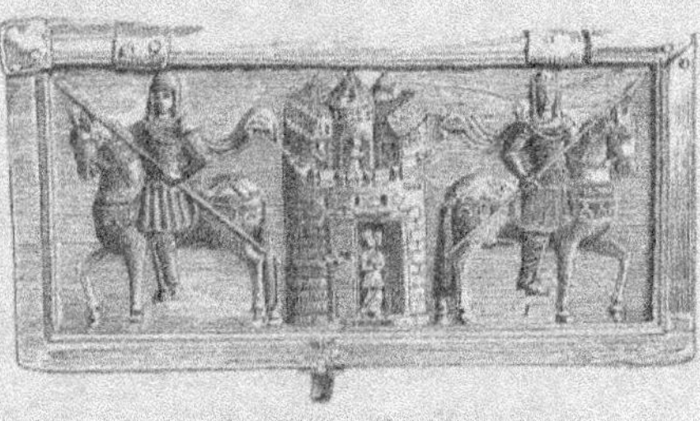

COFFRET BYZANTIN (COUVERCLE).
(Cathédrale de Troyes)

dérer cette technique que comme une imitation; le modèle est donc forcément plus ancien. Si on considère que les sujets que nous rencontrons sur le siège dit de saint Pierre se retrouvent constamment sur toute une série de coffrets byzantins, on sera amené sans doute à rapprocher tous ces monuments; si on considère d'autre part que ces monuments ont pu servir de modèles, au point de vue de la technique, aux ivoiriers carolingiens du IXe et du Xe siècle, on sera logiquement amené à conclure qu'il faut faire remonter quelques-unes des œuvres byzantines de cette série au moins au VIIe siècle tout en admettant que ce même style s'est perpétué à Byzance jusqu'au XIIe siècle. Et dès lors attribuer une date certaine à la partie antérieure du siège dit de saint Pierre me paraît pour l'instant, impossible. Je ne me dissimule point tout ce que cette manière de voir a d'hypothétique, et je suis persuadé que le jour où on pourra étudier convenablement le siège de saint Pierre, on tiendra enfin la clef d'un petit problème archéologique fort curieux.

La similitude de destination, mais non la similitude de style, m'amène à parler ici d'un coffret civil qui doit faire partie depuis 1204 du Trésor de la cathédrale de Troyes. Il ne s'agit plus ici de coffrets en os d'une douteuse valeur artistique, mais d'un coffret en ivoire teint de pourpre, d'un objet de luxe qui, à en juger par les scènes qui y sont figurées, a pu un moment prendre place dans le mobilier d'un basileus byzantin. C'est là une des pièces échues sans doute en partage à l'évêque de Troyes, Garnier de Traisnel, aumônier des croisés en 1204, dépositaire, un instant, de tous les trésors arrachés par la rapacité des Francs et des Vénitiens aux palais et aux églises de Constantinople. Cette origine est à peu près certaine; car on dut laisser sans difficultés aux mains des compagnons de Garnier, après la mort de ce dernier arrivée en Orient même, un monument qu'on devait juger de nulle valeur parce qu'il n'était décoré ni de pierreries, ni de métal précieux. C'est même, sans doute, grâce à cette circonstance que la cathédrale de Troyes le possède aujourd'hui. Le Brun Dalbanne, qui a publié ce coffret[1] après avoir décrit la décoration des côtés, occupés par une chasse au lion et une chasse au sanglier, a reconnu sans peine sur le couvercle la représentation d'un empereur byzantin quittant son palais; il n'est pas

1. *Mémoires lus à la Sorbonne en 1863-1864*, p. 212, pl. II.

possible de douter, en effet, quand on examine le costume des deux cavaliers représentés de chaque côté de la ville fortifiée qui occupe le milieu du bas-relief, que l'artiste n'ait voulu représenter un empereur : la couronne qui coiffe ces deux personnages symétriques est assez significative. Quant à l'interprétation que cet auteur a donnée de la scène centrale, elle est plus difficile à admettre tant elle est hypothétique ; dans la construction, assez difficile à restituer qui occupe le milieu du bas-relief, Le Brun Dalbanne reconnaît non pas une ville, mais le palais impérial de Constantinople, et il pense que la femme qui est représentée sur le seuil de la porte « doit être l'impératrice, portant dans ses mains un diadème, comme marque du pouvoir suprême que vient de lui conférer l'empereur pendant son absence. »

Mais ce n'est pas le bas-relief du couvercle qui est surtout intéressant : il est de facture médiocre et ne nous montre rien qu'on ne rencontre sur beaucoup d'autres monuments byzantins. Ce qui est beaucoup plus curieux, ce sont les scènes de chasse. Là, notre artiste n'est plus retenu par aucune convention iconographique et il donne libre cours à son imagination. Sans doute, un juge difficile trouverait que le sanglier possède une anatomie singulière pour un sanglier ; mais le mouvement de l'animal, à l'approche des chiens, est juste, et, comme l'attitude des chiens eux-mêmes, indique un artiste qui s'efforce de traduire de son mieux ce qu'il a vu. Le chasseur arc-bouté pour recevoir le sanglier sur un épieu n'est point non plus un personnage reproduit d'après un modèle banal. Ce bas-relief, si modeste qu'il soit, révèle tout un côté très peu connu de l'art byzantin ; s'il était détaché de l'ensemble, plus d'un archéologue serait embarrassé pour lui assigner une date et une provenance.

D'autres monuments cependant, une série assez nombreuse même, de provenance byzantine, révèlent des qualités analogues. Je veux parler des oliphants, qui, pour la plupart, sont, ou d'origine purement orientale ou d'origine byzantine ; je parle des plus anciens, bien entendu, de ceux que, comme le coffret de la cathédrale de Troyes, on peut attribuer au XIᵉ siècle.

De ces oliphants qui bien souvent n'ont servi en Occident qu'à transporter et conserver des reliques — ce qui, dans un très grand nombre de cas explique leur conservation dans les églises — il faut, à mon avis, faire trois parts, au point de vue de l'origine : les premiers sont très probablement des œuvres orientales ; les seconds sont des copies d'œuvres orientales, copies plus ou moins textuelles exécutées à Byzance ; les troisièmes enfin sont des copies occidentales exécutées soit d'après des originaux orientaux, soit d'après des sculptures byzantines. Quand on examine d'un peu près ces monuments, dont un très grand nombre existe encore aujourd'hui, le départ entre ces trois classes est assez facile à faire[1] : les premiers, comme l'un de ceux que possède le Louvre[2], peuvent être considérés comme des originaux orientaux, proches parents des coffrets persans décorés de figures d'animaux, sculptées dans des médaillons, ou plutôt comme de bonnes copies byzantines exécutées d'après des originaux orientaux au XIᵉ siècle environ ; je dis que c'est plutôt une copie byzantine parce que j'y relève un

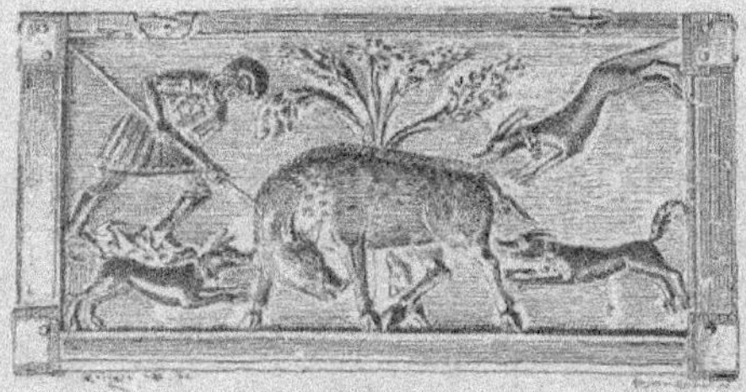

COFFRET BYZANTIN (Paroi postérieure)
(Cathédrale de Troyes)

1. Du moins on peut distinguer un original oriental d'une copie byzantine, car peut être avec certitude le départ entre les oliphants byzantins et leurs copies exécutées en Occident dans un très grand nombre de cas, on pourrait hésiter. A ce point de vue on peut comparer les deux oliphants que possède le Louvre.

2. N° 21 du Catalogue des ivoires.

détail qui peut échapper facilement à l'observateur, mais qui cependant est caractéristique : c'est la forme des rinceaux plats, gravés sur les anneaux qui divisent la décoration de l'oliphant en plusieurs zones. Cette forme est absolument particulière à l'art byzantin, qui semble l'avoir empruntée à l'art copte ; mais, au reste, les procédés de décoration sont absolument identiques à ceux employés par les ivoiriers orientaux ; disposition du décor composé d'animaux ou réels ou fantastiques suivant des zones ou plus souvent dans les mailles circulaires d'un réseau qui recouvre toute la pièce, dessin très régulier, très cerné ; tous les motifs

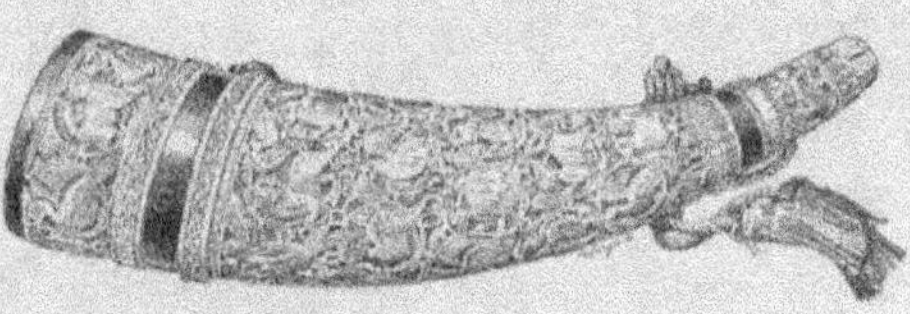

OLIPHANT, TRAVAIL ORIENTAL OU BYZANTIN D'APRÈS UN MODÈLE ORIENTAL (XIe SIÈCLE).
(Musée du Louvre)

sont profondément champlevés dans l'ivoire, puis rehaussés d'un travail de gravure qui tient lieu de modelé. Tous ces caractères se retrouvent dans un oliphant de facture certainement persane qui a fait partie de la collection Baudot [1] et sur lequel, au milieu des animaux d'un style si particulier que nous montrent tant de monuments d'origine persane, on voit un personnage dont le costume ne peut laisser aucun doute sur l'origine de la pièce. Mais, précisément, sur cet oliphant, les bandeaux qui séparent la décoration en plusieurs zones portent un ornement gravé assez différent des rinceaux que l'on rencontre sur les monuments byzantins, bien que son principe, la course, soit le même.

On peut dire que la plupart des oliphants que l'on attribue d'ordinaire au Xe et au XIe siècle montrent des motifs d'ornementation tout à fait orientaux dont un très grand nombre n'ont jamais été connus chez nous que par des traductions byzantines ; mais, parmi ces oliphants manifestement inspirés au point de vue de la décoration par des étoffes, par des ivoires sculptés en Orient, s'en trouve-t-il un très grand nombre que l'on puisse considérer comme autre chose que des imitations occidentales ? J'imagine que par comparaison avec des coffrets dans le genre de celui de Troyes, on arriverait à penser que beaucoup sont en effet sortis d'ateliers grecs. Certes, des pièces telles que l'oliphant du Musée de Toulouse [2], avec ses quatre frises d'animaux pour la plupart fantastiques, copiés d'une manière très rude sur des sculptures ou des étoffes orientales ; telles que l'oliphant du Musée d'Angers [3], où nous voyons encore des animaux fantastiques et un homme monté sur un chameau et sonnant de la trompe, sont proches parentes du coffret qu'on décrivait tout à l'heure ; dans ces œuvres, on retrouve le même faire brutal, mais non sans saveur. Au fond, que ces pièces soient réellement de facture byzantine ou que des œuvres byzantines les aient directement inspirées, la différence n'est pas très grande. Ils nous donnent des modèles de décoration que Byzance a surtout employés. Mais aller plus loin dans un semblable triage serait bien chanceux. On risquerait d'attribuer insensiblement à des artistes grecs des œuvres à la création primitive desquelles ils ont peut-être contribué en fournissant des modèles, mais qui ne sont point sorties de leurs ateliers.

Comment ces pièces, coffrets et oliphants, sont-elles parvenues en Occident ? Les événements de 1204 contribuèrent évidemment à en amener quelques-unes dans les trésors ecclésiastiques ; mais, au commencement du XIIIe siècle, les coffrets en os dont on parlait tout à l'heure devaient être des objets déjà passés de mode et d'ailleurs ce n'étaient pas des objets assez luxueux pour se trouver en bien grand

1. Aujourd'hui dans la Collection de M. le duc de Dino, figuré dans le Catalogue de la vente Baudot, Dijon, 1895, p. 46, n° 450.

2. Du Mège, Mémoire sur quelques diptyques ou reliquaires, oliphants et autres objets conservés dans les églises du Midi de la France, dans les Mémoires de la Société archéologique du Midi de la France, t. III (1836-1837), p. 333. Sur les oliphants, voyez également les renseignements bibliographiques donnés dans le Catalogue des Ivoires du Louvre.

3. Cahier et Martin, Nouveaux mélanges d'archéologie : ivoires, miniatures, émaux, p. 30, 32, 33 ; E. Palustre, Exposition de Tours en 1890, pl. XXXII.

nombre dans les plus riches trésors de Constantinople, dans ceux qui furent mis surtout à contribution par les pillards. C'est, à n'en pas douter, bien antérieurement à cette époque que des coffrets tels que celui de Xanten ou de Cranenburg ont été apportés en Occident; comme certaines boîtes de faire absolument oriental, conservées dans quelques églises d'Allemagne[1], ils ont servi à rapporter des reliques d'Orient, et c'est ainsi que des meubles civils, en Orient, sont devenus en Occident des meubles religieux entre les mains de prêtres ou de moines qui ne comprenaient pas la signification des scènes qui y étaient représentées. Quant à ceux, en très grand nombre, qui ont figuré dans des trésors italiens, leur présence est plus explicable par les relations politiques ou commerciales qui ne furent jamais interrompues entre l'Empire d'Orient et la péninsule. C'est par la même voie également que sont venus les quelques oliphants byzantins que nous possédons et qui ont servi de modèles à ceux, beaucoup plus nombreux, fabriqués en Occident. Mais, tandis que les premiers représentent des voyages et pèlerinages de l'époque carolingienne, les seconds, d'époque beaucoup plus basse, ont dû être apportés au XIIᵉ siècle, quand ils ne sont pas venus tout bonnement à la suite de la quatrième croisade.

On trouvera plus loin quelques indications sur les coffrets byzantins qui offrent des sujets religieux. Ce que je voulais, c'était signaler en passant quelques monuments qui peuvent combler une lacune dans l'histoire de l'art byzantin et surtout nous le montrer sous un aspect différent de celui sous lequel on le considère trop souvent. Quand on voit les traditions classiques suivies à ce point dans les pièces du mobilier civil, à Byzance, on comprend mieux comment, dans l'art religieux, en général plus soigné et d'un niveau supérieur, tant de souvenirs de l'antiquité se retrouvent. Il n'y a pas lieu de s'en étonner quand on parcourt l'histoire byzantine où le souvenir de Rome revient à chaque pas.

IV. LES IVOIRES BYZANTINS A PARTIR DU Xᵉ SIÈCLE

Si à partir du Xᵉ siècle les ivoires byzantins sont infiniment plus nombreux que pour la période précédente, par contre il n'est pas très facile d'opérer parmi eux un classement et de rapporter chacun d'eux à une époque déterminée. Ce travail de triage, qui cependant serait si nécessaire pour se faire une idée exacte de l'art du Bas Empire et ne pas le confondre avec une foule de monuments qui n'ont d'autre valeur que leur ancienneté, a été entrepris plus d'une fois, notamment par Labarte. Ce savant a fait de très louables efforts pour reconstituer l'histoire de l'art byzantin; mais, à l'époque où il écrivait, un certain nombre de monuments importants étaient ou imparfaitement publiés ou totalement inconnus; enfin, dans son enthousiasme bien explicable pour un art qui, au demeurant, fait grande figure dans l'histoire du moyen âge, il s'est laissé entraîner à attribuer aux Byzantins une foule d'œuvres qui ne touchent ni de près ni de loin à leur civilisation. En sorte qu'avec les meilleures intentions du monde, Labarte a fait un peu tort à son client et a provoqué une réaction contre le byzantinisme. Mais, aujourd'hui, ces querelles sont bien calmées; on connaît beaucoup mieux ce que les artistes occidentaux ont emprunté à leurs confrères de Byzance, on distingue mieux aussi ce dont ils ne peuvent leur être redevables. Néanmoins, aujourd'hui comme du temps de Labarte, un travail d'ensemble est impossible; une foule de monuments sont incorrectement publiés, d'autres sont inédits, qui permettraient peut-être de mettre un peu d'ordre dans ce chaos. En s'en tenant aux grandes lignes, en ne mentionnant

[1]. Bock, *Les Trésors sacrés de Cologne*, pl. 1, n° 2 (coffret du Trésor de Saint-Géréon).

que les monuments typiques on a des chances toutefois d'opérer un classement que les découvertes prochaines ne bouleverseront peut-être pas complètement.

On était trop enclin autrefois, et quelquefois nous avons encore ce travers, à considérer l'art byzantin comme un art absolument hiératique, figé, incapable de se développer et de se transformer; on admettait trop au pied de la lettre les règles iconographiques du *Guide de la peinture*, sans prendre garde que dans l'art religieux occidental, des formules presque aussi impérieuses et presque aussi strictement exécutées par les artistes existaient aussi; et cependant cette iconographie n'a pas le moins du monde empêché l'art de se modifier et de s'épanouir de manières très diverses à différentes époques. La fréquentation de médiocres productions, telles que celles créées dans les couvents du mont Athos, a fortement influencé le jugement des archéologues d'il y a quelque quarante ans; dans ce milieu artistique délétère, parmi ces artistes enkylosés, il y avait certainement de ci de là quelque renseignement à recueillir; mais il fallait se garder de se fausser le jugement en prolongeant une pareille étude. Chose bizarre, tout en admettant ce hiératisme byzantin, opinion dont la conséquence logique aurait été un aveu d'impuissance à dater les monuments byzantins, puisque tous ces monuments se répétaient suivant un canon établi une fois pour toutes, on a usé de la plus grande liberté pour assigner une date aux œuvres que nous possédons. Pour peu qu'une peinture ou une sculpture fût preuve de quelque qualité, montrât quelque grâce ou quelque justesse dans les mouvements des personnages, vite on la datait du x⁰ ou du xi⁰ siècle. Dans ce jugement, si l'on avait quelque égard aux rares monuments à date certaine qui nous peuvent servir de point de repère, on prenait bien davantage en considération les nombreux textes qui attestent que le x⁰ et le xi⁰ siècle a été, en effet, au sortir de la querelle des iconoclastes, pour l'art byzantin, une véritable époque de renaissance. D'autres considérations doivent aussi entrer en ligne de compte quand on veut, ce qui est presque toujours fort difficile, assigner une date à un monument byzantin; nous sommes trop enclins à considérer tous les monuments existants comme sortis de Constantinople; or, il est probable qu'à côté de l'art de la capitale, il existait un art provincial assez différent; enfin, et c'est là que la généalogie des monuments byzantins peut rendre de grands services à l'archéologie, il faut toujours chercher à savoir si le monument est venu en Europe en 1204 ou après cette date. Non seulement on trouve dans cette constatation un point de repère précieux au point de vue de l'âge du monument, mais encore, si le fait est dûment établi, il y a de fortes chances pour que, sauf erreur, nous ayons bien un monument créé à Byzance même.

Un reliquaire de la Vraie Croix, en forme de tableau comme presque tous les reliquaires du même genre d'origine byzantine[1], conservé dans l'église des Franciscains[2] à Cortone, peut servir de point de comparaison pour attribuer au x⁰ siècle quelques monuments parvenus jusqu'à nous. C'est une œuvre qui appartient à une époque assez avancée du x⁰ siècle, ainsi que l'indique son inscription : « Le Christ, dit-elle, donna d'abord cette croix au puissant empereur Constantin, pour son salut; maintenant Nicéphore, roi, qui aime Dieu, l'ayant en sa possession, a battu les armées des barbares. Étienne, scevophylax de la grande église Sainte-Sophie, l'offre de bon cœur au monastère où il a été élevé. » Or dans cette inscription il ne peut être question de Nicéphore, empereur iconoclaste (802-821); il s'agit évidemment de Nicéphore Phocas (963-969), qui enleva la Crète aux Sarrazins et les battit en Asie; quant au monument il a dû être fait pour Étienne puisque saint Étienne y est représenté.

La face principale du reliquaire de Cortone est divisée comme tous les reliquaires du même genre en quatre parties par les branches de la croix : dans chacun les compartiments ainsi obtenus sont figurés quatre personnages : la Vierge, saint Jean le Précurseur, saint Étienne et saint Jean l'Évangéliste. Sur deux bandeaux, à la partie supérieure et à la partie inférieure de la plaque, dans des médaillons circulaires,

1. Sur les reliquaires de la Vraie Croix, voyez l'article que j'ai publié en 1887 dans la *Gazette archéologique*, p. 277 et suiv., au sujet d'une pièce d'orfèvrerie conservée dans le Trésor de l'église de Gran. J'y donne en note l'énumération des principaux reliquaires byzantins de ce genre, connus jusqu'à ce jour, avec que l'indication des ouvrages dans lesquels ils sont publiés.

2. Publié par Gori, *ouvr. cité*, t. III, pl. XVIII, et par G. Schlumberger, *Un empereur byzantin au X° siècle, Nicéphore Phocas*, p. 188.

sont des figures à mi-corps : le Christ entre les archanges Michel et Gabriel ; sainte Hélène, Constantin et Longin. Chacun des compartiments, comme les médaillons du reste, est bordé d'un ornement en dent de scie, très fréquent dans les ivoires byzantins. Les personnages, de proportions plutôt courtes que trop longues, sont habilement drapés et présentent en somme beaucoup d'analogie avec des monuments byzantins non datés dont on parlera plus loin : la Vierge et le précurseur notamment ont leurs similaires dans nombre d'ivoires grecs dont la partie centrale est occupée par une figure de Christ. On relève même, pour préciser davantage, une certaine ressemblance entre ces personnages et ceux qui sont figurés dans la même attitude sur le triptyque connu sous le nom de *triptyque Harbaville*. Voilà donc un monument que l'on peut dater de la seconde moitié ou, plus exactement, du dernier quart du xe siècle. Le travail, évidemment exécuté à Byzance même, est précieux mais sec, et les gestes des personnages sont quelque peu stéréotypés. Cela vient-il de l'artiste? cela ne vient-il pas plutôt des sujets qu'il a été obligé de traiter et qui dans un reliquaire de ce genre ne pouvaient l'être que d'une façon traditionnelle? Cette dernière hypothèse est très admissible, surtout si l'on considère que dans un monument bien autrement luxueux, le reliquaire de la Vraie Croix qui a appartenu à Constantin Porphyrogénète et à Romain II, conservé dans le Trésor de Limbourg-sur-la-Lahn, l'artiste s'est trouvé lui aussi pris dans un cadre liturgique fort étroit. Et pourtant nous avons là un monument qui appartient à une période très brillante de l'art byzantin.

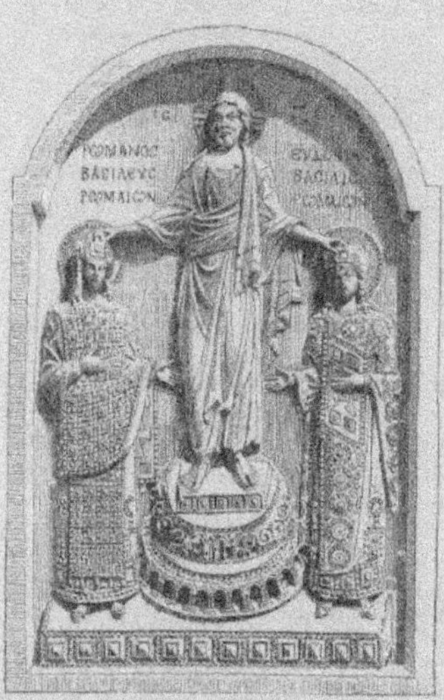

Romain et sa femme couronnés par le Christ, xie siècle.
(Cabinet des Médailles, à la Bibliothèque nationale.)

Continuons cette revue des monuments datés ; elle sera du reste bien vite terminée, car, en fait d'ivoires, nous ne possédons guère qu'un point de repère par siècle. On en a eu pour le ixe siècle, l'ivoire de Léon VI, presque négligeable tellement le travail en est grossier ; on a, pour le xe siècle, le reliquaire de Cortone dans lequel l'artiste n'a peut-être pas pu nous donner sa véritable mesure ; en franchissant un siècle nous trouvons une belle plaque, vraisemblablement à l'origine le centre d'un triptyque, représentant l'empereur Romain IV et sa femme Eudoxie, couronnés par le Christ. Cet ivoire a donc dû être fabriqué entre les années 1068 et 1071[1].

Cette pièce, quand elle a été publiée par Du Cange, puis par Gori, était entourée d'une riche monture en orfèvrerie et formait le plat supérieur de la reliure d'un évangéliaire possédé par la cathédrale de Besançon. C'est la Révolution qui l'a fait entrer au Cabinet de France, mais elle est aujourd'hui dépourvue de sa monture. Bien que ce monument soit certainement l'un des plus connus parmi les ivoires byzantins, qu'il ait été maintes fois publié et décrit, il y a pourtant lieu de s'y arrêter encore. En réalité, c'est jusqu'ici la pièce capitale de la série des ivoires byzantins. Si on peut faire aux deux figures impériales les mêmes reproches qu'aux sculptures du reliquaire de Cortone, si leurs gestes identiques commandés par le sujet, si le vêtement d'apparat de la cour byzantine, d'une richesse inouïe mais enveloppant le corps comme d'un

1. Voyez plus loin à la liste des triptyques byzantins, n° 13, l'indication des ouvrages dans lesquels cet ivoire a été publié.

fourreau tout étincelant de pierreries, n'a point permis à l'artiste de nous montrer toutes ses qualités, il s'est amplement dédommagé en traitant l'image du Christ. Autant le basileus et son épouse ont l'air gauche dans leur uniforme qui n'admet point le plus léger pli permettant de faire sentir l'anatomie, autant la draperie du Christ, retombant sur l'épaule gauche en longs plis verticaux, est harmonieuse et juste de disposition. Sous ce vêtement traditionnel et d'une simplicité tout antique on devine les formes du corps déterminant le jeu des étoffes. La physionomie du Christ, ni fade, ni laide, a une dignité comparable à celle que montrent les plus belles images divines de la sculpture du moyen âge occidental. Les traits réguliers, le modelé du visage, la barbe, les cheveux sont traités avec autant de souplesse et de juste sobriété que dans une figure monumentale. Détail précieux à retenir : les extrémités, mains et pieds, sont sculptées avec un soin tout particulier, sans excès cependant ; le geste tout symétrique qu'il soit est dépourvu de raideur. Tout enfin décèle la main non d'un habile ouvrier mais d'un véritable artiste. Si dans ce morceau, un des plus beaux que nous ait légués l'art byzantin, on fait abstraction de certaines données conventionnelles (la symétrie de la composition, l'escabeau à triple étage placé sous les pieds du Christ) — et quel art n'a pas ses conventions? — il reste une œuvre qui peut prendre place auprès des meilleures sculptures du moyen âge. Le seul défaut qu'on pourrait bonnement lui reprocher c'est un peu de sécheresse, et encore ce défaut tient-il surtout à la matière mise en œuvre.

Si au point de vue artistique l'examen de cet ivoire est consolant, au point de vue archéologique il cause une désillusion. Si on le compare avec le reliquaire de Cortone, de cent ans antérieur ou environ, on s'aperçoit bien vite que l'art est à peu près le même, la facture presque identique. Il s'ensuit qu'au lieu de deux jalons qui pourraient nous guider pour dater d'autres monuments byzantins, nous n'en possédons en réalité qu'un seul. La conséquence de cette constatation est facile à déduire : tout ivoire byzantin qui présente les caractères artistiques à peu près communs au reliquaire de Cortone et à l'ivoire de Romain IV peut être attribué avec autant de vraisemblance au xe ou au xie siècle. Quoi qu'on puisse prétendre, à moins de nouvelles découvertes que rien ne fait prévoir, le jugement que l'on peut émettre sur des ivoires byzantins postérieurs à la crise des iconoclastes aura toujours quelque chose d'incertain et de flottant.

Mais ce ne sont pas là les seules réserves que l'on doive faire au sujet de la date que l'on assigne d'ordinaire aux ivoires byzantins. A Byzance comme partout, l'imagerie religieuse, que l'on comprenne sous ce titre la peinture ou la sculpture, peu importe, doit se diviser en deux classes : les œuvres dues à de véritables artistes, capables de créer un sujet, de le traiter suivant leur tempérament personnel ; puis la foule des imitations, des œuvres de pacotille qui, suivant qu'elles ont été inspirées par un bon ou un mauvais modèle, restent passables ou deviennent détestables. Ce n'est point sur cette dernière catégorie de monuments que l'on doit juger équitablement de la valeur de l'art d'une époque déterminée ; et ce sont pourtant ces monuments byzantins, encore fort nombreux aujourd'hui, qui précisément à cause de leur nombre servent encore à beaucoup de personnes pour asseoir une opinion sur l'art byzantin. Ces monuments, quand on écrit l'histoire de l'art, à moins qu'ils ne présentent un intérêt archéologique véritablement considérable, qu'ils nous fassent connaître des originaux perdus ou comblent une lacune dans une série historique, il faut avoir le courage de les laisser de côté. Au point de vue plus étroit de l'art byzantin, c'est précisément dans ces très médiocres productions de l'industrie religieuse de Byzance que l'on rencontre l'application, sans changement aucun, de toutes les formules iconographiques données dans les manuels à l'usage des artistes. Cet art de copiste, de calligraphe pourrait-on dire, si tant est qu'il y ait un atome d'art dans toutes ces figures de sainteté taillées sur le même patron, nous le retrouvons dans tous les pays où l'activité artistique a été grande ; mais ce n'est point sur de semblables produits qu'il faut juger une époque. Si on les laisse de côté, en ce qui concerne l'art byzantin, sans doute le bagage artistique du Bas Empire est sensiblement allégé, mais qu'importe? il nous restera encore quelque vingtaine de monuments, en majorité antérieurs au xiie siècle, dont la vue permet de se faire une idée tout autre de la sculpture telle qu'on l'a pratiquée au moyen âge à Constantinople. Au lieu d'un art impuissant, on y trouvera tout au contraire un art très profondément imprégné d'antiquité grecque et gréco-romaine, modifié au point de vue de la décoration par des apports d'Orient vite assimilés et auquel les artistes ont su donner quelque chose de leur personnalité; et le byzantin n'apparaîtra plus comme un fabricant de Vierges, de Christs, de saints tous coulés dans le même moule, mais comme un continuateur des traditions de l'antiquité classique capable d'allier l'étude de la nature à certaines traditions de forme et de beauté que le moyen âge occidental a malheureusement méconnues pendant une partie de sa carrière.

Je sais bien que de telles conclusions paraîtront peut-être un peu hardies, parce qu'une objection se présente dès l'abord à ce système de sélection entre les monuments que je préconise. L'objection serait spécieuse, tout au moins en ce qui concerne la sculpture en ivoire. Si dans la sculpture monumentale certaines parties peuvent parfois laisser à désirer au point de vue de l'exécution matérielle, si l'artiste peut même parfois compter sur ces négligences voulues pour accentuer certain caractère de son œuvre, dans le travail de l'ivoire, on peut être certain que l'artiste caressera sa sculpture avec amour, en poussera le fini jusqu'aux dernières limites et s'efforcera d'égaler par la finesse de son exécution la délicatesse de la matière précieuse à laquelle il confie sa pensée. Un ouvrier au contraire qui fabrique des objets à la douzaine se contentera d'à peu près. Et beaucoup d'ivoires byzantins ne sont en effet que de grossiers à peu près. Ce sont ceux-là que je propose de laisser de côté comme des objets indignes du titre d'œuvre d'art. Dans tout musée possédant une série un peu complète d'ivoires, un observateur même novice opérerait de lui-même ce partage.

Plusieurs monuments aujourd'hui subsistant me paraissent pouvoir être rattachés à un groupe d'ivoires byzantins qui commencerait par le reliquaire de Cortone pour se terminer par la plaque de Romain IV. Au risque de passer pour doué d'un amour-propre trop exagéré, en tête de cette nomenclature d'ivoires je mettrai une pièce possédée par le Musée du Louvre, le triptyque auquel le nom de son premier possesseur, Harbaville, est demeuré attaché[1]; puis je placerai deux fragments de triptyques différents, une partie centrale et un feuillet droit qui appartiennent évidemment à la même école, deux volets d'un même triptyque, au palais ducal de Venise et au Cabinet des Antiques, à Vienne, un triptyque conservé au Cabinet des Médailles à la Bibliothèque nationale, une plaque conservée au musée de South-Kensington, enfin un triptyque maintes fois publié, qui a fait successivement partie des collections Soltykoff, Spitzer et Hartmann.

Le *triptyque Harbaville* peut passer pour la meilleure démonstration de ce que j'avançais dans les pages précédentes au sujet de l'art byzantin; la planche IX et le dessin qui le reproduisent en entier me dispenseront d'en donner une description détaillée qu'au surplus on trouvera plus loin. Ce sur quoi je voudrais attirer l'attention, c'est sur l'art parfait qui préside à sa composition. Rien de plus ingrat pour un artiste de race — et celui qui a exécuté ce triptyque mérite bien ce titre — qu'une pareille disposition : point de plans, une seule file de personnages debout ou vus à mi-corps; on ne peut rêver disposition plus monotone et qui en apparence prête moins à l'action dramatique. Et cependant l'action existe. L'intérieur de ce triptyque est une sorte d'apothéose du Christ, où tous les personnages, bien que placés symétriquement, sont habilement groupés pour concourir à une action unique. Ceux qui dans l'art byzantin prisent surtout le hiératisme et pour lesquels hiératisme est synonyme de sentiment religieux ne doivent point jeter les yeux sur une œuvre où toutes les têtes, toutes les attitudes sont incontestablement étudiées d'après nature. Nulle gaucherie dans toutes ces figures d'apôtres ou de saints, tous représentés dans un mouvement différent; nulle gaucherie non plus, nulle convention dans

---

1. Je me dispense de donner ici les notices bibliographiques aux ouvrages où ces divers monuments, triptyques ou fragments de triptyques, sont publiés; on en trouvera plus loin une liste avec les réfé- rences nécessaires et l'indication des ouvrages dans lesquels ces monuments sont publiés. Cette liste, déjà longue, est, je crois, à peu près complète.

les draperies toutes étudiées avec le plus grand soin. Si cette assertion peut paraître extraordinaire, que le lecteur veuille bien jeter les yeux sur les figures de saints et sur les figures d'apôtres : les premiers ont une chlamyde en usage à Byzance et dont les artistes pouvaient chaque jour étudier les plis; les seconds, dans leur costume traditionnel, révèlent un artiste pour lequel les chefs-d'œuvre antiques entassés à Constantinople n'étaient pas lettre morte, qui les comprenait, les étudiait et ne copiait pas des formules vides de sens. Est-ce à dire que, ces très rares qualités une fois constatées, on ne puisse relever dans cette œuvre capitale certains traits qui sentent l'école, le procédé? non, assurément; mais c'est par des nuances imperceptibles que se traduit ce maniérisme; certaines attitudes qui se répètent de distance en distance, certaines physionomies sensiblement les mêmes, mais jamais voisines

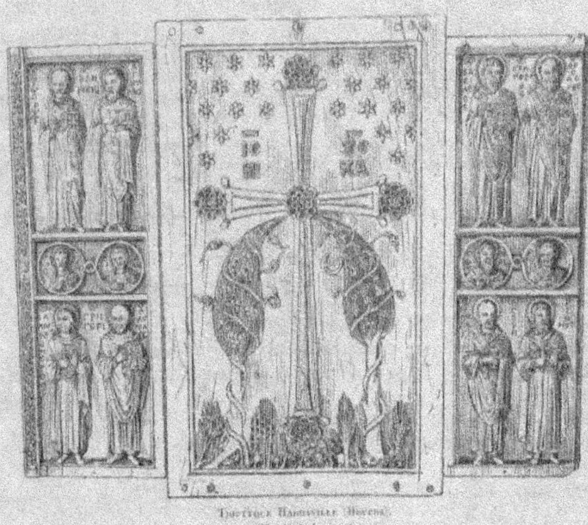

TRIPTYQUE HARBAVILLE (Revers).
(Musée du Louvre)

l'une de l'autre, enfin une façon particulière de modeler quelques parties du visage, de faire des nez aux narines profondément découpées, trahissent évidemment de petites habiletés de métier qui ne vont jamais sans que l'étude directe du modèle n'en souffre. Mais ces légers défauts qui révèlent l'existence à Byzance d'une école d'artistes connaissant leur métier à fond disparaissent dans l'ensemble de cette merveilleuse composition. L'étude des extrémités des personnages permet de constater aussi une grande délicatesse et une grande habileté : les mains, les pieds sont absolument proportionnés, ce qui est rare dans des sculptures de cette dimension et traitées d'une façon nerveuse qui ferait honneur à plus d'un sculpteur absolument naturaliste; enfin, et c'est là un détail qu'il ne faut pas négliger dans la critique d'un monument de ce genre, l'accoutrement des saints militaires n'est nullement de fantaisie : armement et costume, tout est étudié sur nature.

La partie postérieure du triptyque montre un type iconographique qu'on rencontre pour la première fois, sur un ivoire du moins : la croix pattée et fleuronnée se dressant dans le firmament et vers laquelle s'inclinent deux cyprès symboliques entortillés de vigne et de lierre. Là se révèle dans cette composition

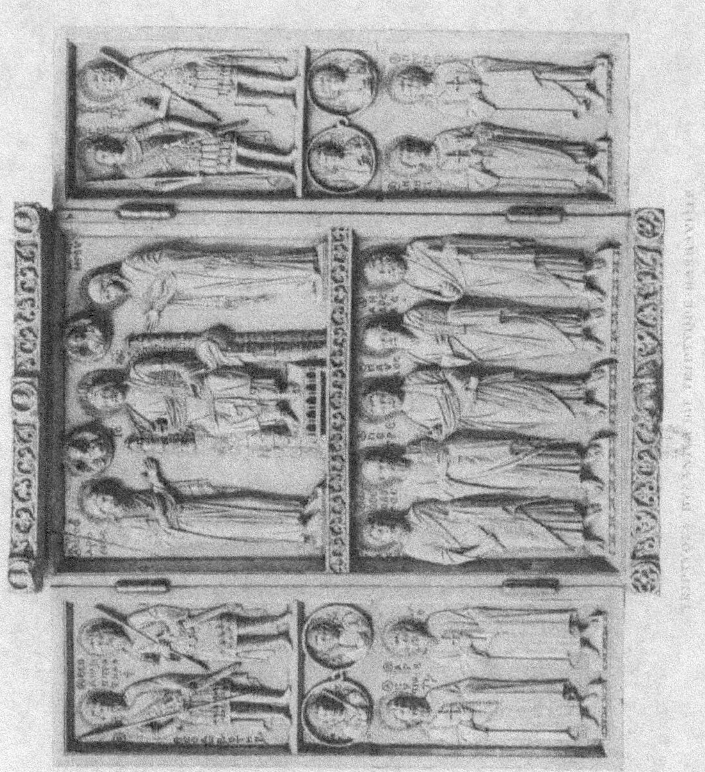

décorative d'autres influences que celles de l'art classique. L'art oriental est passé par là et a enseigné aux artistes byzantins tout le parti qu'on peut tirer des végétaux stylisés à outrance; le vieux symbole asiatique est devenu à son tour un symbole chrétien aussi bien qu'un thème décoratif que les artistes grecs développeront dans un sens nouveau. Partout, du reste, dans la façon de traiter l'ornement, sauf dans le tore de feuillage destiné à masquer la fermeture des volets, se trahit une influence orientale; les feuillages inscrits dans des ornements cordiformes que l'on aperçoit sur la partie centrale du triptyque sont profondément champlevés et montrent chez leur auteur la connaissance des ivoires persans ou arabes.

Ces sculptures qui, avec le temps, ont pris un ton si harmonieux ne se présentent point à nous telles qu'elles étaient quand elles sortirent des mains de l'artiste. Sans parler de la couleur rouge qui avivait les inscriptions, des traces encore très visibles nous indiquent que les vêtements de beaucoup de personnages étaient dorés en plein. Faut-il voir, dans cet usage d'une coloration poussée aussi loin, un vague souvenir de la sculpture chryséléphantine de l'antiquité classique ou bien la continuation d'un système de décoration polychrome appliquée à bon nombre des sculptures antiques, surtout à celles de petites dimensions? Question épineuse et dont la solution définitive est impossible à donner. Contentons-nous de constater que ce ton de l'ivoire qui nous charme aujourd'hui n'affectait pas de la même façon les yeux des anciens; pour précieux que fût l'ivoire, Byzantins et Occidentaux aimaient à en faire disparaître les tons trop blancs, à leur avis, sous des nuances variées ou bien les teignaient en entier de pourpre. C'est là une convention que nous avons quelque difficulté à admettre, mais qu'il faut admettre cependant, car les exemples de polychromie sont trop nombreux et trop concluants pour laisser place au doute.

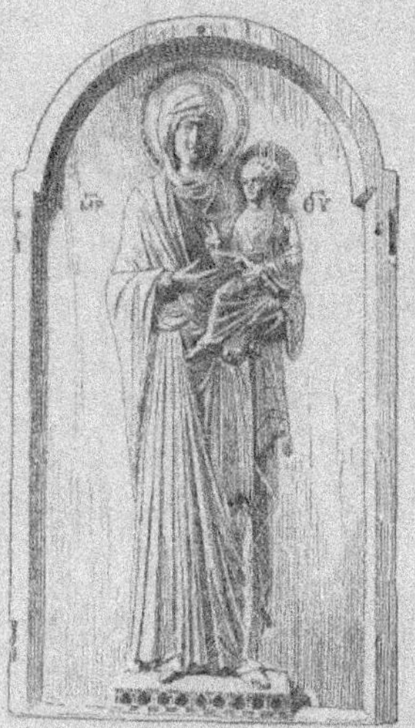

CENTRE D'UN TRIPTYQUE BYZANTIN.
Musée archiépiscopal d'Utrecht.

Les conventions, la manière que je signalais tout à l'heure dans le *triptyque Harbaville*, on les retrouve au même degré, jointes à une habileté presque égale, dans un Christ et un saint Théodore, appartenant tous deux au Louvre et ayant composé, l'un la partie centrale, l'autre le feuillet gauche d'un triptyque. Les physionomies, les draperies sont assez sensiblement les mêmes pour qu'on puisse assurer qu'ils sont contemporains et sortis de la même école; j'en dirai autant d'un grand triptyque[1] dont il ne subsiste que les volets, conservés l'un à Vienne, l'autre à Venise, et dans lequel les apôtres sont représentés avec la même majesté, la même noblesse d'attitude que dans le *triptyque Harbaville*; la disposition des draperies est sensiblement identique, bien que l'on ne puisse encore relever dans ces deux magnifiques pièces aucune trace d'un art purement conventionnel.

Je formerai un groupe à part de trois triptyques ou fragments de triptyques, qui tous trois montrent en leur centre l'image de la *Panagia*. Deux sont dépourvus de volets — ceux du Musée archiépiscopal d'Utrecht et du Musée épiscopal de Liège; le troisième possède des volets décorés de figures d'anges et de saints, vus à mi-corps, disposés dans des médaillons. Mais il y a de

---

1. C'est le dernier triptyque important sur lequel on a attiré l'attention, et c'est aussi l'un des plus beaux.

fortes chances, étant données les différences de style, pour que les volets proviennent d'un autre monument que la partie centrale. Cette dernière pièce, que Labarte a publiée, nous montre, comme les deux premières, la Vierge debout drapée et soutenant l'Enfant Jésus. Cet ivoire, qui fait actuellement partie de la collection de Mᵐᵉ Hartmann, est, à bon droit, l'un des monuments byzantins les plus connus et les plus célèbres : la Vierge debout sous une arcade ou plutôt une sorte de coupole découpée à jour, soutenue par des colonnes torses, est drapée dans un long voile qui recouvre ses cheveux ; elle soutient sur son bras gauche l'Enfant Jésus, qui a le défaut de tous les Enfants Jésus byzantins, celui de paraître plus âgé qu'il n'est en réalité ; mais tout est à louer dans l'attitude et le drapé de la Vierge dont les plis verticaux des vêtements accentuent encore la sveltesse et la grâce ; les Vierges de Liège et d'Utrecht sont proches parentes de cette dernière et, sauf de très légers changements, reproduisent son costume et son attitude.

Le triptyque du Cabinet des Médailles, à la Bibliothèque nationale, pour très beau qu'il soit, nous ramène à un type plus conventionnel : un Christ en croix, flanqué de Constantin et d'Hélène, de la Vierge et de saint Jean, forme le centre de la composition et contribue naturellement à lui donner un aspect de symétrie, quelque chose de convenu qui exclut un peu le caractère personnel ; mais l'artiste s'est amplement dédommagé en représentant sur les volets des saints en buste, entourés de gracieux enroulements de feuillages stylisés, noués comme des rubans, que nous retrouvons encore et dans une belle plaque du Musée de South-Kensington[1] et dans des imitations des ivoires byzantins, d'un faire barbare, exécutées, vraisemblablement en Italie, à une époque très postérieure. On peut voir, par ce rapide exposé des principales pièces d'ivoires byzantines, attribuables au xᵉ et au xiᵉ siècle, que dans ces images portatives, dont la plupart furent importées en Occident à la suite du pillage de 1204, les formules adoptées par les artistes pour ces œuvres exclusivement religieuses sont assez nombreuses ; et dans aucune, pas plus que dans une autre Vierge assise et portant l'Enfant, qui fit partie de la collection Bastard[2], dans aucune on ne retrouve les traces évidentes de ce hiératisme que l'on a tant reproché à l'art byzantin quand, par un retour bizarre du goût, on ne lui en a pas fait un mérite.

En face de cette quantité de figures représentées debout, d'un art indiscutablement très soigné, l'idée est venue à quelques archéologues de rechercher si les artistes byzantins n'avaient pas possédé un canon déterminant toutes les proportions du corps humain. Cette idée a pu naître chez les uns de ce que dans beaucoup de ces sculptures ils retrouvaient les traces indéniables de traditions classiques ; chez les autres, et je crains que ce ne soit le plus grand nombre, de ce que, considérant l'art byzantin comme un art tout de formule et de convention, ils étaient persuadés que des formules et des conventions devaient s'y retrouver partout. En fait, les Grecs qui aujourd'hui fabriquent des images pieuses les exécutent pour ainsi dire géométriquement. Mais il semble bien que rien de pareil n'a existé au xiᵉ siècle. En sorte que les conclusions d'une telle enquête prouvent encore une fois ce que j'avançais tout à l'heure, à savoir que d'une part l'art byzantin n'est pas aussi hiératique qu'on l'a bien voulu dire ; et que, d'autre part, s'il a imité les modèles classiques, il l'a fait en toute liberté, en mitigeant cette imitation par une étude directe de la nature.

Mais, bien que je considère cette théorie comme sans issue et dépourvue d'utilité pratique pour nous aider à dater les monuments, je m'en voudrais de ne point mettre sous les yeux du lecteur les résultats auxquels on est arrivé et auxquels je suis arrivé moi-même en mesurant exactement certaines figures byzantines. La conclusion que j'émettais tout à l'heure ne pourra qu'y puiser plus de force.

Linas[3] s'est efforcé de retrouver dans les monuments d'une même époque des règles de propor-

---

1. Maskell, ouvr. cité, p. 73, n° 215 (photographie).
2. Publiée dans les Annales archéologiques, t. XVII, p. 365.

3. Anciens ivoires sculptés... le Triptyque de la collection Harbaville à Arras, p. 45.

tions : un canon qui, vérifié sur de nombreux exemples, permettrait de faire des attributions certaines au point de vue des dates. Pour cet archéologue, au vi⁰ siècle, dans les monuments byzantins, la proportion du corps humain dépasse la normale classique et atteint neuf têtes; le ix⁰ siècle se rapprocherait de la normale, avec sept et huit têtes; au x⁰ siècle, le canon varierait entre six têtes et demie et sept têtes. Cette doctrine me paraît beaucoup trop absolue, car parfois sur un même monument le corps humain atteint des proportions très différentes les unes des autres et, dès lors, les résultats d'une mensuration de ce genre sont parfois contradictoires. Dans le *triptyque Harbaville* le canon comprend six têtes seulement, et sur un fragment de triptyque du Louvre (saint Théodore), absolument de même style, le canon est de sept têtes. Il est de huit têtes sur le triptyque de la collection Hartmann, de huit têtes également sur la Vierge de l'évêché de Liège; de huit têtes et demie sur la Vierge du Musée archiépiscopal d'Utrecht; de sept têtes sur le triptyque du Cabinet des Médailles; il tombe à six têtes et demie sur une plaque représentant le Christ entre la Vierge et saint Jean, conservée au Musée national Bavarois à Munich (n⁰ 159). Or toutes ces pièces sont, à ne s'en tenir qu'au style, qui, après tout, n'est pas un si mauvais point de repère, assez semblables pour que l'on puisse supposer qu'elles n'ont pas été exécutées dans le cours d'une période très longue. Pour plus de sûreté, pour offrir des limites d'attribution plus élastiques, on les attribue au x⁰ ou au xi⁰ siècle; dans l'état de nos connaissances, c'est en somme ce qu'il y a de plus sage.

Des monuments attribuables au x⁰ ou au xi⁰ siècle dont on vient de lire l'énumération, il faut rapprocher encore un certain nombre d'autres qui se rattachent évidemment aux mêmes centres artistiques, ou bien qui, présentant des caractères assez différents au point de vue de la technique, doivent cependant, par comparaison avec d'autres monuments byzantins, des miniatures surtout, être rapportés à la même époque.

Je citerai en première ligne un beau bas-relief représentant la Vierge assise portant l'Enfant Jésus et l'offrant à l'adoration d'un donateur, bas-relief qui faisait autrefois partie de la collection Bastard[1]. Au point de vue du style, cette œuvre doit être rapprochée et du *triptyque Harbaville* et de l'ivoire représentant Romain IV et Eudoxie; on y retrouve la même pureté de ligne, la même science de draperie, la même minutie d'exécution exempte cependant de sécheresse trop prononcée; une plaque représentant la Vierge, qui jadis fit partie de la collection Raoul Richards[2], et qui est entrée dans la collection Antokolsky, peut, bien que légèrement inférieure de style, être considérée comme à peu près contemporaine de la précédente; enfin un beau diptyque, malheureusement mutilé, conservé au Dôme d'Halberstadt, dont chaque feuillet est orné d'une grande croix dont le centre est occupé par les bustes du Christ et de la Vierge, dépouille probable du sac de Constantinople en 1204, peut encore être considéré comme une œuvre du x⁰ ou du xi⁰ siècle et rentrer dans la même classe; à la rigueur on pourrait encore y placer un monument qui maintenant se trouve au Musée du Bargello, à Florence, représentant l'*Ascension*. Labarte qui a publié cette plaque[3] la considérait comme un chef-d'œuvre; je suis loin de partager son enthousiasme : la composition est confuse, les personnages ont des attitudes assez maladroites; mais, toutefois, les proportions des personnages, le style des draperies semblent bien nécessiter le rapprochement que je fais. La liste des triptyques byzantins que je donne plus loin me dispensera de mentionner ici un certain nombre de pièces dont la date d'exécution me semble encore devoir être rapportée à la même époque; mais à côté de ces ivoires qui peuvent être considérés, si l'on y joint quelques miniatures, comme les échantillons du style le plus grandiose de l'art du Bas Empire, peuvent prendre place, et très probablement au x⁰ siècle, quelques autres monuments que semblent avoir inspirés les miniatures des manuscrits. La plaque représentant les quarante martyrs abandonnés sur un lac glacé, que possède le

---

1. Publié par Lenormant, *Trésor de numismatique et de glyptique*, t. II, pl. xxv; Didron, *Annales archéologiques*, t. XVII, p. 305; Boyet, *L'Art byzantin*, p. 191. Cfr. Westwood, *ouvr. cité*, p. 58, 81.

2. Disparue en 1887; n⁰ 2 du catalogue de cette collection; pl. 1 du catalogue.

3. Didron, *cité*, 2⁰ édition, t. I, pl. ix.

Musée de Berlin[1], un triptyque, qui appartint jadis à Soltykoff, passa entre les mains de Spitzer et se trouve maintenant dans la collection Edmond Foule, représentant en son centre la *Nativité* et sur ses volets l'*entrée à Jérusalem*, la *descente aux limbes*, l'*Assomption*[2], peuvent passer pour d'excellents spécimens de l'art du Xe siècle, mais d'un art très différent de celui que nous avons étudié jusqu'ici. Le style n'est plus le même, et dans le modelé des personnages, dans la composition des scènes on sent l'imitation des peintures de manuscrits. J'en dirai autant d'une charmante plaque, qui fait partie de la collection de M. Edmond Bonnaffé, sur laquelle on voit les soldats se partageant les vêtements du Christ. Tout cela est d'un faire un peu menu peut-être, mais la finesse du modelé, la justesse des attitudes révèlent cependant un art singulièrement puissant et aussi, disons-le, très fidèle gardien des traditions classiques.

On n'a rien dit jusqu'ici de deux triptyques que Labarte attribuait au Xe siècle et que la plupart des auteurs ont considérés également comme remontant à une époque très ancienne, les triptyques du Musée du Vatican et de la Bibliothèque du couvent de la Minerve, à Rome.

Ces deux monuments ont été publiés par Gori[3], puis récemment par Linas[4]; la description qu'on en trouvera plus loin dans la liste des triptyques byzantins me dispensera de m'appesantir sur ces deux ivoires, importants sans doute, mais qu'après un mûr examen on ne peut considérer que comme des copies d'un type ancien que nous fait connaître le *triptyque Harbaville*. Le travail, d'une sécheresse extraordinaire, les types conventionnels, figés, presque grimaçants parfois, trahissent la main d'un ivoirier, habile encore sans doute et qui sait choisir de bons modèles, mais incapable de renouveler un art vieilli en y introduisant quelque chose d'original et de personnel. Si on isole ces deux pièces du triptyque possédé par le Louvre, comme aussi du reliquaire de Cortone, elles peuvent au premier abord faire illusion : leur belle ordonnance, la majesté de la composition font oublier tout d'abord tout ce que cet art a de conventionnel, et rien d'étonnant que Labarte ait sans hésitation cru devoir les attribuer à la période la plus florissante de l'art byzantin; il n'avait pas sous les yeux les monuments nécessaires pour établir une comparaison équitable; d'ailleurs, bien que lui-même fût grand admirateur de l'art du Bas Empire, il a subi inconsciemment l'influence de l'opinion courante de l'époque où il écrivait : amateurs et archéologues étaient la plupart si persuadés que l'art byzantin était avant tout un art hiératique, qu'il était tout naturel que la pensée leur vînt d'attribuer au Xe ou au XIe siècle des œuvres qui pour eux présentaient au plus haut point ce caractère d'immobilité et d'impassibilité. On ne saurait en vouloir à nos devanciers, ni surtout à Labarte qui a fait connaître beaucoup de monuments byzantins. Si dans les classifications présentées par lui bien des opinions sont douteuses ou doivent être tout à fait rejetées, si beaucoup des monuments qu'il plaçait en première ligne doivent être mis au second plan et considérés comme des objets de fabrication courante, il n'en est pas moins vrai que le premier ou l'un des premiers il a tenté de débrouiller l'histoire des monuments du Bas Empire. Si aujourd'hui, dans cette voie périlleuse, on peut faire un pas en avant, c'est en grande partie à lui qu'on le doit; il serait très injuste de l'oublier.

Pour ces deux triptyques, j'adopte donc l'opinion de Linas. « L'attribution au XVe siècle du triptyque de la Minerve, dit-il[5], ne me semble pas douteuse; il peut même à la rigueur sortir du même atelier que l'hagiothyride vaticane; je n'oserais toutefois l'affirmer tant le parti pris est différent. L'ivoirier du Vatican est un simple pasticheur, travaillant probablement pour la vente accidentelle. Au contraire, le sculpteur de la Minerve, chargé d'une commande spéciale, s'est appliqué à varier un thème banal, et il y a introduit divers éléments empruntés à son époque. Pour l'action de la Renaissance, c'est-à-dire du retour

---

1. Bode et von Tschudi, *ouvr. cité*, n° 449, pl. XXII. Ce charmant bas-relief a fait partie de la collection Demidoff de Florence. Il est gravé dans Gori, *ouvr. cité*, t. III, 2e partie, p. 12.

2. Voyez plus loin, à la liste des triptyques, n° 4, la description complète de ce beau monument.

3. Triptyque du Vatican, Gori, *ouvr. cité*, t. III, pl. 21, 22. — Triptyque de la Bibliothèque de la Minerve, *ibid.*, t. III, pl. 20, 21.

4. *Anciens ivoires sculptés. Les triptyques byzantins conservés au Musée du Vatican et à la Bibliothèque du couvent de la Minerve à Rome*, dans *Revue de l'Art chrétien*, t. IV, 2e livr., avril 1886; tirage à part. Linas ne donne la reproduction que de l'ivoire du Vatican.

5. Page 12 du tirage à part.

vers les anciens types, signalé chez les Byzantins par M. de' Rossi à propos de l'hagiothyride vaticane, elle semblerait encore se faire mieux sentir à la Minerve. Si le monument que nous venons de soumettre à une minutieuse investigation est un ex-voto impérial dépouillé de sa garniture, il ne saurait (d'après l'inscription qui l'accompagne) émaner que de Constantin Paléologue, dit Dragasès (1448-1453), dernier empereur d'Orient. Néanmoins, l'omission du titre Δεσπότης avant le nom du propriétaire induirait à la négative. »

Peu importe, du reste, que ce Constantin nommé sur le triptyque de la Minerve soit un empereur plutôt qu'un autre personnage : le nom était commun dans l'empire d'Orient et c'est une énigme indéchiffrable pour nous ; et dans l'un comme dans l'autre cas rien n'empêche de considérer cet ivoire comme un objet apporté en Italie par quelque Grec fugitif après la prise de Constantinople par les Turcs, en 1453.

C'est par ces quelques notes sur ces deux monuments qu'on pourrait terminer cette rapide étude sur les ivoires byzantins : étude non exempte de lacune sans doute, on le voit du reste, puisque des monuments du XI° siècle on est obligé de sauter au XV° siècle ; il faut pourtant encore aujourd'hui se contenter de tels à peu près, et il en sera ainsi tant qu'on n'aura pas réuni en une collection les monuments byzantins à date certaine. D'ailleurs, il ne faut pas oublier que les événements de 1204 durent porter un coup fatal à l'art byzantin, et on peut encore admirer la vitalité de cet art capable après tant de révolutions et d'infortunes de créer en plein XV° siècle des sculptures telles que celles que l'on vient de mentionner. Mais avant de prendre congé des Byzantins, il faut retourner un moment en arrière et dire quelques mots d'une série de monuments formant un véritable ensemble, dont on n'a pas encore parlé, et aussi de quelques bas-reliefs dont la date me paraît encore mal déterminée.

A la Bibliothèque de Ravenne on conserve une série de plaques sculptées provenant de Murano, sur lesquelles sont représentées la *Naissance du Christ*, l'*Ascension*, la *Mort de la Vierge*[1]. Je ne partage pas l'enthousiasme de Westwood pour ces œuvres grossières, que bonnement il me paraît impossible de vieillir autant qu'on le fait d'habitude. Ces pièces, absolument conformes, au point de vue iconographique, aux prescriptions du *Guide de la peinture*, ont du reste des analogues dans tous les musées, dans toutes les collections et on leur distribue des dates variant entre le X° et le XII° siècle avec une libéralité qui a quelque chose de choquant, étant donnés les points de repère authentiques que nous possédons pour ces hautes époques. Je serai porté à y reconnaître la menue monnaie de l'art byzantin, l'art religieux courant de Constantinople où, comme partout, il fallait des objets à la portée de tout le monde et de toutes les bourses ; si ces bas-reliefs étaient très anciens, sous leur travail sommaire on retrouverait néanmoins un style concordant avec celui des monuments du X° et du XI° siècle. Au contraire, on y remarque un style assez différent pour que l'on puisse avancer que les uns et les autres ont vu le jour à des époques très diverses. Sans oser l'affirmer absolument, n'aurions-nous pas là des spécimens de l'art byzantin au XIII° et au XIV° siècle, c'est-à-dire d'une époque pendant laquelle, étant donnés les classements faits jusqu'ici, les ivoiriers n'auraient rien fabriqué, inaction qui ne laisse pas que de surprendre ? C'est une question que je pose, non une solution que je donne ; aussi bien pour la résoudre faudrait-il avoir la chance de mettre la main sur un monument à date certaine ; il peut exister, mais je ne sache pas qu'on l'ait encore signalé. Dans la même classe que ces monuments, que je considère comme de basse époque, je placerai aussi très volontiers deux ou trois pièces que possède le Musée du Louvre : Une *Crucifixion* et son pendant, le *Christ entouré d'apôtres*[2], ainsi qu'une plaque représentant la Vierge debout portant l'Enfant Jésus, accompagnée de deux bustes de saints[3]. Ce sont des œuvres toutes de pratique, et c'est déjà être très indulgent pour elles que d'en placer l'exécution vers le XIII° siècle.

---

1. Westwood, ouvr. cité, p. 360, n°° 7, 8, 9. — On peut en rapprocher une plaque d'ivoire représentant la mort de la Vierge, conservée à Trèves, et que Aus'm Weerth a publiée (*Kunstdenkmäler*, pl. 60, n° 2 a). Cette plaque, faite sur l'autel portatif dit de Saint-Willibrord, est tellement grossière que Aus'm Weerth la considère comme une copie exécutée en Allemagne d'après un original byzantin.

2. N°° 51 et 54 du *Catalogue des Ivoires*.

3. *Ibid.*, n° 52.

On a examiné plus haut toute une série de monuments civils, de coffrets appartenant à l'art byzantin, et on a vu combien il était difficile de leur assigner une date certaine. Une autre suite de monuments analogues, quelques-uns fort beaux, nous montrent des ornements purement religieux. Ils ne sont pas plus faciles à dater.

Le plus beau de tous ces coffrets est sans contredit celui que renferme le trésor de la cathédrale de Sens, dont on donne ici un fragment, afin de montrer la disposition des bas-reliefs[1]. Il est à douze pans et surmonté d'une toiture conique également à douze pans[2]. Chacune de ses faces est divisée en trois registres : les registres inférieurs montrent dans une série de bas-reliefs l'histoire de David, les registres intermédiaires l'histoire de Joseph, dont les derniers épisodes sont retracés sur le couvercle ; enfin, les registres supérieurs sont occupés par des motifs de décoration disposés sous des arcatures en plein cintre, accompagnées de feuillages stylisés. Ces motifs, d'un très beau style, sont purement orientaux : on y voit le vieux motif des paons affrontés, puis des sujets plus nouveaux dans l'art européen, des lions terrassant des animaux, des griffons ou des animaux fabuleux, enfin toute la série des motifs que les artistes byzantins, en quête d'étrangetés, pouvaient emprunter aux modèles persans, dont ils pouvaient connaître par les étoffes et les ivoires de si beaux spécimens. Cette influence orientale, on la retrouve également dans plusieurs autres bas-reliefs, et l'apothéose de Joseph n'est pas sans présenter quelque ressemblance avec un fameux bas-relief de Saint-Marc, à Venise, le Voyage d'Alexandre dans les airs[3]. Le style général est bon, le dessin assez correct, les scènes sont habilement composées. Certains détails d'exécution rapprochent le coffret de Sens de celui de Troyes, mentionné plus haut, notamment l'anatomie assez défectueuse des chevaux. Viollet-le-Duc donne ce monument au xiie siècle. Je ne serai pas aussi affirmatif quant à l'origine d'un ivoire dont la date d'exécution peut flotter, à mon avis, entre le xe et le xiie siècle ; mais je ferai remarquer que c'est par erreur que cet archéologue considère comme byzantines les plaques de cuivre champlevé et émaillé qui contournent la partie supérieure du coffret. Ces émaux, de facture

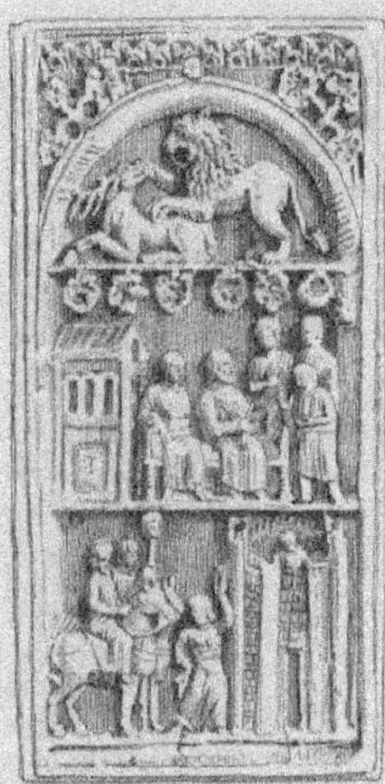

COFFRET BYZANTIN (FRAGMENT).
(Cathédrale de Sens.)

limousine, ont été ajoutés en Occident à une époque indéterminée, peut-être au xiie siècle, peut-être plus récemment.

Mais, parmi ces coffrets décorés de sujets religieux, le coffret de Sens est, au point de vue artistique, une exception ; tous les autres sont beaucoup plus simples et de fabrication plus courante ; en cela, ils forment absolument la contre-partie des coffrets civils dont il a été plus haut question. Les dates qu'on leur attribue varient entre le xe et le xiie siècle ; et, à dire vrai, on éprouve à adopter telle ou telle date les mêmes difficultés que pour beaucoup de monuments déjà signalés. L'un des plus importants est celui que possède le Musée du Collège romain, à Rome[4], sur lequel est représentée en très fort relief l'histoire de David ; l'un des compartiments, accompagné d'une inscription grecque, représente le Christ bénissant

1. Le coffret de Sens a été publié en entier par Millin, *Voyage dans les départements du Midi*, t. I, p. 97, pl. IX et X ; on en trouvera croquis dans Viollet-le-Duc, *Dictionnaire du mobilier*, t. I, p. 90, et dans G. Schlumberger, *Un empereur byzantin au Xe siècle, Nicéphore Phocas*, p. 617.

2. Hauteur : 0m 39. — Diamètre : 0m 32.
3. Publié par Durand, dans les *Annales archéologiques*, t. 25, p. 141 et suiv.
4. Westwood, ouvr. cité, p. 454, 455, 456.

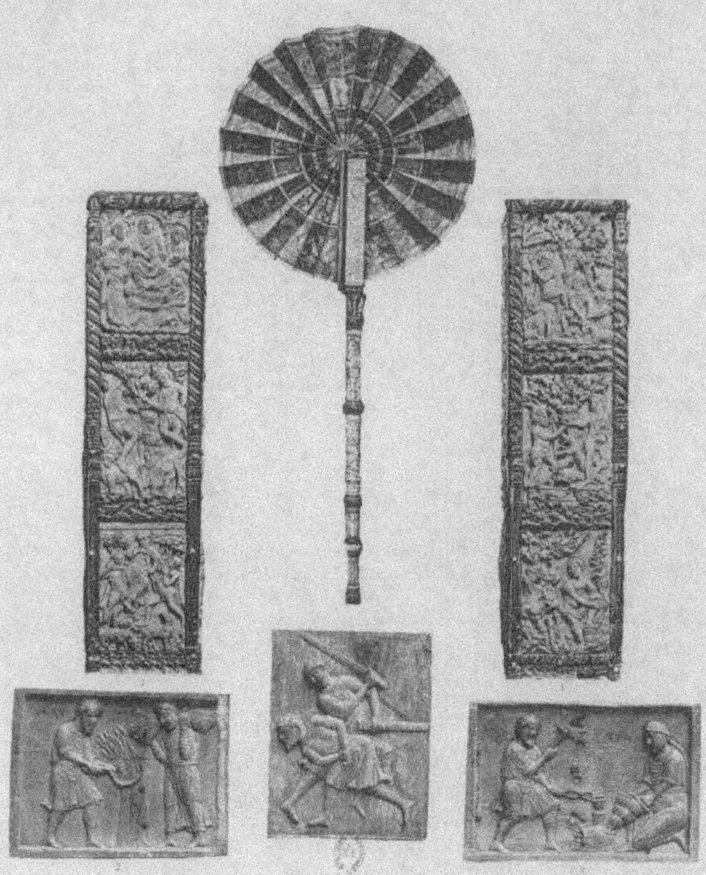

1. FLABELLUM DE TOURNUS

2. PLAQUES DE COFFRET

3. PLAQUE DE COFFRET

un empereur et une impératrice; on peut donc en conclure que c'est un objet de luxe commandé par un basileus ou qui lui fut offert. Au Musée de Darmstadt se trouve un coffret que Westwood[1] attribue au IX⁰ ou au X⁰ siècle, mais qui doit être sensiblement plus récent : il est orné de dix-neuf bas-reliefs, accompagnés d'inscriptions grecques, représentant l'histoire d'Adam et d'Ève et la mort d'Abel. Enfin, on retrouve des sujets traités d'une façon presque identique sur une plaque que Gori a publiée[2] et sur deux fragments gravés dans Garrucci[3]. La première de ces plaques faisait partie, au XVIII⁰ siècle, de la collection Baruffaldi, et en dernier lieu elle a figuré dans la collection Meyrick[4]; les deux derniers fragments appartiennent au Musée Olivieri, à Pesaro.

Dans la planche IX bis on trouvera du reste la reproduction de trois charmants bas-reliefs provenant d'un même coffret et faisant partie de la collection de M. le baron Oppenheim, à Cologne, et de la collection de Pulszky, à Pest. Les sujets, analogues à ceux du coffret de Darmstadt, sont aussi empruntés à l'histoire d'Adam et d'Ève : Adam labourant, la Moisson, Adam et Ève forgeant, forment autant de petits tableaux, de sujets de genre, pourrait-on dire, car leurs inscriptions seules leur donnent un caractère religieux. Le travail d'une merveilleuse finesse est aussi soigné que dans les plus beaux ivoires byzantins jusqu'ici décrits; et à cette beauté d'exécution viennent encore se joindre une étude de la nature, une justesse dans les attitudes, une recherche d'expression qui font défaut dans beaucoup de monuments plus célèbres. Ces œuvres, tout à fait comparables, pour le style, aux belles miniatures du X⁰ et du XI⁰ siècle, sont des types tout à fait précieux à étudier pour quiconque veut avoir une idée juste de l'art byzantin.

Dans l'ivoire publié par Gori, ivoire qui a appartenu à Meyrik, les différentes scènes, accompagnées d'inscriptions, la *Création de l'Homme*, la *Création de la Femme*, la *Mort d'Abel* sont séparées par des arbres stylisés; le travail, assez médiocre, ressemble beaucoup à ces banales représentations des travaux d'Hercule, si fréquentes sur les coffrets civils; on y trouve la même conception de l'anatomie humaine, toute de pratique, imparfaitement corrigée par une certaine habileté de facture : les uns et les autres doivent être contemporains, peut-être du XI⁰ siècle. D'un art tant soit peu supérieur sont les fragments publiés par Garrucci. Ils offrent même une disposition assez curieuse : chacun des personnages est abrité par une arcade en plein cintre, décorée de feuillages et de perles, supportée par des colonnettes cannelées en spirale. Toute cette architecture est assez bien exécutée, mais on ne peut en dire autant de l'anatomie des personnages qui montrent, dans une nudité réclamée par l'iconographie, Adam et Ève chassés par un ange du paradis terrestre. L'artiste a été absolument impuissant à traduire l'effroi de nos premiers parents à la vue du messager céleste qui seul en toute cette scène conserve un peu des traditions classiques. Le second fragment représente Abel béni par Dieu après son sacrifice, puis le meurtre d'Abel par Caïn. L'ornementation architecturale est la même, et bien que les deux plaques soient évidemment sorties du même atelier, on doit supposer que l'artiste a eu sous les yeux un meilleur modèle, car le dessin en est bien supérieur.

On voit quelle étroite parenté, au point de vue des sujets représentés, relie entre eux tous ces coffrets qui, selon moi, doivent être à peu près tous de même époque. Ce ne sont pas des monuments artistiques de premier ordre, mais ils nous font connaître cependant un côté de l'art byzantin que l'on chercherait à étudier en vain dans des monuments d'un style plus relevé. De plus, et ceci a son intérêt, en Italie, ils ont servi de modèles aux ivoiriers de la péninsule, qui les ont copiés et se sont contentés presque uniquement de substituer des inscriptions latines aux inscriptions grecques. Deux plaques conservées l'une au Musée de Berlin, l'autre au Musée national bavarois de Munich, n'ont pas d'autre origine. La première (n⁰ˢ 454, 455 du *Catalogue*) est sculptée sur ses deux faces : d'un côté est une

---

1. Westwood, n⁰ˢ 534/542.
2. *Thesaurus veterum diptychorum*, t. III, 4⁰ partie, p. 1 (en tête de page).
3. *Storia dell'arte cristiana*, t. VI, pl. 453, n⁰ˢ 1 et 3.
4. Westwood, *ouv. cité*, n⁰ 177.

Crucifixion, copiée sur un ivoire byzantin; de l'autre, dans dix compartiments, est retracée l'histoire d'Adam et d'Ève. La seconde[1] nous offre une représentation de la Vierge, debout, dans l'attitude des orantes, accompagnée de deux grands flambeaux, des symboles des évangélistes et des douze apôtres symétriquement disposés. La bordure, dans laquelle alternent des feuillages stylisés et des animaux, est de style tout à fait oriental; mais la pièce, comme celle du Musée de Berlin, est de facture italienne, du xi⁰ siècle environ.

Je ne voudrais pas quitter les ivoires byzantins — j'aurai à en reparler maintes fois à propos de leur imitation par les artistes occidentaux — sans dire un mot d'un monument célèbre et dont il n'est pas aisé de déterminer la date, ni même de fixer exactement l'origine. Je veux parler du *flabellum* ou éventail liturgique, possédé autrefois par l'abbaye de Tournus, conservé aujourd'hui au Musée du Bargello, à Florence (planche ix *bis*). Aussi bien peut-être a-t-il quelques droits à être rapproché des monuments que l'on vient d'étudier en dernier lieu. Cet éventail a été attribué par Viollet-le-Duc[2], qui en a publié un croquis, au xii⁰ siècle. Linas, qui l'a décrit[3], le fait remonter jusqu'au ix⁰ siècle, et le considère comme homogène, c'est-à-dire que le disque pliant en parchemin, la cassette en ivoire destinée à le renfermer, le manche, tout enfin aurait été fabriqué à la même époque par un personnage nommé Johel — IOHEL ME SANCTE FECIT IN HONORE MARIE, est-il dit dans l'inscription, — qui l'aurait offert à l'abbaye de Tournus. Je ne puis partager ce sentiment. Je ne révoque pas un seul instant en doute ni l'authenticité du monument dès longtemps signalé[4], ni l'attribution à Johel des vers latins transcrits sur l'éventail et du montage du meuble tout entier. Mais ce qu'il importe de remarquer, c'est que l'artiste, peut-être carolingien, peut-être aussi plus moderne, qui a réuni cet ensemble, s'est servi, pour composer la petite cassette formée de bas-reliefs d'ivoire, de pièces beaucoup plus anciennes et qui n'ont rien à faire ni avec l'art carolingien, ni avec l'art français du xii⁰ siècle. Ces petites pièces rectangulaires représentant des scènes pastorales, parmi lesquelles Linas croit reconnaître *Apollon chez Admète*, *Apollon et Marsyas*, *Silène*, proviennent à n'en pas douter d'un coffret dont Johel a de son mieux utilisé les fragments. Il a bien essayé de mettre sa monture en harmonie avec cette œuvre ancienne, mais il n'y est parvenu qu'à moitié : les figures de la Vierge, de sainte Agnès, de saint Philibert et de saint Pierre, qui ornent le chapiteau qui réunit la cassette au manche, sont d'une autre main que ces bas-reliefs. Pas plus que Linas, l'alliance du sacré au profane ne me surprendrait dans un monument carolingien, mais encore faudrait-il que toutes les parties du *flabellum* fussent de même style. Enfin, aucun ivoire ni du ix⁰ siècle, ni de l'époque romane ne nous montre dans l'exécution des nus une telle liberté. Ces pastorales, inspirées peut-être par un manuscrit à peintures de Virgile, pourraient fort bien remonter jusqu'au vi⁰ siècle, et une semblable attribution serait fort soutenable. Je n'irai pas jusque là; mais il n'est pas excessif d'admettre que Johel a eu entre les mains une petite cassette byzantine analogue à celles qu'on décrivait tout à l'heure et qu'il en a habilement sectionné les panneaux pour les faire entrer dans la décoration du *flabellum* qu'il offrait à l'abbaye de Tournus.

---

1. *Kataloge des bayerischen Nationalmuseums. Romanische Alterthümer* par Hugo Graf, n° 164. — Cette plaque est reproduite dans ce catalogue; elle a été publiée également par Cahier et Martin, *Nouveaux mélanges d'archéologie, Ivoires et émaux*, p. 54.

2. *Dictionnaire du mobilier*, t. II, p. 192.

3. *Les disques crucifères : le flabellum et l'umbella* (Extrait de l'Art chrétien, 1883, 1884), p. 37, 38.

4. On trouvera dans le mémoire de Linas (p. 37, note 1) l'indication des ouvrages où cet umbella est cité ou figuré. Il me suffira de citer Mabillon, *Annales*, t. IV, p. 356 ; DD. Martène et Durand, *Voyage littéraire*, 1re partie, p. 232. A ma connaissance, il n'en a pas été publié de bonne reproduction.

APPENDICE AU CHAPITRE II

LISTE DES TRIPTYQUES BYZANTINS

1. — VOLET GAUCHE D'UN TRIPTYQUE (Xᵉ SIÈCLE).

SAINT-THÉODORE. — Le saint est représenté debout, nimbé, de trois quarts, à droite ; il porte la barbe longue et les cheveux courts. Vêtu d'une tunique et d'une chlamyde brodée, il tient de la main droite une croix et fait de la main gauche un geste d'adoration. Dans le champ, à gauche du personnage, est gravée l'inscription : Ⓐ ὁ ἅγιος ΘΕΟΔΩΡΟC. Il s'agit ici de saint Théodore Tyron ou de saint Théodore le Stratélate. Revers décoré d'une rosace en relief renfermant cinq cercles disposés symétriquement en croix, chacun des cercles inscrivant lui-même une rosace crucifère.

Paris, Musée du Louvre.

Hauteur : 0ᵐ,162. — Largeur : 0ᵐ,069.

Publié : E. Molinier, *Mélanges Julien Havet*, *A propos d'un ivoire byzantin inédit du Musée du Louvre*, p. 237 et suiv. (Planche) ; *Catalogue des ivoires du Louvre*, nº 13.

2. — TRIPTYQUE, DIT TRIPTYQUE HARBAVILLE (Xᵉ SIÈCLE).
Planche IX.

Ce triptyque, absolument complet, est sculpté sur ses deux faces. Le panneau central (face antérieure) est divisé en deux registres par une frise de feuillages ; une frise analogue se trouve à la partie supérieure et à la partie inférieure de ce même panneau ; en bas est fixée une pièce mobile en argent, décorée de têtes de dragons, destinée à maintenir fermés les panneaux latéraux. Chacun des volets, aussi bien sur la face que sur le revers, est partagé en trois registres superposés ; le registre inférieur et le registre supérieur comportent des représentations de personnages en pied ; le registre intermédiaire renferme des bustes de saints placés dans des médaillons circulaires.

Panneau central : face antérieure ; registre supérieur : Le Christ assis et bénissant, entre deux figures d'anges, à mi-corps, dans des médaillons circulaires : I͞C-X͞C ; à gauche et à droite du Christ, saint Jean l'Évangéliste et la Vierge debout, désignés chacun par leurs noms. — *Registre inférieur :* Saint Jacques le Majeur, saint Jean l'Évangéliste, saint Pierre, saint Paul, saint André. Sur la bordure supérieure, les prophètes Jérémie, Élie et Isaïe, en bustes.

Revers : Une grande croix, dont les extrémités et le centre sont ornés de rosaces, entre deux cyprès autour desquels s'enroulent des feuillages. Au dessus des bras de la croix l'inscription : I͞C-X͞C NIKA ; ciel constellé d'étoiles ; sur le sol, des plantes, au milieu desquelles circulent divers animaux.

Volet de gauche : face antérieure ; registre supérieur : Saint Théodore Tyron, saint Théodore le Stratélate. — *Registre intermédiaire :* Saint Thomas, saint Mercure. — *Registre inférieur :* Saint Eustache, saint Aréthas. — *Revers ; registre supérieur :* Saint Basile, saint Grégoire. — *Registre intermédiaire :* Saint Phocas, saint Blaise. — *Registre inférieur :* Saint Nicolas, saint Sévérien.

Volet de droite; face antérieure; registre supérieur : Saint Georges, saint Eustathe. — *Registre intermédiaire* : Saint Philippe, saint Pantaléon. — *Registre supérieur* : Saint Démétrius, saint Procope.

Revers; registre supérieur : Saint Jean Chrysostome, saint Clément d'Ancyre. — *Registre intermédiaire* : Saint Côme, saint Damien. — *Registre inférieur* : Saint Jacques le Persan, saint Grégoire le Thaumaturge.

Paris, Musée du Louvre.

Hauteur du panneau central : 0ᵐ,242.— Largeur du panneau central : 0ᵐ,112.— Hauteur des volets : 0ᵐ,217. — Largeur : 0ᵐ,070.

Publié : Ch. de Linas, *Ivoires et émaux : Le triptyque byzantin de la collection Harbaville*, à Arras, in-4°, 28 pp., pl. (Extrait de la *Revue de l'art chrétien*, janvier 1885.) — Gustave Schlumberger, *Gazette des Beaux-Arts*, 3ᵉ période, t. V (1891), p. 204 et suiv. ; *Mélanges d'archéologie byzantine*, p. 71 ; — E. Molinier, *Catalogue des ivoires du Musée du Louvre*, n° 12.

<h2 align="center">3. — TRIPTYQUE (xᵉ siècle).</h2>

Panneau central : Sous un dôme composé de feuillages découpés à jour, supporté par deux colonnettes à fûts cannelés en spirale, est représentée la Vierge, debout, nimbée, vêtue de long ; ses pieds reposent sur un escabeau orné d'un rang de perles et d'olives alternant. Sur son bras gauche, elle porte l'Enfant Jésus, la tête entourée d'un nimbe à croix perlée, vêtu à la romaine ; de la droite, il bénit ; de la gauche, il tient un *volumen*.

Volets ; chacun des volets est orné de trois médaillons superposés à bordure dentelée, séparés par des feuillages ; dans les médaillons supérieurs sont représentés deux anges à mi-corps, les mains étendues ; au dessous, on voit deux saints barbus, portant le *pallium* et tenant en main un livre fermé ; au bas, enfin, deux saints, l'un barbu, l'autre imberbe, armés d'une lance et d'une épée.

Au revers de la plaque centrale est sculptée, en relief très peu accentué, une arcade à laquelle est suspendue une couronne votive. Au revers de chacun des volets, une longue croix dont les branches sont terminées par des roses. Un ornement quadrillé formant bandeau, disposé verticalement, borde l'extérieur du volet de droite.

Ainsi que l'a remarqué Labarte, en publiant ce beau triptyque, les volets paraissent être d'une autre main que le panneau central.

Münster (Alsace), Collection de Mᵐᵉ Hartmann.

Hauteur : 0ᵐ,185. — Largeur : 0ᵐ,225.

Anciennes collections Saltykoff (n° 212), puis Soltikoff. Publié : Labarte, *Histoire des arts industriels*, 1ʳᵉ édition, Album, t. Iᵉʳ, pl. xi ; 2ᵉ édition, t. Iᵉʳ, p. 53, pl. xi ; — E. Molinier, *La collection Spitzer*, t. Iᵉʳ, *Ivoires*, n° 15, pl. vii ; — Gustave Schlumberger, *Un empereur byzantin au Xᵉ siècle : Nicéphore Phocas* (1890), p. 105. — Cfr. Westwood, *A descriptive catalogue of the fictile ivories in the South-Kensington Museum*, p. 444.

<h2 align="center">4. — TRIPTYQUE (xᵉ siècle).</h2>

Panneau central : Sous un dôme découpé à jour, supporté par deux colonnes également repercées à jour, est représentée la scène de la Nativité.

Au centre, la Vierge nimbée, vêtue de long, couchée sur une draperie, près de la crèche dans laquelle est déposé le Sauveur, que le bœuf et l'âne réchauffent de leur souffle. Au premier plan, à gauche, saint Joseph, assis, les jambes croisées, la tête appuyée sur son bras gauche. A droite, une servante, à genoux, lave Jésus dans un bassin près duquel est disposée une aiguière. En arrière de la Vierge, on aperçoit six anges debout : l'un d'eux annonce à deux bergers la venue du Messie. Près des bergers, des animaux parmi lesquels on reconnaît un bélier. Dans l'angle supérieur, à droite, l'inscription : H ΓENICIC.

Volet de droite; registre supérieur : L'entrée du Christ à Jérusalem. Le Christ, la tête entourée d'un nimbe crucifère, bénissant et tenant un *volumen*, est monté sur un âne dirigé vers la droite ; il est accompagné de deux apôtres. Un personnage étend son manteau sous les pieds de la monture du Christ ; au second plan, hommes et femmes portant des palmes ; près de la muraille de la ville de Jérusalem, un arbre sur lequel est monté Zachée. Dans le coin, à droite, on lit l'inscription : Η ΒΑΙΟΦΟΡΟϹ. — *Registre inférieur* : Le Christ aux limbes. Le Christ, debout sur les portes de l'Enfer qu'il vient de briser, tend la main à un patriarche (Adam), que suivent plusieurs personnages de l'Ancien Testament. Dans le haut, au centre, on lit l'inscription : Η ΑΝΑϹΤΑϹΙϹ.

Volet de gauche : Ce volet est divisé comme le précédent en deux registres, mais ici ces deux registres ne forment qu'une seule scène, l'Assomption. La Vierge debout, de face et vêtue de long, monte au ciel, soutenue par deux anges, portant des sceptres. Au dessus, le Christ de majesté dans une gloire soutenu par deux anges. À la partie inférieure, onze apôtres, portant des livres ou des croix, les yeux tournés vers le ciel ou donnant des signes d'étonnement. Dans le haut, l'inscription : Η ΑΝΑΛΗΨΙϹ.

Monture en bois de chêne peint, ornée d'une croix en bois rapportée.

Paris, collection Edmond Foule.

Hauteur : 0ᵐ,120. — Largeur : 0ᵐ,205.

Publié : E. Molinier, *La collection Spitzer*, t. I⁰ʳ, *Ivoires*, n° 17, pl. VII. — Gustave Schlumberger, *Un empereur byzantin au Xᵉ siècle : Nicéphore Phocas* (1890), p. 233.

5. — TRIPTYQUE (Xᵉ siècle).

Ce triptyque décore actuellement les deux plats d'un Évangéliaire (l'Évangéliaire de l'empereur Othon III) ; le panneau central, enchâssé dans une monture d'orfèvrerie carolingienne, forme le plat supérieur ; les deux volets, réunis, enchâssés dans une monture d'orfèvrerie romane, forment le plat inférieur. Cette reliure a par conséquent été remaniée à différentes époques, et c'est ce qui explique comment une monture en partie carolingienne a pu être appliquée à des ivoires d'époque postérieure.

Panneau central (Largeur : 0ᵐ,11. — Hauteur : 0ᵐ,12). La Vierge, à mi-corps, voilée et nimbée, portant sur son bras gauche l'Enfant Jésus, nimbé, drapé à l'antique ; de la main droite, il fait un geste de bénédiction ; de la gauche, il tient un *volumen*.

Volet de gauche : Divisé en deux registres par une série d'olives et de perles. *Registre supérieur* : un apôtre à mi-corps, nimbé, barbu, de trois quarts à droite, tenant des deux mains un livre fermé. — *Registre inférieur* : Un saint à mi-corps nimbé, barbu, vêtu d'une tunique et d'un manteau agrafé sur l'épaule droite, tenant dans la main droite une croix.

Volet de droite : Divisé comme le précédent en deux registres. *Registre supérieur* : Un saint (? Saint Jean-Baptiste), à mi-corps tourné vers la gauche, nimbé, barbu, les cheveux longs, les mains étendues en avant. — *Registre inférieur* : Un saint à mi-corps, nimbé, imberbe, vêtu d'une tunique et d'un manteau agrafé sur l'épaule droite, tenant de la main droite une croix.

Aix-la-Chapelle, Trésor du Dôme.

Hauteur : 0ᵐ,297. — Largeur : 0ᵐ,23.

Publié : G. Beck, *Karl's des Grossen Pfalzkapelle und ihre Kunstschätze* (1866), pp. 54-62, fig. XXVI et XXVIII ; — Aus'm Weerth, *Kunstdenkmäler des christlichen Mittelalters in den Rheinlanden*, pl. XXXIV, n°ˢ 2 et 2 a ; — *Annales archéologiques*, t. XX, p. 5 ; — P. Schnütgen, *Kunstschätze der Münsterkirche zu Aachen, nebst einigen Kunstwerken aus Trierer Kirchen*, Berlin, 1887, planche III, fig. 2 ; — Barbier de Montault, *Le trésor du dôme d'Aix-la-Chapelle, Bulletin monumental*, 1887, p. 220 (le plat supérieur de la reliure) ; — G. Schlumberger, *Un empereur byzantin au Xᵉ siècle : Nicéphore Phocas*, p. 661.

6. — PANNEAU CENTRAL D'UN TRIPTYQUE (Xᵉ siècle ?).

La Descente de croix. Sous un dôme découpé à jour et supporté par deux colonnes, on voit le Christ nimbé dont saint Joseph d'Arimathie reçoit le corps dans ses bras ; le Christ a la barbe et les cheveux longs, et ses reins sont entourés d'un jupon court. À gauche est la Vierge, qui saisit la main droite du Christ pour l'embrasser ; au dessus de sa tête, l'inscription : M̄P ΘῩ. A droite, Nicodème, muni d'un marteau et d'un ciseau, essaye de déclouer les pieds du Christ encore attachés au *suppedaneum*. Au second plan, saint Jean, debout, nimbé, imberbe, tenant de la main gauche l'Évangile fermé ; au dessus de sa tête on lit : (Α)ΙΩΑΝΝΗϹ. Au dessus des bras de la croix, surmonté d'un large *titulus* sans inscription, on lit : Ī̄Ϲ Χ̄Ϲ̄. La partie supérieure est cintrée.

Paris, Ancienne collection Spitzer.

Hauteur : 0m.17. — Largeur : 0m.13.

Publié : E. Molinier, *La collection Spitzer*, t. Iᵉʳ, *Ivoires*, nº 15.

7. — VOLET DE TRIPTYQUE (xᵉ ou xiᵉ siècle).

Sur un escabeau, décoré à sa partie antérieure d'arcatures en plein cintre, sont debout saint André et saint Pierre ; tous deux font de la main droite le geste de la bénédiction et de la main gauche tiennent un *volumen* ; ils sont désignés par des inscriptions gravées dans le champ, à droite et à gauche de leur tête. Au dessus des deux saints est gravée, en lettres capitales, l'inscription suivante :

ΩϹ ΑΥΤΑΔΕΛΦΟΙ ΜΥϹΤΟΛΕΚΤΑΙ ΤΩΝ ΑΝΩ
ΝΕΜΟΙΤΕ ΛΥΤΡΟΝ ΔΕϹΗΟΤΗ ΚΩΝϹΤΑΝΤΙΝΩ

Il s'agit ici de Constantin Porphyrogénète, fils de Léon, né en 905 ; ou de Constantin Porphyrogénète, fils de l'empereur Michel, né en 1924 ; ou encore de Constantin Ducas (1059-1067).

Vienne, Musée impérial.

Hauteur : 0m,245. — Largeur : 0m,13.

Publié : Gori, *Thesaurus veterum diptychorum*, t. III, p. 243, pl. xxvii. Ce volet faisait partie de la collection Riccardi, à Florence ; — G. Schlumberger, *Mélanges d'archéologie byzantine*, p. 337, pl.

Sur cet ivoire voyez une communication de M. G. Schlumberger à l'Académie des Inscriptions (séance du 16 mars 1894). M. Gustave Schlumberger, comme l'avait déjà fait Gori, rapproche avec toute raison ce volet, conservé à Vienne, d'un autre qui était au xviiiᵉ siècle à Padoue et qu'il a retrouvé au Musée du Palais Ducal à Venise. (Voyez ci-dessous, nº 8.) Ces deux pièces se faisaient pendant et accompagnaient un panneau central aujourd'hui perdu. — Cfr. aussi, Marucchi, *Origines et antiquitates christianae*, t. V, pars I, lib. IV, § 2 ; — Westwood, *A descriptive Catalogue of the fictile ivories in the South-Kensington Museum*, p. 78, nº 178.

8. — VOLET DE TRIPTYQUE (xᵉ ou xiᵉ siècle).

Pendant du numéro précédent. — Sur un escabeau, décoré à sa partie antérieure d'arcatures en plein cintre, sont debout saint Jean l'Évangéliste et saint Paul. Dans leurs mains tous deux portent devant eux des livres fermés ; ils sont désignés par des inscriptions gravées dans le champ, à droite et à gauche de leur tête. Au dessus des deux saints est gravée, en lettres capitales, l'inscription suivante :

ϹΚΕΥΟϹ ΘΕΟΥΡΓΟΝ ϹΤΛΛΑΛΕΙ ΤΩ ΠΑΡΘΕΝΩΙ
ΒΛΑΒΗϹ ϹΚΕΠΕϹΘΑΙ ΔΕϹΠΟΤΗΝ ΚΩΝϹΤΑΝΤΙΝΟΝ

Venise, Musée du palais ducal.

Hauteur : 0m,245. — Largeur : 0m,13.

Sur le Constantin nommé dans cette inscription, voyez le numéro précédent. — Ce volet faisait autrefois partie du *Museo Verdoriano*, à Padoue.

Publié : Gori, *Thesaurus veterum diptychorum*, t. III, p. 243, pl. xxix ; — Schlumberger, *Mélanges d'archéologie byzantine*, p. 337, pl.

9. — PANNEAU CENTRAL D'UN TRIPTYQUE (xᵉ-xiᵉ siècle).

Le Christ de Majesté. — Sous une arcature feuillagée supportée par deux minces colonnettes, le Christ, nimbé d'un nimbe crucifère, barbu, la main droite levée pour bénir, la gauche appuyée sur le livre de Vie, est assis sur un trône, les pieds placés sur un escabeau. Ce trône est muni d'un dossier de forme semi-circulaire sur ses côtés, terminé par une ligne horizontale. Il est orné de pierreries. De chaque côté de la tête du Christ on lit l'inscription : ĪC XC̄

Plaque cintrée à la partie supérieure, ramenée à la forme rectangulaire, en Allemagne au xiie siècle, par l'addition de deux petites plaques offrant les représentations des symboles des quatre Évangélistes, du Saint-Esprit et de l'Agneau pascal.

Paris, Musée du Louvre.

Hauteur : 0m,166. — Largeur : 0m,125.

Publié : Alfred Darcel, *Gazette des Beaux-Arts*, 2e période, t. XVIII (1878), p. 279; — Émile Molinier, *Catalogue des ivoires du Louvre*, n° 14; — Anciennes collections Stein et Timbal. — Cfr. *Catalogue de la collection Timbal* (1882), p. 51, n° 35.

10. — PANNEAU CENTRAL D'UN TRIPTYQUE (x-xie siècle.)

La Vierge portant l'Enfant Jésus. — La Vierge est représentée debout, nimbée, voilée; sur son bras gauche elle porte l'Enfant Jésus, également nimbé, bénissant de la droite et tenant de la gauche un *volumen*. Sous les pieds de la Vierge une plinthe, de très faible épaisseur, ornée d'un rang de perles et d'olives. La partie supérieure de ce panneau est cintrée et décorée d'un rang de feuillages. Dans le champ, à droite et à gauche de la tête de la Vierge, l'inscription : MHP ΘY. Ce panneau est fendu dans le sens de la hauteur.

Liège. Évêché.

Hauteur : 0m,182. — Largeur : 0m,100.

Publié : Ch. de Linas, *L'art et l'industrie d'autrefois dans les régions de la Meuse belge*; *Souvenirs de l'exposition rétrospective de Liège en 1881*, p. 101 (photographie).

11. — TRIPTYQUE (xe-xie siècle).

Ce triptyque est cintré à sa partie supérieure. *Panneau central* : Au centre, le Christ crucifié par quatre clous, vêtu d'un jupon court, nimbé. Sur le haut de la croix et sur le *titulus* on lit : ĪC — XC̄ : — O BACIΛEVC THC ΔOΞHC. Au dessus des bras de la croix, le soleil et le croissant de la lune, ainsi que les représentations à mi-corps des archanges Michel et Gabriel, désignés par des inscriptions. — A gauche et à droite de la croix, la Vierge et saint Jean, debout, auxquels s'appliquent les deux inscriptions :

IΔE O YC̄ COY : — IΔOY H M̄P̄ COY

Sur la base du fût de la croix, au dessous du *suppedaneum*, on lit :

+ ΩC CAPΞ ΠEΠONTAC ΩC ΘC̄ ΠAΘΩN ΛVEIC

Enfin, entre la croix et la Vierge et saint Jean, deux personnages, plus petits, portant le costume impérial, nimbés, Constantin et Hélène : Ⓐ KΩNCTANTINOC : H AΓIA EΛENI.

Volet de gauche : Sur chacun des volets sont représentés en buste, les uns au dessous des autres, dans des médaillons circulaires déterminés par des rubans et séparés par des feuillages, cinq figures de saints : saint Jean Baptiste, saint Paul, saint Étienne, saint Jean Chrysostome, saint Côme.

Volet de droite : Saint Élie, saint Pierre, saint Pantaléon, saint Nicolas, saint Damien. — Chacune de ces figures de saints est désignée par une inscription gravée.

Paris, Cabinet des Médailles, à la Bibliothèque Nationale.

Hauteur : 0m,25. — Largeur du panneau central : 0m,14. — Largeur ouvert : 0m,29.

Publié : Lenormant, *Trésor de numismatique et de glyptique, Ornements*, 2e partie, pl. cxv; — Didron, *Annales archéologiques*, t. XVIII, p. 100, pl. — Cfr. Westwood, *A descriptive catalogue of the fictile ivories in the South Kensington Museum*, p. 85, n° 58, 25 (1876); — Moulages de la Société Arundel, classe VII, lettre I.

12. — PANNEAU CENTRAL D'UN TRIPTYQUE (X^e-XIe siècle).

La Vierge portant l'Enfant Jésus. — La Vierge debout, nimbée et voilée, porte sur son bras gauche l'Enfant Jésus, également nimbé, bénissant de la main droite, tenant de la gauche un *volumen*. Les pieds de la Vierge reposent sur un *suppedaneum*, ou tabouret, décoré d'arcatures découpées à jour. A droite et à gauche de la tête de la Vierge, on lit : MP-OY. Ce panneau est cintré à la partie supérieure. Traces de charnières à gauche et à droite du panneau.

Utrecht, Musée archiépiscopal.

Hauteur : 0^m,255. — Largeur : 0^m,155.

Publié : Ch. de Linas, *L'art et l'industrie d'autrefois dans les régions de la Meuse belge. Souvenirs de l'exposition rétrospective de Liège en 1881*, p. 102 (photographie).

13. — PARTIE CENTRALE D'UN TRIPTYQUE (XIe siècle [entre les années 1068 et 1071]).

Le Christ couronnant l'empereur Romain IV et l'impératrice Eudoxie. — Le Christ, la tête entourée d'un nimbe crucifère, debout sur un piédestal orné d'arcatures et placé sur une base sur laquelle sont debout à droite du Christ l'empereur Romain et à gauche l'impératrice Eudoxie, pose la couronne impériale sur la tête de chacun des époux. Ces derniers sont vêtus du costume impérial et nimbés. Trois inscriptions gravées accompagnent les trois personnages : IC — XC —; POMANOC BACIΛEYC POMAIΩN; — EYΔOKIA BACIΛIC POMAIΩN.

Plaque cintrée à sa partie supérieure, utilisée au moyen âge pour décorer la reliure d'un Évangéliaire, à l'église Saint-Jean de Besançon.

Paris, Cabinet des Médailles, à la Bibliothèque Nationale.

Hauteur : 0^m,24. — Largeur : 0^m,15.

Publié : Chifflet, *De linteis sepulchralibus Christi*, p. 61 ; — Du Cange, *Familiae augustae byzantinae*, p. 162 ; *Glossarium*, éd. Henschel, tome VII, pl. v ; — Gori, *Thesaurus diptychorum veterum*, tome III, pl. I ; — Lenormant, *Trésor de numismatique et de glyptique. Ornements*, deuxième partie, p. 25, pl. XXI ; — *Revue archéologique*, tome I (1844), pl. IV ; — Didron, *Annales archéologiques*, tome XVIII, p. 197, pl. ; — G. Schlumberger, *Un empereur byzantin au Xe siècle : Nicéphore Phocas*, p. 363 ; — Chr. Chabouillet, *Catalogue général raisonné des camées... de la Bibliothèque Impériale*, p. 368, n° 4208 ; — Westwood, *A descriptive catalogue of the fictile ivories in the South Kensington Museum*, p. 84, n°s 38, 39, 188.

14. — FRAGMENTS D'UN TRIPTYQUE (XIe siècle).

Ces fragments, au nombre de trois, sont enchâssés dans une monture en orfèvrerie formant l'un des plats de la reliure d'un Évangéliaire. La reliure, de fabrication occidentale, ne paraît pas être antérieure au XIIIe siècle, mais les ivoires sont beaucoup plus anciens.

Premier fragment : La Vierge debout, voilée, nimbée, portant sur son bras l'Enfant Jésus.

Deuxième fragment, à gauche du fragment central : Trois bustes de saints, superposés ; le dernier, au bas, tient un *volumen*.

Troisième fragment, à droite du fragment central : Trois bustes de saints, superposés ; le premier, en haut, porte le *pallium* et tient un livre fermé ; le dernier, en bas, tient un *volumen*.

Paris, Musée de Cluny.

Hauteur : 0^m,10. — Largeur : 0^m,085.

Publié : Du Sommerard, *Les Arts au moyen âge*, Album, 10e série, pl. XI. — Cfr. Du Sommerard, *Catalogue et description des objets d'art... du Musée de Cluny*, éd. de 1881, n° 1040 ; — Westwood, *A descriptive catalogue of the fictile ivories in the South Kensington Museum*, p. 307-308.

15. — TRIPTYQUE (XVe siècle).

Ce triptyque est sculpté sur ses deux faces. Chacun des panneaux de la face antérieure est divisé en trois registres, le registre intermédiaire ne comportant que des figures en buste, placées dans des médaillons circulaires munis d'une bordure dentelée.

Panneau central ; face antérieure ; registre supérieur : Le Christ assis et bénissant entre deux anges, saint Jean et la Vierge debout. — *Registre intermédiaire* : Saint Philippe, saint Luc, saint Matthieu, saint Marc, saint Thomas. — *Registre inférieur* : Saint Jacques, saint Jean, saint Pierre, saint Paul, saint André. — *Revers* : Une grande croix gemmée se détachant sur un fond semé de rinceaux symétriques encadrant des oiseaux.

Volet de droite ; face antérieure ; registre supérieur : Saint Théodore le Stratélate, saint Georges. — *Registre intermédiaire* : Saint Pantaléon, saint Ménas. — *Registre inférieur* : Saint Démétrius, saint Eustrate. — *Revers ; registre supérieur* : Saint Jean Chrysostome, saint Clément d'Ancyre. — *Registre intermédiaire* : Saint Côme, saint Damien. — *Registre inférieur* : Saint Agathonicos, saint Nicolas.

Volet de gauche ; face antérieure ; registre supérieur : Saint Théodore Tyron, saint Eustathe. — *Registre intermédiaire* : Saint Mercure, saint Étienne. — *Registre inférieur* : Saint Aréthas, saint Procope. — *Revers ; registre supérieur* : Saint Basile, saint Grégoire de Nazianze. — *Registre intermédiaire* : Saint Phocas, saint Blaise. — *Registre inférieur* : Saint Grégoire le Thaumaturge, saint Sévérien.

Rome, Musée Chrétien du Vatican.

Hauteur du panneau central : 0^m,272. — Largeur du panneau central : 0^m,247. — Largeur des volets : 0^m,083. — Hauteur des volets : 0^m,255.

Publié : Gori, *Thesaurus diptychorum veterum*, tome III, pl. 24, 25. — Ch. de Linas, *Ivoires et émaux ; anciens ivoires sculptés ; Les triptyques byzantins conservés au Musée chrétien du Vatican et à la Bibliothèque de la Minerve à Rome*, in-4°, 13 pp., pl. (Extrait de la *Revue de l'art chrétien*, avril 1886). — Cfr. Westwood, *A descriptive catalogue of the fictile ivories in the South Kensington Museum*, pp. 314-315.

16. — TRIPTYQUE (XVe siècle).

Ce triptyque est sculpté sur ses deux faces. Chaque panneau comporte deux registres décorés de figures en pied. Les personnages sont désignés par des inscriptions gravées.

Panneau central ; face antérieure ; registre supérieur : Le Christ debout entre la Vierge et saint Jean-Baptiste. — *Registre inférieur* : Saint Jacques, saint Jean l'Évangéliste, saint Pierre, saint Paul, saint André. — *Revers* : Une grande croix pattée décorée de rosaces en son centre et à ses extrémités.

Volet de droite ; face antérieure ; registre supérieur : Saint Théodore Tyron, saint Eustathe. — *Registre inférieur* : Saint Procope, saint Aréthas. — *Revers ; registre supérieur* : Saint Basile, saint Grégoire de Nazianze. — *Registre inférieur* : Saint Grégoire le Thaumaturge, saint Sévérien.

Volet de gauche ; face antérieure ; registre supérieur : Saint Théodore le Stratélate, saint Georges. — *Registre inférieur* : Saint Démétrius, saint Eustrate. — *Revers ; registre supérieur* : Saint Jean Chrysostome, saint Clément d'Ancyre. — *Registre inférieur* : Saint Agathonicos, saint Nicolas.

Sur le bandeau qui sépare les registres du panneau central, on lit l'inscription suivante gravée en lettres capitales, sur trois lignes :

ΩC ΗΠΟΡΕΙ ΧΕΙΡ ΚΑΙ ΓΑΥΦΙC ΧΥ ΤΥΠΩ ΧC ΔΙΔΑCΚΩΝ ΚΑΙ ΠΝΟΗΝ ΜΝ ΕΙCΦΕΡΩ Ν — ΚΑΙ CΤΑΛΑΑΕΙ ΓΑΡ
ΜΗΤΡΙ ΚΑΙ ΤΩ ΠΡΟΔΡ — ΟΜΩ Κ ΑΙ ΤΟΥC ΜΑΘΗΤΑC ΩCΠΕΡ ΕΚΠΕΜΠΗ ΛΕΓΕΙ ΚΩΝCΤΑΝ ΤΙΝΟ Ν ΑΥΤΡ Ο ΥCΘΕ
ΠΑΝΤΟΙΩΝ ΝΟC ΩΗ ΕΓΩ ΔΕ ΤΟΥΤΩ ΠΑΝ ΥΠΟCΤΡΩCΩ ΚΕΡΑC

Sur le bandeau du volet droit, face :

ΑΝΑΞ Ο ΤΕΥΞΑC ΜΑΡΤΥΡΩΝ —
ΤΗΝ ΤΕΤΡΑΔΑ ΤΟΥΤΟΙC ΤΡΟ —
ΠΟΥΤΑΙ ΔΥCΜΕΝΕΙC ΚΑΤΑΚΡΑCΤ ΟC

Sur le bandeau du volet gauche, face :

> ΙΔΟΥ ΠΑΡΕCΤΙΝ Η ΤΕΤΡΑΚΤΥC—
> ΜΑΡΤΥΡΩΝ· ΤΩΝ ΑΡΕΤΩΝ ΚΟ—
> CΜΟΥCΑ ΤΕΤΡΑΔΙ CΤΕΦΟC·

Sur le bandeau du volet droit, revers :

> ΜΑΡΤΥC CΥΝΑΦΘΕΙC ΕΝ ΤΡΙ—
> CΙ ΘΥΗΠΟΛΟΙC ΠΙCΤΟΙC ΤΟ ΤΡΙΤ—
> ΤΟΝ ΕΥΜΕΝΙΖΕΤΑΙ CΕΒΑC·

Sur le bandeau du volet gauche, revers :

> ΑΡΧΙΕΡΕΙC ΤΡΕΙC ΕΙC ΜΕCΙΤΕΙΑΝ—
> ΜΙΑΝ· ΚΑΙ ΜΑΡΤΥC ΕCΤΙ ΓΗΝ—
> ΥΠΟΚΛΙΝΕΙΝ CΤΕΦΕΙ·

Rome, Bibliothèque du couvent de la Minerve.

Hauteur du panneau central : 0ᵐ,24. — Largeur du panneau central : 0ᵐ,14. — Hauteur des volets : 0ᵐ,21. — Largeur des volets : 0ᵐ,82.

Cfr. Mamachi, *Origines et antiquitates christianae*, t. V, pars I, lib. IV, c. 3, § 5. — Publié : Gori, *Thesaurus veterum diptychorum*, t. III, pl. xxvi, xxvii. — Cfr. Westwood, *A descriptive Catalogue of the fictile ivories in the South Kensington Museum*, p. 351 (ce savant donne une nouvelle lecture des inscriptions); — Ch. de Linas, *Ivoires et émaux; anciens ivoires sculptés : Les triptyques byzantins conservés au Musée chrétien du Vatican et à la Bibliothèque de la Minerve, à Rome*, in-4°, 12 p. (Extrait de la *Revue de l'art chrétien*, avril 1886.) — D'après Ch. de Linas, le *Constantin* nommé par l'inscription serait peut-être Constantin Paléologue, dit Dragasès, dernier empereur d'Orient (1448-1453).

17. — TRIPTYQUE (xiiiᵉ siècle?).

Surmoulé ancien en bronze exécuté d'après un original en ivoire, probablement perdu.

Panneau central : La Vierge assise sur un trône, nimbée, vêtue d'une robe et d'un manteau, un voile sur la tête, tient sur ses genoux l'Enfant Jésus, nimbé d'un nimbe crucifère ; il bénit de la main droite et s'appuie, de la gauche, sur un *volumen*. A droite et à gauche de la tête de la Vierge, l'inscription M̄Ρ̄ Θ̄Ῡ

Volet de droite : Saint Jean Chrysostome debout, barbu, nimbé. De la main droite, il bénit ; de la gauche, il tient un livre fermé. Inscription :

<table>
<tr><td>Ⓐ</td><td>O</td></tr>
<tr><td>I</td><td>X</td></tr>
<tr><td>Ω</td><td>P</td></tr>
</table>

Volet de gauche : Saint Grégoire, debout, nimbé, barbu, tenant des deux mains un livre fermé. Inscription :

<table>
<tr><td>Ⓐ</td><td>O</td></tr>
<tr><td>Γ</td><td>Θ</td></tr>
<tr><td>P</td><td>Ε</td></tr>
<tr><td>H</td><td>Ο</td></tr>
<tr><td>Γ</td><td>Λ</td></tr>
<tr><td>Ω</td><td></td></tr>
<tr><td>P</td><td></td></tr>
</table>

Au revers du panneau central, une croix accompagnée de l'inscription :

> ῙC̄ | Χ̄C̄
> Ν̄Ῑ | Κ̄Ᾱ

et des armoiries de la famille Marcello, de Venise, addition faite à l'ivoire à l'époque où il a été surmoulé.

Hauteur : 0ᵐ,16. — Largeur : 0ᵐ,20.

Londres, **Musée de South Kensington** (Ancienne collection Pulszky).

Publié : C. Drury E. Foctnum, *A descriptive Catalogue of the Bronzes of European Origin in the South Kensington Museum*, p. 35, nº 1615.55, pl. ii. — Cfr. E. Molinier, *Les bronzes de la Renaissance : Les Plaquettes*, tome II, nº 677.

CHAPITRE III

LES IVOIRES DE L'ÉPOQUE CAROLINGIENNE

Faire remonter plus haut que l'époque carolingienne l'étude des ivoires en Occident est à peu près impossible. Les ivoires sculptés ayant un caractère d'art que l'on peut considérer comme du vie siècle ou du viie siècle ne sont que la suite des ivoires antiques très légèrement transformés; ceux que l'on peut regarder comme participant tant soit peu de l'art décoratif importé par les barbares ne sont ornés que de dessins géométriques assez grossiers et n'offrent pas des éléments de critique suffisants pour être datés d'une manière certaine. Des peignes, des coffrets ou des fragments de coffrets en os, ornés de cercles s'entrecoupant, de disques ponctués ou d'entrelacs tels que nous en ont transmis nombre de sépultures barbares, ne forment pas un bagage assez considérable pour pouvoir affirmer que l'art de l'ivoirier a été réellement influencé par les envahisseurs de l'empire romain. Tous ces objets portent comme ornementation des motifs trop faciles à imaginer, trop simples pour être réellement caractéristiques; si beaucoup de ces monuments peuvent en effet appartenir à l'époque mérovingienne, il faut bien avouer que n'était leur origine certaine qui peut être établie par les fouilles qui les ont fait découvrir, on pourrait, avec autant de vraisemblance, leur assigner une date beaucoup plus moderne.

J'ai déjà parlé ailleurs[1] de quelques monuments en os, grossièrement travaillés, qui proviennent de sépultures barbares, du ve au viie siècle : petits coffrets ou peignes qui faisaient partie du mobilier funéraire, tous portent une ornementation sommaire, mais suffisamment caractéristique pour permettre de dater quelques objets venus jusqu'à nous par une autre voie[2]. Des plaques d'os qui passent pour avoir fait partie de la décoration du sarcophage de saint Caltry (*Caletricus*), évêque de Chartres (✝ vers 567), montrent des tresses, des cercles concentriques, ou s'entrecoupant de façon à former des étoiles, ou des disques ponctués, tous motifs gravés, mais non sculptés[3]. On retrouve la même décoration figurée sur les peignes découverts dans les sépultures germaniques[4], et aussi sur un petit coffret à reliques conservé au Trésor de Conques, et qui peut bien dater du viie ou du viiie siècle. Je dois mentionner aussi

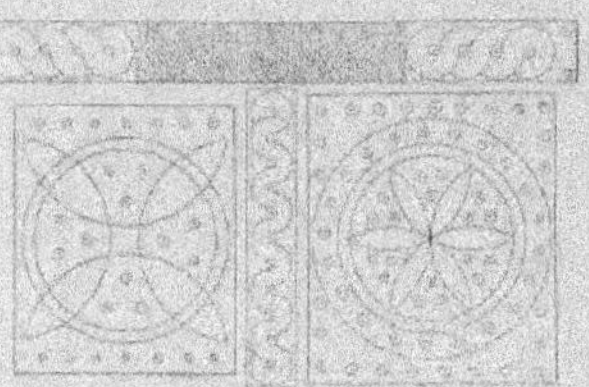

FRAGMENTS DE LA DÉCORATION DU SARCOPHAGE DE SAINT-CALTRY.

quelques monuments qui, selon moi, sont sensiblement plus modernes; les plus anciens datent vraisemblablement du xe siècle, les plus modernes descendent peut-être jusqu'au xiie siècle, et montrent une ornementation analogue. Ayant déjà eu l'occasion de m'expliquer à leur sujet[5], je serai bref en ce qui les

---

1. *Le Trésor de la cathédrale de Coire*, p. 18 et suiv.
2. Voyez Lindenschmit, *Die Alterthümer unserer heidnischen Vorzeit*.
3. Morel (*Catalogue des reliques et joyaux de Notre-Dame de Chartres*, p. 447) donne, d'après un dessin exécuté en 1893, un fragment de ces plaques; nous reproduisons ce dessin ici.
4. Et même sur des peignes considérés comme liturgiques; voyez F. Dubois, *Le peigne de saint Berthem de Malione*.
5. J'ai déjà donné un croquis de ce curieux coffret dans le *Trésor de la cathédrale de Coire*, p. 39.
6. *Le Trésor de la cathédrale de Coire*, p. 39 et suiv.

concerne. Dans le trésor de Saint-Géréon, à Cologne[1]; dans le trésor de l'église Saint-André de la même ville[2]; au trésor de la cathédrale de Liège[3]; dans l'église de Cammin, en Poméranie[4]; dans l'église de Werden, en Westphalie[5], on conserve des coffrets formés de plaques d'os appliquées sur une armature en bois que leur décoration composée de disques ponctués, de torsades, d'ajours cruciformes, ont souvent fait prendre pour des œuvres très archaïques[6]. Or, si les ouvertures cruciformes

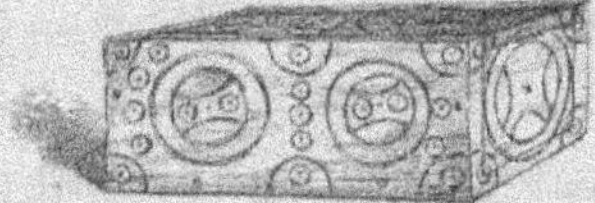 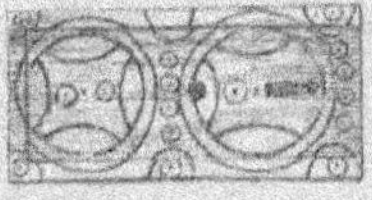

(Face)   COFFRET DU TRÉSOR DE CONQUES   (Couvercle)

qui les décorent se rencontrent sur un certain nombre de monuments du IXe et du Xe siècle[7], les figures grossières que l'on voit sur le coffret de Werden semblent plutôt indiquer le faire d'un artiste maladroit qu'une date fort ancienne. Linas voulait reconnaître dans un certain nombre de ces coffrets des produits de la tabletterie hindoue; je ne serai pas aussi affirmatif, et sans nier l'influence que certaines pièces de fabrication orientale[8] ont pu exercer sur cette industrie, je serai plutôt porté à croire que la totalité ou la presque totalité de ces monuments a vu le jour dans les contrées où nous les rencontrons aujourd'hui. Mais ce ne sont pas là, en tout état de cause, des œuvres artistiques dignes de prendre place à côté de celles qui, à l'époque carolingienne, témoignent d'une véritable renaissance dans l'art de l'ivoirier.

Les quelques monuments que l'on vient de mentionner et d'examiner suffisent amplement à prouver ce que j'avançais tout à l'heure, à savoir qu'il n'existe pas d'ivoires, à proprement parler, mérovingiens. Ce n'est, en réalité, qu'au IXe siècle, en pleine renaissance carolingienne, que l'on rencontre des diptyques ou des couvertures de livre, des coffrets ou d'autres petits meubles civils ou religieux, qui, par leur décoration, peuvent se rapprocher des ivoires de la basse époque romaine. Et dès l'abord on peut affirmer que cette renaissance dans l'art de l'ivoirier ne peut être qu'un art d'imitation, par conséquent un art dans lequel on doit rencontrer des traces d'influences très diverses : des souvenirs de l'antiquité classique, conservés assez purs dans certains cas, des imitations de sculptures byzantines et aussi des imitations d'objets orientaux qui, apportés en Occident par le commerce, ont pu influencer d'une façon directe les ivoiriers occidentaux.

Le mouvement qu'on a qualifié de renaissance carolingienne est un mouvement historique fort complexe qui n'a pas seulement intéressé les arts et les lettres mais la civilisation tout entière de l'Occident. Sans entrer dans de longs détails au sujet d'une pareille révolution, sur certains points très factice, très à fleur de peau pour ainsi dire, il est nécessaire, cependant, d'en dire ici un mot pour expliquer quelques-unes des particularités qu'offrent les ivoires carolingiens. Et il va sans dire qu'ici j'entends par ivoires de l'époque carolingienne des œuvres dont quelques-unes ont sans doute vu le jour au IXe siècle, mais dont un beaucoup plus grand nombre date du Xe siècle.

Dans la série des monuments du moyen âge, les monuments carolingiens sont, sans contredit, ceux dont l'étude présente le plus de difficultés; ce sont ceux aussi sur lesquels on a émis les opinions les plus différentes. Rien qu'avec ce qui concerne les objets dont la possession a été faussement attribuée à

<hr>

1. Bock, *Les Trésors sacrés de Cologne*, pl. I, n° 7.

2. *Ibid*, pl. II, n° 22.

3. Linas, *Émaillerie, métallurgie, tabletterie; l'art et l'industrie dans la région de la Meuse belge. Les expositions rétrospectives en 1880*, p. 50.

4. *Ibid.*

5. *Ibid.*

6. Mon confrère et ami Maurice Prou me communique la reproduction d'un coffret de même style dont le fond central est aussi orné de percements en forme de croix.

7. Les tablettes en bronze de l'église d'Aix-la-Chapelle et le siège de l'image de sainte-Foy au Trésor de Conques. — Voyez aussi sur ce mode de décoration, l'article que j'ai publié en 1895 dans *Fondation Eugène Piot, Recueil de monuments et mémoires*: la colonne de l'École militaire de Marienbal, à la cathédrale de Nagon.

8. Notamment la pyxide en ivoire du trésor de Saint-Géréon de Cologne, qui porte une inscription arabe en caractères coufiques. (Bock, ouvr. cité, pl. I, n° 2.)

Charlemagne, on ferait un gros recueil, car parmi les archéologues, les uns ont accepté toutes les légendes littéraires qui ont fait de l'empereur d'Occident une sorte de personnage mythique, les autres, par un mouvement de réaction facile à comprendre, ont tout rejeté en bloc et attribué au xe et au xie siècle des pièces que rien ne s'oppose à considérer comme du ixe siècle. D'autres enfin, tels que Labarte, pour ne citer que cet exemple, trop enclins à reconnaître partout l'œuvre des artistes byzantins, ont absolument méconnu le mouvement très réel de renaissance qui se manifeste dans les arts et les lettres à l'époque de Charlemagne et qui se prolonge longtemps encore sous ses successeurs. Ce qui rend la tâche de l'archéologue encore plus difficile dans l'appréciation des œuvres de cette époque, c'est le singulier mélange que l'on rencontre dans tous ces monuments d'influences orientales incontestables, et d'influences byzantines tout aussi tangibles; si l'on joint à cela les souvenirs de l'antiquité que devaient éveiller chez les lettrés de la cour du grand empereur l'existence en Gaule d'un très grand nombre de monuments romains, si l'on ajoute encore les traditions classiques, retour d'Angleterre, apportées par un certain nombre de personnages marquants de l'entourage du souverain, on arrive à une si étrange combinaison d'éléments fort divers, qu'il n'est guère étonnant qu'en face de semblable problème on se sente dérouté.

Le portrait de Charlemagne, tel que nous l'a tracé Eginhard, est celui d'un prince germain, peu ami du luxe pour lui-même, mais qui le prise toutefois parce qu'il le croit nécessaire pour rehausser aux yeux de ses compatriotes la majesté impériale [1]; au reste, ce portrait tout intéressant qu'il soit, est déjà un portrait légendaire par certains détails; on voit déjà poindre le Charlemagne tel que nous le représenteront les chansons de geste. Mais, à côté de cette fiction littéraire, il y a les faits qui nous montrent réellement Charlemagne à l'œuvre et s'efforçant de provoquer une véritable renaissance dans les lettres et dans les arts. Les constructions d'Aix sont là pour affirmer un goût prononcé pour les vestiges de l'antiquité classique, goût qui peut à la fois s'expliquer par une sorte de choc en retour de l'élément gallo-romain, par des imitations locales qui dureront encore à l'époque romane et l'apport dans le Nord de l'Empire de fragments de monuments antiques; soit du Midi de la Gaule, soit d'Italie. Ce ne sont pas seulement les mosaïques que l'on transporte, ce sont les marbres que l'on fait venir soit de Ravenne, soit de Nîmes et qui devront rehausser l'éclat des édifices, églises ou palais élevés par Charlemagne. [2] A ces apports directs, que des textes nous indiquent d'une façon certaine, il faut encore ajouter une quantité d'objets d'origine très disparate, qui, par différentes voies, viennent grossir le trésor impérial et fournir de nouveaux éléments aux artistes que Charlemagne emploie. En 796, c'est le trésor des Huns, qui, enlevé par Héric, duc de Frioul, est offert par l'empereur à la basilique de Saint-Pierre de Rome [3]; en 798, ce sont les envoyés de l'impératrice Irène qui le viennent trouver à Aix et lui apportent, sans aucun doute, des présents [4];

1. Eginhard, Vita Karoli, c. xxiii.

2. «... plurimae pulchritudinis basilicam Aquisgrani exstruxit aeroque et argento et luminaribus atque ex aere solido cancellis et ianuis adornavit. Ad cujus structuram cum columnas et marmora aliunde habere non posset, Roma atque Ravenna devehenda curavit... Gymnasium magno-pere ut ranto igne in ea profectior, cum quam maxima fieret honestate, aedilias ecclesiae comaceros, ut goût laborous del variarum aut infera aut in ea maniere permittorint. Sacrorum vasorum ex auro et argento, vestimentorumque sacerdotalium, tantam in eo copiam procuravit, ut in sacrificiis celebrandis ne ostiariis quidem, qui ultimi ecclesiastici ordinis sunt, privato habitu ministrare necesse fuisset.» (Eginhard, Vita Karoli, c. 26; dans Schlosser, Schriftquellen zur Geschichte der karolingischen Kunst, n° 1007. «Opera magnifica elaborari ut qua omnia fere poterat, instantissime procurabat, et quondam in nostra propria masonem aliqua infima inquietabat, in remotis haec spectacle regionibus decernebat. Hac de causa quidem fretum periculosas expeditiones his ingressi difficultates, intrepide vastos Rhodani partibus tre plenum itinerum sciscebat, Arelatus ac deinde Massiliam... pervenerat... Ibi ingentibus congestis partibus, multa auro, multa auro, solide augusto, auferter vellet.

3. Annales Francorum, ad an. 796.

4. Ibid. Sur l'impératrice Irène, voyez le chapitre des restes byzantins, page 83.

la même année, une ambassade d'Alfonse II le Chaste lui présente le butin fait sur les Arabes à la prise de Lisbonne ; en 801, c'est la fameuse ambassade du Calife Haroun-al-Raschid qui lui apporte des soieries, des bronzes, des merveilles de toutes sortes dues à l'art oriental. On conçoit que des objets aussi variés ne pouvaient pas ne pas exercer une influence sur le style employé à la cour de l'empereur qui s'occupait de tout et qui, presque illettré lui-même, comprenait cependant la nécessité de la culture intellectuelle et artistique. Tous ces trésors furent à sa mort dispersés, et Eginhard, dans un curieux chapitre[1], nous montre Charlemagne en faisant de son vivant le partage : les deux tiers en furent attribués aux métropoles de l'Empire. C'est une curieuse liste que le catalogue sommaire de ce musée impérial où figurent les deux fameuses tables d'argent, représentant l'une Constantinople, l'autre Rome, léguées à la basilique de Saint-Pierre et au dôme de Ravenne. C'est de ce partage du reste que naquit, sans doute au xe siècle, la légende des lettres de l'alphabet en orfèvrerie, attribuées par Charlemagne aux vingt-quatre principales abbayes de l'Empire. Cette légende n'a aucune valeur ; mais elle montre bien que le souvenir du luxe de la cour carolingienne avait persisté.

A ces diverses influences, romaine, byzantine et orientale, au point de vue spécial du développement artistique qui nous occupe, s'en joignit une autre fort puissante, l'influence des Anglo-Saxons qui rapportèrent en Gaule un goût très vif de l'antiquité latine, et aussi des éléments, d'origine très lointaine, orientale sans doute, que les barbares avaient déjà fait connaître à la Gaule, mais non sous la nouvelle forme qu'une longue incubation dans les Iles Britanniques lui avait donné. On me permettra de répéter ici ce que j'ai déjà dit ailleurs de cette influence des Anglo-Saxons, sur laquelle je ne saurais m'étendre longuement, mais que cependant je dois indiquer, car on en peut retrouver les traces palpables dans un assez grand nombre d'ivoires sculptés au ixe et au xe siècle sur le continent, en France, en Allemagne, ou en Italie.

« Le style spécial de décoration que nous trouvons en Gaule à partir du ve siècle environ, nous l'avons connu par deux sources, par deux branches différentes séparées d'un tronc commun, par le Nord et par le Midi. Tandis que les barbares l'importaient par le Nord et achevaient ainsi l'évolution d'un style dont les étapes sont jalonnées par les découvertes faites depuis le Caucase et la Mer Noire jusqu'au Rhin, et le portaient jusqu'en Afrique, les Byzantins lui servaient à leur tour de véhicule pour l'importer par le Midi, par la Méditerranée ; les deux importations, en suivant des voies différentes, se rencontraient en Gaule et en Italie. Des influences ainsi bien combinées semblaient devoir lui assurer une longue durée. La renaissance carolingienne faillit néanmoins un moment lui porter un coup fatal. Cette renaissance, basée sur des idées très vagues, très littéraires à l'origine, très à fleur de peau, tout au moins dans l'esprit de ceux qui y ont présidé, n'en a pas moins été très réelle, et un moment un amour très vrai de l'antiquité classique s'est emparé de tous ceux qui pensaient dans l'empire franc ; mais si ce sont les lettres latines que cette renaissance a remis surtout en honneur, c'est surtout l'art byzantin qui a inspiré les artistes de la cour de Charlemagne. Ce sont les monuments de Ravenne et non les monuments gréco-romains qui ont servi de modèles ; n'importe, malgré leur style bien particulier, c'est encore le nom romain que l'on a imposé à toutes les constructions dues à cette renaissance, dernier corollaire de la persistance de la tradition antique. L'empereur d'Occident s'est inspiré de la Rome vivante et non de la Rome qui avait depuis longtemps cessé d'exister. Byzance continuait les traditions impériales, ce fut donc à Byzance qu'on s'adressa.

« Au point de vue littéraire, cette renaissance eut des effets peut-être plus durables qu'au point de vue artistique. Deux causes, d'ailleurs, allaient encore soumettre notre art aux influences du style importé une première fois par les Barbares du ve siècle : les relations religieuses de l'Europe continentale avec la Grande-Bretagne et l'Irlande ; les incursions des Normands.

---

1. Cap. xxxIII.

« Leur situation géographique n'avait pu préserver les Îles Britanniques des invasions barbares : les Saxons, pour ne nommer que la principale, peuplade qui les envahirent, en avaient fait péniblement la conquête et y avaient importé, en compagnie de peuples encore plus septentrionaux, un style d'un caractère encore plus prononcé que celui que nous révèlent les sépultures franques ou burgondes de nos contrées. Et c'est de ce pays ainsi colonisé que sortent, du viie au viiie siècle, des légions de missionnaires qui vont évangéliser la Frise, l'Allemagne, la Suisse et descendent jusqu'en Italie. Ils viennent d'un pays où la culture des lettres latines a été conservée, — Alcuin était né à York, — mais ils transportent avec eux des manuscrits, dont quelques-uns nous sont parvenus, des objets mobiliers décorés dans un style encore plus stylisé que le style des Mérovingiens : l'entrelac, le motif géométrique, la flore et la faune transcrites suivant des formules du calligraphe, y règnent en maîtres et vont fournir une source inépuisable de motifs aux sculpteurs, aux orfèvres, aux peintres des siècles suivants. C'est de l'art mérovingien codifié, aggravé, exaspéré méthodiquement, pourrait-on presque dire, et cet art va fleurir chez nous dans les écoles monastiques et surtout en Allemagne. Nous retrouvons les mêmes motifs en Irlande et en Suisse. Rappelons quelques-uns des noms des missionnaires qui furent en même temps les apôtres du christianisme et les fondateurs, pour une large part, d'un art nouveau : voici d'abord saint Colomban, qui, né en Irlande, fonde chez nous Luxeuil, à la fin du vie siècle, puis Bobbio, en Italie, au commencement du viie ; saint Boniface, apôtre de l'Allemagne, dans la première moitié du viiie siècle, et son contemporain Willibrord, apôtre des Frisons et fondateur de l'abbaye d'Echternach († 739) ; j'en passe, et des plus célèbres, tels que saint Livin, Wilfrid, Wighert, Suitbert, fondateur de Kaiserswerth, Ewald, Willibald, Wynnebald, Wigbert, etc., etc. Au Nord comme au Sud, par un choc en retour, l'art barbare a une seconde floraison et atteindra bientôt, au point de vue de l'ornementation, son complet épanouissement. Voilà pour l'une des causes. L'autre, nous la retrouvons dans les incursions des Normands; mais ce sont là des invasions qui ne durent guère laisser sur notre sol d'autres marques que des traces de destruction. Le bagage artistique des hommes du Nord ne devait pas être fort lourd, et si nous en jugeons par les objets si curieux conservés encore dans les musées de l'Europe septentrionale, leur art décoratif avait atteint à peu près le même développement que l'art de la Grande-Bretagne que, par une occupation prolongée, ils avaient modifié. Il serait dès lors presque impossible de distinguer ce qui provient chez nous de l'une ou de l'autre source; et, à part quelques objets perdus et que le hasard des fouilles a fait ou peut faire découvrir, il est assez peu probable qu'il subsiste des traces bien profondes du passage des Normands en France[1].

À ces deux courants, à cette double influence exercée par les Anglo-Saxons sur la renaissance carolingienne appartiennent, dans la série des monuments d'ivoire, deux classes de sculpture : une première qui s'inspire directement, qui copie même littéralement des miniatures de manuscrits anglo-saxons, dérivés eux-mêmes de types appartenant à la basse époque romaine ; une seconde qui montre l'adoption d'un système décoratif spécial, dans lequel l'entrelac et en général les motifs décoratifs stylisés à l'extrême tiennent la place principale. Enfin une troisième classe d'ivoires carolingiens nous atteste que les monuments byzantins ont trouvé en Occident, au ixe et au xe siècle, de fervents admirateurs.

Les manuscrits anglo-saxons sont assez connus aujourd'hui, on en a publié de si nombreux fac-similés, qu'il n'est pas très difficile de se faire une idée de l'art qui était pratiqué en Grande-Bretagne au viie, au viiie, au ixe siècle[2]. D'autre part, la continuité des relations religieuses des Îles Britanniques avec le continent est absolument établie et suffit à expliquer comment cette influence a eu une longue durée[3].

---

1. *Les origines du style décoratif au moyen âge*, dans *l'Art*, 3e série, t. IV (189..), p. 433-434.

2. Sur ces manuscrits, voyez Westwood, *Fac similes of the miniatures of the Anglo-Saxon and Irish manuscripts*, Londres, 1868, in-f°; — traduit dans le ... volume des *Mittheilungen der antiquarischen Gesellschaft in Zürich*. — Voyez aussi pour l'étude des manuscrits carolingiens dans lesquels un traité l'industrie anglo-saxonne, Léopold Delisle, *Mémoires sur d'anciens sacramentaires*, 1886. (Extrait des *Mémoires de l'Académie des Inscriptions et Belles Lettres*, t. XXXII, 1re partie.)

3. Les relations de l'abbaye de Saint-Gall avec la Grande-Bretagne continuèrent pendant le ixe, le xe et le xie siècle. Voyez Keller, ouvr. cité, p. 96, 97.

Sans admettre les dates, souvent fort discutables, que Westwood attribue aux manuscrits qu'il a étudiés, il est facile de retrouver dans ces miniatures, d'abord l'influence des éléments décoratifs apportés par les barbares, puis des copies très persistantes de modèles antiques, souvent fort passables et soigneusement exécutées. La première influence, jointe à des enseignements venus d'Orient, d'Égypte très probablement, — certains ornements rappellent absolument la décoration copte, — a déterminé les calligraphes irlandais à styliser la figure humaine exactement comme les motifs de décoration; certains manuscrits indiquent du reste une influence grecque indéniable[1] et c'est cette influence qui finit par prévaloir au IXe et au Xe siècle[2]. Elle a aussi produit ce phénomène qu'alors que, en Gaule, on avait abandonné presque complètement la représentation de la figure humaine, en Grande-Bretagne, malgré une décoration stylisée à outrance, malgré des représentations de personnages construits, pour ainsi dire, géométriquement, il s'est toujours trouvé des artistes pour continuer dans la mesure de leurs moyens les traditions antiques. Et c'est de ces traditions ramenées en Gaule et en Allemagne par des Anglo-Saxons que les artistes français ou allemands devaient s'inspirer.

Cette immixtion des calligraphes et des enlumineurs dans l'art carolingien tout entier, dans les arts plastiques, dans la sculpture en ivoire allait donner à ces sculptures un caractère tout particulier, en compliquer l'iconographie, augmenter le nombre des scènes représentées et en modifier complètement le style. Jamais, jusqu'à cette époque, le sculpteur, l'ivoirier, puisque c'est cet artisan qui nous occupe, n'avait risqué les mêmes complications que le peintre. Cette influence fut féconde; en élargissant le cycle des représentations chrétiennes permises au sculpteur, elle devait, tout en lui laissant subir dans une certaine mesure une influence byzantine directe, habituer l'artiste à rompre avec des traditions iconographiques déjà vieilles et l'aider à reconquérir sa liberté.

Si nous en jugeons par les ivoires carolingiens qui nous sont parvenus, un livre surtout, dont chaque ligne pour ainsi dire pouvait donner lieu à un commentaire artistique, le Psautier, a exercé une influence prépondérante dans les ateliers de sculpteurs, au IXe siècle. L'illustration du Psautier, telle que nous la connaissons par les exemplaires de l'époque carolingienne, est une sorte de commentaire perpétuel en image. Si l'on en croyait Kondakoff[3], cette encyclopédie, dans laquelle « on a cherché à résumer sous une forme vivante et populaire, combinée pour l'édification des masses, toute la science théologico-historique », aurait vu le jour à Byzance, au IXe siècle, après la querelle des iconoclastes. Mais une pareille théorie est d'autant plus facile à réfuter, que nous possédons des manuscrits illustrés du Psautier, et nullement byzantins, bien antérieurs à cette date. Et, d'ailleurs, d'autres ouvrages, très répandus au moyen âge, ont pris, grâce à leur commentaire perpétuel par l'image, cette tournure encyclopédique; à ce titre, les manuscrits de *Psychomachie* de Prudence peuvent être placés à côté du Psautier. Les psautiers que nous possédons, tel que celui d'Utrecht, par exemple, paraissent être plutôt des copies affaiblies d'un original italien, remontant peut-être jusqu'au IVe siècle. Ne nous étonnons point de voir un original antique aussi religieusement conservé en Grande-Bretagne. Si les Anglo-Saxons fournirent un ample contingent de missionnaires au continent, jamais la Grande-Bretagne ne cessa ses relations ni avec Rome, ni avec des contrées plus éloignées encore que l'Italie. Est-il nécessaire de rappeler ici les présents envoyés par Grégoire le Grand à des églises anglaises? L'achat, à Rome, au VIIe siècle, de tableaux destinés à la décoration d'une abbaye d'Angleterre[4]? Est-il besoin de rappeler que certains évêques d'Angleterre venaient de fort loin, par exemple ce Théodore de Tarse (né vers 602; † 690), qui fut archevêque de Cantorbéry? Mais, au reste, peu importerait pour la question qui nous occupe spécialement; tout ce qu'il fallait constater, c'est que le Psautier illustré, tel que nous le voyons

---

1. Par exemple un fragment d'Évangéliaire de la Bibliothèque d'Utrecht publié par Westwood, ouvr. cité, p. 77 dans lequel le scribe lui-même en prière la protection de la Vierge.

2. Voyez par exemple, dans Westwood, les représentations du Soleil et de la Lune dans le manuscrit d'Aratus, au British Museum. Ce sont des copies de miniatures antiques (Ouvr. cité, pl. 18.

3. *Histoire de la peinture byzantine*, t. I, p. 187.

4. Kondakoff, ouvr. cité, t. I, préface (de Springer), p. 18.

dans l'exemplaire conservé à la bibliothèque d'Utrecht[1], était destiné à servir de modèle aux ivoiriers carolingiens.

Ce fait si curieux et qui s'est produit en plein IXe siècle a, dès longtemps, été signalé par Durand[2] à propos d'un manuscrit bien célèbre, dont la couverture a été publiée d'abord par Cahier et Martin, dans les *Mélanges d'archéologie*[3], le *Psautier* de Charles le Chauve, conservé à la Bibliothèque Nationale[4].

Ce manuscrit a été exécuté entre les années 842 et 869, et la couverture d'orfèvrerie enchâssant deux plaques d'ivoire qui le protège peut être considérée comme contemporaine de l'écriture ; elle offre des caractères très tranchés, très particuliers qui ne permettent pas d'en reculer l'exécution à une date postérieure : nous possédons bien là le vêtement original du manuscrit. Le plat supérieur nous montre tout en haut le Christ bénissant, dans une gloire elliptique, accompagné de six apôtres ; plus bas on aperçoit un ange, les ailes déployées, assis sur un lit, entre deux lions rugissants, tenant sur ses genoux un enfant ou une âme ; à droite et à gauche se tiennent, debout, deux anges portant des étendards terminés par une croix. Ainsi que l'a remarqué très judicieusement Durand, cette sculpture est le commentaire en image du Psaume LVI de David : L'âme est assise sur les genoux d'un ange, à l'ombre de ses ailes, et implore le secours de Dieu qui lui envoie sa miséricorde et sa vérité — les deux anges — et l'arrache du milieu des lions. « J'ai dormi plein de trouble », s'écrie le Psalmiste, et le commentateur carolingien, suivant le texte à la lettre, a figuré un lit et non un simple siège sur lequel l'ange est assis. « Les enfants des hommes ont des dents comme des armes et des flèches, continue-t-il ; et leur langue est une épée très aiguë ; ils ont creusé une fosse devant mes yeux et ils y sont eux-mêmes tombés ». Et au dessous de l'ange tenant l'âme sur ses genoux, sont figurés huit soldats carolingiens, les uns tenant des lances, d'autres des faisceaux de flèches, un dernier une grande épée nue. Plus bas, un homme creuse en terre, au moyen d'un hoyau, un grand trou où les méchants sont précipités. Le commentaire est, on le voit, aussi littéral que possible, et aucune circonstance du texte n'est omise[5].

On pourrait croire au premier abord que l'ivoirier, en traitant un pareil sujet, a fait œuvre originale, sortant ainsi de l'ornière des chemins trop battus de l'iconographie. Il n'en est rien, et un simple regard jeté sur les dessins des Psautiers, tel que le Psautier d'Utrecht ou le Psautier conservé au Musée Britannique (Bodley 603), permet de s'assurer que c'est bien de ces dessins que le sculpteur s'est inspiré ; et Cahier, qui avait tout d'abord cherché à donner de ce bas-relief une interprétation historique, assez difficile à défendre, a été obligé d'avouer que le rapprochement fait par Durand avec le texte du psaume était légitime ; il a fait mieux : il a publié le dessin qui, dans le Psautier du Musée Britannique, accompagne le texte du psaume LVI[6] ; l'interprétation est la même, la disposition des personnages identique : on ne peut douter maintenant qu'un dessin de miniaturiste ne soit la source à laquelle le sculpteur a puisé.

---

1. Sur le Psautier d'Utrecht, dont il a été publié une reproduction photographique complète, voyez Springer, Die *Psalterillustrationen im frühen Mittelalter mit besonderer Rücksicht auf den Utrechtpsalter*; Leipzig, 1880. Le Psautier d'Utrecht fut conservé jusqu'au XVIe siècle dans la Bibliothèque capitulaire de Canterbury ; il existe des exemplaires analogues du Psautier illustré au Musée Britannique et à Cambridge. Tous les savants qui s'en sont occupés jusqu'ici sont unanimes à considérer ces manuscrits comme le facteur anglo-saxonne. Je dois faire cependant observer que dans un travail récemment publié (Le *Psautier d'Utrecht*, dans les *Mélanges Julien Havet*, p. 635-637), M. Durrieu cherche à établir que ces Psautiers ont été écrits et illustrés en France au IXe siècle, à Reims probablement. Je n'admets pas, quant à moi, les hypothèses de ce mémoire ; du reste, elles ne peuvent en aucune façon modifier les conclusions auxquelles je suis arrivé depuis longtemps au sujet de la copie des dessins du Psautier par les ivoiriers de l'époque carolingienne ; d'autre part, les manuscrits carolingiens montrent de trop nombreuses imitations des manuscrits anglo-saxons pour que l'argumentation de l'auteur ait une importance bien grande pour l'histoire de la calligraphie carolingienne.

2. *Revue archéologique*, t. V.

3. *Mélanges d'archéologie*, t. I, pl. X et XI ; — Labarte, *Histoire des arts industriels*, 1re édition, Album, t. I, pl. XXX et XXXI.

4. Manuscrit latin 1152.

5. Ps. LVI. — « 2. Miserere mei, Deus, la miserere mei : quoniam in te confidit anima mea. Et in umbra alarum tuarum sperabo, donec transeat iniquitas. — 3. Clamabo ad Deum altissimum : Deum qui benefecit mihi. — 4. Misit de coelo, et liberavit me : dedit in opprobrium conculcantes me. Misit Deus misericordiam suam, et veritatem suam. — 5. Et eripuit animam meam de medio catulorum leonum : dormivi conturbatus. Filii hominum dentes eorum arma et sagittae : et lingua eorum gladius acutus. — 6. Exaltare super coelos, Deus : et in omnem terram gloria tua. — 7. Laqueum paraverunt pedibus meis : et incurvaverunt animam meam. Foderunt ante faciem meam foveam : et inciderunt in eam. — 8. Paratum cor meum, Deus, paratum cor meum : cantabo et psalmum dicam. — 9. Exsurge, gloria mea, exsurge, psalterium et cithara : exsurgam diluculo. — 10. Confitebor tibi in populis, Domine : et psalmum dicam tibi in gentibus. — 11. Quoniam magnificata est usque ad coelos misericordia tua, et usque ad nubes veritas tua. — 12. Exaltare super coelos, Deus ; et super omnem terram gloria tua. »

6. *Mélanges d'archéologie*, t. I, pl. XIV.

Le fait n'est pas du reste isolé : voici un second rapprochement tout à fait du même genre, moins connu que le premier, et c'est la raison qui me détermine à le mettre sous les yeux du lecteur, de préférence à l'ivoire du Psautier de Charles le Chauve. Le Musée National suisse de Zürich possède une plaque d'ivoire, commentaire très exact du psaume XXVI, copiée sur un dessin du Psautier d'Utrecht ou tout au moins d'un Psautier analogue à celui d'Utrecht. Dans ce psaume, David remercie

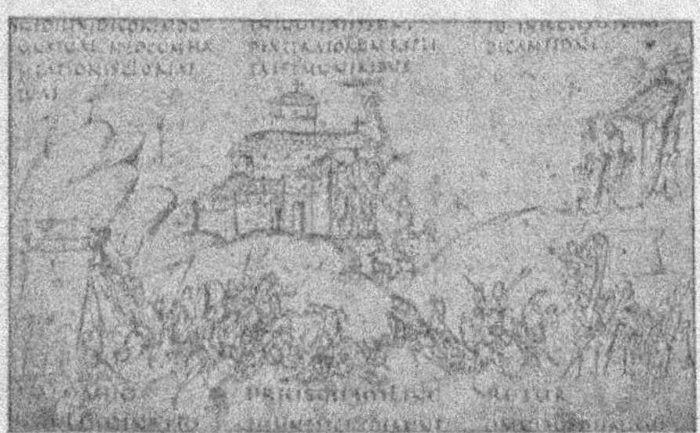

Le Psaume XXVI.
(Dessin du Psautier d'Utrecht, folio 15.)

Dieu de la protection qu'il lui accorde contre ses ennemis. « S'ils dressent des camps contre moi, mon cœur ne craindra pas ; mes ennemis ont été frappés et sont tombés. » C'est la pensée que le miniaturiste a exprimée à la partie inférieure du dessin du Psautier d'Utrecht : on y voit des tentes et une foule de guerriers à pied ou à cheval, dont quelques-uns sont déjà renversés et foulés aux pieds des chevaux. « J'ai demandé au Seigneur de passer tous les jours de ma vie dans sa maison ; j'ai immolé une victime pour en appeler à lui. » Le dessinateur nous représente alors David pris par la main, béni par Dieu et conduit dans le Temple. « Mon père et ma mère m'ont abandonné, mais le Seigneur m'a recueilli », dit le Psalmiste, et à droite le dessinateur figure, à l'entrée d'une maison, un homme et une femme regardant David et se détournant de lui[1]. Comme je mets sous les yeux du lecteur et le fac-similé du dessin du Psautier et l'ivoire de Zürich, on me permettra de ne pas insister davantage sur un rapprochement évident. Quelle que soit l'origine du Psautier d'Utrecht et des Psautiers analogues, que ces encyclopédies religieuses en images aient vu le jour en Grande-Bretagne ou en Gaule, peu importe pour la question qui nous occupe : il demeure évident, et c'est le seul point important pour nous, que ces dessins ont servi de modèles aux ivoiriers[2].

---

1. Voici le texte du psaume, dont je donne dans ces quelques mots que j'en ai traduits seulement le sens général, suffisant pour l'interprétation et du dessin et de l'ivoire :

« Ps. XXVI. 1. Psalmus David priusquam liniretur. — 1. Dominus illuminatio mea, et salus mea, quem timebo ? Dominus protector vitæ meæ a quo trepidabo ? — 2. Dum appropiant super me nocentes, ut edant carnes meas ; qui tribulant me inimici mei, ipsi infirmati sunt et ceciderunt. — 3. Si consistant adversum me castra, non timebit cor meum. Si exsurgat adversum me prælium, in hoc ego sperabo. — 4. Unam petii a Domino, hanc requiram, ut inhabitem in domo Domini omnibus diebus vitæ meæ ; ut videam voluptatem Domini, et visitem templum ejus. — 5. Quoniam abscondit me in tabernaculo suo ; in die malorum protexit me in abscondito tabernaculi sui. — 6. In petra exaltavit me ; et nunc exaltavit caput meum super inimicos meos. Circuivi, et immolavi in tabernaculo ejus hostiam vociferationis ; cantabo et psalmum dicam Domino. — 7. Exaudi, Domine, vocem meam qua clamavi ad te ; miserere mei et exaudi me. — 8. Tibi dixit cor meum, exquisivit te facies mea ; faciem tuam, Domine, requiram. — 9. Ne avertas faciem tuam a me ; ne declines in ira a servo tuo. Adjutor meus esto ; ne derelinquas me, ne que despicias me, Deus salutaris meus. — 10. Quoniam pater meus et mater mea dereliquerunt me ; Dominus autem assumpsit me. — 11. Legem pone mihi, Domine, in via tua ; et dirige me in semitam rectam propter inimicos meos. — 12. Ne tradideris me in animas tribulantium me ; Quoniam insurrexerunt in me testes iniqui, et mentita est iniquitas sibi. — 13. Credo videre bona Domini in terra viventium. — 14. Exspecta Dominum, viriliter age ; et confortetur cor tuum, et sustine Dominum. »

2. Le dessin du Psautier d'Utrecht et l'ivoire du Musée National suisse de Zürich ont déjà été rapprochés et publiés dans Zürich und das schweizerische Landes-Museum, 1896, in-4°, pl. XXXI.

Si ce fait a, dès longtemps, été signalé, il convient toutefois d'y insister un peu plus qu'on ne l'a fait jusqu'ici, et surtout de remarquer que le style assez spécial de ces ivoires, la maigreur des personnages qui y sont représentés, les dispositions des draperies ne sont tels que parce que l'ivoirier, par un commerce prolongé avec ces dessins si particuliers, a été fortement influencé par les défauts de son modèle. On peut même se demander si, en dehors du dessin du Psautier, d'autres illustrations de bibles carolingiennes n'ont pas servi de thèmes aux sculpteurs. Ce n'est là qu'une hypothèse, car dans l'espèce il est aujourd'hui impossible d'administrer de ce fait une preuve absolue, mais on serait tenté de le croire en considérant combien est extraordinaire le choix de certains sujets fait par quelques ivoiriers carolingiens. Le second plat du Psautier de Charles le Chauve est, à ce point de vue, fort intéressant. Sur le bas-relief, bordé d'une belle frise de feuillages, qui le décore, on voit Nathan reprochant à David le meurtre d'Urie dont le cadavre est étendu à terre, à l'entrée du palais du roi; un second registre représente la parabole dont Nathan se sert pour déguiser sa pensée en parlant à David[1]. Le style de ce bas-relief est si bon que Labarte a pu le considérer — ainsi du reste que le bas-relief de l'autre plat — comme une œuvre byzantine. Les proportions des personnages sont excellentes, et n'était que quelques gestes, quelques mouvements sont un peu forcés comme dans beaucoup de miniatures carolingiennes, le style mis à part, l'œuvre serait tout à fait digne d'un ivoirier byzantin de la bonne époque. J'incline à penser que nous avons là, comme dans l'autre plat de la reliure du Psautier de Charles le Chauve, la traduction d'une miniature. Mais il est évident qu'on pourrait m'objecter que la parabole de Nathan peut être considérée comme ayant une portée très générale et par conséquent avoir sa place dans l'iconographie courante. Admettons-le. Il me paraît à mon tour difficile de croire qu'un ivoirier carolingien qui n'aurait pas eu sous les yeux l'illustration d'une bible fût allé chercher pour le représenter le sujet que nous trouvons sur une plaque possédée par le Louvre, l'entrevue d'Abner et de Joab, près de la fontaine de Gabaon[2]. Il me paraît difficile de reconnaître, à ce sujet emprunté au *Livre des Rois* (l. II, c. 2)[3], une portée générale, un sens mystique quelconque pouvant en déterminer le

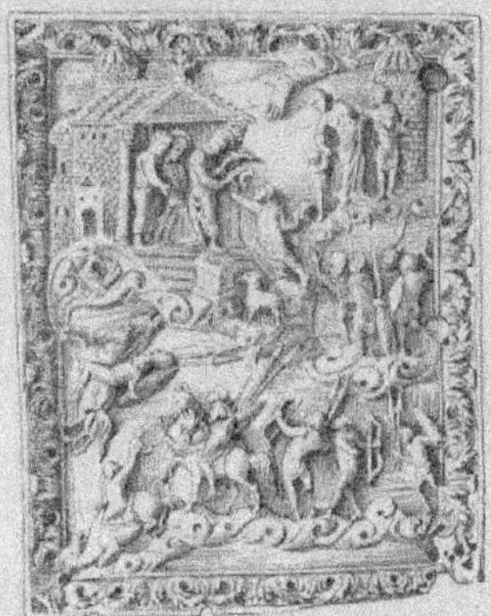

Le Psaume XXVI, Ivoire du IXe siècle.
(Musée National Suisse, à Zürich.)

1. « Il y avait deux femmes dans une ville de votre royaume dont l'une était riche et l'autre pauvre. Le riche avait un grand nombre de brebis et de bœufs. Le pauvre n'avait qu'une petite brebis qu'il avait achetée et nourrie avec grand soin, qui avait cru parmi ses enfants, mangeant de son pain, buvant dans sa coupe et dormant dans son sein et il la chérissait comme sa fille. Un étranger étant venu voir le riche, celui-ci ne voulut point toucher à ses brebis ni à ses bœufs pour lui faire festin, mais il prit la brebis de ce pauvre homme et la donna à manger à son hôte. David entra dans une grande indignation contre cet homme et dit à Nathan : Vive le Seigneur! celui qui a fait cette action est digne de mort, et il en sera puni. Nathan dit à David : Vous êtes cet homme. Je vous ai sacré roi sur Israël et je vous ai délivré de la main de Saül. Je vous ai livré dans les mains la maison et les femmes de votre Seigneur, je vous ai rendu maître d'Israël et de Juda. Pourquoi donc avez-vous méprisé ma parole? Vous lui avez ôté sa femme et vous l'avez prise pour vous ». (Rois, l. II, c. xii.)

2. *Catalogue des Ivoires du Louvre*, n° 6.
3. Après la mort de Saül, Abner, fils de Ner, fit proclamer Isboseth, fils de Saül, roi d'Israël, tandis que David régnait sur Juda : « Alors Abner, fils de Ner, sortit de son camp et vint à Gabaon, avec Isboseth, fils de Saül. — Joab, fils de Sarvia, marcha contre lui avec des troupes de David, et ils se rencontrèrent près de la piscine de Gabaon. Les armées, s'étant approchées, s'arrêtèrent l'une devant l'autre, l'une étant d'un côté de la piscine, l'autre de l'autre. — Alors Abner dit à Joab : « Que quelques jeunes gens s'avancent et qu'ils s'escriment devant nous! » Joab répondit : « Qu'ils s'avancent! » Aussitôt douze hommes de Benjamin, du côté d'Isboseth, fils de Saül, parurent et se présentèrent; il en vint aussi douze du côté de David. — Et chacun d'eux ayant pris par la tête celui qui se présenta devant lui, ils se passèrent tous l'épée au travers du corps et tombèrent morts tous ensemble; et ce lieu s'appela le champ des vaillants à Gabaon. »

choix. N'est-il pas beaucoup plus logique d'admettre qu'il a pu exister à l'époque carolingienne des bibles ou des parties de bible commentées en quelque sorte par l'image comme les Psautiers? L'idée paraîtra peut-être hardie: peut-être des rapprochements plus nombreux permettront-ils plus

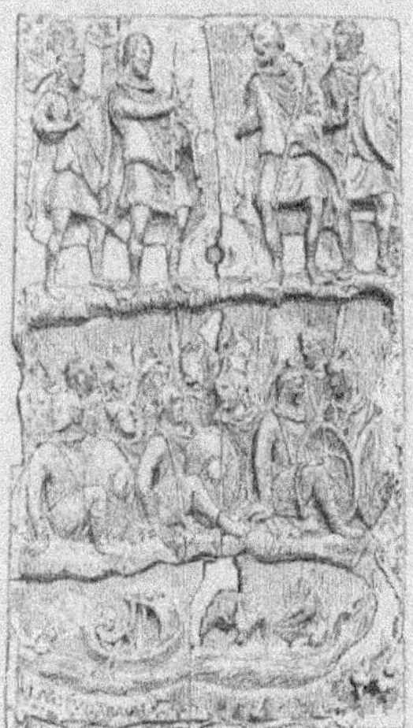

tard de confirmer ce que j'avance ici comme une pure hypothèse, très séduisante et très vraisemblable. Cet ivoire du Louvre est, du reste, au point de vue de la facture, un des plus intéressants que nous ait légué le IXe siècle; on y remarquera combien sont précieux les renseignements qu'il nous donne sur l'équipement militaire des soldats carolingiens, tous coiffés du petit casque dont les miniatures nous montrent sans doute beaucoup d'échantillons, mais bien moins lisibles. Il n'est pas jusqu'à cette distribution en registres superposés, la fantaisie apportée dans la représentation de la fontaine de Gabaon, transformée en un lac sur lequel vogue une barque et au dessus duquel planent des oiseaux, qui ne sentent le travail d'un dessinateur de manuscrit, tel que celui qui a illustré le Psautier. C'est un monument capital de l'art carolingien, digne de toute l'attention des archéologues.

C'est là le fait qu'il importait surtout de mettre en lumière, fait qui, je le répète, pourra sans doute trouver sa confirmation dans d'autres monuments de l'époque carolingienne; les ivoires de cette période sont loin d'être tous connus, et qui sait quelles découvertes l'avenir ne nous réserve pas? L'ivoire a été universellement travaillé au IXe, au Xe siècle surtout, dans les grandes abbayes du Nord de la Gaule ou du Sud de l'Allemagne, où les ateliers monastiques rivalisent de zèle et d'activité avec les Byzantins. Les textes en très grand nombre nous attestent l'emploi de l'ivoire, non seulement dans des monuments religieux pour lesquels cette matière a été ensuite abandonnée, mais aussi pour des ustensiles de la vie civile; dans le recueil si précieux publié par Schlosser, à chaque pas on rencontre l'ivoire employé pour les usages les plus différents; tantôt nous le voyons destiné à confectionner une sorte de modèle qui doit servir au fils d'Eginhard à lui faire comprendre certains termes de Vitruve[1], ce qui montre jusqu'à quel point était poussée la préoccupation d'imiter l'antiquité classique; tantôt ce sont des évêques ou des abbés qui font fabriquer de somptueuses reliures d'orfèvrerie enrichies de feuillets d'ivoire, et d'après le nombre très respectable de ces objets parvenus jusqu'à nous et le nombre encore bien plus grand que nous font connaître les textes, il est légitime de conclure que la sculpture en ivoire a pris au IXe et au Xe siècle un développement extraordinaire[2].

1. Lettre d'Eginhard à son fils (810, 14 mars). « Mei litterae tibi vereda et nomina obscura ex libris Vitruvii, quae ad praesens occurrere poterant, et serum notitiam [...] perquisivi. Et vereke, quod eorum maxima pars tibi demonstrari possit in capsella, quam donavi E. [...] eburneis eburnea ad usus antiquarum superior fabricavit... » (Einhardi ep. 56. dans Schlosser, Schriftquellen für Geschichte des karolingischen Kunst, n° 46.)

2. Hildoarius, évêque de Cambrai (à la fin du VIIIe siècle). — Tempore Karoli M..., qui duas tabulas eburneas pulchre sculptas, unam [...] episcopium, et in clausis tabulis legebi, fieri fecit... (Gesta episcop. Cameracensium, I, 39; dans Schlosser, Schriftquellen zur Geschichte der karolingischen Kunst, n° 215.)

Hincmar, archevêque de Reims [...]

Libellum quoque de artes, Dei genitricis Mariae, [...] et venerabem b[...]

eburneam de ipsius Domini assumptione scribi fecit et tabulas ebur[...], nonnunc ex artibus [...]. « Libros quoque sacramentorum, sed et Lectionarium, quos scribi fecit eboris negotiorum denuo [...] (Flodoardus, Hist. Rem., III, 5; dans Schlosser, Schriftquellen zur Geschichte der karolingischen Kunst, n° 751). « Evangelium aureis litteris insignivit, ac gemmis... plura distinctis ornavit, venetiam etiam ornata[...] pensilibus. Sed et eorum incisum composuit aureo, gemmisque depinxit. Librum quoque sacramentorum sub eburneis tabulis argento praesignibus; sed et lectionaria ad missas librum, pari decore venustavit, ibidem composuit eburiferibus et ornamenta nonnulla sub venerabili loco delegavit. » (Flodoardus, Hist. Rem., III, 8; dans Schlosser, Ibid., n° 770.)

Ansegise, abbé de Saint-Wandrille (822-833).

II. — LA LÉGENDE DE TUOTILO DE SAINT-GALL ET LES ATELIERS MONASTIQUES

Au point de vue spécial qui nous occupe, la renaissance carolingienne peut être considérée comme une renaissance religieuse et ecclésiastique : ce sont des abbés et des évêques qui, soutenus par le pouvoir civil, sont à la tête du mouvement : c'est dans les grandes abbayes que se développent et se renouvellent les arts, mais c'est surtout dans les grandes abbayes de la partie septentrionale de l'Empire carolingien que l'activité est grande et que l'on peut constater une unité d'efforts qui se traduit par une unité dans les résultats obtenus. Il serait, je crois, téméraire d'essayer, dès aujourd'hui, un classement par école entre les différents ivoires que l'on peut attribuer à la période carolingienne : aussi bien, les monuments sont-ils trop rares et trop imparfaitement connus, l'époque sur laquelle s'échelonne leur fabrication (ix⁰ et x⁰ siècle) trop longue pour proposer des classements définitifs : on verra toutefois, par la suite de ce chapitre, que dès maintenant certains groupements sont possibles ; que, sauf quelques monuments qui font partie franchement de l'art italien, sauf quelques autres qui sont copiés trop fidèlement d'après des originaux byzantins pour qu'on puisse déterminer d'une façon exacte le centre qui les a vus naître, la grande majorité des ivoires appartient à un art que l'on pourrait qualifier d'allemand, si ce terme avait une signification exacte appliqué à des produits de cette époque : en d'autres termes, par leur style et par leurs tendances, les ivoires du ix⁰ et du commencement du x⁰ siècle forment véritablement la tête de la série des monuments fort nombreux qui virent le jour pendant la période florissante des Ottons. Faut-il s'étonner beaucoup de ce fait ? On a dit plus haut, en parlant de la renaissance carolingienne, que ce mouvement était, par certains côtés, un peu factice, sans racines profondes : quoi d'étonnant, dès lors, que cette nouvelle mode ait été surtout adoptée dans l'entourage direct de la cour carolingienne, dans les centres religieux qui étaient en relations suivies avec le souverain ? Il en est résulté que ce mouvement a été localisé, pour ainsi dire, et que les œuvres dans lesquelles ses effets se font sentir présentent aussi un air de famille : il y a eu évidemment échange de modèles et d'idées, échange d'ouvrier quelquefois, de sorte qu'un monument exécuté en Suisse ou dans le Nord de l'Italie peut présenter le même caractère qu'un monument créé sur les bords du Rhin.

Ce n'est pas à dire que les évêques, les abbés de l'époque carolingienne n'aient, au sujet de cette floraison extraordinaire d'images, de figures peintes, sculptées, ciselées ou exécutées en mosaïque destinées à rehausser l'éclat des églises, éprouvé quelques-uns des scrupules qui tourmentaient si fort les iconoclastes de Byzance. Schlosser, dans un excellent travail sur la renaissance carolingienne [1], a réuni des textes très concluants à ce point de vue : les images de saints sont faites pour rappeler leurs actions et non pour être adorées en elles-mêmes ; et dans ces textes on voit toujours poindre la

---

« Lectionarium etiam in membranis purpureis similiter scribere jussit ; desuper tabulis eburneis ; sculpturarum similiter in membranis purpureis argenteis scriptum litteris eburneis(?) tabulis eburneis. » (*Gesta Abbatum Fontanell.*, c. 17 ; dans Schlosser, *ibid.*, n° 871.) — *Testament de saint Eberhard de Frioul*, 867 : « ... Scyphos argenteos II ... tabulas eburneas auro paratas, psalterium auro paratum, capsellam eburneam ..., calicem eburneum cum patena auro parata I, capsam eburneam auro paratam ..., evangelium eburneum I, lectionarium simili[ter] ... [illegible], commentarium simile, scyphorum ... similiter paratus ..., [illegible] auro cum labiis eburneis et aureis, [fl]abellum similiter et baltheo eburneum et aureum, *Historia ecclesiae Cremonens.*, p. 85 ; dans Schlosser, *ibid.*, n° 692. »

1. *Beiträge zur Kunstgeschichte aus den Schriftquellen des frühen Mittelalters* par Julius von Schlosser, dans les *Sitzungsberichte der K. k. Academie de Wien*, t. CXXIII, 2ᵉ partie, p. 20 et suiv.

crainte que la multitude ne se trompe en adressant ses prières. Malgré ces craintes, très fondées du reste, l'époque carolingienne en Occident n'a pas eu ses iconoclastes : outre le besoin que l'on éprouvait, par une décoration somptueuse, de rehausser la majesté du culte, on voulait en quelque sorte donner par les yeux un enseignement moral, par le dessin pour les illettrés, par de longues légendes accompagnant ces dessins pour ceux, plus rares, qui pouvaient lire les inscriptions de toutes sortes qui décoraient l'intérieur des églises.

Comme on peut s'y attendre — la chose est ordinaire pour le moyen âge — bien peu des noms des artistes qui ont contribué à créer et à entretenir ce mouvement artistique nous ont été conservés. Pour la série des ivoires notamment, ces noms se réduisent à un seul, celui d'un moine de Saint-Gall, Tuotilo.

Sur ce Tuotilo on ne possède à vrai dire que bien peu de renseignements et, en dépit du respect que l'on peut avoir pour tous les archéologues allemands qui s'en sont occupés, il faut bien en arriver à adopter l'opinion de Schlosser [1] qui, le premier, a osé déclarer que la vie du moine de Saint-Gall appartenait plus à la légende qu'à l'histoire véritable.

Avant d'examiner les monuments qui lui sont attribués, examinons d'abord les textes qui nous donnent des détails sur sa vie. Ces textes se réduisent à deux en réalité : une mention du nécrologe de Saint-Gall qui place sa mort au 3 avril, et qu'un écrivain postérieur a amplifiée en ajoutant que ce fut un savant, « un docteur distingué et un sculpteur [2] ». Puis d'assez longs passages des *Casus Sancti Galli* d'Ekkehard, moine de Saint-Gall et écolâtre de Mayence [3]. Or, si Ekkehard a pu recueillir à Saint-Gall des traditions exactes sur la personnalité de Tuotilo, il faut bien admettre aussi qu'il s'est fait l'écho d'une foule de légendes; la lecture des pages qu'il consacre à l'artiste le prouve amplement. D'ailleurs, demander des détails exacts et très minutieux à un écrivain d'un siècle postérieur au moins et admettre tous ces détails pour vrais, ce serait faire preuve de peu de critique [4].

Le portrait qu'Ekkehard trace de Tuotilo est un portrait purement légendaire [5]. Bon et fort, éloquent, excellent chanteur, peintre et sculpteur, musicien, et surtout habile joueur de flûte, chaste comme un saint, il possédait en somme tant de qualités que Charlemagne regrettait amèrement qu'un tel homme fût moine. Le portrait est si séduisant, si complet, que l'un des derniers historiens de Tuotilo n'a pas craint, en face de la figure du moine de Saint-Gall, d'évoquer le souvenir de Léonard de Vinci [6]. Que ce portrait ne soit pas un peu flatté, admettons-le pour l'instant; mais ce qu'il est plus difficile de croire, c'est que Charlemagne ait pu jamais exprimer son opinion sur Tuotilo, vu que le grand empereur était mort depuis de longues années quand le moine de Saint-Gall vit le jour. Dans un autre chapitre [7] Ekkehard revient encore sur ce portrait pour y ajouter de nouveaux traits, tout

1. *Beiträge...*, p. 369 et suiv.

2. « V. Iud. in obitu Tuotilonis monachi atque presbyteri doctor istius nobilis ecclesiae pollebat. » Nécrologium S. Galli, 3 avril, cité par Schlosser, *Schriftquellen zur Geschichte der karolingischen Kunst*, n° 1111.

3. Né vers 980; † vers 1056.

4. La dernière édition des *Casus Sancti Galli* est celle qu'a donnée Meyer von Knonau dans les *Mittheilungen für vaterländische Geschichte*, 4° volume des *Geschichtsquellen von S. Gallen*. C'est cette édition que je cite d'après Schlosser.

5. « M. Tuotilo longe aliter beatus erat et utilis, homo lacertis et omnibus membris, sicut Fabius athletas eligere docet (Quintilian. Inst. Orat., I, 3 [?]). Erat eloquens, voce clarus, celaturae elegans et picturis artifex, musicus, sicut et socii sui, sed in omnibus genere fidium et fistularum praeomnibus; nam et filios nobilium in loco ab abbate destinato fidibus erudivit. Nuntius procul et prope sollers, in structuris et celeris suis artibus efficax, concinnandi in utraque lingua potens, et promtus natura, serio et ioco festivus, adeo ut Karolus noster aliquando maledixerit, qui talis naturae hominem monachum fecerit. Sed inter hec omnia, quod pene plus est, in choro strenuus, in latebris erat lacrimosus, versus et melodias facere praepotens, castus, ut Marcelli discipulus, qui feminis aditus claudit. » (Ekkehard IV, Casus S. Galli, c. 34. Schlosser, *loc. cit.*, n° 1109.)

6. Schnütz, *Tuotilo*, p. 34, dans l'ouvrage *Kunst und Künstler* publié sous la direction de Dohme, t. I.

7. « Tuotilo vero alhabitu, sed quitus militarent, armatos plerumque et proceribus multos proprie praefecit simul et doctrinas peregrevere, ut in suo capitulo religiosus et strenuus. Pictura etiam et sculptura certanibus et organorum decoratui singulariter pollens. Tantaeque auctoritatis, abbatum character, apparuit, ut omnes illum, qui viderent, a Galli monachos dubitasset. Erat autem, ut divinus et humanis et respersus paralleletus, alud quid iocundiorum maxime, se amoribus, simplex celabat, pro loco lotusque et persona schine exerton, ut in usu ille paucibus dicere noluismus. » (Ekkehard, c. 79; Schlosser, *loc. cit.*, n° 1106.)

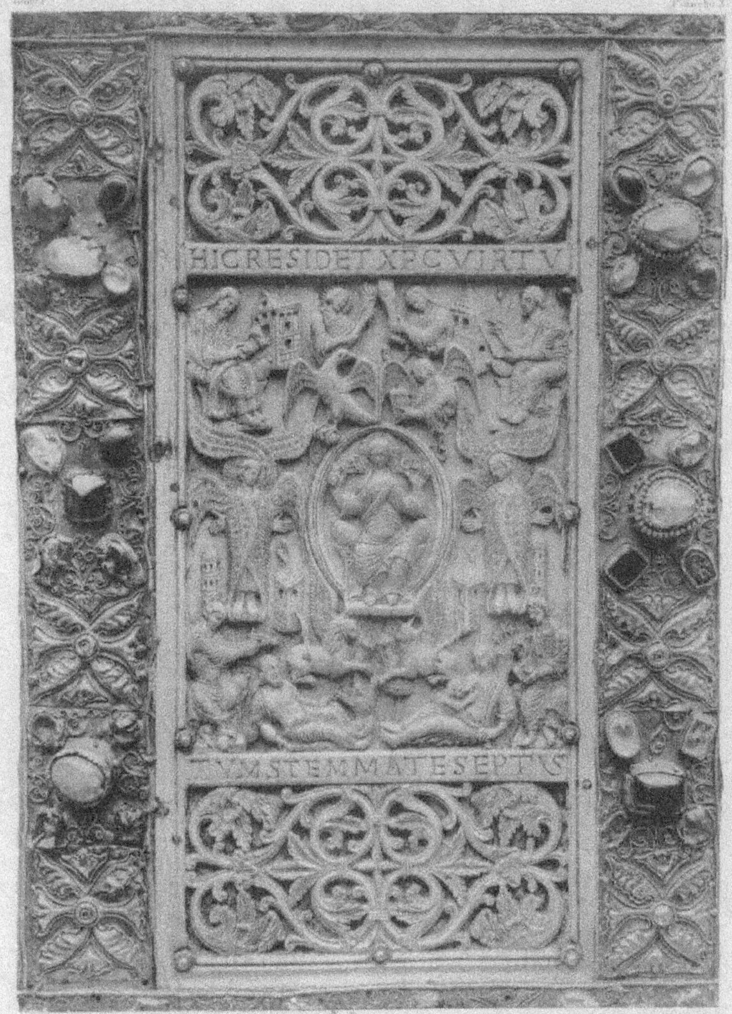

COUVERTURE DE LIVRE ATTRIBUÉE AU MOINE TUTILO

aussi vagues, aussi littéraires que les premiers ; il parle des vers dont Tuotilo accompagnait ses peintures et ses sculptures, de l'ascendant qu'il savait prendre sur ses compagnons partout où il se trouvait et qui faisait qu'on n'aurait jamais pensé que ce fût un simple moine, de ses voyages enfin. Et ce dernier renseignement est peut-être un des seuls qu'on peut considérer comme exact. C'est évidemment, du reste, pour amener le récit d'une longue légende sur la Vierge sculptée par Tuotilo à Metz qu'Ekkehard mentionne ces voyages, et si le lecteur prend la peine de parcourir le texte relatif à cette sculpture, il se convaincra tout de suite du degré de confiance que l'on peut attribuer à l'auteur des *Casus Sancti Galli*[1]. Nous avons là un récit d'une telle fantaisie, sentant tellement sa composition littéraire qu'il en rejaillit un singulier discrédit sur l'œuvre tout entière. L'intervention de la Vierge ajoutant des abeilles autour de sa propre image sculptée par l'artiste démontre que le souvenir de Tuotilo était resté très vivant à Saint-Gall, mais qu'en même temps il avait pris rang parmi les personnages fabuleux dont on ne pouvait plus écrire l'histoire vraie, parce qu'on le considérait comme un saint.

Tuotilo apparaît pour la première fois dans les documents de Saint-Gall en 895 ; il écrit un diplôme en 907 ; « hospitiarius » de l'abbaye en 912, date à partir de laquelle on le perd de vue, il est vraisemblable qu'il mourut l'année suivante. C'est tout ce que nous savons de sa vie et il convient de remarquer, après Meyer von Knonau et Schlosser, que la chronologie d'Ekkehard laisse singulièrement à désirer : il fait des moines Salomon, Notker, Ratpert et Tuotilo des contemporains et des élèves du moine Iso. Or, Ratpert est contemporain d'Iso, mais les autres sont plus jeunes d'une génération ; dans un autre chapitre, les *Casus Sancti Galli* parlent d'un Waldram comme d'un moine plus ancien que Notker et Tuotilo, et ce Waldram paraît pour la première fois dans les diplômes, comme doyen, en 959[2].

Voyons maintenant quelles sont les œuvres que l'on a attribuées ou que l'on attribue maintenant à Tuotilo. Au xviᵉ siècle on montrait encore dans l'église de Saint-Othmar à Saint-Gall un autel de bronze qui lui était attribué[3] ; des scènes de la vie de saint Gall y étaient représentées. A Mayence on voyait un devant d'autel d'or représentant le Christ de majesté[4] ; à Saint-Gall même, d'après Ekkehard, il exécuta l'autel de la Vierge, un pupitre pour la lecture de l'Évangile, une croix d'or gemmée[5]. Enfin, Ekkehard mentionne un évangéliaire qu'il aurait décoré de sculptures en ivoire, évangéliaire qui ne serait autre que l'*Evangelium longum* conservé aujourd'hui à Saint-Gall (manuscrit n° 53)[6]. Mais, à vrai dire, cette attribution ne repose que sur le dire d'Ekkehard, ce dont, comme l'a judicieusement remarqué Schlosser, se sont fort peu préoccupés les archéologues tels que Schnaase, Lübke, Rahn, Schultz, Bode qui, tour à tour, ont parlé des ivoires de Saint-Gall. On a vu plus haut cependant ce qu'il faut penser de la valeur historique des *Casus Sancti Galli*. Il faut remarquer du

---

1. « Tuotilo [...] apud Metensium urbem existens solagret, [...] Mariae imaginem sculpit [...] Benedictus Domine vir iste, qui nos hodie hunc [...] » [Ekkehard, c. 45; dans Schlosser, *Quer. elle*, n° 1110].

2. Schlosser, *Beiträge*, p. 171, 182.

3. Bode, p. 97.

4. « Bogatarium ita ornavit usque dum Domino Dei [...] Ekkehard, c. 90; Schlosser, *oper. cit.*, n° 1109.

5. « Crucem etiam illam longissimam S. Mariae Tuotilone nostro [...] Altare vero S. Mariae et analogium evangelicum [...] fratres nostri ediflcia in loco [...] domum Hattonis [...] de argento constat argento et [...] valere est, ex summa [...] » Ekkehard, c. 22; Schlosser, *oper. cit.*, n° 110.

6. « S. Gallo etiam, in nullis forsitan imaginem alias, ebur fabulae [...] Tuotilo nostro [...] Sacramentum nostrum scribere fecit evangelium, ut quod tabula abrasisset, auro et gemmis Hattonis ornaret. » Ekkehard, c. 22; Schlosser, *oper. cit.*, n° 1408.

reste que, si on admet l'attribution à Tuotilo de l'*Evangelium longum*, il faut lui attribuer aussi un autre manuscrit de Saint-Gall (n° 60) qui offre des ornements du même style.

Ce qui, cependant, indépendamment de la critique du texte d'Ekkehard, très aisée à faire, aurait pu ouvrir les yeux aux archéologues, c'est que le texte des *Casus Sancti Galli* ne concorde que très imparfaitement avec le monument qui existe aujourd'hui. L'évangéliaire de Saint-Gall, ou du moins sa reliure serait composée de deux plaques d'ivoire provenant d'un diptyque ayant appartenu à Charlemagne : l'un des côtés de ce diptyque aurait seul été sculpté plus anciennement, et l'autre, tout uni, aurait été décoré par Tuotilo. Or, avec la meilleure volonté du monde, et le lecteur peut s'en convaincre en jetant les yeux sur les planches — j'ai tenu à donner les deux plats de la reliure — il est impossible d'admettre que les deux ivoires soient d'époque différente : Schnaase, Springer, Rahn et Bode ne s'y sont pas trompés, tout en admettant l'attribution à Tuotilo, mais Schultz et Lübke, aussi crédules qu'Ekkehard lui-même, attribuent à Tuotilo la plaque d'ivoire sur laquelle est représentée une scène de la légende de Saint-Gall, mais admettent le dire des *Casus Sancti Galli* pour l'autre plat. Il me suffira d'avoir signalé ce manque de critique de part et d'autre. Et je conclurai avec Schlosser que, quoi qu'on en ait pensé jusqu'ici, nous ne savons rien de certain sur Tuotilo ni sur ses œuvres[1]. La présence d'une scène de la vie du saint sur la couverture de l'*Evangelium longum* peut indiquer que le monument a été exécuté à Saint-Gall ; les plis des vêtements des personnages peuvent être comparés avec les plis tels que nous les voyons indiqués dans les miniatures des manuscrits anglo-saxons de Saint-Gall, mais là doivent, en saine critique, s'arrêter nos présomptions. Il est possible que ces ivoires soient de Tuotilo : leur style ne contredit pas une telle assertion, mais rien non plus ne vient la prouver. Cela dit, j'ajouterai un mot au sujet de ces intéressantes sculptures. Les planches x et xi qui accompagnent ces lignes me permettront d'être bref.

Pour quiconque a examiné des sculptures, il est clair que l'un et l'autre plat de l'évangéliaire de Saint-Gall sont de la même main : dans l'un et l'autre bas-relief on trouve le même style et la même facture non seulement dans les ornements, mais encore dans les figures. L'image du Christ de Majesté, accompagnée de l'A et de l'Ω, est conforme aux miniatures de beaucoup de manuscrits carolingiens : le Sauveur est imberbe et porte les cheveux longs ; quant à l'inscription qui accompagne cette scène : HIC RESIDET CHRISTVS VIRTVTVM STEMMATE SEPTVS, elle ne peut nous donner aucun renseignement car elle pourrait aussi bien dater de l'époque romane que de l'époque carolingienne. Ce qui est bien plus caractéristique et dont on citera tout à l'heure de nombreux exemples à propos d'une représentation très fréquente au ixe et au xe siècle, la *Crucifixion*, ce sont les figures des évangélistes accompagnées de leurs symboles, les figures de la Terre et de la Mer, du Soleil et de la Lune, puis les chérubins qui, drapés dans leurs ailes multiples, font assez piteuse figure à droite et à gauche du du Christ. Ni le Soleil, ni la Lune, ni la Terre, ni la Mer n'ont rien à faire, iconographiquement parlant, avec cette apothéose du Christ ; si on remarque, en outre, à droite et à gauche des chérubins des constructions à toits pointus et à toits hémisphériques qui sont inutiles ici, si on compare ces détails avec certaines *Crucifixions* de l'époque carolingienne dont on trouvera plus loin la description, on reconnaît bien vite ce qui a pu servir de modèle au sculpteur de Saint-Gall. A n'en pas douter, son modèle a été une *Crucifixion* qu'il a arrangée du mieux qu'il a pu : le Soleil et la Lune, la Terre et la Mer sont de style dans les *Crucifixions* carolingiennes, et ces édifices ne sont pas autre chose que des tombeaux d'où sortent les morts dans la même scène. Il y a là un signe d'indigence artistique manifeste qu'il est bon de ne pas passer sous silence. Cette appropriation d'un vieux thème iconographique

1. Schlosser, *Beiträge*, p. 184, 185.

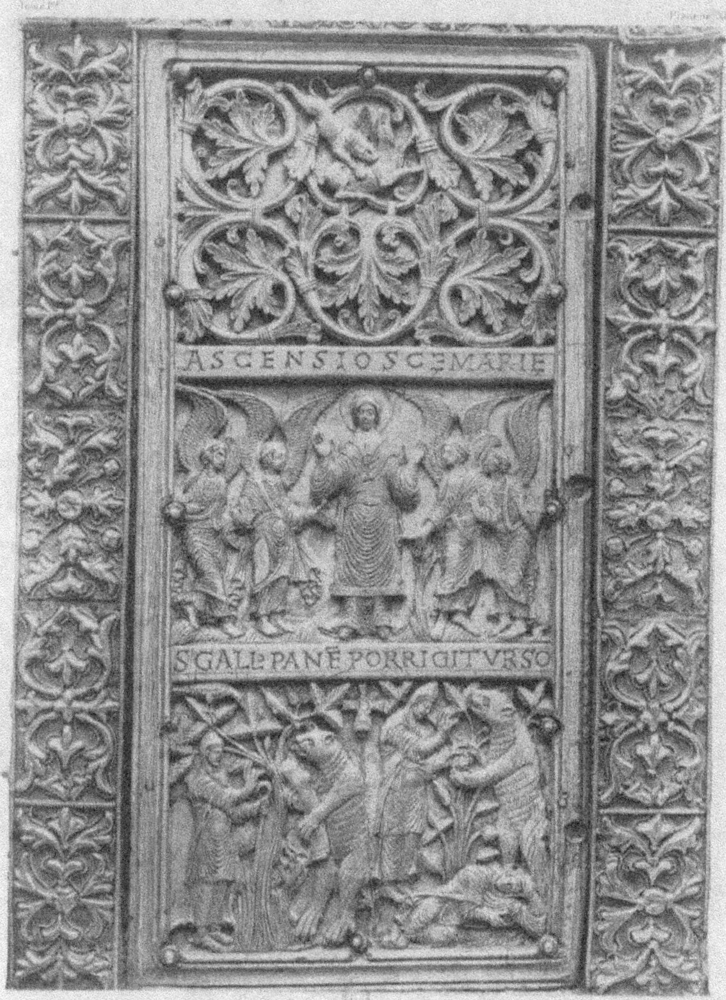

COUVERTURE DE LIVRE ATTRIBUÉE AU MOINE TUTILO

à une nouvelle scène, sans aucun respect pour l'iconographie elle-même, décèle un artiste médiocre, capable de faire une copie passable, impuissant à concevoir une composition originale. Le second bas-relief, celui qu'avec un ensemble admirable tout le monde a attribué sans contestation à Tuotilo, est peut-être plus original, mais d'une médiocrité navrante au point de vue de la représentation des figures. L'Ascension — ASCENSIO S (an)C(t) E Marie — qui en occupe le centre nous montre une orante byzantine affublée d'une robe trop longue et d'une seconde robe trop courte, munie de plis d'un dessin tout à fait géométrique qui, comme l'a très finement remarqué Schlosser, rappellent le style adopté par les miniaturistes anglo-saxons, ceux en particulier qui travaillaient à Saint-Gall. Les anges, au nombre de quatre, debout à droite et à gauche de la Vierge, sont traités de la même façon, et bien que l'ivoirier ait cherché à en varier les attitudes, il était trop malhabile pour s'affranchir de la représentation de ces gestes maladroits et stéréotypés qui sont de style dans les monuments carolingiens et en particulier dans les miniatures. Le premier ange de gauche, surtout, a une attitude que je retrouve dans maint personnage dessiné dans le Psautier d'Utrecht. Le sculpteur a-t-il eu un modèle pour ce bas-relief? Je ne puis l'assurer; mais la chose est vraisemblable, étant donné la banalité de la scène. Le troisième registre est de beaucoup le plus intéressant : c'est celui qui peut nous éclairer sur l'origine locale du monument. Le sujet est emprunté à la vie de Saint-Gall; il est double : le saint, qui vient de planter en terre une croix à laquelle est suspendu un reliquaire portatif, rencontre au milieu d'une forêt un ours qui porte une grosse pièce de bois : l'animal s'arrête à la vue du saint qui, appuyé sur une sorte de crosse, fait de la main droite un geste de bénédiction. Dans la seconde scène, saint Gall qu'accompagne un de ses disciples qui, étendu à terre, se livre au sommeil, donne du pain à l'ours que l'homme de Dieu a apprivoisé. La légende explicative : S(anctus) GALL(us) PANE(m) PORRIGIT VRSO, assez inutile sur un monument que tout moine de Saint-Gall devait facilement interpréter, si elle est de Tuotilo, ne lui fait guère honneur, et ne rappelle en rien les légendes versifiées que, si l'on en croit Ekkehard, il était si habile à composer.

La partie la plus intéressante, sinon la mieux traitée dans ces deux ivoires, est la partie ornementale qui révèle un artiste habile, mais qui a eu sous les yeux des modèles orientaux ou tout au moins des modèles byzantins. Si on se reporte à deux belles plaques d'ivoire recouvrant des manuscrits provenant de Metz, conservés à la Bibliothèque Nationale, manuscrits dont on a parlé plus haut [1], on acquerra la certitude que Tuotilo ou le sculpteur anonyme de l'*Evangelium longum* ont connu des ivoires byzantins dont les bordures, habilement découpées, les ont inspirés. Le lion terrassant un animal figuré au milieu de vastes rinceaux à la partie supérieure de la seconde plaque d'ivoire procède indubitablement d'un modèle persan. Mais il faut reconnaître que l'ivoirier carolingien en a su tirer un parti excellent et imprimer à son imitation un caractère très personnel. Ces mêmes rinceaux, on les retrouve entremêlés de félins, lions et guépards poursuivant différents animaux, dans la couverture d'un autre manuscrit de Saint-Gall (n° 60) que Schulz a publiée [2]. Cette couverture, entièrement découpée à jour, est un chef-d'œuvre de composition décorative : elle se compose sur l'un de ses plats de deux courses de rinceaux marchant parallèlement, encadrant huit groupes d'animaux; l'autre plat consiste en un réseau de motifs rectangulaires, chaque motif étant composé d'une fleurette centrale cantonnée de quatre feuilles trilobées. Ces plaques sont évidemment de la même main que la reliure du manuscrit n° 53.

De l'étude de ces monuments, dont l'attribution à Tuotilo ne peut être présentée que comme une simple hypothèse, il faut retenir deux choses : la forme très particulière des draperies, leurs plis concentriques qui paraissent provenir de la transcription servile des miniatures anglo-saxonnes qui ont servi de modèles aux ivoiriers; puis le style très particulier de la décoration, d'origine orientale sans

---

1. Au chapitre des ivoires byzantins, p. 69.   2. Ouvr. cité, p. 28.

doute, mais suffisamment transformé pour devenir caractéristique de certains ivoires carolingiens. C'est là, on le voit, un amalgame d'éléments bien différents, et on voit déjà poindre là le style qui fleurira surtout à l'époque qu'on a qualifiée de romane, dans la sculpture monumentale ; or, cette sculpture faisant presque entièrement défaut pour l'époque carolingienne, ce n'est que sur les ivoires que l'on peut saisir la genèse de certaines bizarreries dans le rendu des figures et des draperies qui, au premier abord, paraissent inexplicables. Enfin, il faut encore faire remarquer le rôle que joue la miniature dans le développement de la sculpture : l'exemple tiré des manuscrits de Saint-Gall est à ajouter à ceux que j'ai signalés plus haut.

Au même courant artistique j'attribuerai deux plaques d'ivoire qui font partie des collections du Musée de Cluny[1] et qui ont en général été considérées comme byzantines. Sur l'une, au milieu d'une course de larges rinceaux supérieurement traités, on a figuré un homme tenant un épieu et qui paraît se défendre contre un satyre, un homme enfonçant sa lance dans la gueule d'un lion et enfin un autre personnage se retenant des deux mains à des feuillages. Ces hommes combattant, par leur attitude et leur mouvement, rappellent les bestiaires des diptyques de la basse époque romaine[2] ; sur la bordure courent des rinceaux, s'étalent des rosaces alternant avec des lions, des mascarons ou des griffons de style oriental. L'autre plaque offre une disposition un peu différente : dans des médaillons circulaires sont inscrites des rosaces ou les représentations de deux signes du Zodiaque, le sagittaire et le capricorne : l'imitation antique et byzantine, dans l'un comme dans l'autre ivoire, est manifeste, mais ce n'est qu'une imitation : un examen consciencieux ne peut faire attribuer ces monuments à Byzance[3]. Enfin il existe dans le Trésor de Monza un monument bien célèbre que quelquefois on a considéré comme un présent de la reine des Lombards, Théodelinde, mais qui, en réalité, provient de la chapelle du roi Bérenger[4], et qui, par son style, se rapproche beaucoup des ivoires de Saint-Gall. Les deux plats de cette reliure bordée d'argent filigrané sont composés de plaques d'ivoire découpées à jour. Sur l'un des plats nous voyons des rinceaux et des entrelacs au milieu desquels sont figurés des lions et des oiseaux ; sur l'autre, des entrelacs composant des motifs circulaires et cruciformes rangés symétriquement autour d'une fleurette centrale. Sur ces entrelacs, de distance en distance et d'une façon régulière, naissent des feuillages rudimentaires, ce qui indique déjà une tendance à s'éloigner du type primitif des entrelacs tels qu'on les trouve en Italie sur les monuments d'origine lombarde[5]. Quant au premier plat, il est impossible de ne pas le rapprocher des reliures attribuées à Tuotilo ; on y retrouve un mélange d'art oriental transmis par les Byzantins et d'art anglo-saxon. Cette pièce est-elle contemporaine des reliures de Saint-Gall ? A-t-elle été faite spécialement pour Bérenger (roi d'Italie en 888, empereur en 916, mort à Vérone en 924) ? Il serait fort difficile de l'assurer. Il se pourrait fort bien que cette reliure fît partie, à l'origine, de la chapelle d'Eberhard, duc de Frioul, père de Bérenger, du testament duquel j'ai

---

1. Nos 1041 et 1042 du Catalogue de 1881.

2. Le diptyque du Musée de l'Ermitage, notamment (Liste des diptyques, n° 52), et le diptyque de Bourges (n° 36). Il est bon de rappeler que le diptyque de l'Ermitage vient de la cathédrale de Metz et, par conséquent, a pu servir de modèle à des ivoires carolingiens. Cfr. Abel, ouvr. cité, p. 12 et 13 (gravure).

3. Cette origine se retrouve, très accentuée, dans une reliure de la Bibliothèque Nationale qui, au point de vue de l'ornement, bien que d'une date postérieure, offre une certaine analogie avec les reliures de Saint-Gall. C'est le n° 9453 des manuscrits latins.

4. Cette couverture de sacramentaire a été publiée par Labarte, Histoire des arts industriels, t. I, pl. vi, qui, fort judicieusement, a fait remarquer que ce manuscrit, ainsi que l'avait déjà remarqué Frisi, était un de ceux qui sont mentionnés dans l'inventaire des objets remis par Bérenger à la basilique de Monza. Cet inventaire, dont voici le texte d'après Frisi (Memorie della chiesa Monzese, t. III, p. 15), est transcrit sur l'un des derniers feuillets du manuscrit : « Capitulatio ecclesiastici rei de capella secundum regis Berengarii quando Adelbertus subdiacono [...] commendavit, ego Adelbertus manus mea distinctione nomina expono : [...] la prima capsa petre I, cruces II de cristallo auro insertis, et alias cruces II, una et illa ex auro et gemmis ; Crux I de quo dominus edificare est super pastos vinum portare. Crux I de auro et sunt argento implicati et VII cruces argentee et dauratae, cristallini III circumciante [...] aureo et unus cristallus et I altera petra in turre ornamenti et de argento circumstaet. Imago una lignea de cristallo cum alia duabus cristallis qui in ipsa Basilica positi sunt. Brazu I chausas cum reliquiis. Altaria II de cristalla. Calix I aureus cum sua patena, altar argenteus sine pal... Coronas aureas II. Liber sacramentorum I ebore et argento circumdatus. Tabulas eburneas II la croce majusculas. Pellis una de auro et or... alia ornata et alia II pallio nul paratu. Casacule I aloc... auro et gemmis ornate et alias III casacules nihil paratas. Manices I aur... Dalmatica I diacono indytam. Altare subdiacono. Stolla I. Mapola I... bilula I. Cingulum I. Alveola I ebortice in qua flos continetur. »

5. Cfr. Cattaneo, L'architecture en Italie du VIe au XIe siècle, passim.

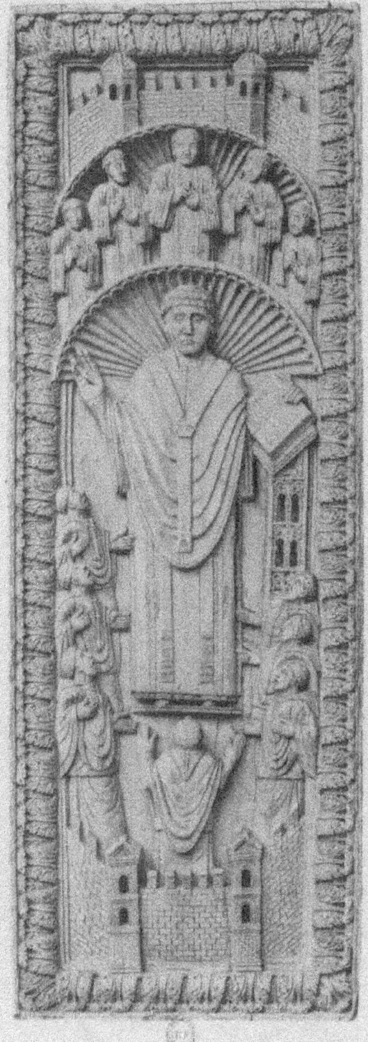

COUVERTURE DE DICTIONNAIRE

donné plus haut des extraits[1] et où se trouvent précisément plusieurs manuscrits à reliure d'ivoire légués par lui à son fils. Quoi qu'il en soit, que l'on considère ces ivoires comme de la fin du IXe siècle ou comme du commencement du Xe siècle, leur rapprochement avec les reliures de Saint-Gall est nettement imposé par le style, qui est le même, avec de très légères différences que des provenances diverses suffisent à expliquer.

À un centre de fabrication tout différent appartiennent d'autres ivoires carolingiens dont des échantillons se trouvent dans différents musées ou bibliothèques, et dont les meilleurs exemples que l'on puisse citer sont des plaques de reliure, conservées au Louvre[2] et deux fragments d'une reliure d'un sacramentaire dont l'un se trouve encore à la Bibliothèque de Francfort, alors que l'autre a fait partie de la collection Spitzer[3]. Ces bas-reliefs appartiennent à un art intermédiaire entre les ivoires tels que ceux de Zurich, de l'évangéliaire de Charles le Chauve, du Louvre, tels que ceux qui ont été plus haut décrits, et l'art tel que nous le voyons pratiqué en Allemagne à l'époque des Ottons. La facture des ivoires du Louvre, (planche XIII) représentant l'un *David dictant ses psaumes*, l'autre le *Jugement de Salomon*, est tout à fait inspirée par des ivoires antiques; l'arrangement des draperies, excellent de tous points, n'aurait pas été désavoué par un ivoirier de la basse époque romaine; David et Salomon ont l'air calme et impassible de magistrats romains; ils en ont aussi le costume; l'accoutrement seul des gardes debout à leurs côtés, leur armement aussi décèlent l'époque carolingienne. Les femmes, par contre, ont un costume qui sent son byzantin. Les personnages n'ont point ce type lourd et grossier, ces gros yeux à fleur de tête qu'on observe sur beaucoup d'ivoires d'une période très avancée du Xe siècle; les proportions sont bonnes, les mouvements justes et les bordures de feuillages qui entourent les plaques sont copiées sur un bon modèle antique.

D'un faire infiniment plus sec, plus précis, mais grandiose en même temps, sont les bas-reliefs du manuscrit de Francfort (planche XII). Sur l'un des plats de cette couverture de lectionnaire, on a représenté un archevêque officiant dans une église au milieu de son clergé. L'archevêque, plus grand que les autres personnages, tonsuré, la main droite levée, occupe le centre de la plaque; de la main gauche, il maintient sur un pupitre élevé et orné d'arcatures, placé près de lui, le lectionnaire sur les deux pages duquel on lit l'inscription suivante, gravée à la pointe en caractères cursifs : *Ad te levavi animam meam, Deus meus, in te confido, non erubescam; neque irrideant me inimici mei; etenim universi qui sustinent te non confundentur* (Ps. XXIV, 1-3).

L'archevêque, représenté de face, est vêtu d'une aube, d'une tunique ornée de clavés et de flioches ou tirettes, d'une étole et d'une chasuble à petit collet, par-dessus laquelle est fixé le pallium au moyen d'une épingle. Les chanoines qui accompagnent l'archevêque sont au nombre de sept, trois à gauche, trois à droite, et un vu de dos, tous chantant, les mains étendues; ils portent la tonsure et sont vêtus d'une aube, d'un rochet et d'un pluvial à capuchon. En avant du chœur où se passe cette scène est figurée une muraille interrompue par deux tours carrées à deux étages. Derrière eux, une muraille, comme au bas de la plaque. Un rang de feuilles frisées, profondément et très finement ciselées, borde ce bas-relief.

Sur l'autre plat de la reliure, conservé encore aujourd'hui à la Bibliothèque de Francfort, nous retrouvons le même archevêque officiant, figuré debout, les mains levées en arrière de la table d'autel. Sur l'autel sont posés un calice à anses et une patène contenant trois hosties, deux flambeaux et enfin deux livres; sur l'un d'eux, qui est ouvert, on lit ce passage du canon de la messe: *Te igitur, clementissime pater, per Jesum Christum filium tuum dominum nostrum supplices te rogamus ut accepta habeas (sic) et benedicas haec dona*. L'autel est recouvert d'une nappe brodée de rosettes. Au dessus de l'archevêque

---

1. Testament de 867; p. 127, note.
2. N°s 7 et 8 du *Catalogue des ivoires*. Reproduits sur la planche XIII.
3. Reproduit sur la planche XII.
4. L'un des plats figuré sur la planche XII; la contre-partie a été publiée par Passavant dans l'*Archiv für frankf. Geschichte*, t. I (1858), pl. I; une partie de cette dernière plaque est aussi dessinée dans Westwood, *ouvr. cité*, p. 148. — J'ignore dans quelle collection se trouve aujourd'hui l'ivoire qui a fait partie de la collection Spitzer.

on voit, comme dans la première plaque, cinq acolytes, placés en demi-cercle, portant des livres; plus haut est figuré un baldaquin ou ciborium, surmonté d'une coupole côtelée, supportée par quatre colonnes à chapiteaux ornés de feuillages; plus haut enfin, dans les angles de la plaque, on voit des anges, les ailes éployées. En avant de la table d'autel, cinq prêtres chantant tournent le dos au spectateur. La bordure est semblable à celle de la première plaque.

Ce monument, que je considère comme l'un des plus importants spécimens de l'art de l'ivoirier au IXe siècle ou au commencement du Xe siècle, est dû à un artiste dont aucune autre œuvre, à ma connaissance du moins, ne nous est parvenue. Le faire en est très sec assurément, mais cette exécution même nous montre une préoccupation d'exactitude dans les plus minces détails à laquelle ne nous ont pas habitués en général les ivoires carolingiens, détails qu'on ne trouve aussi clairement indiqués que dans les plus beaux des ivoires byzantins. J'ajouterai que ces ivoires sont particulièrement précieux pour l'étude du costume ecclésiastique dont les plus petites particularités sont traduites; ils sont intéressants aussi parce qu'ils nous montrent avec une très grande précision des fragments importants d'architecture, de style tout à fait antique — on dirait des constructions romaines; — et, étant donnée la précision que l'artiste a déployée dans la sculpture, on est fondé à croire qu'il a apporté la même conscience dans cette représentation. Or, on sait combien nous connaissons peu l'architecture de l'époque carolingienne et combien un pareil renseignement peut avoir de prix. Il serait puéril sans doute de louer la composition, trop symétrique pour qu'on y puisse reconnaître la main d'un artiste de race; mais les sculptures carolingiennes qu'on a étudiées jusqu'ici n'ont pas dû nous rendre difficiles sur ce point, et il convient dès lors, et par comparaison avec d'autres monuments, de louer sans restriction une œuvre qui peut fournir, à tant de points de vue différents, des renseignements curieux.

Parmi les très nombreux ivoires exécutés au IXe et au Xe siècle dans les ateliers monastiques, une série mérite particulièrement de fixer l'attention, c'est la série des ivoires représentant la *Crucifixion*. La scène principale du drame de la Passion a fréquemment servi de thème aux sculpteurs de cette époque, en quoi ils se séparent de leurs prédécesseurs qui semblent avoir sinon évité, du moins négligé de donner à cette représentation toute l'ampleur qu'elle comportait. Ces *Crucifixions*, très nombreuses, représentent deux courants artistiques dont les traits principaux se distinguent facilement : les unes peuvent être considérées, jusqu'à un certain point, comme originales au point de vue de la distribution même du sujet, autant du moins qu'un sujet soumis à des règles iconographiques assez étroites le comportait; les autres trahissent dans l'attitude, dans le costume des personnages, une influence byzantine qu'il serait impossible de mettre en doute.

Je vais passer rapidement en revue ces différentes représentations et signaler les principales. Je ferai préalablement observer que si dans cette série il est possible de faire des rapprochements entre certains monuments et de les considérer comme sortis des mêmes ateliers, du moins des mêmes écoles ou inspirées par un original commun, il est beaucoup plus difficile d'assigner à chacun d'eux une date certaine; la différence entre l'art du IXe siècle et l'art du Xe siècle n'est pas toujours aisée à établir, ce qui, du reste, étant donné l'état de nos connaissances de l'art carolingien, n'a rien de très surprenant.

Dans la première classe de ces représentations on peut placer : les couvertures du manuscrit latin 9453 de la Bibliothèque Nationale[1] et de l'évangéliaire de Gannat[2], évidemment sorties du même atelier; une plaque conservée au Musée de Metz[3]; l'un des côtés d'un coffret conservé au Musée de Brunswick[4]; la couverture du manuscrit latin 9383 de la Bibliothèque Nationale[5] et l'évangéliaire de la Bibliothèque de Munich, provenant de Bamberg[6]; une plaque appartenant au Musée national bavarois,

<hr>

1. Publié par Cahier et Martin, *Mélanges d'archéologie*, t. II, pl. VII.
2. *Revue de l'art chrétien*, t. 33 (1883), p. 180 à 185 (planche).
3. Publié en photographie par Abel, *Recherches sur d'anciens ivoires sculptés de la cathédrale de Metz*. Metz, 1869, in-8°.

4. *Die Sammlung mittelalt. und verwandter Gegenstände* [du Musée de Brunswick], n° 30.
5. Publié par Cahier et Martin, *Mélanges d'archéologie*, t. II, pl. V.
6. *Ibid.*, pl. IX.

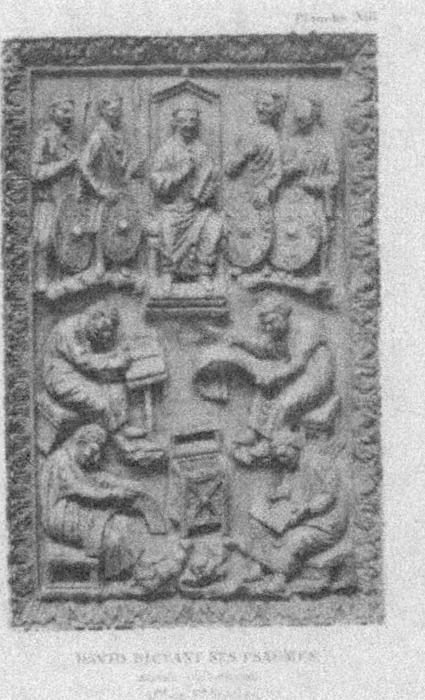

LE JUGEMENT DE SALOMON.

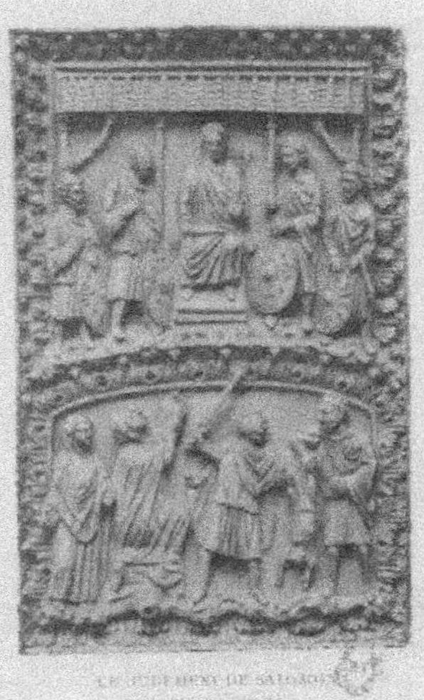

DAVID DEVANT SES PSAUMES.

à Munich[1]; une reliure du Trésor d'Essen[2] et un ivoire du Trésor de Tongres[3] (tous deux du même atelier).

Dans la seconde classe, celle où l'influence byzantine est absolument évidente, il convient de placer une plaque qui a fait successivement partie des collections Soltykoff et Spitzer et qui est maintenant au Musée de Cluny[4]; une plaque qui a appartenu à Spitzer[5]; une autre plaque qui fait partie du Trésor de la cathédrale de Nancy; enfin, il faut mentionner, dans une classe à part, le fameux diptyque de Rambona[6], au Musée du Vatican, d'un caractère très barbare et d'une facture tout à fait particulière, et une *Crucifixion* conservée au Musée Meyer, à Liverpool, dans laquelle l'influence byzantine est reconnaissable. En tête de cette liste déjà longue, il faudrait peut-être placer un ivoire que Garrucci a publié et qui remonterait, suivant lui, au milieu du vii° siècle. Il s'agit d'un instrument de paix que possède la cathédrale de Cividale, en Frioul, plaque d'ivoire rectangulaire sertie dans une monture d'orfèvrerie[7]. Si l'on en croyait Garrucci, cet ivoire aurait été donné par le duc Orso (vers 752), frère de Pierre, duc de Frioul, contemporain du patriarche d'Aquilée, Calixte, qui, en 737, transporta le siège épiscopal de Cormons, à Cividale. Cette plaque représente le Christ, imberbe et les cheveux longs, cloué à la croix par quatre clous; à droite et à gauche, on aperçoit la Vierge et Longin, saint Jean et Stephaton; puis, dans le haut, le Soleil et la Lune. Au dessous du *titulus* de la croix, on lit l'inscription: *Ursus dux fecit* et une inscription analogue est gravée sur les bras de la croix: *Ursus dux fieri precepit*. La bordure de feuillages finement ciselés qui entoure la plaque est semblable à celle qui décore maint ivoire du ix° ou du x° siècle. J'avoue que le style de la sculpture, la bordure de feuillages m'inspirent quelques doutes au sujet de la date assignée par Garrucci à ce monument. N'a-t-il existé qu'un duc du nom d'Orso ou Ursus et est-ce bien au vii° siècle qu'il faut placer la création d'un ivoire tout à fait analogue à une foule d'autres qu'il est impossible de faire remonter plus haut que le ix° siècle, si ce n'est même le x° siècle? La chose est d'autant moins admissible, quoi qu'en dise l'auteur de l'histoire de l'art chrétien, que précisément pour la même époque nous avons un témoignage indiscutable de la décadence absolue de l'art en Frioul: ce sont les fonts baptismaux de Cividale, construits au temps du patriarche Calixte et dont les sculptures, d'une incroyable barbarie, ne s'élèvent pas au dessus du niveau des croquis que peuvent tracer des enfants[8]. Je sais bien que l'on peut répondre que ce sont précisément les ivoiriers, non les sculpteurs chargés de la décoration monumentale, qui ont conservé les traditions de l'art à peu près intactes; mais, toutefois, nulle part la différence entre la sculpture sur marbre ou sur pierre et la sculpture sur ivoire n'offre une différence aussi tranchée. S'il ne s'agissait que des figures, une semblable thèse pourrait à la rigueur se soutenir; mais dans les ornements se devrait retrouver un style analogue. Or, il n'en est rien; et la décoration du baptistère de Cividale n'a rien de commun avec l'ivoire qui nous occupe. Jusqu'au moment où on pourra produire une preuve absolument convaincante, on est donc fondé à considérer l'instrument de paix de Cividale comme très postérieur à la date que Garrucci lui a assignée. C'est un monument du ix° ou du x° siècle, qui n'offre au point de vue iconographique aucune particularité intéressante.

L'iconographie de la *Crucifixion* telle que l'ont développée les artistes carolingiens est fort compliquée, et on en trouve les premiers symptômes dans le fameux manuscrit de Rabula (vi° siècle) où déjà cette scène de supplice, devant la représentation de laquelle les premiers chrétiens avaient reculé, s'étale complai-

---

1. *Ibid.*, pl. VIII.

2. Aus'm Weerth, *Kunstdenkmäler*, pl. 27.

3. Cahier et Martin, *Mélanges d'archéologie*, t. II, pl. 44. — Je ne mentionne ici que pour mémoire une plaque représentant la *Crucifixion* qui fait partie de la collection léguée par le sieur Carrand au Musée du Bargello, à Florence. Ce monument est beaucoup moins important et de la même main qu'une autre plaque représentant le roi David, qui fait partie de la même collection.

4. Publiée par Labarte, *Histoire des arts industriels*, 1re partie, Album, t. I, pl. 21. — Cette plaque offre, à son angle supérieur de droite, une représentation de l'Ascension dans laquelle la figure du Christ rappelle un peu par son mouvement et son attitude le Christ de l'Ascension de la plaque d'Essen et l'Adam au pied de la croix de la plaque du Trésor de Tongres. Voyez plus loin le dessin de cette plaque.

5. *Catalogue de la Collection Spitzer*, t. I, Ivoires, n° 16.

6. Publié par Gori, t. III, pl. 44; le feuillet représentant la *Crucifixion* dans Westwood, ouvr. cité, p. 36, n°° 123, 128.

7. Publiée par Garrucci, *Storia dell'arte cristiana*, t. VI, pl. 456, n° 3.

8. Les sculptures ont été publiées par Garrucci, t. VI, pl. 423; et par le Cattaneo, *L'Architecture en Italie du VI° au XI° siècle*, p. 93, 95, 96, 97.

sommeil dans tous ses détails. Les monuments que j'ai énumérés plus haut, je vais les passer brièvement en revue de façon à en former de véritables catégories.

J'ai déjà dit qu'on pouvait considérer la reliure du manuscrit latin 9453 de la Bibliothèque Nationale et la reliure de l'évangéliaire de Gannat comme sorties du même atelier. L'identité est complète; tout au plus peut-on conjecturer que l'ivoire de Gannat, un peu plus grossier de facture, a été sculpté par un artiste moins habile. Dans l'un comme dans l'autre, le Christ, barbu, nimbé et les cheveux longs, est vêtu d'un jupon court et fixé à la croix par quatre clous, les pieds posés sur un *suppedaneum* triangulaire; dans le manuscrit de Paris, le *titulus* porte l'inscription *Jesus Nazarenus rex Judeorum*; à Gannat, il est anépigraphe et c'est la différence principale entre les deux monuments. A gauche et à droite, dans l'un comme dans l'autre, sont figurés en buste le Soleil et la Lune, puis deux groupes de deux anges les mains étendues vers le Sauveur. Plus bas, à gauche, la Vierge étend les mains vers son fils, tandis que l'Église reçoit dans un vase le sang qui s'échappe de la blessure de son flanc; à droite, on aperçoit la Synagogue tenant un étendard, levant les yeux sur le Christ que contemple également saint Jean. Plus bas encore, à droite et à gauche de la base de la croix, autour de laquelle s'enroule le serpent, symbole du démon vaincu, sont figurés Longin et Stephaton, près de tombeaux surmontés de coupoles d'où sortent des morts étendant les mains vers le Messie. Là s'arrête la *Crucifixion* proprement dite. Le bas de chacune des plaques représente la visite des trois saintes femmes au tombeau du Christ, près duquel est assis un ange qui leur apprend que Jésus est ressuscité. Ce tombeau consiste en un édifice composé d'une nef, en arrière duquel on aperçoit deux coupoles ou deux toits pointus. A Paris comme à Gannat, une large bordure ornée de feuillages stylisés, finement découpés, cerne la plaque. Mais dans le manuscrit parisien, le travail est plus soigné, et cette bordure est rehaussée, comme beaucoup de détails de l'architecture, d'applications de feuilles d'or, procédé de décoration que l'on rencontre sur un assez grand nombre d'ivoires du ixe et du xe siècle.

Au point de vue du style, ces ivoires décèlent des artistes travaillant d'après des modèles passables, mais en somme assez maladroits quand il s'agit d'exécuter des figures. Les plis des étoffes sont encore disposés d'une façon assez rationnelle; toutefois on sent déjà poindre le moment où ces plis subiront, tout comme les motifs d'ornement, une véritable stylisation. Les physionomies sont toutes semblables: les traits fortement accentués, les extrémités trop fortes, les yeux saillants et ornés d'un trait en creux font présager les défauts de la sculpture du xie siècle où tous les détails sont, comme chez tous les primitifs, accentués à l'excès.

Si par un très grand nombre de points elle se rattache aux deux reliures qu'on vient de décrire, une plaque conservée au Musée de Metz, et provenant de la couverture d'un évangéliaire de la cathédrale de cette ville, nous montre une représentation de la *Crucifixion* encore plus compliquée. La composition de la partie supérieure est sensiblement la même: mêmes anges, mêmes figures du Soleil et de la Lune, à mi-corps, mêmes mouvements chez les deux allégories de l'Église et de la Synagogue; mais le bois de la croix se dresse sur une colonne trapue, à chapiteau feuillagé, entourée d'un cep de vigne. Sur ce chapiteau sont assis ou accroupis deux personnages nus, un homme et une femme, qui, abrités par des feuillages, contemplent le Sauveur. C'est là un exemple unique, je crois, d'une complication assez étrange de la représentation d'Adam, rattachée par une légende bien connue à l'origine du bois de la Vraie Croix. A droite et à gauche de cette colonne sont assis les évangélistes: saint Mathieu, saint Marc, saint Luc et saint Jean, dans différentes attitudes. Chacun des évangélistes, au lieu d'être accompagné de son symbole, est figuré sous la forme d'un homme à tête d'animal, sauf saint Mathieu, bien entendu, qui, ayant pour symbole un ange ou un homme, a conservé une tête humaine. Enfin, au dessous, tout au bas de la plaque, figurent deux représentations qu'on retrouve sur un certain nombre d'autres ivoires: la Mer, sous les traits d'un homme barbu, portant une rame, assis sur un poisson monstrueux : la Terre, sous les traits d'une femme demi-nue, portant deux jeunes enfants dans une draperie. Ce sont là des personnifications absolument païennes, assurément, qu'on doit rapprocher de cette figure du Jourdain, représenté à la façon des divinités fluviales de l'antiquité classique dans le baptême du Christ. À la base de la colonne est creusée une sorte de niche rectangulaire dans laquelle est sculpté un personnage en buste, imberbe, de face ; sur les bords de la niche est gravée l'inscription : *Adalbero crucis Christi* (XPI) *servus*. Selon Labarte[1], ce buste pourrait bien représenter Adam ; mais je ne crois pas cette opinion plus acceptable que l'avis du même savant au sujet de la facture byzantine de cette plaque d'ivoire. Qu'on y puisse reconnaître une influence grecque, je l'admets volontiers, et la forme elle-même de cette inscription rappelle beaucoup certains monuments byzantins. Mais que l'on puisse se refuser à voir dans ce buste le portrait d'un personnage nommé Adalbéron, du donateur de l'ivoire, c'est là une opinion insoutenable. Or, deux personnages du nom d'Adalbéron ont été évêques de Metz au xe et au xie siècle : Adalbéron Ier (✝ 964) et Adalbéron II (✝ 1005). Et l'empreinte qui se voit sur un sceau d'Adalbéron Ier, conservé à Metz, concorderait assez avec le portrait sculpté sur l'ivoire[2]. On aurait donc là un monument du milieu du xe siècle, et le style général de l'œuvre non plus que la bordure de feuillages qui l'entoure ne viennent démentir cette date. C'est un point de repère précieux pour nous aider à dater toute cette série de monuments. Il convient, du reste, de remarquer que ces mêmes frises de feuillages, à très peu de différences près, figurent déjà sur les bordures des ivoires décorant le Psautier de Charles le Chauve : le ixe ou le xe siècle ont donc vu bien réellement fleurir les ateliers d'ivoiriers d'où est sorti ce groupe important de bas-reliefs représentant la *Crucifixion*.

Au premier groupe des *Crucifixions* de l'époque carolingienne, il convient peut-être de rattacher un coffret visiblement du xe siècle, dont on reparlera plus loin et qui fait partie des collections du Musée de Brunswick[3]. Sur deux des plaques de ce coffret, l'un des côtés de la caisse et l'un des côtés du toit, est aussi figurée la même scène : l'iconographie est un peu différente, mais le style est sensiblement le même. À gauche, on aperçoit l'Église recueillant dans un vase le sang du Christ ; près d'elle, se tient Longin qui paraît adresser la parole à un groupe de saintes femmes, au milieu desquelles est figurée la Vierge qui se voile la face. À droite sont figurés Stéphaton qui parle à un autre soldat, puis saint Jean qui fait un geste analogue à celui de la Vierge. La main de Dieu apparaît dans les nuages, accompagnée de deux anges, et soutient une couronne de laurier au dessus de la tête du Messie[4]. Les représentations du Soleil et de la Lune sont dignes d'être notées : ce ne sont pas des figures en buste, mais des figures entières, debout dans des biges et tenant des fouets en mains ; mais ces fouets sont, en réalité, des torches, et cette formule iconographique est conforme à celle que nous voyons adoptée encore au viiie et au ixe siècle dans des manuscrits visiblement copiés sur des manuscrits antiques[5].

Une plaque d'ivoire conservée au Musée national bavarois de Munich[6] peut être considérée comme procédant à la fois du type iconographique que nous offrent l'évangéliaire de Gannat et l'ivoire d'Adalbéron. Entre la Crucifixion, représentée à la partie supérieure, et la visite des saintes femmes au tombeau du Christ, qui occupe le bas du monument, sont figurées la Terre et la Mer. Le style des personnages, beaucoup plus allongés que dans les ivoires carolingiens signalés plus haut, les maladresses du dessin, beaucoup plus flagrantes, semblent indiquer un autre courant artistique, peut-être même une date un peu postérieure. Il est à remarquer aussi que le Saint Sépulcre est d'une architecture

---

1. *Histoire des arts industriels*, 2e édition, t. I, p. 48.
2. *Adalb. mém. cité*, p. 50.
3. *Die Sammlung mittelalterlicher Gegenstände du musée de Brunswick*, n° 59.
4. Cette même formule de la Crucifixion, mais d'une exécution très grossière, apparaît encore dans une reliure du Musée de Cluny (Catalogue de 1888, n° 1040), mais le travail est très sommaire et peut être considéré comme une copie maladroite du xie siècle. Cela est surtout visible dans les bordures de feuillages qui n'ont pas été comprises par l'artiste.
5. Voyez notamment les miniatures du manuscrit d'Aratus, Westwood, *Miniatures and ornaments of Anglo-Saxon manuscripts*, pl. 548.
6. Publiée par Cahier et Martin, *Mélanges d'archéologie*, t. II, pl. 288.

quelque peu différente, et n'était le costume des soldats, qui est bien carolingien, on croirait être en présence d'un monument exécuté à l'époque romane par un artiste attardé, d'après d'anciens modèles. Le même fait semble s'être produit dans un monument bien supérieur d'exécution qui fait partie du Musée Meyer, à Liverpool[1], dans lequel on peut retrouver des traces assez évidentes d'un modèle byzantin[2], mais dont les bordures de feuillages, disposées en course, annoncent plutôt le plein XIe siècle que le Xe.

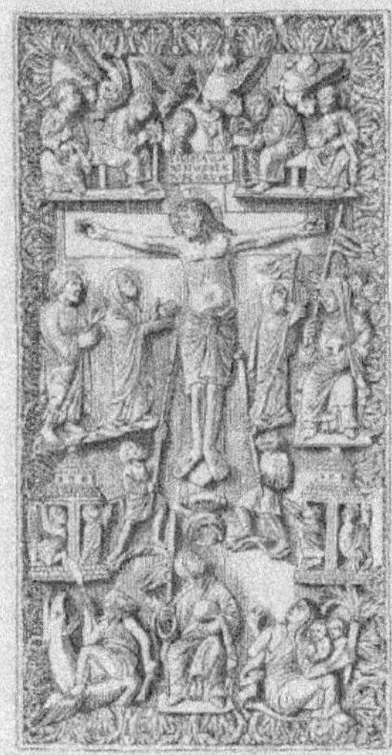

La Crucifixion, reliure du Manuscrit latin 9384,
(Bibliothèque Nationale, à Paris).

La reliure du manuscrit latin 9383 conservé à Paris à la Bibliothèque Nationale[3], une autre reliure offerte par l'empereur Henri II à la cathédrale de Bamberg et qui fait partie de la Bibliothèque de Munich[4] constituent un groupe qu'on peut considérer comme le développement du thème iconographique de l'Évangéliaire de Gannat. Le dessin que je donne de la première de ces reliures me dispensera d'en faire une longue description. A la partie supérieure apparaissent les évangélistes accompagnés de leurs symboles, puis, à droite de la Crucifixion, la Synagogue qui, du doigt, indique une figure de femme assise portant un étendard, la tête entourée d'une couronne murale. Cette femme ne peut guère être, et c'est là l'opinion généralement adoptée, que la représentation de Jérusalem. Et cette opinion est encore confirmée par la présence dans sa main droite d'un instrument tranchant, dont la forme s'est conservée dans certains métiers et qui doit être l'instrument de la Circoncision. Je ne suis pas sûr, comme on l'a prétendu, que les objets figurés au pied de la croix soient aussi facilement explicables : j'y vois bien la représentation d'un linge, un suaire sans doute, mais ce serait peut-être beaucoup s'avancer que de reconnaître dans le barillet qui surmonte ce suaire l'image d'une réserve eucharistique destinée au vin de la communion. Entre les figures symboliques de la Terre et de la Mer, tout au bas de la composition, est assise l'Église, un étendard dans la main droite, le globe du monde dans la gauche, la tête levée vers le Sauveur. Ce n'est pas assurément un chef-d'œuvre que ce bas-relief; mais la finesse de l'exécution, la façon relativement heureuse dont sont disposées les draperies rachètent en partie ce que les physionomies peuvent présenter de barbare et d'imparfait. Cette reliure d'Évangéliaire, qui provient de Metz, comme tant d'autres manuscrits précieux de la Bibliothèque Nationale, peut être attribuée au Xe siècle. La reliure de la Bibliothèque de Munich me paraît légèrement postérieure bien qu'elle présente quelques particularités iconographiques qui la rattachent étroitement à la précédente. Si le Soleil et la Lune sont figurés dans des chars, si la main de Dieu bénissante surmonte la croix, détails qui ne figurent pas dans le manuscrit de Paris, la figure de Jérusalem couronnée, placée à droite de la Crucifixion, dérive du même modèle; mais elle ne tient plus un couteau, mais un bouclier, dont assurément il serait assez difficile de donner une

<hr>

1. Publié par Garrucci, *Storia dell'arte cristiana*, t. VI, pl. 459, n° 3.

2. Une plaque représentant l'Ascension, qui a fait partie de la collection Spitzer (Catalogue, t. I, Ivoires, n° 31), très byzantine de style et de composition, montre la même bordure et a dû sortir du même atelier. J'en donne ici la reproduction.

3. Publié par Cahier et Martin, ouvr. cité, t. II, pl. 4.

4. *Ibid.*, pl. IX.

signification exacte[1]. Certaines parties du thème iconographique ont été aussi développées par la fantaisie de l'artiste : c'est ainsi que la Terre allaite deux serpents, au lieu d'être accompagnée simplement de ces attributs ou de les porter enroulés autour de ses bras.

A un art tout à fait supérieur, analogue par l'iconographie, mais différent par l'exécution, appartiennent trois *Crucifixions* qui représentent un atelier spécial ou tout au moins un courant artistique à part, dans lequel, auprès de défaillances, on retrouve les traces des modèles byzantins. Ce courant artistique nous est signalé par la *Crucifixion* d'Essen[2], celle de Tongres[3], celle que conserve aujourd'hui le Musée de Cluny[4].

Le bas-relief d'Essen, qui est inséré dans une monture en orfèvrerie, nous montre une conception très compliquée : l'artiste ne s'est pas borné à représenter seulement la mort du Christ, mais il a voulu donner en quelque sorte un résumé de sa vie terrestre : à la partie inférieure de l'ivoire, nous assistons à la Nativité ; plus haut est figurée la *Crucifixion* et les deux larrons y sont représentés ; plus haut nous voyons l'Ascension et les angles de la pièce sont occupés par les évangélistes

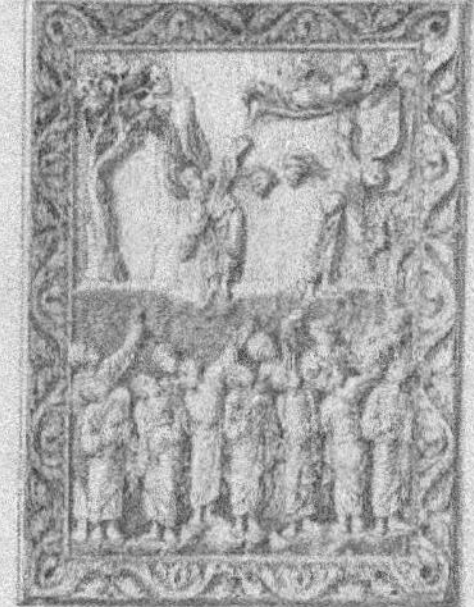

L'Ascension.
Ivoire du Xe siècle imité d'un modèle byzantin.
(Ancienne Collection Spitzer)

accompagnés de leurs symboles. Le style est incomparablement meilleur que dans tous les bas-reliefs que l'on vient de mentionner : les draperies à plis verticaux ne contribuent pas peu à donner aux personnages un certain air de parenté avec les images byzantines ; enfin, trait caractéristique, le Christ est vêtu d'une tunique. Cette particularité n'existe pas, à vrai dire, dans l'ivoire de Tongres, mais, malgré cela, on est bien obligé de reconnaître que l'un et l'autre sont sortis du même atelier et offrent le même style : mêmes draperies, même allongement des personnages, mêmes attitudes, mêmes attributs. A Essen comme à Tongres, la Synagogue porte une palme, la figure de saint Jean est semblable, et la figure d'Adam, vu de dos sortant du tombeau au pied de la croix, qu'on remarque à Tongres, est la même que la figure du Christ qui figure à Essen dans la représentation de l'Ascension. Ces deux ivoires représentent donc un atelier particulier ou l'œuvre d'un ivoirier singulièrement habile et ayant sous les yeux des modèles byzantins qui l'aidaient à draper ses figures d'une façon plus correcte que dans la plupart des autres ateliers carolingiens.

La *Crucifixion* du Musée de Cluny, d'un faire infiniment moins habile, participe encore de ces traditions, non seulement par la longue tunique qu'a revêtue le

La Crucifixion.
(Musée de Cluny)

1. Sur tout le symbolisme très compliqué de la Crucifixion, voyez la reproduction de la miniature de l'*Hortus deliciarum* de Herrade de Landsberg, dans le travail publié par R. de Lasteyrie, *Gazette archéologique*, 1884, pl. 9.

2. Publiée par Aus'm Weerth, *Kunstdenkmäler...*, pl. 27. Cet ivoire fait partie d'une reliure offerte à l'abbaye d'Essen par l'abbesse Théophano (1039-1054), ce qui n'indique pas, comme le croit Aus'm Weerth, la date de l'ivoire, mais simplement la date de la reliure sur laquelle l'abbesse est représentée. Sa reproduction, comme beaucoup de celles qu'a données cet auteur, est absolument fantaisiste ; on la croirait faite de mémoire et non d'après l'original. Les ivoires 491 et 492 du Musée de Berlin sont de la même main que l'ivoire d'Essen et l'ivoire de Tongres. On y retrouve notamment une représentation de l'Ascension identique à celle de l'ivoire d'Essen.

3. Publiée par Cahier et Martin, *Mélanges d'archéologie*, t. II, pl. XX. De la Crucifixion de Tongres il faut rapprocher un ivoire de la cathédrale de Liège représentant les constructions de la fille de Jaïre, de la veuve de Naïm et de Lazare. Cfr. Westwood, ouv. cit., p. 282.

4. Publiée par Labarte, *Histoire des arts industriels*, 1re éd., Album, t. I, pl. XIII ; *collection Spitzer*, t. I, Ivoires, n° 43.

Christ, mais encore par le visage du Sauveur, imberbe, comme à Essen et à Tongres ; dans l'*Ascension*, représentée à l'angle supérieur de droite, on retrouve encore une partie du mouvement de la même scène figurée à Essen. Enfin, dans les personnages sculptés à la partie inférieure, la Vierge et

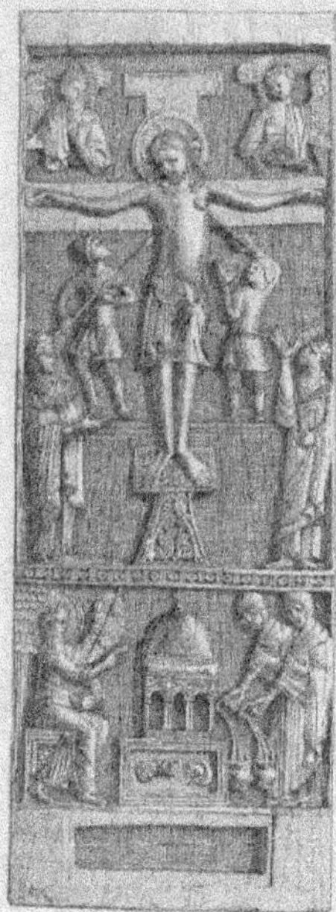

La Crucifixion.
(Ancienne Collection Spitzer)

saint Jean, les Saintes Femmes au Tombeau du Christ, édifice à coupole côtelée, se trahit une influence byzantine évidente, encore bien plus palpable dans quelques représentations de la Crucifixion que je dois signaler. Si celles que je viens de passer en revue peuvent appartenir au IXe et à l'aurore du Xe siècle, les autres sont évidemment un peu postérieures ; mais elles ne dépassent certainement pas le Xe siècle et peuvent encore être attribuées à l'art carolingien. Le Trésor de la cathédrale de Nancy possède une plaque d'ivoire qui a dû faire partie d'une reliure et que son style très barbare aussi bien que la bordure de feuillages qui l'entoure, imitation grossière de celles qu'on a étudiées jusqu'ici, permettent d'attribuer à un artiste fort maladroit du Xe siècle. Du registre supérieur où est figurée la *Crucifixion*, il n'y a que peu de chose à dire, sinon que les gestes et les attitudes, d'une violence inouïe, tournent à la caricature : évidemment l'artiste, pour cette composition, a été abandonné à sa propre inspiration ou n'a eu sous les yeux que des dessins bien imparfaits ; mais tout autre est le second registre où la *Visite des Saintes Femmes au Tombeau du Christ* est traitée à la façon byzantine : l'ange ainsi que les saintes femmes contrastent par le calme de leur attitude, leur costume, avec les poses d'énergumènes et les draperies incohérentes sculptées au premier registre ; il n'est pas jusqu'aux gardes du tombeau qui, revêtus de cataphractes comme les gardes byzantins, ne témoignent de l'origine grecque du modèle. Un monument qui a fait partie de la collection Spitzer[1] et dont on trouvera ici la reproduction témoigne d'une imitation, encore plus serrée, d'un original byzantin. Les anges placés au-dessus des bras de la croix ont l'attitude qu'ils présentent dans maint bas-relief grec, et la visite des *Saintes Femmes au Tombeau* nous offre non seulement une architecture de style grec mais encore des personnages drapés comme dans les bas-reliefs sculptés dans l'Empire d'Orient.

Ce n'est pas sans intention que je parle ici de ces bas-reliefs dont l'intérêt, malgré leur barbarie, est fort grand : ils font voir, mieux que toutes les dissertations, que si les artistes carolingiens ont beaucoup emprunté aux byzantins, auxquels on ne pourra m'accuser de faire une part trop large, ils ont su du moins ajouter beaucoup de leur propre fonds au bagage de ceux qui doivent figurer au premier rang de leurs éducateurs. Non seulement ils ont dû compliquer l'iconographie byzantine et donner plus d'ampleur aux scènes religieuses qu'ils représentaient, mais encore ils ont pu transformer leurs modèles au point de les rendre dans certains cas méconnaissables. Ce simple fait montre que cette renaissance carolingienne a été véritablement féconde.

1. *Catalogue de la collection Spitzer*, t. I, *Ivoires*, n° 16.

III. — L'ART EN ALLEMAGNE A L'ÉPOQUE DES OTTONS.

Si jusqu'ici en fait d'ivoires carolingiens on a étudié des ivoires provenant de l'Est et du Nord de la France et surtout des provinces allemandes de l'Empire d'Occident, c'est encore aux mêmes pays qu'il faut demander les témoins les meilleurs et les plus caractéristiques de l'état de l'art au Xe siècle. Le Xe siècle, l'époque des Ottons peut-on dire, car le terme est consacré, fut une époque relativement florissante. Ce n'est pas ici le lieu d'entrer à ce sujet dans de longs exposés historiques; il nous suffira de rappeler que l'état florissant de l'art au Xe siècle a tellement frappé tous les historiens qu'ils ont presque tous attribué cette renaissance ou plutôt cette prolongation de la renaissance carolingienne à une influence bienfaisante venue de Byzance. On a vu plus haut, on se rendra compte facilement plus loin encore, que je suis loin de nier l'influence très profonde que les œuvres byzantines ont exercée sur l'art occidental du VIIIe au XIe siècle; cette constatation faite et après avoir groupé un assez grand nombre de monuments qui peuvent, à mon avis, donner du corps à une semblable opinion, je serai plus à mon aise pour émettre des doutes sur certains points historiques sur lesquels on a voulu s'appuyer pour soutenir la même thèse. Sans donc tomber dans les exagérations de Labarte, que tout le monde reconnaît aujourd'hui, on peut arriver, par des moyens plus sûrs, par des arguments s'appuyant uniquement sur l'examen des monuments, à admettre une partie notable de tout ce que l'on a dit jusqu'ici de l'influence byzantine. Mais où réside la différence, c'est dans les moyens de prouver cette influence. Je ne m'appuierai pas sur des textes extrêmement clairsemés, dont beaucoup sont peu concluants, mais sur un faisceau de preuves tirées des monuments eux-mêmes.

Si l'on veut étudier la sculpture en ivoire telle qu'elle a été pratiquée dans les abbayes allemandes du Xe siècle, il faut se pénétrer de ce fait que les plus anciens spécimens doivent présenter encore presque pur le style que nous avons vu adopté dans les ivoires du IXe siècle; les modifications sont d'abord bien peu sensibles, à peine perceptibles si l'on n'a pas sous les yeux un grand nombre de monuments; puis petit à petit la scission s'accentue; aux types de l'époque carolingienne proprement dite se substituent des types très caractéristiques, très allemands d'aspect, ou des copies pures et simples de monuments byzantins interprétés par des mains allemandes; plus rarement sur un même monument se présentent l'imitation littérale quant à la forme d'un modèle byzantin jointe à un style et à une iconographie qui n'ont rien de grec. Ainsi s'est formé en Allemagne un art véritablement national, alors que chez nous l'art carolingien, en tant que sculpture, végétait, agonisait presque, par suite des malheurs des temps, pour ne reprendre une véritable vitalité que dans le calme relatif du XIe siècle.

Trois objets du même genre, trois coffrets conservés l'un au Louvre[1], le second au Musée de Brunswick[2], le troisième en partie au Musée National Bavarois de Munich[3] et en partie au Musée de Berlin[4], et provenant de la cathédrale de Bamberg, peuvent fort bien montrer la transition entre l'art carolingien du IXe siècle et l'art allemand du Xe siècle. Tous, du reste, à des degrés divers, laissent deviner une influence byzantine.

Le premier a été attribué par Labarte à l'art byzantin : l'examen des bas-reliefs qui le décorent doit

---

1. *Catalogue des ivoires*, n° 11; publié par Labarte, *Histoire des Arts industriels*, 1re édition, Album, t. I, pl. 10.

2. *Die Sammlung mittelalterlicher Gegenstände* du Musée de Brunswick, n° 59.

3. Graf, *Bayerische Alterthümer des Bayer. National Museums*, n°s 175, 176, 177, pl. VIII. La date du XIIIe siècle proposée par Graf est inacceptable.

4. N° 441 du catalogue de Bode et von Tschudi; un quatrième coffret complet, avec monture en orfèvrerie, fait partie du Trésor de Quedlinburg (publié par Stenersold et Virges, *Die Mittelalterlichen Kunstschätze zu Quedlinburg*, pl. 39 à 40). Il est semblable, quant aux ivoires, au coffret provenant de Bamberg.

amener cependant à des conclusions tout à fait différentes : si les rois mages qui figurent dans les scènes de l'adoration du Christ et dans la visite à Hérode rappellent les types iconographiques consacrés par l'art des sarcophages, si la coupole qui abrite la Vierge dans la scène de l'Annonciation trahit un modèle grec, l'architecture de la ville de Jérusalem vers laquelle se dirige la Sainte Famille, l'architecture de la crèche n'ont rien de byzantin ; et tous les personnages sont drapés comme dans les Crucifixions que l'on a étudiées plus haut ; les feuillages qui encadrent chacun des bas-reliefs, très habilement refouillés, sont absolument ment caractéristiques de l'art carolingien. Le coffret de Brunswick, si par certains côtés il se rattache au même art, les physionomies, les gestes, les draperies sont identiques, montre cependant d'autres tendances : l'Annonciation est tout à fait byzantine et l'artiste, dans la

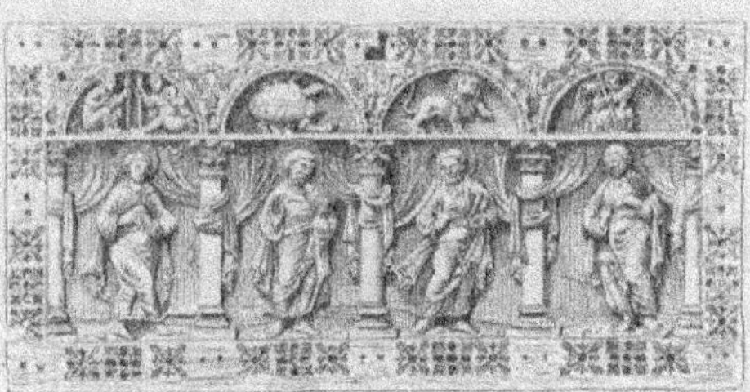

FRAGMENT DE COFFRET (provenant de Bamberg).
(Musée National Bavarois, à Munich)

représentation du baptême du Christ, n'a eu garde d'omettre la figure du Jourdain qui évoque, en plein xe siècle, les mosaïques du vie et du viie siècle. Quant aux bordures, on y voit toujours figurer les mêmes feuilles profondément découpées qui, à elles seules, suffiraient à établir des présomptions suffisantes pour déclarer l'objet carolingien. Mais en dehors de ces encadrements, sur le champ des panneaux qui composent le coffret, on peut observer une ornementation caractéristique. L'artiste a creusé des alvéoles formant une série de fleurettes ou de motifs cordiformes qui, à l'origine, a dû recevoir une somptueuse décoration d'or ou d'argent, peut-être de verroterie incrustée. C'est une décoration du même genre que nous retrouvons sur le coffret de la cathédrale de Bamberg et sur celui, tout à fait semblable, du Trésor de Quedlinburg ; mais ici elle est encore plus compliquée ; ce ne sont plus seulement des fleurettes que l'artiste a creusées : dans les écoinçons des arcades qui abritent les signes du Zodiaque et les figures d'apôtres de style tout byzantin, sont entrelacés des serpents. Quant à l'architecture, bien ordonnée et d'heureuses proportions, aux colonnes alternant avec des pilastres surmontés de chapiteaux issus du type corinthien, reposant sur des bases qui sentent leur art grec, elle est copiée pour ainsi dire sur un modèle venu de Constantinople. Les rideaux noués autour des colonnes, les draperies des apôtres, le style des signes du Zodiaque sont de même origine, et, il faut le reconnaître, d'une facture tout à fait supérieure.

A quelle source faut-il attribuer ces incrustations d'or, ces restes, en quelque sorte, de la sculpture chryséléphantine ? La réponse, à mon avis, ne peut guère être douteuse et c'est encore aux Byzantins que les Carolingiens ont dû emprunter cette heureuse polychromie. Ce n'est pas seulement, du reste, sur ces monuments qu'on peut l'observer. Sur un ivoire étudié plus haut[1], elle tient une place importante : l'architecture et la sculpture des encadrements sont constellées de plaques d'or ; sur le peigne attribué à saint Gauzelin, évêque de Toul († 962), dont on trouvera la reproduction plus loin, on relève des incrustations de verroteries ; enfin, sur un ivoire du Musée d'Amiens représentant deux miracles de saint Rémi et le baptême du roi Clovis[2], œuvre indiscutable du xe siècle, on observe également des

---

1. La couverture du manuscrit latin 9393 de la Bibliothèque Nationale représentant la *Crucifixion*. Voyez plus haut, page 136.

2. Publié par R. de Lasteyrie, *Album des musées de province*, pl. XXIV. L'auteur de ce mémoire a adopté, et il en donne d'excellentes raisons, l'opinion de Westwood qui place ce monument au xe siècle et non à une date beaucoup plus ancienne comme on l'a fait souvent. Cet ivoire fort curieux montre des physionomies trop caractéristiques pour ne pas être classé parmi les productions de la basse époque carolingienne.

incrustations de feuilles d'or. Et cette tradition nous la retrouverons plus tard quand nous verrons la polychromie appliquée à la sculpture en ivoire, à l'imitation de la polychromie employée dans la sculpture monumentale.

Un coffret du Trésor de Quedlinburg, en ivoire et en orfèvrerie, donné, dit-on, par Henri I[er][1], coffret dont je reparlerai plus loin, pourrait à la rigueur nous fournir un type certain de la sculpture telle qu'elle était pratiquée en Allemagne dans la première moitié du xe siècle; on pourrait en rapprocher la couverture d'un Évangéliaire conservé à la cathédrale de Noyon et provenant de l'abbaye de Morienval[2]. Mais pour caractériser ce style j'aime mieux prendre un point de départ certain, bien que ce point de départ appartienne à la seconde moitié du xe siècle. Mais c'est un monument daté pour ainsi dire et qui accuse des tendances si particulières qu'on est bien forcé de le choisir comme terme de comparaison pour attribuer à l'Allemagne des œuvres qui peuvent être soit antérieures soit postérieures de trente ou quarante ans.

Dans la collection Trivulzio, à Milan, existe un monument d'ivoire depuis longtemps connu — il a été publié dans l'ouvrage de Gori[3] — dans lequel on s'accorde à reconnaître l'image de l'empereur Otton le Grand (empereur en 962; ✝ 973), de sa femme Adélaïde, fille de Rodolphe II, roi de Bourgogne, et du jeune Otton, leur fils (né en 955), plus tard empereur sous le nom d'Otton II. La famille impériale est prosternée aux pieds du Christ qu'accompagnent la Vierge et saint Maurice. En admettant l'identification de ces personnages pour exacte, et l'inscription : OTTO IMPERATOR ne peut guère laisser subsister de doute à cet égard, on doit supposer que cet ivoire a été sculpté entre les années 955, date de la naissance du jeune Otton, et 973, date de la mort d'Otton le Grand; étant donné que dans cette sculpture le jeune Otton peut avoir six ou sept ans, c'est donc vers 962 qu'il faudrait placer la confection de ce bas-relief. On ne peut rêver, à coup sûr, pour déterminer le style d'une époque, une œuvre plus caractéristique : il y faut remarquer la simplicité des draperies, indiquées par larges masses, sans détails, puis les physionomies lourdes et brutales, aux traits accentués, ces barbes en pointes, ces cheveux coupés en rond tout autour de la tête et formant une sorte de couronne, caractères qui se retrouvent identiques sur une foule d'ivoires allemands du haut moyen âge. Je dirai même plus : cet ivoire, qui présente évidemment certains défauts dans

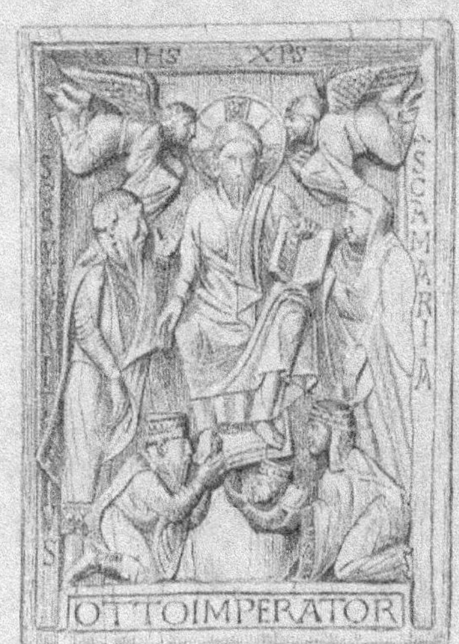

OTTON LE GRAND, ADÉLAÏDE ET OTTON LE JEUNE AUX PIEDS DU CHRIST.
(Collection Trivulzio, à Milan.)

le dessin et dans les proportions, porte déjà certains caractères qu'on pourrait retrouver dans l'art allemand de plusieurs siècles postérieur; et, même en l'absence de l'inscription qui est décisive, un observateur ne pourrait se méprendre sur la nationalité du monument.

1. Publié par Steuerwald et Vigen, ouvr. cité, pl. 15 à 29; l'un des pièces, très caractéristique, est photographié dans Westwood, ouvr. cité, n°s 655-657, p. 332.

2. Publié dans la Revue de l'art, Monuments et Mémoires, t. II (1895), pl. xxx et xxxi.

3. Thesaurus veterum diptychorum, t. III, pl. xx.

Nous voilà donc en possession d'un monument authentique de l'art tel qu'il était pratiqué à la cour des Ottons dans la seconde moitié du xᵉ siècle. Voyons maintenant si ce style a duré. En se reportant à toutes les histoires de l'art allemand, en se reportant à l'*Histoire des arts industriels*, de Labarte, on serait tenté de croire que le mariage de l'empereur Otton II avec Theophano, fille de l'empereur de Constantinople, Romain le Jeune, en 972, aurait été le signal d'une brusque invasion de l'art byzantin en Allemagne. Une véritable colonie d'artistes orientaux serait venue se fixer sur les bords du Rhin et aurait importé des procédés techniques, des traditions artistiques qui auraient été le point de départ de l'épanouissement de l'art allemand au xⁱᵉ et au xⁱⁱᵉ siècle. Je suis persuadé que ce mariage n'était pas nécessaire pour que l'art allemand subît l'influence byzantine : il l'avait subie antérieurement au ixᵉ siècle, il la subit au xᵉ et au xⁱᵉ siècle, et on en verra plus loin des preuves assez palpables en ce qui concerne la sculpture en ivoire. Je suis donc loin, comme je le disais au commencement de ce paragraphe, de nier cette influence. Mais bien que jusqu'ici je n'aie guère parlé de monuments d'ivoire apocryphes — la liste en serait trop longue — je dois faire justice d'une œuvre considérée comme capitale qui n'a pas peu contribué à étayer ce qu'on pourrait appeler la légende de Theophano.

Il existe dans les collections du Musée de Cluny[1] une plaque d'ivoire bien connue et maintes fois publiée[2] représentant le Christ, debout sous une édicule supportée par deux colonnes torses, couronnant deux personnages, un homme et une femme, debout à ses côtés, sur deux escabeaux moins élevés que celui sur lequel se dresse la figure du Sauveur. A gauche, aux pieds du personnage masculin, est prosterné un personnage barbu qu'à son costume on doit reconnaître pour un ecclésiastique. Ce thème d'un empereur et d'une impératrice couronnés par le Christ est banal dans l'art byzantin, et le plus bel exemple qu'on en puisse citer est le beau bas-relief de la Bibliothèque Nationale de Paris, reproduit plus haut (p. 97). Il n'y aurait donc pas lieu de s'arrêter à cette œuvre médiocre, si ces personnages n'étaient accompagnés d'inscriptions. Rien à dire du monogramme tracé de chaque côté de la tête du Christ. Mais au-dessus de la figure de l'empereur on lit : OTTO IMP*erator* POMANOⁱVOI &C (*augustus*) +; au dessus de la figure de l'impératrice : ΘΕΟΦΑΝѠ ΙѠΡ&C (*sic*). Entre le Christ et l'empereur, une autre inscription est gravée sur dix lignes : KΨΡΙΕ ΒΟΗΘΙ ΤΟⁱ ΔΒΛⁱⁱ ΙѠχνυρ ΧѠ (*sic*) ΑΜΕΜ (*sic*); enfin, entre le Christ et l'impératrice, est gravée la date : 937, en chiffres arabes.

On aurait donc là une image, absolument byzantine de style, représentant le Christ couronnant l'empereur Otton II et sa femme Theophano, fille de Romain II. Laissons de côté la date de 937, qui paraît bien cependant tracée de la même main que le reste des inscriptions; regardons-la comme une fantaisie doublement absurde d'un des anciens possesseurs de cet ivoire (il faudrait 972 ou 973 tout au moins et l'emploi des chiffres arabes, de forme d'ailleurs moderne, est une supercherie trop grosse pour qu'on s'y arrête) et voyons si les inscriptions peuvent résister à un examen sérieux. On remarquera tout d'abord que dans l'inscription qui concerne l'empereur, mélange bizarre de grec et de latin, de par ce mélange le même signe se trouve avoir une double signification : le P est à la fois équivalent au P latin et au P grec, ce qui ne laisse pas que de surprendre; dans l'inscription qui concerne Theophano, la même anomalie se présente pour son titre. Cette orthographe anormale est déjà louche; mais que vient faire ce Jean (Chrysostome, car c'est là le nom qu'on pourrait, à la rigueur, tirer de l'abréviation ΧѠ) dans une scène où les deux personnages qu'on a voulu mettre en avant sont évidemment l'empereur et l'impératrice? La question est embarrassante. Pour ma part, je ne vois que deux hypothèses possibles : ou l'ivoire est complètement faux et l'imitateur s'est servi pour le composer de renseignements qu'il a pu puiser dans divers monuments byzantins authentiques, notamment l'ivoire de la Bibliothèque Nationale; ou bien l'ivoire est ancien, mais il a été déshonoré par des

<hr>

1. Nᵒ 1043 du *Catalogue* de 1881.
2. Lenoble, *Arts somptuaires*, t. II; Weiss, *Kostümkunde*, I, 246;

Knackfuss, *Deutsche Kunstgeschichte* (1888), p. 82; Schlumberger, *Un empereur byzantin au Xᵉ siècle : Nicéphore Phocas*, p. 551.

inscriptions qui sont l'œuvre d'un faussaire. C'est à cette dernière hypothèse que je m'arrêterai, parce que la pièce, sans être bonne, sans être surtout attribuable au xe siècle, a trop de style pour être l'œuvre d'un faussaire de la première moitié de notre siècle; l'empereur et l'impératrice sont des figures dont l'usage est devenu banal dans l'art byzantin, les figures de Constantin et d'Hélène, et dès lors la présence du petit personnage prosterné aux pieds du Christ s'explique parfaitement, les deux figures impériales ayant aussi un caractère de sainteté.

J'imagine que je ne suis pas le premier archéologue dans l'esprit duquel quelques doutes sont nés au sujet de l'ivoire du Musée de Cluny. Ces doutes ont amené à rechercher ses origines, et Westwood a pensé les avoir trouvées[1]. Il a remarqué que, dans le *Voyage littéraire de deux bénédictins*, il est dit qu'on montra aux deux savants, dans l'abbaye d'Echternach, un évangéliaire écrit en lettres d'or : « On croit avec assez de probabilité, disent DD. Martène et Durand, que c'est un présent de l'empereur Otton qui y est représenté sur la couverture avec l'impératrice Theophano[2]. » On voit d'ici l'identification qui, aussitôt, a été faite; la plaque d'ivoire du Musée de Cluny aurait fait partie de la reliure de l'Évangéliaire d'Echternach, ce serait celle-là même qui aurait été montrée aux bénédictins. Cette hypothèse n'est pas admissible pour la bonne raison que le manuscrit d'Echternach nous a été conservé ; il se trouve au Musée de Gotha[3]. Sur la couverture de ce monument composé d'une plaque d'ivoire montée en orfèvrerie, sont en effet figurés Otton et Theophano accompagnés des inscriptions OTTO REX — THEOPHANIA IMPERATRIX. Ces figures, de style franchement allemand, sont repoussées sur la bordure en orfèvrerie. Quant à l'ivoire, une Crucifixion, il est de style non moins allemand et ne décèle pas la moindre trace d'influence byzantine. Le Christ, accompagné du Soleil et de la Lune, disposés de chaque côté du *titulus* de la croix, est accompagné seulement de Longin et de Stéphaton, aux physionomies très caractéristiques qu'on rencontre fréquemment dans les sculptures de l'époque des Ottons. Sous le *suppedaneum* du Christ est accroupie une figure de femme, la Terre, désignée clairement par l'inscription *Terra*. Voilà donc un monument de l'époque de Theophano, d'origine impériale et sur lequel l'influence byzantine introduite, dit-on, à la cour d'Allemagne par la fille de Romain II, n'a laissé aucune trace. Une autre hypothèse émise par Knackfuss[4] n'est pas plus acceptable : d'après lui, la reliure d'Echternach, aujourd'hui de Gotha, représenterait Otton III et non Otton II, et sa mère Theophano ; il identifie l'ivoire de Cluny avec la reliure d'un évangéliaire offert par Otton II au dôme de Magdebourg. Selon toute vraisemblance il y a là une confusion dans les numéros d'ordre des Ottons, et il est probable que la plaque d'ivoire de la Collection Trivulzio, décrite plus haut, a précisément fait partie de cette reliure offerte au dôme de Magdebourg. Cet ivoire a été publié par Passeri dans la quatrième partie de l'ouvrage de Gori[5] ; cet érudit qui reconnaît dans les personnages qui y sont représentés Otton Ier le Grand, sa femme Adélaïde et son fils Otton II, a remarqué avec juste raison que saint Maurice, sculpté sur l'ivoire, était le patron de la cathédrale de Magdebourg qu'Otton Ier fit élever et où il fut enterré. C'est l'hypothèse de Passeri que j'ai adoptée ; mais, admettrait-on celle de Knackfuss au sujet d'un évangéliaire offert par Otton II au dôme de Magdebourg et qui a disparu, que l'ivoire du Musée de Cluny n'en serait pas plus authentique : le monument de la Collection Trivulzio, absolument incontestable, pourrait alors être considéré comme un fragment du don d'Otton II, et au lieu des images d'Otton Ier, d'Adélaïde et du jeune Otton, il faudrait y reconnaître les portraits d'Otton II, de Theophano et d'Otton III (né en 980). Dans tous les cas, le monument serait toujours du xe siècle, bien que d'une période plus avancée, et procéderait du même courant artistique.

Maintenant que nous sommes débarrassés d'un faux monument allemand[6] je serai plus à mon aise

---

1. *Ouvr. cité*, p. 397.
2. Tome II (1725), p. 297.
3. Otte, *Handbuch der kirchlichen Kunst und Archäologie des deutschen Mittelalters*, 1e édition (1883), t. I, p. 175 (planche).
4. *Ouvr. cité*, p. 86.
5. *Thesaurus veter. diptych.*, t. III, 2e partie, pl. 6, p. 16.
6. Didron (*Annales archéologiques*, t. XVIII, pp. 167 et 354, note a accuse également de fausseté l'ivoire du Musée de Cluny.

pour parler des ivoires du Xe siècle, et des œuvres de même époque dans lesquelles on retrouve des traces d'influence byzantine.

Il serait tout à fait impossible dans un livre tel que celui-ci de mentionner tous les ivoires, de fabrication allemande, qui peuvent être attribués à l'époque des Ottons. Il me suffira de signaler quelques-uns des échantillons les plus caractéristiques de cet art, et surtout ceux qui peuvent, parce qu'ils ont été bien publiés, rendre des comparaisons faciles. Westwood[1] a publié une plaque rectangulaire provenant soit d'une couverture de livre, soit d'un coffret qui fait partie des collections du Musée de Darmstadt; on y a représenté le Christ guérissant un possédé et chassant le démon qui passe dans le corps de pourceaux. Le Christ, aussi bien que les apôtres, en particulier saint Pierre, reconnaissable aux clefs qu'il tient en main, offrent ce type particulier que j'ai déjà signalé : physionomies lourdes et barbares, cheveux massés et formant autour du crâne un véritable bonnet, draperies traitées par larges plans, sans souci d'accuser les formes. Ce sont les mêmes caractères qu'on rencontre dans deux autres pièces que Westwood a également mises au jour[2] : l'une qui appartient à la Bibliothèque de Berlin représente Marie et Joseph retrouvant Jésus dans le temple disputant avec les docteurs; l'autre, au Musée Meyer de Liverpool, nous montre la femme adultère amenée devant le Christ. Là encore, non seulement l'architecture, des ornements en forme de croix découpés à jour, nous forcent à prononcer une attribution au Xe siècle, mais encore la technique, le caractère de la sculpture indiquent que ces pièces sont sorties des mêmes ateliers que le bas-relief de Darmstadt.

Ces ivoires offrent une partie des caractères si particuliers qui distinguent l'ivoire de la Collection Trivulzio représentant Otton et Adélaïde : lourdeur des formes, brutalité de l'expression, draperies exécutées par larges masses. Le même style se rencontre aussi sur un autre monument de la Collection Trivulzio représentant l'*Annonciation*[3]. La scène, à deux personnages, encadrée d'une bordure de feuillages dont la finesse d'exécution contraste étrangement avec la gaucherie des acteurs, montre des formes ramassées et trapues sur lesquelles sont drapées des étoffes dont la multiplicité des plis trahit une influence grecque, tandis que dans les monuments que l'on vient d'énumérer, ces mêmes étoffes sont pour l'ordinaire largement massées : les proportions étonnantes accordées aux extrémités, pieds et mains, le type brutal des physionomies, aux mâchoires carrées, montrent toutefois que l'artiste, s'il cédait parfois à des influences étrangères, revenait promptement aux modèles les plus communs qu'il avait sous les yeux. Son œuvre a déjà l'aspect trapu de certaines sculptures de chapiteaux romans. D'une exécution supérieure, sans doute, mais appartenant à un courant artistique très voisin, sont deux plaques de reliure faisant partie des collections du Louvre, divisées chacune en deux registres et représentant David dictant et David exécutant ses psaumes, et l'*Ordination d'un lecteur*, et l'*Ordination d'un exorciste*[4]. L'influence grecque n'est pas niable dans le costume des personnages non plus que dans la façon dont ce costume est drapé; mais maint autre détail, l'architecture, les physionomies des personnages aux traits trop forts permettent de ranger ces curieux ivoires parmi ceux qui ont vu le jour en Allemagne à l'époque des Ottons[5].

Si le sculpteur qui a créé ces monuments s'embarrassait quelque peu dans les détails, on ne pourrait adresser le même reproche à celui qui a exécuté les plaques découpées à jour qui ornent la reliure du Sacramentaire de Drogon, évêque de Metz (826-853)[6], plaques que j'attribue au Xe siècle. Cette reliure,

---

1. Ouvr. cité, p. 151, n° 310.
2. *Ibid.*, n°s 311, 312.
3. Publié dans Garrucci, *Storia dell' arte cristiana*, t. VI, pl. 460.
4. *Catalogue des ivoires du Musée du Louvre*, n°s 9 et 10. Publiés dans la *Gazette archéologique*, t. IX (1884), p. 33 et suiv., pl. VI.
5. Il faudrait peut-être en rapprocher deux autres plaques du Louvre (n°s 15 et 16) représentant la Messe et les Sacrements qui, bien que d'une autre école, allemandes toutefois, ne doivent pas être, au point de vue de la date, très éloignées des monuments que l'on vient de mentionner. Mais ces ivoires, qui ont fait partie d'une reliure, sont tellement usés qu'il est bien difficile de se rendre exactement compte. L'une des plaques a été publiée par Rohault de Fleury, la *Messe*, t. I, pl. IX.
6. Bibliothèque Nationale, manuscrit latin 9428. Ce manuscrit provient de la cathédrale de Metz, et M. Delisle (*Mémoires sur d'anciens sacramentaires*, 1886, p. 100 et suiv.) a établi qu'il avait été écrit spécialement pour cette église sous l'épiscopat de Drogon, fils de Charlemagne.

qui se compose aujourd'hui de dix-huit bas-reliefs assemblés dans une monture d'argent estampé, placés sur un fond de velours, a été remaniée au XVIIe siècle, et il est plus que probable qu'à l'origine le nombre des ivoires était plus considérable. Ces ivoires qui représentent quelques scènes des Évangiles, notamment le baptême du Christ où l'on voit encore la figure du fleuve Jourdain, et des cérémonies liturgiques auxquelles préside l'évêque, sont extrêmement curieux au point de vue de l'iconographie. On y peut relever maint détail intéressant concernant le costume et le mobilier ecclésiastique, mais il faut reconnaître que l'artiste n'avait au point de vue du dessin et de l'art plastique que des notions bien incomplètes. Les physionomies à peine ébauchées sont toutes identiques, et sous les vêtements et les draperies massés à l'excès, il est impossible de distinguer une forme humaine. On peut considérer ces bas-reliefs comme l'œuvre d'un ouvrier des plus malhabiles et qui n'avait certainement pas étudié

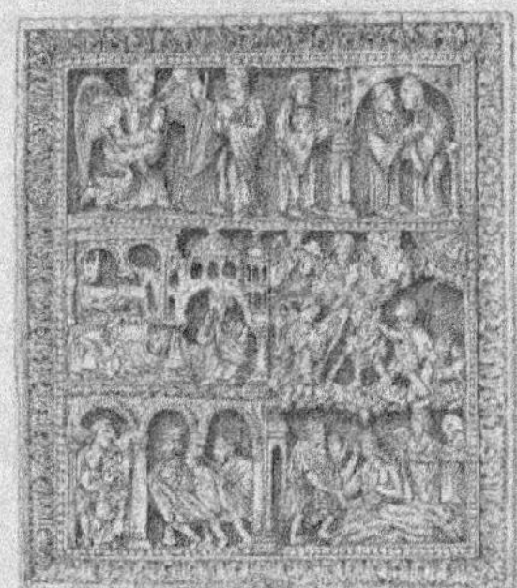

PLAQUE DE RELIURE, ALLEMAGNE, Xe siècle.
(Ancienne Collection Spitzer)

les belles reliures des siècles précédents que conservait la cathédrale de Metz. Il avait encore moins de talent que l'auteur d'un bas-relief qui a fait partie de la Collection Spitzer[1], bas-relief que je donne ici comme spécimen de ces œuvres compliquées et boiteuses qu'a parfois enfantées le Xe siècle.

Bien moins grossiers assurément et très probablement plus anciens, de la première moitié du Xe siècle, sont les bas-reliefs d'ivoire qui ornent un coffret-reliquaire qui fait partie du Trésor de Quedlinburg[2]. Ce coffret passe pour avoir appartenu à Henri Ier l'Oiseleur (918-936); quelle que soit la confiance que l'on puisse avoir dans cette attribution historique, peut-être discutable, il n'en est pas moins vrai que tous les bas-reliefs accusent le style allemand du Xe siècle; leur monture en métal filigrané et repoussé indique aussi par sa curieuse disposition, ses séries de bustes de saints superposés dans des médaillons circulaires ou rectangulaires, une lointaine influence byzantine.

Le nom de Henri Ier m'amène à parler d'une pièce du mobilier liturgique, d'un peigne qui, lui aussi, est considéré comme un présent fait par le même souverain[3]. Ces peignes, qui servaient aux prêtres pour arranger leur chevelure au moment de la messe, nous sont parvenus, on le sait, en assez grand nombre, et les plus intéressants de tous appartiennent à l'époque carolingienne et à l'époque romane. D'après leur forme, on peut les diviser en deux classes : ceux qui n'ont qu'une rangée de dents et ceux qui, au contraire, en ont deux, l'une composée de dents très grosses, séparée de l'autre rangée par un large intervalle qui a été utilisé par l'ivoirier pour sculpter soit des sujets religieux, soit un motif d'ornementation.

Le peigne de Quedlinburg fait partie de la première classe : au dessus d'une rangée de dents unique se dresse une large poignée, sertie d'orfèvrerie et divisée en deux branches aujourd'hui incomplètes à leurs extrémités, mais qui devaient se terminer par deux têtes d'animaux, peut-être des chevaux, comme l'un des peignes conservés au Musée de Cologne[4]; du reste, ce peigne de Cologne montre à peu près la même décoration exécutée en bas-relief que le peigne de Quedlinburg : des pampres dont les

<hr>

1. *Catalogue de la Collection Spitzer*, t. I, *Ivoires*, n° 11.

2. Publié par Stuerwald et Virgin, *Die mittelalterlichen Kunstschätze ... zu Quedlinburg*, pl. 25, 26, 27, 28; le dessus du coffret est photographié dans Westwood, *ouvr. cité*, p. 232. Certains des bas-reliefs de ce coffret offrent aussi quelques ressemblances de style avec les plaques d'ivoire insérées dans les reliures de l'Évangéliaire provenant de l'abbaye de Morienval possédé par la cathédrale de Noyon. Cfr. *Recueil Piot*, t. II (1895), pl. xxx et xxxi.

3. Stuerwald et Virgin, *ouvr. cité*, pl. 21. Sur les peignes liturgiques, voyez Guillaume Durand, *Rationale divinorum officiorum*, liv. IV, De nuptiis compositione; — Bretagne, *Quelques recherches sur les peignes liturgiques*, dans les *Mémoires de la Soc. d'arch. lorraine*, 2e série, t. II, (1860), p. 158; *Bulletin monumental*, t. XXVII, 1861, p. 273; — Dubois, *Le peigne de Saint Bertin-de-Malonne et les peignes liturgiques* (Extrait du *Bulletin de la Soc. d'art et d'Hist. du diocèse de Liège* 1886), t. IV;

4. Bock, *Les trésors sacrés de Cologne*, pl. xxv.

replis recouvrent toute la pièce, et rappelant, mais avec une exécution un peu lâchée, les feuillages des reliures de Saint-Gall. A dire vrai, si une attribution de ces deux ustensiles au xe siècle est soutenable, on pourrait presque aussi légitimement en reporter la confection jusqu'au xie siècle.

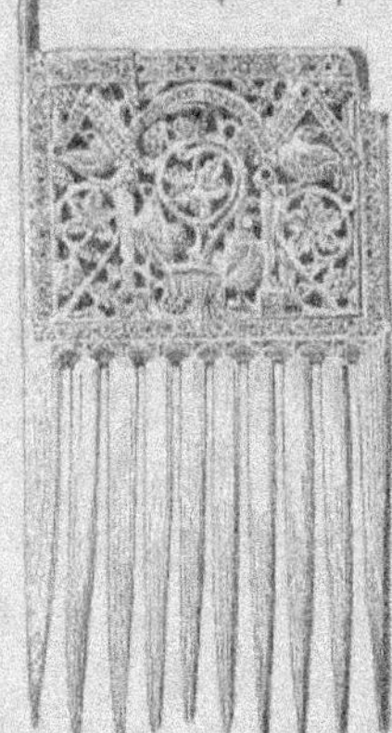

Si, en effet, on rencontre cette forme à une seule rangée de dents dans un autre peigne du Musée de Cologne [1], qui passe pour avoir appartenu à saint Héribert (999-1021), mais qui est manifestement plus ancien [2], ce qu'on trouve surtout à l'époque carolingienne, ce sont des peignes à deux rangées de dents : il en est deux, possédés par des collections françaises, qui montrent cette formule ; et, pour l'un, tout au moins, il paraît bien qu'on doive prendre en sérieuse considération la tradition qui le considère comme ayant appartenu à saint Gauzelin, évêque de Toul (922-962). C'est un petit meuble fort gracieux de composition, et ni son architecture, ni sa décoration ne s'opposent à ce qu'on le considère comme datant réellement du xe siècle [3]. Je serai très disposé à considérer comme contemporain de ce dernier monument le peigne du Trésor de Sens que la tradition et une inscription du xiie siècle attribuent à saint Loup (609-623) [4], mais qui est de style sensiblement plus moderne ; la forme est la même, mais l'influence orientale est bien plus évidente que dans le peigne que possède la cathédrale de Nancy. C'est également à l'époque des Ottons qu'il faut attribuer d'autres pièces du mobilier liturgique, égale-

Peigne liturgique de saint Gauzelin, évêque de Toul.
(Trésor de la Cathédrale de Nancy)

ment en ivoire, les vases à eau bénite ou *urcei* : les trois échantillons qui en subsistent aujourd'hui sont tellement rapprochés les uns des autres au point de vue de la date de l'exécution qu'il n'est pas possible de les séparer. Les *urcei* du Dôme de Milan, du Musée de l'Ermitage, à Saint-Pétersbourg (anciennes collections Attenborough et Basilewsky), du Trésor d'Aix-la-Chapelle, ont tous trois vu le jour vers la fin du xe ou le commencement du xie siècle. Le plus ancien de tous, incontestablement, est celui de Milan, dont la date peut être exactement déterminée par le nom de Gotfredus, archevêque de Milan, de 973 à 978, qui est inscrit dans l'une des légendes qui accompagnent les bas-reliefs [5]. Cinq arcatures en plein cintre, soutenues par des colonnes trapues, divisent la panse en cinq parties renfermant les figures de la Vierge portant l'Enfant Jésus et des évangélistes. Dans les écoinçons, entre les arcatures sur lesquelles sont gravées des inscriptions, sont figurées des murailles de ville ; plus haut se développe une large frise de feuillages et enfin un bandeau portant une inscription. Le style de ce beau monument, que le moulage a popu-

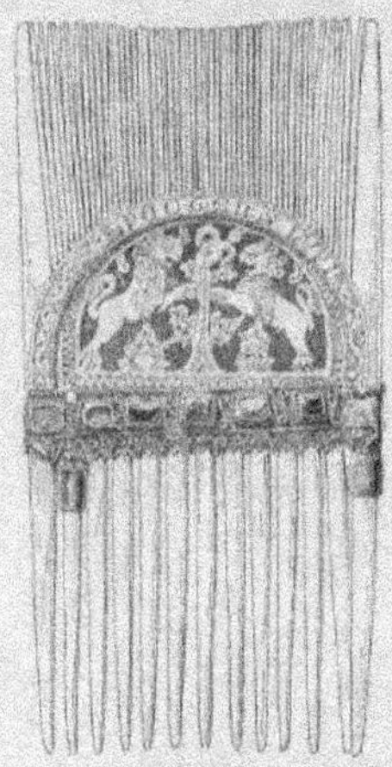

Peigne dit de saint Loup.
(Trésor de la Cathédrale de Sens)

<hr>

1. *Mitt.*, pl. xxvii ; Westwood, *ouvr. cité*, p. 315 (photographie) ; Dubois, *ouvr. cité*, pl. iii, fig. 8.

2. La cérémonie qui y est figurée est absolument de même style que celles qu'on a étudiées plus haut et dont on trouvera un échantillon gravé p. 138.

3. Publié par Bretagne, *ouvr. cité*, p. 281 ; Auguin, *Histoire de la cathédrale de Nancy*.

4. Publié par Guenson, *Portefeuille archéol. de la Champagne*, pl. ii ; Montaiglon, *Le Trésor de la Cathédrale de Sens, Gazette des*

Beaux-Arts t. xx (1886), p. 10.

5. « *Vase Ambrosii Godfredus dat tibi, Sancte.*
Vas tenebis sacrum aquanquam Chrisma Lympham. »

L'urceus de Milan a été publié par Gori, *ouvr. cité*, t. III, 2e partie, pl. xxv, xxvi ; *Annales archéologiques*, t. XVI et XVII ; cfr. aussi Westwood, *ouvr. cité*, p. 254. — Un autre Gotfredus figure en 1075 dans la liste des archevêques de Milan ; mais le style du monument ne permet pas de le considérer comme aussi récent.

larisé et dont il a même été fait des copies en ivoire, est bien le style allemand de la seconde moitié du xe siècle ; il serait même difficile d'admettre qu'un artiste italien ait pu s'assimiler aussi parfaitement un style si particulier ; on doit penser qu'il a été véritablement sculpté en Allemagne ou à Milan par un artiste allemand. Quant au César nommé par l'inscription, c'est sans aucun doute Otton II qu'on a voulu désigner.

Est-ce du même prince et non pas plutôt d'Otton III (996-1002) qu'il s'agit dans la longue inscription qui accompagne l'*urceus* du Musée de l'Ermitage et qui provient d'un trésor allemand [1] ? Le système de décoration est beaucoup plus compliqué que dans le vase de Milan : onze sujets de la Passion y sont représentés en deux registres divisés en compartiments par des colonnettes qui se relient à l'architecture qui accompagne quelques-uns des sujets ; l'exécution des figures annonce un artiste de valeur, capable de composer très passablement une scène, bien que, par le type adopté pour les physionomies, il se montre encore le fidèle continuateur de l'art un peu lourd que nous ont fait connaître quelques-uns des ivoires de la période des Ottons. Quant à supposer que cet *urceus* a été exécuté par Bernward, évêque d'Hildesheim, ou sur son ordre, c'est une hypothèse bien gratuite que rien ne peut justifier. Si nous la mentionnons, c'est que le nom de celui qui fut en quelque sorte l'éducateur de l'empereur Otton III a été prononcé ; mais rien dans ce beau vase d'ivoire ne nous autorise à le rattacher à cette école d'Hildesheim, dont les œuvres sont, en général, d'un style beaucoup plus grossier.

D'un art plus compliqué encore, sinon plus avancé, est l'*urceus* d'Aix-la-Chapelle. Taillé à huit pans et non de forme cylindrique comme les précédents, il est divisé en deux registres et rehaussé de pierreries. Au registre supérieur sont figurés huit guerriers debout, des gardes de l'empereur sans doute, devant des portes de villes, toutes ouvertes, surmontées de constructions d'architecture très variée, mais dans laquelle cependant dominent les pignons plus ou moins aigus [2]. Ces gardes portent une sorte de tunique de maille à manches courtes, munie d'un capuchon sur lequel est posé un casque de forme ovoïde ; ils sont armés de boucliers ovales et de lances très courtes : leur manteau court est agrafé sur l'épaule droite. Le registre supérieur montre plus d'unité au point de vue de la disposition architectonique : huit personnages debout ou assis y sont figurés entre des colonnes aux fûts desquels viennent se nouer des rideaux tant de fois figurés dans les monuments byzantins. L'interprétation de ces personnages a exercé la sagacité de Didron et d'Ans'm Weerth. Didron [3], en dehors de la figure d'un empereur, suffisamment indiquée par le costume, la couronne, le sceptre, le globe, a voulu y voir des représentations idéales d'un pape, d'un archevêque, d'un évêque, d'un abbé, d'un prêtre, d'un moine. Ans'm Weerth [4] serait disposé à y reconnaître le Christ [5], Charlemagne, le pape Léon ou le pape Adrien, les archevêques de Cologne, de Trèves, de Mayence, les abbés d'Aix et de Burtscheid, qui assistaient au couronnement des empereurs. Étant donnée l'habitude presque absolue qu'avaient les artistes allemands de prodiguer les légendes, il serait bien étonnant que l'artiste eût voulu ainsi spécialiser les figures. Peu importe, du reste, mais si le sculpteur a voulu nous donner en quelque sorte des portraits, il faut avouer qu'il a totalement oublié ce qui aurait été nécessaire pour l'intelligence de son œuvre ; et un pareil oubli, à cette époque, ne laisserait pas que d'étonner. Le vase est bordé vers son orifice d'une frise de feuillages stylisés, au milieu desquels se jouent des personnages et des animaux, qui ferait croire que ce monument est assez postérieur, du xe siècle seulement. Ces feuillages rappellent

---

1. « Jussit Euschio tot grates qui pater sedes,
Divini Augusto plurimas laudes legat.
Cernitur arte rapit memorum Cæsari allpter, h? âc ; »
Ce vase a été publié par Vösken, *Denkmäler der deutsc. Kunst*, t. X ; Dicsel *Collection Basilewsky*, pl. xii.

2. Bock, *Karls der Grossen Pfalzkapelle*, p. 4x ; voit dans cette représentation une allusion à un passage du psaume XXIII, vers. 7 : « Attollite portas principes vestras et elevamini porta æternales et introibit rex gloriæ. » Cette explication est très admissible.

3. *Annales archéologiques*, t. XIX, p. 78 et 201 ; XXXI, p. 54.

4. *Kunstdenkmäler...*, pl. xxxii.

5. Cette identification n'est guère douteuse malgré l'absence de noms ou titres, qui ne laisse pas que d'étonner à une époque où les règles de l'iconographie étaient définitivement fixées.

par leur style les ouvrages exécutés sous la direction de Bernward à Hildesheim et il se pourrait, en effet, qu'ils n'aient été sculptés que dans le courant du XIe siècle, à une époque que l'on considère d'ordinaire comme appartenant à la période romane. Cette question de date n'a pas été sans préoccuper les archéologues qui ont examiné cet intéressant monument, et Westwood s'est fait l'écho de leur prudence en attribuant l'*ambon* d'Aix-la-Chapelle au Xe, au XIe ou au XIIe siècle[1]. Bock[2] est plus affirmatif et s'autorise d'une inscription gravée sur la monture, au dessous de la figure impériale: *SanCtuS III OTTO* pour admettre que ce bel objet a été fabriqué pour Otton III, pour son couronnement et très probablement en Italie. Cette hypothèse a un côté fort séduisant; elle expliquerait la différence de style très notable qui existe entre ces ivoires et ceux qui incontestablement ont été sculptés en Allemagne au Xe siècle; mais elle a un côté embarrassant aussi, c'est que nous n'avons pas de monuments italiens du Xe siècle qu'on puisse comparer à l'*ambon* d'Aix-la-Chapelle. Quelle que soit d'ailleurs l'opinion qu'on adopte, la date de fabrication de ce somptueux ivoire ne peut varier que de peu d'années, car, malgré l'opinion de Westwood, il faut écarter le XIIe siècle.

Ce serait peut-être le lieu de dire un mot de quelques oliphants que des traditions attribuent à l'époque qu'on traite ici; je prie le lecteur de vouloir bien se reporter au chapitre précédent où il est question de ces instruments de musique, destinés le plus souvent à servir de reliquaires. La plupart de ces monuments, sans en excepter l'oliphant dit de Charlemagne, au Trésor d'Aix-la-Chapelle, sont de provenance orientale ou des copies, peu variées en somme, d'originaux de provenance orientale. On en trouvera une preuve nouvelle au paragraphe suivant; il n'est donc pas nécessaire d'insister sur des œuvres dont la formule décorative est toujours à peu près la même[3].

IV. — LES IMITATIONS D'IVOIRES BYZANTINS EN ALLEMAGNE ET EN ITALIE AU IXe ET AU Xe SIÈCLE.

On a déjà signalé, en parlant des *Crucifixions*, des imitations tout à fait évidentes d'ivoires byzantins; ces imitations sont assez nombreuses pour qu'on puisse en former un groupe à part qui aura cet avantage de bien mettre en évidence cette influence tout en montrant où elle commence et où elle s'arrête, comment l'ont comprise les artistes carolingiens. Dans beaucoup de monuments étudiés jusqu'ici, j'ai montré certaines attitudes, certaines draperies trahissant l'impression que les monuments grecs produisaient sur les artistes occidentaux; mais ces monuments étaient dus à des artistes véritables qui savaient s'assimiler un style sans être de serviles copistes; autour d'eux ont végété une foule de praticiens qui, par manque de savoir, ont copié simplement, et de quelle façon ! les modèles qu'ils avaient entre les mains. Il y a donc intérêt à grouper ces œuvres, dont quelques-unes sont assez remarquables pour avoir passé pendant longtemps pour des œuvres grecques originales. Mais c'est l'exception: dans la plupart des cas, le copiste s'est montré bien au dessous de son modèle et l'a traduit avec la dernière barbarie, en respectant même des détails d'iconographie fort contraires aux proscriptions de l'église latine.

Une fort curieuse reliure de la Bibliothèque Nationale[4] représentant la *Crucifixion* et la Vierge portant l'Enfant Jésus emmailloté sur ses genoux, le tout abrité par une architecture aux pilastres

---

1. Westwood, *ouvr. cité*, p. 267, 268.

2. *Karl's des Grossen Pfaltzkapelle*, p. 65.

3. Sur les oliphants en général, leur usage dans les églises pour annoncer le commencement et la fin des offices, leur emploi comme reliquaires, voyez le travail inséré par Bock dans les *Mittelalterl. Kunstdenkmäler des oesterreich. Kaiserstaates*, t. II (Stuttgart, 1856), sous le titre : *Geschichte der sculptirten Elfenbein-Werke des Mittelalters.*

4. Manuscrit latin 9438. (Provenant de Metz.)

presque classiques, montre, dans un travail occidental, un souvenir d'art byzantin : de chaque côté de la tête de la Vierge, le monogramme $\overline{MP}$ $\overline{\Theta Y}$ est gravé; mais c'est une imitation timide, aussi timide que celle qu'on reconnaît dans une *Ascension* qui a fait partie de la Collection Spitzer et dont j'ai donné plus haut l'image. D'autres monuments exécutés en Allemagne au xe siècle sont autrement concluants : et c'est dans ceux-là qu'on retrouve les traces de l'influence que des relations politiques avec Byzance ont pu exercer sur l'art de la période des Ottons.

Il existe à la Bibliothèque du Vatican un beau et grand manuscrit (Palatinus n° 50) écrit en lettres d'or sur vélin teint de pourpre, contenant les évangiles selon saint Luc et selon saint Jean. Ce volume, d'après une note placée en tête du manuscrit, fut relié en 1079, sur l'ordre d'un abbé de l'abbaye de Lorsch, au diocèse de Worms, l'abbé Eberhardt. L'un des plats du manuscrit est recouvert de cinq plaques d'ivoire, sculptées, serties en argent; l'autre plat, beaucoup plus moderne que le premier, représente une cru-cifixion; ce plat est en argent doré. On n'a ici à s'occuper que du premier.

Ce monument se compose de cinq pièces, trois en hauteur, occupant le centre, deux en largeur, formant le haut et le bas de la pièce. Au centre, sous une arcature en plein cintre ornée de feuillages, soutenue par des colonnes cannelées, est figuré le Christ debout, nimbé, imberbe, les cheveux longs; de la main gauche il tient un livre fermé, de la droite il bénit à la grecque; il foule aux pieds un lion et un dragon, allusion à un passage bien connu des psaumes[1]. A droite et à gauche du Christ, sous des arcatures également, sont figurés deux anges debout, tournés vers la figure centrale, portant des sceptres et des volumens. Sur la plaque supérieure, deux anges volants, souvenir des victoires des diptyques classiques, ou des reliures telles que celle de saint Lupi-cin, tiennent un disque inscrivant une croix à branches égales; enfin, sur la plaque infé-rieure, on assiste à l'*Adoration des Mages*, puis à la *Visite des Mages*, à Hérode; les Mages, suivant

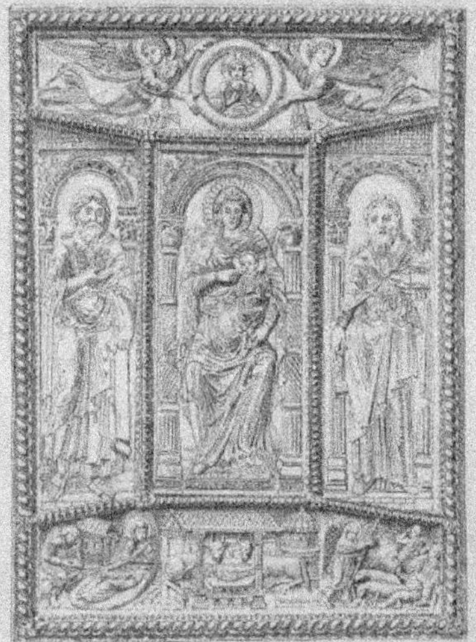

PLAQUE DE TRIPTYQUE, PROVENANT DE L'ABBAYE DE LORSCH.
(Musée de South Kensington)

la formule adoptée anciennement, sont coiffés du bonnet phrygien[2]. Le style des personnages figurés sur cette reliure, leur allongement, le style de l'architecture indiquent qu'on a affaire à un monu-ment byzantin, très caractéristique; les draperies sont bien rangées en minces plis verticaux comme dans mainte œuvre grecque, mais certaines dispositions indiquent un art très conventionnel, très enclin à styliser tout ce que voit l'artiste, eût-il sous les yeux un très bon modèle. Faut-il admettre l'opinion de Westwood qui pense que le monument est italien et du viie ou du viiie siècle? Je ne le crois pas et je suis porté à le considérer comme franchement byzantin. Au reste, quel que soit le sentiment que l'on adopte à cet égard, il n'en est pas moins vrai que nous possédons là un original

1. Ps. XC, v. 13 : « Super aspidem et basiliscum ambulabis et conculcabis leonem et draconem. »

2. Publié par Gori, *ouvr. cité*, pl. ix, p. 25; — Kraus, *Dictionnaire*, t. IX. — Cfr Westwood, *ouvr. cité*, 117.

byzantin ou une copie très directe d'un original byzantin qui, au moyen âge, a eu une singulière fortune : on en retrouve une copie presque textuelle dans une plaque de reliure que possède la Bibliothèque Bodléienne, à Oxford[1], reliure dans laquelle on voit, au centre, le Christ, non plus bénissant, mais armé de la croix, foulant aux pieds le lion et le basilic ; un autre ivoire, dont on dira un mot plus loin, ivoire de fabrication anglo-saxonne, le dyptique de Genoels-Elderen, au Musée de Bruxelles, est inspiré directement par le même modèle.

La reliure du manuscrit du Vatican, telle qu'elle est aujourd'hui, ne saurait être considérée comme complète. A une époque, assez difficile à déterminer, mais on a tout lieu de croire à l'époque des Ottons, on a fabriqué en Allemagne, et dans un style byzantin assez pur, un pendant, détaché de la reliure on ne sait quand, mais possédé aujourd'hui par le Musée de South Kensington[2] ; les dispositions des cinq pièces qui composent ce grand tableau, qui fit partie jadis de la Collection Soltykoff, sont absolument identiques à celles de la reliure de Lorsch : à la partie supérieure, une image du Christ, imberbe, à mi-corps, bénissant à la grecque, soutenu par deux anges ; au centre, entre Isaïe et Melchisédech, est assise la Vierge, véritable *panagia* byzantine, soutenant l'Enfant Jésus ; enfin, à la partie inférieure, nous assistons à la *Nativité* et à l'*Annonce aux bergers*. Toutes les formules sont byzantines, mais le style ne l'est pas ; l'architecture, si finement exécutée dans l'ivoire du Vatican, n'est ici qu'une médiocre copie, le travail des draperies est bien plus sec, les yeux sont accentués et cernés d'un trait en creux d'une façon très primitive, et la barbe et les cheveux sont traités avec une minutie et une complication qui présagent déjà les chefs-d'œuvre d'ingéniosité qu'imagineront en ce genre les sculpteurs de l'époque romane. Ni Isaïe, ni Melchisédech, ni saint Joseph n'ont pu naître sur les rives du Bosphore ; on doit avouer cependant qu'au premier abord le monument de South Kensington fait illusion : il a la forme byzantine aussi complète que possible, mais il n'en a point l'âme.

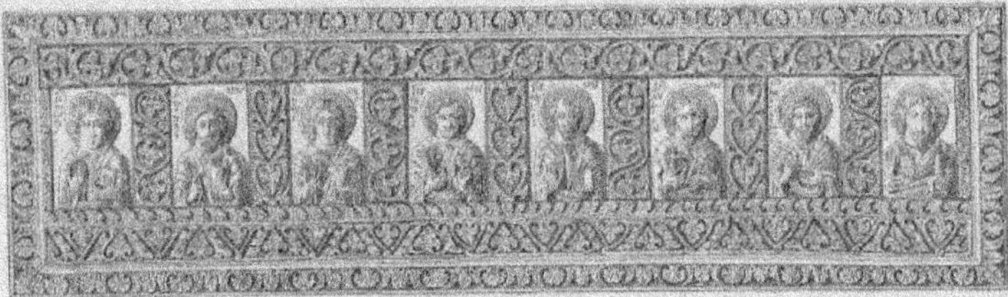

FACE ANTÉRIEURE D'UN COFFRET.
(Collection Saltyng, à Londres.)

Ce sont les mêmes reproches qu'on peut faire à un grand coffret qui, de la Collection Spitzer, est passé dans la Collection Saltyng, à Londres ; mais l'exécution en est beaucoup moins soignée. La forme du coffret, la disposition des bustes de saints qui le décorent, tous accompagnés d'une légende, à la façon grecque, le style des ornements, tout indique que le milieu dans lequel il a été sculpté subissait la loi de Byzance. Mais ce n'est point en Allemagne qu'une pièce de ce genre a pu voir le jour : la facture en est trop particulière pour qu'on puisse songer à la rapprocher des ivoires étudiés jusqu'ici.

---

1. Publié par Didron, *Annales archéologiques*, t. XX, p. 118, Westwood, ouvr. cité, p. 25, n° 125 (photographie). De notre temps, cet ivoire du Vatican a eu du reste une singulière fortune : il a servi de modèle à des faussaires dont les œuvres sont répandues dans divers musées ou collections. M. Noglic veut bien me communiquer un numéro d'un recueil publié à Agram en 1885 (*Glasnik Druztva za umjetnost i umjetnost* à Zagreb, publ. par le Dr Ivan Bojnicic Kninski), où s'étalent les reproductions de deux ivoires faux, exécutés d'après les moulages de la reliure du Vatican et de l'ivoire du Musée de Kensington, dont je parle ici même ; ces ivoires font partie du Musée Strossmayer. Cfr. recueil cité, *Byzantinski dyptichon*, par le Dr Kninski, p. 14-20. Dans le Trésor de la cathédrale d'Aix figure également un ivoire faux fabriqué d'après celui du Musée de South Kensington.

2. Publié en photographie par Maskell, *Catalogue*, p. 50.

Si on remarque que parmi les saints représentés se trouvent saint Nérée et saint Achillée, il est permis de conjecturer qu'un moment ce coffret en os a pu faire partie du mobilier de la basilique de Rome consacrée à ces deux saints, basilique reconstruite au IXᵉ siècle, et que nous possédons peut-être là un échantillon du savoir-faire des ivoiriers romains du Xᵉ siècle environ[1]. Mais ce n'est là qu'une conjecture, car les termes de comparaison font défaut. On peut en tous cas l'attribuer à un centre artistique d'Italie dans lequel l'influence de la renaissance carolingienne ne s'était fait sentir que médiocrement. Dans le Nord, au contraire, la reliure du sacramentaire de Bérenger, au Trésor de Monza, plus haut mentionnée, montre combien le style des ouvriers d'au delà des Alpes avait été fidèlement adopté.

Deux plaques d'ivoire provenant de l'abbaye de Rambona, que possède le Musée chrétien du Vatican[2], nous montrent l'art italien tombé encore plus bas que le coffret dont on vient de parler, tout en s'inspirant aux même sources, c'est-à-dire à l'art byzantin. Dans cette pièce d'une extraordinaire barbarie d'exécution, les souvenirs classiques sont cependant encore très vivaces. Dans le haut de l'une des plaques, celle qui représente la *Crucifixion*, le Christ, bénissant à la grecque, est figuré à mi-corps et accompagné de deux anges. Plus bas est figuré le Crucifix surmonté d'un *titulus*, accompagné des représentations du Soleil et de la Lune, de la Vierge et de saint Jean. Puis tout à fait au bas de la plaque, au lieu des scènes les plus ordinaires qui, dans les pays où l'iconographie avait des règles fixes, auraient été représentées, on voit une louve nourrissant Romulus et Remus, accompagnée de cette inscription significative : *Romulus et Remulus a lupa nutriti*. La seconde plaque nous offre la figure de la Vierge assise entre deux chérubins, portant dans ses bras l'Enfant Jésus qui bénit à la grecque, puis des entrelacs grossièrement exécutés. Au dessous de cette scène se trouvent trois saints debout et bénissant, accompagnés de feuillages stylisés. Une longue inscription nous renseigne sur le personnage qui fit exécuter ces ivoires et ne laisse subsister aucun doute sur l'âge qu'on lui peut attribuer : *Confessoris domini Sanctis Gregorius Silvestro Flaviani cenobio Rambona Ageltruda construxi; quod ego Odelricus, infimus Domini servus et abbas sculpire minisit in Domino. Amen*. Au dessous de cette inscription enfin est figuré un saint tenant une palme et un fouet. Il s'agit évidemment dans cette inscription d'Ageltrude, fondatrice de l'abbaye de Rambona, femme de Gui, duc de Camerino et de Spolète, roi d'Italie en 889, couronné empereur en 891 et mort en 894. Une plaque de reliure conservée au Musée de Cluny[3], un fragment de même style conservé à la Bibliothèque de Ravenne[4] prouvent qu'on peut aller encore plus loin dans la barbarie, et que dans certaines parties de l'Italie, au Xᵉ et au XIᵉ siècle, les artistes, si l'on peut prononcer ce mot, étaient tombés au dernier degré de décrépitude[5]. Rien, évidemment, dans ces copies abominables n'a subsisté de l'art byzantin, sinon la disposition générale d'un bon modèle et l'abus des inscriptions, d'ailleurs assez significatives. Autour d'une crucifixion dont les personnages sont à ce point stylisés qu'on les croirait imaginés par un enfant, sont distribués dans des médaillons engendrés par les révolutions d'un rinceau, motif cher aux Byzantins, des bustes d'apôtres ou de saints ou les symboles de deux des évangélistes : le Lion de saint Marc et le Bœuf de saint Luc. Le choix des saints représentés suffirait à indiquer une provenance grecque : si nous relevons dans cette longue série de médaillons, où tous les personnages sont représentés à mi-corps, les noms de plusieurs des apôtres, on y trouve aussi saint Pantaléon et saint Ermagoras, qui voisinent avec saint Laurent, saint Grégoire et saint Benoît, tandis que saint Vital fait pendant à sainte Valérie. Certains détails d'ornementation, de minces rinceaux gravés,

---

1. Publié dans le *Catalogue de la Collection Spitzer*, t. I, *Ivoires*, pl. II, n° 14.

2. Publiées par Gori, *ouvr. cité*, t. III, pl. XXII; Westwood, *ouvr. cité*, p. 36 (le premier plat seulement).

3. N° 1038 du *Catalogue de 1881*.

4. Westwood, *ouvr. cité*, p. 57, n° 129.

5. L'antiquaire de Paris, M. Goldschmidt, m'a communiqué deux grandes plaques d'ivoire provenant d'une reliure et dont on peut attribuer la fabrication à un atelier de l'Italie Méridionale, tout à fait analogues par leur barbarie au diptyque de Rambona. On y a figuré l'Annonciation, la *Nativité*, l'*Adoration des Mages*, les *Mages devant Hérode*. Ce très curieux monument procède évidemment d'un original byzantin; mais il faut signaler les bordures, composées d'un lacis de roselettes, très habilement exécutées, qui, comme les entrelacs de Rambona, trahissent une autre influence. C'est à ma connaissance le seul monument que l'on puisse rapprocher du diptyque du Vatican.

la manière de champlever toutes les figures, de les cerner, fait penser à la décoration des pièces les plus grossières de la série des oliphants ; le sculpteur a eu sous les yeux un ivoire byzantin, mais il a connu aussi des ivoires orientaux, ou des copies byzantines exécutées directement d'après des ivoires orientaux. Ces bons modèles, aux formes voilées et soigneusement étudiées, n'ont, du reste, exercé que peu d'influence sur son sens artistique très affaibli, et si je m'attarde à la description de ces monuments odieux, c'est simplement pour faire œuvre d'historien qui ne doit voiler aucune plaie.

L'oliphant que possède aujourd'hui le Musée de Cluny et qui fit autrefois partie des collections Colchen, à Metz[1], puis Spitzer[2], nous ramène à des monuments du Nord. C'est peut-être l'un des exemples les plus frappants que l'on puisse citer de ces imitations d'objets byzantins : non-seulement on y voit ces frises de rinceaux plats déjà signalées, des animaux de style tout oriental, des bordures de perles et de losanges dérivée du style classique, des entrelacs, tous motifs d'ornements qu'on relève

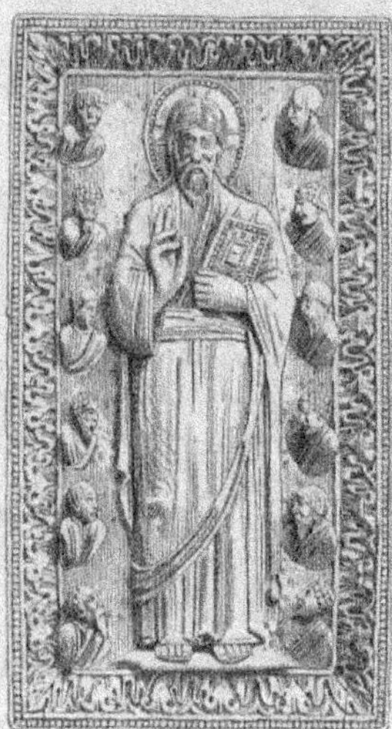

sur les objets byzantins, traités ici d'une façon maladroite ; mais on y voit encore la figure de la Vierge figurée en orante, des anges dont l'accoutrement et les attributs sont complètement byzantins ; les médaillons carrés renfermant des figures de saints ou d'apôtres qui encadrent la scène principale sont également traités à la manière grecque et nul doute que l'artiste qui, vers le xe ou le xie siècle, sculpta cet ivoire n'eût sous les yeux un modèle byzantin. Et ce spécimen est doublement précieux, car il s'agit là non d'un oliphant de type commun, mais d'un oliphant religieux destiné dès le moment de son exécution à prendre place dans une église, comme celui qui se trouvait autrefois à la Sainte Chapelle du palais, à Paris, et que Morand a publié. Si l'on en croit une tradition locale, l'oliphant de Metz était autrefois suspendu comme un ex-voto à la voûte de la chapelle de Louis le Débonnaire, à l'abbaye de Saint-Arnould, et passait pour avoir appartenu à Charlemagne. C'est là que se trouvait aussi une corne d'élan sculptée, décorée d'ornements, feuillages et animaux de style byzantin, mais de facture occidentale, que possède aujourd'hui le Musée de l'Ermitage[3].

Cette étude est déjà trop longue ; mais je crois qu'elle n'aura pas été inutile pour montrer quelle part légitime on peut attribuer à l'élément byzantin dans l'art allemand au xe siècle, en s'appuyant sur des monuments indiscutables ; combien on ferait fausse route aussi en laissant, sur le témoignage de textes sans doute fort intéressants mais trop peu nombreux pour être très concluants, cette part aussi grande qu'on la voulait jadis ! Loin de nier la légitimité du jugement émis avant moi, j'ai cru qu'on pouvait l'établir sur des bases plus solides et parlant davantage aux yeux. Et si je ne craignais de donner à ce chapitre un développement

---

1. Abel, *Recherches sur d'anciens ivoires sculptés de la cathédrale de Metz*, pp. 43, 44.

2. Publié par Cahier et Martin, *Nouveaux mélanges d'archéologie*, Ivoires, p. 43, 44, et dans la *Collection Spitzer*, t. I, *Ivoires*, n° 22, pl. x.

3. Cité par Abel, *ouvr. cité*, p. 44, qui qualifie, sans aucune raison de route, cette corne d'élan sculptée de « bouclier » ; publié par Darcel, *Collection Basilewsky*, pl. x.

que quelques-uns trouveront sans doute déjà exagéré, je pourrais citer plusieurs monuments où se reconnaît parfaitement le mélange intime des deux arts arrivé à son apogée. On trouvera dans Westwood[1] la reproduction d'un bel ivoire qui fait partie de la collection Edmond Foule, à Paris, où le Christ imberbe, assis dans une gloire, entouré des symboles des évangélistes, bénit suivant le rite grec, tandis que la disposition des plis de ses amples vêtements, savamment drapés, fait déjà présager le style des grandes sculptures de l'époque romane; un magistral bas-relief représentant la Vierge, dans la collection de M. le baron Oppenheim, à Cologne, montre encore le même mélange[2]; enfin, je place sous les yeux du lecteur une figure du Christ debout entre les douze apôtres, qui fait partie de la collection Chalandon, à Lyon[3]. Ici, la fusion des deux éléments est bien intime. Le Christ et les apôtres ont bien cet aspect un peu sauvage que j'ai signalé dans beaucoup des ivoires de l'époque des Ottons; les apôtres sont figurés en buste, à la byzantine, mais non de face comme dans les triptyques grecs. En adoptant cette formule, l'artiste allemand l'a modifiée et a su lui donner un tour personnel en faisant concourir tous ses personnages à la représentation d'une seule scène au lieu d'en faire des figures isolées sans liens entre elles.

V. — L'ORNEMENTATION ANGLO-SAXONNE DANS LES IVOIRES CAROLINGIENS.

On peut s'étonner à bon droit qu'alors que l'ornementation anglo-saxonne a exercé une si grande influence sur la décoration des manuscrits de l'époque carolingienne, on ne relève pas sur les ivoires plus de traces de ce style si particulier; car, à vrai dire, si j'ai montré qu'un certain nombre d'ivoires du IXe et du Xe siècle avaient été sculptés d'après des miniatures ou des dessins exécutés en Grande-Bretagne, ces dessins ne peuvent passer pour des productions originales: ce sont des copies anglo-saxonnes de modèles classiques. Mais l'ornementation composée d'entrelacs, de serpents, de chevaux marins, de dessins purement calligraphiques, développée avec tant d'habileté par les Anglo-Saxons, a, en somme, laissé des traces très peu nombreuses dans la sculpture du IXe et du Xe siècle: on en relèverait bien plus dans la sculpture romane proprement dite. Une demi-douzaine de monuments d'ivoire révèlent cette influence et c'est tout; et il faut encore remarquer que plusieurs monuments de cette série sont très difficiles à dater, que là précisément où cette influence a été la plus efficace sur l'ornementation des manuscrits, on n'en relève pas de trace sur les ivoires[4]. C'est ce qui tendrait à prouver que les ivoires sur lesquels on rencontre ce système de décoration calligraphique ne sont point des œuvres exécutées en France ou en Allemagne ou encore en Italie, mais que ces objets ont été importés tout faits de la Grande-Bretagne. Je laisse de côté les pays du Nord de l'Europe, pour la raison qu'à ce moment n'étant point chrétiens, ils n'ont pu sûrement produire des châsses pour contenir des reliques de saints. Du reste, tout ce style de décoration si particulier mériterait une longue étude que bonnement on ne peut ici entreprendre, étant donné le très petit nombre de monuments qui, dans la série que j'étudie, peuvent être considérés comme de bons spécimens. Tout ce qu'on peut faire ici, c'est passer en revue les principaux monuments de ce genre et résumer les opinions émises à leur endroit.

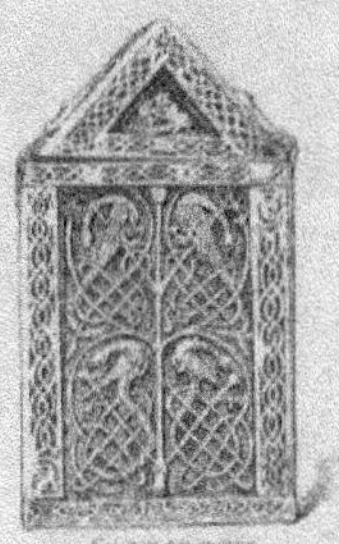

CHASSE EN IVOIRE.
(Musée de Brunswick.)

Parmi ces monuments, il en est un qui, dès l'abord, doit fixer notre attention; c'est une petite châsse

1. Oster, _ibid._, p. 158, n° 329 (photographie).
2. Publié dans le _Catalogue de la collection Spitzer_, t. I, Ivoires, pl. II, n° 8.
3. Publié par J.-B. Giraud, _Exposition rétrospective de Lyon_ (1877), pl. ? et ??.
4. A Saint-Gall, par exemple.

conservée aujourd'hui au Musée de Brunswick [1] et provenant de l'église de Gandersheim. Ce coffret de forme allongée, muni d'un couvercle à quatre rampants en forme de toit, se compose de plaques de dents de morse réunies par des montures de cuivre gravées d'entrelacs. L'ornementation de chacune des faces est différente de composition, mais de même style : on y voit presque exclusivement des figures de dragons ailés terminées par des entrelacs aussi finement exécutés que dans les manuscrits anglo-saxons les plus irréprochables au point de vue calligraphique; par exception, un des comparti-ments rectangulaires de la partie postérieure présente une sorte de rose dont les analogues se retrouvent dans les objets grecs les plus archaïques et aussi doit-on ajouter — car cette première ressemblance est absolument fortuite — dans une foule de miniatures de style anglo-saxon. Le dessin que je donne ici me dispensera d'insister longuement sur la châsse de Brunswick, au sujet de laquelle je n'ai rien à ajouter à ce que j'en ai dit à propos d'un monument du trésor de la cathédrale de Coire : « Le coffret de Brunswick, s'il avait été plus exactement daté par ceux qui l'ont étudié, aurait peut-être pu nous fournir un élément de critique précieux; malheureusement, tandis que Stephens l'attribue à la première moitié du VIIe siècle, Westwood en place la fabrication à une période qui va du IXe au Xe siècle, et j'imagine que ces deux auteurs ont également tort: l'un en le vieillissant peut-être outre mesure, sur des données qui sont absolument controuvées, l'autre en le rajeunissant trop. Je ne m'arrêterais pas plus longtemps à l'examen de ce curieux monument si le savant danois qui l'a étudié le premier n'avait commis une erreur qu'il appartient à un Français de rectifier : sous le coffret de Brunswick se trouve gravée, deux fois répétée, une inscription runique ainsi conçue : « Urit Nethii Sighyor Aeti in Mungpaelyo Gaelica; » ce qui a été traduit : « Nethii a fait ce travail pour le seigneur Éloi à Montpellier, en Gaule. » Stephens identifie Éloi avec saint Éloi, et en conclut que ce coffret date de la première moitié du VIIe siècle. Je n'ai pas l'intention un seul instant de contester la traduction de cette inscription runique, que j'ai tout lieu de croire exacte. Tout ce que je conteste, c'est qu'il s'agisse ici de saint Éloi, et je me refuse à reconnaître le nom de Montpellier dans le vocable *Mungpaelyo* : le nom de Montpellier, sous la forme *Monspestellarius*, apparaît pour la première fois dans les textes à la fin du Xe siècle, en 975, et ce nom ne paraît pas du tout remonter à l'époque mérovingienne. C'est aux savants anglais ou danois à déterminer l'emplacement, à identifier le Mungpaelyo du coffret de Brunswick, mais ce n'est point en France qu'il le faut chercher. »

Deux autres coffrets conservés au Musée National bavarois, à Munich, où l'un d'eux passe pour avoir appartenu à sainte Cunégonde († 1040), femme de Henri de Bavière [2], peuvent être aussi considérés comme d'excellents spécimens de cette décoration anglo-saxonne, moins purs toutefois que le coffret de Brunswick. Beaucoup des motifs du coffret dit de sainte Cunégonde, aux profils un peu indécis comme beaucoup d'objets de même provenance, montrent dans les rinceaux gravés sur sa monture de cuivre une influence byzantine [3] et dans les monstres qui en décorent les bas-reliefs des traces d'imitation d'objets de fabrication copte; le second, de forme rectangulaire [4], à couvercle bombé, trahit aussi des mélanges de style : l'entrelac traité à la façon des miniatures de manuscrits, mais moins régulier, moins soigneusement exécuté, tout comme la monture, prouve la continuité des relations des artistes qui exécutaient ces travaux avec l'Orient. En tout cas, nous ne possédons pour assigner une date à de tels monuments aucun élément absolument certain; les points de repère qu'on pourrait chercher dans l'ornementation architecturale, en Italie, par exemple, ne seraient point

---

1. Publié par Georges Stephens, *Journal of the Kilkenny and South-East of Ireland Archaeological Society*, janvier 1863, n° 39; — Westwood, *Miniatures and ornaments of Anglo-Saxon and Irish manuscripts*, pl. 53, fig. 8; *Catalogue of the fictile ivories in the South Kensington Museum*, n°s 955-959; — E. Molinier, *Le Trésor de la cathédrale de Coire*, p. 31. — Cfr. Riegel, *Die Sammlung mittelalterlicher... Gegenstände du Musée de Brunswick*, n° 58.

2. Publié par Darcel, *Gazette archéologique* 1883, p. 238, pl. XLV. — *Trésor de la Cathédrale de Coire*, pl. XIII.

3. Les rinceaux que j'ai déjà signalés sur les oliphants sont traduits sur cette monture par un travail de gravure au trait; les mêmes rinceaux se retrouvent sur un coffret d'ivoire du Trésor de la cathédrale de Coire que j'ai publié.

4. Publié par Graf, *Romanische Alterthümer des Bayer. National Museums*, n° 286, pl. XII. — Provient de la cathédrale de Bamberg où il passait aussi pour avoir appartenu à sainte Cunégonde.

concluants : d'abord grâce à l'éloignement des deux pays, puis parce que bien souvent les monuments des arts mineurs retardent sur les monuments d'architecture : c'est une loi presque générale qu'on peut aisément vérifier pour des époques plus modernes, où les monuments sont plus abondants, et il est à croire que cette loi peut trouver aussi son application dans le haut moyen âge. Ce qui, du reste, doit rendre d'autant plus prudent dans l'attribution d'une date à de semblables monuments, c'est qu'une des pièces les plus caractéristiques de cet art, la cloche dite de saint Patrick, entièrement décorée d'entrelacs, a été fabriquée au XIIe siècle, entre les années 1105 et 1121. Il m'est, toutefois, permis de conjecturer qu'un certain nombre de coffrets de ce genre ont pu être dès une époque fort reculée apportés en Allemagne par des missionnaires.

Ces traces d'imitations byzantines que je signalais tout à l'heure sont encore plus visibles sur un autre ivoire où, à côté d'entrelacs, on rencontre des copies grossières d'un original byzantin déjà signalé plus haut à propos des ivoires de l'abbaye de Lorsch. Le diptyque de Genoels-Elderen, en Limbourg, possédé par le Musée de Bruxelles[1], montre la copie d'une image du Christ foulant aux pieds le lion et le basilic, telle que le bas-relief qui décore le centre de la reliure du Musée du Vatican ; l'imitation est barbare, sans doute, indirecte et faite sur des ivoires tels que celui de la Bibliothèque Bodléienne,

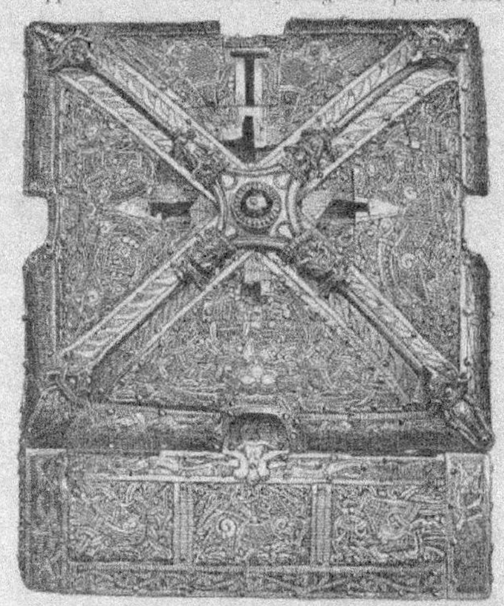

COFFRET ORNÉ D'ENTRELACS.
(Musée National bavarois, à Munich)

à Oxford[2], mais elle n'en est pas moins frappante et réelle ; et sur les bordures apparaissent des motifs géométriques chers aux calligraphes anglo-saxons, d'une telle précision de facture, qu'il est impossible de supposer qu'une telle pièce n'ait pas vu le jour dans une abbaye des Iles Britanniques. Quant à la date d'un tel monument, elle est très incertaine : car, pas plus la figure du Christ que celles des deux anges qui l'accompagnent, pas plus l'*Annonciation* que la *Visitation* figurées sur le second feuillet du diptyque, n'offrent des éléments de critique suffisants pour préciser l'époque où ces ivoires ont été sculptés. Mais, si une telle appréciation peut être difficile à prononcer, il importe de remarquer le mélange non équivoque d'art byzantin et d'art anglo-saxon que présente le diptyque de Genoels-Elderen.

Si j'ai consacré à l'époque carolingienne de si longues pages, trop longues peut-être, on me le pardonnera, je crois, en faveur de l'intérêt du sujet et du grand nombre de monuments que j'ai essayé de grouper pour faire connaître ce qui revient à chacun dans cette dernière tentative pour ressusciter l'art antique. A tout prendre, si cette tentative n'eut pas tout le succès qu'elle méritait, elle ne fut cependant pas inutile et porta ses fruits dans la suite. Elle marqua une amélioration sur l'âge précédent, et si

1. Publié par Westwood, *Miniatures and ornaments...*, pl. XII, fig. 4 ; et aussi par Reusens, *Éléments d'archéologie chrétienne*, 2e édition,   t. I, p. 251.
     2. Voyez plus haut, p. 152.

l'on peut appliquer ce terme au IXe et au Xe siècle, l'époque carolingienne est une époque de progrès. Elle a permis, au milieu d'un calme relatif, une sorte de tassement, de classement dans le mélange des races; au point de vue artistique, elle contient en germes l'art national de chacun des pays d'Europe, germes qui se développeront plus ou moins rapidement, plus rapidement en France que partout ailleurs, parce que, malgré toutes les luttes qui marquent chaque page de notre histoire, l'unité de la France, tout au moins d'une partie de la France, s'est plus rapidement faite. C'est pourquoi nous autres Français, tout en reconnaissant le caractère très septentrional de la monarchie d'un Charlemagne, Austrasien de race, nous devons en quelque sorte adopter comme nôtre le grand empereur. Le moyen âge, d'instinct, ne s'y est pas trompé ; et la figure de Charlemagne poétisée par la littérature, ennoblie par l'éloignement, plane sur toute notre histoire; elle y est restée comme le souvenir d'une époque qui fut véritablement grande, comme le souvenir d'un temps meilleur, une sorte d'âge d'or, une sorte de coucher de soleil et de reflet de l'Empire romain. Et cette idée est tellement enracinée chez nous, que nous autres modernes, nous nous prenons encore parfois à rêver de l'Empire de Charlemagne.

CHAPITRE IV

L'ÉPOQUE ROMANE

I. LES IVOIRES FRANÇAIS

Quand on étudie les ivoires de l'époque romane, on doit se demander pourquoi ils sont si peu nombreux. Comparativement à l'époque précédente qui passe pourtant, et à bon droit, pour avoir été une période de décadence artistique, les ivoiriers semblent n'avoir presque rien produit. Et cependant ces monuments étant moins anciens, et par conséquent ayant couru moins de chances de destruction, devraient logiquement être plus abondants. J'imagine que la cause de cette pauvreté relative doit être cherchée simplement dans le développement qu'a pris au xi⁰ siècle la sculpture monumentale. Jusqu'au xi⁰ siècle, on peut dire, en effet, que la grande sculpture n'existe pas : il y a des exceptions, mais elles sont si rares qu'elles suffisent à expliquer comment l'activité des sculpteurs s'est développée dans un autre sens, s'est appliquée à la décoration d'objets de moindres dimensions, la plupart, du reste, ayant un caractère religieux. C'est un résultat de l'organisation du travail artistique de l'époque carolingienne, presque uniquement concentré dans les ateliers monastiques. Et ce courant exclusivement religieux durera encore longtemps : ce n'est qu'au xii⁰ siècle que l'art quittera le cloître pour passer entre les mains des maîtres laïques. Mais pendant la majeure partie du xi⁰ et du xii⁰ siècle, les ateliers monastiques s'emploient surtout à la sculpture monumentale ; ce n'est qu'une fois que le style gothique sera arrivé à son complet épanouissement que la sculpture en ivoire reprendra son essor ; sans doute, pendant toute la durée du moyen âge on n'a jamais tant sculpté de statues qu'au xiii⁰ et au xiv⁰ siècle : mais l'art n'est plus dans les mêmes mains, et à côté des sculpteurs proprement dits qui, seuls jusque-là, avaient tenu un ciseau ou un ébauchoir, naîtront des artistes qui s'appliqueront à exécuter des sculptures de médiocres dimensions, soit religieuses soit civiles ; l'industrie de l'ivoire existera réellement et, à l'inverse de ce qui s'était passé dans les siècles précédents, ce n'est que par une très rare exception qu'un sculpteur véritablement digne de ce nom traduira sa pensée en ivoire au lieu de la confier à la pierre ou au marbre.

C'est donc simplement à une organisation spéciale de travail qu'il faut attribuer l'abondance des ivoires sculptés ou la pénurie qui caractérise certaines époques.

Pour rares qu'ils soient, ces spécimens des ivoires romans sont particulièrement intéressants. Créés à une époque de transition entre l'art antique, dont peuvent plus ou moins se réclamer toutes les sculptures de l'âge antérieure, et l'art gothique, à une époque où va s'opérer définitivement le mélange entre l'art gréco-romain, l'art byzantin, l'art particulier à chacune des contrées d'Europe et les divers éléments décoratifs importés à différents moments par les barbares, pour produire un art original, on doit y rencontrer les germes de l'art nouveau, des signes, souvent bien faibles, des tendances diverses des divers tempéraments. C'est un moment de séparation entre les arts hybrides créés par des mélanges nombreux et répétés ; de cette véritable tour de Babel, vont sortir des idiomes nouveaux ; chacun va parler une langue artistique qui lui appartiendra en propre et distinguera ses œuvres de celles créées chez son voisin. À mesure qu'on s'éloigne de ce point de départ, les différences s'accentuent, d'abord légères et à peine perceptibles, puis de plus en plus tranchées, jusqu'au moment où le caractère propre à chaque nation reprenant le dessus, chacune s'exprimera avec un style particulier, si plein de sève et de vie que des mélanges accidentels, des influences passagères ne pourront complètement en altérer le caractère original.

Étant donné le petit nombre des ivoires du XIe et du XIIe siècle, il n'est pas aisé de suivre à l'aide de jalons aussi éloignés les uns des autres cette marche progressive de chacun dans des directions différentes ; mais ce qu'on peut soupçonner et même vérifier sur un certain nombre de monuments, c'est que les bords du Rhin et l'Allemagne, véritable centre de la dynastie carolingienne, conservent plus longtemps les traditions de l'art du IXe, du Xe siècle, tandis que la France, après des convulsions sans nombre, adopte un style un peu différent, qui, tout en gardant la trace du passage des barbares, retourne s'inspirer à la vieille source gallo-romaine. C'est au moins la dernière théorie émise au sujet des origines de la plastique française[1], théorie qu'il serait téméraire d'admettre dans son ensemble et dans toutes ses conséquences, mais qui, tout au moins pour la vallée du Rhône et la France au sud de la Loire, est acceptable. Quant à l'Italie, peu brillante déjà à l'époque précédente, elle continue à végéter, à vivre d'emprunts, et l'art byzantin lui prêtera encore longtemps un appui efficace. L'Espagne chrétienne, réduite à des proportions plus que minimes, suivra tantôt l'art de la France méridionale, tantôt prouvera sa vitalité en imprimant à ses produits artistiques, influencés par l'art des conquérants, un caractère absolument spécial.

Si j'ai donné, dans le chapitre précédent, le pas à l'Allemagne, il n'est que juste maintenant de placer la France en tête des pays où la plastique s'est développée le plus rapidement. Si l'on étudie en particulier la série des ivoires, il est facile de vérifier que très vite la France a distancé la plupart des nations de l'Europe ; et la vogue universelle acquise par le nouveau style d'architecture créé en France au XIIe siècle n'a pas peu contribué à répandre partout non seulement ses procédés de décoration, mais ses sculptures. Quand on arrive au XIIIe siècle, on peut dire que l'art de l'ivoirier est un art français ; notre art national affirme sa prépondérance dans cette branche comme dans les autres ; il exporte et devient, au sens moderne du mot, au point de vue de l'ivoire, un art industriel.

Le diptyque conservé à la cathédrale de Tournai (voir planche XIV) peut servir très heureusement de transition aussi bien pour passer de l'étude des derniers monuments qu'on peut considérer comme les échos de la renaissance carolingienne et les monuments qui appartiennent franchement à l'époque romane. Ce diptyque offre encore cet avantage de pouvoir être placé parmi les ivoires français, car il a dû être fabriqué à Tournai même, très probablement, en tout cas dans un pays de langue française ; et on sait que du VIe au XIIe siècle (de 532 à 1146) les sièges épiscopaux de Tournai et de Noyon furent réunis, dans la province de Reims. Ces circonstances sont, je crois, suffisantes pour présumer de l'origine française du monument.

Cet ivoire a été déjà maintes fois étudié et publié[2], en dernier lieu par Linas, qui lui a consacré une assez longue monographie[3]. Son travail aussi bien que la planche ci-jointe me dispenseront de donner une très longue description du monument. Ce diptyque sert aujourd'hui de reliure, mais il n'a pas été fait originairement pour le manuscrit qu'il protège, de date beaucoup plus récente : était-ce un véritable diptyque ? fut-il, dès l'origine, destiné à orner un manuscrit ? autant de questions insolubles. L'un et l'autre plat nous offrent un parti pris analogue : un grand médaillon central, rappelant,

---

1. Voge, *Die Anfänge des monumentalen Stiles im Mittelalter*, Strasbourg, 1894.
2. Voisin, *Notice sur un évangéliaire de Tournai* (pl.), 1866 ; — Weale, *Album des objets d'art exposés à Malines en 1864*, pl. III ; — Westwood, *oper. cit.*, n° 315. — Barraud, *Éléments d'archéologie chrétienne*, t. I, p. 255.
3. *Le diptyque de saint Nicaise*, in *Trésor de la cathédrale de Tournai*, *Gazette archéologique*, 1885, p. 15.

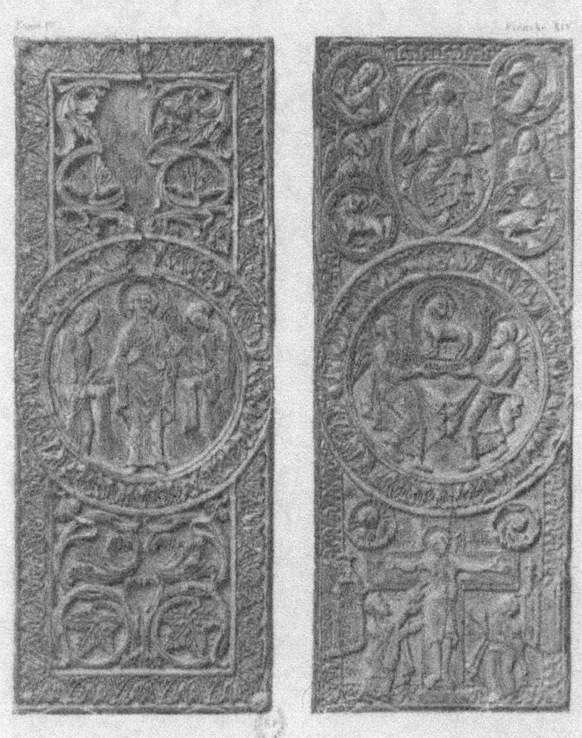

DIPTYQUE DE SAINT NICAISE

comme l'a remarqué Linas, la disposition de quelques ivoires de la basse époque romaine, régit toute la distribution de la sculpture. Sur le premier plat, dans une gloire elliptique, nous apercevons le Christ de Majesté tenant le livre de vie, portant l'inscription significative : *Salus mundi*; il est accompagné des symboles des Évangélistes séparés par des figures d'anges ; plus bas, dans le médaillon central, deux anges supportent l'image de l'agneau mystique ; enfin, à la partie inférieure, est figuré le Crucifié entre l'Église qui recueille son sang, Jérusalem ou la Synagogue qui fait un geste d'étonnement, le Soleil et la Lune. Ces différents sujets sont expliqués par un luxe d'inscriptions qui sent encore et ses traditions carolingiennes et le voisinage de l'art allemand. Sur le second plat, la composition est moins compliquée : le médaillon central est occupé par la figure de saint Nicaise, évêque de Reims († 407), accompagné de deux acolytes, en adoration, tenant en main des manipules. Le personnage principal est clairement désigné par une inscription, sur l'incorrection de laquelle, au point de vue paléographique, il n'est pas utile d'insister. Au dessus et au dessous de ce médaillon se développent des pampres découpés à jour, la seule partie du diptyque dans laquelle l'artiste a véritablement montré un certain talent d'exécution. Par contre, les feuillages des bordures, aussi bien autour des médaillons qu'autour des plaques elles-mêmes, sont d'un faible relief, plutôt gravés que sculptés et ne s'élèvent pas au dessus du médiocre.

Linas, en étudiant ces ivoires, les attribue tout au plus au début du xe siècle ; c'est aussi à cette date que j'en placerai l'exécution, peut-être même faudrait-il aller jusqu'au milieu du même siècle. Sauf peut-être la figure du Christ de Majesté qui rappelle un peu les ivoires de Saint-Gall attribués à Tuotilo, mais dont la disposition plus savante des plis a quelque chose de plus voulu, et n'est plus une copie servile, les bégaiements des miniaturistes anglo-saxons, rien n'indique un artiste bien remarquable ; par contre, l'imitation des ivoires carolingiens est flagrante, d'abord dans la Crucifixion, puis dans les feuillages, les pampres surtout, où se retrouve aussi un vague souvenir. l'habileté technique en moins, des admirables découpages des ivoires de Saint-Gall, exécutés d'une main si ferme et si sûre d'elle-même. Linas a été peut-être trop dur pour ces sculptures, en les comparant, pour leur plus grand désavantage, aux ivoires de Liège. Il est évident qu'à plus d'un point de vue ils accusent une décadence véritable sur ces derniers ; mais ils témoignent aussi d'autre chose, d'une transformation dans l'art plastique. Le modelé n'existe guère, c'est incontestable, et il est remplacé par un travail de gravure. Mais ce travail a pour résultat d'accuser la forme, et, par sa répétition, de donner à tous les personnages un style particulier ; il accentue l'allongement des personnages, qui, courts et tassés sur eux-mêmes, à la façon de beaucoup de sculptures carolingiennes, dans la Crucifixion, tendent au contraire à prendre des formes démesurément allongées dans les autres scènes. Il y a là une transformation à laquelle l'art de la miniature n'est peut-être pas étranger. On voit, par ce bref aperçu, que le diptyque de Saint-Nicaise est un monument de transition des plus intéressants, un véritable chaînon entre l'art carolingien et l'art de l'époque romane. Des spécimens analogues sont rares ; on peut cependant rapprocher de l'ivoire que je viens de décrire une plaque possédée par le Musée Britannique[1], sans doute un feuillet de diptyque, bordé sur trois de ses côtés d'une course de pampres et de feuillages, d'une facture assez pauvre, comme dans le diptyque de Tournai. La disposition générale est, du reste, du même genre : le centre est occupé par un groupe de quatre anges placés dans un médaillon circulaire et chantant le *Gloria in excelsis* ; au dessous se voient l'Annonce aux bergers et la Nativité ; au dessus, saint Jean reconnaissant Jésus et le baptême du Christ. Cette dernière scène, expliquée comme les autres par un grand luxe d'inscriptions, est particulièrement curieuse au point de vue iconographique, car le Messie, au lieu d'être debout dans le Jourdain, reçoit, par immersion, le baptême dans une cuve placée dans le lit du fleuve. Au reste, le dessin des figures, assez médiocre, est encore

---

1. Westwood, ouvr. cité, n° 256. Westwood l'attribue à l'époque carolingienne ; je ne puis partager cet avis.

très carolingien ; mais certaines façons d'accentuer le détail des physionomies indiquent un style nouveau, et les plis des vêtements sont déjà tout à fait romans.

C'est encore au xiᵉ siècle, mais à un art plus avancé que les pièces précédentes, que j'attribuerai un ivoire sculpté sur ses deux faces qui fait partie de la collection Charles Mannheim[1] ; cet ivoire cruciforme, centre d'une croix ou d'un reliquaire en orfèvrerie, sculpté en haut relief, offre, sur une de ses faces, le Christ de Majesté, assis et bénissant, la main gauche appuyée sur le livre de vie ; sur l'autre face, l'Agneau pascal, accompagné de l'aigle, symbole de saint Jean, et du bœuf, symbole de saint Luc. La sculpture très ferme, profondément refouillée, accuse déjà une époque tardive, et le Christ, en sa pose hiératique, offre dans l'arrangement de ses vêtements, de ses cheveux, de sa longue barbe, ces traces de stylisation que quelques archéologues ont prises pour une étude trop consciencieuse de la nature[2], et qui se retrouvent dans tant de sculptures du xiⁱᵉ siècle.

De cinquante ou soixante ans postérieurs, c'est-à-dire du milieu du xiiⁱᵉ siècle ou environ[3] datent trois plaques que possède le Louvre et qui, à l'origine, ont peut-être servi à la décoration d'un coffret ou d'un autel portatif. Des séries d'apôtres debout sous des arcatures en plein cintre, très finement ornementées, accusent le plein xiiⁱᵉ siècle, tandis que l'origine française de ces pièces est franchement indiquée par les figures de saint Denis et de ses compagnons, saint Rustique et saint Éleuthère. Si l'on s'en rapporte au style des ornements, ces pièces ne sont pas antérieures à 1150 et seraient peut-être contemporaines de l'abbé Suger. Un ivoire qui a fait partie de la collection Spitzer[4] et qui provient du Puy peut être considéré comme un excellent type de la sculpture en ivoire dans le Midi de la France au xiiⁱᵉ siècle ou à la fin du xiᵉ siècle tout au plus. Sous une arcade à cinq lobes, surmontée de représentations tout à fait rudimentaires d'édifices d'architecture, est représenté le Christ debout, en costume d'évêque, les mains étendues ; il est accompagné de huit apôtres, quatre à gauche, quatre à droite, qui eux aussi portent une partie du costume liturgique, puisqu'ils sont chaussés. La taille de ces acolytes diminue à partir du centre, à cause du peu d'espace laissé libre par l'architecture ; c'est une convention qu'on rencontre dans mainte sculpture romane, surtout dans l'art roman du Midi de la France[5]. Cette sculpture, qui ne brille pas par ses proportions, a cependant un réel intérêt en ce qu'elle nous fait connaître un art roman assez différent de l'art de la France au nord de la Loire, différent aussi de l'école de sculpture à laquelle mal à propos on applique souvent le vocable d'école toulousaine. Les têtes très finement sculptées, bien que d'aspect sauvage, nous montrent une curieuse stylisation dans la manière de traiter la barbe et les cheveux, dont on trouverait des exemples dans mainte sculpture monumentale ; mais les draperies, largement massées, fort simples bien qu'absolument conventionnelles, sont très différentes de celles qu'on rencontre et dans la sculpture de Provence et dans la sculpture du Languedoc ; c'est de la sculpture tout à fait Auvergnate qu'on pourrait rapprocher d'un beau chapiteau représentant les *Saintes Femmes au tombeau du Christ*, déposé à l'entrée de la nef de l'église de Mozac ; la sculpture de ce chapiteau est du reste infiniment supérieure, mais accuse le même style.

C'est avec la sculpture romane que commence la série des insignes des évêques et des abbés, des crosses et des taus en ivoire. Il est assez probable que quelques-uns des bâtons pastoraux (*pedum, ferula, baculus, crocia, crossa*), dont l'origine remonte peut-être jusqu'au ivᵉ siècle[6] ont été faits en ivoire dès une époque très ancienne. Néanmoins, je ne pense pas qu'aucun de ceux, en ivoire, que nous

1. Ancienne collection Quenson. — Publié dans la *Revue de l'art chrétien*, 1867, p. 274.

2. Viollet-le-Duc (*Dictionnaire du Mobilier*, t. III, p. 151, 153, 159) a été jusqu'à prétendre que les barbes extraordinaires que montrent certains personnages des sculptures romanes étaient la reproduction de ce que voyaient les artistes. Je suis obligé de révoquer en doute une telle opinion, pas plus que je ne puis croire aux barbes des sculptures assyriennes. Ces étonnants agencements sont simplement le résultat de la stylisation appliquée à toutes les parties de la sculpture.

3. Nᵒˢ 28, 29, 30.

4. *Catalogue*, C.L. *Ivoires*, n° 31, pl. xx.

5. Il y en a un exemple très frappant à Mozac (Puy-de-Dôme).

6. Voyez Martigny, *Dictionnaire des antiquités chrétiennes*, au mot Évêque, p. 308.

possédons aujourd'hui remonte plus haut que le xe siècle. Ils sont du reste en fort grand nombre et je ne puis signaler ici que les principaux, ceux qui ont une forme ou une décoration absolument caractéristique[1].

Le tau de l'abbé de Saint-Germain-des-Prés, Morard (990-1014), que possède le Musée de Cluny[2], me paraît être un des plus anciens de ceux que l'on peut signaler pour la France. Sa béquille, absolument cylindrique, est décorée de motifs cordiformes composant un réseau dont chaque maille contient une feuille; les extrémités sont décorées de tresses ou d'entrelacs de rubans, et si l'on considère que toute cette décoration respecte absolument la forme de la béquille, on est amené à penser que les taus dans lesquels cette forme générale et évidemment primitive tend à se modifier sont quelque peu postérieurs en date. Une autre pièce de même genre, qui a fait partie de la Collection Soltykoff[3], montre une béquille recouverte d'un réseau à mailles rectangulaires; chaque maille renferme des animaux ou des signes du Zodiaque; le sommet du bâton offre, sous des arcatures, les figures d'un abbé et d'un évêque; ce type doit être de très peu plus moderne que le tau de Morard ainsi qu'un tau à rinceaux et à têtes de monstres que possède le musée de Chartres. De ces monuments je rapprocherai le tau de Gérard, évêque de Limoges, mort à l'abbaye de Charroux en 1022[4], pièce excessivement curieuse dont les extrémités de la béquille, relevées au dessus de la partie médiane, offrent deux têtes de lion de haut relief, lions stylisés comme nous en montrent les dinanderies du xiie siècle; le bandeau qui les réunit est décoré de rinceaux inscrits dans des motifs d'ornements cordiformes. Enfin, une dernière pièce que possède le Musée de Rouen, un tau provenant de l'abbaye de Fécamp[5], montre le cylindre de la béquille remplacé par deux volutes de feuillages renfermant des figures d'animaux, séparées par deux figures d'hommes grossièrement sculptées; l'une des figures tient une crosse. Cet ivoire est attribué par les auteurs des *Mélanges d'archéologie* au ixe et au xe siècle; je ne le crois pas antérieur au xie siècle.

Il semble bien que les crosses que nous possédons soient légèrement postérieures aux plus anciens des taus; du moins, celles auxquelles on peut attribuer une date à peu près certaine appartiennent à la seconde moitié du xie et au xiie siècle. Parmi les crosses on trouve des types bien différents, dont il convient, sans entrer dans les détails que peut nécessiter un pareil sujet, d'indiquer les principaux : les unes, telle que celle qu'on trouvera reproduite sur la planche xi, actuellement au Musée de Cluny, telle qu'une crosse qui appartient au Musée du Bargello, à Florence[6], sont composées de feuillages et d'entrelacs renfermant des hommes nus ou des animaux, le tout ciselé et découpé à jour, et peuvent fournir ample matière aux développements de ceux qui veulent retrouver du symbolisme dans les œuvres du Moyen Age; d'autres, telle une crosse du Musée archiépiscopal de Lyon[7], nous offrent une simple volute à pans coupés, terminée par une tête de dragon de la bouche duquel sort une croix. Quelques-unes nous montrent une imitation de motifs d'étoffes orientales : l'agneau ou le bélier qui sont sculptés au milieu de la volute affectent encore la forme du bouquetin persan qui a servi de prototype[8]. Enfin, les plus compliquées de toutes offrent de purs motifs de décoration alliés à des représentations souvent compliquées : telle est la belle crosse qui passe pour être celle d'Ives, évêque de Chartres (évêque en 1091 † 1116), au Musée du Bargello, à Florence[9], sur laquelle nous voyons au dessous de rinceaux, de mascarons, d'animaux, l'évêque entouré de son clergé, puis, plus bas, les symboles des Évan-

---

1. Sur les crosses en général et sur leur symbolisme, voyez dans la quatrième édition des *Mélanges d'archéologie* de Cahier et Martin une longue étude intitulée *le Bâton pastoral dans ses formes successives*, p. 169 à 276, accompagnée d'un très grand nombre de dessins et de planches. Voyez aussi au long mémoire, très diffus, de Bastard sur la crosse de l'abbaye de Tiron, publié dans le *Bulletin du Comité de la langue, de l'histoire et des arts de la France*, t. IV (1857), p. 301 et suiv. Cet écrit, qui contient un peu de tout, renferme quelques indications utiles et un certain nombre de gravures.

2. Nº 1047 du Catalogue de 1861. — Publié dans les *Mélanges d'archéologie* de Cahier et Martin, t. IV, p. 188.

3. Publiée par Cahier et Martin, *ibid.*, p. 181.

4. *Ibid.*, p. 525; Didron, *Annales archéol.*, t. X, p. 177.

5. Cahier et Martin, *ibid.*, p. 172.

6. *Ibid.*, p. 208.

7. *Ibid.*, p. 182.

8. Crosse de l'ancienne Collection Soltykoff, *ibid.*, p. 198.

9. Willemin, *Monuments inédits*, t. I, pl. xli; Cahier et Martin, *Mélanges d'archéologie*, t. IV, p. 191 et pl. xxii.

gélistes; telle la crosse de Gautier, premier abbé de Saint-Martin de Pontoise (1066-1095), dans la volute de laquelle est sculptée une *Adoration des Mages*[1]; telle la crosse de Saint-Trophime d'Arles où nous voyons deux personnages mettant un évêque au tombeau, crosse qui date d'une époque déjà fort avancée du XIIe siècle[2].

On pourrait s'étendre longuement sur toutes ces représentations qui décorent les crosses, on pourrait s'étendre surtout sur l'ornementation végétale qu'elles montrent, ornementation qui s'éloigne de plus en plus des feuillages stylisés de style classique et qui présage déjà une révolution prochaine, un changement radical dans le choix des modèles où iront puiser leur inspiration les sculpteurs de l'époque suivante; il me suffira cependant d'en avoir indiqué les types principaux, car, à mesure qu'on avance dans le moyen âge, les monuments devenant plus nombreux, on est bien obligé de ne signaler que ceux qui peuvent véritablement être considérés comme des têtes de séries.

C'est également à l'époque romane et à la France qu'on doit rapporter un certain nombre d'objets qui n'ont pas de similaires plus anciens, les matrices de sceaux en ivoire, fort rares à la vérité, mais qui cependant méritent d'être signalées, ne fût-ce que pour montrer quel emploi un peu inattendu on a fait de cette belle matière au moyen âge. La Collection Basilewsky, au Musée de l'Ermitage, à Saint-Pétersbourg, contient une de ces matrices, sculptée en creux sur ses deux faces et qui a servi au titulaire dans deux fonctions successives, celle d'archidiacre et celle d'évêque[3]; au Musée de Sens se trouve également une matrice de ce genre[4] et on en a publié une qui montre un type de sceau équestre du XIIe siècle aussi fidèlement rendu que sur une matrice de bronze[5]. Mais ce sont là des curiosités qu'il suffit d'indiquer en passant[6].

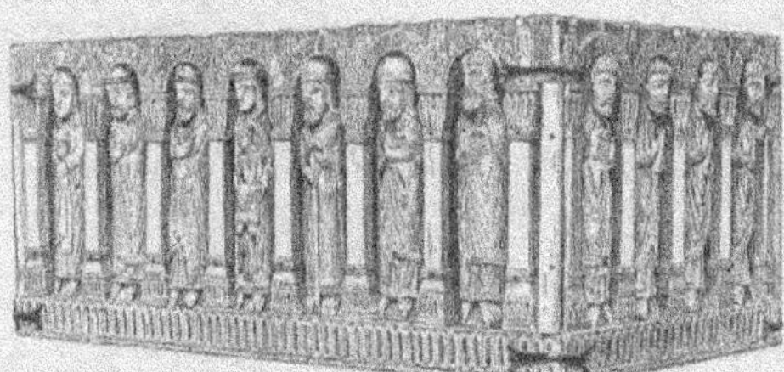

COFFRET EN OS, Travail occidental, exécuté en Orient, XIIIe siècle.
(Musée du Louvre)

Je dois dire un mot ici, bien que je n'admette nullement les dates que jusqu'ici on leur a assignées, de toute une série de monuments qui, selon moi, fabriqués en Orient pour les chrétiens, en plein XIIIe siècle, reflètent encore sur certains points l'art roman du XIe et du XIIe siècle. Ce sont, la plupart du temps, des coffrets de bois sur lesquels sont appliquées des figures en os sculpté, sans style, abritées par des arcatures en plein cintre sur lesquelles sont gravées des inscriptions. Tous les personnages montrent cet allongement caractéristique des sculptures du XIIe siècle et les plis verticaux de leurs vêtements rappellent d'une façon grossière les délicatesses des draperies conventionnelles dont les artistes de l'époque romane se sont plu à habiller leurs personnages. Comme je donne ici un échan-

1. Cahier et Martin, *Ibid.*, p. 212.
2. *Ibid.*, p. 121.
3. Darcel, *Collection Basilewsky*, n° 73.
4. C'est le sceau du chapitre de Sens, sculpté sur ses deux faces; d'un côté on voit un buste diadémé tenant une fleur, dans le champ le mot PAX. Cette face peut dater, d'après mon confrère et moi, Maurice Prou, du XIe siècle; le revers, répétition grossière du type de la face, accompagné de la légende: SIGILLVM SANTI (sic) STEPHANI SENONIS, appartient à l'époque romane. (Cfr. *Bulletin de la Soc. archéol. de Sens*, t. XX (1880), p. 63 et suiv.) Cahier restaure le sceau de Notre-Dame de Senlis (XIIe siècle) qui a fait partie de la collection Gréau (vente Gréau, 1885, n° 1270, pl. XLVI).
5. *Bulletin de la Société des antiquaires de France*, 1880, p. 268, fig.
6. Le Musée royal de Copenhague possède une matrice de sceau, du XIIe siècle, celle de la cathédrale de Roeskilde, en Danemarck. (Cfr. Westwood, ouvr. cité, n° 375.)

tillon de ces coffrets tiré du *Catalogue des ivoires du Louvre*, je puis être bref sur la description de monuments qui au point de vue artistique n'ont qu'un intérêt fort médiocre. Je suis forcé pour l'édification du lecteur de reproduire ici la démonstration que j'ai déjà insérée dans mon *Catalogue*, dans laquelle je me suis efforcé de prouver que loin de remonter à une époque bien reculée, loin d'être allemands de facture, ces coffrets ne sont que des objets de tabletterie fabriqués à Constantinople, au xiie siècle, par des ouvriers attardés à des traditions artistiques plus anciennes, et pour l'usage des pèlerins qui rapportaient en Occident des reliques des églises de l'empire d'Orient. Voici ce que j'en ai dit dans mon *Catalogue* :

« Les collections du Musée de Cluny renferment une châsse presque complètement identique à notre n° 36, mais elle est plus complète, car elle a conservé son couvercle sur lequel sont représentés des patriarches, des prophètes et des rois. Les figures de la caisse sont les mêmes ou à peu près les mêmes que dans la châsse du Louvre; on y relève notamment les figures des trois rois mages. Les montures de bronze sont semblables à celles du n° 36; bref, la similitude des deux monuments est aussi complète que possible. La châsse du Musée de Cluny provient de l'abbaye Saint-Yved-de-Braisne, en Soissonnais; donnée par Hugues, abbé d'Estival et évêque de Ptolémaïs, au xiie siècle; elle renfermait des reliques de saint Barnabé, de saint Luc et de saint Nicaise. Dans le catalogue de Du Sommerard, cette pièce est donnée comme datant du xiie siècle.

« Labarte, qui a publié notre n° 35, provenant de la collection Sauvageot, et en a rapproché notre n° 36, provenant de la collection Révoil, ainsi que la châsse de Saint-Yved, considère ces trois monuments « comme l'expression de l'art nouveau qui se produisit en Occident vers la fin du Xe ou au commencement du xie siècle ». Ai-je besoin d'ajouter que Sauvageot attribuait la pièce qu'il possédait au xie siècle également, ainsi que l'atteste une inscription qu'il a tracée lui-même sur le dessous du coffret : « Coffret en cèdre du xie siècle avec la signature : *Petrus frater me fecit*. » Tout dans cette note est fautif, depuis l'intérêt attaché au bois de cèdre qui compose le coffret, dont l'ossature est absolument moderne, jusqu'à la lecture de l'inscription. Le marquis de Laborde attribue de son côté notre n° 35 au xie siècle et Sauzay adopte une opinion moyenne et a classé nos deux coffrets au xiie siècle.

« Cette opinion, partagée par Du Sommerard, Labarte, Sauvageot, Laborde, Sauzay, apparaît encore dans le catalogue des sculptures du Musée royal de Berlin; sous le n° 466 est décrite une boîte circulaire, à couvercle conique, décorée sur sa caisse de huit figures d'apôtres, placées entre des colonnes, portant des phylactères sur lesquels sont tracés leurs noms; sur le couvercle sont des chérubins et des évangélistes. Enfin, ce couvercle est terminé par un bouton de cristal sous lequel est placée une inscription dont les rédacteurs du catalogue de Berlin n'ont pas eu de peine à reconnaître la fausseté : BERNWARDUS EP. HIL. FEC., c'est-à-dire *Bernwardus episcopus Hildesheimensis fecit*. Attribuer la confection de cette affreuse boîte sans style à saint Bernward, évêque de Hildesheim, eût été vraiment un peu fort. Néanmoins, ce n'est pas sans étonnement qu'à la fin de l'article consacré à la description de cette pièce on lit la qualification : *Travail allemand (Rhénan), xe siècle*. Cette attribution provient sans doute de ce que le monument a été acheté à Bonn, après avoir fait partie d'une collection particulière à Cologne. La raison est insuffisante. Et le coffret de Berlin étant absolument semblable de facture aux trois autres qui sont conservés à Paris, il y a lieu d'en former un seul groupe et de voir si l'on ne peut en déterminer l'origine; et cette origine ne peut être allemande, car les ivoires fabriqués aussi bien à l'époque romane qu'à l'époque suivante en Allemagne ont un style bien particulier qui les fait facilement reconnaître et qui n'a aucun point de commun avec l'art grossier que nous montrent ces monuments.

1. N° 36.
2. Catalogue de 1861, n° 1055.
3. *Histoire des arts industriels*, 1re édition, Album, t. II, pl. cxiv.
4. Labarte, *ibid.*, 2e édition, t. I, p. 93.
5. *Notice des émaux du Louvre*, édit. de 1857.
6. Sauzay, *Notice des ivoires du Louvre*, 1863.
7. Bode et von Tschudi, *Beschreibung der Bildwerke der christlichen Epoche*, n° 466, pl. cxix.

« En décrivant les deux coffrets possédés par le Louvre, on a déjà fait remarquer la grossièreté du travail, le type des personnages, d'un hiératisme qui rappelle les formes de l'époque romane sans en avoir le style ; on en a conclu *a priori* que ces monuments étaient archaïsants, mais non archaïques ; de plus, on peut conclure aussi de la similitude de disposition et de décoration entre le n° 36 du Louvre et la châsse du Musée de Cluny que ces pièces appartenaient à une fabrication courante, industrielle, et dans laquelle, par conséquent, il est moins étonnant de voir se conserver fort longtemps des éléments traditionnels. Il convient encore de rappeler les formes absolument insolites données aux armatures de métal destinées à consolider les différentes pièces composant ces coffrets, armatures dont la forme, très caractéristique, se rencontre sur les coffrets en ivoire d'origine ou arabe ou persane, ou tout au moins orientale indiscutable. On pouvait donc en conclure que ces coffrets avaient été fabriqués en Orient ou tout au moins dans un centre soumis à l'influence orientale. Un document vient confirmer cette conjecture ; ce document avait déjà été signalé par Révoil, dans l'inventaire de sa collection, mais, bien entendu, ce n'est pas à l'époque où il vivait qu'on en pouvait tirer des conclusions ; reproduit plus tard par Sauzay dans son *Catalogue des ivoires*, mais toujours sans conclusion, il semble que jusqu'ici on n'en ait pas remarqué l'importance. Il y a des chances pour que notre numéro 36 soit une pièce qui autrefois a fait partie du trésor de l'abbaye de Saint-Maur-des-Fossés ; en tout cas, elle est identique à celle que possédait encore au XVIII° siècle la célèbre abbaye. D'ailleurs, même si nous avions là affaire à deux monuments au lieu d'un, nos conclusions n'en seraient pas le moins du monde infirmées puisque la décoration de l'un et de l'autre était absolument semblable. Voici ce que dit l'abbé Lebeuf[1] de ce monument : « Une petite châsse ou coffre d'ivoire fort antique, autour de laquelle sont en relief les prophètes et les apôtres et même les trois rois avec leurs noms, Gaspar, Melchior, Balthazar, le tout en lettres capitales du XI° ou du XII° siècle. Le catalogue des reliques qui y sont forme plus de vingt articles. Je ne m'arrêterai qu'aux deux ou trois premiers, parce que les certificats authentiques sont conservés dans les Archives. C'est une partie du chef de l'apôtre saint Philippe et une phalange du doigt de saint Mathieu, le tout apporté de Constantinople en 1245 et 1250. J'en produirai les actes à la fin de ce chapitre. » Et en effet, plus loin[2], Lebeuf publie les deux actes relatifs aux reliques ; le premier, de janvier 1245-1246, constate que Legier, doyen de Sainte-Sophie et chancelier de l'empire de Constantinople ; Étienne, trésorier de Sainte-Sophie ; Gaucher, doyen de l'église « Notre-Dame de Panecrante », attestent que « Messires Jefrois de Mesri, conestable de l'empire de Constantinople », les pria de lui accorder des reliques « por envoyer en son pays » et qu'ils lui donnèrent « une partie del chif monseigneur saint Felyppe l'apostre, li quels estoit d'aucuns teus en l'église Nostre-Dame de Panecrante » ; le second, daté de la Saint-Martin d'hiver 1255, constate le don que fait à l'abbaye de Saint-Maur-des-Fossés J. de Odre, chevalier, qui vient d'apporter d'outre-mer deux précieuses reliques, un cheveu de la Vierge et une jointe de l'apôtre saint Mathieu, le tout provenant de l'église des Blaquernes. N'est-il pas dès lors légitime de supposer que la première tout au moins de ces reliques fut transmise dans un coffre acheté à Constantinople ? Ainsi s'expliquerait ce style absolument particulier, cette persistance bizarre d'un type ancien copié sans le comprendre, des erreurs dans les inscriptions telles que celles que l'on relève sur le coffret du Musée de Cluny (*Cespas* pour *Gaspar*), des montures d'une forme inusitée en Occident ; enfin rappelons que, sous le coffret du Louvre (n° 36), sur la garniture en cuivre sont gravées des fleurs de lis dont la forme annonce l'époque de saint Louis, ce qui concorde bien avec la date (1245-1246) de l'apport de Saint-Philippe à Saint-Maur. Jusqu'à preuve absolue du contraire, on est autorisé à considérer les coffrets en os du style de ceux du Louvre, du Musée de Cluny ou du Musée de Berlin[3] comme des échantillons du savoir-faire des ouvriers soit francs, soit indigènes de Constantinople, au XIII° siècle. »

---

1. *Histoire de la ville et de tout le diocèse de Paris*, dernière édition, t. II (1883), p. 436.
2. Page 441.

3. On peut y joindre également un coffret de la Collection Basilewsky au Musée de l'Ermitage, à Saint-Pétersbourg. Cf. Darcel, *Catalogue de la Collection Basilewsky*, n° 59.

Je n'ai rien à ajouter à cette trop longue démonstration, qui à vrai dire n'élucide que l'origine d'objets peu artistiques, mais contre l'aspect archaïsant desquels il convenait de mettre le lecteur en garde.

Le Musée Britannique possède depuis de longues années déjà un psautier qui appartint jadis à la Grande Chartreuse et qui fut exécuté spécialement pour la princesse Mélisende, fille de Baudoin II, roi de Jérusalem, et femme de Foulques V, comte d'Anjou, morte en 1460. Les plats de la reliure de ce manuscrit sont composés de deux bas-reliefs d'ivoire sculpté aujourd'hui célèbres[1]. Si j'en parle ici c'est que ces sculptures, précieuses entre toutes et qui attestent le mélange de l'art byzantin avec l'art arabe et l'art occidental, sont un témoignage presque unique du style qui fut sans doute adopté par les Francs, en Orient, au XIIe siècle. Chacune des plaques est décorée de huit médaillons circulaires déterminés par les révolutions d'un ruban brodé qui forme une première bordure autour de laquelle se développe une large frise d'entrelacs et de feuillages de style tout à fait oriental.

Sur le plat supérieur, dans les médaillons, sont représentés six épisodes de l'histoire de David, accompagnés d'inscriptions explicatives en latin ; puis dans le champ, entre les médaillons, est figuré le combat des Vertus et des Vices. L'autre plaque montre une disposition analogue : dans les médaillons sont figurées les œuvres de miséricorde, et le donateur, le bienfaiteur, couronne en tête, est vêtu entièrement à la façon des empereurs byzantins. Dans le champ sont sculptés des animaux empruntés aux bestiaires, parmi lesquels on en distingue un désigné par le nom *Herodius*, écrit à l'envers ; or *herodius* est synonyme de *fulica*, foulque, dans les bestiaires : c'est le symbole de l'âme chrétienne vouée aux bonnes œuvres. Il ne serait pas très étonnant, et les auteurs des *Nouveaux Mélanges d'archéologie* ont émis cette opinion[2], que l'artiste ait voulu équivoquer sur le nom de Foulque devenu roi de Jérusalem en 1131, à la suite de la mort de son beau-père Baudoin. En tout cas, il ne peut être question ici d'un nom d'artiste. Ces pièces, outre les réflexions qu'elles ont déjà inspirées au point de vue du symbolisme, ne laissent pas que d'être fort intéressantes parce qu'elles nous font connaître quelle était la nature des objets dont en plein XIIe siècle s'entouraient les princes chrétiens d'Orient. Et des ouvrages semblables, d'une facture très habile, importés en Occident, n'ont pas pu ne pas exercer une influence sur notre art, juste au moment d'une de ses plus radicales transformations.

Il serait naturel de dire ici quelques mots des ivoires italiens de la période romane s'il était matériellement possible d'en rencontrer quelques-uns valant la peine d'être signalés. A vrai dire, pour ma part, je n'en vois point d'important qu'on puisse considérer comme ayant vu le jour dans la péninsule, ce qui ne laisse pas de surprendre et ferait supposer que c'est surtout à l'imitation d'ivoires byzantins que les Italiens ont travaillé pendant cette période ; et les œuvres italiennes de cette époque se trouveraient confondues avec des ivoires que nous considérons tous comme grecs. Il n'y aurait au surplus rien d'étonnant à cela quand on se rappelle les très nombreux ouvriers byzantins établis en Italie et que ce fut de Constantinople que Didier (abbé du Mont Cassin en 1057 ; pape sous le nom de Victor III en 1086) fit venir des artistes[3].

II. — QUELQUES MONUMENTS D'ESPAGNE

L'heure n'est point venue d'écrire l'histoire de l'art chrétien en Espagne au moyen âge ; ce sujet si attrayant, et si nouveau par certains côtés, ne paraît pas jusqu'ici avoir excité bien vivement la curiosité des archéologues ; et pourtant, s'il est un terrain à peu près vierge, c'est sans contredit celui-là. En sorte

1. Publiées par De Sommerard, *Les Arts au moyen âge*, Album, 9e série, ch. v, pl. xxx ; — Cahier et Martin, *Nouveaux mélanges d'archéologie ; Ivoires et émaux*, p. 4 et suiv., pl. i et ii ; — Westwood, ouvr. cité, n°s 445, 464 (le second plat de la reliure seulement, en photographie).

2. Ouvr. cité, p. 11.

3. Sur cette question, voyez Labarte, ouvr. cité, 2e édition, t. I, p. 74, 75.

que chaque fois qu'on parle de quelque monument créé dans la péninsule, on en est réduit à étudier le monument lui-même sans pouvoir le rattacher à un groupe de manifestations artistiques semblables ou contemporaines. C'est dommage, car ainsi qu'on l'a maintes fois remarqué, comme l'a parfaitement fait ressortir Linas[1] en décrivant un monument dont je vais parler, l'art espagnol de l'époque romane a eu une existence indépendante : si parfois il est d'une grande barbarie, du moins on ne peut guère l'accuser de plagiat. Il a donc existé une véritable école d'artistes espagnols ne subissant que dans une proportion relativement très légère les influences du dehors. Et ce qui faciliterait grandement cette étude, c'est ce fait, assez exceptionnel dans la série des monuments du moyen âge, que beaucoup de monuments espagnols sont datés.

Mais je n'ai ici qu'à m'occuper des ivoires, et on peut avouer tout d'abord que cette série est peu nombreuse. Néanmoins, un monument à date certaine peut rendre cette étude assez intéressante.

Il existe au Musée archéologique de Madrid un grand crucifix d'ivoire provenant du Trésor de la cathédrale de Léon, crucifix qui, d'après l'inscription sculptée au bas de sa face principale, doit avoir été exécuté entre les années 1037 et 1065[2]. Sculpté sur ses deux faces, le crucifix de Léon est composé de tablettes d'ivoire assemblées au moyen de chevilles. Sur la face principale est fixé un Christ, attaché par quatre clous, les pieds posés sur un *suppedaneum*. Il est barbu, porte les cheveux longs, et ses yeux ouverts enchâssent des perles de verre formant la pupille ; un jupon, noué autour des reins, retombe en plis verticaux presque sur les genoux. L'exécution est brutale : l'artiste s'attarde à de menus détails, au galon de la draperie du Christ, à la barbe et aux cheveux, soigneusement divisés par petites mèches, frisées à leur extrémité. Au dessus du *titulus* est représenté une seconde fois Jésus tenant en main une croix à longue hampe, surmonté du saint Esprit et accompagné d'anges. Bien que sur une large frise sculptée qui contourne toutes les parties de la croix, les animaux fantastiques soient mélangés aux représentations de la figure humaine, il n'est guère douteux qu'on ait voulu ici figurer le Jugement dernier auquel préside non pas le Crucifié, mais le Christ glorieux. Conformément aux règles de l'iconographie, au dessous du crucifix est figuré Adam, complètement nu, dans une attitude singulière. Les extrémités des croisillons, légèrement pattés, offrent des oiseaux ou des quadrupèdes dans des rinceaux profondément refouillés. Une ornementation, peut-être moins intéressante au point de vue iconographique, mais excessivement curieuse au point de vue artistique, recouvre entièrement le revers de la pièce, bordée de feuillages tellement stylisés qu'ils en sont méconnaissables, et d'oves de style classique absolument déformés. L'intersection des branches est chargée d'un agneau mystique et chacune des extrémités de ces mêmes branches offre un des symboles des Évangélistes, l'Ange de saint Mathieu étant figuré tout au bas, au pied du crucifix. Entre les compartiments ainsi occupés se développe une belle frise de larges rinceaux stylisés formant des médaillons inscrivant des animaux fantastiques de style oriental ou des hommes luttant avec des monstres[3]. Si la facture de toute cette ornementation est très différente de celle qu'on rencontre dans les monuments français ou allemands de la même époque, les modèles ont été à n'en pas douter les mêmes, et l'art paraît avoir subi dans son développement les mêmes phases que dans les autres contrées d'Europe : les relations suivies de l'Espagne avec le Midi et le Centre de la France suffisent amplement à expliquer de pareilles ressemblances. Enfin les modèles orientaux, coffrets ou menus objets mobiliers en ivoire que les artistes

---

1. *Le Crucifix de la cathédrale de Léon au Musée de Madrid*, dans *Revue de l'art chrétien*, 1865, 2e livraison (Rouge à Paris).

2. « *Fernandus rex Sancia regina* », dit cette inscription sculptée en grandes capitales et sur la lecture de laquelle il ne peut y avoir aucun doute. Ferdinand de Navarre, fils de Sanche le Grand, épousa en 1032 Sanche, sœur et héritière présomptive de Bermude III, roi de Léon. Bermude ayant été tué à la bataille de Tamaron, en 1037, Ferdinand déjà investi du comté de Castille, prit, non sans quelques difficultés, possession des états de son beau-père, et il fut, avec Sanche, couronné par l'évêque Servando, le 22 juin de la même année. Il mourut le 27 décembre 1065, à Léon ; sa femme le suivit dans la tombe en 1067. » (Linas, *loc. cit.*, p. 2.)

3. Peut-être faut-il aussi attribuer à l'art espagnol deux bras de croix en ivoire, ornés de figures d'animaux qui faisaient, en 1878, partie de la collection Maillet du Boullay. Le style de ces sculptures est tout à fait oriental et la disposition des ornements ressemble à la croix de Léon. L'un de ces fragments a été publié par Darcel, dans *L'Art ancien à l'exposition du Trocadéro en 1878*, p. 100.

du Nord de l'Espagne avaient sous les yeux rendent parfaitement compte de la technique particulière qu'offrent en général les ivoires sculptés en Espagne. C'est donc surtout par cette technique
qu'ils se séparent des produits similaires créés à la même époque en France, car, pour le reste, on y
retrouve la même somme d'éléments classiques dégénérés et d'éléments byzantins. Mais il est un point
aussi où les monuments espagnols accusent quelques différences : c'est dans le style des personnages à
la physionomie particulièrement sauvage, aux yeux saillants, accentués par des perles de verre ou des
clous d'argent, aux gestes anguleux et maladroits.

Un coffret malheureusement incomplet, provenant de Léon également[1], est particulièrement intéressant pour fixer le caractère de la sculpture en ivoire au XIe siècle. Sur chacune des plaques d'ivoire
fixées sur ce coffret est représentée sous une arcade en plein cintre, supportée par des colonnes torses,
une des sept béatitudes. Chacune de ces scènes, accompagnées d'inscriptions, offre deux personnages,
aux formes allongées, dont les défauts d'une anatomie plus que médiocre sont encore accentués par les
plis absolument stylisés des draperies. Il est à remarquer que pas un des personnages n'est représenté
de face, cette attitude offrant sans doute plus de difficultés d'exécution que ne pouvait en vaincre
un artiste très primitif. L'aspect sauvage de ces sculptures où se font jour cependant dans l'ornementation des traces d'influence byzantine[2] est augmenté s'il se peut par la physionomie hideuse des
personnages, aux yeux saillants, aux bouches énormes, aux mâchoires carrées, aux extrémités
disproportionnées. Si on adoptait jusque dans leurs extrêmes conséquences certaines théories émises
jadis au sujet des différents types locaux de la sculpture du moyen âge, les conclusions résultant de
l'étude du coffret de Léon seraient peu flatteuses pour la beauté espagnole. Heureusement qu'il n'y a
d'espagnol là dedans et de particulier que le style et une façon unique de traduire la figure
humaine. Quant à la laideur des figures, elle n'est malheureusement pas l'apanage d'une école particulière de sculpture au XIe siècle en Occident. La laideur est générale.

Contemporaine du coffret de Léon et aussi du crucifix qu'on vient de décrire est une plaque d'évangéliaire qui a fait partie de la collection Spitzer[3] sur laquelle, autour du Christ en majesté, ont pris place
saint Pierre et saint Paul, des anges, les attributs des Évangélistes[4], toutes sculptures qui paraissent
vouloir rivaliser entre elles de maladresse et de gaucherie. De petits clous d'argent accentuent le regard
des personnages; quant aux ornements végétaux, ils sont excessivement stylisés et vigoureusement
détachés du fond comme cela a lieu dans les ivoires orientaux : on y retrouve une influence évidente de
ces magnifiques sculptures en ivoire de fabrication arabe dont les trésors des églises d'Espagne renferment encore de si beaux échantillons. Ce sont encore les mêmes caractères qui se rencontrent sur un
roc d'échiquier que possède le Louvre[5], où Adam et Ève, condamnés à travailler, font pendant à deux
chevaliers qu'à leur costume on croirait détachés de la tapisserie de Bayeux.

D'une époque un peu postérieure, du commencement du XIIe siècle selon toute vraisemblance, date
une importante plaque de forme elliptique qui a fait partie de la collection Spitzer[6], vestige de la
décoration d'un devant d'autel ou d'une grande châsse. Le Christ en majesté y est représenté en haut
relief, la main droite levée pour bénir, la gauche appuyée sur le livre de vie. Comme figure, le Christ
présente quelque analogie avec le crucifix de Léon : même chevelure minutieusement exécutée, même
barbe divisée par mèches. Le vêtement, tunique et manteau ornés d'orfrois et de broderies, montre
des plis absolument conventionnels, indiqués par un curieux travail de gravure, aux traits profondément creusés, accompagnés de traits plus fins, dans le sens inverse au mouvement général des plis.
Là encore une certaine dose de byzantinisme se retrouve dans l'escabeau orné d'arcatures sur lequel

---

1. Conservé au Musée archéologique de Madrid; publié dans l'Album
de l'Exposición histórico-europea de Madrid (Laurent, 1892), pl. CXX.
2. Voyez notamment les feuilles qui accompagnent la fausse architecture surmontant les arcades.
3. Catalogue, t. I, Ivoires, p. 38, n° 28.

4. L'ange de saint Mathieu est presque semblable à celui qui figure au
revers de la croix de Léon.
5. Offert par M. Charles Stein, Catalogue des Ivoires du Louvre, n° 19.
6. Catalogue, t. I, Ivoires, n° 24, pl. XIV.

posent les pieds du Sauveur. C'est, malgré ses grands défauts, son regard trop fixe encore avivé par des perles de verre enchâssées dans les yeux, une sculpture d'un intérêt capital. On croirait avoir devant soi, grâce à son fort relief, la réduction d'une de ces grandes figures du Christ sculptées par les imagiers romans au tympan des églises de la France méridionale.

III. — LES IVOIRES ALLEMANDS DU XIe ET DU XIIe SIÈCLE

Si je me suis étendu longuement sur les ivoires fabriqués en Allemagne à l'époque carolingienne, c'est qu'il m'a semblé que le style artistique qu'ils représentaient avait eu une influence fort générale, qu'en les connaissant on pourrait en quelque sorte se faire une idée de toute la plastique du IXe et du Xe siècle. La même remarque serait déplacée à l'époque suivante. Si les ivoires sont encore très abondants, ils sont loin de présenter le même intérêt, et il suffira d'examiner quelques types pour se rendre compte du style et des progrès de la sculpture en Allemagne. Parmi ces ivoires, les uns montrent la persistance des traditions carolingiennes tant au point de vue du style que de l'iconographie ; les autres prouvent au contraire que l'art des ivoiriers, par suite d'une application plus fréquente de la décoration sculpturale à l'architecture, a été à son tour influencé par les diverses écoles de sculpture monumentale. Cette influence de la grande sculpture est un progrès véritable, mais c'est aussi une cause de ruine ; les figures de pierre ou de marbre se substitueront petit à petit aux figures ou aux bas-reliefs d'ivoire, et il s'ensuivra que l'ivoirier sera réduit à pratiquer un art non original, mais tout d'imitation. Il se produit en Allemagne comme en France le même phénomène : l'ivoire disparaît devant la pierre sculptée ; mais tandis que chez nous, cette technique, au XIIIe et au XIVe siècle surtout, a une renaissance superbe, grâce à une fabrication industrielle très active, grâce aussi à la diffusion de l'architecture et du style de décoration de la France, en Allemagne la production se ralentit peu à peu, s'abâtardit et devient presque nulle. On peut dire, sans être taxé d'exagération, que si l'art allemand, au point de vue des ivoires, a joué un rôle prépondérant à l'époque carolingienne, plus tard, à ce même point de vue, l'art français a exercé une influence encore bien plus considérable à l'âge suivant ; il s'est en quelque sorte emparé du marché ; les ivoires créés dans le Nord de la France ou à Paris ont inondé l'Europe de la même manière que l'orfèvrerie émaillée de Limoges.

Quelques ivoires montrent encore au point de vue de la composition, du style, de l'iconographie, la persistance des traditions du IXe et du Xe siècle, aussi bien qu'une imitation très visible des originaux byzantins. Un ivoire fixé sur un Évangéliaire de l'église Sainte-Marie-au-Lys, à Cologne[1], représentant la *Crucifixion*, un ivoire représentant la *Pentecôte*, possédé par le Musée de Berlin[2], permettent de constater aisément ces deux courants. Dans le premier, nous trouvons encore à peu près la formule carolingienne, et la différence d'époque se fait sentir seulement dans l'allongement des personnages ; dans le second, bien que les physionomies et les attitudes trahissent déjà d'autres tendances, réalistes par certains côtés, le groupement est tout byzantin[3]. Mais en revanche, à côté de ces œuvres qui montrent une tendance traditionnelle mais une technique soignée, d'autres, telles que deux plaques faisant partie du Trésor d'Essen[4], peuvent passer pour des chefs-d'œuvre de barbarie. La *Crucifixion* et la *Visite des Saintes Femmes au Tombeau du Christ* atteignent le comble de la maladresse ; non pas qu'on ne sente sous cette rude écorce, et surtout dans la *Crucifixion*, des essais de la part de l'artiste

---

1. Bock, *Les Trésors sacrés de Cologne*, pl. 45.
2. Bode et von Tschudi, *Beschreibung der Bildwerke der christlichen Epoche*, n° 152, pl. XVI.
3. L'influence byzantine est très visible encore dans le n° 154 du

Musée de Berlin (pl. XV du *Catalogue*), une *Annonciation* dont toute la disposition est calquée dans un ivoire grec et rappelle un bas-relief conservé à Trèves.
4. Ans'm Weerth, *Kunstdenkmäler*, pl. 20, n°s 5 et 6.

pour voir par lui-même, pour étudier et traduire des attitudes étrangères aux monuments absolument âgés qu'il avait sous les yeux ; mais ces tentatives sont tellement timides, tellement maladroites qu'elles ne peuvent être que signalées en passant pour noter des tendances nouvelles. Car sous cette impuissance réelle à observer la nature ou, du moins, à en traduire avec justesse l'observation, on retrouve un germe à peine perceptible encore du mouvement qui, en s'accentuant, va transformer la sculpture. Mais ces tentatives sont du reste bien isolées : une plaque qui a fait partie de la Collection Spitzer, d'un travail fort soigné, comme l'ivoire de Sainte-Marie-au-Lys, montre encore la persistance des types carolin-giens ; le Christ est représenté imberbe et avec une physionomie juvénile qui n'était déjà plus de mise à la fin du xe siècle. Ce sont encore les personnages aux formes lourdes et tassés sur eux-mêmes qu'on remarque sur une couverture d'Évangéliaire, au Trésor de Halberstadt, *Saint Jean écrivant son Évangile*, et sur une reliure de la Bibliothèque Natio-nale, à Paris (Manuscrit latin n° 323), où le Christ de majesté présentant les clefs et un livre à saint Pierre et à saint Paul est accompagné d'anges portant des férules, à la mode byzantine, et d'une figure allégorique dont les divers attributs font à la fois une représentation de la Terre et une représentation de la Mer. Ces mêmes formes se retrouvent, mais exécutées avec plus de soin dans six plaques provenant d'un coffret, le Christ et ses Apôtres, qui font partie des collections du Musée de Berlin[1], et aussi dans un ivoire de Trèves offrant, dans un cadre d'architecture romane, la *Présentation au Temple* et le *Baptême du Christ*. Mais déjà dans un monument du Musée de Cologne (le Christ dans une gloire accom-pagné de saint Victor et de saint Géréon et de dix-huit martyrs de la légion thébaine[2]), dans un monument du Louvre[3] (le Christ dans une gloire

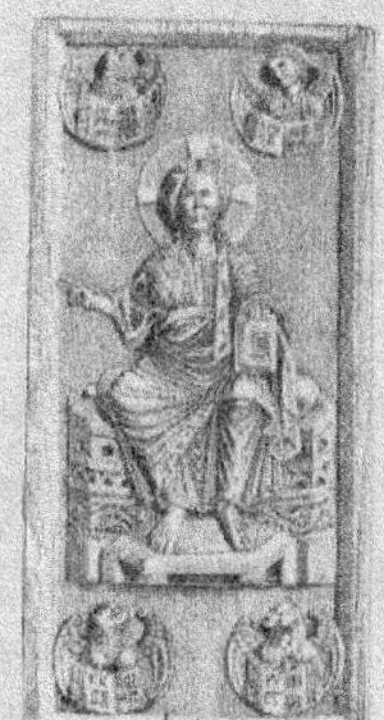

LE CHRIST EN MAJESTÉ.
Ivoire allemand du XIe siècle.
(Ancienne collection Spitzer.)

accompagné d'anges et de chérubins et des symboles des Évangélistes), comme aussi dans une plaque du Trésor de Trèves[4] (le Christ entre saint Pierre et saint Paul), tous les personnages tendent à l'allon-gement, bien que certains détails rappellent encore les monuments byzantins : les physionomies deviennent personnelles ; le type absolument lourd et brutal de la sculpture du xe siècle se modifie sensiblement, se varie, et on peut reconnaître que les formes, tout en demeurant comme stylisées, empruntent cependant un élément nouveau, se rajeunissent à des sources qui ne sont ni des œuvres d'art classique dégénéré, ni des œuvres byzantines : l'étude directe de la nature intervient, et si l'icono-graphie demeure immuable, les artistes, comme je le remarquai plus haut, en prennent à leur aise pour les gestes et les attitudes qui ne sont plus aussi stéréotypés.

Un ivoire conservé au Musée de South Kensington[5], couverture de livre sur laquelle est représentée une *Adoration des Mages* entourée d'une riche bordure fleuronnée de style oriental, est un excellent exemple de ce style de transition. C'est un monument qu'on peut faire remonter au xie siècle, mais qui est très proche vraisemblablement du siècle suivant. La Vierge assise sur un trône que surmonte une coupole est encore vêtue suivant la mode byzantine ; mais les rois Mages aux formes allongées ont absolument dépouillé l'antique formule des rois barbares des sarcophages chrétiens et des ivoires carolingiens : ce sont des seigneurs allemands du moyen âge qui viennent adorer le Christ et lui offrent des présents ; ils ne se présentent plus en file, à la manière traditionnelle, mais en groupe, et l'artiste a cherché à varier leurs attitudes, et sa tentative pour représenter le monde qu'il avait sous les yeux a en partie réussi.

---

1. N°s 467 à 472, pl. xvi.
2. Bock, *Les Trésors sacrés de Cologne*, pl. xxvi.
3. N° 27 du *Catalogue des Ivoires*.

4. Aus'm Weerth, *Kunstdenkmäler*, pl. 54.
5. Maskell, *ouvr. cité*, n° 145, p. 63.

Et pendant le xiie siècle cette révolution, que des monuments de ce genre annoncent, s'opère complètement; au xiiie siècle, sous l'influence de la sculpture monumentale, elle est entièrement accomplie[1].

L'influence byzantine persiste encore dans certaines parties d'une reliure d'Évangéliaire conservée au Musée de Brunswick[2], qui date de la fin du xie siècle. Mais cette influence est bien mitigée par l'imitation de la sculpture monumentale et ne se reconnaît guère que dans l'accoutrement des personnages d'une seule des scènes figurées sur ce bel ivoire, la *Visite des Saintes Femmes au Tombeau du Christ*.

La théorie des Saintes Femmes se dirigeant, tenant chacune un encensoir et un vase de parfum, vers le tombeau rappelle encore la disposition de la même scène dans l'iconographie byzantine, mais la figure du Christ, représenté en majesté dans une auréole en forme d'amande, les figures de saint Pierre et de saint Paul qui l'accompagnent, l'*Adoration des Mages*, figurée à la partie inférieure de la reliure, rappellent beaucoup les sculptures des tympans des portails romans; on sent que derrière cette sculpture de petites dimensions, pratiquée par des ouvriers, se cachent des maîtres qui traitent en grand les mêmes scènes et qui, revenant aux anciennes traditions, ne craignent pas de donner à leurs conceptions un aspect infiniment plus grandiose. Comme dans beaucoup d'ivoires romans, on sent que l'art de l'ivoirier, loin d'être la seule façon de s'exprimer dont le sculpteur soit en possession, est devenu un art d'imitation : il est asservi à la sculpture monumentale.

Un diptyque dont le premier feuillet est conservé au Musée de Berlin[3], dont l'autre feuillet fait partie de la collection de M. Martin Le Roy, à Paris, peut passer pour une véritable imitation des sculptures monumentales du xiie siècle. Sur le feuillet de Berlin sont représentés les douze apôtres; sur celui de Paris, douze personnages symbolisant les tribus d'Israël.

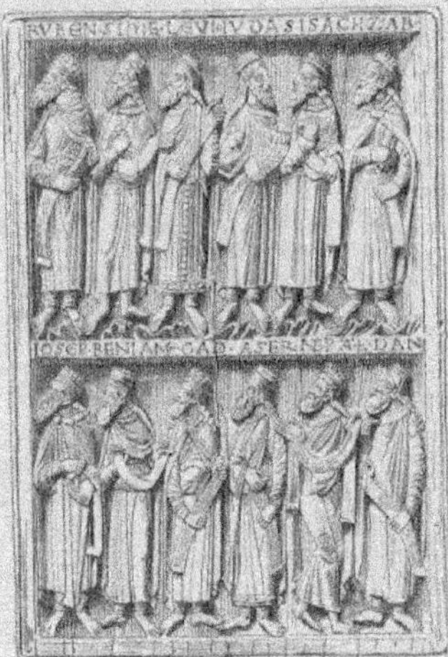

LES DOUZE TRIBUS D'ISRAEL. ALLEMAGNE, XIIe SIÈCLE.
(Collection Martin Le Roy.)

Les attitudes des personnages, leurs proportions, les plis de leurs vêtements évoquent les sculptures des porches des églises romanes et en particulier les sculptures de Bamberg. Presque tous les plis des tuniques et des manteaux sont verticaux et tout le dessin tend à un allongement très caractéristique. L'ivoirier a apporté à l'exécution de ces figures autant de soin que s'il s'était agi de sculpter la pierre; si les attitudes sont peu variées, les proportions acceptables données aux extrémités, le besoin de vérité qui se fait jour, les physionomies, toutes différentes, attestent que nous possédons là un spécimen tout à fait hors ligne d'un art qui va bientôt se transformer et s'améliorer. L'impression d'une sculpture toute conventionnelle que nous font éprouver tout d'abord ces bas-reliefs s'efface

1. De cet ivoire du Musée de South Kensington, on peut rapprocher un *Natività* (Musée de Cologne) dont Westwood (*ouvr. cité*, n° 452, p. 428) a publié la photographie. La Sainte Famille est représentée au milieu de l'enceinte de Bethléem. Dans cet ivoire, la figure de la Vierge, étendue sur son lit et recouverte d'une draperie dont les plis sont disposés concentriquement comme dans certaines sculptures romanes, est surtout remarquable. D'un dessin assez correct, elle est d'un sentiment beaucoup plus relevé que la plupart des sculptures en ivoire du moyen âge.

2. Riegel, *Die Sammlung Mittelalterlicher und neugothischer Gegenstände* (Musée de Brunswick), n° 55.

3. Bode et von Tschudi, *ouvr. cité*, n° 477, pl. LVI.

vite quand on passe à l'examen des détails dans lesquels on trouve déjà des marques non d'une évolution prochaine, mais d'une transformation déjà presque complète.

En même temps que les ivoiriers s'efforcent de suivre le mouvement progressif de la sculpture monumentale, l'idée leur vient de marier plus intimement leurs sculptures à l'orfèvrerie : nous rencontrons trois figures d'applique représentant la *Crucifixion*, fort grossières du reste, mais incontestablement du xiie siècle, sur une reliure décorée d'émaux et de filigrane au trésor de la cathédrale de Trèves [1], et chose assez curieuse nous trouvons une composition analogue, exécutée aussi en ivoire, sur un manuscrit provenant de l'abbaye de Saint-Denis, à la Bibliothèque Nationale [2]; mais les ivoires français, du xiie siècle également, sont d'un style et d'une facture très supérieurs. Sans parler d'assez nombreux autels portatifs dont les flancs enchâssent des plaques d'ivoires, je rappellerai, pour montrer cette alliance des sculptures avec l'orfèvrerie, une célèbre châsse en forme d'église à coupole, qui a fait partie de la Collection Soltykoff et que possède aujourd'hui le Musée de South Kensington [3]. Tout autour de cette châsse en cuivre émaillé, œuvre de fabrication rhénane, du xiie siècle, sont placées des figurines d'apôtres en ivoire. Peut-être est-ce là une des pièces qui ont donné l'idée aux ivoiriers d'exécuter, mais complètement en ivoire, des châsses en forme d'édifices d'architecture, surmonté d'une coupole, d'églises souvent fort compliquées, de style roman, telles que celles qu'on voit au Musée de Darmstadt [4] ou au Musée de Bruxelles [5]. Didron a remarqué avec raison que cette dernière châsse, avec ses quatre clochetons et ses deux transepts, rappelait d'une façon frappante les églises romanes des bords du Rhin.

Ce que j'ai dit au paragraphe précédent des taus et des crosses me permettra d'être très bref au sujet de ces insignes. Il n'y a pas une très grande différence au surplus entre les pièces françaises et les pièces allemandes de la même époque. Le tau attribué à l'archevêque de Cologne saint Héribert († 1021) et que possède l'église de Deutz [6] rappelle un peu par sa forme le tau de Gérard, évêque de Limoges ; la béquille se termine par deux têtes de lion, tout à fait stylisées, décorées d'entrelacs ; et entre ces deux têtes on voit d'un côté le Christ de majesté entouré d'anges ; de l'autre, les Saintes Femmes au tombeau ; le travail est grossier et n'a point la superbe allure des deux belles volutes décorées de feuillages qui terminent le tau dit de saint Servais, au Trésor de l'église Saint-Servais, à Maëstricht [7] ; et le style de cette sculpture est tellement beau et si ferme qu'il me paraît bien difficile de croire qu'elle soit antérieure au xiie siècle. Un autre tau conservé au Musée de South Kensington [8] montre une formule déjà indiquée dans les ivoires de provenance française : un médaillon central occupant chaque face de la tête du tau et contenant les figures du Christ et de la Vierge portant l'Enfant Jésus ; puis, à droite et à gauche, des volutes profondément refouillées contenant des figures parmi lesquelles on distingue saint Michel terrassant le démon et un homme luttant avec un dragon.

IV. — LES IVOIRES DES ÎLES BRITANNIQUES ET DES PAYS SCANDINAVES

Doit-on admettre la date du viiie siècle qui a été proposée pour un coffret que possède le Musée Britannique et que Maskell a, en partie, publié [9]? Il me paraît bien difficile de faire remonter à une si haute antiquité une pièce dont l'aspect grossier a si singulièrement impressionné les archéologues

---

1. L. Palustre et Barbier de Montault, *Le Trésor de Trèves*, pl. XI.
2. Manuscrit latin 9436.
3. Publié par Didron, *Annales archéologiques*, t. XIII, p. 97 et 113, et XIX, p. 11; Schaepkens, *Trésor de l'art ancien en Belgique*, pl. XIII.
4. Publiée par Labarte, ouvr. cité, 1re édition, *Album*, t. I, pl. XXIII.
5. Cfr. Westwood, ouvr. cité, p. 141; Labarte, 2e édition, t. I, p. 122; cet auteur a signalé avec raison la facture absolument byzantine de ce coffret ou châsse.
6. Bock, *Les Trésors sacrés de Cologne*, pl. XXIII, n° 85.
7. Bock, *Die Mittelalt. Kunst und Reliquienschätze zu Maestricht*, p. 23.
8. Maskell, ouvr. cité, et 471, p. 131 (photographié).
9. Ouvr. cité, préface, p. XLIX et L.

qui l'ont étudié qu'ils ont oublié totalement que les costumes des personnages ne sauraient dater d'une pareille époque, et semblent plutôt indiquer le xi⁰ siècle : le siège d'une ville, les représentations de Romulus et de Remus accompagnés de la Louve, le supplice de saint Jean-Baptiste, l'Adoration des Mages, la destruction de Jérusalem par Titus, le tout accompagné d'inscriptions en partie runiques, en partie latines concourent à faire de ce coffret un monument tout à fait exceptionnel sans analogue, et par conséquent très difficile à dater. Le style enfantin des figures, la maladresse de l'exécution peuvent laisser supposer que cette pièce a été sculptée par un habitant du Northumberland, ainsi que l'indique une inscription, sans qu'il soit nécessaire d'admettre qu'un tel produit nous fournisse un exemple du style courant au xi⁰ siècle. On a déjà vu avec quelle réserve il fallait considérer les dates données aux monuments portant des inscriptions runiques, et celui-ci me paraît présenter plus d'un point de contact avec certain calendrier conservé au Musée de Bologne [1], dont les ornements gravés, très grossiers aussi, ne peuvent avoir la prétention de remonter à une date bien ancienne. Un travail sommaire fait par un artiste malhabile n'est point synonyme d'un travail ancien ; et c'est, je crois, se montrer fort large que d'attribuer la confection du coffret du Musée Britannique à l'époque romane.

Ce que je viens d'avancer paraît d'autant plus vraisemblable que certains travaux en ivoire, réputés anglais et du xi⁰ siècle, prouvent que si l'art de l'ivoirier n'était pas particulièrement florissant dans les Iles Britanniques, il a suivi dans son développement les mêmes étapes que dans les autres pays d'Europe. Une grande plaque, bien connue, qui fait partie des collections du Musée de South Kensington, une *Adoration des Mages* [2], appartient sans doute à un style particulier ; mais sous son faire à la fois barbare et précieux, barbare au point de vue du dessin, minutieux au point de vue de l'exécution, on retrouve absolument les attitudes, les gestes en usage dans certaines sculptures du continent, peut-être même une ombre d'influence byzantine. Sous une arcature en plein cintre, supportée par deux longues et minces colonnettes, surmontée d'une façade d'église de style roman, est assise une Vierge de taille tout à fait colossale comparativement aux autres personnages. Vêtue d'un manteau et d'une robe brodés, un voile sur la tête ceint d'un diadème, nimbée, elle offre une fleur à son fils qui, assis sur ses genoux, bénit les Mages qui lui apportent des présents. Jésus est vêtu à la romaine comme chez les Byzantins, mais sa toge est drapée à la romaine et forme de longs plis verticaux ou concentriques. Des plis identiques se voient sur le costume des rois, debout et couronnés, près de la Vierge, beaucoup plus petits que les personnages principaux. Les physionomies sont gravées plutôt que sculptées avec une grande finesse et une incroyable sécheresse ; de gros yeux saillants, complètement cernés de traits en creux, concourent à donner aux visages une expression spéciale et profondément barbare. Bref, cette plaque d'os sculptée peut passer pour un échantillon des plus caractéristiques ; mais le précieux même du travail, d'une minutie enfantine, indique un artiste très primitif traduisant à grand peine le modèle qu'il a sous les yeux. A peine supérieure d'exécution est la frise de la partie inférieure du bas-relief, où figurent un centaure et des animaux se dévorant entre eux.

Le peigne trouvé dans la tombe de saint Cuthbert, à Durham, que possède le Musée Britannique [3], montre que si les ivoiriers anglais suivaient encore certaines traditions très anciennes en faisant entrer des entrelacs dans la décoration, pour le reste ils suivaient absolument la mode continentale : des feuillages entrelacés et découpés à jour, au milieu desquels sont figurés des personnages, ont leurs analogues en France et en Allemagne à la même époque.

La croix de la princesse Gunhilde ou Hélène (✝ 1076), nièce de Canut le Grand, que possède le Musée de Copenhague [4], peut être citée comme une preuve excellente de ce qu'au point de vue de la

---

1. L. Frati, *Di un Calendario romano della pontificia università di Bologna.* Bologne, 1841, in-8°.
2. Maskell, *ouvr. cité,* n° 142, p. 59 (photographie).

3. Publié par Maskell, *ouvr. cité,* préface, p. xxx.
4. Westwood, *ouvr. cité,* n° 335.

sculpture des figures, cet art du Nord ne diffère pas de l'art proprement allemand. Chacune des faces de cette croix est décorée de cinq médaillons, l'un, en forme de quadrilobe, à l'intersection des branches, les quatre autres aux extrémités. Les représentations de l'Église et de la Synagogue, de la Mort, du Christ de majesté montrant ses plaies, des élus et des réprouvés, le tout accompagné de longues inscriptions soigneusement gravées, ne constituent pas une nouveauté : les analogues au point de vue de l'iconographie et de la facture, au fond assez médiocre et sèche, existent dans l'art allemand du XIe siècle. Une longue inscription nous apprend que cette pièce a été fabriquée par un artiste nommé Liutger, par ordre d'Hélène « que et Gunhild vocatur ». Ce nom de Liutger semble bien du reste indiquer qu'on a affaire à un artiste de nationalité allemande, bien qu'il ait fait usage de caractères runiques pour écrire le nom de la princesse.

Un crucifix possédé par le Louvre[1], bien que d'une date postérieure, — il ne peut être question de le faire remonter plus haut que le XIIe siècle, — doit toutefois être rapproché de la croix de Gunhilde. Exécuté en dent de morse, ce crucifix, légèrement patté à ses extrémités, nous montre une figure du Christ, les pieds posés sur un *suppedaneum* décoré de feuillages, figure qui ne déparerait pas un monument allemand de la même date ; le Soleil et la Lune qui ornent les extrémités de la croix pourraient également avoir la même provenance ; mais où les différences s'accentuent, c'est dans les bordures composées d'entrelacs qui cernent tout le crucifix, c'est dans la figure de femme, accompagnée d'une inscription, placée au dessous du Sauveur. C'est là, d'ailleurs, un spécimen excellent d'une époque où l'art du Nord va perdre son originalité pour se confondre, en grande partie, au point de vue du style, avec l'art allemand.

Je ne puis dire ici qu'un mot des pièces d'échiquier[2] qu'on peut rattacher aux ivoires exécutés dans les pays du Nord de l'Europe à l'époque romane, car si beaucoup des monuments de ce genre ont été sculptés dans d'autres contrées, c'est cependant en Danemarck et en Scandinavie qu'il faut chercher le lieu d'origine de la plupart des pièces, souvent archaïsantes, que nous possédons. Nous ne pouvons savoir au juste quand le jeu d'échecs, vraisemblablement par l'intermédiaire des Byzantins, s'est introduit en Europe ; il ne faudrait pas s'appuyer sur l'existence, dans l'ancien Trésor de l'abbaye de Saint-Denis, d'un jeu d'échecs, dit de Charlemagne, pour en conclure que déjà, à l'époque carolingienne, l'échiquier était en usage. Une des pièces de ce jeu subsiste encore aujourd'hui au Cabinet des Médailles, à la Bibliothèque Nationale[3] ; c'est une copie arabe d'un original hindou, un monument fort curieux, mais qui ne peut nous éclairer en aucune façon sur l'introduction du jeu lui-même en Europe. Je ne connais pas, pour ma part, de pièce de jeu d'échecs antérieure à l'époque romane, et encore les monuments de cette époque sont l'exception ; beaucoup, en effet, paraissent au premier abord pouvoir remonter à cette date, mais ne sont en réalité que des copies d'un type traditionnel ; et cette tradition s'est conservée dans le Nord de l'Europe jusqu'au XVIIe siècle.

Le nombre des pièces d'échiquier aujourd'hui employé — trente-deux — est le même qu'autrefois, mais les noms ainsi que les dispositions d'un certain nombre de ces pièces ont changé. Les formes attribuées par les artistes à la pièce principale du jeu, le *Roi*, sont assez différentes : dans un ivoire de la Collection Victor Gay[4], ivoire du XIIe siècle, le roi est assis, couronne en tête, l'épée en main ; des soldats l'accompagnent. Dans un ivoire conservé au Cabinet des Médailles, à la Bibliothèque Nationale[5], ivoire du XIIe siècle, le roi est assis au rez-de-chaussée d'une sorte de tour crénelée, entre deux personnages qui soulèvent des rideaux ; le même type se retrouve dans les collections du Bargello à Florence, et aussi, moins l'architecture, dans des pièces fabriquées vraisemblablement dans le Nord de l'Europe, trouvées dans des fouilles de l'Île de Lewis, sur les côtes

---

1. *Catalogue des Ivoires du Louvre*, n° 26.
2. Sur les échecs en général, consulter A. van der Linde, *Geschichte und Literatur des Schachspiel*, Berlin, 1875, 2 vol. in-8°.
3. Publié dans Babelon, *Le Cabinet des Médailles à la Bibliothèque*

Nationale, pl. 33.
4. Publié par Victor Gay, *Glossaire archéologique*, au mot Echec.
5. N° 252 du Catalogue de Chabouillet.

d'Écosse, en 1831[1]. Ce jeu qui paraît dater du xiie siècle peut être considéré en quelque sorte comme le prototype de tous les jeux d'échecs fabriqués dans le Nord de l'Europe, quelquefois assez modernes, mais du style archaïsant comme certaines pièces conservées au Musée de Berlin. En France, comme dans l'Europe méridionale, ce type traditionnel semble avoir été abandonné : un *roi*, du xiie siècle, conservé au Cabinet des Médailles, ne rappelle en aucune façon les sculptures de l'époque romane.

La *Reine* (*Fierge*, *Firge*, par corruption *Vierge*; l'arabe *Pherz*; persan *Pherzin*, conseiller) est dans les anciens jeux un chef d'armée; les *Cavaliers* sont parfois seuls, parfois entourés d'une série de combattants à pied[2]; les *fous* n'existent pas : ils sont remplacés par les *alfins ou auphins*, des évêques, assis, mitrés, crossés et revêtus de tous les ornements pontificaux. Mais, dès avant le xiie siècle, ces évêques, ces *cornuti*, *cornus*, *calvi*, *chauves* (de la forme de la mitre ou de la tonsure), ont pris la place des éléphants du jeu primitif, tout en en gardant le nom (arabe *al phil*, l'éléphant); mais parfois, de leur origine, ces pièces ont gardé une forme spéciale; témoin cet *auphin* du Musée National bavarois de Munich[3], monté sur un cheval et entouré d'une foule de clercs et de combattants à pied. Le *Roc* ou *Tour* est de deux formes différentes : tantôt c'est un combattant à pied, abrité derrière un long bouclier qui le protège du menton aux pieds, armé d'une épée; tantôt c'est une pièce terminée par une double crosse, le *roc* du blason; on trouve des exemples du premier type (xie ou xiie siècle), au Cabinet des Médailles, à la Bibliothèque Nationale; le second apparaît aussi dès le xiie siècle, peut-être même plus anciennement[4]; mais dans le Nord de l'Europe, l'ancienne forme, le personnage à pied, s'est conservée jusqu'au xviie siècle. Ces quelques notions très sommaires — je ne puis entrer ici dans plus de détails sur des sujets aussi controversés — suffiront pour l'intelligence de monuments dont on rencontre à chaque instant la mention dans la littérature du moyen âge, où le *berlenc*, *bellens* ou *brelens* ou table d'échiquier joue un si grand rôle[5].

A côté des pièces d'échiquier, il faut placer aussi les disques d'ivoire ou de dent de morse sculptés avec lesquels on jouait au jeu de table ou tric-trac. Si quelques-uns peuvent être considérés comme de travail allemand ou français, beaucoup d'autres sont, le style l'indique suffisamment, des œuvres de l'Europe septentrionale. Les sujets qui y sont représentés sont bien souvent, en l'absence de légende explicative, absolument incompréhensibles, ou du moins fort difficiles à reconnaître : témoin ce pion du Musée du Louvre sur lequel nous voyons un personnage mitré chevaucher un monstre à tête humaine[6], ou cet autre pion du Musée de l'Ermitage (ancienne Collection Basilewsky) où est représentée la vision de saint Barlaam : un homme est monté sur un arbre pour y prendre une ruche de miel pendant que deux animaux, un rat noir et un rat blanc en rongent les racines[7], allégorie fort transparente sur le jour et la nuit qui sans cesse écourtent notre vie pendant que nous nous abandonnons à ses plaisirs; ou un autre encore qui fait partie de la Collection Émile Gavet, où nous voyons un homme combattant contre un personnage à deux têtes. Quelquefois les sujets sont moins obscurs ou expliqués par des légendes[8], par exemple Judith tuant Holopherne, au Musée du Louvre[9], ou bien saint Martin partageant son manteau avec un pauvre, à l'Ashmolean Museum, à Oxford[10] (xiie-xiiie siècle).

Il me suffira d'avoir, en passant, signalé ces pièces, qui mériteraient une étude spéciale, et surtout de faire remarquer que c'est à l'époque romane et dans le Nord de l'Europe que semblent s'être fixés dès ce moment des types iconographiques qui ont été ensuite recopiés jusqu'à la fin du moyen âge, quelquefois même beaucoup plus tard.

1. Madden, *Historical remarks on the introduction of the game of chess into Europe, and on the ancient chess-men discovered in the Isle of Lewis*, dans l'*Archæologia*, t. XXIV (1832), p. 289-291.

2. Par exemple dans le n° 541 du Musée de Berlin (Nord de l'Europe, xive siècle).

3. N° 179.

4. Musée du Louvre, n° 19 du *Catalogue des Ivoires*.

5. Je mentionnerai seulement ici un certain nombre de pièces d'échiquier conservées dans certaines collections: un roi, au Musée de Berlin (Westwood, couv. cire, n° 819, xiiie ou xive siècle, surmonté de cavaliers; — une reine, même musée (Westwood, n° 794), travail italien, xie ou xiie siècle; — cavaliers, même musée (Westwood, n° 820, 821, Nord de l'Europe, xive-xve siècle. — Auphins ou évêque (Munich, n° 179);

Berlin (Westwood, n° 817), xiie, xiiie siècle.

6. N° 31 du *Catalogue des Ivoires*.

7. Darcel, *Collection Basilewsky*, n° 66. Darcel a publié et appliqué ces curieux monument dans l'*Art ancien à l'Exposition 1878*, p. 193 et 204.

8. On trouvera réunies dans un chapitre spécial de l'ouvrage de Westwood, beaucoup de ces pièces de tric-trac, en particulier celles, fort curieuses, du Musée de Berlin (n° 831, 832, 834 de Westwood, xie-xiie siècle); du Musée Britannique (n° 829, 830, 835, 836, de Westwood).

9. N° 24 du *Catalogue des Ivoires*.

10. Westwood, sous n° 686, n° 840, 841.

CHAPITRE V

LES IVOIRES DE L'ÉPOQUE GOTHIQUE

I. NOTIONS GÉNÉRALES

Dans l'étude de la sculpture monumentale, dont les exemples sont cependant fort nombreux, il n'est pas toujours facile de saisir la transition du style auquel on a donné le nom de roman au style gothique. Discerner ce passage, étudier cet art intermédiaire est chose encore plus difficile quand il s'agit des ivoires : les monuments font en effet défaut ou à peu près. Tout au plus peut-on conclure du petit nombre de ceux qui existent à la persistance probable dans les ateliers d'ivoiriers des traditions romanes jusqu'en plein XIIIe siècle : il faut en effet admettre en principe, quand on étudie les arts appliqués à l'industrie, que les évolutions artistiques d'un pays n'ont que tardivement leur écho parmi les artisans : pendant de longues années après l'éclosion d'un style nouveau, des ouvriers âgés, dont l'éducation est par conséquent en retard, continuent à mettre en circulation des œuvres qui reflètent une situation artistique de vingt ou trente ans antérieure. Cette loi qui peut aisément se vérifier pour l'écriture, pour les miniatures, par des comparaisons de pays à pays, peut aussi aisément trouver son application dans l'histoire de la sculpture en ivoire, surtout à la fin du XIIIe et dans le courant du XIVe siècle.

Quelques rares monuments dont la date flotte entre le XIIe et le XIIIe siècle sont cependant à citer : dans la Collection Benjamin Fillon[1] se trouvait jadis une grande figure de Vierge portant l'Enfant Jésus dont la pose encore hiératique participait de l'art roman. Assise absolument de face, supportant sur ses genoux l'Enfant Jésus, de face également, suivant les anciens errements de l'iconographie, cette Vierge était encore sculptée suivant une formule romane ; mais à vrai dire, cette première impression ne résistait pas à un examen approfondi ; cet aspect archaïque n'était qu'une véritable formule répétée sans conviction par un artiste maladroit ; la disposition des plis, l'expression du visage, le style en un mot n'étaient plus le pur style roman ; on sentait là une forme dont l'expression avait été altérée, un objet roman créé à une époque de transformation, une véritable imitation d'un style plus ancien, non une création personnelle. De cette Vierge de la Collection Fillon, il faudrait régulièrement rapprocher les Vierges ouvrantes dont le Louvre et le Musée de Lyon conservent deux exemplaires à peu près identiques. Le galbe des figures est sensiblement le même, et là encore on pourrait retrouver les traces d'une imitation presque mécanique d'une conception originale de l'art roman ; mais ces pièces que je viens de mentionner sont malheureusement apocryphes, ou du moins je me refuse, quant à moi, à leur accorder, à la suite de Didron[2] et de Viollet-le-Duc, le moindre degré d'authenticité[3]. Un seul fragment d'une Vierge analogue paraissant authentique subsiste aujourd'hui, la partie antérieure de la Vierge de

<hr>

1. Provenant de l'abbaye d'Ourscamps ; reproduite dans le Catalogue de la vente de la collection Fillon, Paris, 1882, et dans l'Art ancien à l'Exposition de 1878, p. 203.

2. *Annales archéologiques*, t. XX, p. 191, 319 ; XXII, p. 238 ; XXV, p. 632, XXVI, p. 410, 412, 490 ; XXVII, p. 51, 407.

3. *Dictionnaire raisonné du Mobilier*, t. I, p. 131 à 135.

Boubon[1], et il est supposable que c'est celle-là même ou un autre exemplaire aujourd'hui inconnu qui a servi au faussaire qui, aux environs de 1830, a créé les deux monstres du Louvre et du Musée de Lyon.

Ces pièces écartées du débat, que nous reste-t-il pour le XIIe siècle? Peu de chose assurément, surtout parmi les monuments présentant un véritable intérêt artistique. A y regarder de près, je ne vois guère à signaler que trois pièces qui font partie des collections du Louvre[2], trois pièces découpées à jour et qui, primitivement, garnissaient sans doute les flancs d'un coffret religieux ou d'un autel portatif : les figures de saint Denis, de saint Rustique et de saint Eleuthère accompagnées des douze apôtres semblent indiquer une origine française; peut-être même ces bas-reliefs viennent-ils de Saint-Denis. Ce qui tendrait à le prouver, c'est la similitude frappante qui existe entre les ornements de ces ivoires et les sculptures ornementales exécutées à Saint-Denis, vers le milieu du XIIe siècle, sous le gouvernement de l'abbé Suger. On y retrouvera ces courses de rinceaux si caractéristiques qui figurent au portail de l'abbaye, des mascarons, des figures d'animaux qui participent encore largement de l'art roman, mais dont le style modifié annonce déjà une émancipation prochaine, la rupture avec les motifs stylisés légués par l'antiquité ou apportés d'Orient pour ne plus s'occuper que des motifs naturalistes étudiés à leur source.

Une nouvelle tendance aussi se fait jour dans ces ivoires, tendance qui s'accentuera de plus en plus à mesure que s'affirmera le style gothique. L'architecture y apparaît en maîtresse et le sujet, le style y sont, pour ainsi dire, subordonnés à l'ordonnance architectonique. Si l'artiste y perd une certaine liberté, la tenue de la sculpture y gagne. On se rappelle combien à l'époque romane la distribution de certains bas-reliefs est incohérente, comment le sculpteur, voulant représenter plusieurs scènes sur la même plaque, les superpose ou les accole si maladroitement qu'il faut un véritable travail pour en discerner les différentes parties; à l'époque gothique, au contraire, sauf de très rares exceptions, l'adoption générale de motifs d'architecture destinés à former un cadre monumental aux différents sujets rend les compositions claires, les coordonne et vient accentuer des rapprochements qui s'imposaient déjà par le style adopté entre la sculpture monumentale et l'art plus modeste de l'ivoirier. Ces tendances, du reste, n'étaient pas absolument nouvelles. Dans quelques ivoires de l'époque romane, elles se font déjà jour[3], mais il n'en est pas moins vrai que ce n'est qu'à partir du XIIe siècle que le système tend à se généraliser.

Cet emploi raisonné de l'architecture peut, dans certains cas, servir à discerner la provenance des ivoires, en tout cas à leur attribuer une date plus certaine que celle que pourrait fournir l'examen de l'accoutrement des personnages : beaucoup des ivoires de la fin du XIVe siècle par exemple — et j'aurai à revenir sur ce point — montrent une architecture qui date de la fin du règne de Charles V, sinon du règne de Charles VI, alliée à des costumes antérieurs à 1340. C'est là une anomalie apparente qu'il n'est peut-être pas impossible d'expliquer. Mais si, d'une part, l'examen de l'architecture peut fournir de précieux éléments de diagnostic, il faudrait cependant se garder de s'appuyer uniquement sur cet instrument de critique : les monuments italiens ou allemands ou français, pendant une bonne partie de l'époque gothique, montrent à peu de chose près les mêmes formules architectoniques appliquées à cette décoration de fausse architecture, française d'origine, et l'on voit d'ici les erreurs auxquelles on serait exposé si, dans son appréciation, on ne tenait pas compte du style général des monuments, de la façon de traiter certains sujets, de l'iconographie, de la matière même employée pour composer l'œuvre d'art. Car on ne saurait trop le répéter, certains pays, pour des raisons qu'il est à peu près impossible de pénétrer aujourd'hui, semblent avoir affectionné certains matériaux : le Français travaillera surtout l'ivoire, l'os servira surtout aux Italiens, pluspréoccupés, en ce qui concerne l'ivoire, de

---

1. *Mémoires de la Société archéologique du Limousin*, t. XXXVI, p. 244.
2. Nos 28, 29, 30 du *Catalogue des Ivoires du Louvre*.

3. Voyez notamment une figure de Christ qui a fait partie de la Collection Spitzer, tome I, pl. XII.

créer un ensemble décoratif qu'une véritable sculpture destinée à rivaliser de beauté avec la sculpture en marbre ou en pierre.

Si les monuments pouvant servir à établir la transition entre le style roman et le style gothique sont peu nombreux, par contre, les monuments purement gothiques sont innombrables et il est inutile de les étudier tous pour arriver à se faire une idée juste de l'art de cette époque : diptyques, triptyques, polyptyques, boîtes et coffrets ; crosses, reliures, voilà pour l'art religieux, coffrets, boîtes de miroir, tablettes à écrire, gravoirs, peignes, couteaux, instruments de musique, selles, voilà pour les monuments civils. Et chacune de ces séries compte encore aujourd'hui de nombreux et remarquables spécimens ; on conçoit dès lors combien il est aisé, avec une telle abondance de documents, d'établir les grandes lignes de l'histoire de l'art.

Nous avons déjà vu la polychromie appliquée à l'ivoire à l'époque romane et chez les Byzantins. Cette tendance à recouvrir d'une teinte plus ou moins voyante toute pièce sculptée s'accentue encore à l'époque gothique ; mais il serait difficile de poser des règles à cet égard : certains monuments de pacotille montrent un penchant à l'abus de la polychromie qui, entre les mains d'ouvriers inintelligents, devient un simple bariolage qui fait fort mauvaise impression encore aujourd'hui que les teintes se sont plus ou moins adoucies, qui devait être par conséquent absolument criard et inharmonieux à l'origine[1]. D'autres, œuvres plus soignées, ont bien reçu une décoration en couleur à peu près complète, déguisant la matière ; mais, habilement appliquée, cette décoration n'a rien de choquant ; bien au contraire, elle ne contribue pas peu à donner aux monuments qui ont été ainsi traités un aspect de préciosité et de délicatesse qui, dès l'abord, prévient en leur faveur : le fameux *Couronnement de la Vierge* que possède le Louvre est dans ce cas, et les esthètes les plus difficiles, en face de ce monument aux lignes sévères, comparable aux plus nobles sculptures monumentales du XIIIᵉ siècle, ne songeraient pas à s'indigner de ce que l'artiste ait cru utile de déguiser sous la peinture une matière aussi précieuse que l'ivoire. Quand on arrive au XIVᵉ siècle, il semble que certains artistes, d'un goût moins pur peut-être, mais plus affiné, plus maniéré surtout, aient cherché à réduire au strict nécessaire l'usage de la polychromie. Je parle, bien entendu, des grandes figures, de celles qui, seules, peuvent être considérées comme des œuvres de grand art sorties des mains de véritables sculpteurs. Prenez par exemple la belle *Vierge de la Sainte-Chapelle*, connue sous le nom de *Vierge de la Collection Sollykoff* : la polychromie se réduit à l'indication du point visuel, à un trait léger laissant soupçonner les sourcils et à des ornements dorés bordant les vêtements ; plus de coloration générale des chairs, l'ivoire est laissé nu et devait recevoir tout au plus une légère teinte rosée formant un épiderme qui, avec le temps, a presque absolument disparu. Quand un art qui a commencé par la polychromie à outrance en arrive là, il n'est pas loin du moment où, abandonnant complètement la couleur, il la remplacera par le modelé en creux ou en relief, qui, accroché par la lumière, suppléera par des ombres ou des blancs aux indications qu'autrefois soulignait la couleur. Il y aurait là un beau thème à développements, à comparaisons entre les différentes époques de l'histoire de la sculpture : la sculpture primitive grecque est polychrome de même que la sculpture primitive du moyen âge ; de même, la Renaissance italienne, à mesure qu'elle s'éloigne de ses origines, abandonne de plus en plus la polychromie, qui supplée à la faiblesse du modelé, pour la remplacer par une étude plus serrée de la forme, que, dès lors, le sculpteur se ferait un scrupule de déguiser. La couleur appliquée à la sculpture n'est pas une chose condamnable dans son essence, mais peut-être n'est-il pas absolument juste de l'appliquer, comme on le fait quelquefois aujourd'hui, à des œuvres suffisamment bien modelées pour n'avoir pas besoin d'emprunter à cet artifice un supplément de vie. En concevant la polychromie de la sorte, on risque

---

1. Je citerai notamment un grand diptyque de la fin du XIVᵉ siècle conservé au Musée archéologique de Madrid que j'ai publié dans l'*Art*, année 1893, t. II, p. 49. Ce diptyque est absolument gâté par la couleur.

d'arriver à fabriquer des œuvres très analogues à des poupées de cire ; on échange une convention contre une autre, qui, il faut bien l'avouer, n'est pas des plus agréables.

A l'époque gothique, l'iconographie des monuments d'ivoire est à peu près la même que celle de l'âge précédent, rarement elle est compliquée ; la tendance est plutôt de simplifier toutes les scènes qui comportaient un étalage symbolique un peu complexe. Au point de vue de la représentation de la légende de la Vierge et des saints, c'est surtout de la compilation de Jacques de Voragine (né vers 1230, †1298), *La légende dorée*, que s'inspirent un grand nombre d'ivoiriers ; plus rarement on fait un emprunt aux évangiles apocryphes qui permettent d'introduire un peu de variété dans des séries de scènes devenues banales à force d'être répétées. Les monuments civils vont chercher leurs sujets dans la littérature : les romans et les fabliaux, en petit nombre du reste, quelques représentations tellement simples qu'elles peuvent passer pour des lieux communs artistiques, tel est le bagage, en réalité, fort peu étendu des ivoiriers. Si ces sujets sont peu nombreux en réalité, quelques-uns sont assez difficiles à discerner au premier abord, l'artiste mélangeant parfois plusieurs sujets, supprimant certaines scènes essentielles ou, par contre, développant, sans autre motif que le besoin de couvrir de bas-reliefs toute la surface d'un objet, les différentes phases d'un récit. Il s'ensuit que beaucoup de scènes se répètent presque textuellement, et cette prolixité nuit parfois à l'intelligence de ces monuments dont quelques-uns attendent encore leur commentateur.

C'est évidemment là un abus qui provient surtout de cette habitude des ivoiriers de l'époque gothique de multiplier les compartiments sur leurs bas-reliefs, de façon à montrer une belle ordonnance architecturale. Cet abus dérive aussi, il faut bien le dire, de leur peu d'habileté à représenter d'une façon satisfaisante des scènes compliquées comportant de nombreux personnages de second plan ; ils ont été amenés, de la sorte, à fragmenter l'action et à en représenter successivement toutes les phases. Quand l'artiste ne peut se soustraire à l'obligation de meubler de personnages son second plan, ce second plan est en réalité superposé au premier : c'est une seconde scène placée au dessus de la première[1], un second bas-relief dont la situation n'est régie par aucune loi de perspective. Naturellement ce qui, à l'origine, n'était en somme qu'un artifice assez misérable pour déguiser une impuissance artistique, est devenu une habitude d'esprit chez les artistes et même, sans y être le moins du monde obligés, il leur est arrivé de représenter d'une façon tout à fait analytique les actions successives d'un personnage, sans que rien les forçât à adopter une telle méthode, et qu'une seule scène, deux au plus, eussent parfaitement suffi à expliquer clairement, au point de vue plastique, l'intention et l'action d'un personnage déterminé, le point de départ et le point d'arrivée de son acte volitif[2].

L'artiste qui, par une telle conception de son sujet, complique ainsi sa sculpture, est-il du moins parvenu à classer dans un ordre logique les différentes scènes qu'il veut représenter ? Quelquefois, mais pas toujours. Dans les diptyques ou les triptyques, on peut remarquer que par une habitude presque constante le sujet commence au bas du feuillet de gauche quand le monument comporte une série de scènes formant un ensemble dramatique ; et quand les sujets n'ont pas de lien véritable entre eux c'est généralement le bas-relief qui représente le sujet le plus ancien dans l'ordre chronologique qui figure à cette place. Mais il y a des exceptions assez nombreuses à cette règle, parfois même un même sujet empiète d'un feuillet sur l'autre ou une scène exprimée en partie en bas-relief se trouve complétée par un personnage exécuté à une autre échelle et en ronde bosse. En cela, les artistes de l'époque gothique se montrent encore très primitifs ou, plus exactement, sacrifient encore dans une large mesure à des traditions iconographiques très anciennes[3].

---

1. Voyez, par exemple, les bas-reliefs représentant la *Nativité*, et l'*Annonce aux bergers*.

2. On peut citer comme exemple les bas-reliefs représentant la trahison de Judas qui se décompose en trois ou quatre scènes : l'entretien de Judas avec le Prince des Prêtres ; Judas reçoit le prix de sa trahison ; Judas conduit les soldats au Jardin des Oliviers ; suicide de Judas.

3. Voyez par exemple les polyptyques dont le centre est occupé par une image de la Vierge portant l'Enfant Jésus, adoré par les Mages, figurés sur l'un des volets, en bas-reliefs, et à une échelle bien moindre.

Avant de passer à l'examen d'un certain nombre de monuments de l'époque gothique qui peuvent être considérés comme de véritables types souvent répétés, il n'est peut-être pas inutile de faire remarquer certains détails techniques particuliers à ce temps. Les ivoiriers du xiiie et du xive siècle, rompant en cela avec les traditions antiques, n'ont eu que rarement recours à d'autres matières, métal ou bois, pour encadrer leurs bas-reliefs; les feuillets des diptyques, des triptyques, des polyptyques se raccordent les uns aux autres, sans qu'il y ait interposition d'une monture métallique; mais comme néanmoins le métal devait intervenir pour rattacher entre eux les éléments d'un même ensemble, il faut remarquer qu'on a universellement eu recours à un artifice ingénieux pour que ce raccord métallique fût aussi peu visible que possible. Les ailettes des charnières, généralement en argent, au lieu de venir s'appliquer sur le méplat formé par l'épaisseur de l'ivoire, viennent s'insérer dans des incisions faites de biais dans les bords des différentes pièces et sont retenues par des chevilles aussi peu apparentes que possible. Ce système d'assemblage ingénieux a eu pour résultat, dans un très grand nombre de cas, de faire éclater les bords de la pièce, de les séparer, et c'est pour cela que nous possédons aujourd'hui tant de plaques isolées ayant fait primitivement partie d'un ensemble beaucoup plus considérable. Il n'était pas inutile de dire un mot de ce procédé d'attache dont la connaissance peut, dans certains cas, fournir un élément de critique précieux pour vérifier l'authenticité d'un monument.

Un texte du moine Théophile qui, dans sa *Diversarum artium schedula*, vante l'habileté des ouvriers italiens à tailler l'ivoire ou plutôt l'os[1], a eu une singulière influence sur les archéologues qui se sont occupés de l'histoire de la sculpture en ivoire à partir du xiiie siècle; ils ont pris ce texte au pied de la lettre et ont attribué à l'Italie une foule de monuments du xiiie et du xive siècle dont l'origine française n'est pas discutable. Ajoutez à cela que Labarte[2] a cité un texte d'après lequel le sculpteur Jean de Pise († après 1328) aurait sculpté, en 1299, des figures d'ivoire[3]; cela a suffi, au premier abord, pour justifier une série d'attributions dont le peu de fondement saute tellement aux yeux qu'à l'heure actuelle il n'est même plus nécessaire de les discuter.

Que Jean de Pise ait reçu la commande de figures d'ivoire, c'est un fait que je ne songe même pas à mettre en doute; mais pour attribuer à l'école italienne, comme l'a fait Labarte, les triptyques en ivoire du xiiie et du xive siècle qu'il a publiés, il faut admettre qu'il avait oublié à ce moment et le style de l'architecture gothique italienne, et le style de la sculpture du même pays au xiiie et au xive siècle. Il y a évidemment erreur de ce côté, et je n'aurais même pas insisté sur ce point si ce n'était une croyance encore trop répandue aujourd'hui que l'art italien du moyen âge était supérieur à l'art français de la même époque. L'éclat incomparable de la Renaissance italienne du xve et du xvie siècle a aveuglé tout le monde. Mais en ce qui concerne le xiie, le xiiie et le xive siècle, il ne faudrait pas cependant oublier que c'est l'art français qui a tenu la première place, à ce point que toute l'Europe a adopté son style en architecture. En ce qui concerne la sculpture en ivoire, cette prépondérance est des plus sensibles : on peut dire que la sculpture italienne en ivoire n'existe qu'à l'état d'exception et pendant toute la période gothique, c'est l'art français qui tient la première place : ses œuvres, beaucoup plus abondantes, sont très supérieures de style et de facture ; et en Allemagne même, c'est-à-dire dans un pays qui, au point de vue spécial qui nous occupe, avait joué un rôle des plus importants à l'âge précédent, les ivoires du xiiie et du xive siècle sont absolument conformes, quant à leur composition, aux ivoires français : ils sont peu nombreux du reste; le style des figures seul diffère, l'iconographie est la même.

Tout aussi anonymes sont les œuvres de l'époque gothique que les œuvres de l'âge précédent : il semble que les imagiers chargés de sculpter l'ivoire, tout comme ceux qui ont orné les façades de nos grandes églises, n'aient été considérés que comme des artisans. Un document de la fin

---

1. Édition Lescalopier, *Préface*, p. 8-9 : « Quicquid in vasorum diversitate seu gemmarum assumere sculptura auro et argento inclyta docuit Italia. »

2. *Histoire des Arts industriels*, 2e édition, t. I, p. 121.
3. Ciampi, *Notizie inedite della sagrestia pistoiese e di altre opere di disegno*, Florence, 1810, p. 141 et 121; Vasari, éd. Milanesi, t. I, p. 319, note 1.

du xiii° siècle, le *Livre des Mestiers de Paris*, d'Étienne Boileau[1], nous donne quelques indications trop concises, mais bien significatives à ce sujet ; et c'est tout. En dehors d'un grand nombre de mentions de comptes et d'inventaires qui ne nous apprennent que l'existence de tel objet à telle époque, il faut se résigner à tout ignorer sur ces modestes artistes qui ont enfanté tant de chefs-d'œuvre. Ce que je viens de dire n'est pas fait pour nier l'existence, en Italie au xiii° siècle et au xiv° siècle, d'artistes ayant sculpté l'ivoire ; certains inventaires, tel que celui du Trésor du Saint-Siège, en 1295, viendraient me donner un démenti formel ; il est probable que les pièces qui y sont décrites étaient de fabrication italienne ; du moins il n'y a aucune raison plausible d'en douter[2] ; mais les ivoires italiens que nous connaissons, sauf de très rares exceptions, sont de style bien tranché et appartiennent au xiv° et au xv° siècle. En étudiant les sculptures en ivoire de l'époque gothique, ce sont donc les sculptures françaises qu'on doit envisager. Et c'est par celles-là que je commencerai.

II. LES IVOIRES FRANÇAIS A SUJETS RELIGIEUX

On peut poser en principe que l'histoire de la sculpture en ivoire du xiii° au xv° siècle a traversé les mêmes phases que la sculpture monumentale, dont en général elle n'est que la copie, la menue monnaie, pourrait-on dire, souvent exquise, mais trop souvent aussi dépourvue d'originalité. Ce principe une fois posé, il faut constater le développement considérable que prennent les figures isolées, les statuettes ou les groupes, surtout la représentation de la Vierge dont le culte atteint, à la fin du xiii° siècle, son apogée ; puis les modifications assez profondes que je signalais plus haut, introduites dans l'iconographie à la fin du même siècle, surtout sous l'influence d'ouvrages tels que la *Légende dorée* de Jacques de Voragine, ouvrage d'édification qui résume et codifie des traditions plus anciennes et dans lequel les artistes puisent à pleines mains. Il en résulte que les scènes religieuses, représentées en sculpture, sont infiniment plus variées, mais moins compliquées, qu'aux époques plus anciennes, et que quand elles sont identiques, quant au sujet principal, ce sujet comporte des développements ou du moins des dédoublements inconnus jusqu'alors.

Il est matériellement impossible de signaler tous les ivoires gothiques qui mériteraient de fixer l'attention des archéologues : il suffira de mentionner, de décrire à l'occasion certaines pièces connues ou facilement accessibles qui peuvent être considérées comme des types dont on peut rapprocher tous les autres ou à peu près. Mais il convient de remarquer d'abord, comme je l'ai dit plus haut, que les ivoires qu'on peut attribuer au xiii° siècle sont relativement rares, et que les quelques-uns de ceux qui doivent être attribués à cette époque conservent encore des traditions tout à fait romanes, tant au point de vue du style que de l'iconographie.

La série des figures isolées, des Vierges portant l'Enfant Jésus, assises ou debout, nous présente une suite particulièrement intéressante dans laquelle on peut suivre tout le développement parallèle de la

[1] Titre LXI : « Quiconques veut estre ymagiers à Paris, ce est à savoir tailleres de crucefis, de manches à couteaux et de toute autre ymagerie de taille, quele quele soit, que soit face d'os, d'yvoire, de fust et de toute autre manière d'estoffe, quele que ele soit, estre le puet franchement... » Plus loin, nous voyons que les figures doivent être faites d'un seul morceau d'yvoire, sauf les couronnes qui les surmontent et que, par exception, les Christ, ce qui est assez compréhensible, doivent être fabriqués de trois pièces. (Édition Lespinasse et Bonnardot, t. I, p. 127, 185.) — Titre XXIII : « Quiconques veut estre custelier à Paris, ce est à savoir feseeurs de manches à couteaux d'os, de fust et d'yvoire, et faiseeurs de pignes d'yvoire, et emmancheeurs de couteaux, estre le puet franchement... » (*Ibid.* p. 41).

[2] *Inventaire du Trésor du Saint-Siège sous Boniface VIII* (1295)... n° 704. Item, unum yconum de ebore cum imagine beate Virginis tenentis Filium in brachio et sedentis in quodam podio sive tabernaculo. — 707. Item, unum iconum de ebore in cujus medio est imago beate Virginis cum Filio, et in tabulis quibus clauditur sunt multe imagines. — 708. Item, unum iconum de ebore in quo est tota historia Passionis. — 709. Item, unum alium iconum de ebore in quo est imago Virginis cum Filio et in tabulis multe imagines. — 710. Item, unum aliud iconum de ebore in cujus medio est imago beate Virginis cum Filio in brachio et in tabulis multe imagines. — 711. Item, unum aliam iconum de ebore in cujus medio est Crucifixus et super eum imago majestatis sedentis subtus imago Virginis cum Filio, et alie imagines. — 712. Item, unum aliud iconum de ebore in quo est Crucifixus cum duabus imaginibus et in tabulis est historia Passionis depicta. — 713. Item, unum aliud iconum de ebore in cujus medio est imago Virginis cum Filio, in tabulis sunt multe alie imagines relevate de historia Passionis. — Item, unum iconum parvum de ebore fractum in quo est imago Virginis cum Filio et in tabulis aliquis sunt imagines depicte de historia Passionis. Le même chapitre de l'inventaire contient encore d'autres images d'ivoire ou decorées d'ivoire.

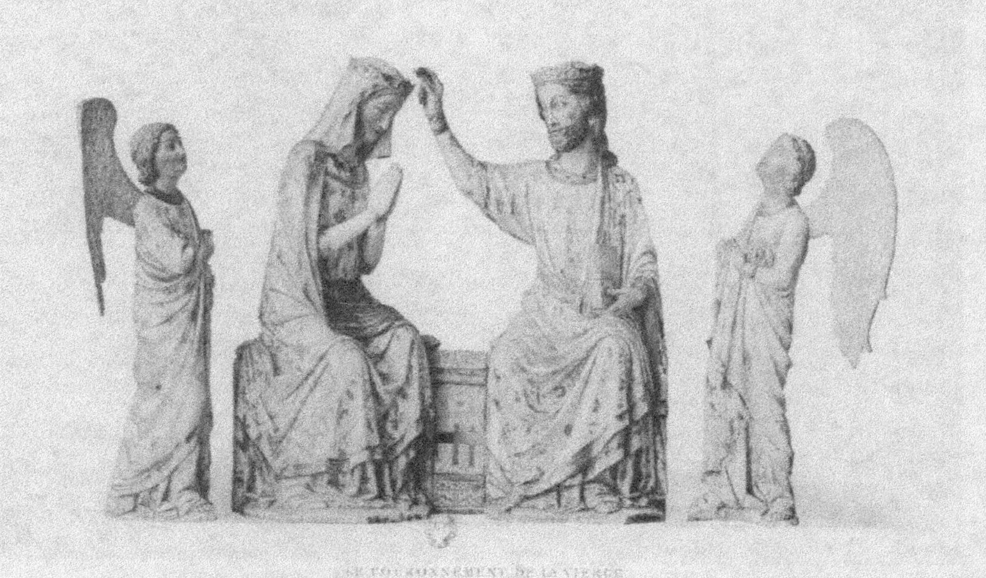

LE COURONNEMENT DE LA VIERGE

sculpture en ivoire et de la sculpture monumentale. La Vierge provenant de l'abbaye d'Ourscamps, que j'ai déjà mentionnée[1], et qui fit jadis partie de la Collection Benjamin Fillon, n'est certainement pas plus ancienne que le XIIIe siècle ; elle offre cependant un type encore hiératique : le corps, de face, est tout droit ; la draperie est encore disposée d'une façon archaïque, les plis stylisés rappellent les sculptures romanes ; l'Enfant Jésus, vêtu d'une longue robe qui fait penser à l'art classique, est assis sur les deux genoux de sa mère ; mais toutefois ce dernier personnage n'est plus représenté tout à fait de face, comme dans les sculptures romanes ; il y a déjà de la part du sculpteur une intention manifeste de s'affranchir des anciens modèles, infiniment mieux respectés dans des groupes de même époque, et qu'au premier abord on pourrait considérer comme de facture italienne[2]. Les monuments intermédiaires nous manquent pour marquer le passage entre ces sculptures encore hiératiques et des Vierges qui par leur style ne peuvent être antérieures au déclin du XIIIe siècle, telle qu'une Vierge du Musée du Louvre[3], dont l'attitude absolument calme, la simplicité des draperies ne dépareraient pas un tympan d'église élevé à la fin du règne de saint Louis ou sous Philippe le Hardi ; telle que la mère de Dieu que nous montre le fameux groupe du *Couronnement de la Vierge*[4] (planche XV), au Louvre également. Ce sont des exemples absolument frappants de la sculpture spiritualiste du XIIIe siècle, où tous les types représentés révèlent un caractère de grandeur impersonnel, à peine différencié par le tempérament particulier à chacune des provinces ou, plus exactement, des écoles qui ont vu naître ces sculptures. Comme dans la sculpture monumentale, cette conception idéaliste, au déclin du

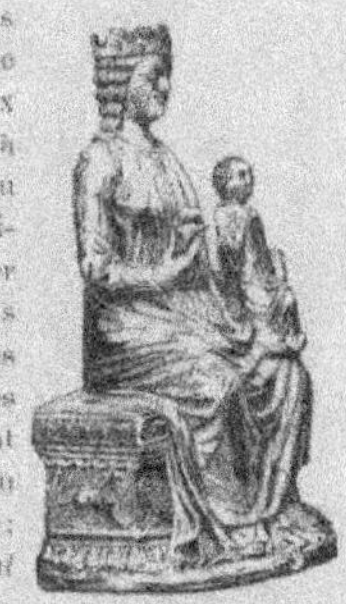

LA VIERGE ET L'ENFANT JÉSUS,
XIIIe siècle.
(Ancienne Collection Spitzer.)

1. *Collection Fillon*, vente de 1882, n° 249 (Gravure). Publiée par A. Darcel, *L'art ancien à l'exposition de 1878*, p. 203. (Extrait de la *Gazette des Beaux-Arts*.)

2. Je donne ici la reproduction d'une de ces Vierges qui a fait partie de la collection Spitzer. La même collection renfermait un autre groupe du même genre dans lequel l'Enfant Jésus était encore représenté devant sa mère et vêtu de la tunique et de la toge drapée à l'antique comme dans les ivoires byzantins. Cf. *La Collection Spitzer*, t. I, *Ivoires*, pl. ix, n° 37.

3. N° 40 du *Catalogue des Ivoires*. (Ancienne Collection David-llier.)

4. Voici ce que je dis dans le *Catalogue des Ivoires du Louvre* (n° 40), à propos de ce groupe qui, à cause des lmrs mélangés aux fleurs de lys sur la robe de la Vierge, a été considéré à tort comme rappelant le mariage de Philippe le Hardi avec Marie, fille du duc de Brabant et de Lorraine (et qui compte de 1274, ou 1275) : « Groupe principal. Ce groupe du *Couronnement de la Vierge*, tel qu'il fut acquis par le Louvre à la vente de la collection Soltykoff, était visiblement incomplet et ne comprenait que les deux figures principales. Il provenait de Chambéry. Cette indication pouvait mettre sur la trace du complément qui permettrait de restituer l'ensemble du groupe. En 1878, la ville de Chambéry envoyait à l'exposition d'art rétrospectif du Trocadéro deux anges qui, par tous les amateurs connaissant le groupe du Louvre, en furent immédiatement rapprochés. Les groupes de ce genre sont en effet assez rares ; des ressemblances de style et de coloration, de dimension même imposaient un rapprochement qu'une louable décision de la municipalité de Chambéry a permis d'effectuer d'une façon effective. Mais, tel que le possède le Musée, ce groupe n'est pas encore complet : il y manque un ou plusieurs personnages, au sud à mon avis, dont le hasard des expositions a révélé l'existence. Ce personnage a figuré à l'Exposition de 1867. Il appartenait alors au marquis Costa de Beauregard et il a été ainsi décrit par Darcel dans le *Catalogue de l'Histoire du Travail* en 1744. Figure d'homme agenouillé, coiffé d'un bonnet, vêtu d'une grande robe, chaussé ; probablement saint Joseph. Traces d'orfroi et de dorure. Fragment d'une adoration de l'Enfant Jésus, XIIIe siècle. » A mon avis, l'identification de ce personnage avec un saint Joseph est douteuse, et si je cite cet article du très précieux catalogue de Darcel, ce n'est que pour rétablir la filiation de ce morceau d'ivoire, qui fut aussi provenant de Savoie. Quelques années plus tard, en 1878, les anges du Musée de Chambéry se trouvèrent réunis au Trocadéro dans la même vitrine que le personnage agenouillé de la collection du marquis Costa de Beauregard, passé entre les mains de M. le baron Gustave de Rothschild, dans la collection duquel il se trouve encore aujourd'hui. C'est à ce moment qui, dans l'esprit de tous les amateurs de l'art du moyen âge, le rapprochement se fit entre ces trois fragments et le groupe du Musée du Louvre. Dans un article consacré à l'art du moyen âge, au Trocadéro (*Gazette des Beaux-Arts*, 1878), Darcel se fit l'écho de cette opinion : « Deux œuvres méritent qu'on s'y arrête, d'abord par leur beauté, puis parce qu'elles ont dû être réunies dans un même ensemble avant de l'être pour un temps dans les vitrines du Trocadéro. Nous voulons parler du personnage agenouillé que possède M. le baron Gustave de Rothschild et des deux anges debout du Musée de Chambéry. Ils appartiennent au même art et sont de même style. Les traces d'orfroi se voient sur l'un ; les deux autres ont leurs carnations peintes. De plus, le personnage en question avait été exposé en 1867 par M. le marquis Costa de Beauregard qui l'avait apporté de Savoie. Alors nous le rapprochions dans notre pensée, et nous n'étions pas seul à le faire, du magnifique *Couronnement de la Vierge* du Musée du Louvre. Or, voici que nous apprenons aujourd'hui, par celui qui apporta jadis le *Couronnement* à Paris, qu'il était également allé le chercher en Savoie.

En présence de ces cinq figures, qui viennent toutes de Savoie, mais dont l'origine est incontestablement française ainsi que l'indiquent les pièces d'armoiries des vêtements de la Vierge et du Christ, on peut se demander s'il n'est pas possible de reconstituer dans cet ensemble du Louvre, condamné à être incomplet, puisque le cinquième personnage est possédé par M. le baron Gustave de Rothschild et ne peut donner lieu à un échange comme les anges du Musée de Chambéry, un monument qui jadis fit partie de la collection des rois de France et qui est signalé dans l'inventaire du roi Charles V, en 1380 (édition Labarte, n° 2030) : « Item, une couronnement de Nostre-Seigneur à Nostre-Dame, d'yvire et ung anglois de nacaire, assis en ung siège de cèdre. » Je sais bien qu'on objectera qu'il n'y a que deux « angelots » et que le troisième personnage ne peut pas être l'y-ce titre ; mais, quoi peu qu'on ait pris l'habitude de prendre les inventaires du moyen âge, on sait qu'on ferait souvent fausse route si on les prenait rigoureusement à la lettre. En tout cas, nous avons dans l'un et dans l'autre cas un monument d'origine royale et un *Couronnement de la Vierge* à cinq personnages, ce qui ne laisse pas que de rendre une semblable identification très vraisemblable. Comment du trésor des rois de France ce groupe était-il passé en Savoie, c'est ce que jusqu'ici on ne peut savoir certainement ; mais il est permis de conjecturer qu'il fut offert, comme maint bibelot du même genre, à un prince de Savoie et qu'il demeura dans son intégrité jusqu'à la fin du siècle dernier. » — Les anges qui figurent sur la planche XV, à droite et à gauche du groupe, sont entrés au Louvre en 1895.

xiii° siècle, commence à faire place à une conception artistique nouvelle : le naturalisme fait son entrée en scène, d'abord timidement, appliqué à la sculpture de portrait, puis étendu franchement à toute œuvre sculptée. Comme on l'a déjà remarqué[1] fort justement, certains types iconographiques consacrés, tels que le Christ, la Vierge résisteront à ce courant naturaliste qui entraîne l'art gothique jusque vers le milieu du xiv° siècle. Mais à ce moment le besoin de s'inspirer uniquement de la nature, de l'imiter en toutes ses manifestations l'emporte sur toute la ligne, et à la représentation de l'espèce succède la représentation de l'individu. Et même avant cette époque, même dans l'interprétation idéale de cette image de la Vierge, qui a été comme le rêve de toute la sculpture gothique, l'idéalisme, le sentiment purement religieux avaient subi plus d'une atteinte : il y a un abîme entre la représentation de la Vierge, toute faite de dignité et de béatitude, au portail sud de la façade de la cathédrale d'Amiens, et la Vierge de la Porte Dorée de la même cathédrale. Autant la première respire le calme et la sérénité, autant la seconde, par le mouvement imprimé à tout son être, le port de la tête, son geste, les recherches de son vêtement, présage déjà le naturalisme du xiv° siècle. La comparaison des statues, si admirables, du portail sud de la cathédrale de Chartres et des figures d'apôtres de la Sainte-Chapelle de Paris, amène aux mêmes conclusions, et cependant il s'est écoulé à peine un demi-siècle entre le moment où ont été sculptées les premières et l'époque où un artiste, aux tendances franchement naturalistes, a chiffonné et brisé les plis des amples manteaux qui drapent les secondes. On peut voir, par ces rapprochements, combien l'évolution a été rapide. Mais il est temps de revenir aux ivoires, d'autant que, sans sortir de cette série de monuments, on peut faire les mêmes observations. Comparez, par exemple, la Vierge et le Christ du *Couronnement de la Vierge* à la Vierge connue sous le nom de *Vierge Soltykoff*, du nom de l'un de ses anciens possesseurs (planche xvii), mais qu'il serait plus juste d'appeler la *Vierge de la Sainte-Chapelle* : on peut voir du premier coup combien, en une trentaine d'années, l'art de l'ivoirier s'est modifié : à un type idéalement noble, tout à fait synthétisé, absolument religieux et chrétien, s'est substituée une image d'un naturalisme mitigé sans doute par une élégance extrême, un maniérisme délicat, mais qui s'est arrêté juste au point où le naturalisme serait

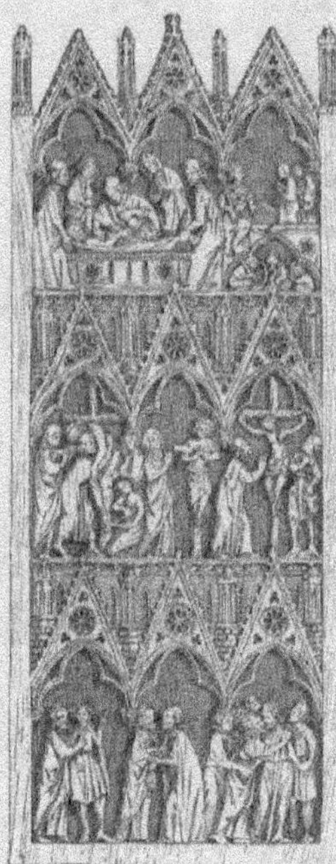

Fragment de polyptyque, xiv° siècle.
(Ancienne Collection Spitzer.)

devenu trop gênant aux yeux d'un artiste de 1320 ou environ dans la représentation d'une personne divine. La Vierge du *Couronnement* est une paysanne fort simple, confite en dévotion ; la *Vierge de la Sainte-Chapelle* est une grande dame fort raffinée de sa personne, qui sait tout le prix d'un geste élégant, qui étudie au miroir et son sourire et sa démarche, s'inquiète de savoir si sa robe lui sied bien ou si son manteau retombe en plis harmonieux ainsi que la mode le commande. La créature naïve et divine s'est transformée en un être futé, légèrement narquois, en une élégante du xiv° siècle. Et

1. L. Gonse, *La Sculpture française*, p. 13, 16.

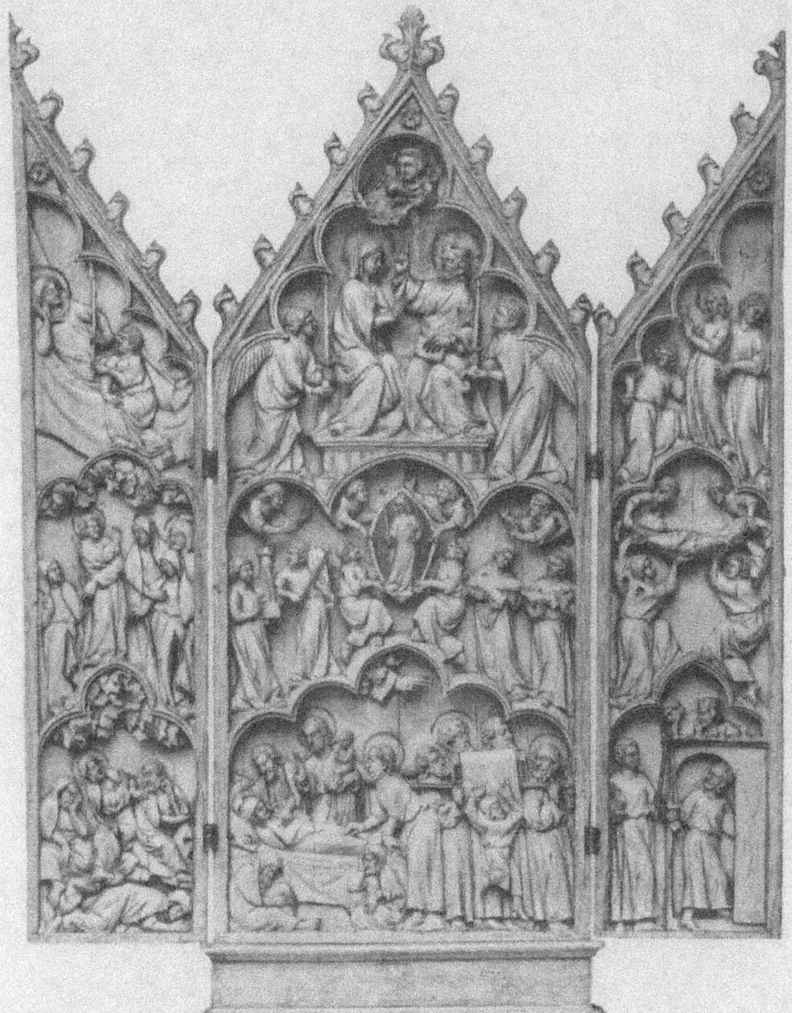

TRIPTYQUE — LA MORT DE LA VIERGE

pourtant c'est aux environs de 1280 qu'a dû prendre naissance le groupe du *Couronnement*, et la *Vierge*

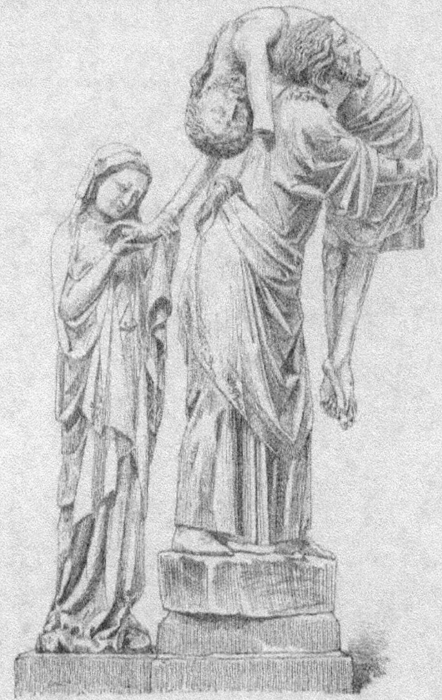

La Descente de Croix, fin du XIIIᵉ siècle.
(Musée du Louvre)

de la Sainte-Chapelle ne doit pas être postérieure à 1320[1] ; et ces deux monuments peuvent être considérés comme *originaires* du même pays, c'est-à-dire de Paris, ou tout au moins de l'Ile-de-France.

[1] Voici ce que j'ai dit de ce groupe dans le *Catalogue des Ivoires du Louvre* (n° 53) : « Ce groupe de la Vierge et de l'Enfant Jésus, acquis en 1861 à la vente de la collection Soltykoff, avait fait auparavant partie de la collection Delange-Domenil (n° 494 du *Catalogue*) et de la collection Alexandre Lenoir, vendue en décembre 1837. Il est ainsi décrit dans le *Catalogue des antiquités et objets d'art qui composaient le cabinet de M. le chevalier Alexandre Lenoir* : « N° 193. Une Vierge debout, tenant l'Enfant Jésus dans ses bras, pièce d'une grande dimension et d'un fait précieux, avec des dorures et des ornements colorié. Monument du XIIIᵉ siècle. » Dans un inventaire de la collection, rédigé par Lenoir lui-même et qui nous a été obligeamment communiqué par notre confrère et ami, M. de Champeaux, le même monument est ainsi mentionné au folio ... : « N° 8. Une Vierge en ivoire, figurée debout et portant l'Enfant Jésus, d'un seul morceau et d'une dimension extraordinaire, environ 18 pouces. Ouvrages du XIIIᵉ siècle. On croit qu'elle a appartenu à saint Louis. Achetée à Deval 800 francs. » La tradition veut, et cette tradition paraît bien être confirmée par les textes, que cette Vierge acquise par Lenoir provienne de la Sainte-Chapelle du Palais, à Paris. Ce serait celle-là même qui est décrite dans Morand, *Histoire de la Sainte-Chapelle du Palais*, Paris, 1790, p. 53), puis dans différents inven-

Un superbe groupe, appartenant également au Louvre[1], qui est en partie reproduit ici, groupe qui doit dater de la fin du XIIIe siècle, contemporain à peu de chose près par conséquent des statues d'apôtres de la Sainte-Chapelle, permet du reste de saisir très bien cette transition. La partie principale représente Joseph d'Arimathie portant le corps du Christ qui vient d'être détaché de la croix, tandis que la Vierge, dans un mouvement plein de noblesse, de douleur et d'exquise retenue tout à la fois, prend la main de son fils mort pour y déposer un baiser. Joseph est encore un personnage absolument idéal, de caractère religieux, comme dans les sculptures de Chartres : c'est un saint qui porte un dieu ; la Vierge au contraire, malgré son apparente simplicité, décèle des tendances nouvelles : sa draperie, aux plis déjà cassés, déjà naturaliste, laisse bien autrement deviner le corps qu'elle enveloppe que dans une sculpture de l'époque de saint Louis ; sans se départir du calme qui convient à une personne divine même dans une scène aussi dramatique, tout son être respire déjà un peu la grâce affectée, je dirais presque le maniérisme, si le terme n'était pas trop fort appliqué à une œuvre de cette envergure, des figures qui naîtront au XIVe siècle. Dans une autre statuette, une représentation de l'*Église*, qui a fait partie du même groupe, figure qui offre une grande ressemblance avec la *Vierge* de la Porte Dorée à la cathédrale d'Amiens, ces tendances sont encore bien davantage accusées : mouvement général de la figure, plis cassés, tendances à franchement dessiner sous l'étoffe le modelé de la poitrine, tout révèle un artiste que l'influence naturaliste a déjà conquis et qui voit tout le parti qu'on en peut tirer.

Cet élément naturaliste, je le retrouve encore et dans la Vierge assise portant l'Enfant Jésus, qui

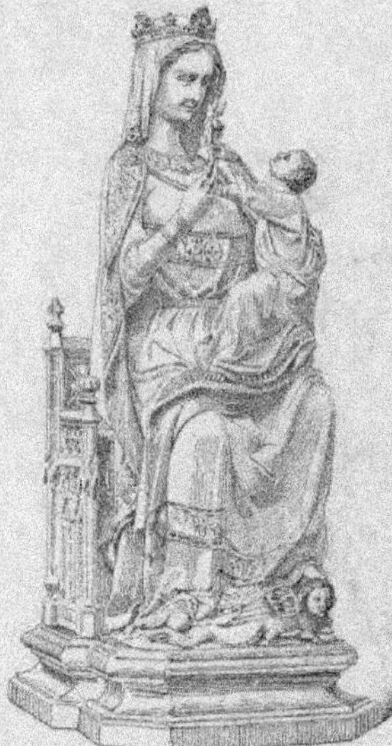

La Vierge et l'Enfant Jésus, fin du XIIIe siècle.
(Collection de M. le Baron Oppenheim, à Cologne.)

---

taires dont on trouvera plus bas le texte. Abstraction faite de la base en orfèvrerie qui, par son ornementation et le nombre des pieds qui la supportaient, convient parfaitement au plan de la base en ivoire subsistant seule aujourd'hui, abstraction faite de certains détails d'ornementation qui ont été modifiés pour des raisons faciles à comprendre, cette identification peut être considérée comme certaine. Voici le texte de Morand : « Une figure d'ivoire représentant la Sainte Vierge, tenant l'Enfant Jésus entre ses bras. Cette pièce est montée sur un pied d'argent doré, émaillé aux armes de France et supporté par cinq petits lions. Sur la poitrine de l'Enfant Jésus est un camaïeu d'agate. La tête de la Vierge est ornée de pierreries et de perles, et sur la poitrine est placée une émeraude. » L'*inventaire des reliques de la Sainte-Chapelle du Palais*, dressé le 6 avril 1740, manuscrit en la possession de M. de Champeaux, qui nous l'a obligeamment communiqué, contient une description analogue : « N° 43. Item, une figure d'ivoire représentant la Vierge tenant l'Enfant Jésus sur ses bras, sur un pied d'argent doré émaillé aux armes de France, supporté de cinq petits lions ; sur la poitrine de l'Enfant Jésus est un camaïeu d'agathe ; sur la tête de la Vierge sont plusieurs perles et pierres et sur sa poitrine est une émeraude. » On retrouve la même figure dans l'inventaire de 1573 publié par Bonet d'Assy (*Revue archéologique*, 1848, p. 45) : « 17 : Une image d'ivoire de Nostre Dame estant sur ung pied d'argent doré, aux armes de France, esmaillé, porté sur cinq petits lyons, tenant son enfant entre ses bras, qui avont en sa poitrine ung camaïeu d'agathe prisé cinquante solz... Laquel image Notre Dame aussi dessus désigné, pèse, en argent doré, cuivre et l'or de la couronne, ensemble dix-huit marcs, estime le tout valoir II c l. Et la pierrerye, qui y est dessus déclarée, estimée aux sommes devant dittes, monte mil vingt deux livres. Somme total du dit [illegible]. » Enfin le même groupe d'ivoire figure dans l'inv[entaire] [illegible] (Paris, Bibliothèque nationale, manuscrit latin [illegible]) : « Item quoddam ymago ebenea sive eburnea Beate [Marie] [illegible] unus infabudamentum argenti deaurati, esmail[li] [illegible] supra quinque parvos leonculos ; in cujus ymag[inis] [illegible] sunt munita octo grossis perlis rotundis et quatu[or] [illegible] perlis orientalibus, quatuor smaragdis et quatuo[r] [illegible] ejusdem ymaginis est unus smaragdus multum [illegible] multum vivus et in digito suo unus anulus aureus [illegible] in filii pectore unus camocheyus. In qua defi[ni] [illegible] lapide suo. »

Antérieurement à 1480, je n'ai pas trouvé de [illegible] mention explicite de la Vierge du Louvre, ce [illegible] pièce qui accuse le XIVe siècle, suffit amplemen[t] [illegible] lacune qui admettait qu'elle avait pu être donn[ée] [illegible] inventaire du 5 février 1311 (nouveau style) [illegible] nationales (J. 155, n°1), on trouve bien la mentio[n] [illegible] « Item investis fuit quoddam ymago ebenea de [illegible] argenti ; » mais rien ne nous autorise à iden[tifier] [illegible] celui que possède le Louvre. Ce serait donc p[ostérieurement] [illegible] antérieurement à 1480 que cette pièce aurait [illegible] Chapelle. Mais dès lors le champ peut être largem[ent] [illegible] conjectures et ce n'est pas dans un catalogue [illegible] celles qui pourraient être présentées avec quelq[ue] [illegible].

1. N° 244 du *Catalogue des Ivoires*. Reprodu[it] [illegible] du titre de ce catalogue.

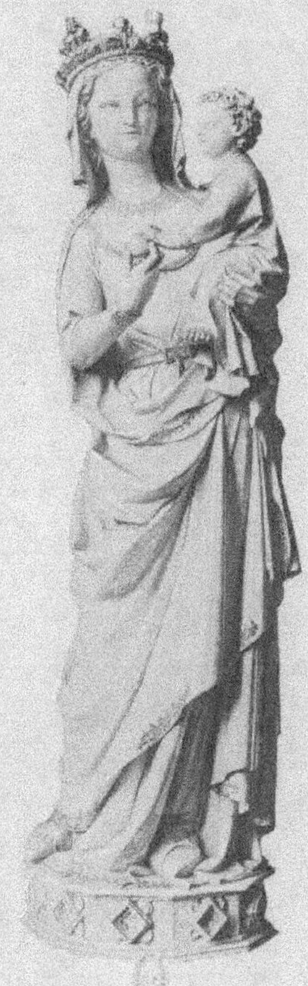

LA VIERGE ET L'ENFANT JÉSUS

fait partie de la Collection de M. le baron Oppenheim, à Cologne, œuvre de premier ordre, mais
qui n'est déjà plus une œuvre due à un artiste naïf, et dans la belle Vierge que conserve l'église de
Villeneuve-lès-Avignon, sculpture un peu maniérée peut-être, un
peu contournée à cause de ses dimensions mêmes, mais dont la polychromie admirablement conservée permet de se faire une idée assez
exacte de ces ivoires au moment où, tout battants neufs, ils sor-
taient des mains du sculpteur. Car, et on aurait tort de se le
dissimuler, nous avons quelque peine à accepter sans réserve cette
polychromie, parce que notre œil, dès longtemps, a été habitué aux
figures antiques dans lesquelles — après tant de siècles écoulés — la
couleur n'est que l'exception et ne se présente à nous que sous
forme de traces que recueille pieusement l'archéologue, mais qui
choquent cependant nos conventions modernes. A ce point de vue,
notre jugement a été à ce point faussé que si par quelque hasard
on retrouvait une série de statues antiques revêtues encore de leur
couleur absolument fraîche, notre premier mouvement serait un

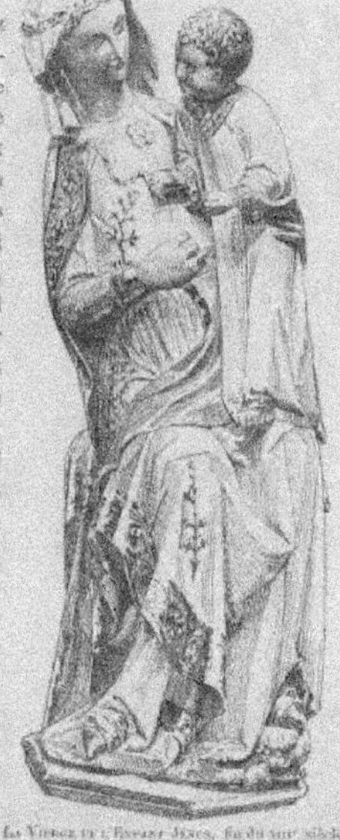

La Vierge et l'Enfant Jésus, fin du xive siècle.
(Église de Villeneuve-lès-Avignon)

mouvement de répulsion ou tout au moins
de regret. Et pourtant, quand on y réfléchit
d'une façon impartiale, quoi de plus naturel
que de revêtir des figures en ronde bosse
de couleurs qui leur donnent l'apparence de
la vie ? N'est-ce point le rôle que s'attribue
le peintre ? et tout le monde trouverait
ridicule que son rôle se bornât à traduire
la nature par une éternelle et monotone
grisaille.

Sauf de très rares exceptions, aucune
figure sculptée en ivoire ne nous offre un
style naturaliste porté à un aussi haut degré
que dans la sculpture monumentale. Il ne
faut pas oublier, pour s'expliquer cette différence, que ces sculptures ont été exécutées
surtout par des artisans, par des imitateurs et non par des créateurs, qui
pendant des générations ont reproduit des types qui étaient déjà vieillis et
légèrement passés de mode dans la sculpture monumentale. C'est un fait qui
devient surtout évident quand on étudie les ivoires civils, dans lesquels pendant tout le xive siècle et même encore au commencement du xve siècle ont été
reproduits par centaines des scènes créées vers la fin du xiie siècle, sans que les
artistes qui les recopiaient aient jugé à propos d'y rien modifier, pas même
les costumes qui étaient absolument hors d'usage à l'époque où ils fabriquaient
leurs ivoires. C'est ce qui explique comment nous ne possédons point d'ivoires
qu'on puisse mettre en parallèle avec les sculptures de la fin du xive siècle
ou du commencement du xve. Il y a eu sans doute modification dans le style, mais ces modifications ne
sautent pas, dès l'abord, aux yeux ; il faut se livrer à une étude assez profonde pour les découvrir.

A l'origine, cette évolution naturaliste a dû être assez rapide : il est évident que des statuettes

L'Ange Gabriel, xive siècle.
(Collection Chalandon)

telles que la belle figure d'ange qui fait partie de la Collection Chalandon[1] appartiennent à un art beaucoup moins idéaliste que les anges qui accompagnent le *Couronnement de la Vierge* dont le sourire béat a quelque chose d'encore très primitif. Et pourtant cette figure est encore du XIIIe siècle, et des différences de provenance ne suffiraient pas à expliquer une telle diversité dans le style.

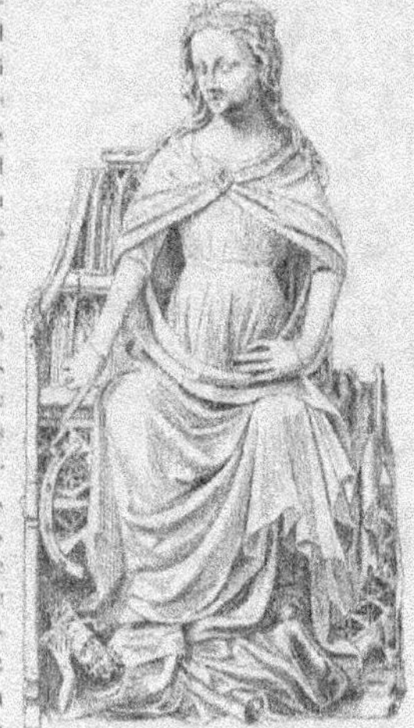

LA VIERGE ET L'ENFANT JÉSUS.
Fin du XIVe ou commencement du XVe siècle.
(Musée du Louvre.)

Ces remarques que je présente à propos de quelques monuments justement célèbres, on pourrait les étendre à un très grand nombre d'autres, sans que cette conclusion fût infirmée, à savoir que l'art de l'ivoirier, s'il a emboîté le pas à la fin du XIIIe et au commencement du XIVe siècle derrière la sculpture monumentale naturaliste, n'a pas suivi ce mouvement dans ses manifestations les plus palpables ; il est, en quelque sorte, resté en arrière, même quand l'art français a subi l'influence flamande qu'on retrouve dans un assez grand nombre d'ivoires du déclin du XIVe siècle ou du commencement du XVe siècle, par exemple dans deux figures du Musée du Louvre, toutes deux œuvres exquises par certains côtés, ou dans un groupe du Musée de Cluny, représentant sainte Catherine, œuvre d'une très grande finesse, malgré certains gros défauts, et surtout intéressante au point de vue des draperies. Dans ces morceaux, comme dans la Vierge de la Collection Lebreton, à Rouen, comme dans la Vierge allaitant l'Enfant Jésus, au Musée de Rouen, ou dans les Anges qui sont conservés au Trésor de la cathédrale de la même ville, les types adoptés pour les physionomies peuvent varier suivant la provenance des sculptures : ici, les visages seront minces et effilés, les yeux fendus en coulisse ; là, les visages seront pleins et arrondis, l'expression bienveillante mais un peu commune ; mais dans la partie principale de la sculpture, dans la draperie, il y aura en somme des variantes bien insignifiantes si on les compare aux modifications profondes apportées dans la sculpture monumentale. En somme, les groupes et les figures en ivoire isolées du XIVe siècle et du

SAINTE CATHERINE D'ALEXANDRIE.
Fin du XIVe ou commencement du XVe siècle.
(Musée de Cluny.)

1. Publié par J. B. Giraud, *Recueil descriptif et raisonné des principaux objets d'art qui ont figuré à l'exposition rétrospective de Lyon en 1877*, pl. V. — Dans l'inventaire du Trésor de Charles V, en 1379 (154, Labarte, n° 2080) est décrit un groupe en ivoire représentant l'Annonciation. Cette figure de la Collection Chalandon proviendrait-elle de ce groupe ?

XVe siècle, en France, donnent plutôt l'idée d'un art maniéré, tel que celui que nous révèle une figure qui fit partie de la Collection Spitzer et que je donne ici, que d'un art profondément réaliste : le réalisme se traduit surtout dans les traits du visage, dans le déhanchement des figures souvent outré, surtout dans les œuvres de grande dimension où, grâce à la forme de la matière employée, cette attitude était en quelque sorte obligatoire ; mais il se borne à ces quelques traits. On peut en conclure que l'art de l'ivoirier à l'époque gothique est resté un art stationnaire, un art d'imitation dont les patrons étaient arrêtés dans leurs lignes générales dès la fin du XIIIe siècle.

Cette conclusion surprendra peut-être un peu ; elle n'étonnera point le lecteur si dans les musées ou dans les collections particulières il prend la peine de faire des rapprochements et des comparaisons. A tout prendre, les œuvres d'ivoire du XIIIe et du XIVe siècle sont peut-être aussi hiératiques qu'un certain nombre d'œuvres byzantines. Par des causes différentes on est arrivé aux mêmes résultats : les ateliers monastiques de l'Empire d'Orient ont engendré, à côté de chefs-d'œuvre, des copies médiocres qui se répètent à l'infini et constituent un art tout de formule ; les ateliers laïques occidentaux, en France surtout, sont arrivés à une production si considérable que de simples manœuvres ont recopié en grand nombre un petit nombre de morceaux créés par des sculpteurs, sans en changer quoi que ce soit. Ils ont créé ainsi virtuellement une iconographie dont les règles, pour n'être pas aussi strictement arrêtées que celles de l'iconographie byzantine, ont eu cependant le même résultat

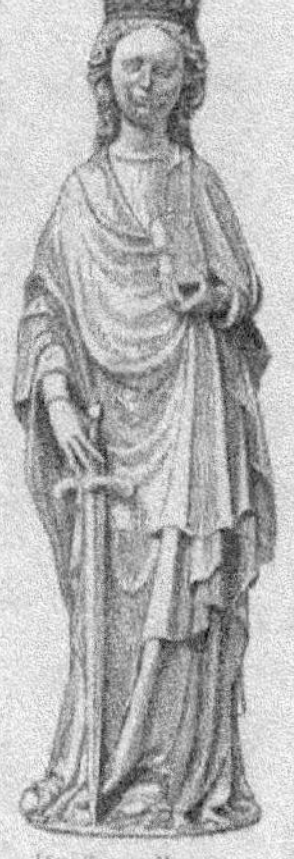

Une Sainte Martyre,
Commencement du XVe s.
(Musée du Louvre)

puisqu'elle a produit un très grand nombre de répétitions qui, prises isolément, présentent souvent un assez grand nombre de qualités, mais qui, réunies, accusent la pauvreté du sentiment artistique de ceux qui les ont sculptées.

Si cela est vrai pour les figures isolées, pour les groupes, à plus forte raison cela est-il indiscutable pour les diptyques et triptyques, polyptyques abritant par leurs volets une image centrale, de ronde bosse, de toutes dimensions, avec ou sans décor polychrome, dont la fabrication au XIVe siècle surtout, on peut même dire dès la fin du XIIIe siècle, prend une extension énorme.

La Vierge et l'Enfant Jésus,
XIVe siècle.
(Ancienne Collection Spitzer)

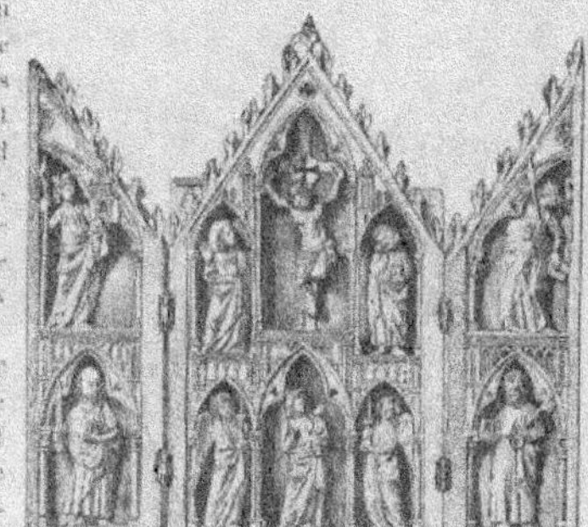

Triptyque, fin du XIIIe siècle. (Travail italien.)
(Ancienne Collection Spitzer)

L'inventaire des sujets, qui, presque sans variantes, sont représentés sur les panneaux de ces petits meubles d'aspect délicat, destinés à prendre place sur les autels secondaires des églises ou dans les chapelles particulières, parfois même dans les appartements, n'est pas très long à faire. Les diptyques les plus simples n'offrent généralement que deux sujets, *la Vierge et l'Enfant Jésus* et la *Crucifixion* ; la *Nativité* et la *Crucifixion* ou la *Nativité* et le *Jugement dernier* ; les triptyques montreront, en développant ce thème, l'*Adoration des rois*, la *Présentation au Temple*, puis des scènes de la Passion groupées autour de la *Crucifixion* ou même simplement la *Vierge portant l'Enfant Jésus*, entre deux anges, tel le bel ivoire qui fait partie de la Collection de M. le Baron Oppenheim, à Cologne, un triptyque dont le style égale les plus belles figures isolées créées par les artistes gothiques. Ce n'est que par une rare exception que les artistes aborderont des sujets plus compliqués ou sembleront du moins compliquer à plaisir les principales scènes de la vie du Christ, cherchant en quelque sorte à faire tenir le plus de figures possible dans un cadre microscopique, comme dans un charmant petit diptyque, véritable bijou, que possède M. le comte de Valencia y don Juan, à Madrid. Enfin dans les pièces plus compliquées,

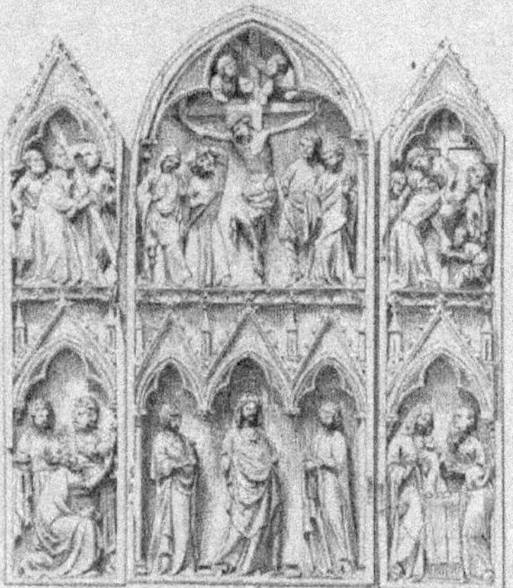

Triptyque de Villefranche de Rouergue, commencement du xive siècle.
(Musée de Cluny)

diptyques ou triptyques, on suivra pas à pas, à l'aide d'un commentaire en image, tous les événements dans l'ordre où ils sont donnés par les Évangiles. (Voyez par exemple le diptyque du Musée du Bargello, à Florence, planche xx). On choisira de préférence la reproduction complète d'un cycle historique ou légendaire, la *Passion*[1], dans tous ses détails, ou la *Mort* et l'*Assomption de la Vierge*, telles que les raconte la *Légende dorée*. Plus exceptionnellement, comme dans un ivoire du Musée de Lille que j'ai jadis publié[2], se rencontre un mélange de sujets empruntés à ces deux cycles, la *Crucifixion* et le *Couronnement de la Vierge* et même des scènes beaucoup plus rares, telle que le *Festin de Cana*. Mais en règle générale, ce sont bien la *Passion* et la *Glorification de la Vierge* qui ont eu le plus de crédit auprès des ivoiriers du xiiie, du xive et du xve siècle.

1. Fragment de polyptyque au Musée de Cluny, xiiie siècle ; n° 1082 du Catalogue de 1881 ; fragment de polyptyque de même facture, dans l'ancienne Collection Spitzer, ivoires, n° 48 (il est reproduit ci-contre) ; diptyque de la Collection Basilewsky, au Musée de l'Ermitage (Basrel., *Collection Basilewsky*, pl. xvi, n° 100) ; diptyque de la Collection de M. le baron Oppenheim, à Cologne ;
2. *Album des Musées de province*, pl. v.

On trouvera dans les planches des exemples tout à fait remarquables de ces compositions : le beau triptyque qui fait partie de la Collection Martin Le Roy (planche XVI) peut passer pour un des spécimens les plus complets de la légende de la *Mort de la Vierge* traduite en image[1] ; j'en ai déjà parlé, je n'y reviendrai pas, si ce n'est pour faire remarquer que l'art en est encore tout à fait idéaliste. Un beau triptyque qui de l'église de Villefranche-de-Rouergue est passé dans les Collections du Musée de Cluny appartient à l'art du commencement du XIVe et nous montre, traités évidemment par un véritable artiste, des sujets beaucoup plus communs. D'une période beaucoup plus avancée du même siècle est certainement le diptyque du Musée du Bargello à Florence (planche XX), l'un des ivoires les plus intéressants de cette série : l'architecture est beaucoup plus soignée que dans les pièces similaires, d'un plus fort relief, et abrite véritablement chacune des scènes. Si la disposition générale est purement traditionnelle, certains détails trahissent cependant des tendances naturalistes très accentuées (voyez en particulier la physionomie de saint Joseph, les figures des rois Mages, la scène du Massacre des Innocents). Cet ivoire est purement français ainsi qu'un coffret, de même date à peu près, qui appartient au Musée de Toulouse, coffret complètement recouvert de bas-reliefs religieux. D'autres pièces, de style tout à fait flamand ou franco-flamand de la seconde moitié

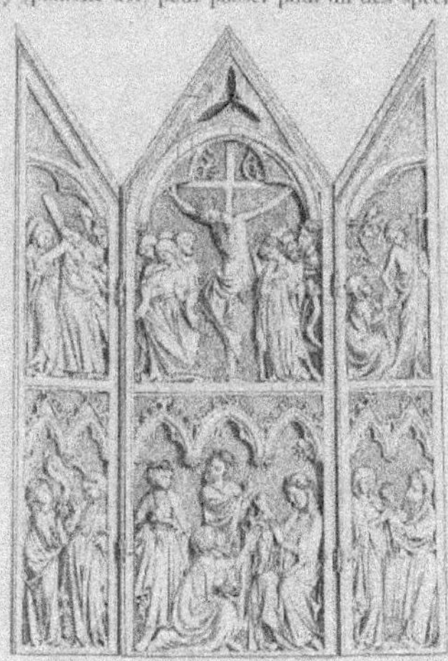

Triptyque, XIVe siècle.
(Ancienne Collection Spitzer)

du XIVe siècle, montrent de leur côté une complication bien plus grande dans l'architecture, et les figures deviennent ultra-maniérées : comme spécimens de ces ivoires flamands, je citerai un charmant

1. Triptyque de la Collection Martin Le Roy, à Paris (planche XVI); fragment de triptyque au Louvre, n° 37. Voici, d'après la *Légende dorée*, le récit de la mort de la Vierge dont la lecture est utile pour l'intelligence de la série de monuments retraçant les principales scènes de ce sujet; j'emprunte ce passage de l'œuvre de Jacques de Voragine au *Manuel d'iconographie chrétienne* de Didron, p. 281, note 1 : « Les apôtres étaient dispersés en diverses contrées du monde pour prêcher la religion, et Marie habitait une maison près de la montagne de Sion, passant sa vie à visiter tous les lieux glorifiés par le baptême, le jeûne, la prière, la passion, la sépulture, la résurrection et l'ascension de son fils. Elle avait alors soixante ans; car, à quatorze ans, elle conçut Jésus, l'enfanta à quinze, vécut trente-trois ans avec lui, et lui survécut douze années encore.

« Un jour, le cœur de la Vierge, embrasé d'un désir de revoir son fils, se laissa défaillir et se répandit en larmes, car son fils bien-aimé lui avait été enlevé. Un ange lumineux lui apparut : « Vierge bienheureuse, lui dit-il, votre fils béni, mais recevez encore la bénédiction de celui qui dans le temple saint Jacob. Voici, ô ma maîtresse, une branche de palmier du paradis; vous commanderez qu'on la porte devant votre cercueil, car dans trois jours vous serez ôtée de votre corps pour aller, entourée de gloire, vers votre fils. » Marie lui répondit : « Qu'il soit fait comme vous dites; mais je désire instamment que les apôtres, mes frères et mes fils, soient assemblés près de moi, pour qu'avant ma mort je les voie de mes yeux corporels; pour qu'en leur présence je rende mon âme à Dieu, et que je puisse être ensevelie par eux. Je demande encore et que j'ai demandé bien des fois à mon fils sur la terre, que mon âme, quand elle sortira de mon corps, ne voie nul esprit terrible et ne rencontre aucune puissance du démon. »

« L'ange lui dit : « Celui qui, de Judée à Bethléem transporta le prophète par un cheveu, pourra, en un moment, vous amener les apôtres. Vous n'aurez pas non plus à redouter la présence de l'esprit méchant, vous qui l'avez brisé à la tête et dépouillé de son empire. » En achevant ces mots, l'ange remonta au ciel, comme il en était venu, dans des flots de lumière.

« Cependant le palme qu'il avait laissé étincelait d'une grande clarté, elle était verte comme un rameau naturel, mais ses feuilles pétillaient comme l'étoile du matin. Marie se mit au lit pour y rester jusqu'à sa sépulture.

« Pendant que Jean prêchait à Éphèse, le ciel tonna tout à coup. Une nuée blanche prit l'apôtre et le déposa devant la maison de Marie. Il frappa à la porte, entra et salua sa mère. Marie fut si joyeuse de le revoir, qu'elle ne put se tenir de pleurer : « Jean, mon fils, lui dit-elle, souvenez-vous des paroles de votre maître, qui m'a confiée à vous. Dieu m'appelle à mourir, je vous recommande donc mon corps, car les Juifs ont résolu d'attendre la mort de celle qui a porté Jésus dans ses flancs, afin d'enlever son corps et de le jeter dans les flammes. Vous ferez porter cette palme devant mon cercueil quand vous me conduirez au tombeau. » Jean pleure.

« Au même instant le tonnerre gronda, et tous les apôtres, enlevés par des nuages aux diverses contrées où ils prêchaient, tombèrent comme de la pluie devant la maison de la bienheureuse Vierge. Jean sortit au devant d'eux, et leur apprit que Notre-Dame allait trépasser. En essuyant ses larmes, il leur recommanda de ne pas pleurer la mort de la Vierge, de peur que le peuple n'en fût troublé et ne dît : « En voici qui redoutent la mort, et qui cependant prêchent la résurrection. »

« Quand Marie vit tous les apôtres assemblés, elle bénit Notre-Seigneur. Elle les fit asseoir au milieu des lampes et des lumières ardentes; elle leur montra le rameau lumineux, elle reçut les baisers de

diptyque de la collection de Madame Hartmann (vers 1370 environ), des fragments de triptyque représentant la vie de sainte Agnès et un diptyque complet monté en marqueterie — cette dernière de facture italienne — qui ont fait partie de la Collection Spitzer[1]. De ce dernier monument fort remarquable et particulièrement curieux parce qu'il montre en ivoire une série de scènes identiques à celles qu'on rencontre à la fin du XIVe et au commencement du XVe siècle, sur toute une série de retables ou de fragments de retable en albâtre, il faudrait encore rapprocher deux plaques entièrement découpées à jour qui font partie de la Collection de M. le baron Oppenheim, à Cologne[2]. Ces pièces nous révèlent des modifications très profondes dans le style, l'abandon des costumes démodés, une sculpture en un mot bien plus réaliste et aussi très maniérée, d'un genre tout nouveau.

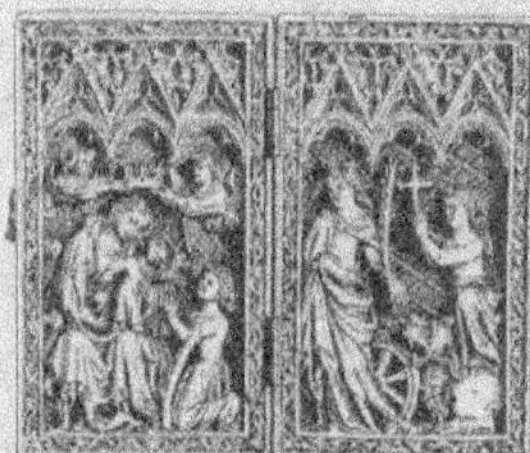

Diptyque, fin du XVe siècle.
(Collection de Mme Hartmann)

Cet amaigrissement dans les formes, cette habitude d'apporter dans le traitement de l'ivoire moins de soin qu'au XIIIe et au commencement du XIVe siècle, ont amené les ivoiriers français à créer au XVe siècle une foule de produits qui appartiennent beaucoup plus à l'art du graveur qu'à l'art du sculpteur, tant les reliefs y sont peu accentués. On en trouvera ici un exemple caractéristique accompagné de fonds guillochés et semés de fleurs de lys, exemple dont on peut rapprocher un triptyque du Louvre[3].

Dans ces ivoires, d'un style si particulier, j'ai cru autrefois retrouver les premiers spécimens d'une industrie qui subsiste encore aujourd'hui, l'industrie de la sculpture en ivoire, telle qu'elle a été pratiquée à Dieppe. J'y voyais des sculptures, peu artistiques en somme, exécutées d'une façon sommaire tout industrielle, avec une régularité qui trahit plutôt la main d'un ouvrier habile que d'un véritable artiste. A la suite de comparaisons nombreuses, j'ai dû renoncer à cette opinion. Si nous avions véritablement là des spécimens de l'industrie des ivoiriers de Dieppe à ses débuts, il est probable que nous pourrions suivre, à l'aide de nombreuses pièces, les progrès ou les transformations de la fabrication; au XVIe siècle encore, à une époque où les modèles s'étaient transformés, nous retrouverions des échantillons de style attardé, exécutés dans des ateliers opérant d'après d'anciens patrons; il n'en est rien, et passé le XVe siècle ou le début du XVIe tout au plus, on ne rencontre plus d'ivoires du genre de ceux que je viens de signaler. Ce n'est pas à dire pourtant qu'on n'ait pas sculpté l'ivoire à Dieppe au XVe siècle; une tradition le veut, et cette tradition est, dans une certaine mesure, acceptable; mais jusqu'ici nous ne possédons pas d'échantillon authentique de cette fabrication.

« Au mois de novembre de l'année 1364, les Dieppois équipèrent deux vaisseaux du port, d'environ

---

la mort, et s'arrangea dans son lit en attendant sa fin. Pierre était à la tête du lit, Jean aux pieds, les autres apôtres à l'entour, célébrant les louanges de la Vierge. Vers la troisième heure de la nuit, un grand coup de tonnerre heurta la maison, et un parfum si délicieux embauma la chambre que tous ceux qui étaient là, hors les apôtres et trois vierges qui portaient des flambeaux, s'endormirent d'un profond sommeil. Alors Jésus-Christ arriva avec les ordres des anges, l'assemblée des patriarches, le bataillon des martyrs, l'armée des confesseurs et les chœurs des vierges. Tous se groupèrent autour du lit de la Vierge, et psalmodièrent de doux cantiques.

« Jésus dit à sa mère : « Venez, ma chère, je vous placerai sur mon « trône, car je soupire après votre beauté. — Seigneur, répondit Marie, « mon cœur est préparé. » Alors tous ceux qui étaient venus avec Jésus chantèrent doucement; Marie chanta elle-même ces paroles : « Toutes « les générations me proclameront bienheureuse parce que celui qui est « puissant et libéral m'a voulu a fait de grandes choses pour moi. » Aussitôt le chœur des vierges entonna plus excellemment que tous les autres : « Ma fiancée, venez du Liban, venez, vous serez cou-« ronnée. — Me voici, dit Marie, car je me réjouis en vous. » En ce moment, l'âme de la bienheureuse Vierge sortit sans douleur de son corps et s'envola dans les bras de son fils. Jésus dit aux apôtres : « Portez « honorablement le corps de ma mère dans la vallée de Josaphat; « ensevelissez-le dans le tombeau qui lui est préparé, et attendez-moi « trois jours, jusqu'à ce que je revienne à vous. »

De toute cette légende, les artistes du moyen âge ont tiré la série des scènes qui décorent beaucoup d'ivoires ou qui ont servi de thème à de nombreuses sculptures monumentales, dont le Couronnement de la Vierge forme toujours le groupe principal.

1. Collection Spitzer, t. I, Ivoires, n° 72, 73, 75 et n° 76.
2. Autrefois dans la Collection Spitzer, 1891, n°s 112 et 113. J'ai catalogué ces plaques, à tort je crois, comme italiennes.
3. N° 148 du Catalogue des ivoires, reproduit dans les Annales archéologiques, t. XVI, 1856, en tête d'un article de Darcel sur la Collection Sauvageot.

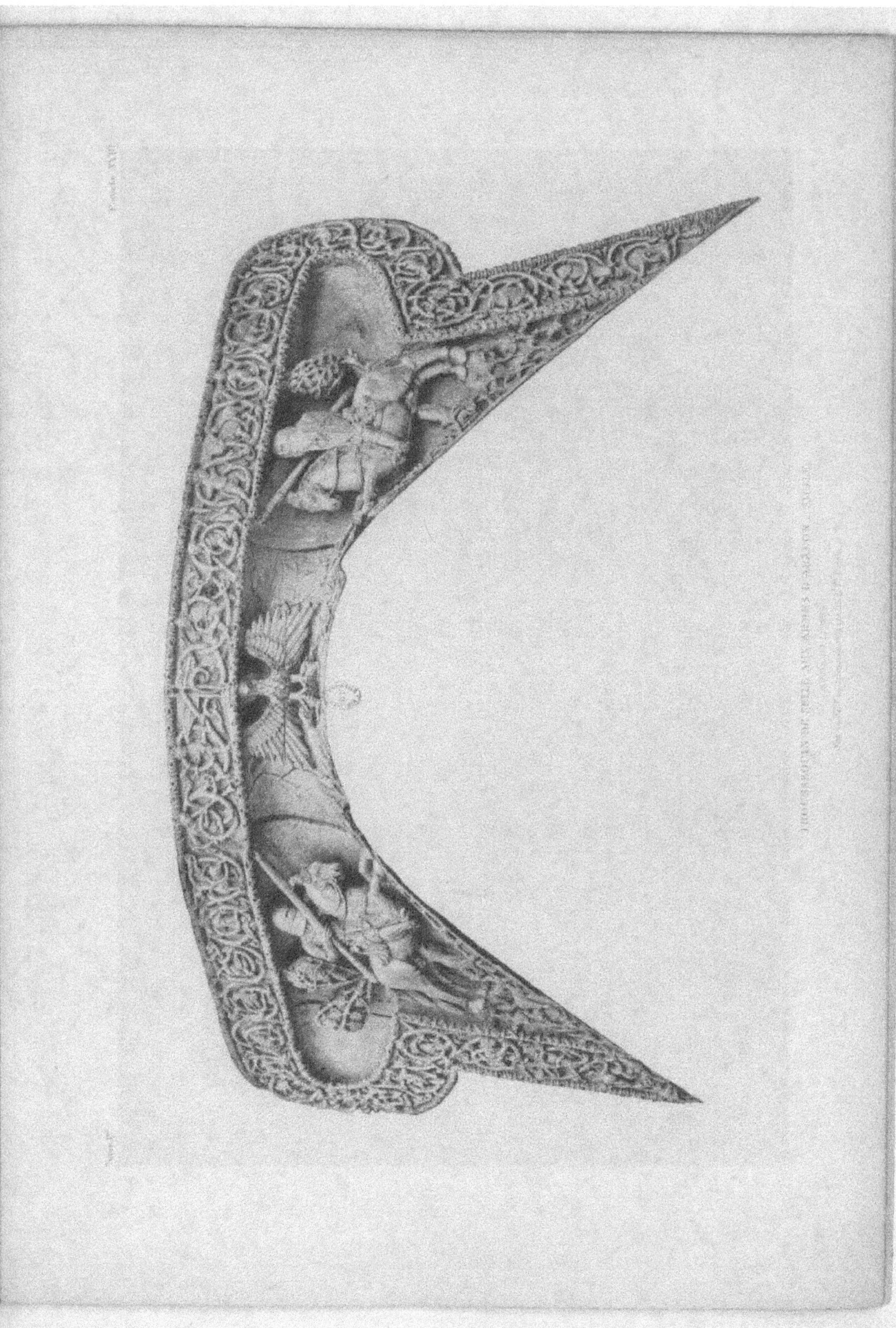

cent tonneaux chacun, qui firent voile vers les Canaries et arrivèrent vers Noël au Cap-Vert ; de là ils coururent le Sud-Est, passèrent devant le cap de Monte, d'où les habitants de toutes ces costes furent fort étonnés, croyant que tous les hommes estoient noirs ; et, enfin, ils s'arrêtèrent à l'embouchure d'une petite rivière, près de Rio-Sestos, où est un village qu'ils nommèrent le Petit-Dieppe, à cause de la ressemblance du havre et du village, situés entre deux costeaux. Là ils achevèrent de prendre leurs charges de morphi (ou d'ivoire) et de ce poivre appelé malaguette, et l'année suivante, 1365, à la fin de may, furent de retour à Dieppe, ayant fait des profits qui ne se peuvent exprimer, n'ayant demeuré que six mois dans leur voyage. La quantité d'ivoire qu'ils apportèrent de ces costes donna cœur aux Dieppois d'y travailler, qui depuis ce temps ont si bien réussi qu'aujourd'hui ils se peuvent vanter d'estre les meilleurs tourneurs du monde en fait d'yvoire.....[1] »

Il convient de remarquer que la relation de Villaut de Bellefond ne date que de 1666 ; mais on pourrait au besoin invoquer, pour établir ces relations des Normands avec la côte d'Afrique, des témoignages historiques plus certains, notamment l'expédition de Jean de Béthencourt en 1402, dont la relation a été écrite par deux témoins oculaires, Pierre Bontier, moine franciscain, et un prêtre nommé Jean Le Verrier. Jean de Béthencourt, chambellan du roi Charles VI, parent de l'amiral Jean de Vienne, esprit aventureux, encouragé peut-être par son parent Robert de Braquemont qui servit Henri III de Castille et avait obtenu la permission de faire la conquête des îles Canaries, fit dans ces parages une expédition demeurée célèbre. Mais Béthencourt ne borna pas son voyage aux Canaries et, trente ans avant les Portugais, il explora la côte d'Afrique jusqu'au cap Bojador. Ces expéditions eurent-elles une influence sur le développement de la sculpture en ivoire, grâce à l'abondance de la matière première rapportée d'Afrique, non seulement à Dieppe mais dans toute la Normandie? Il serait difficile de l'affirmer ; mais on a remarqué que, dès le commencement du XVIe siècle, en 1507, les sculpteurs en ivoire prennent place parmi les artistes énumérés dans les statuts des peintres et sculpteurs imagiers de la ville de Rouen, ce qui semble indiquer que, depuis longtemps déjà, on travaillait l'ivoire dans cette ville[2]. Mais, il faut bien l'avouer, nous ne possédons pas d'exemples authentiques d'ivoires sculptés à Dieppe à une époque aussi ancienne ; ce n'est qu'à une période relativement moderne qu'on peut constater avec certitude l'existence d'ateliers d'ivoiriers dans cette ville; c'est ce qui m'a engagé à abandonner une hypothèse qui ne laissait pas que d'avoir des côtés séduisants.

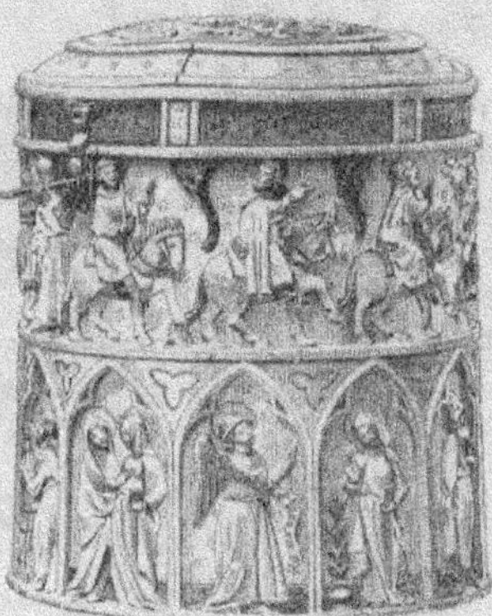

COFFRET, XIVᵉ siècle.
(Musée de Dijon.)

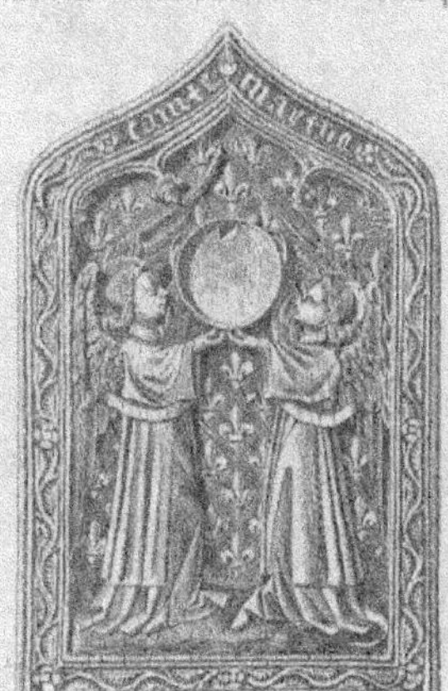

RELIQUAIRE DE SAINTE-MARTHE, XVᵉ siècle.
(Ancienne Collection Spitzer.)

1. Vitet, *Histoire de Dieppe*, t. II ; ce passage est tiré de la *Relation des côtes d'Afrique appelées Guinée*, par Villaut, escuyer, sieur de Bellefond. Je cite ce passage d'après M. de Chennevières, *Notes d'un compilateur sur les sculpteurs et les sculptures en ivoire*, p. 8.

2. Chennevières, *loc. cit.*, p. 7. — Labarte, *Histoire des Arts industriels*, 2ᵉ édit., t. I, p. 117.

J'ai déjà signalé un coffret du Musée de Toulouse orné de bas-reliefs tout à fait analogues à ceux qui figurent sur les diptyques et les triptyques; ce sont des bas-reliefs semblables qui forment la décoration d'une charmante boîte du XIVe siècle qui appartient au Musée de Dijon, boîte qui a en grande partie conservé sa décoration polychrome, d'une grande délicatesse, qui ne concourt pas peu à augmenter l'intérêt de ce précieux monument.

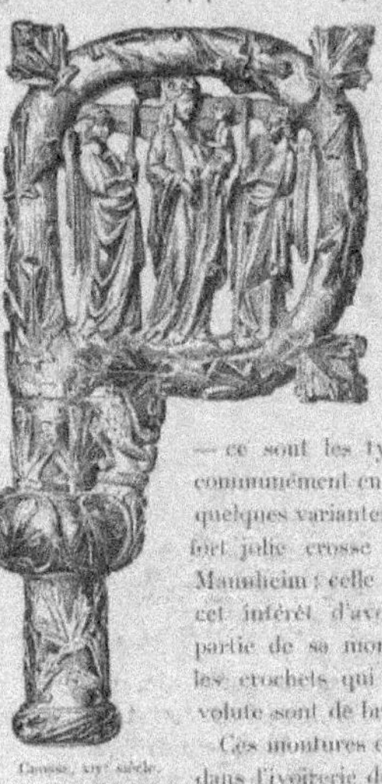

Dans le mobilier religieux du XIVe siècle français, dans la série des ivoires, nous rencontrons encore de très nombreuses crosses, très compliquées sous le rapport de la sculpture, mais qui ne rappellent que de fort loin les ustensiles du même genre de l'époque romane. Je donne ici deux exemples de ces crosses à doubles sujets. — La Vierge entre deux anges et la Crucifixion; — ce sont les types qu'on trouve le plus communément en France au XIVe siècle avec quelques variantes parfois, comme dans une fort jolie crosse que possède M. Charles Mannheim; celle du Musée de Cluny offre cet intérêt d'avoir conservé une grande partie de sa monture en orfèvrerie: tous les crochets qui garnissent l'échine de la volute sont de bronze doré.

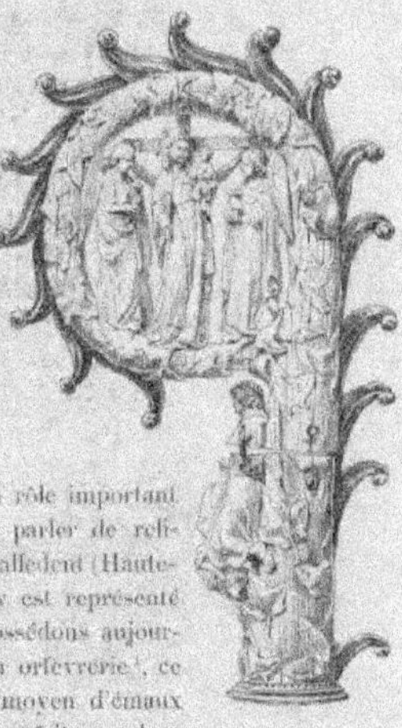

Crosse, XIVe siècle.
(Ancienne Collection Spitzer)

Crosse, XIVe siècle.
(Musée de Cluny)

Ces montures de métal ont du reste joué un rôle important dans l'ivoirerie du XIIIe et du XIVe siècle. Sans parler de reliquaires tels que le monstrance de l'église de Balledent (Haute-Vienne) dans lequel le métal joue le rôle principal — l'ivoire n'y est représenté que par un buste de Vierge — beaucoup de figures que nous possédons aujourd'hui comportaient une monture plus ou moins somptueuse en orfèvrerie[1], ce qui s'explique non seulement par le besoin de rappeler au moyen d'émaux placés sur le socle la polychromie de l'ivoire, mais aussi par ce fait que dans certains cas des orfèvres ont pu se transformer momentanément en ivoiriers: témoin cet orfèvre du roi Charles V, Jehan Le Braellier qui sculpta des panneaux d'ivoire[2].

Ces montures durent prendre encore plus d'importance quand, à la fin du XIVe siècle, les figures au lieu d'être assises sur des bancs sans dossiers furent installées sur des sièges à haut dossier à décoration d'architecture; dès lors rien n'était plus naturel que de faire ce siège en métal et d'en orner le revers, ce qui n'a presque jamais eu lieu dans les sculptures simplement en ivoire[3].

---

1. La Vierge de la Sainte-Chapelle était placée sur une terrasse en argent doré et émaillé supportée par des lions; l'inventaire du Trésor de Charles V, en 1379 (Édition Labarte), mentionne un certain nombre d'ivoires montés en orfèvrerie: une Vierge assise, sur une terrasse émaillée (n° 2105); une Annonciation (à rapprocher peut-être de l'Ange Gabriel, de la collection Chalandon, reproduit plus haut) sur un entablement d'argent émaillé de vert, portant gravé l'*Ave Maria* (n° 2534); une Vierge sur un entablement d'argent (n° 2028); une Vierge d'ivoire avec une couronne d'or garnie de turquoises et de rubis, un fermail sur la poitrine, sur un entablement d'argent doré porté par six lions (n° 3106). On pourrait, sans grande utilité, multiplier ces exemples qu'on rencontre à chaque pas dans les inventaires. Plus rarement on a tiré parti de l'opposition d'un bois de couleur foncé avec l'ivoire pour faire ressortir ce dernier: une Vierge « séant en une chayere d'ébenus » figure cependant dans l'inventaire de Charles V (n° 2046). Quelquefois, dans les triptyques ou les polyptyques, les volets étaient simplement décorés de peinture. (Cfr. *Inventaire du Trésor du Saint-Siège en 1295*, n° 712.)

2. « Item, deux grans beaulx tableaux d'yvire des trois Maries que fist Jehan le Braellier, en ung estuy de cuir ». *Inventaire de Charles V*, édit. Labarte, n° 2022.

3. Je ne connais qu'un groupe de la Vierge portant l'Enfant Jésus dont le revers du siège soit décoré d'un bas-relief; on y voit le *Massacre des Innocents*. Ce groupe est une œuvre du Nord de la France et du XIVe siècle. Une Vierge à siège de métal a figuré dans la Collection Ch. Stein, n° 22 du Catalogue de 1886.

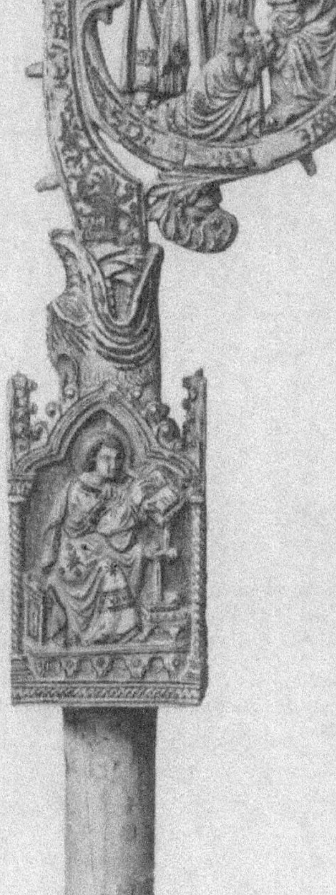

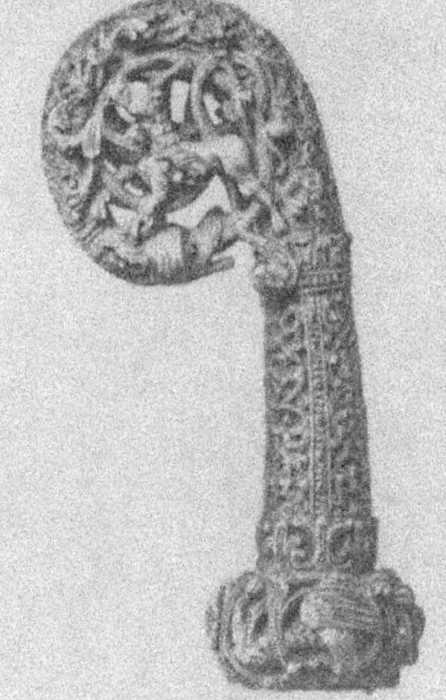

CROSSE ITALIENNE PROVENANT DE VOLTERRA

CROSSE

III. LES IVOIRES FRANÇAIS À SUJETS CIVILS

Les ivoires à sujets civils sont presque aussi nombreux au XIIIe siècle, au XIVe siècle surtout, que les ivoires religieux. C'est par leur étude qu'on peut se rendre compte, grâce au costume, combien l'art de l'ivoirier retarde sur la sculpture proprement dite. D'une façon générale, on peut dire que les sujets traités sur ces ivoires sont nouveaux et que les ivoiriers vont presque uniquement chercher leur inspiration dans la littérature du moyen âge; les allégories de style antique qui avaient défrayé les artistes de l'époque précédente sont presque partout abandonnées, et si elles reparaissent de temps à autre c'est sous une forme nouvelle, absolument transformée, et derrière cette transformation se trouve presque toujours non un monument plus ancien, mais une version littéraire du XIIe ou du XIIIe siècle.

Les catégories d'objets civils en ivoire sont du reste peu nombreuses: les coffrets de toute grandeur sont les plus abondants, puis viennent les boîtes de miroir, les gravoirs, les tablettes à écrire, les couteaux, puis quelques objets trop rares pour qu'on puisse en former des classes spéciales. Au point de vue archéologique, ces menus objets qui, pris dans leur ensemble, sont inférieurs comme facture aux ivoires religieux ont cet intérêt de nous prouver que, pendant tout le XIVe siècle ou à peu près, les ivoiriers ont vécu sur des patrons qui dataient du XIIIe siècle ou du commencement du XIVe siècle. Sauf de rares exceptions, dans tous ces ivoires, les personnages, portent un accoutrement qui cessa d'être de mode vers 1340, et les artistes qui les sculptaient, inférieurs en cela aux miniaturistes, n'éprouvèrent que tardivement le besoin d'y substituer le costume de leurs contemporains. Si donc nous pouvons ainsi nous convaincre que ces artisans ont copié pendant longtemps d'anciens modèles, il faut reconnaître aussi que cette circonstance ne laisse pas que d'être embarrassante quand on veut assigner une date certaine à de pareils monuments. Et pourtant, quand on a passé en revue des séries d'ivoires un peu nombreuses, on acquiert la conviction que l'hypothèse que je viens d'émettre est très admissible. Si ce fait de copies répétées pendant cent ans et plus n'était pas considéré comme démontré, il resterait à expliquer comment les ivoires religieux, si abondants pendant la première partie du XIVe siècle, ont continué à être fabriqués en grand nombre dans la seconde moitié du même siècle, alors que la fabrication des ivoires à sujets civils se serait trouvée tout à fait arrêtée. Les sujets représentés sur ces ivoires, pour nombreux que soient les monuments, ne sont pas très variés. Sur les coffrets comme sur les boîtes de miroir, nous rencontrons des sujets d'un caractère absolument banal, des couples amoureux s'embrassant ou

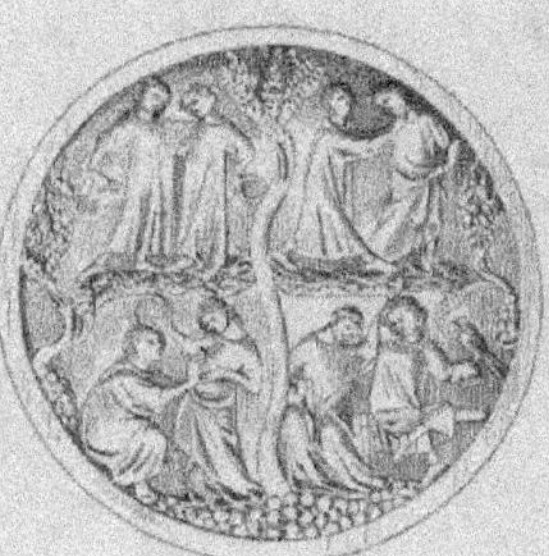

BOÎTE DE MIROIR, XIVe SIÈCLE.
(Musée du Louvre)

poursuivis par les traits que leur décoche l'Amour perché dans un arbre; plus fréquemment ces sujets sont scrupuleusement exécutés d'après un thème littéraire, et bien entendu les romans et ceux de la Table Ronde en particulier ont eu une vogue extraordinaire. Je ne sache pas que ce groupe très important de sculpture, véritable commentaire en images de la littérature, ait jamais fait l'objet d'une étude d'ensemble: il y aurait cependant là un sujet bien digne de tenter un savant connaissant la littérature du moyen âge; on y trouverait la preuve de la popularité dont ont joui certaines œuvres littéraires ou même simplement certains passages de ces œuvres, *Huon de Bordeaux jouant aux échecs avec la fille de l'amiral sarrasin*[1], *Le départ de Perceval et son arrivée à la Cour du roi Arthur*[2], *Les*

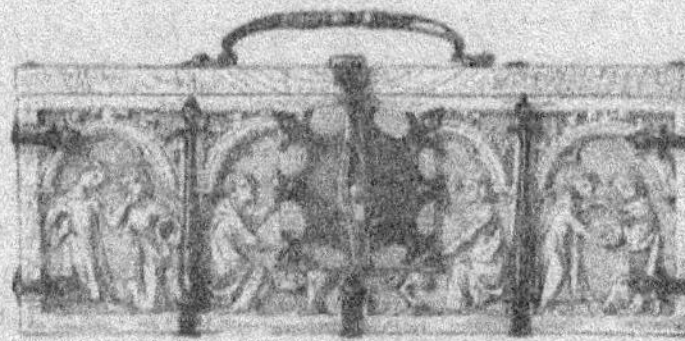

Amours de Tristan et d'Yseult interrompus par le roi Marc dont l'image se reflète dans l'eau d'une fontaine[3], ou le même sujet plus développé, *Le roman de la Châtelaine de Vergi*[4], *Le Lai d'Aristote* en deux ou trois tableaux[5], *L'Attaque du Château d'amour*[6], *La Fontaine de Jouvence*[7], *Le Jeu de la Main chaude*[8], ou simplement le départ d'un seigneur et d'une dame pour la chasse[9] ou des scènes de tournois[10], tels sont les sujets qu'on rencontre le plus communément. Par exception, on trouve des allégories ou des paraboles telles que l'*Histoire de l'Enfant prodigue*[11]. On voit par là combien les ivoiriers se sont mus dans un cadre étroit et combien il leur a fallu peu de modèles pour fabriquer des œuvres qui, encore aujourd'hui, sont très nombreuses.

COFFRET, XIVe SIÈCLE.
(Ancienne Collection Spitzer.)

Parfois, sur un même coffret on rencontre des scènes empruntées à plusieurs œuvres littéraires, agencées sans aucun ordre; parfois même des scènes de romans voisinent avec des figures exclusivement religieuses: on sent que tous ces travaux en ivoire, qui parfois recevaient des montures somptueuses[12], étaient en quelque sorte fabriqués à la douzaine. Ce n'est que très exceptionnellement que ces pièces, au point de vue du dessin et de la technique, s'élèvent au dessus du médiocre, et l'un des meilleurs exemples qu'on puisse citer de ces œuvres soignées est certainement un miroir du Musée de Cluny sur lequel on voit un roi et une reine assis côte à côte et entourés de différents personnages, hommes et femmes. C'est une œuvre qu'on peut faire remonter au XIIIe siècle, c'est-à-dire à un moment où les patrons qui devaient servir pendant plus d'un siècle n'étaient pas encore répandus[13].

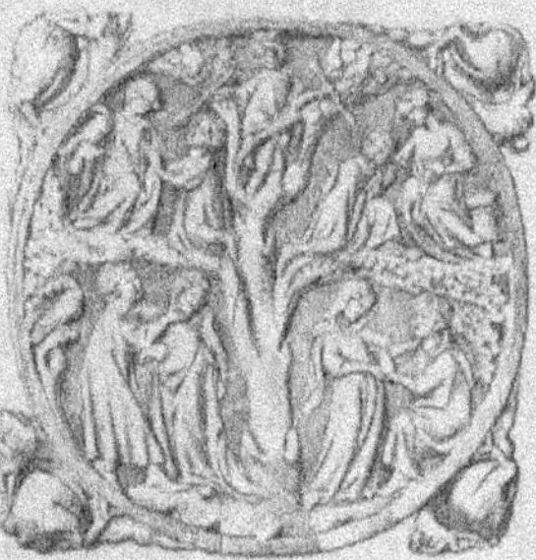

Au point de vue de la forme, ces pièces de mobilier ne diffèrent guère: le sujet principal ou les sujets sont inscrits dans un cercle; mais pour qu'il fût plus facile de détacher et de remettre en place les deux valves de la boîte de miroir qui

ROND DE MIROIR, XIVe SIÈCLE; LE DIEU D'AMOUR.
(Ancienne Collection Spitzer.)

se vissaient l'une à l'autre, dans la plupart des cas, ce disque était ramené à la forme carrée par l'adjonction soit de quatre larges feuilles, soit d'animaux, presque toujours des basilics ou des monstres à tête humaine tels qu'on en voit si souvent dessinés sur les marges des manuscrits.

---

1. *Catalogue des ivoires du Louvre*, n° 95. Viollet-le-Duc, *Dictionnaire du mobilier*, t. II, p. 397.

2. *Catalogue des ivoires du Louvre*, n° 62.

3. Ancienne Collection Spitzer, *Catalogue*, t. I, *Ivoires*, n° 70; — Darcel, *L'art ancien à l'exposition de 1878 au Trocadéro*, p. 206.

4. *Catalogue des ivoires du Louvre*, n° 61. — Le même sujet se trouve sur un coffret de la Collection Ch. Mannheim.

5. Collection de M. le baron Oppenheim, Ancienne Collection Spitzer, *Catalogue*, t. I, *Ivoires*, n° 79, pl. XXI. — Musée de South Kensington, Maskell, *Catalogue*, n° 146, p. 64. Sur les deux coffrets sont figurés un tournoi, l'attaque du château d'Amour, le *Lai d'Aristote*, Tristan et Yseult, la chasse à la licorne, la Fontaine de Jouvence, des scènes du roman de Lancelot.

6. Collection Carrand, au Musée du Bargello, à Florence. Gravé dans le *Guide Sangiorgi, Collection Carrand*, pl. XIV. Sur ce coffret on voit également Pyrame et Thisbé.

7. *Catalogue des ivoires du Louvre*, n° 108.

8. *Ibid.*, n° 91.

9. *Ibid.*, n° 77.

10. *Ibid.*, n° 87.

11. *Ibid.*, n°s 46, 47, 48.

12. Un coffret français du XIVe siècle, conservé au Trésor de la cathédrale de Cracovie, est monté en argent et décoré d'émaux translucides.

13. N° 1055 du Catalogue de 1881. Ce miroir est malheureusement fragmenté.

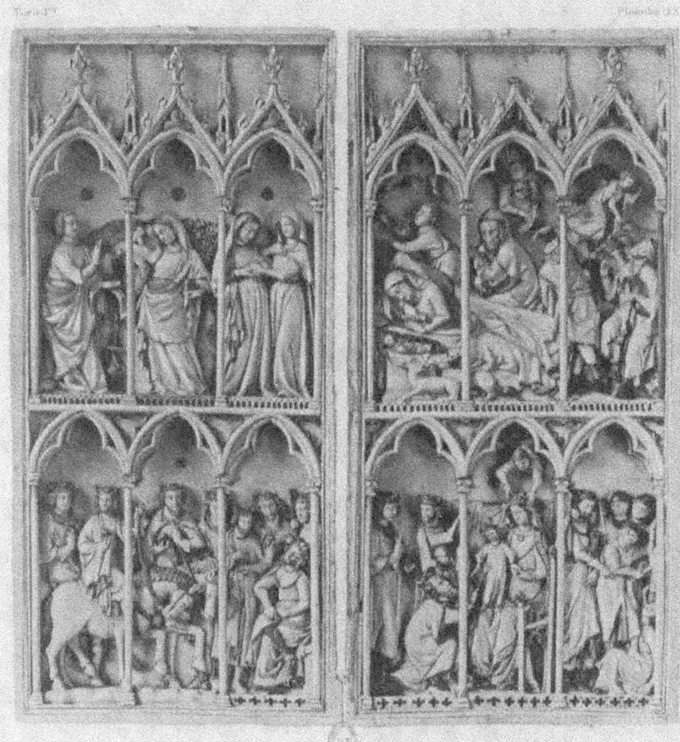

DIPTYQUE

Ces mêmes sujets nous les retrouvons, simplifiés, à l'extrémité des gravoirs, ces instruments pointus qu'on a si longtemps pris pour des styles à écrire et qui sont tout bonnement des accessoires de toilette destinés à faire la raie de la chevelure ; presque tous les gravoirs français se terminent par un groupe de deux personnages, un homme et une femme s'embrassant ou s'offrant des couronnes.

Quelques tablettes à écrire, par exemple celle qui représente le *jeu de la mourre* et le *jeu de la main chaude*, dont on trouvera ici l'image, montrent à côté d'une architecture toute traditionnelle des modifications dans les costumes qui accusent vers la fin du XIVe siècle un peu plus de savoir chez les artisans ; on peut citer aussi des miroirs (par exemple le n° 105 du Louvre) d'une facture particulière, où les artistes se sont éloignés des types consacrés pour

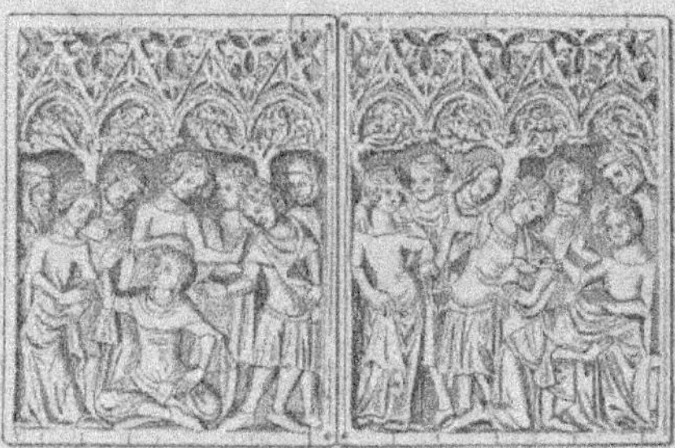

Tablettes à écrire, fin du XIVe siècle.
Le jeu de la mourre et le jeu de la main chaude.
(Musée du Louvre)

copier les costumes de leur temps et adapter de nouvelles méthodes de travail, les fonds guillochés observés déjà sur quelques ivoires français, à sujets religieux, au XVe siècle.

Tous ces menus objets de toilette étaient d'un usage courant tout comme les ceintures à pendant d'ivoire dont on peut voir un échantillon dans les collections du Musée de Cluny ; ils faisaient en quelque sorte partie du mobilier de toute femme qui se respectait, et Eustache Deschamps, dans des vers souvent cités, en son *Miroir de Mariage*, met en scène un malheureux mari que sa femme harcèle pour obtenir de lui mille ustensiles de toilette :

« Pigne, trossoir semblablement,
Et miroir, pour moy ordonner,
D'yvoire me devez donner,
Et l'estuy qui soit noble et gent,
Pendu a chesnes d'argent[1]. »

Mais à cette fabrication ne se bornaient pas les ivoiriers[2] ; comme à l'époque précédente, ils fabriquaient aussi des olifants avec ou sans sculpture, presque toujours sertis en orfèvrerie[3] ; mais ce sont, pour cette époque, des monuments fort rares qui ne nous sont guère connus que par les descriptions des inventaires.

Si on en croit les textes, aussi bien les textes purement litté

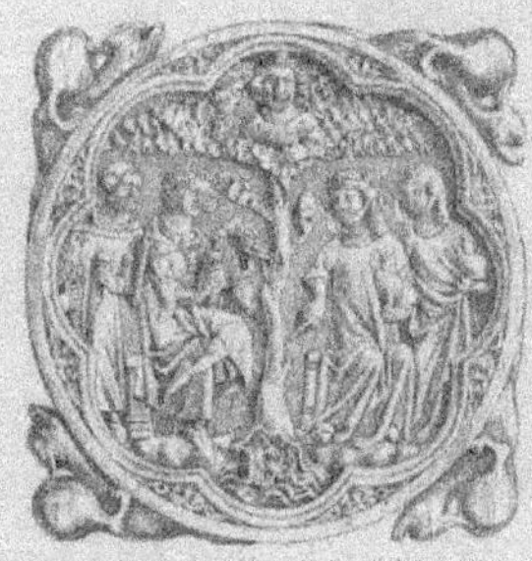

Boîte de Miroir, XIVe siècle.
Tristan et Yseult.
(Ancienne Collection Spitzer)

raires que les comptes royaux ou princiers, en France on a aussi fait usage de selles en ivoire, tout comme on en mentionnera plus loin pour l'Italie ; parfois même ces selles, montées en orfèvrerie, étaient d'une richesse extraordinaire. J'ai déjà eu l'occasion de mentionner ailleurs la description de

1. Édition G. Raynaud, tome IX, vers 1306 et suiv.

2. Les peignes à sujets civils, attribuables au XIVe siècle ou au XVe, sont, pour la France du moins, assez rares. Je ne vois à citer qu'un peigne qui a fait partie de la Collection Soltykoff (n° 167 du Catalogue de la vente de 1861), sur lequel était représentée l'*Attaque du château d'Amour*.

3. Un olifant qui a fait partie de la Collection Soltykoff (n° 377 du Catalogue de 1861) n'est pas, comme le dit Labarte (ouv. cité, 2e édit., t. I, p. 132), du XIVe siècle, mais du XVe siècle très avancé. Il a fait, plus tard, partie de la Collection Spitzer (Cfr. Catalogue, t. I, pl. X, n° 116).

plusieurs de ces selles[1]; mais, à ma connaissance, nous n'en possédons aucun fragment qu'on puisse considérer comme français. Je terminerai cette rapide énumération des ivoires français de l'époque gothique par la mention de deux objets qui peuvent être considérés comme uniques. D'abord une harpe en ivoire qui a été offerte au Louvre en 1892[2] par Mᵐᵉ la marquise Arconati Visconti, et que je considère comme une œuvre franco-flamande de la fin du xivᵉ ou du commencement du xvᵉ siècle. Sans avoir la prétention de trancher la question qui se pose en face des emblèmes et des devises qui sont

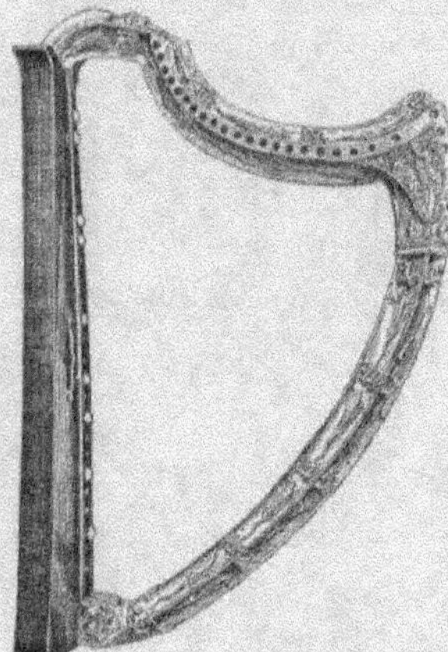

sculptés sur cet objet d'un faire si délicat, sans me décider sur la signification des lys et des lettres A Y qui forment le fond de la décoration, qu'on y voie une abréviation de la devise de Philippe le Bon, duc de Bourgogne (*Aultre n'aray*), ou les initiales d'Antoine de Bourgogne (✝ 1415) et d'Isabelle de Luxembourg, sa femme, je ne puis accepter l'explication qui a été donnée récemment de cette énigme[3]. D'après M. de Champeaux, nous aurions là les initiales d'Amédée IX de Savoie (✝ 1472) et de Yolande de France, sa femme (✝ 1478) ; malgré tout ce que l'argumentation de mon savant confrère a de séduisant, il me paraît tout à fait impossible de faire descendre jusqu'à une date aussi basse une œuvre qui au contraire a tous les caractères de l'art flamand ou au moins franco-flamand de l'extrême fin du xivᵉ siècle ou du commencement du xvᵉ siècle. Enfin je mentionnerai un superbe échiquier en marqueterie de bois et d'ivoire, au Musée du Bargello, à Florence[4]. Sur les bordures sont sculptées des séries de scènes de genre : tournois, festins, groupes de musiciens ou d'amoureux en costume du xvᵉ siècle, le tout accompagné de feuillages ou d'arbres stylisés. Cet objet charmant et unique, comme la harpe du Louvre, nous montre que les ivoiriers du xvᵉ siècle français, s'ils ont relativement peu travaillé, et peut-être à cause

Harpe en ivoire, fin du xivᵉ siècle ou commencement du xvᵉ siècle.
[Musée du Louvre.]

de cela, ont pu dans quelques cas se montrer égaux, sinon supérieurs à leurs prédécesseurs immédiats.

1. *Notes sur quelques selles de fabrication italienne*, dans l'*Art*, t. XXXIV, 1883, p. 26 et suiv. Voici la description des deux selles que nous avons déjà citées d'après les comptes de la maison de Raoul, comte d'Eu, connétable de France, au commencement du xvᵉ siècle : « Une selle de courser à paier, les arçonnières devant et derrière du patrouillez d'argent, forez ou fis au modèle de fueux, et sur les carrefours desdites pillerettes chaisiez ; et en milieu des dites arçonnières un Dieu d'Amours vestu de drap de soie après le vif, les mains et la teste d'yvoire et les ailles d'orfaverie ; et tout au couleur d'esmail, assis sur une terrasse de veluel. Et à chascun costé du Dieu d'Amours, à l'un un bergier et l'autre une bergiere vestus de drap de soye, les testes et les mains d'yvoire. Et sur la dite terrasse moutons d'yvoire qui paissent ; et de bu la bergiere un chien d'yvoire, etc. XLV livres parisis » — « Une seniaus de soie, les arçonnières d'argent doré, forz en tas ; ou milieu des arçonnières, huit serpens, les corpz d'argent, les ailles esmaillées ; le tous esmaillé d'azur. Sur le fonds une deese d'ivoire tenant deux ciseaux : l'un de Fouesmont, l'autre de Melle ; et II angeles d'ivoire, etc... » (*Archives Nationales*, Ll 266 ; années 1414-1415).

2. *Catalogue des ivoires du Louvre*, nº 115.

3. *La Harpe d'ivoire du Musée du Louvre*, dans la *Chronique des Arts et de la Curiosité*, 1893, p. 108-110.

4. Reproduit dans le *Guide de la Collection Carrand au Bargello*, de Sangiorgi, pl. 310.

IV. LES IVOIRES ANGLAIS ET ALLEMANDS AU XIVᵉ ET AU XVᵉ SIÈCLE

Si je mets à part ici les ivoires que je considère comme de provenance anglaise et allemande, ce n'est point que ces monuments soient si nombreux qu'ils paraissent dès l'abord valoir la peine d'une étude spéciale; et, à dire vrai, la plus grande partie d'entre eux ne sont que la traduction, par des mains anglaises ou allemandes, de modèles créés originairement en France. Néanmoins, comme généralement ces sculptures sont confondues avec les œuvres françaises et absolument inconnues, je crois utile d'appeler l'attention sur elles; nul doute qu'une enquête patiemment conduite dans leurs pays d'origine n'amène à découvrir que pas plus que les ivoiriers français, les artisans d'Outre-Rhin ou d'Outre-Manche ne sont restés inactifs pendant la période gothique. Que les formules adoptées par eux trahissent une influence française, davantage même, la copie de modèles français, il n'y a rien de bien étonnant quand on se rappelle quelle influence, pendant trois siècles, le style français a exercée sur l'art de toute l'Europe. Mais si les formules générales ont été adoptées et conservées assez fidèlement, il n'en est pas moins vrai que le style a dû être parfois assez profondément modifié par le génie propre à chaque nation. Ces modifications qu'il est aisé de saisir dans la sculpture monumentale ne peuvent pas plus échapper à un observateur attentif dans des monuments plus modestes, surtout à partir du moment où le style gothique est devenu tout à fait naturaliste.

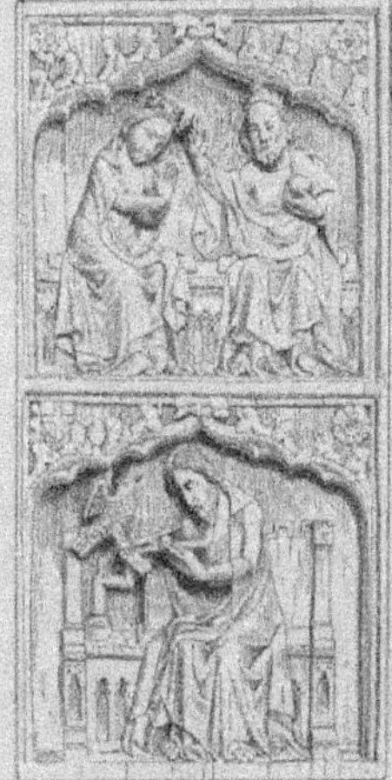

Fragment de diptyque, Angleterre, xvᵉ siècle
(Musée du Louvre)

La question des ivoires anglais est encore nouvelle, et Maskell, dans son catalogue des ivoires du Musée de South Kensington, n'a risqué à ce point de vue que quelques timides attributions[1], sans chercher à déterminer le caractère bien particulier de ces œuvres. J'avoue que, pour le XIVᵉ siècle, étant donnés les éléments que j'ai entre les mains, cette détermination me semble fort hasardeuse à tenter. Il ne serait pas toutefois impossible qu'un assez grand nombre de pièces qui toutes, par les costumes des personnages, paraissent postérieures à 1350, dussent être restituées un jour à des ateliers anglais, quand cette étude pourra être poursuivie méthodiquement, dans les collections anglaises surtout. Je trouve dans le nombre des monuments que, dans l'état de nos connaissances, nous sommes contraints d'attribuer à la France, des différences de style et de facture trop notables pour qu'il ne soit pas légitime de supposer qu'il faille en faire deux groupes de nationalité différente : l'un franchement français ou franco-flamand, l'autre anglais. Un certain amaigrissement dans les formes, des types de physionomies plus réalistes, certains détails de costume m'amènent à supposer — mais c'est là une simple hypothèse — que pas mal d'ivoires d'une excessive finesse, finesse poussée jusqu'à la sécheresse, tels que des fragments d'une *Légende de sainte*

1. Voyez notamment la *Préface*, p. xx, 14.

Agnès qui firent partie de la Collection Meyrick, puis de la Collection Spitzer[1]; tel que le diptyque monté en marqueterie italienne mentionné au paragraphe précédent; tel qu'une plaque représentant le Christ entre deux apôtres, entourés d'une riche architecture, au Musée de South Kensington[2]; tels que des panneaux découpés à jour représentant des scènes de la Passion, au même Musée[3]; tels même que les deux plaques découpées à jour de la Collection de M. le baron Oppenheim, plus haut mentionnées, nous représenteraient l'art anglais de la seconde moitié du XIVe siècle, art très influencé par les Flamands et les Français, mais ayant cependant un style propre. C'est là un point d'interrogation que je pose, rien de plus; c'est aux archéologues anglais de répondre et de poursuivre cette enquête.

Pour le XVe siècle, les exemples d'ivoires sculptés en Angleterre ne sont pas très abondants, mais ils sont en revanche caractéristiques. Le Musée Britannique possède plusieurs échantillons de ce genre, un triptyque entre autres, sculpté pour un évêque d'Exeter[4], dont la partie centrale est absolument de même style qu'une plaque possédée par le Louvre et qui est gravé ici[5]. Dans la même collection se trouvent également trois plaques dont l'une a été dessinée par Maskell[6] et qui représente en deux registres l'*Annonciation* et saint Jean-Baptiste portant l'Agneau mystique. De ces monuments sur le

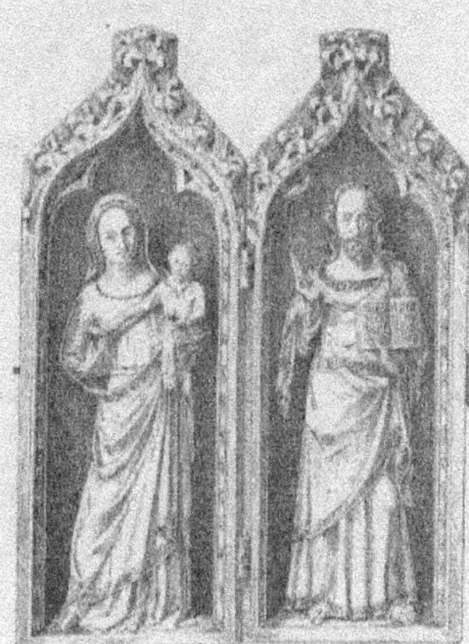
DIPTYQUE. Angleterre, XVe siècle.
(Anciennes Collections Soltykoff et Spitzer)

caractère desquels il n'est guère utile d'insister puisqu'on en voit ici des spécimens, il faut encore rapprocher un magnifique diptyque provenant des Collections Soltykoff et Spitzer[7], dans lequel les figures sont d'un très fort relief. L'architecture qui accompagne les personnages a un aspect si spécial qu'il est étonnant que parfois on ait méconnu sa véritable origine[8], comme on n'a aussi tenu aucun compte de la signification des roses héraldiques sculptées dans les écoinçons. Cette architecture n'est pourtant ni flamande ni française; quant aux physionomies, elles peuvent à bon droit passer pour anglaises et sont traitées d'une façon absolument réaliste.

D'un caractère bien moins accusé sont assurément les ivoires qu'on peut attribuer à l'Allemagne. Une crosse qui a appartenu à l'évêque Otton (✝ 1279), conservée au Trésor de Hildesheim, nous offre, au milieu d'une monture en orfèvrerie refaite au XVe siècle, un type d'agneau nerveusement dessiné, proche parent du bouquetin imité de modèles orientaux qu'on rencontre sur certaines crosses françaises. Deux diptyques conservés à Trèves, et que Aus'm Weerth a publiés[9], s'écartent bien peu, s'ils ont véritablement vu le jour en Allemagne, du style des ivoires français du XIVe siècle. Non seulement l'iconographie et l'architecture sont les mêmes, mais encore les mêmes scènes distribuées d'une façon identique se retrouvent sur mainte œuvre dont l'attribution à la France n'est pas discutable. J'en dirai autant de quelques ivoires

1. Deux bas-reliefs de cet ensemble sont reproduits par Maskell, Préface, p. (xx).

2. Maskell, ouvr. cité, n° 211, p. 15 (photographie).

3. Ibid., n° 306, p. 128 (photographie).

4. Maskell, ouvr. cité, préface, p. (xv). Cet évêque serait Jean Grandison (1327-1369), ce qui ne concorde nullement avec le style du monument.

5. N° 122 du Catalogue des ivoires du Louvre.

6. Ouvr. cité, p. xv.

7. Catalogue de la Collection Spitzer, t. I, Ivoires, n° 110. Maskell (ouvr. cité, p. xv) a reproduit le feuillet droit de ce diptyque.

8. Westwood (ouvr. cité, n° 790, p. 298) a bien reproduit en photographie le volet gauche de ce dernier diptyque, mais en l'attribuant à l'art français et au XIIIe siècle (?).

9. Kunstdenkmaeler, pl. xxxii, n° 3 et 5.

conservés au Musée de Berlin et que les auteurs du catalogue considèrent comme allemands; j'admets
volontiers cette opinion, mais en remarquant toutefois que les différences qui les séparent des
objets français sont bien difficiles à saisir. Un beau poly-
ptyque conservé au Dôme de Halberstadt peut passer
pour être de même provenance; cette œuvre, qui porte
encore de nombreuses traces d'une décoration polychrome,
montre en son centre la Vierge assise entre deux anges
portant des flambeaux; puis, sur les volets, l'*Annonciation*,
la *Visitation*, la *Nativité*, l'*Adoration des Mages*, et enfin
deux figures qui d'ordinaire ne se trouvent que dans la crucifixion, l'Église et la Synagogue. Cet ivoire du commencement du xivᵉ siècle est franchement de style allemand,
mais la donnée générale en est française. N'était le style
des physionomies, on considérerait volontiers comme de
notre pays un diptyque du Musée du Louvre[1] dont on
reproduit ici l'une des feuillets. L'architecture, fort ouvragée,
se rencontre absolument semblable dans beaucoup de monuments français qu'on peut attribuer à la fin du xivᵉ siècle;
mais ce qui est tout à fait allemand, ce sont les visages,
différents de ceux que montrent la plupart des monuments
français de même époque; ils sont plus forts, plus gros; les
mouvements sont plus forcés ou plus accentués. Ce sont les
mêmes caractères qui différencient les sculptures monumentales exécutées en Allemagne des sculptures exécutées
chez nous. Mais j'avoue que pour exacte que soit la repro-

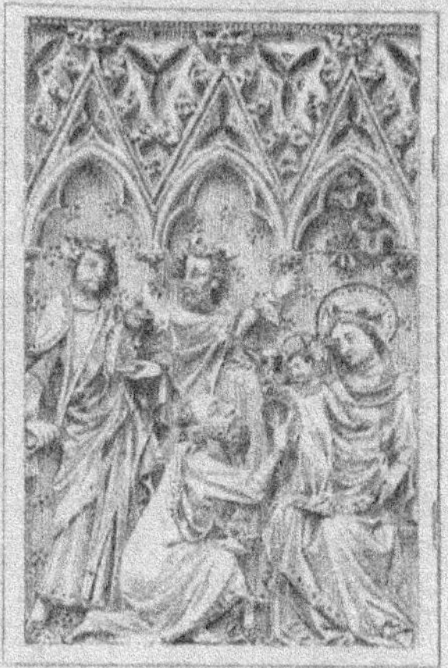

FEUILLET D'UN DIPTYQUE. Allemagne, xivᵉ siècle.
(Musée du Louvre.)

duction que je donne de ce feuillet de diptyque, ce n'est guère que devant l'original qu'on peut
apprécier ces différences, pourtant très visibles.

V. — LES IVOIRES ITALIENS DU XIIIᵉ AU XVᵉ SIÈCLE

Si, autrefois, comme je l'ai dit plus haut, une foule d'ivoires dont l'origine française ne paraît pas
discutable ont été libéralement attribués à l'art italien, il paraît bien difficile de retrouver quelques monuments italiens du xivᵉ siècle; il est donc à peu près impossible de connaître quel fut le style adopté par les
artistes de la péninsule dans l'art de tailler l'ivoire, et à la foule de monuments qu'on pouvait autrefois,
mais sans preuves, invoquer, il faut substituer aujourd'hui quelques rares pièces qui sont, en somme,
peu caractéristiques (Voyez p. 189). Une des seules qu'on puisse citer est un arçon de selle qui fait partie
des collections du Louvre[2]; sur cette plaque d'ivoire très profondément refouillée et finement travaillée,
bordée de feuilles nerveusement découpées, sont représentées des femmes combattant, montées sur
des chevaux ou des chameaux, armées d'arcs ou de rameaux de feuillages; il semble bien qu'il s'agisse
ici d'une sorte de combat symbolique, tel qu'on en voit figuré dans les miniatures qui accompagnent
les manuscrits de la *Psychomachie* de Prudence, plutôt que d'une véritable bataille. Le style de ce

1. *Catalogue des ivoires*, nº 115.
2. *Nouvelles Collections Carrand et Spitzer*, publié par Gay, *Glos-saire archéologique*, t. I, p. 55; *Catalogue de la Collection Spitzer*, t. I, *Ivoires*, nº 45, pl. xv; *Catalogue des ivoires du Louvre*, nº 51.

morceau, qu'on peut attribuer à la seconde moitié du XIIIᵉ siècle, est excellent, la facture soignée; et, en somme, il ne présente que fort peu de différence avec les ivoires français qu'on peut considérer comme de la même époque. Il n'y a là rien de très caractéristique, rien qui puisse permettre de se faire une idée très exacte de l'art italien, en ce qui touche aux ivoires.

Ce n'est que quand on arrive au XIVᵉ siècle qu'on peut affirmer que l'art de l'ivoirier italien devient un art original : il conserve certaines pratiques anciennes, innove sur certains points et s'inspire, au point de vue du style, des sculptures monumentales contemporaines. Deux exemples empruntés à l'art de contrées différentes de l'Italie vont me permettre de montrer dans quel sens s'est développée l'industrie italienne.

Le Musée du Louvre possède un troussequin de selle[1] (planche XVIII) sur lequel, de chaque côté d'un motif central, un aigle enlevant un lièvre, sont représentés deux chevaliers tournoyants, d'un très fort relief. Sur les bordures, fort larges, au milieu de rinceaux courants, sont figurés des hommes combattants ou des animaux; puis, au centre, deux sergents d'armes vêtus du haubert et chaussés de houseaux; ils portent des masses d'armes et des boucliers, sur lesquels on distingue les armes pleines d'Aragon et les armes d'Aragon-Sicile; des pennons aux mêmes armes les séparent. Nous avons donc là un élément de critique sérieux, des pièces d'armoirie, qu'on retrouve en partie, du reste, les armes d'Aragon-Sicile, sur le bouclier du chevalier de droite. Or l'accoutrement de ces chevaliers permettrait déjà d'indiquer comme date probable du monument le commencement du XIVᵉ siècle : leur armure est encore fort incomplète. Quant à la course de rinceaux, elle rappelle vaguement des sculptures plus anciennes, des sculptures romanes, et il faut admettre, à cet ornement de style archaïque se trouvant juxtaposés des costumes du XIVᵉ siècle, que le monument a été fabriqué dans un pays assez arriéré au point de vue de l'art en général. Ce costume et les armoiries peuvent donc seuls nous permettre de fixer une date. Darcel[2] a tenté de la déterminer et c'est son opinion que j'adopte. Il admet que cette selle a pu être faite pour Frédéric, fils de Pierre d'Aragon, qui fut élu roi de Sicile en 1296, après l'abdication de son frère Jacques, et conserva le trône jusqu'à sa mort en 1337. Or, ce sont là des dates qui concordent bien avec l'armement des chevaliers, composé surtout de mailles et de quelques plattes protégeant les bras et les jambes, en partie seulement.

Dans quelle contrée d'Italie a pu être sculpté un monument de ce genre? Dès l'abord, j'écarte une hypothèse que j'ai pu admettre autrefois, mais qui me semble, après avoir de nouveau étudié cet ivoire, difficile à soutenir, à savoir que cette selle aurait été sculptée en Aragon. Les ivoires espagnols que nous connaissons sont d'une facture tout autre et, d'ailleurs, à ce moment, l'Aragon était, au point de vue de l'art, soumis à une influence surtout française. C'est donc en Italie ou en Sicile qu'à mon avis il faut placer le lieu de naissance du troussequin du Musée du Louvre. Est-ce une œuvre de l'Italie méridionale ou une œuvre sicilienne? il me paraît impossible de se prononcer pour le moment; mais il me semble bien qu'un tel mélange d'art roman avec l'art nouveau n'a pu exister à cette époque que dans un pays qui ne suivait que de loin le mouvement général de l'art italien. Quoi qu'il en soit, cet ivoire est un monument capital, et l'un des seuls fragments de selle antérieurs au XVᵉ siècle qui ait subsisté. La facture en est un peu lourde comme dans tous les ivoires italiens, mais le relief donné aux figures, l'habileté avec laquelle sont découpés les ornements, tout indique un artiste absolument en possession de tous les procédés techniques de son métier.

Moins précieuse assurément, mais tout aussi importante au point de vue archéologique, est une belle crosse qui a fait également partie de la Collection Spitzer[3] (planche XIX); elle provient de Volterra et a fait partie de la même collection qu'un beau coffret byzantin que possède le Musée de Cluny[4]. Elle a

<hr>

1. *Catalogue des ivoires*, n° 52. Anciennes Collections Possenti de Fabriano, puis Spitzer. — *Catalogue de la Collection Spitzer*, t. I, Ivoires, n° 55, pl. XVI.

2. *Ibid.*, p. 26-27.

3. *Catalogue de la Collection Spitzer*, t. I, Ivoires, n° 56.

4. Voyez plus haut, pl. VII.

appartenu, ainsi que l'indiquent les armoiries figurées sur son étui de cuir, à un évêque de Gubbio, Benci Aldobrandini, évêque en 1331. C'est donc un monument qu'on peut attribuer à la première moitié du XIVe siècle. La forme en est curieuse comme le style lui-même. Le nœud rectangulaire affecte une forme architectonique et offre en bas-relief les figures des Évangélistes; la volute s'échappe de la bouche d'un dragon pour encadrer une représentation assez médiocre de l'*Adoration des Mages*; enfin, sur cette volute, se relèvent des feuillages découpés et des figures en buste, le Christ et deux

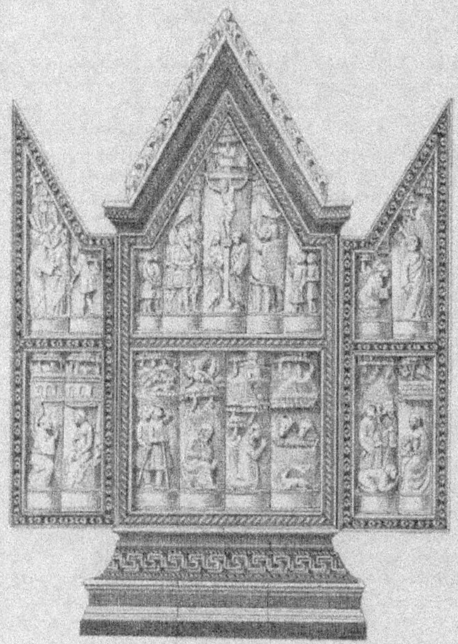

Triptyque en os sculpté et en marqueterie, XIVe-XVe siècle.
(Musée du Louvre)

prophètes : ces figures détachées constituent une particularité très caractéristique des crosses italiennes du XIVe siècle. Les feuillages absolument différents de ceux que les Français ont employés dans la décoration du XIIIe et du XIVe siècle sont très développés, comme ceux qu'on observe dans la sculpture monumentale que les Italiens ont appliquée aux formes gothiques; de plus, dans cette crosse, comme en général dans les ivoires italiens du XIVe siècle et en particulier dans les crosses, la polychromie joue un grand rôle : les figures d'apôtres se détachent sur un fond d'azur, et l'or, sous forme d'inscriptions ou de broderies, pour les costumes, vient partout accuser les formes. Quant à la sculpture elle-même, elle est assez sèche et maladroite, fort inférieure à la sculpture française de la même époque. Il y a la même distance entre cet ivoire et un ivoire français, qu'entre une grande sculpture française et une sculpture italienne de la première moitié du XIVe siècle.

À partir de la seconde moitié du XIVe siècle, en Italie, la sculpture en ivoire subit une métamorphose complète; jusqu'à une période avancée du XVe siècle, l'ivoire paraît avoir été délaissé : on y a substitué comme matière l'os, joint presque toujours à une décoration polychrome composée de marqueterie de bois de couleur, marqueterie à laquelle on a donné le nom de *certosina*[1]. Le nom indique seulement que les Chartreux se sont livrés à ce genre de travail, mais nullement qu'ils en ont eu le monopole; en effet, si beaucoup d'œuvres de ce genre ont été créées en Italie par des religieux, beaucoup d'autres, très importantes, sont dues à des artistes laïques. Mais tandis que les premiers paraissent s'être livrés surtout à des travaux destinés à la décoration intérieure des églises, la confection des stalles notamment, les seconds, tout en ne délaissant pas les travaux religieux, ont aussi fabriqué un très grand nombre d'objets de mobilier civil, et surtout des coffrets et des cadres de miroir. Ce qu'il ne faut pas oublier d'ajouter, c'est que si la plupart des travaux de ce genre que nous possédons datent du XIVe et du XVe siècle, cette méthode de décoration était déjà en honneur à une époque plus ancienne : la décoration du chœur du dôme de Sienne fut commencée en 1259; celle du dôme d'Orvieto, près d'un siècle plus tard, en 1331. Dès l'abord, les artistes de Sienne et les Toscans en général semblent avoir surtout pratiqué ce style; mais dès le XIVe siècle il a existé à Venise et à Torcello des ateliers où l'incrustation de bois, la marqueterie, pratiquée tout à fait à l'orientale, était en honneur. Tous ces produits offrent entre eux une telle similitude de style et de procédés qu'il est impossible de savoir aujourd'hui s'ils appartiennent à l'art toscan ou à l'art du Nord de l'Italie.

Ces monuments où nous rencontrons les sculptures en os alliées à la marqueterie peuvent se diviser en deux classes : les monuments religieux, de beaucoup les plus importants, et les monuments civils. Parmi les premiers prennent place une foule de triptyques, de baisers de paix, dont il n'est guère de musée qui ne possède quelque spécimen plus ou moins parfait, puis les retables de grandes dimensions, monuments d'architecture très compliqués dont à ma connaissance il n'existe plus que deux à peu près complets; parmi les seconds on rencontre un très grand nombre de coffrets à huit pans ou à quatre pans, à couvercles prismatiques, décorés presque toujours de sujets empruntés à des œuvres littéraires, sujets qu'il est parfois difficile d'identifier.

Les deux plus grands retables qui existent aujourd'hui sont ceux de la Chartreuse de Pavie et du Musée du Louvre (autrefois à l'abbaye de Poissy). Celui de Pavie, qui était destiné à décorer le maître-autel de l'église, est actuellement placé dans la vieille sacristie de la Chartreuse : il comprend soixante-six bas-reliefs et quatre-vingt-seize statuettes encadrées dans une architecture de style gothique italien dont toutes les lignes sont accentuées par de la marqueterie. C'est une œuvre florentine de la fin du XIVe siècle, qui est due à un artiste dont on ne sait rien du reste, Francesco de Masiis, ainsi qu'il le devient évident, grâce aux documents signalés par Beltrami, et non à Baldassare degli Ubriacchi ou plutôt Embriachi, comme on l'a prétendu jusqu'ici. En 1409, on paye 2.054 livres 85 sous à Baldassare degli Embriachi pour le travail « *majestatum et coffanorum eburneii* », payement qui a trait au triptyque et à des coffres d'ivoire dont l'un, transformé en décoration d'un cabinet, se trouve encore à Milan dans la Collection de M. G. B. Cagnola. Déjà en 1400 le triptyque et les deux coffrets sont mentionnés dans les registres d'un notaire de Pavie, Francesco Bellisomo; le prieur de la Chartreuse ordonne de payer à Francesco de Masiis, de Florence, 1.000 florins d'or, pour le reliquat du prix d'un tableau et de deux coffres d'ivoire. En s'appuyant sur le payement fait en 1409 à Baldassare degli Embriachi, beaucoup d'historiens ont pensé qu'il fallait attribuer à ce personnage la sculpture du triptyque. Or, aucun document ne nous mentionne ce Baldassare comme sculpteur; tout au contraire,

---

1. Sur la *Certosina* et les *tarsie* (incrustations de bois), voyez Raffaele Erculei, *Catalogo delle opere antiche d'intaglio e intarsi in legno esposte nel 1885 a Roma*. Rome, 1885, in-8°.

nous savons qu'il était banquier à Venise et agent politique du comte de Vertus ; il paraît donc certain que Baldassare n'était qu'un intermédiaire et qu'on doit considérer Francesco de Masiis comme le véritable auteur du triptyque de la Chartreuse[1].

Cette œuvre qui, par son style, rappelle les compositions de Giotto, est absolument analogue au grand retable que possède le Musée du Louvre[2], retable qui fut offert par le duc de Berry, frère de Charles V, à l'abbaye de Poissy. Ce retable, divisé en trois parties abritées par des gables d'architecture sur les rampants desquels sont placés ces feuillages aux découpures compliquées qu'on rencontre dans tout le style gothique italien, représente l'histoire de saint Jean-Baptiste, l'histoire de saint Jean l'Évangéliste et les principaux événements de la vie du Christ. Les portraits du duc de Berry et de sa seconde femme, Jeanne, comtesse d'Auvergne et de Boulogne, accompagnent, ainsi que les statuettes des douze apôtres, ces trois séries de représentations composées de soixante-trois bas-reliefs. Cette œuvre, fort considérable, et dont chaque bas-relief pris à part offre de grandes qualités de composition et d'exécution, dans le style giottesque, ne forme, prise dans son ensemble, qu'un monument confus tout comme le retable de la Chartreuse. Ce monument a-t-il été expédié d'Italie, tout fait et prêt à être monté, ou bien a-t-il été exécuté par un artiste italien appelé en France par le duc de Berry, c'est ce qu'il est impossible de savoir encore. Mais quoi qu'il en soit, la facture en est italienne et c'est le point le plus important à constater ; quant à la date de son exécution, elle doit vraisemblablement être reportée au commencement du XVe siècle[3]. De ces retables il faut rapprocher plusieurs pièces analogues, qui toutes sont fabriquées

---

1. L. Beltrami, *La Certosa di Pavia* (1895), p. 55, 26, 184.

2. N° 112 du *Catalogue des ivoires du Louvre*.

3. Dans l'ouvrage de MM. A. de Champeaux et P. Gauchery (*Les travaux d'art exécutés pour Jean de France, duc de Berry*, p. 149 et suiv.), on trouve de très intéressants documents au sujet de ce retable ; malgré son étendue, je ne crois pas inutile de reproduire, comme je l'ai déjà fait dans le *Catalogue des ivoires du Louvre*, ce long passage qui jette un jour tout à fait nouveau sur les rapports du duc de Berry avec les artistes italiens du commencement du XVe siècle :

« Les inventaires du duc de Berry mentionnent plusieurs tableaux de bois à images faits de marqueterie. L'un d'eux, représentant la Passion de Notre-Seigneur, était fait de point de marqueterie et garni d'argent ; trois autres tableaux étaient à images de marqueterie de haut ancienne façon... On y voyait aussi des tables d'orfèvrerie ; les uns enrichis de porphyre et de pierres dures ; les autres du bois de cyprès orné de marqueterie aux armes et à la devise du duc. Le Musée du Louvre possède un grand polyptyque donné par Jean de Berry à sa petite nièce Marie de Ferrare, religieuse de l'abbaye de Poissy, dont les trois volets sont recouverts par une série de bas-reliefs où on retrouve les scènes de la Passion, la vie de saint Jean l'Évangéliste et celle de saint Jean-Baptiste. Le duc de Berry et sa seconde femme, Jeanne de Boulogne, sont représentés sur les bas de ce monument qui rappelle par sa disposition et par son style un autre retable conservé dans la sacristie de la chartreuse de Paris et attribué à Fra Bernard dell' Uberriaco, de Florence. Le travail de M. de Champeaux est antérieur à la publication des documents mis au jour par M. Beltrami. Le Président de Brosses, en parlant de ce monument, dans son voyage d'Italie, avait recueilli une tradition d'après qu'il avait été offert à la chartreuse par un roi de France. Quelques-uns de ces ouvrages de marqueterie avaient été acquis en Italie par l'intermédiaire des marchands toscans établis à Paris, mais il en est d'autres dont les devises, les armoiries et les sujets spéciaux avaient dû être exécutés sur place. Le retable du Louvre est décoré, sur la face postérieure, de peintures aux devises et armoiries du duc de Berry, qui n'ont pu être faites qu'en France. On est amené par suite à supposer que des marqueteurs italiens avaient été appelés à Paris et qu'ils y travaillaient, ou que des ouvriers français avaient été apprendre cet art au delà des Alpes. Les chroniqueurs contemporains enlèvent, au reste, tous les doutes que l'on pourrait avoir sur la présence d'artistes en marqueterie à la cour du duc de Berry. Lors de l'incendie du château de Bicêtre par les bandes du Bourdon Legoix, toutes les richesses encadrées par le prince disparurent, dit le *Religieux de Saint-Denis* (t. IV, p. 520) : Rien ne fut conservé contre excepdio, par skra... saracenica subtiliter sculptum erant. L'expression « saracenica » doit se comprendre, croyez-nous, dans le sens d'arabesque dont il est la traduction. Ce genre d'ornement joue effectivement un rôle prédominant dans la composition des œuvres de la farain, et il n'est pas impossible que ces ornements aient été exécutés à l'étranger.

« Un document plus précis encore vient appuyer ces conjectures, en nous apprenant les pourparlers engagés avec un marqueteur siennois, pour qu'il vienne augmenter le centre artistique rassemblé par le duc de Berry, dans lequel on voyait des imagiers, des tapissiers et des orfèvres de la Flandre ou de la France du Nord, des peintres allemands, un céramiste espagnol, grâce à des maîtres des œuvres, à des sculpteurs et à des peintres français.

« La trace de ces négociations est empruntée à un ouvrage de Pierre le Prulhier, plus connu sous le nom de Salmon, secrétaire du roi Charles VI, intitulé : « Les demandes faites par le roi Charles VI touchant son état et le gouvernement de sa personne, avec les réponses de son secrétaire et familier Pierre Salmon », dont deux exemplaires manuscrits sont conservés à la Bibliothèque Nationale. Nous avons déjà cité l'un de ces volumes comme l'un des meilleurs spécimens de l'enluminure du commencement du XVe siècle. Salmon était donc d'un esprit actif et intelligent, et la maladie de Charles VI lui permit de jouer un rôle équivoque entre les divers partis qui se disputaient le pouvoir. Après avoir été chargé de plusieurs missions auprès du roi d'Angleterre, vendre du roi de France, il prétendit avoir reçu une révélation d'un moine blanc mystérieux, sur la maladie du monarque, dont il l'informait la guérison à Bourges. Il établit de la crédulité de Charles VI des lettres de recommandation pour Pierre de Luna et pour le maréchal Boucicaut, alors gouverneur de Gênes, au nom de la France. Les circonstances politiques et le siège de Gênes par Le Balzo l'obligèrent à séjourner en Toscane, et il adressa de ce pays au duc de Berry une lettre dans laquelle il lui parlait d'un artiste italien qu'il avait essayé d'engager à son service :

« Janvier 1408... Et d'autre part mon très redouté seigneur, plaise vous savoir que en icelle ville de Sienne a un ouvrier de mosaïque, et avecques ce fait ymages de marqueterie tant belles et bien restorés de diverses couleurs de bois, que quelques homme ne fut vers mieux ouvrant que ləy de cette science ; et pour ce mon très redouble seigneur, que je say que vous desirez veoir et avoir choses propres et plaisans et ouvriers subtils et parfaits en leur art et science, j'ai offert à icelluy ouvrier bailler li^s francs et le monter et faire conduire à mes despens devers vous, mais je n'ay pu obtenir de luy qu'il me veuille riens accorder qu'il ne soit avant le saint Jehan passé. Si vous supplie mon très puissant prince et mon très redouté seigneur, que après ce qu'il vous aura plu tenir le content ou estre conduit, il vous plaise moy mander et commander des vostre bon plaisir comme à vostre très humble serviteur qui, de cuer, de corps, de vouloir et de pensée, l'accomplira de son povoir, et en attendant votre response sur ce, si demourray à Sienne et en ce cas, mon très redouté seigneur, que vostre plaisir serait que je fisse aller ces deux hommes par devers vous, il propose d'envoyer un homme qui pourrait querir le roy, qu'il vous plaise mander à Jeanne ; à Jehan son

de la même manière, en os et en marqueterie[1], et offrent des traces plus ou moins visibles d'une décoration polychrome : les fonds de paysages colorés en vert et découpés à jour s'enlevaient sur un champ d'azur, tandis que de nombreux ornements d'or rehaussaient les vêtements des personnages. Des pièces aussi compliquées et de dimensions aussi grandes (le retable du Louvre mesure 2m76 de haut sur 2m36 de large) ne peuvent être reproduites : on trouvera ici l'image d'un triptyque également possédé par le Louvre, de même style et de même époque, qui pourra donner une idée de ces ouvrages italiens de la fin du xive et du commencement du xve siècle.

Les ouvrages civils du même genre ne nous retiendront pas longtemps. Si les sujets sont différents, le style est le même et la seule étude intéressante qu'ils pourraient motiver serait la recherche des sujets empruntés à des romans dont ils forment en quelque sorte l'illustration. Beaucoup de ces coffres à six pans tels que celui du Louvre, dont on peut voir ici l'image, sont surmontés d'un couvercle prismatique bordé de guirlandes de feuillages au milieu desquelles se jouent des amours ou des génies ; à

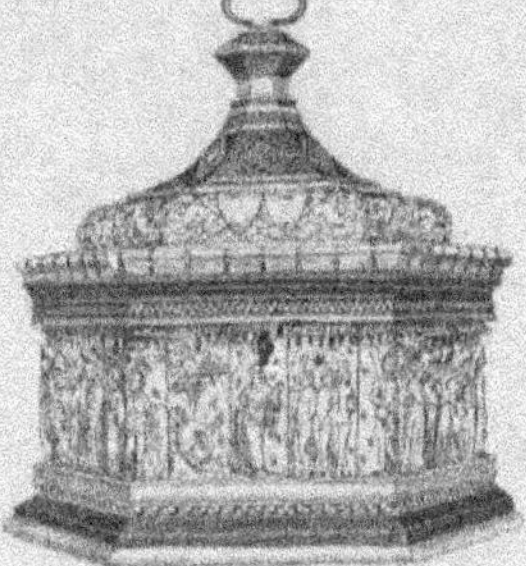

Coffret en os et en marqueterie, l'Histoire de Paris,
Musée du Louvre.

la partie antérieure de cette bordure, on voit généralement deux écussons, vides aujourd'hui, mais sur

entre ci ou votre bon plaisir sera, que se j'ay affaire d'argent pour ceste cause, qu'ils m'en feront délivrer ce que besoin sera, et je vous promets de vous en rendre bon compte... Très haut, très noble et très puissant prince et mon très redoubté seigneur, je prie nostre seigneur qu'il vous doint bonne vie et longue et accomplissement de vos bons desirs. — Escrit à Pont-Vouldre, Salmon. »

« Peu de temps après, Salmon reçeust à Gênes la réponse suivante, qu'il a transcrite dans son livre :

« 1er avril 1406. De par le duc de Berry et d'Auvergne, comte de Poitou, d'Estampes, de Boulogne et d'Auvergne.

« Salmon, nous avons reçeu vos lettres faisant mention que vous avez parlé en Lombardie à Jennes, lequel se congnoist très bien à votre affaire en la subtilité de Monseigneur le Roy, et avec grant [illegible] pource qu'il vous a dit qu'il gouvernoit nostre seigneur. Pleust à Dieu que vous [illegible]! Et aucques se vous trouvés un ouvrier très sçiencieux de marqueterie et de faire ymages de marqueterie auquel pour ce que vous savez que nous prenons plaisir aux choses estranges, vous baillerez [illegible] qu'il serait devers nous, et pour au moins [illegible] que se [illegible] que nous [illegible] que les [illegible] deux hommes [illegible] par ce [illegible] à Jehan Sac ou autre par delà, qu'ils vous délivreront de l'argent tant qu'il vous serait nécessaire pour icelle cause. Sachiez que ledit Jehan Sac [illegible] autre que seul par delà, n'a de nous aucun argent, [illegible] tele [illegible] point accoustumé de [illegible] pour [illegible] aucun argent, fors de [illegible] marchandises quand nous en voulons avoir; et pour ce ne nous semble pas chose bien convenable [illegible] soit en nostre. Toutesfoiz pour [illegible] et vous [illegible] les [illegible], nous ferons tant que vous en serez dedommaigiez à vostre retour, se en faire par la meilleure manière que vous pourrez. »

« Escript à Paris le premier jour d'avril — ainsi signé de la main du nostre seigneur Jehan, et de secrétaire, M. Eout. »

« Aussitôt après la réception de cette lettre, Salmon reprit le chemin de Paris. Il ne dit pas, dans les chapitres suivants de son ouvrage, s'il était accompagné des deux hommes qu'il proposait d'amener avec lui, mais il est assez vraisemblable qu'il n'avait pas laissé échapper cette occasion de faire sa cour au prince dont, d'ailleurs, il abandonna bientôt le parti, pour rentrer dans celui du duc de Bourgogne.

« En attendant que les recherches des archéologues permettent de savoir si les négociations de Pierre Salmon avaient obtenu un résultat favorable, il est permis de se demander quel était, parmi les « talassiens » de la ville de Sienne, où la marqueterie était florissante depuis le commencement du xive siècle, celui qui pouvait le mieux répondre aux éloges que lui adressait notre compatriote. Il nous semble que ce devait être Domenico di Niccolò, dont la réputation était assez assurée dès 1404, pour que le Conseil le chargeât d'estimer une partie des travaux de sculpture du chœur de Sienne, faits par Giacomo del Tonghio et Mariano d'Angelo Boninsoli. D'après J. Labarte, Domenico aurait été chargé, en 1415, de continuer l'œuvre de ces stalles. Les archives de Sienne perdent sa trace pendant plusieurs années, ce qui tendrait à

rendre possible son voyage en France. Il reparut de nouveau à Sienne en 1414, et trouvant probablement tous les travaux de la ville confiés à d'autres artistes, il contracta un engagement avec la fabrique d'Orvieto. Il n'y resta pas longtemps, car le Conseil de la ville de Sienne le rappela pour lui donner l'entreprise des sièges de la chapelle du palais public, travail pour lequel Antonio, Simone d'Antonio et Paolo Martini, les précédents marqueteurs, se montraient insuffisants. Les stalles du palais de Sienne, terminées en 1428, sont exécutées avec une merveilleuse habileté, et montrent en Domenico l'un des plus grands maîtres de la [illegible]. Chacun des dossiers est orné d'une figure de prophète ou d'apôtre portant les versets du Credo. La largeur du style de ces personnages en a fait souvent attribuer le dessin à Taddeo di Bartolo. On peut se demander si la disparition de son talent ne serait pas le souvenir d'un séjour de Domenico auprès du duc de Berry, qui se plaisait à faire reproduire les articles du sculpteur de Nicce sur les [illegible] de ses chapelles, dans les pages de ses manuscrits et sur ses tapisseries? Pendant la durée de son travail pour le palais public, Domenico obtint de la ville de Sienne l'autorisation d'ouvrir une école dans laquelle il se proposait d'initier les jeunes gens à la pratique de la tarsia. Il exposait dans sa supplique qu'il avait voyagé non seulement dans d'autres pays, mais ce terme général pouvait s'appliquer aussi bien à des villes italiennes qu'à des contrées étrangères. Nous nous donnerons bien de garde d'être plus explicites une [illegible], et nous nous bornerons à relater les pièces sur lesquelles on peut s'appuyer pour rendre présumable la présence d'artistes marqueteurs de l'Italie, à la cour de Jean de Berry, en attendant que le temps en ait apporté la preuve décisive... »

On ne peut être à comprendre affirmatif, pas plus que ne l'a été M. de Champeaux, au sujet de note de l'artiste italien qui a exécuté le retable de Poissy ; mais il faut toutefois remarquer la coïncidence entre ces documents et l'époque probable où se mouvaient ainsi que les marqueteries de Dijon, furent exécutés. Tout commande donc à [illegible] sur l'exécution du retable de Poissy dans les premières années du xve siècle.

1. Un grand retable en trois parties (histoire de saint Jean-Baptiste et histoire du Christ) appartenant à M. Gillier et provenant de l'abbaye de Cluny (publié en photographie dans le catalogue de l'Exposition rétrospective en 1880, n° 38); trois pièces de retable dites Orcimino des duchesses de Bourgogne (fin du xve siècle) provenant de la Chartreuse de Dijon et conservés au Musée de Cluny ; n°s 1079, 1080 du Catalogue de 1881 ; un triptyque conservé au Cabinet des Médailles, à la Bibliothèque Nationale et tout à fait analogue au n° 116 du Louvre et au n° 558 du Musée de Berlin (cf. W. Bode et von Tschudi, Italienische des Christlichen Epoche, p. LXIV); il existe également un triptyque du même genre dans les collections du Musée de South Kensington (Maskell, Catalogue, n° 5486, p. 20); citons enfin de très nombreux fragments deux la Collection Michel, tout à fait du même style que le retable de Poissy, et aussi dans la Collection Émile Peyre, à Paris.

lesquels étaient autrefois peintes des armoiries ; ce qui a fait croire, et non sans fondement, que comme les coffrets en pâte peinte et dorée, ces coffrets en os et en marqueterie du XIVe et du XVe siècle étaient des coffrets de mariage[1]. Il n'y a rien à ajouter au sujet des coffrets de même style qui sont d'une forme différente : les sujets sont empruntés aux mêmes sources et toute cette fabrication revêt parfois un caractère tellement industriel qu'il est bien difficile de classer parmi les sculpteurs ceux qui les ont composés. Le nom de tabletier leur conviendrait beaucoup mieux[2].

Nous avons vu tout à l'heure que ce genre de décoration avait été pratiqué non seulement en Toscane mais encore dans d'autres parties de la péninsule italienne, notamment dans le Nord. Je crois, pour ma part, retrouver un dernier écho de ces monuments de la seconde moitié du XIVe et du commencement du XVe siècle dans toute une série de coffrets, ou religieux ou civils, qui appartiennent évidemment à la seconde partie du XVe siècle et qui souvent ont été considérés comme des monuments français contemporains de Louis XI ou de Charles VIII. L'alliance de l'os et des travaux de marqueterie, grossièrement exécutés, le style gothique très particulier que montrent un grand nombre de ces œuvres, me font supposer que c'est en Piémont, c'est-à-dire dans un pays soumis à la fois à l'influence française et à l'influence italienne que ces monuments ont vu le jour. C'est une hypothèse, je l'avoue, mais la rejetterait-on qu'on n'en devrait pas moins admettre qu'il existe un groupe d'œuvres en os, en ivoire ou en marqueterie, groupe très considérable et dont tous les spécimens appartiennent à la seconde moitié du XVe siècle, dont il serait difficile de déterminer la place dans l'histoire de l'art français. Parmi ces pièces, on rencontre des coffrets à sujets religieux, quelquefois de fort grande dimension, tel que celui du Musée de Cluny[3], ou des coffrets plus modestes de taille, ornés de sujets civils et munis sur leur dessous d'un échiquier en marqueterie. Dans toutes ces pièces, les bas-reliefs, de facture grossière, montrent des fonds guillochés; sur les bandeaux qui les séparent courent des rinceaux, des pampres, des tiges de rosier. Le tout est largement rehaussé de couleur; et si, dans beaucoup de monuments, ces couleurs ont été ravivées d'une façon peu heureuse, dans un certain nombre cependant, qu'aucune restauration n'est venue gâter, on retrouve suffisamment de traces de polychromie pour pouvoir se rendre compte de l'aspect que présentaient à l'origine ces sculptures en ivoire. Les types barbares des physionomies, les proportions systématiquement trop courtes des personnages, l'inhabileté à draper les vêtements, tout me semble indiquer un pays qui subissait l'influence persistante de l'art français et gothique, sans en comprendre l'esprit, tandisque la présence des incrustations de bois de couleur, de la *certosina*, décèle une origine italienne[4]. Presque tous ces coffrets, de forme allongée, sont munis de couvercles prismatiques, et indifféremment fabriqués en os ou en ivoire. Quelques autres, purement civils, montrent sur leur couvercle des représentations grotesques de danseuses et de musiciens[5]; sur leurs côtés, des scènes de chasse, et sur leur dessous, un échiquier; des anneaux de métal fixés sur leurs flancs semblent indiquer que ces petits meubles étaient destinés à être portés à l'aide de cordons ou de lanières; peut-être contenaient-ils tout bonnement un jeu d'échecs; mais cependant il ne faudrait pas se hâter de donner une signification littérale à cette marqueterie échiquetée qui en garnit le dessous, car, dans certains cas, le nombre des cases ainsi indiquées est trop nombreux pour qu'elles constituent un véritable échiquier; dans d'autres cas, c'est un ornement losangé et non échiqueté que l'on y rencontre, ce qui exclut l'idée d'une table destinée à jouer. Quoi qu'il en soit, tous ces coffrets, dont il existe de nombreux échantillons dans différents Musées et dans plusieurs

1. Parmi les coffrets de forme octogonale, on peut citer celui du Cabinet des Médailles et ceux du Musée de Cluny (n° 1056, représentant l'*Histoire de Jason*, et n° 1050); le même Musée conserve aussi d'autres coffrets du même genre, de forme rectangulaire, dont on trouve les analogues au Musée d'Aix (publié par Viollet-le-Duc, *Dictionnaire raisonné du Mobilier*, t. I, pl. XV), au Musée Correr, à Venise (Basile Molmenti, *Venise*, p. 225 et 226), au Musée de Berlin (W. Bode et von Tschudi, etc., n° 552, 553, pl. LXXX).

2. Il existe aussi un certain nombre de caisses ou boîtes de même style. Il y en a notamment dans les collections du Musée du Bargello, à Florence. Cfr. *Giulio Sangiorgi, Collection Carrand*, pl. XV.

3. N° 1050 du *Catalogue de 1881*. Attribué par erreur par ce catalogue au XVIe siècle. Ce coffret mesure 61 centimètres de long.

4. Notamment sur le coffret n° 135 du Musée du Louvre. À cette propos... l'atelier... les coffrets n° 131, 132, 133, 134 du même Musée.

5. Par exemple les n° 131 et 132 du Musée du Louvre.

collections particulières[1], forment bien un groupe spécial dans lequel tous les produits sont de même style et à peu près contemporains, c'est-à-dire de la seconde moitié du XVe siècle. A ce groupe il faut rattacher un certain nombre de peignes qui n'ont rien de liturgique malgré les sujets religieux qu'on y trouve sculptés[2] parfois et qui coudoient du reste des sujets civils. Dans ces menus ustensiles de toilette on reconnaît la même façon sommaire de traiter l'ivoire, les mêmes personnages très courts et largement bariolés. Ce qui prouve en outre que ces peignes étaient relativement communs, c'est que les mêmes sujets s'y trouvent traités un assez grand nombre de fois identiquement de la même manière; on y trouve notamment et l'*Annonciation* et l'*Adoration des Mages*.

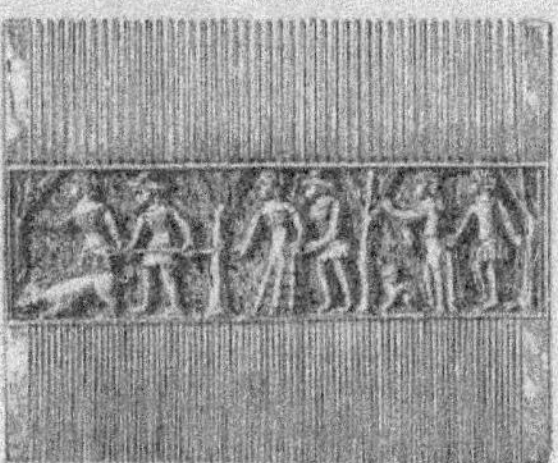

Peigne en ivoire rehaussé de peinture et de dorure,
commencement du XVe siècle.
(Ancienne Collection Spitzer)

De cette série, qui n'est pas faite pour donner une haute opinion de la façon dont ont travaillé les ivoiriers italiens du XIVe et du XVe siècle, du moins ceux qui n'exécutaient que des œuvres industrielles, il faut rapprocher tout un groupe important d'objets sur l'origine desquels on a beaucoup discuté. Quelques collections italiennes, mais surtout des collections autrichiennes conservent des selles en ivoire ou en os qui me paraissent, quelques-unes du moins, appartenir à l'art italien fortement influencé par l'art allemand. Ces selles de parade, qui ont fait l'objet d'une étude spéciale de la part de M. J. von Schlosser[3], sont en assez grand nombre — on n'en compte pas moins d'une vingtaine[4] —, mais elles ne sont pas toutes de même époque ni de même provenance; les unes sont allemandes, les autres sont indiscutablement italiennes.

Ces selles sont composées de plaques d'os sculpté, fixées sur une âme de bois et parfois rehaussées de bordures de marqueterie. Presque toutes sont décorées de sujets à peu près semblables, *légende de saint Georges*, *légende de la Licorne*, le tout accompagné de devises, le plus souvent en allemand. Les reliefs, peu accusés et de style au demeurant assez médiocre, nous montrent des personnages, hommes et femmes, dans le costume du XVe siècle, et dans les femmes surtout, vêtues de longues robes dont les plis cassés s'étagent autour d'elles, on peut reconnaître l'influence de l'art allemand; mais le style est italien, du Nord de la péninsule. La forme de ces selles de parade n'est pas une forme allemande non plus et il est probable que jamais aucun cavalier ne s'est résigné à chevaucher sur ces engins mal commodes; on devait en parer des chevaux destinés à être tenus en main dans des cérémonies telles que les entrées de souverains.

A propos d'une selle qui a fait partie de la Collection Possenti, de Fabriano, j'ai déjà eu autrefois l'occasion de donner mon avis au sujet de ces intéressants objets; mon jugement ne s'est pas modifié depuis[5]. Voici ce que j'en disais:

« La seconde des selles de la Collection Possenti est du XVe siècle. Les rédacteurs du catalogue y ont vu les portraits de Jean-Jacques Paléologue, marquis de Montferrat, et de sa femme Jeanne, fille d'Amédée VIII, duc de Savoie. Ce n'est pas tout; on y a vu Amédée VI délivrant Jean II Paléologue

---

1. Citons entre autres un coffret rectangulaire appartenant à M. Bonnaffé.

2. Voyez ce que je dis de ces peignes dans le *Catalogue des ivoires du Louvre*, nº 130.

3. *Elfenbeinsättel des ausgehenden Mittelalters* dans le XVe volume du *Jahrbuch des Musées de Vienne*, p. 260 et suiv.

4. Selle du roi Wenceslas Ier (Musée de Vienne); selle de la Tour de Londres; selle de l'ancienne Collection Meyrick; selle de la Collection Wallace, à Londres; selle du Musée d'Artillerie, à Paris; selles (2) de l'Arsenal de Berlin; selle du Musée de Brunswick; selle de la Collection d'Ambras, à Vienne; selle de la Collection Miller, à Vienne; selle de la Collection Egger, à Vienne; selles (2) du Musée de Pest; selle de la Collection du prince Palffy-von-Steinhausen; selle de la Collection Trivulzio, à Milan; selle du Musée de Modène; selle du Musée de Bologne; selle du Musée du Bargello, à Florence. La plupart de ces selles sont reproduites dans le Mémoire de Schlosser.

5. *Note sur quelques selles de fabrication italienne* dans *l'Art*, t. XXXIV (1883), p. 26 et suiv.

des chaînes des Bulgares, et le même Amédée VI accordant sa protection aux Paléologues contre les Lombards et les Visconti. C'était, on le voit, un dossier généalogique au grand complet. En y regardant bien, on y voit, comme sur la selle du Bargello et comme au Musée de Pesth, une femme assise, ayant près d'elle une licorne, symbole bien connu de la Virginité, et, près de l'arçon, la même femme tenant un anneau; un jeune homme, assis près d'elle, cause avec elle, de mariage sans doute, et très familièrement. Près du troussequin, on voit un chevalier, peut-être le saint Georges des selles du Bargello et de Pesth. Nous avouons ne voir là rien qui rappelle ni les Paléologues ni les ducs de Savoie.

« Déclarons d'abord que toutes les figures qui décorent ces selles sont pour nous de style absolument italien; nous n'y voyons rien d'allemand, ni dans l'attitude, ni dans le costume des personnages. Les robes des femmes nous offrent bien des plis symétriques et nombreux, mais ces plis ne sont nullement cassés et empesés comme dans les œuvres allemandes. C'est dans le Nord de l'Italie qu'il faut, croyons-nous, chercher les ateliers d'où sont sorties ces selles. Nous objectera-t-on leur forme qui est hongroise, paraît-il? Nous avons dit que nous n'y voyons que des objets de parade, et, dès lors, il n'y a rien d'étonnant à ce que ces selles n'offrent pas un appareil de force qui n'aurait été d'aucune utilité; d'ailleurs, la selle de Modène, que des ressemblances de facture et de style ne permettent pas de séparer des autres, n'offre pas cette forme dite hongroise. Le gros argument réside tout entier dans ces fameuses légendes allemandes.

« Voyons donc si, au xvᵉ siècle, dans le Nord de l'Italie, on ne s'est pas plu à se servir de légendes en langues étrangères. Nous n'avons pas besoin d'aller bien loin; entrons au palais ducal de Mantoue, au *Castello di Corte*, qui, commencé au xivᵉ siècle, ne fut achevé qu'au xvᵉ; parcourons la *camera del sole*, la *camera degli sposi*; voulez-vous des devises françaises, vous n'avez qu'à lire : « *Par un decir* » (sic); « *Vrai amor ne se chiange.* » On ne peut cependant en conclure que le *Castello di Corte* ait été construit par des artistes français. Voulez-vous de l'allemand? « *Vider craft* » (Wider Kraft). Il ne faut donc pas se hâter de tirer une conclusion de la présence de ces devises. » Et, en effet, beaucoup d'objets incontestablement italiens du xvᵉ et du xviᵉ siècle portent des devises françaises ou allemandes; il semble en quelque sorte que la langue héraldique de l'Italie n'ait presque jamais été l'italien. Nous reverrons bientôt des devises allemandes sur des ivoires dont le style italien ne peut être mis en doute (voyez p. 212); pourquoi ferait-on un argument de ces devises à propos de ces seuls monuments dont le style, je le répète, comme la technique de la sculpture, jointe si souvent à la marqueterie, sont franchement italiens, alors que certains sujets peuvent être empruntés à la littérature allemande.

Ce court exposé de l'histoire de la sculpture en ivoire — il serait plus exact de dire la sculpture en os — en Italie à l'époque gothique, suffira, je pense, pour bien faire ressortir la différence profonde qui existe entre les productions françaises et les œuvres créées dans la péninsule pendant les mêmes siècles; il suffira, je crois, à démontrer l'erreur de ceux qui, tout en appréciant la sculpture du moyen âge, en ne niant pas ses qualités, se sont trouvés inconsciemment victimes des préjugés contre l'art français. Si des sculptures telles que celles que nous offrent une foule de retables, de diptyques ou de triptyques du xiiiᵉ et du xivᵉ siècle leur étaient apparues fixées au porche de quelqu'une de nos églises, ils n'auraient pas manifesté la moindre hésitation sur l'école à laquelle elles appartenaient; isolées, de petites proportions, au demeurant fort plaisantes, quelquefois très belles, elles leur ont paru d'un art trop parfait pour avoir pris naissance dans notre pays. Ce jugement était trop peu motivé pour qu'un jour ou l'autre il ne fût pas réformé. Personne aujourd'hui, je crois, ne saurait en pareille question hésiter un instant et dès longtemps déjà les archéologues ne se trompent plus sur ce point et admettent sans contestation que ces ivoires sont le reflet de la sculpture monumentale française du xiiiᵉ et du xivᵉ siècle, très supérieure comme exécution, comme élévation de sentiment, à la sculpture exécutée en Italie à la même époque. Mais encore était-il de mon devoir, dans un livre spécialement consacré aux ivoires, d'insister sur ce point. Loin de moi, au reste, de diminuer le rôle artistique de l'Italie, auquel aucun juge impartial ne saurait marchander son admiration. Mais les Italiens ont compris d'une façon différente le rôle de certains arts mineurs; ils ont pensé que de l'ivoire et de l'os sculptés, mariés à la marqueterie, on pouvait tirer des effets décoratifs dont la recherche préoccupait moins nos ivoiriers, soucieux surtout de produire des sculptures parfaites dans leurs dimensions restreintes. Ils ont voulu tout de suite faire grand et ont pensé que par la répétition des motifs, la juxtaposition des scènes, toutes inscrites dans un cadre étroit et un peu mesquin, ils produiraient un grand effet. Ils ont pleinement réussi dans les ouvrages de petites dimensions; dans les monuments de grande taille, ils n'ont guère engendré que la confusion, des œuvres de tabletterie énormes dans lesquelles le maigre résultat obtenu ne répond ni à la conception imposante qui hantait l'esprit des artistes ni même au travail matériel qu'ont réclamé ces travaux de patience.

CHAPITRE VI

LA RENAISSANCE

Il serait assez difficile en étudiant un art tel que celui de l'ivoirier, qui touche de si près à la sculpture
monumentale, de faire commencer au même moment, partout, la période artistique à laquelle on a
donné le nom de Renaissance. Et ici j'entends ce mot dans le sens qu'on lui donne le plus ordinairement,
c'est-à-dire que la Renaissance est considérée comme un retour aux formes de l'antiquité classique. Or,
ce mouvement, et je pense que sur ce point tout le monde sera d'accord, a été plus précoce en Italie
qu'en France ou en Allemagne. Au point de vue de la sculpture en ivoire, notamment, à un moment
où en Italie, du moins à Florence et dans le centre de la péninsule, on cultivait l'imitation de l'antique,
en France comme en Allemagne, chez les ivoiriers, le style gothique régnait encore en maître. Du reste,
on ne saurait trop le répéter, à partir de la fin du moyen âge on peut considérer l'art de l'ivoirier
comme à peu près mort, si au xviie siècle et au xviiie, dans les Pays-Bas surtout et en Allemagne, il
jette encore un certain éclat, les ivoiriers sont cependant, sauf de rares exceptions, des sculpteurs d'un
rang inférieur, peu originaux et s'inspirant, ce qui n'est pas fait pour relever leur art, de la peinture.

Comparativement aux siècles précédents, les spécimens de la sculpture en ivoire sont rares, de peu
de valeur artistique. Cela est surtout sensible à partir du xviie siècle, où l'art de l'ivoire devient un
métier. Je ne m'étendrai donc pas outre mesure sur une période où la sculpture monumentale règne en
maîtresse, mais je dois tout d'abord m'élever contre un préjugé inadmissible, celui qui consiste à attribuer
aux plus grands artistes de la Renaissance des sculptures en ivoire; passe encore pour le xve siècle italien,
pendant lequel, nous allons le voir, de grands sculpteurs n'ont pas cru s'abaisser en exécutant de délicats
bas-reliefs; mais attribuer des Christs en ivoire à Michel-Ange, charger la mémoire de Benvenuto Cellini
d'un certain nombre d'autres monuments, c'est là une opinion qui ne vaut pas même la peine d'être
discutée. Cela ne convenait ni à leur tempérament ni à leurs habitudes. Ont-ils eu tort? Je ne sais, et
c'est un point qu'on ne peut se permettre de juger; mais il ne peut subsister aucun doute sur ce sujet
dans l'esprit de ceux qui ont étudié les œuvres de la Renaissance italienne. On peut évidemment faire
de fort belles choses en ivoire, et on l'a bien montré au moyen âge comme de notre temps, mais c'est
une matière demandant un travail long et minutieux qui ne convenait pas aux habitudes des sculpteurs
du xvie siècle; ils ont fait de très petites sculptures, assez souvent, mais ils ont mieux aimé confier
leur pensée au bronze.

Quelques artistes du xve siècle, en Italie, semblent avoir pris à tâche de tirer l'art de l'ivoirier de
l'ornière dans laquelle il était tombé depuis fort longtemps. Sans doute des œuvres telles que le retable
de la Chartreuse de Pavie ou le retable de l'abbaye de Poissy sont des travaux importants, mais par
bien des côtés, l'emploi de l'os, la marqueterie, ils tiennent plus à la tabletterie qu'à l'art proprement
dit. Les artistes italiens, ou du moins quelques sculpteurs de la seconde moitié du xve siècle, sont
revenus à l'emploi de l'ivoire pour fabriquer des œuvres malheureusement trop rares, mais qui prouvent une fois de plus qu'une si belle matière n'est pas indigne de tenter de véritables artistes. J'ai déjà

en l'occasion jadis[1] d'étudier quelques-uns de ces ivoires à propos d'un *Triomphe de la Renommée* que possède le Musée du Louvre, et dont une réplique plus complète se trouve au Musée du Bargello, à Florence[2].

Dans le Trésor de l'église de Graz[3], en Styrie, est conservé un précieux coffret, dans les côtés duquel sont enchâssés six bas-reliefs d'ivoire représentant les *Triomphes* chantés par Pétrarque, les triomphes de l'Amour, de la Chasteté, de la Mort, de la Renommée, du Temps et de la Divinité. Ces représentations des *Triomphes* ont été des plus populaires et ont servi de thème soit à des séries de miniatures, soit à des séries de peintures qu'il serait trop long d'énumérer ici[4]. Si on examine le coffret de Graz aussi bien que les bas-reliefs du Louvre et de Florence, on acquiert bientôt la conviction que ces œuvres, d'un beau style et d'un beau dessin, appartiennent à l'art du Nord de l'Italie, et surtout à l'art italien de l'école de Mantegna; c'est donc dans l'école de Mantegna, à Mantoue, à Vérone, qu'il faut en chercher l'auteur; l'influence du maître s'y fait assez sentir; elle est surtout sensible dans le *Triomphe de la Divinité*; le Christ assis sur un trône, entouré d'une gloire d'anges, peut être considéré comme une œuvre inspirée directement par Mantegna. C'est encore le coffret de Graz qui va nous fournir sur cette attribution un précieux renseignement; il porte sur son couvercle les armoiries des marquis de Mantoue, telles que les portèrent les Gonzague après 1433, date à laquelle l'empereur Sigismond leur permit de placer dans leurs armes une croix de gueules, cantonnée de quatre aigles de sable. Ce coffret a donc appartenu à Gianfrancesco de Gonzague (✝ 1444) ou plutôt à son fils Louis III (✝ 1478). Aux deux extrémités du coffret on voit également des emblèmes et des devises latines ou allemandes appartenant aux Gonzague. Les armoiries ne sont donc point une addition postérieure et le coffret a bien réellement été fait pour la famille. A mon avis, le bas-relief du Louvre comme celui de Florence, comme un troisième, le *Triomphe de la Mort*, dans la Collection Malcolm, à Londres, ont dû être fabriqués à peu près à la même époque, à Mantoue ou près de Mantoue.

Mais si on peut déterminer le pays qui a vu naître ces œuvres, il est plus difficile, sinon impossible, de savoir qui les a exécutées : est-ce un sculpteur? est-ce un simple artisan? La répétition à peu près identique de certains des bas-reliefs du coffret de Graz nous prouve qu'il a existé plusieurs coffrets semblables et il n'est guère admissible qu'un artiste véritable se soit imposé un travail de ce genre, pour ainsi dire mécanique; mais étant données la beauté et la grandeur du style de ces bas-reliefs, étant donné ce fait surtout qu'ils ont été popularisés par des répétitions en bronze[5], il est à supposer qu'un artiste en vue aura donné le modèle d'une œuvre qui aura eu tant de succès qu'on en aura demandé des copies de côté et d'autres. L'ivoirier, dans ce cas, n'aurait été qu'un instrument entre les mains de l'artiste, peintre ou sculpteur, auteur de la composition originale.

Un monument conservé au Louvre[6], un peu postérieur au coffret de Graz, un retable, peut, au contraire, être considéré comme l'œuvre d'un sculpteur de profession, peut-être même d'un sculpteur fort connu de l'École florentine. La reproduction que je donne de ce beau triptyque (planche XXI) me dispensera d'en faire une longue description; je me bornerai à faire remarquer le style absolument nouveau, du moins dans les sculptures en ivoire, que nous fait connaître ce bel objet. A un moment où en France, comme en Italie, ce genre de travail était abandonné à des artisans dont l'éducation était fort bornée, dont l'habileté manuelle n'était même pas exempte de tout reproche, un sculpteur a voulu créer une œuvre qui, par son style, pût rivaliser avec les bas-reliefs de marbre ou de pierre, et il y est pleinement parvenu. Quand on examine attentivement cette série de bas-reliefs enchâssés dans une

---

1. Un ivoire italien du XV° siècle : *Le Triomphe de la Renommée au Musée du Louvre*; Gazette archéologique, 1884, p. 475.

2. Gustave Sangiorgi, *La Collection Carrand au Musée du Bargello*, pl. XVIII.

3. *Reliquienschreine der Kathedral zu Graz*, dans les *Mittheilungen der K. K. Central-Commission*, t. IV, p. 27, et XVIII, p. 151; J. Graus, *Die sind Reliquienschreine im Dome zu Graz* (tirage à part du *Kirchenschmuck*, Graz, 1882, in-8°).

4. Voyez duc de Rivoli, *Les Triomphes de Pétrarque*, dans la *Gazette des Beaux-Arts*, 1887, t. XXXV, p. 314; t. XXXVI, p. 25.

5. Voyez *Les bronzes de la Renaissance, les Plaquettes*, t. II, n° 684.

6. N° 141 du Catalogue des ivoires.

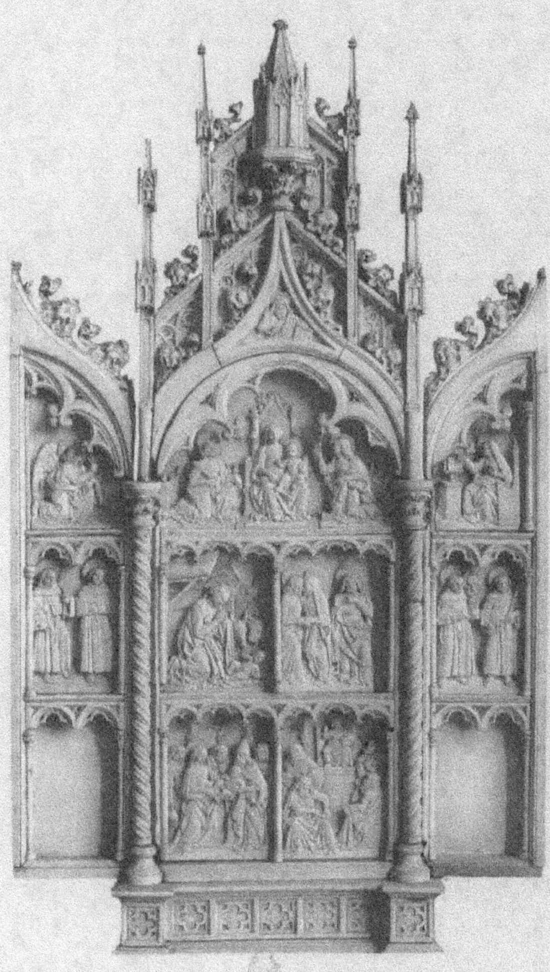

TRIPTYQUE

architecture de style gothique florentin, on est surpris de la similitude de sa composition avec les grandes œuvres sculptées du xv⁰ siècle, de l'excellence du dessin, de l'habileté technique qui ne trahit aucune sécheresse et qu'il serait difficile de surpasser. Évidemment, nous n'avons point affaire là à une œuvre ordinaire, à une œuvre procréée par un artiste qui transcrit en ivoire une grande sculpture contemporaine, dont l'art n'est, en somme, qu'un reflet d'une époque artistique qui a jeté un éclat incomparable. Cette appréciation, qui serait juste pour les bas-reliefs du coffret de Graz, cesse complètement de l'être ici : il s'agit d'une œuvre originale, conçue et exécutée par un maître de premier ordre. C'est ce qui explique comment ce triptyque a pu, dans certains cas, dérouter quelques archéologues qui, habitués à l'art, souvent charmant, mais plus souvent de second ordre et surtout d'imitation que nous font connaître beaucoup de sculptures en ivoire, ont pu ne goûter qu'imparfaitement le charme qui se dégage de ce chef-d'œuvre. Le mot n'est pas trop fort pour caractériser un monument de cette importance dont l'analogue, au point de vue de la finesse et de la beauté de travail, n'existe nulle part. J'imagine qu'un jour ce monument, que ne remarquent que quelques délicats [1], deviendra célèbre et occupera, dans l'histoire de la sculpture italienne, le rang auquel il a droit. Une tradition admise aujourd'hui par plusieurs archéologues, ai-je dit dans le *Catalogue des ivoires du Louvre*, voudrait que ce triptyque ait appartenu au roi de Hongrie, Matthias Corvin, dont on connaît le goût très vif pour les arts et pour l'art italien en particulier. Je n'oserais point, pour ma part, dans l'impossibilité où je suis, faute de documents irréfutables, d'administrer la preuve d'une pareille assertion, affirmer que cet ivoire provient des Trésors de Klosterneuburg ou de l'église métropolitaine de Gran. Cependant je ne puis me dispenser de faire remarquer, qu'en dehors de toute preuve directe et décisive, cette opinion emprunte beaucoup de vraisemblance à ce fait que le style de l'œuvre rappelle beaucoup les sculptures en marbre d'un maître florentin fort connu de la seconde moitié du xv⁰ siècle, et qui précisément a été au service du roi de Hongrie. Les marbres sculptés par Benedetto da Majano, surtout ceux de l'église de Monte Oliveto, à Naples, offrent beaucoup d'analogie avec notre ivoire. Or, nous savons par Vasari que Benedetto da Majano a exécuté, pour Matthias Corvin, des œuvres qui, par leur technique, se rattachaient au travail des ivoiriers [2].

Les coffres de marqueterie (*tarsia* ou *certosina*), dont parle Vasari, empruntaient une partie de leur décor à des bas-reliefs d'ivoire, et l'artiste n'aurait fait du reste, en agissant de la sorte, que se conformer à une tradition artistique dont on trouve de nombreux exemples dans l'art italien du xiv⁰ siècle. On a vu par le coffret conservé à Graz que cette tradition était encore vivace à la fin du xv⁰ siècle. Mais il ne convient pas pour le moment de trop insister sur une attribution qui, à ma connaissance, ne repose sur aucun document formel; il me suffira d'avoir signalé une attribution possible à Benedetto da Majano, attribution que, je le répète, je ne présente que sous toutes réserves [3]. Mais dût-on la rejeter qu'il faudrait cependant admettre que, dans la seconde moitié du xv⁰ siècle, il a existé, à Florence, un sculpteur assez habile pour traduire avec la plus grande perfection les œuvres des maîtres. Il est si rare de voir à cette époque de véritables artistes s'attaquer à l'ivoire que la chose méritait d'être signalée.

Des œuvres, peu nombreuses du reste, qui paraissent appartenir à l'art du Nord de l'Italie, peut-être à Venise, attestent l'influence qu'exerçait l'art flamand et allemand sur les ivoiriers italiens de la fin du xv⁰ siècle : le Louvre possède deux petits bas-reliefs [4] représentant la Vierge à mi-corps portant l'Enfant Jésus qui trahissent bien cette origine. Les draperies sont de style flamand, ou même plutôt allemand, alors que la formule générale reste bien italienne. C'est encore à la même partie de l'Italie et à la seconde moitié du xv⁰ siècle qu'on me paraît devoir attribuer un autre ivoire

---

1. Il a été publié par Müntz, *Histoire de l'art pendant la Renaissance*, t. II, p. 817.
2. *Vite*, éd. Milanesi, t. III, p. 331-334.
3. W. Bode, *Jugendwerke des Benedetto da Majano*; — *Italienische Bildhauer der Renaissance*, Berlin, 1887, p. 191 et suiv.
4. Nos 135 et 137 du *Catalogue des Ivoires*.

du Louvre, un *saint Jérôme* en prière[1], figure de haut relief et de grande dimension, d'une extrême rudesse d'exécution, mais d'un beau style cependant. C'est Venise ou Padoue qui ont donné naissance à cet échantillon d'un art un peu sauvage qui semblait plutôt réclamer le bronze ou le marbre qu'une matière aussi précieuse.

Si je fais abstraction, comme je le disais au commencement de ce chapitre, d'attributions irraisonnées qui ont voulu faire remonter à de grands artistes de la Renaissance italienne la paternité d'œuvres qui

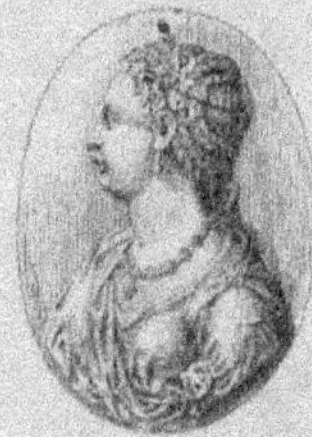

PORTRAIT DE FEMME, Italie, XVIe siècle. (Musée du Louvre.)

presque toutes présentent les caractères de l'art du XVIe siècle, il ne me restera que peu de chose à signaler pour l'Italie de la Renaissance. On ne saurait toutefois passer sous silence quelques portraits, médaillons ou bas-reliefs, reproduisant des personnages féminins qu'à leur costume, leur coiffure, on peut reconnaître pour des œuvres de la seconde moitié du XVIe siècle. Proches parentes de certaines médailles italiennes, ces pièces peuvent-elles passer pour des originaux ou pour de simples copies exécutées d'après des cires ou des médailles? c'est là une question fort délicate à trancher. Mais ces monuments, dont le Louvre[2] possède quelques échantillons, appartiennent eux aussi à l'art du Nord de l'Italie, probablement à l'art vénitien. Si on ajoute qu'un certain nombre de pulvérins en corne de cerf paraissent être d'origine italienne, sans toutefois qu'on puisse l'affirmer parce qu'ils appartiennent à une période très avancée du XVIe siècle, où l'art italien était devenu un peu international, on aura signalé à peu près tout ce qui, en fait d'ivoire, peut être considéré comme sorti des ateliers des compatriotes de Michel-Ange[3]. C'est un bagage assez maigre, mais on a vu toutefois que quelques pièces étaient assez importantes pour prendre place à côté des œuvres d'une époque plus ancienne, alors que l'art de l'ivoirier tient une large place dans l'histoire de la sculpture.

A y regarder de très près, les autres pays d'Europe, pendant la même période, ne paraissent pas beaucoup mieux partagés. Si certaines pièces d'art espagnol, tel qu'un joli médaillon représentant l'*Annonciation* (fin du XVe siècle) au Louvre[4], montrent un style bien personnel, une persistance complète des errements gothiques, en revanche une charmante Vierge (planche XXII) que le baron Charles Davillier légua jadis au Louvre, œuvre capitale de la première moitié du XVIe siècle, est absolument flamande de style. Je sais bien qu'on me dira que ce groupe n'appartient pas à un art flamand absolument pur; d'accord, mais tout en s'imprégnant d'art italien, des Flamands tel que Bernard Van Orley — et la figure de la Vierge est très proche parente des physionomies qu'on rencontre couramment dans l'œuvre de ce peintre — sont restés cependant originaux par plus d'un côté. De ci, de là, paraissent des traces non équivoques d'influence italienne et c'est ce qui a précisément lieu dans le groupe du Louvre: la Vierge et l'Enfant Jésus sont de style flamand, le socle sur lequel s'enlève, en relief peu accentué, un cartouche accosté de deux délicates figures d'anges, est tout à fait dans le goût et le sentiment des œuvres italiennes. Il y a donc là un mélange très complexe d'influences différentes; mais ce mélange une fois reconnu, rien ne s'oppose formellement à ce que cette sculpture ait été exécutée par un artiste espagnol. Sans tenir compte de sa provenance espagnole. — Davillier la trouva à Valence, — provenance qui ne prouve pas grand'chose et peut tout au plus créer une présomption, l'art espagnol du XVIe siècle nous montre des éléments si divers amalgamés ensemble qu'une telle hypothèse est très soutenable. Une frise d'ivoire provenant probablement d'un meuble, qui a fait partie de la Collection Spitzer, offre, dans un autre ordre d'idée, quelque chose d'analogue, et d'ailleurs

1. N° 132 du *Catalogue des Ivoires*.
2. Nos 157, 108, 164 du *Catalogue des Ivoires*.
3. Je ne mentionne ici que pour mémoire l'opinion de Cicognara (*Storia della scultura*, t. II, p. 142; cité par Labarte, *ouvr. cité*, 2e éd., t. I, p. 143) qui attribuait à Valerio Belli et à Giovanni Bernardi de Castelbolognese, c'est-à-dire à des artistes connus surtout comme graveurs en pierres dures, des sculptures en ivoire. Cette opinion ne me paraît reposer sur aucun document certain, et au point de vue du style je ne vois aucun rapprochement possible entre les ivoires et les cristaux de roche.
4. N° 127 du *Catalogue des Ivoires*.

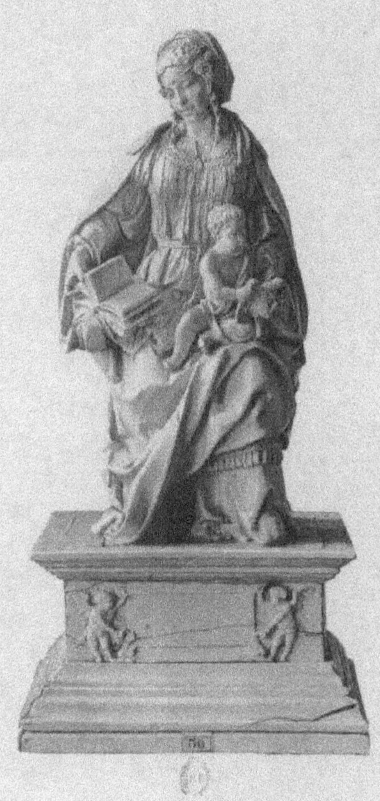

LA VIERGE ET L'ENFANT JÉSUS

mainte sculpture en bois attribuée au célèbre Alonso Berruguete nous montre un style italien mâtiné de Renaissance française, exécuté par un artiste espagnol[1]. La collaboration fréquente d'artistes espagnols et d'artistes français explique parfaitement ce style proche parent du style de notre pays dans la première moitié du XVIe siècle; c'est de la décoration franco-italienne un peu alourdie, mais traitée cependant avec beaucoup de savoir. La Salamandre, emblème du roi François Ier, qui se voit au milieu de ce joli bas-relief, semblerait même indiquer une œuvre *exécutée* par un Français auquel un séjour prolongé en Espagne avait un peu fait oublier la délicatesse des ornements qui s'étalent sur les constructions et les meubles de l'époque de François Ier.

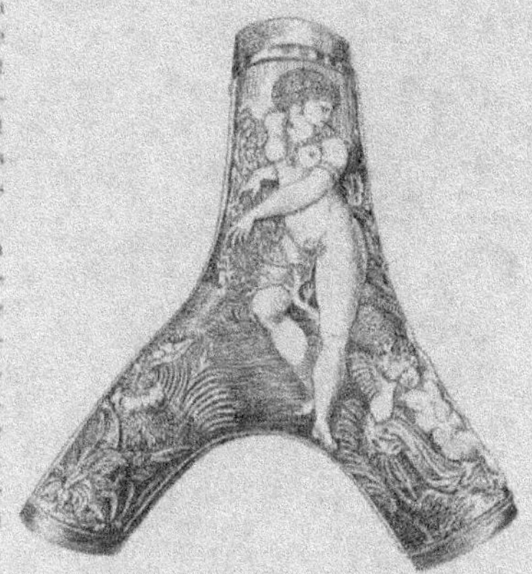

Poignée, Italie, XVIe siècle.
(Musée du Louvre)

La chose n'aurait rien de très étonnant si on songe, comme l'a remarqué Davillier, au nombre des sculpteurs français qui ont, à la fin du XVe siècle et dans la première partie du siècle suivant, travaillé en Espagne. On connaît ce Philippe Vigarny, que les Espagnols ont nommé *Felipe de Borgoña*, natif de Langres, qui exécuta pour la cathédrale de Burgos des sculptures en marbre, en pierre et en bois. Le même fit des figures en bois pour le chœur de la cathédrale de Palencia, et ce qui prouve qu'il guidait et dirigeait tout un atelier, c'est que dans le contrat avec le chapitre il est spécifié qu'il fera lui-même les têtes et les mains des personnages. Revenu peu d'années plus tard à Burgos, de 1507 à 1512, il travailla aux stalles de la cathédrale, œuvre énorme, puisqu'elles ne comptent pas moins de cent trois sièges; puis il alla à Tolède et à Grenade et signala toujours son passage par des sculptures qui répandaient non seulement le goût pour l'ornementation française, gothique d'abord, puis dans le style de la Renaissance, mais servaient en quelque sorte de modèles aux artistes espagnols. Quand il mourut à Tolède, en 1543, son frère Gregorio, sculpteur aussi, fut en quelque sorte son continuateur.

Je ne puis que mentionner ces quelques monuments d'origine espagnole, mais il est probable que dans ce pays où, pendant tout le XVIe siècle, la sculpture sur bois a joui d'une faveur toute particulière, les artisans travaillant l'ivoire ont été eux aussi assez nombreux. Ce qui semblerait l'indiquer,

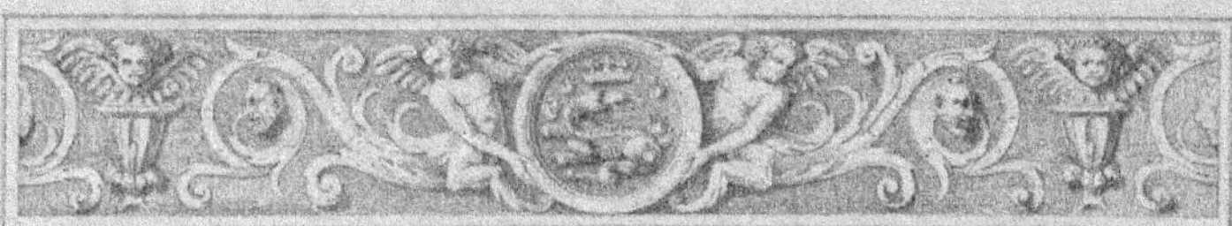

Frise provenant de la décoration d'un meuble, Espagne, XVIe siècle. (Ancienne Collection Spitzer.)

c'est qu'au siècle suivant on a encore assez fréquemment travaillé l'ivoire. Pedro de Mena, l'auteur du célèbre *saint François* de la cathédrale de Tolède, paraît n'avoir point dédaigné d'employer cette matière[2], et Davillier rappelle que les figurines en bois dont les mains et les têtes sont

1. Sur Berruguete, voyez Davillier, *Les Arts décoratifs de l'Espagne*, p. 39 et suiv.

2. Davillier, ouvr. cité, p. 68.

en ivoire sont assez fréquentes dans l'art espagnol du XVII⁰ siècle. C'est surtout à la représentation de mendiants en haillons, à des sculptures microscopiques que se sont appliqués des artistes tels que Raymundo Capuz (né à Valence en 1665) et son parent et son contemporain, Francisco Capuz, dominicain à Valence. Davillier[1] cite un passage de Bermudez où il est dit que quelques-unes de ces figurines « étant arrivées aux mains de Louis I⁰ʳ, alors prince des Asturies, elles lui plurent tellement qu'il eut le désir d'apprendre à en faire de semblables, et à cette occasion il nomma Raymundo Capuz son professeur, et le nomma aussi son sculpteur lorsqu'il arriva au trône (1724). » C'est sans aucun doute des mains d'un artiste tel que Capuz qu'est sortie l'intéressante tête de femme que je mets sous les yeux du lecteur, tête qui devait être complétée par un corps ou tout au moins un buste en bois. Et à ce propos il est bon de remarquer que la polychromie joue encore un rôle important dans ces sculptures trop souvent médiocres. Si je parle ici de ces pièces qui toutes sont du XVII⁰ siècle, c'est parce qu'elles ne sont pas assez importantes pour faire l'objet de longs développements au chapitre suivant, bien qu'il soit nécessaire de les mentionner, car en somme elles forment une série curieuse. Je citerai enfin, pour mémoire seulement et comme une dégénérescence fâcheuse de l'art espagnol au XVII⁰ et au XVIII⁰ siècle, une foule de figures en ivoire souvent de dimensions assez fortes, *Vierges*, *Saints* ou *Saintes*, dont les échantillons sont des plus communs et qui paraissent avoir vu le jour dans les colonies espagnoles ; ce sont des œuvres barbares, souvent odieusement polychromées et qui ne valent pas la peine qu'on s'y arrête plus longtemps.

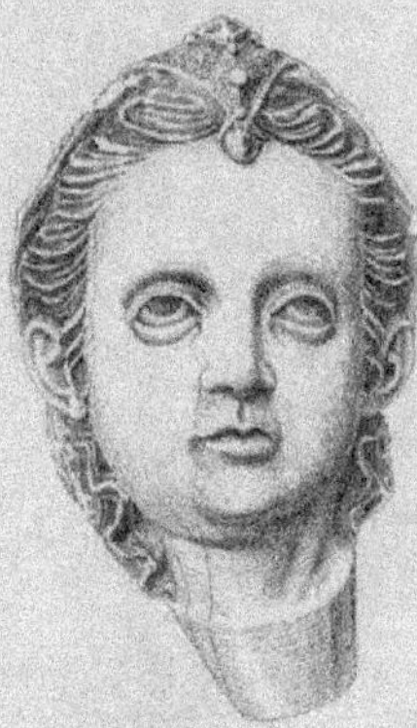

Tête de Femme en ivoire, destinée à être montée en bois ; Espagne, XVII⁰ siècle.
(Musée du Louvre)

J'ai dit un mot au précédent chapitre des ateliers d'ivoiriers qu'on croit s'être établis à Dieppe dès le XV⁰ siècle. En réalité, pas plus pour la Renaissance que pour le XV⁰ siècle, on ne peut citer aucun texte concluant sur cette question ni montrer aucun monument qui soit antérieur au XVII⁰ siècle. On est donc forcé pour cette époque de considérer en eux-mêmes les monuments de style français sans qu'on puisse être assuré de savoir exactement dans quelle partie de la France ils ont été sculptés. A dire vrai, ces ivoires sont assez rares, très rares surtout ceux qui peuvent être considérés comme des œuvres d'art. Un diptyque conservé au Louvre[2], d'un travail assez sommaire, montre les mêmes dispositions qu'au XV⁰ siècle, quant aux sujets, mais l'architecture a été modifiée à la nouvelle mode. Certains errements anciens sont du reste, dans toute cette fabrication, abandonnés. C'est ainsi que l'ancienne forme des boîtes de miroir, composées de deux valves, tombe en désuétude : on y substitue de petits miroirs munis d'un manche, sculptés sur leur revers et enfermés dans un étui de cuir ouvragé : tel est un miroir que possède le Louvre[3], tel est un miroir de la Collection Piet-Latandrie, qui a encore conservé sa custode de cuir. En général, partout ou presque partout, et il n'y a là rien de particulier à l'ivoire, un style et des formes nouvelles se substituent aux formes gothiques ; il y a bien entendu beaucoup d'exceptions, mais presque partout, dans tous les objets, ne fût-ce que par un mince détail d'ornementation, se trahit le style nouveau. C'est ainsi qu'un beau bénitier portatif en ivoire, provenant de l'église de Beaujeu, dans la Collection Chabrières Arlès, bénitier dont la forme appartient encore complètement à l'art du XV⁰ siècle, est décoré d'une longue inscription, tirée d'un psaume[4], très fermement tracée en caractères de la Renaissance.

1. Davillier, *ouvr. cité*, p. 67.
2. N° 155 du *Catalogue des Ivoires*.
3. N° 153 du *Catalogue des Ivoires*.

4. Ps. L, 9 : « Asperges me, Domine, isopo et mundabor ; lavabis me, et super nivem dealbabor. » Ce très intéressant monument, unique, je crois, pour la France, a autrefois appartenu à Carrand.

Les figures isolées sont relativement fort rares et je ne vois guère à citer comme caractéristique qu'une statuette qui appartient à M. Alfred André, une figure de sainte femme portant une boîte de parfums, dont l'allure simple et noble, la coupe de la physionomie, la coiffure, les plis des draperies peu compliqués mais habilement combinés, rappellent le style de Michel Colombe. Mais c'est là une exception; pour l'ordinaire, les figures isolées de la première moitié du xvie siècle sont des œuvres incomplètes, plutôt fabriquées par des ouvriers que sculptées par des artistes. Cependant un certain nombre de monuments, malheureusement en trop petit nombre, montrent qu'en France, pendant tout le xvie siècle, la technique de l'ivoire n'a point été oubliée; quelques travaux, d'un style excellent, sont là pour attester que les traditions qui avaient placé les artistes français au premier rang à l'époque gothique n'étaient pas perdues.

Un assez grand nombre de peignes soit décorés de bas-reliefs, soit entièrement découpés à jour, sont là pour nous faire voir que, même dans des objets appartenant plutôt à l'industrie qu'à l'art, cette supériorité s'affirmait encore; des baisers de paix, en petit nombre du reste, montrent encore l'influence de l'art flamand dont on retrouve la trace dans tant de monuments français de la première moitié du xvie siècle; je donne ici la gravure d'un de ces instruments de paix représentant la *Mort de la Vierge*, bas-relief qu'on dirait littéralement transcrit de quelque estampe flamande. Enfin pour une période plus avancée du xvie siècle, il serait facile de citer une quantité de petits objets qui, malgré leur destination assez vulgaire, peuvent passer pour des exemples excellents du goût qu'ont dû mettre les artistes du xvie siècle dans la fabrication de monuments qui ne réclamaient qu'un peu d'habileté. Je citerai entre autres un couteau et son étui, pièce depuis longtemps publiée et connue, qu'on a baptisé du nom de *Couteau de Diane de Poitiers* à une époque où sans discernement, on voulait reconnaître une semblable origine à toute pièce française voire italienne qui avait été créée en plein xvie siècle[1]. Le manche du couteau est formé par une statuette d'homme, debout, vêtu du costume militaire antique, barbu et les cheveux longs; il est coiffé d'un casque en forme de dauphin; de sa main droite, le personnage tient une flèche, de la gauche, un arc; un carquois pend sur son dos. Le manche est réuni à la lame par une virole d'or émaillé. La gaine, en ivoire, est plate à sa partie postérieure et renflée à sa partie antérieure; Vénus et l'Amour, Junon et Minerve y sont représentés en relief, au dessus d'un cartouche et d'un chérubin; un autre chérubin surmonte le groupe.

Au revers on voit une femme assise tenant un miroir, symbolisant la Prudence, au dessus d'un cartouche où est figuré en buste un

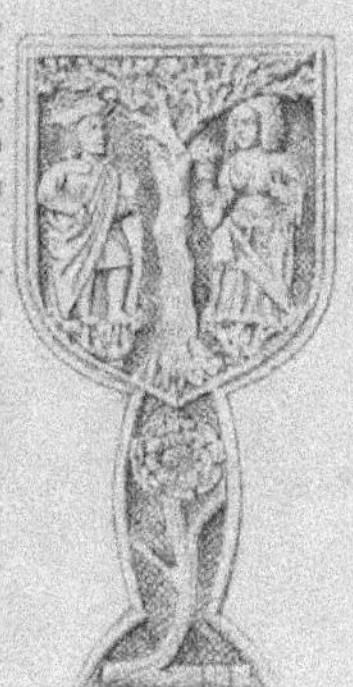

Manche, France, commencement du xvie siècle.

(Musée du Louvre)

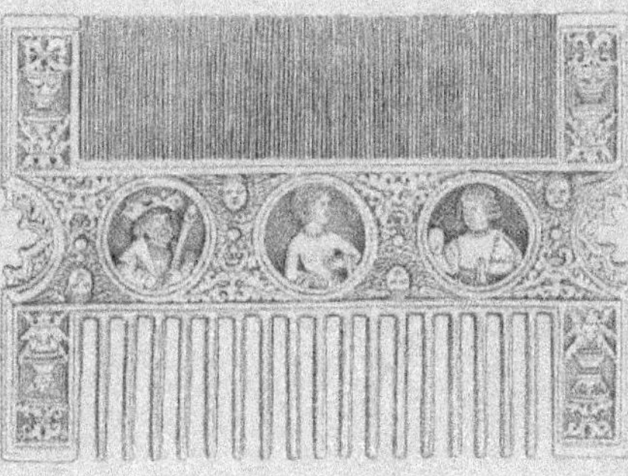

Peigne, France, commencement du xvie siècle.

(Musée du Louvre)

1. Publié d'abord par Dibdin *Bibliographical Tour in France*, puis par Willemin, *Monuments français inédits*, t. II (1839), pl. 289; ce couteau, qui faisait partie de la Collection Maussard, entra dans la Collection Debruge-Duménil (Labarte, *Catalogue de la Collection Debruge-Duménil* (1847), p. 901, n° 176; puis enfin dans la Collection Spitzer (Cfr. *Catalogue*, t. I, *Ivoires*, pl. xxiv, n° 142).

personnage chauve. Plus haut, on aperçoit un cœur entouré d'ailes et un mufle de lion. Rien, dans cette décoration compliquée, ne rappelle de près ou de loin la duchesse de Valentinois, et vouloir lui en attribuer la possession, c'est émettre une opinion qui peut être considérée comme une affaire de mode.

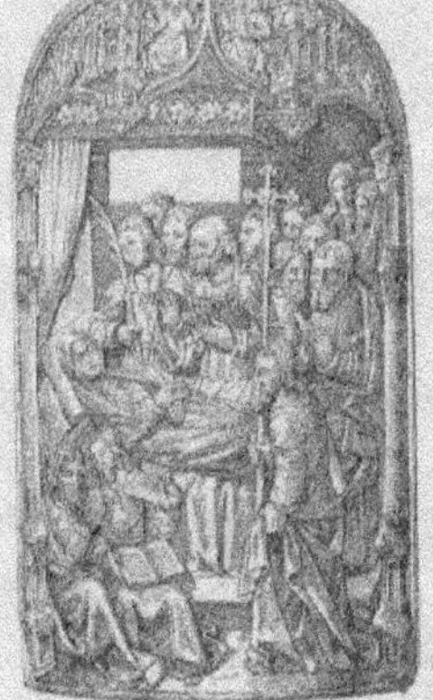

BAISER DE PAIX. LA MORT DE LA VIERGE, commencement du XVIᵉ siècle.
(Ancienne Collection Spitzer.)

J'en dirai autant de l'attribution à Jean Goujon d'une poire à poudre en corne de cerf que possède le Louvre et dans laquelle Laborde était disposé à reconnaître une œuvre du grand sculpteur : « Ce charmant ouvrage, disait-il, a toute la grâce de sa main habile et peut avoir été un délassement au milieu de ses grands travaux[1]. » Contre cette attribution trop sentimentale, M. de Chennevières[2] s'est élevé avec raison, trouvant cette sculpture, qui reproduit en effet un modèle de Jean Goujon, bien petite de style pour le maître ; puis craignant d'être allé trop loin il ajoute : « Quoi qu'il en soit, ne supprimons pas à cette œuvre le glorieux nom de Jean Goujon : l'honneur de la sculpture en ivoire y trouve trop bien son affaire. » Je serai plus affirmatif et pour moi le délicat objet que possède le Louvre n'a pas été sculpté par Goujon : quelque ivoirier contemporain a emprunté au sculpteur une figure qui lui plaisait et en a tiré un fort bon parti. Mais ce serait méconnaître les traditions de l'art de la Renaissance que d'aller plus loin.

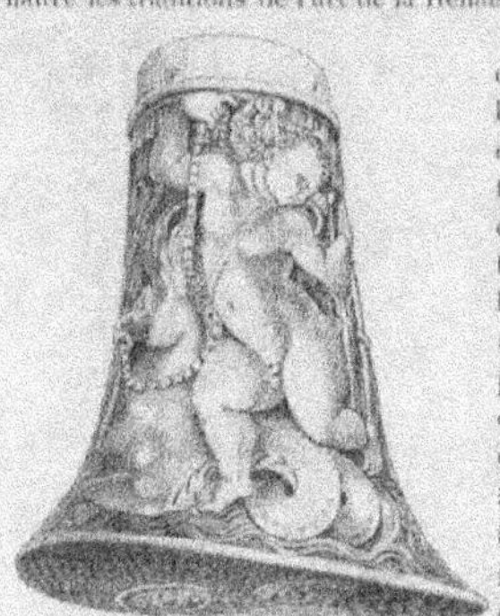

POIRE À POUDRE en corne de cerf, autrefois attribuée à Jean Goujon.
(Musée du Louvre.)

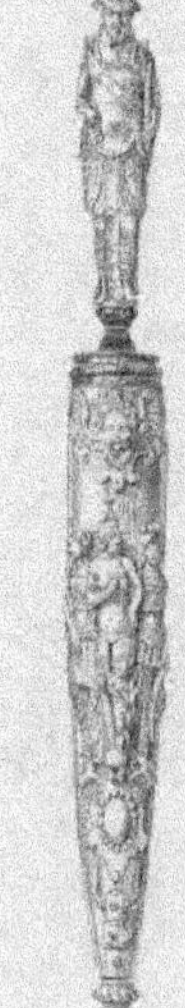

COUTEAU dit de Diane de Poitiers, France, XVIᵉ siècle.
(Ancienne Collection Debruge.)

J'ai gardé pour la fin le plus bel objet certainement dont on puisse attribuer la sculpture aux ivoiriers français, un cor en ivoire qui fait partie de la Collection de M. le baron Adolphe de Rothschild (planche XXIII). Rien n'égale la virtuosité avec laquelle l'artiste, sculptant l'ivoire comme s'il eût modelé de la cire, a, d'une main impeccable, conduit du pavillon à l'embouchure de l'instrument des guirlandes délicates, d'une extraordinaire pureté de lignes et d'une sobriété de goût remarquable. Cette pièce appartient à la première époque de la Renaissance française. On se plairait à croire qu'elle a été en la possession du vainqueur de Marignan, grand chasseur par goût et non moins curieux de choses d'art. Sa monture de métal ne contribue pas peu à ennoblir un monument exquis qui, à ses qualités d'exécution, joint encore cet attrait de curiosité d'être vraisemblablement l'ivoire qui a été payé le plus cher en vente publique[3]. Mais le prix ne fait rien à l'affaire ; et en face de ce bibelot

---

1. *Notice des bronzes, bijoux et objets exposés dans les galeries du Musée du Louvre* (1873), n° 626.
2. *Notes d'un compilateur sur les sculpteurs et les sculptures en ivoire*, p. 40.
3. Ancienne Collection Fountaine, n° 532 du Catalogue de la vente de juin 1884, adjugé au prix de 4.732 livres.

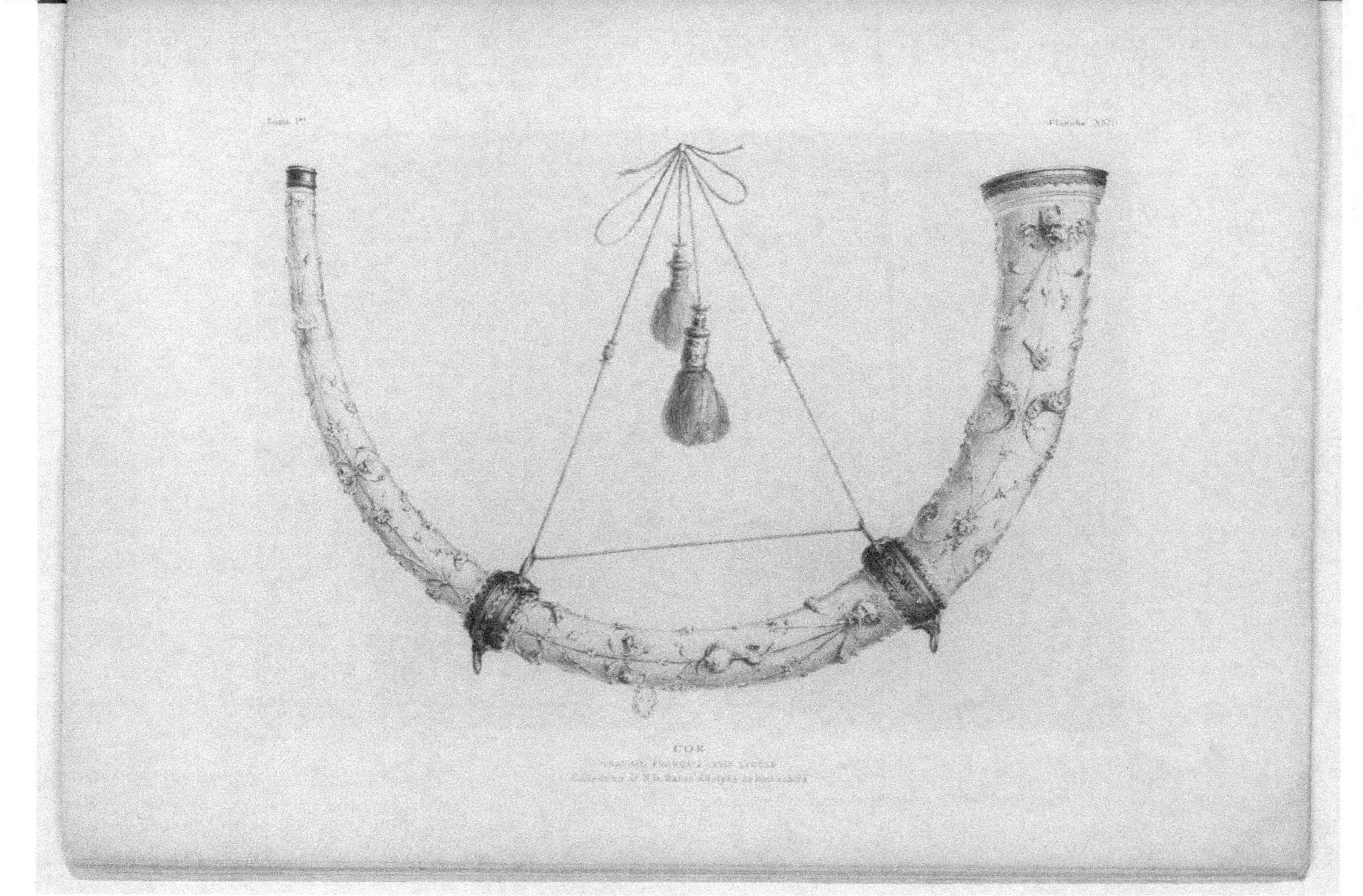

Tome Ier
Planche XXII
COR
TRAVAIL FRANÇAIS XVIe SIÈCLE
Collection de M. le Baron Adolphe de Rothschild

exquis on se prend à songer aux fines sculptures du château de Gaillon, de Blois ou de Chambord. Ce n'est que de la décoration, mais la décoration traitée avec cette maîtrise équivaut aux plus belles figures.

Je n'ai rien dit jusqu'ici de l'Allemagne qui cependant, au xvi° siècle, a donné le jour à un certain nombre de pièces d'ivoire intéressantes qu'on peut sans doute rapprocher, au point de vue des origines, des sculptures en buis et en pierre lithographique. Les artistes qui les ont créées ont suivi les mêmes errements et ont été entraînés par ce mouvement qui a amené presque tous les représentants des arts mineurs à puiser leurs modèles dans des estampes ou des dessins de maître. C'est le commencement pour l'art de l'ivoirier d'une décadence irrémédiable, qui ira en s'accentuant pendant tout le xvii° siècle : les sculpteurs ne s'inspireront plus seulement d'estampes créées en vue de servir de modèles aux arts mineurs, mais de toute estampe qui leur tombera sous les yeux, même d'estampes d'après des tableaux. Bien plus, des artistes de l'envergure de Rubens iront jusqu'à dessiner pour eux des compositions.

Ces transpositions de compositions peintes en bas-reliefs ne laissent pas que de devenir inquiétantes, surtout quand le niveau de l'éducation artistique de ceux qui sont chargés de les opérer baisse aussi très sensiblement. C'est donc chez les ivoiriers allemands du xvi° siècle qu'on peut, je crois, constater ces premiers symptômes : deux figures de femmes nues, en bas-relief, l'une portant le monogramme d'Albert Dürer, au Musée National bavarois à Munich[1] ; un bas-relief conservé au Musée de Cluny[2], représentant une bataille et portant le monogramme bien connu de Hans Sebald Beham et la date 1545, sont des exemples concluants de ce qu'on vient d'avancer ; car bien entendu il ne saurait être question de s'appuyer sur la présence de ces monogrammes sur ces ivoires pour les attribuer aux maîtres eux-mêmes : ces monogrammes ont été copiés par les ivoiriers sur leurs modèles, comme les copiaient les sculpteurs sur bois. Cependant à côté de ces œuvres, qui n'ont qu'une médiocre importance, il en est quelques autres qui méritent de fixer l'attention parce qu'elles sont fabriquées, tout comme les ivoires plus anciens, par des artistes capables d'imaginer et de modeler leurs figures sans jouer le moins du monde le rôle de copistes. Une petite statuette de *Psyché*, de la première moitié du xvi° siècle, que possède le Musée du Louvre[3], un groupe allégorique, un peu plus ancien, représentant une *Jeune Fille nue et la Mort*, au Musée bavarois à Munich, sont de bons spécimens de l'art allemand, spécimens trop rares à la vérité mais qui montrent bien qu'il existait encore à cette époque des ivoiriers véritables.

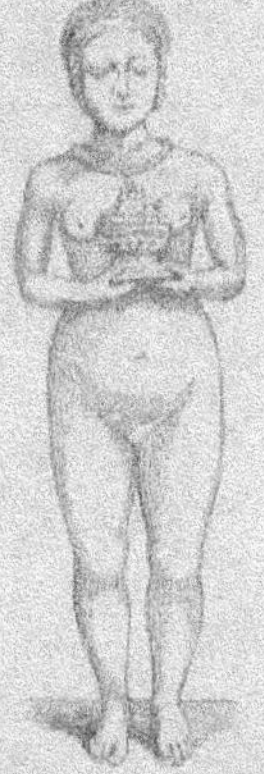

Psyché, Allemagne, 1re moitié du xvi° siècle. (Musée du Louvre.)

Si je mentionne pour terminer les patenôtres et les grains de chapelet dont quelques-uns ont pu être sculptés en France, d'autres en Allemagne, presque tous en Flandre, j'aurai énuméré à peu près tous les objets qu'on rencontre parmi les ivoires de la Renaissance. On peut voir par là combien cette époque fut fatale à cette branche des arts mineurs.

Cette décadence profonde que je constate brièvement ici après avoir mentionné les quelques pièces hors ligne sorties des ateliers des ivoiriers du xvi° siècle, est-il possible d'en découvrir la cause ? Il est, je crois, assez difficile d'en trouver les motifs ailleurs que dans une question de mode. Car enfin, si les ivoiriers avaient agi comme les orfèvres, les émailleurs, les céramistes et substitué purement et simplement la copie de modèles, gravés ou simplement dessinés, circulant dans tous les ateliers, à leurs conceptions personnelles, ils auraient encore pu en tirer un bon parti ; ils auraient créé très

---

1. Cité par Labarte, ouvr. cité, 2e édition, t. I, p. 176.
2. N° 1112 du Catalogue de 1881.

3. N° 135 du Catalogue des Ivoires. Cette figure provient du legs du baron Charles Davillier.

certainement, étant donné le goût parfait de leur époque, de véritables chefs-d'œuvre. Au lieu de cela, ils n'ont guère produit des œuvres d'art que par exception ; le plus grand nombre des ivoires sortis de leurs mains ne sont que sculptures de pacotille, d'une grossièreté qui contraste assez malheureusement avec l'art raffiné du XVIᵉ siècle. C'est donc, à mon avis, la mode surtout qu'il faut accuser de cette véritable décadence.

CHAPITRE VII

LE XVIIe ET LE XVIIIe SIÈCLE

En tête d'un mémoire rempli de documents précieux [1], M. de Chennevières, parlant du livre de Labarte, déplorait que le savant archéologue n'eût guère trouvé à nommer parmi les sculpteurs en ivoire du XVIIe et du XVIIIe siècle que des Allemands et des Flamands. Grâce aux patientes recherches de M. de Chennevières cette lacune est comblée et une foule d'artistes peu connus et qui eurent cependant leur heure de célébrité ont été tirés de l'oubli ; et c'est à ce travail que j'emprunterai la plupart des renseignements que je puis donner ici. Cette déclaration une fois faite, me sera-t-il permis de montrer un peu moins d'enthousiasme que cet auteur pour des travaux que je considère comme de second ordre, comme incomparablement inférieurs en tout cas à ce qu'a su produire le moyen âge en employant cette belle matière ? Et ce reproche ne s'adresse pas plus aux ivoiriers français qu'à leurs confrères d'Allemagne, des Flandres ou d'Italie. Les uns comme les autres me paraissent être restés fort au dessous de leurs prédécesseurs, en voulant traiter la sculpture en ivoire comme la sculpture monumentale. Si, sous le rapport de l'habileté technique, ils les égalent toujours et souvent même les dépassent, ils me semblent avoir complètement fait fausse route et dans le choix des sujets et dans la manière de les traiter. Ils ont cherché à contrefaire la grande sculpture dans leurs figures isolées, et ont cru exécuter des bas-reliefs en s'inspirant de compositions peintes. Je parle ici bien entendu des œuvres qui affichent des prétentions artistiques bien marquées ; à côté de ces morceaux, d'un style souvent bien ampoulé, on rencontre une foule de petits objets usuels, manches de couteaux ou râpes à tabac, éventails ou navettes, chapelets ou flacons, bas-reliefs d'ornement dans lesquels les traditions anciennes se sont bien mieux conservées, dans lesquels le sens du parti décoratif qu'on peut tirer de l'ivoire s'affirme de la même manière qu'au moyen âge. Ces travaux ne sont évidemment pas dus à de grands artistes, mais à des artisans qui ont repris à leur compte, avec les modifications apportées tout naturellement par le milieu dans lequel ils vivaient, les errements du moyen âge. Sujets mythologiques, sujets de genre ou simples ornements sont traités avec un goût très délicat. Mais que dire de toutes ces figures nues dans lesquelles l'artiste a cherché, dans des proportions minuscules, à rendre toutes les finesses du modelé d'un marbre ou d'un bronze ? Que dire de ces bacchanades, aux formes exubérantes, dans lesquelles les Flamands ont cherché à imiter plus ou moins les compositions d'un peintre tel que Rubens ? Ce sont des œuvres boiteuses dans lesquelles l'habileté manuelle l'emporte et de beaucoup sur un juste sentiment de la composition. Cette habileté manuelle est elle-même parfois d'une valeur très contestable ; quel que soit le soin que les ouvriers aient apporté à l'exécution de ces monuments, presque tous seraient inacceptables au point de vue de la forme et du dessin si on leur donnait mathématiquement de plus grandes proportions. Si le moyen âge, à partir du XIIe siècle, dans la sculpture en ivoire,

---

[1] *Notes d'un compilateur sur les sculpteurs et les sculptures en ivoire* (Extrait de la *Nouvelle Revue littéraire et scientifique*, in-8, 94 p.).

a multiplié les figures de la Vierge, type artistique charmant pouvant fournir aux artistes matière aux conceptions les plus variées, c'est surtout la figure du Christ en croix qui a tenté les artistes du xviie et du xviiie siècle quand ils ont sculpté des monuments religieux. Cette préférence, commandée par la mode, ne laissait pas que de présenter des écueils : ou bien il fallait traiter la figure du Christ, dans la sculpture en ivoire, comme l'avaient tentée les artistes du xiie et du xiiie siècle, c'est-à-dire sans chercher à lui donner, dans la plupart des cas, une expression bien tranchée ; ou bien apporter à l'exécution d'un pareil sujet plus de science et de talent que n'en possédaient la plupart des ivoiriers du xviie et du xviiie siècle. En réalité, presque tous les Christs de cette époque, à quelque nationalité qu'ils appartiennent, sont des œuvres médiocres : au point de vue du rendu des uns, ce sont des académies bien imparfaites ; au point de vue de l'expression de la physionomie, ce sont presque toujours des poncifs dépourvus de tout sentiment vraiment religieux. Il a fallu que l'art chrétien subît une décadence manifeste pour qu'on pût se contenter et parfois trouver admirables de misérables têtes d'expression où ne se fait jour aucun sentiment vrai, où la fadeur n'abandonne ses droits que pour faire place à des attitudes violentes, aussi déplacées les unes que les autres sur le visage d'un Dieu. Et c'est à cette conception, de tout le christianisme la plus difficile à traduire par le pinceau ou l'ébauchoir, que se sont appliqués nos sculpteurs. À tout prendre, je préfère le Crucifié du xiie siècle ou du xive dans lequel les ivoiriers, sans aller chercher si loin, ont plutôt tenté de traduire dans une sorte de formule iconographique un dogme religieux, qu'à exprimer des sentiments presque impossibles à rendre d'une façon satisfaisante. La grande sculpture a subi plus d'un échec à ce point de vue ; à plus forte raison la sculpture en ivoire, dans les mains d'artistes de second ordre, devait-elle se montrer presque toujours impuissante à rendre des sentiments aussi complexes.

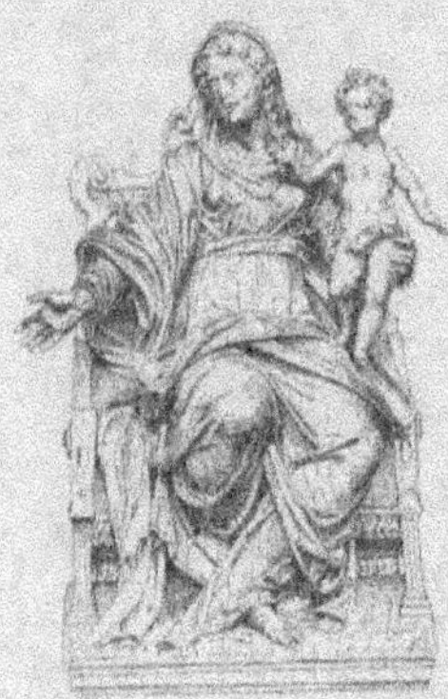

LA VIERGE ET L'ENFANT JÉSUS, Ivoire,
commencement du xviie siècle.
(Ancienne Collection Spitzer.)

J'ai dit plus haut comment, sans nier qu'il ait pu exister à Dieppe des ivoiriers pendant le xve siècle, on en était cependant sur ce point réduit aux conjectures. Il faut bien l'avouer, il faut arriver jusqu'au xviie siècle pour trouver des artistes qu'on peut considérer comme ayant fait leur éducation artistique dans cette ville ; il est vrai que de cette constatation même, on peut conjecturer qu'une semblable industrie y était plus ancienne. M. de Chennevières, tout en n'insistant pas sur les commencements de l'ivoirerie de Dieppe, a cherché à rattacher à ce centre un certain nombre d'artistes ; peut-être a-t-il eu raison ; bien que, à vrai dire, pour le premier qu'il nomme, je ne saisisse pas très clairement le lien. « Le célèbre Michel Anguier, que tout le monde connaît pour ses sculptures du Val-de-Grâce et de la Porte Saint-Denis, était né, comme chacun sait, dans la petite ville d'Eu, sur l'extrême frontière de la Normandie. Eu n'est pas loin de Dieppe. Dès sa jeunesse, il avait témoigné un si grand penchant à dessiner, que pour s'y appliquer entièrement il quitta les principes du latin, et s'attacha auprès d'un sculpteur (? Carron d'Abbeville) qui, pour ses commencements, l'employa aux ouvrages que l'on faisait pour l'autel de la congrégation des PP. Jésuites de la ville d'Eu. À l'âge de quinze ans, il vint à Paris... » Ne croiriez-vous pas, comme moi, que dans cette enfance si amoureuse d'art, Michel avait vu plus d'une fois travailler les ivoiriers Dieppois, et que c'était un souvenir des sculpteurs de son pays qui lui échauffait le cœur et la main lorsque « sur la fin de l'année 1652 (Anguier avait 38 ans alors, il était né le 28 septembre 1614), il commença un crucifix de 22 pouces de hauteur, et comme il n'y travaillait que par intervalle, il ne l'a achevé qu'en 1668. Tous les connaisseurs qui l'ont vu en font une estime

singulière : aussi sa famille le conserve avec beaucoup de soin ». Dans le cabinet d'Alexandre Lenoir,
qui fut vendu en décembre 1837, se trouvait « un groupe en ivoire de la Vierge assise ; elle porte
l'Enfant Jésus sur ses genoux, et saint Jean est à ses pieds ». Ce groupe, que le catalogue de vente
disait avoir été sculpté « d'après Michel Anguier », avait été peut-être exécuté sous les yeux et la
direction du maître lui-même[1].

Au témoignage de Guillet de Saint-Georges, j'en puis apporter un autre : il y a peu
d'années on me présenta un crucifix d'ivoire qui portait sous les pieds la signature
M. A., que son possesseur interprétait naturellement d'une tout autre façon —
Michel Ange — mais qui me paraît assez clairement désigner Michel Anguier.
C'était une œuvre assez bonne, mais froide et à laquelle je préfère sensiblement
une Vierge portant l'Enfant Jésus qui jadis fit partie de la Collection Spitzer, où au
milieu d'une réunion d'ivoires incomparables, presque tous du moyen âge, elle
était cependant fort remarquée. Œuvre profondément française, fille de l'art de
la fin du XVIᵉ siècle, par son attitude gracieuse, presque exempte de maniérisme, par l'harmonie de ses plis, elle nous reportait à une époque où l'art de notre
pays, croyant avoir définitivement vaincu l'invasion italienne, pouvait espérer avoir
repris possession de ses destinées.

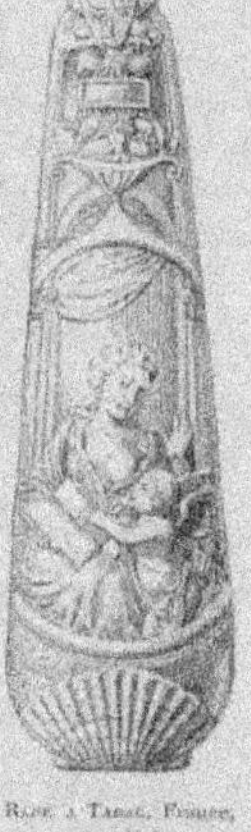

Râpe à Tabac, France,
XVIIIᵉ siècle.
(Musée de Cluny.)

Jean Cornu, qui a laissé des traces de son passage dans les sculptures de
Versailles, nous est connu et par un passage du P. Orlandi qui le qualifie de « Cornu
di Diepe » (ou plutôt *Cornalidiepe* en un seul mot), dans son *Abecedario* et par
quelques lignes de Mariette qui, rectifiant Orlandi, ajoute : « Cornu n'était point de
Dieppe, il était de Paris ; mais son père ayant pris un établissement à Dieppe, il y
passa sa jeunesse, et ce fut là qu'ayant été mis chez un ouvrier en yvoire, il y apprit
les premiers éléments de la sculpture. C'est de son fils que je tiens ce fait. Ce
fils, nommé Gabriel, s'était adonné à la peinture... » Jean Cornu fut reçu académicien
le 5 juillet 1681, sur un bas-relief représentant la *Charité romaine*[2]. Il mourut à
Lisieux, le 24 août 1710, à l'âge de 60 ans.

David Le Marchand († 1726), Dieppois, s'adonna à la sculpture des portraits.
Mariette cite plusieurs médaillons faits par lui pendant son séjour en Angleterre[3] et M. de Chennevières, après avoir cité, d'après Walpole, des médaillons portant la signature D. L. M., rattache,
avec toute raison, cet ivoirier à une famille de peintres dieppois du XVIIᵉ siècle[4].

Enfin Bernardin de Saint-Pierre vient apporter son témoignage aux érudites recherches de M. de
Chennevières : « Quoique le commerce d'yvoire soit bien tombé en France, dit-il en 1775, par la beauté
de la marqueterie et parce que cette matière jaunit, il y a à Dieppe beaucoup d'ivoiriers qui font une
multitude de petits ouvrages, tabatières, étuis découpés à jour, sculptés avec une patience extrême[5]. »
Et l'auteur remarque avec raison que dans le tableau représentant le *Port de Dieppe* faisant partie de
la série des ports de France, par Joseph Vernet, qui se trouve au Louvre, on aperçoit un colporteur
dont le panier est plein de cette multitude de petits ouvrages dont parle Bernardin de Saint-Pierre, et
qui porte sur son bras un crucifix. Ce tableau est daté de 1765.

C'était pourtant, si l'on en croit l'historien de Dieppe, Vitet, une époque de décadence pour
l'industrie dieppoise : « Le bombardement de 1694 porta un coup fatal à l'industrie des ivoiriers, et
la mode des porcelaines et des magots de Chine, qui devint bientôt générale, acheva de la ruiner.
Depuis le règne de Louis XV jusqu'en 1816 environ (date du retour de faveur de cet art par les tou-

1. *Mémoire historique des ouvrages de sculpture de M. Anguier*, par
Guillet de Saint-Georges, 1690 ; — Chennevières, *ouvr. cité*, pp. 10-11.
2. Chennevières, *ouvr. cité*, p. 11.
3. Chennevières, *ouvr. cité*, p. 12.
4. *Ibid.*
5. *Ibid.*, p. 12.

ristes anglais et les baigneurs de Paris, le débit de ces sortes d'ouvrages, qui, jadis, était immense, ne fit que décroître, et finit par se réduire à rien. Cet interrègne d'un siècle a interrompu les traditions. On sculpte encore très bien l'ivoire aujourd'hui, mais ce n'est plus l'ancien travail dieppois. Le style du XVIIᵉ siècle, lequel n'était déjà probablement qu'une décadence de celui du XVIᵉ, a quelque chose de plus abandonné, de plus franc, de plus hardi que le travail des sculpteurs actuels. On fouillait davantage l'ivoire, on le dentelait d'une manière plus capricieuse, plus à la façon des Chinois. Je doute que jamais, dans le genre sévère et correct, on ait fait à Dieppe de ces belles compositions, de ces délicieuses figures qui font la gloire des ivoiriers flamands et italiens; mais pour tous ces ouvrages de fantaisie on y travaillait en perfection. J'ai vu des navettes, des bonbonnières et autres bagatelles sculptées à jour, non pas même à la belle époque, mais il y a cent ans environ : le caractère en est tout particulier, et l'on ne possède plus le secret de faire ainsi ; aujourd'hui, ces mêmes dentelles auraient quelque chose de plus régulier, de plus raide, de plus mécanique pour ainsi dire... »

Ainsi s'exprimait Vitet en 1833 ; mais cependant pour le XVIIIᵉ siècle on peut encore citer un certain nombre d'artistes : Cruevolle, père, fils et petit-fils; Bienaymé, qui a sculpté des Christs; Cointre, qui fit des figurines de gueux; Belleteste, Blard, Croquelois, Dailly. Ce dernier vint à Paris et sculpta de petits bas-reliefs représentant la prise de la Bastille[1]. L'industrie de Dieppe subsiste encore aujourd'hui, mais qui lui rendra une valeur artistique ?

Mais laissons Dieppe et suivons M. de Chennevières dans sa patiente enquête sur les ivoiriers français. Voici d'abord Guillermin, auteur d'un Christ célèbre (daté de 1659), conservé à Avignon, dans la chapelle de la Miséricorde, auquel un historien d'Avignon, Rastoul, a consacré un chapitre qui dénote, chez son auteur, une imagination très vive, récit qui est corrigé tant soit peu par un passage de Florent Lecomte[2].

« Jean-Baptiste Guillermin, natif de Lyon, fut sculpteur; il vint à Paris où il s'établit et acquit une belle réputation pour les petits ouvrages d'yvoire et de coco dont il a rempli les maisons religieuses, entre autres les Carmélites du faubourg Saint-Germain, et dont plusieurs personnes des plus distinguées de ce royaume ont fait leur curiosité particulière. Il a réussi à faire de petits crucifix, et il a eu le même avantage dans les grands, ce qui paraît dans un de cinq pieds de haut, posé au chœur des dames de l'abbaye royale du Val-de-Grâce. Après avoir passé les charges de la communauté et joui plusieurs années du rang d'ancien, il fut surpris d'une paralysie contre laquelle il se défendit, mais dont

---

1. Chennevières, *Rech.*, p. 14.

2. « On a prétendu que ce Christ était l'ouvrage d'un criminel condamné à mort, qu'il allongeait ainsi les longues heures de la captivité, et qu'il finit par obtenir sa grâce. D'abord cette version, toute [gratuite] qu'elle est, n'offre aucune vraisemblance... En même temps on peut invoquer un témoignage irrécusable. — L'auteur de ce Christ se nommait Jean Guillermin; il a consigné lui-même sur son propre ouvrage son nom, la date, 1659, le pays, Avignon. Vitet maintenant le récit des circonstances qui firent passer ce chef-d'œuvre au pouvoir de la confrérie des Pénitents de la Miséricorde. Cette confrérie était chargée du soin des prisons et d'accompagner les patients au supplice. Parmi les prérogatives que lui conféraient ses statuts, elle possédait le privilège d'obtenir chaque année la grâce d'un condamné à mort. Le neveu de Jean Guillermin se trouvait dans ce cas, il allait périr, ce statut en [?] ; le sculpteur offrit à la confrérie son Christ pour racheter la vie de son jeune parent. L'échange fut accepté... Mais quel fut ce Guillermin dont le ciseau obtenait un pareil triomphe? Quel fut ce statuaire devant lequel fléchissait la rigueur des lois, qui arrachait une victime à la hache du bourreau? Un figurier. Tout ce que l'on connaît sur son art, c'est qu'il habitait Avignon; sans doute il y était né. Son atelier était situé place du Change, dans la maison qu'occupe aujourd'hui M. Bouvière. Ce chef-d'œuvre est la seule trace de son passage qu'il ait laissée dans nos murs. Elle a suffi à sa gloire; pour nous, elle excite à la fois notre orgueil et nos regrets. Il existe à Vienne, en Autriche, dans le Cabinet de l'Empereur, deux vases en ivoire d'une beauté ravissante, signés du nom de Guillermin, et datés du XVIIᵉ siècle. Nul doute que ce ne soit notre Guillermin... Dans une hauteur de vingt-six pouces, fait d'une seule pièce d'ivoire, cet ouvrage n'a pas souffert du passage des années. On dirait qu'il sort de l'atelier. Les bras seulement sont ajustés, et l'artiste a eu le soin d'un luxe de rechange, que l'on conserve en cas d'accident. — Vérité anatomique, sublimité de la pose, expression pathétique, perfection des détails, jusqu'à l'apparence de la circulation du sang, tout est là. Ce qui motive l'inspiration, c'est que l'Homme-Dieu respire encore. Et que dire de cette figure si belle, si vraie, qui présente deux aspects, sans que l'ensemble de la physionomie soit détruit! Du côté droit, les traits souffrent, la pupille de l'œil est fortement contractée; une ride profonde, suspendue au-dessus du sourcil, trahit la nature de l'homme. Faites un pas, regardez la partie gauche de la face : plus de douleur, rien de terrestre, le Dieu se révèle. Il s'élance vers le ciel, et vous reconnaissez celui dont le dernier soupir [?] le salut du monde... Pendant les sanglantes saturnales de la Révolution, à cette époque de deuil, où les arts reçurent tant de pertes à déplorer, surtout dans Avignon, des mains pieuses dérobèrent ce précieux monument de génie aux coups de ses vandales. Le Christ d'ivoire des Pénitents de la Miséricorde fut caché dans un puits par un Avignonnais qui exposait sa tête pour conserver ce trésor, dont il ne s'est regardé que comme le simple dépositaire. Il reparut plus tard, mais ne se montra qu'avec un sentiment de méfiance, en craignant pour lui le sort des chefs-d'œuvre de l'Italie; en redoutant que notre Christ ne fût enlevé par le Gouvernement pour aller grossir les richesses du Musée impérial. A cette époque, l'immortel Canova passa à Avignon; il resta plusieurs heures en extase devant l'ouvrage de Guillermin. Enfin, il s'écria : Conservez-le avec soin; on ne vous en ferait plus un pareil. Ainsi périssait l'homme dont le ciseau a enfanté la Magdeleine. » (*Tableau d'Avignon*, par Alphonse Rastoul [1836], p. 89-92, cité par Chennevières, p. 14.)

les restes luy avancèrent une vieillesse caduque qui le fit succomber sous le triste sort des mortels, en novembre 1699, âgé pour lors de cinquante-six ans[1]. »

Le père du peintre Milet ou Milé, dit Francisque, né à Anvers en 1644, était originaire de Dijon et tourneur en ivoire; il vint s'établir en Flandre; un de ses compatriotes, La Croix, travailla à Gênes et s'y fit une réputation d'habile sculpteur, au XVIIᵉ siècle, en sculptant des crucifix; et M. de Chennevières incline à lui attribuer un Christ conservé à la Major, à Marseille. Cavalier ou Cavaler, de son côté, alla jusqu'en Suède exécuter des portraits en ivoire, puis en Angleterre où, à côté de la sculpture en ivoire, il paraît avoir pratiqué l'art du modelage en cire colorée[2]. Legeret ou Le Geret, employé à la décoration de Versailles, sculpta, lui aussi, des Christs d'ivoire; Simon Jaillot (✝ 1681) et son frère Alexis-Hubert Jaillot (✝ 1712), le premier reçu membre de l'Académie sur la présentation d'un Christ en ivoire, puis expulsé en 1673 à la suite de ses querelles avec Le Brun, s'acquirent une réputation dans le même genre et méritèrent les louanges de l'abbé de Marolles qui, en vers, célébra leur talent:

> L'un et l'autre Jaillot, deux admirables frères,
> Du lieu de Saint-Oyan dans la Franche-Comté,
> Sur l'yvoire exprimant toute leur volonté,
> L'amenent par leur main sur des sujets contraires.
> Par Simon on dirait que la nature endore;
> Hubert la fait plier de la mesme façon,
> De quelle utilité profite leur leçon?
> Et qui peut mieux former une noble figure[3]?

C'est encore un Christ en croix que reproduit d'après Simon Jaillot une gravure de Meinselman qu'a citée M. de Chennevières, comme une autre estampe au bas de laquelle on trouve un nom d'ivoirier français inconnu, Daloz. Décidément les ivoiriers français du XVIIᵉ siècle variaient peu leurs sujets, si peu qu'on serait tenté de les prendre non point pour des artistes mais pour des chefs d'ateliers, mieux des directeurs de fabrique. Néanmoins, malgré la faiblesse indiscutable de ces œuvres — dont un très grand nombre existent encore aujourd'hui — on a éprouvé le besoin de les mettre sous la protection d'artistes d'une autre envergure que tous ces gratteurs d'ivoire; et François Girardon, comme le remarque finement M. de Chennevières, a partagé avec Michel-Ange, ce qui n'est pas assurément un mince honneur, le bonheur de se voir attribuer une quantité de figures du Christ, toutes plus faibles les unes que les autres. Ces attributions, faites toujours de sentiment, ne sauraient se discuter; elles ne reposent en général que sur des traditions peu certaines et des admirations entêtées pour des sculptures aussi condamnables dans leur forme que dans leur expression. Et dans cette classe, je placerai également les Crucifix attribués à Joseph Villerme, natif de Saint-Claude, qui travailla d'abord aux Gobelins sous la direction de Le Brun, puis se retira à Rome, où il mourut en 1720 ou 1723. J'admire les patientes recherches que lui a consacrées M. de Chennevières[4], non sans trouver que c'est faire beaucoup d'honneur à des travaux d'aussi mince intérêt. Je ne vois, pour ma part, aucune différence quant au talent entre ces affreux praticiens sculptant pendant toute leur existence une figure de Christ, modelée médiocrement, à l'expression insignifiante et terne, et les ouvriers qui tournent des anneaux de serviettes. Qu'un Villerme se soit consacré à ce travail par esprit de piété, c'est là un point qui me touche peu; encore est-il que pour donner quelque valeur à ses travaux il leur eût dû communiquer un peu de l'esprit religieux qui l'animait. J'admire un saint François d'Assise sculpté par un Alonso Cano ou un Pedro de Mena; mais on ne saurait accorder le moindre encouragement à des artistes qui sont les ancêtres directs de notre imagerie religieuse moderne, spectacle odieux pour quiconque sent et apprécie une œuvre d'art.

Les Rosset, de Saint-Claude, ont agréablement varié leurs sujets, faisant alterner les Christs avec les bustes ou les figures en pied de Voltaire, de Montesquieu et de Jean-Jacques Rousseau, en ivoire, en albâtre ou en terre cuite, ou des figures de saintes, telles que la sainte Thérèse, signée *Rosset père*, que possède le Louvre. Sur la généalogie de ces Rosset, on n'est pas encore bien fixé, car il faut distinguer Rosset l'ancien et Rosset le fils ; mais, malgré la notice que consacre à Rosset-Dupont le continuateur de Bachaumont[1], il me paraît bien difficile de considérer des sculpteurs de cette taille comme de véritables artistes ; et reprenant un mot que M. de Chennevières appliquait aux artistes de Saint-Claude qui avaient pris part à l'Exposition de 1853, je m'écrierai à mon tour, sans faire grâce ni aux Villerme, ni aux Jaillot, ni aux Rosset : « Hélas ! pas un sculpteur ; tous faiseurs de tabatières. »

Mais à côté de ces monuments que je viens de mentionner et auxquels il me paraît malaisé de décerner beaucoup d'éloges, il en est quelques autres, trop rares malheureusement, qui, exécutés au XVIIIᵉ siècle, empruntent quelques-unes de ses qualités à l'art charmant de cette époque. Un bas-relief qui est reproduit sur la planche XXIV me semble être un spécimen tout à fait délicat de la sculpture en ivoire, très supérieur aux bacchanales flamandes ou allemandes du XVIIᵉ siècle et du XVIIIᵉ siècle. Cette bacchanale, ces amours ou ces jeunes satyres n'ont rien de ces formes trop abondantes et véritablement exagérées qui caractérisent les œuvres qu'on vient de signaler ; la facture en est d'une délicatesse extrême, comme dans ces corbeilles de fleurs ou ces trophées d'amour qui décorent quelques bonbonnières en orfèvrerie du XVIIIᵉ siècle ; et cependant cette sculpture n'est point sèche comme celle des manches d'éventails, qui, sauf quelques exceptions, sont des œuvres charmantes sans doute mais exécutées presque toutes sans grande finesse. On conçoit que Mᵐᵉ de Pompadour ait songé à prendre une telle sculpture pour modèle dans ses travaux de gravure[2].

Je compléterai ces quelques notions sur les ivoiriers français du XVIIᵉ et du XVIIIᵉ siècle en empruntant à M. de Chennevières les notes qu'il a mises au jour au sujet des querelles survenues entre l'Académie de Saint-Luc et les tailleurs d'images d'ivoire ; c'est un curieux document qu'il n'est pas inutile de connaître pour comprendre dans quelles conditions cet art a été pratiqué chez nous au siècle dernier.

« A Paris[3], les maîtres de la communauté et Académie de Saint-Luc prétendent bien avoir le privilège exclusif « de faire et fabriquer tous ouvrages de sculpture, figures, bustes, ornements en marbre, pierre, bois, yvoire, etc., taillés au ciseau, modelés, etc., ciseler les susdites matières, mouler en cire, plâtre ou carton, etc. — Pourront aussi les éventaillistes peindre sur étoffes, papier, bois, yvoire, os, écaille, baleine, buis et autres matières de quelque nature que ce puisse être qui peuvent entrer dans la composition de l'éventail..... » Ce privilège n'est pas nouveau, puisque, suivant les statuts de 1391, « il peut estre peintre et tailleur d'images à Paris qui veut, pourtant qu'il œuvre aux

---

1. « 2 Janvier, 1787. M. le marquis de Villette raconte que le sculpteur dont il a parlé devant eux, Rosset-Dupont, est le premier qui ait fait les bustes de Voltaire, se refusant jusqu'alors à prêter son visage ; il était présent lorsque le philosophe de Ferney subjugué par la physionomie de cet artiste de Saint-Claude, disait : « Il n'y a personne qui sache donner la vie à un buste comme le sculpteur de Franche-Comté. » — Ce qu'il y a d'admirable dans Rosset-Dupont, c'est qu'il n'était jamais sorti de sa petite ville, et qu'en voyant ses ouvrages chacun jugeait qu'il avait fait un cours d'étude en Italie, très long, et travaillé d'après les grands maîtres ou leurs modèles. L'éventuel n'étonnait au saint Jérôme de lui ne pouvait se persuader le contraire.

« Rosset-Dupont maniait avec la même dextérité le bois, le marbre, l'albâtre, même l'ivoire si cassant et si dur ; il pétrissait celui-ci comme de la cire, et Pigal, en parlant des ouvrages de cet artiste en ce genre, avouait qu'il n'avait rien vu des anciens qui fût plus de perfection. » *Mémoires secrets*, Londres, Adamson, 1789, XXXIV, 7-8 ; cité par Chennevières, ouvr. cité, p. 36.

2. N° 210 du *Catalogue de la collection des ivoires du Louvre* (provenant de la donation de M. et Mᵐᵉ Philippe Lenoir).

« A la suite de la description de cette pièce, le rédacteur du *Catalogue de la collection Lenoir* ajoute :

« Cet ivoire est célèbre par la gravure qu'en a faite Mᵐᵉ de Pompadour, qui la possède. Il a appartenu ensuite à son frère François-Abel Poisson, marquis de Vandières, de Marigny et de Ménars. On lit à la page 55 du *Catalogue des différents objets de curiosités dans les sciences et arts qui composaient le cabinet de feu M. le marquis de Ménars...*, par F. Basan (Paris, 1782) :

« N° 217. Un charmant sujet exécuté avec beaucoup de délicatesse en ivoire et composé de neuf figures de femmes, satyres, enfants assis et folâtrant aux pieds de deux arbres autour desquels serpentent des ceps de vigne, de la grandeur de 6 pouces sur 3 1/2 de large, enfermé sous verre dans une bordure de cuivre, à ornements en cuivre doré.

« Cet objet fut vendu 900 livres à la vente du marquis de Ménars. »

3. Chennevières, ouvr. cité, p. 7.

us et aux coûtumes du métier, et qu'il le sçache faire, et peut ouvrer de toute manière de feust, de pierre, d'os, de cor (de corne?), d'yvoire et de toutes manières de peintures bonnes et loyaux[1]. »

— Et cependant survient, le 12 juillet 1745, arrest de la Cour de Parlement : « Entre les jurés en charge de la communauté des maîtres peigniers, tabletiers, mouleurs, faiseurs et compositeurs de bois d'éventail, marqueteurs, tailleurs d'images d'yvoire et enjoliveurs de leurs ouvrages de la ville, fauxbourg et banlieue de Paris, d'une part…… ; et la communauté des maîtres peintres et sculpteurs de l'Académie de Saint-Luc, les jurés de la communauté des maîtres menuisiers de Paris; et François Poncet, Jean Soynard, Nicolas Castelan, Louis Mayer, Jean-François Bouchevelte, Claude Perrain, Charles-François Soynard, Charles-Jacques Dameral, Louis-Nicolas Papelard, Julien Taton, François Dupont, Pierre Viois, Julien-Étienne Olivier, Ismaël Auxerre, Pierre Taindeur, Nicolas Durand et Charles-Olivier Aubry, tous maîtres peigneurs-tablettiers à Paris, défendeurs d'autre part…… ; faisant droit sur leurs oppositions et demandes, la Cour maintient et garde lesdits peigneurs, tablettiers, tailleurs d'images d'yvoire, dans le droit en cette qualité de tailler, concurremment avec les sculpteurs peintres de l'Académie de Saint-Luc, toutes sortes d'images d'yvoire, comme Christ ou Crucifix, d'un pied et demi de hauteur, bâtons d'éventails, bas-reliefs sur tabatières, ou autrement, découper, tailler, sculpter, ciseler et travailler l'yvoire de toutes formes et modes, suivant leur art, tant pour eux que pour et chez les marchands merciers, et de vendre et débiter lesdites marchandises au public ; donne acte auxdits peigneurs-tablettiers de leurs déclarations faites en l'instance, et nommément par leur requête du 18 mai 1745, qu'ils n'entendent en façon quelconque entreprendre sur la peinture, qu'ils ne veulent employer le verni que pour donner du lustre à leurs ouvrages, et que l'aventurine qu'ils composent et entendent composer, est un corps solide composé pour former différents ouvrages de leur métier et non une peinture ; ce faisant, ordonne qu'il ne sera passé outre à l'enregistrement des lettres patentes obtenues par lesdits jurés, corps et communautés des maîtres peigneurs-tablettiers, tailleurs d'image d'yvoire, qu'à la charge néanmoins qu'ils ne pourront peindre les bois d'éventails qui sont de leur art, mais seulement les teindre de différentes couleurs, et que les images d'yvoire, comme Christ ou Crucifix, qu'ils peuvent comme dessus tailler, découper, sculpter, ou autrement travailler, ne pourront être que d'un pied et demi de hauteur seulement[2]…… »

On a voulu attribuer à Francheville, élève de Jean Bologne, plusieurs sculptures d'ivoire, notamment un groupe conservé au Musée de Cluny et qui fit partie du *Musée des Monuments français*[3], représentant une jeune fille châtiant un esclave ou *la Vertu châtiant le Vice*. C'est là une attribution qui n'est guère acceptable, pas plus que celle qui a été faite à Jean Bologne d'un certain nombre d'autres ivoires, des figures de femmes en général. Une telle opinion n'est basée que sur une certaine ressemblance de style avec les petits bronzes du fameux sculpteur. Il est évident que ces groupes charmants, répandus partout en grand nombre à la fin du xvi° et au commencement du xvii° siècle, ne pouvaient échapper à l'attention des ivoiriers qui se sont empressés de les copier servilement ou de les imiter. Mais ce n'est pas une raison pour admettre que ni Jean Bologne, ni Francheville aient jamais sculpté l'ivoire. Leurs noms me serviront de transition pour parler des Flamands, qui, parmi tous les ivoiriers de l'époque qui nous occupe en ce moment, sont les seuls ou à peu près les seuls à avoir une valeur artistique véritable.

Dans cette histoire, un nom domine tous les autres, celui de François Duquesnoy, plus connu sous le nom de François Flamand; il semble que sa réputation comme ivoirier ait de beaucoup

---

1. *Statuts, ordonnances et règlemens de la communauté des maîtres de l'art de peintres et sculpture, graveure et enlumineure de cette ville et faulbourgs de Paris* (Paris, L. Colin, 1608).

2. *Lettres-patentes du roy qui approuvent et confirment les nouveaux statuts de la communauté et académie de Saint-Luc de peinture, sculpture de la ville, faubourgs et banlieue de Paris, etc. Paris, 1755, in-4°, p. 156-160.*

3. Alexandre Lenoir, *Musée des monuments français*, t. III, pl. 431. — Chennevières, *ouvr. cité*, p. 80; — Musée de Cluny, n° 1112 du Catalogue de 1881.

surpassé son renom comme sculpteur en marbre, et c'est à lui qu'encore aujourd'hui, sans motif plausible et surtout sans s'appuyer sur des documents certains, on attribue une foule de bas-reliefs ou de figurines représentant des enfants, d'un faire très gracieux assurément, mais qu'il me paraît bien difficile de distinguer des autres œuvres flamandes du XVIIᵉ siècle.

« François Duquesnoy naquit à Bruxelles en 1594; il apprit de son père les éléments de l'art, puis commença à modeler et à travailler l'ivoire et le marbre tendre dont on se sert en Flandre pour des ouvrages d'un relief poli et soigné. On dit que ses premiers travaux sont : la statue de la *Justice*, sur la grande porte de la nouvelle chancellerie de la ville; deux anges pour la façade de l'église des Jésuites, et deux autres statues, la *Justice* et la *Vérité*, pour l'Hôtel de Ville de Hall. Ces travaux, dans un âge si tendre, lui valurent tant de crédit que l'archiduc Albert l'employa à une statue de *saint Jean*, envoyée au château de Torvœrten, et prenant espérance de sa bonne réussite, ce bon prince l'envoya étudier à Rome avec une pension. François y arriva ayant déjà dépassé 25 ans de sa jeunesse; mais sa bonne fortune ne l'accompagna plus longtemps; survint la mort de l'archiduc, et son protégé fut forcé, pour gagner son pain, de tailler pour des reliquaires des têtes de saints dont quelques-unes se retrouvent encore dans la boutique des héritiers de maître Claude le Lorrain, sculpteur ou ciseleur (*intagliatore*), chez lequel il s'était mis à l'abri; par la suite, il eut à faire une statue en marbre pour Pierre Pescatore, marchand flamand, qui faisait collection de peintures; ce fut une *Vénus* assise et nue... Ayant taillé en ivoire quelques statuettes d'un bon dessin et plein d'adresse, le connétable D. Filippo Colonna se prit à le protéger et lui fit modeler différents ornements pour l'usage de sa maison. François ayant mis à bonne fin un crucifix d'ivoire haut d'environ trois palmes, le connétable le donna à Urbain VIII. Grandes étaient les études auxquelles il s'exerçait, pendant qu'il demeurait avec Nicolas Poussin; l'amitié et la fréquentation de ce rare génie lui furent très utiles, et lui servirent à s'élever aux formes antiques plus belles, modelant d'après des statues plus dignes de ses observations; aussi a-t-on vu de lui des modèles en petit du *Laocoon* et du torse de l'*Hercule* au Belvédère. Il sculpta en marbre un *Amour* occupé à polir son arc, lequel fut envoyé à La Haye, en Hollande, au prince d'Orange. Il le fit dans le même temps qu'il s'appliquait tout entier à étudier les enfants du Titien, lorsque se trouvait dans le jardin Ludovisi le fameux tableau des *Amours*, qui en jouant se lancent des pommes, tableau donné depuis au roi d'Espagne. Le Titien a admirablement représenté les enfants de l'âge le plus tendre et par la délicatesse de son génie s'est élevé dans cette partie de l'art au dessus d'aucun autre artiste. François s'en éprit et traduisit le chef-d'œuvre en différents groupes de demi-relief; et en même temps que lui, Nicolas Poussin les modelait en argile. C'est de là que François prit le beau style d'enfants, qui lui a tant fait d'honneur dans la sculpture et qu'il a mis en œuvre avec son ciseau mieux qu'aucun autre de son siècle[1]... »

Comme l'a très justement remarqué Labarte[2], il est impossible d'admettre la plupart des attributions qui ont été faites à ce maître d'ivoires d'une valeur très inégale, d'un style très emphatique, et d'un dessin médiocre, dispersés un peu dans toutes les collections publiques ou privées: car il n'est guère de Musée ou de collectionneur qui ne se vante de posséder une ou plusieurs œuvres de François Duquesnoy. Il est vraisemblable que ses ivoires authentiques devraient être cherchés parmi des sculptures d'un aspect plus calme, aux formes moins exubérantes que celles qu'on met sous son nom, sans quoi je ne verrais aucun moyen pour ma part de les distinguer de celles des artistes de son pays qui semblent s'être fait un jeu de traduire en ivoire les formes du dessin et de la peinture de l'école de Rubens. Il me semble même difficile d'admettre que deux bas-reliefs conservés à Munich et que Labarte a publiés[3], représentant le *jeune Bacchus ivre* et des *jeux d'enfants*, puissent se réclamer du maître.

1. Bellori, *Le vite de' pittori, scultori e architetti moderni*. Rome, 1672. Je cite ce passage relatif à François Duquesnoy d'après la traduction de Chennevières, ouvr. cité, p. 56.

2. Labr., cité, 2ᵉ édit., t. I, p. 198.

3. *Ibid.*, pl. xx.

Gérard Van Opstal ou Obstal, contemporain de François Flamand, né à Anvers vers 1594, est l'un de ceux dont les œuvres sont sans doute les plus caractéristiques et font mieux voir ces emprunts faits par les ivoiriers au style de la peinture flamande. Ses figures de femmes et d'enfants sont directement inspirées par le style de Rubens, parfois même les chairs, traitées avec une souplesse remarquable, sont encore plus débordantes. C'est sur ses sculptures en ivoire que s'est établie d'abord sa réputation qui grandit encore quand plus tard il s'attaqua à la pierre ou au marbre; il y montra la même souplesse, la même entente de la décoration, un peu trop fastueuse peut-être, mais cependant non dénuée d'une certaine puissance. Ce fut le cardinal de Richelieu qui le fit venir à Paris et le recommanda à Sublet des Noyers, secrétaire d'État. Van Obstal travailla d'abord pour le Louvre d'après des modèles de

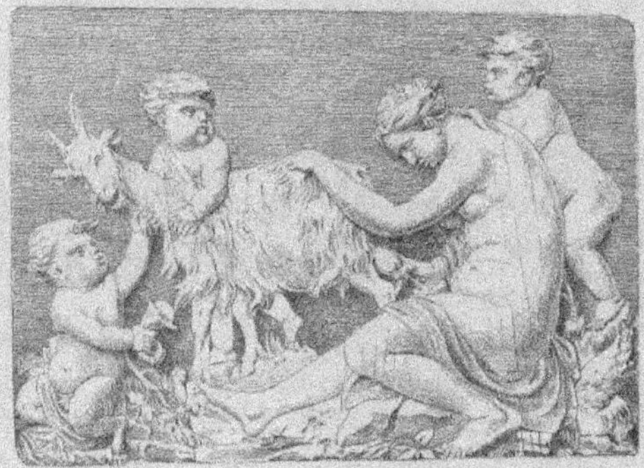

Bas-relief attribué à Gérard Van Obstal.
Musée de Cluny.

Sarrazin, puis pour l'Hôtel de Carnavalet, Mazarin, le président de Maisons, Lambert de Thorigny, un grand nombre de seigneurs l'employèrent pour la décoration de leurs demeures et il fut l'un des douze anciens, professeur et recteur de l'Académie Royale créée en 1648. Van Obstal mourut en 1668[1].

L'ancien Cabinet du roi possédait une série de bas-reliefs de marbre, des bas-reliefs et des figures d'ivoire sculptés par Van Obstal, représentant des divinités marines; les marbres sont aujourd'hui au Louvre et le même Musée renferme encore cinq bas-reliefs en ivoire qui sont de sa main[2] et ont la même provenance (planche XXIV). Ces œuvres, dispersées à la Révolution, existent encore en assez grand nombre: il y en avait dans l'ancien Garde-meuble — elles figurent dans l'inventaire publié en 1791. Je citerai un bas-relief qui fait partie de la Collection de M. Charles Mannheim; un autre se trouvait dans la Collection Spitzer[3]. Tous doivent provenir d'un même ensemble, sans doute la décoration projetée d'un de ces cabinets d'ébène, meubles particulièrement à la mode dans la première moitié du XVIIᵉ siècle.

Ces bas-reliefs sont complètement découpés à jour, d'un relief accentué, mais pas assez fort cependant pour que des sculptures de ce genre ne puissent être appliquées sur les panneaux ou les tiroirs d'un meuble. Un bas-relief conservé au Musée de Cluny, représentant une *Nymphe trayant une chèvre*[4], un vase qui fait partie de la Collection Thiers, au Louvre, sont des œuvres de même

1. Gaillet de Saint-Georges, *Mémoire historique des principaux ouvrages de sculpture de M. Van Obstal*, lu à l'Académie le 2 août 1692; cité par Chennevières, mscr. cité, p. 58.

2. Nos 197, 198, 199, 200, 201 du *Catalogue des ivoires du Louvre*. M. Courajod (*Alexandre Lenoir, son journal et le Musée des monuments français*, t. III, p. 96 et suiv.) a très judicieusement identifié les bas-reliefs en marbre et en ivoire qui se trouvent aujourd'hui au Louvre avec ceux dont Gaillet de Saint-Georges mentionne l'existence dans le Cabinet du Roi, dans l'ancien hôtel de Gramont: 17 bas-reliefs de marbre, 4 bas-reliefs d'ivoire appliqués sur velours noir, 9 groupes soit en haut relief soit en bas-relief. Le 24 septembre 1792, ces pièces furent inventoriées avec d'autres objets placés dans la galerie des dessins au Louvre. Dans cet inventaire on retrouve quatre des bas-reliefs d'ivoire actuellement au Louvre; le no 1 de l'inventaire correspond au no 201 de mon *Catalogue des ivoires du Louvre*; le no 2, au no 200 (le no 3, au no 199); le no 4, au no 198. — Les descriptions de cet inventaire étant très sommaires, je ne puis y retrouver sûrement le no 197 de mon *Catalogue*, une *Amalthée*; mais il y a de fortes probabilités pour qu'il soit identique à un des bas-reliefs mentionnés dans cette liste. Quant à mon no 200 (c'est-à-dire le no 102 de la *Nativité des ivoires*, par Sarrazy), je ne pense pas qu'il faille identifier avec M. Courajod qu'il correspond au no 379 de l'*Inventaire du Garde-Meuble de la Couronne*, inscrit en 1784 (2e partie, p. 204). La description imprimée est très explicite et c'est pour cela que j'ai pu dire dans l'*Avant-Propos* de mon *Catalogue* qu'aucun des bas-reliefs de Van Obstal, sur les cinq que possède le Louvre, ne venait de l'ancien Garde-Meuble de la Couronne.

3. *Catalogue*, t. I, *Ivoires*, no 163.

4. No 1447 du *Catalogue de 1881*.

caractère et attribuables aussi à Van Obstal. Comme ces reliefs sont reproduits ici, je ne pense pas qu'il soit très utile d'insister sur leur style. Je me contenterai de faire remarquer qu'il ne peut planer sur leur attribution à l'artiste les mêmes doutes que quand il s'agit d'œuvres attribuées à François Flamand; deux des bas-reliefs du Louvre sont signés et nous fournissent par conséquent des points de repère absolument certains pour apprécier le style adopté par Van Obstal.

Ce rapprochement des ivoires flamands du XVIIe siècle et des peintures de Rubens pourrait paraître hypothétique : un docu-

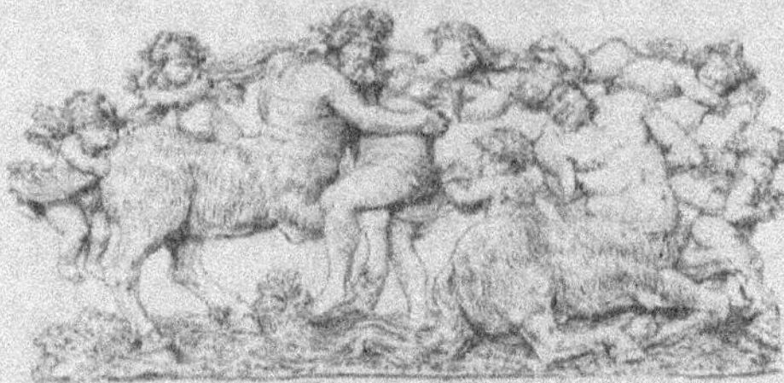

Bas-relief, par Gérard Van Obstal.
(Musée du Louvre)

ment déjà relevé par M. de Chennevières[1] permet de transformer cette hypothèse en certitude. Dans le *Catalogue* de la vente après décès de Rubens (à Anvers, mai 1641), on rencontre les mentions suivantes : « Le *Christ* en croix d'ivoire, coupé selon l'ordonnance de M. Rubens; une *Vénus* d'ivoire, coupée selon l'ordonnance de M. Rubens; un *Mercure* d'ivoire, coupé selon le dessin de M. Rubens; une *Salière* d'ivoire, représentant des nymphes marines, tritons et petits anges (sic) qui attachent des guirlandes, selon l'ordonnance de M. Rubens; une *Danse d'enfants*, coupée en ivoire selon l'ordonnance de M. Rubens; une *Psyché endormie avec Cupidon*, coupée en ivoire, le lit est de corne de tortue, de l'ordonnance de M. Rubens, etc... Nota que la plus grande part de ces sculptures en ivoire, cy mentionnées, ont été exécutées par Lucas Fayd'herbe, natif de Malines, qui ayant appris le dessin dans l'école de Rubens pendant quelques années, a tellement su profiter des instructions de son maître qu'ayant embrassé l'art de la sculpture, il s'est évertué d'exécuter en ivoire ce que Rubens lui proposait par ses dessins, même au point d'une telle perfection, que son maître trouva ces ouvrages dignes de son cabinet. »

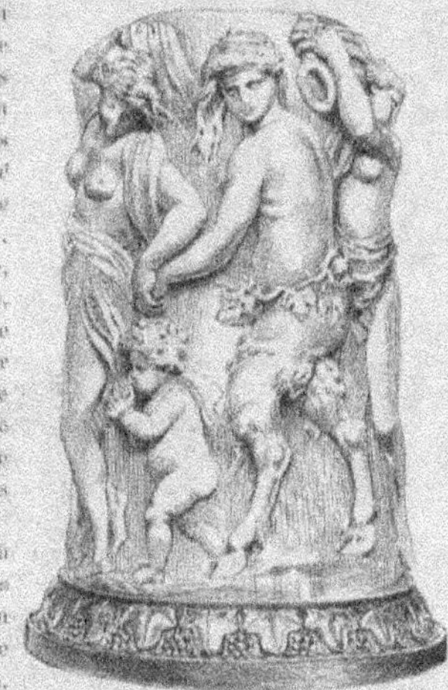

Vase attribué à Gérard Van Obstal.
(Collection Thiers, au Musée du Louvre)

Ce Lucas Fayd'herbe n'est pas un inconnu. Il naquit à Malines le 19 janvier 1617. Il était fils d'un peintre, mais son père était mort en 1629, sa mère se remaria avec un sculpteur, Maximilien L'Abbé, et ce fut sans doute ce dernier qui initia Fayd'herbe à la pratique de la sculpture. En 1636, il entra dans l'atelier de Rubens et s'y appliqua à exécuter en ivoire, en bois, en pierre et en marbre des compositions du maître. Puis, voyant son désir de partir pour l'Italie, Rubens, en 1640, lui délivra un certificat des plus flatteurs, dans lequel il vante l'excellence de ses sculptures. Ce voyage en Italie

1. Ouvr. cité, p. 81.

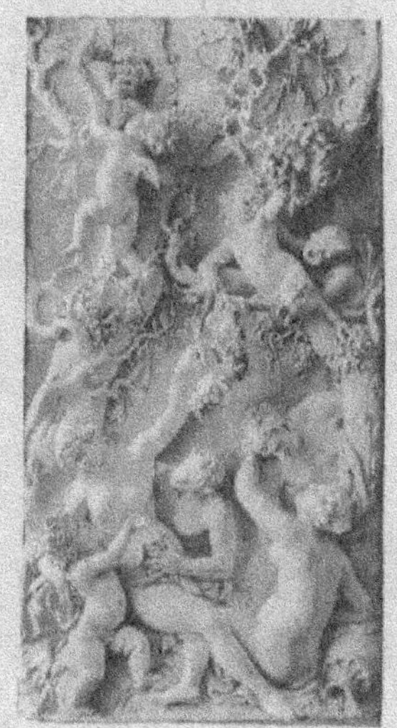

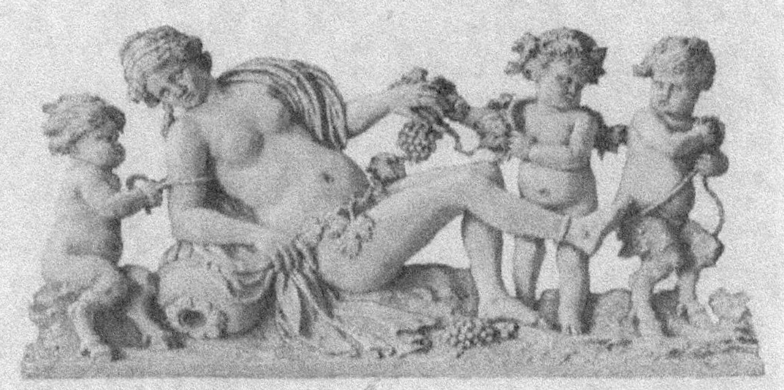

BACCHANALE. PAR LE GROUPE EN ORBIT VAN OPSTAL.

n'eut du reste jamais lieu, et la même année notre ivoirier se mariait à Malines où il résida jusqu'à sa mort (1697), travaillant sans cesse soit l'ivoire, soit la pierre ou le marbre pour la décoration de sa ville natale[1]. Il est raisonnable d'admettre avec M. de Chennevières que beaucoup des bas-reliefs représentant des sujets mythologiques ou des bacchanales, qui reflètent à n'en pas douter l'art de Rubens, doivent être sortis des mains de Fayd'herbe ou ont été tout au moins exécutés dans son atelier; une si longue carrière rend cette supposition très vraisemblable. Mais toutefois, en ces matières, en l'absence de signature, il est peut-être téméraire de faire des attributions. En dehors des artistes qui tels que Fayd'herbe ont subi l'influence directe de Rubens, d'autres Flamands, plus anciens en date ou postérieurs à lui, ont aussi adopté dans la sculpture en ivoire un style très roulant et très ampoulé; témoin ce Copé, dit Fiammingo[2], qui travaillait à Rome au commencement du XVIIᵉ siècle, qu'il faut peut-être identifier avec Giovanni Fiammingo, que M. de Chennevières cite comme l'auteur de cinq groupes représentant les *Cinq sens* accompagnés de légendes en italien et de la date 1565. Ce Copé mourut en 1610, et le Grüne Gewölbe de Dresde renferme un bassin de lui, sur lequel sont représentés, dans des médaillons, des sujets tirés des *Métamorphoses* d'Ovide; Labarte serait également disposé à lui attribuer un autre bassin du même genre qui fait partie du Musée National bavarois, à Munich[3]. Ces œuvres montrent déjà la tendance des Flamands à créer une sculpture en ivoire tout à fait exubérante, et bien que Copé fît surtout des modèles en cire pour les orfèvres, ses œuvres ont déjà cette ampleur dans les formes si fréquente dans l'art flamand du XVIIᵉ siècle.

Ce n'est pas non plus un sculpteur dont les œuvres sont fort calmes d'allure que Francis Van Bossuit (né à Bruxelles en 1635; † à Amsterdam en 1692), qui étudia les antiques à Rome et revint se fixer en Hollande. Il existe un recueil gravé de son œuvre[4] dont M. de Chennevières a donné le catalogue en remarquant que « la composition de ces nombreuses pièces donne l'idée d'œuvres importantes et d'une ambition sculpturale peu habituelle aux tailleurs d'ivoire[5]. » Mais il remarque toutefois que le style se rapproche plus des compositions de Le Brun que du style flamand proprement dit. Un dernier nom à ajouter à celui des ivoiriers flamands et hollandais est celui de Jacob Zeller, qui a exécuté en 1620 un modèle de frégate pour l'électeur de Saxe. Cette œuvre de patience que cite Labarte[6] se trouve au Grüne Gewölbe, à Dresde; le Hollandais s'est montré fidèle imitateur des ivoiriers chinois qui sculptent des jonques et apportent à ce travail une conscience et une dextérité dignes d'un meilleur emploi. Mais ce n'était pas plus un artiste que ceux de ses compatriotes qui ont fabriqué ces dés à jouer en forme de personnages accroupis ou encore des sujets moins convenables dont des échantillons se trouvent dans presque tous les Musées[7].

Jetons maintenant un coup d'œil sur l'Allemagne. Pour la même période, les ivoiriers s'y rencontrent nombreux et féconds, trop féconds peut-être, et les défauts qu'on leur peut reprocher sont ceux que j'ai déjà montré chez les ivoiriers flamands: l'adoption d'un style absolument emphatique qui ne laisse pas que d'inquiéter dans des sculptures de petites dimensions; les défauts du genre, déjà très visibles dans de grandes œuvres de marbre ou de pierre, s'accentuent encore ici et, pour ma part, je ne puis guère admirer de semblables productions. Eux aussi ont été influencés par la peinture et surtout la peinture flamande, et s'appliquant à traduire en reliefs, souvent très accentués, des bacchanales ou des

1. A. Michiels, *Rubens et l'école d'Anvers*, Paris, 1854, p. 544-572; cité par Chennevières, ouvr. cité, p. 63.

2. Cité par Labarte, ouvr. cité, 2ᵉ édit., t. I, p. 436, d'après Cicognara, *Storia della scultura*, t. III, p. 39.

3. N° 17 des *Kunstschätze aus dem Bayer. National Museum München*.

4. *Cabinet de l'art de sculpture par le fameux sculpteur Francis Van Bossuit, exécuté en groupe en ébauche en terre, gravé d'après les dessins de Barent Graat, par Mathijs Pool*. Amsterdam, 1727, in-4°.

5. Chennevières, ouvr. cité, p. 60.

6. *Ouvr. cité*, p. 437.

7. Peut-être est-ce à l'art flamand ou à l'art hollandais qu'il faut attribuer certaines figures grotesques comme une statuette représentant un peintre ou encore une autre statuette représentant un Métamore en capitaine Fracasse, qui se trouvent au Musée de Cluny (n° 1149 et 1147 du Catalogue de 1881). Cependant cette dernière figure me semble rappeler beaucoup les caricatures contre les Espagnols gravées en France au XVIᵉ siècle et même une statuette bien connue de la suite de la décoration de Bernard Palissy.

sujets mythologiques, en ont décoré le pourtour des vases ou des vidrecomes, des aiguières ou des plateaux qui, livrés aux orfèvres d'Augsbourg et de Nuremberg, ont été sertis dans le vermeil, quelquefois avec habileté, souvent avec assez de mauvais goût.

La passion pour la sculpture en ivoire a atteint son apogée à cette époque en Allemagne : des princes n'ont pas seulement encouragé ces travaux; ils ont voulu devenir créateurs, et prenant la râpe ou le grattoir ou se mettant au tour, ils ont voulu faire passer à la postérité des témoignages de leur habileté : tel l'électeur de Saxe, Auguste le Pieux (✝ 1586), le fondateur du Grüne Gewölbe; tel l'électeur de Brandebourg, Georges Guillaume (✝ 1640); tel l'électeur de Bavière, Maximilien (✝ 1651) qui, en 1621, exécuta un lustre, deux candélabres; ou son successeur Ferdinand Marie (✝ 1679), qui a tourné une coupe en 1655 et y a mis sa signature. Il semble que ce goût fût général chez les électeurs de Bavière, car Maximilien III (✝ 1777) a tenu également à exécuter de ses propres mains un candélabre en ivoire. Les Bavarois ou les Saxons ont du reste un émule en la personne d'un prince de la maison d'Autriche, l'empereur Rodolphe II, qui fut élève d'un ivoirier de Nuremberg, Peter Zich[1].

Je passe rapidement sur ces travaux d'amateurs auxquels on pourrait encore ajouter deux tabatières attribuées au czar Pierre le Grand, conservées au Grüne Gewölbe, à Dresde, pour arriver aux véritables ivoiriers.

Il est incontestable que pour l'Allemagne nous connaissons plus de noms d'artistes que pour la Flandre; mais les œuvres relativement importantes et qu'on peut attribuer avec certitude à un artiste de valeur sont assez rares. Le nom de Marc Heiden et la date de 1625 que Labarte a relevés sur un vase conservé à Florence au palais Pitti, vase exécuté pour Jean Georges, électeur de Saxe, ne nous renseignent que peu sur la valeur de l'artiste et sa carrière. D'un artiste de la même époque, mais Bavarois de nation, Christoph Angermayer, de Weilheim, nous possédons des œuvres autrement intéressantes : citons entre autres un bas-relief représentant la *Tentation du Christ*, daté de 1616[2]; une *Crucifixion*, en bas-relief également, à la Riche Chapelle, à Munich; une *Sainte Famille* (datée de 1632) qui se trouve à Munich également, au Musée National bavarois. Mais son œuvre capitale, conservée au même musée, paraît être un meuble en forme de cabinet commandé par Maximilien Iᵉʳ de Bavière pour sa femme Elisabeth de Lorraine. Angermayer y travailla de 1618 à 1624 et reçut pour cette œuvre 400 florins par an. Ce cabinet est décoré intérieurement et extérieurement d'une série de grands bas-reliefs historiques, allégoriques ou mythologiques d'une très belle exécution, d'un fini précieux et assez sobres de style pour l'époque. Un autre cabinet est également son œuvre, mais il est moins important et le célèbre émailleur d'Augsbourg, David Attemstetter, lui a prêté son concours pour le décorer de plaques d'argent émaillées[3]. Enfin, on attribue au même sculpteur un plat ovale décoré de sujets mythologiques, qui est peut-être bien le même que celui que Labarte a attribué à Copé dit Fiammingo. L'attribution de cette pièce à Angermayer est soutenable, mais la donner à un artiste ayant beaucoup étudié en Italie serait une opinion fort plausible, car les œuvres du maître sont de celles auxquelles une longue étude de l'art italien a communiqué une certaine grâce, une certaine élégance spéciales.

Christoph Harich (✝ 1630) qui a sculpté des têtes de mort et des allégories (que nous ont déjà fait connaître des monuments allemands du XVIᵉ siècle, *La Mort et une jeune fille*, Georges Weckhard et Lobenigke, tourneurs et sculpteurs en ivoire — on voit une statuette de ce dernier artiste représentant

---

1. Labarte, ouvr. cité, 2ᵉ édit., p. 132, parle assez longuement de ces ouvrages; j'y renvoie le lecteur curieux d'avoir plus de détails sur des objets qui constituent des reliques historiques, mais ne sont pas à proprement parler des œuvres d'art. Je laisse aussi de côté les sculptures microscopiques, tours de force dont on trouvera un curieux inventaire dans Terzagi, *Musaeum Septalianum*, p. 114, sous le titre de *Miniatissima quaedam formosula*;

2. Labarte, ouvr. cité, p. 137.

3. Ces deux cabinets sont reproduits dans les *Kunstchätze aus dem Bayer. National Museum München*, nᵒˢ 21 à 27 et 41, 94.

Curtius au Grüne Gewölbe; Angermann, qui sculptait lui aussi des sujets macabres — le même Musée possède de lui un squelette daté de 1672; Andreas Schlütter, dont le Musée de Berlin montre une figure d'*Hercule*[1], ne sont pas des artistes qui paraissent bien dignes d'intérêt. Balthasar Permoser, de Camarau en Bavière, né en 1650, mérite mieux qu'une mention. C'était un véritable sculpteur qui étudia en Italie, sculpta le marbre aussi bien que l'ivoire, à Berlin d'abord, puis à Dresde, où il mourut en 1732. Il s'est appliqué dans ses ivoires à imiter les figures de Jean Bologne et il y a pleinement réussi; dessinateur habile, modeleur soigneux, sa copie de l'*Enlèvement de la Sabine*, son imitation de l'*Enlèvement de Déjanire*, son *Pluton enlevant Proserpine*, son *Jupiter*, ses figures des *Saisons*, œuvres conservées soit à Dresde, soit à Munich, méritent véritablement des éloges pour avoir montré tant de correction et de pureté de style à une époque où les ivoiriers ne s'en piquaient guère[2]. Deux autres artistes, plus anciens que Permoser, Melchior Barthel (né à Dresde 1625; † 1672) et Léopold Leonhard Kern, de Forstenheim en Franconie († 1663), montrent déjà dans leurs œuvres les mêmes tendances à copier des sculptures antiques ou à les imiter, à imiter surtout des productions d'un art assez calme, tel que pouvait paraître le style de Jean Bologne auprès des compositions quelquefois trop pleines d'expansion des Flamands. L'un et l'autre avaient étudié à Rome, mais avaient sans doute eu soin d'étudier surtout les antiques au lieu de s'abandonner à l'influence néfaste de l'art italien de la décadence. Des œuvres du premier sont conservées au Grüne Gewölbe, entre autres des statuettes des *Saisons* et un *Sacrifice antique*; du second le Musée de Berlin possède un *Adam et Ève*[3], signé de son monogramme, un L conjugué avec un K, et une *Hébé*, non signée mais de même style[4], œuvres très étudiées et d'un art relativement calme.

La dynastie des Zich, de Nuremberg (Peter, Lorenz, mort en 1660; Stephan, mort en 1715), bien que le premier ait été le maître de l'empereur Rodolphe II, ne se signale guère que par des tours de force ou l'exécution de véritables pièces d'anatomie : ils font des boules découpées les unes dans les autres à la façon des Chinois, des yeux et des oreilles imités au naturel; leur succès en ce genre ingrat sera dépassé plus tard par les œuvres de Johannes Carl Ludwig Lück († 1780) dont un médaillon en ivoire, un portrait d'homme accompagné de sa signature, existe au Musée de Berlin[5]; on trouve également de cet artiste, au Grüne Gewölbe, un groupe allégorique daté de 1736 et une *Crucifixion* datée de 1757. Mais ce sont là des œuvres présentables; il a fait moins bien en modelant en cire ou en sculptant en ivoire des pièces monstrueuses ou répugnantes à voir et qui ne peuvent figurer que dans les collections d'histoire naturelle[6]. Ce Lück travailla successivement à Hambourg, à Dresde, à Pétersbourg et à Dantzig; faut-il attribuer ces nombreux déplacements à un goût naturel pour les voyages ou plutôt un succès qu'avait un artiste si habile à composer un musée d'horreurs? Je le croirais plutôt en songeant aux abominables travaux qui sont sortis des mains de ces ivoiriers de basse époque et au goût bizarre qu'on a longtemps manifesté pour ces niaiseries.

Un Suédois et un Norvégien, Raimond Faltz (né à Stockholm en 1658) et Magnus Berger, né en 1666, me serviront à clore cette longue liste d'ivoiriers du XVIIᵉ siècle. Le premier, orfèvre et graveur en médailles, travailla quelque temps à Paris sous Louis XIV; il mourut à Berlin en 1703; il a laissé des portraits en forme de médaillons; du second, on cite un vase sur lequel est représentée une chasse à l'ours[7].

Je ne voudrais point faire tort au lecteur d'un certain nombre de noms d'artistes qu'a cités Labarte, bien que ces énumérations me paraissent au fond assez inutiles pour l'histoire de l'art en général, car parmi ces artistes bien peu doivent être considérés comme ayant une valeur personnelle; ce sont des

---

1. *Catalogue*, n° 577.
2. Sur ce sculpteur, voyez Chennevières, ouvr. cité, p. 77, et Labarte, ouvr. cité, p. 142.
3. N° 573 du *Catalogue*.
4. N° 578 du *Catalogue*.
5. N° 584 du *Catalogue*.
6. Chennevières, ouvr. cité, p. 77.
7. Labarte, ouvr. cité, p. 141.

imitateurs, des copistes d'un certain nombre de chefs de file ; aussi bien serait-il difficile, sans mettre sous les yeux du lecteur la reproduction de leurs œuvres, ce qu'à Dieu ne plaise, de caractériser leur style. Je nommerai donc sans m'y arrêter Michel Daebler qui, à la fin du XVIIᵉ et au commencement du XVIIIᵉ siècle, a sculpté des groupes d'enfants, des animaux et des pommes de canne ; Krabensberger, Bavarois (XVIIIᵉ siècle) qui a fait des statuettes de bohémiens et de lazzaroni dont le Grüne Gewölbe possède des échantillons ; Meyer, tourneur de vases et sculpteur de sujets de sainteté dont on peut voir des œuvres à Munich ; J. Christoph Bauer, d'Ulm, auteur d'une *Pietà*, au Musée de Munich également ; Strauss, auteur d'un *Crucifix* et d'une *Vierge de douleur*, au même Musée ; François et Dominique Steinhart, deux frères qui ont eu la malencontreuse idée de reproduire en ivoire le *Jugement dernier* de Michel-Ange et un certain nombre de compositions aussi mal appropriées pour décorer un cabinet d'ébène qui se trouvait autrefois, au temps de Cicognara, au palais Colonna à Rome ; Melcher, de Nymphenburg, dont le Musée de Munich possède un *Amour endormi* ; André Feistenberger, auteur d'un bas-relief représentant le Christ mort soutenu par deux anges, au Musée de Munich ; et enfin Krueger, de Dantzig, renommé pour ses figures grotesques, mais qui fit également des portraits, notamment celui d'Auguste II, roi de Pologne, qui est conservé à Gotha[1].

Dans les Collections de Munich, deux artistes plus importants tiennent une bien meilleure place que tous ces comparses que je viens de nommer : Elhafen, sculpteur de l'électeur palatin Jean Guillaume, et Simon Troger, de Staidhausen († à Munich en 1769). Elhafen, qui a sculpté et des figures et des bas-reliefs d'assez grande dimension, n'est évidemment pas un artiste de l'envergure de Van Obstal ; mais

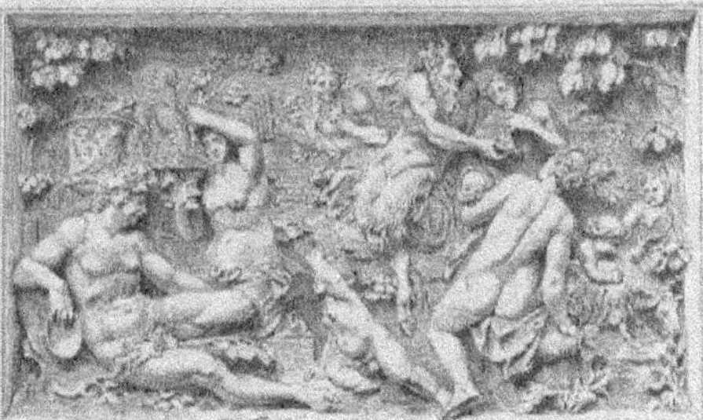

BACCHANALES, bas-relief par Elhafen.
Musée National bavarois, à Munich.

cependant deux figures conservées au Musée National bavarois de Munich et datées de 1708[2] nous le montrent sous un jour très favorable ; ses bas-reliefs mythologiques ou historiques, ses *Bacchanales*, sont à vrai dire plutôt des tableaux que des bas-reliefs, mais le travail en est si parfait, le dessin relativement si correct qu'on passe volontiers sur quelques physionomies communes, sur quelques fautes de goût et surtout sur la fraîcheur de ses compositions. Par comparaison avec ce que faisaient beaucoup d'ivoiriers de cette époque, tout cela est encore d'un art très relevé.

Simon Troger fut le protégé de l'électeur Maximilien III. Bon dessinateur, sculpteur très passable, il n'a eu que le défaut de vouloir faire trop grand, de sorte que ses groupes sont en général composés de plusieurs morceaux d'ivoire ; pour dissimuler les raccords il a été amené à employer le bois qui sert à faire les draperies de ses figures ; et cette polychromie d'un nouveau genre est d'un disgracieux effet. Un groupe de *Caïn tuant Abel* ; un autre groupe représentant *Samson déchirant un lion*, au Musée National bavarois[3] ; un *Sacrifice d'Abraham* au Grüne Gewölbe, sont des compositions de ce genre auxquelles il ne manque que d'être exécutées dans des dimensions plus conformes à la nature de la matière employée ; mais ces morceaux ont de réelles qualités. On pourrait en rapprocher au point

<hr>

1. Labarte, ouvr. cité, p. 142, 143, 144.
2. Kunstschätze aus dem Bayer. National Museum München, n° 98.
3. Ibid., n° 8.

de vue de l'exécution un *Jugement de Salomon*, de grandes dimensions, en bois et en ivoire également, possédé par le *Musée Civico* de Turin.

Cette œuvre conservée en Italie me ramène à dire un mot des Italiens qui, au point de vue de l'ivoire, n'ont point brillé beaucoup au XVIIe et au XVIIIe siècle; le marbre leur suffisait. Pas toujours cependant, car si on en croit Bellori, l'Algarde, Alessandro Algardi lui-même (✝ 1654), qui devait faire plus tard des sculptures si monumentales, s'est appliqué dans sa jeunesse à la confection de Christs en ivoire, de groupes d'enfants, de figurines[1], et M. de Chennevières a pu ajouter à la liste des ivoires qui lui sont attribués, notamment un Christ conservé à la Riche-Chapelle à Munich, un bas-relief représentant le *Jugement de Pâris*. Après l'Algarde, je ne vois que deux artistes à nommer, et mes recherches n'ont pas été plus heureuses que celles de Labarte pour augmenter de ce côté le patrimoine de l'Italie; on connaît des œuvres, telles que celle que je reproduis ici; mais on ne connaît pas les artistes qui les ont créées. L'Italie a dû cependant posséder pendant ces deux siècles des praticiens qui sculptaient l'ivoire, mais ils sont inconnus: citons toutefois Giovanni Pozzo, graveur en médailles, à Rome, au commencement du XVIIIe siècle; on possède de lui un médaillon reproduisant les traits de Philippe Stosch, daté de 1717; et Giuseppe Maria Bonzanigo[2], que les documents français de la fin du siècle dernier nomment quelquefois *Bocenigo* (né à Asti, ✝ à Turin en 1820). Ce sculpteur, très adroit, a fait quelques bas-reliefs de dimensions raisonnables, de style antique; mais le plus souvent c'est à sculpter des fleurs et des feuillages d'ivoire et de bois, des portraits entourés de cadres surchargés d'emblèmes et d'allégories d'une exécution microscopique qu'il a employé un talent très réel; ces œuvres, bonnes à décorer des tabatières, n'ont pas d'intérêt artistique véritable. Elles sont cependant la dernière manifestation de la sculpture en ivoire à la fin du siècle dernier. A ce titre il convenait de les signaler. L'art de l'ivoire s'est aujourd'hui, je l'imagine, quelque peu relevé.

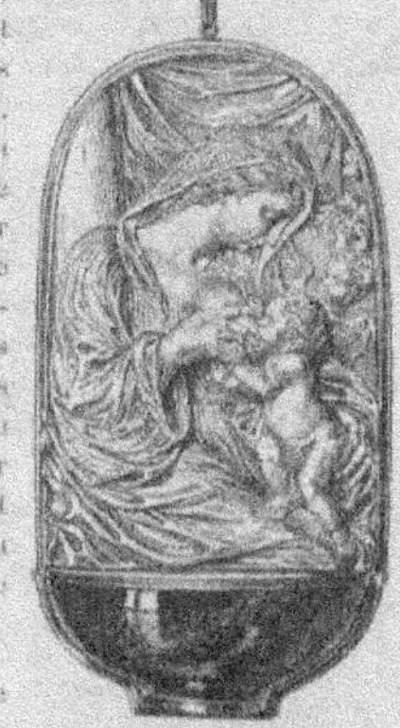

Bénitier en ivoire, orné d'un bas-relief d'ivoire, Italie, XVIIe siècle. — Ancienne Collection Spitzer.

L'art de l'ivoirier n'est point de ceux qui nécessitent, au point de vue technique, des explications compliquées; c'est pourquoi, à l'inverse de ce qui aura lieu pour les autres parties de cet ouvrage, je n'ai pas eu, au début de ces études, à consacrer de longues pages à la description des procédés employés pour produire telle ou telle série d'objets d'art. Il n'est cependant pas inutile de dire ici quelques mots des différentes sortes d'ivoire employées et d'indiquer les outils dont se servent les ivoiriers.

On désigne sous le nom générique d'ivoire aussi bien les défenses de l'éléphant implantées au nombre de deux, une à droite, une à gauche, dans les os prémaxillaires de l'animal, les dents d'hippopotame, la défense du narval ou licorne de mer, les dents de morse et enfin les défenses du mammouth fossile. Toutes ces dents offrent au point de vue de leur densité, de leur grain, de leur couleur, des différences assez tranchées. L'ivoire d'éléphant est bien entendu le plus estimé et aussi le plus employé dans la fabrication des œuvres d'art.

Il provient soit d'Asie, soit d'Afrique, mais ce dernier, surtout l'ivoire de Guinée, est le plus estimé; il est plus compact, d'un grain plus fin que l'ivoire de l'Inde ou l'ivoire de Siam; d'abord d'une teinte

---

1. Chennevières, ouvr. cité, p. 52.

2. Gonin, *Di G. M. Bonzanigo, intagliatore di legno e d'avorio nel secolo XVIII testé notizie*, Torin, 1869. — Le Louvre possède un bas-relief de Bonzanigo. Catalogue des ivoires, n° 742.

un peu jaunâtre, il devient à la longue excessivement blanc. D'ailleurs cette couleur n'est pas absolument générale, car une dent sciée dans sa longueur présente parfois des veines de différents tons, qui, à mesure que l'ivoire vieillit, finissent par disparaître pour faire place à une teinte blanche ou laiteuse uniforme. Chaque dent d'éléphant, sectionnée suivant son diamètre, présente des lignes courbes allant du centre à la circonférence en sens opposés, de façon à former des losanges à côtés curvilignes ; c'est un des signes auxquels on peut reconnaître l'ivoire d'éléphant des autres ivoires ou encore de l'ivoire factice. Mais encore faut-il observer que ces courbes, qui s'enlèvent en blanc mat sur un fond plus transparent, finissent par disparaître dans la masse de l'ivoire qui, en vieillissant, blanchit ou jaunit et devient opaque. Il n'y a en réalité guère de pièces remontant très haut dans le moyen âge dont on puisse reconnaître exactement la matière à ces signes. Le poids, l'aspect général, la teinte, l'impression au toucher sont les seuls renseignements certains sur lesquels puisse s'appuyer l'archéologue. D'une façon générale on peut admettre que la plupart des grosses pièces sculptées, au moins en Occident, ont été fabriquées avec de l'ivoire de Guinée, les dents de cette provenance étant beaucoup plus grandes et beaucoup plus longues et lourdes. Car il ne faut pas oublier que chaque défense d'éléphant est creuse dans une notable partie de sa longueur et que par conséquent certains ouvrages ne peuvent être exécutés qu'avec une certaine partie de la défense, l'extrémité, d'un diamètre moins grand que l'origine de la même défense ; mais comme certaines défenses pèsent jusqu'à cinquante kilogrammes, il est encore relativement aisé de se procurer des blocs suffisants pour de grands travaux. La forme des défenses diffère aussi : il y en a de presque droites, les plus recherchées bien entendu, comme il y en a de fort courbes.

Il est évident que les centres d'exportation de l'ivoire à destination de l'Europe ont changé quelque peu depuis le moyen âge ; mais il est probable que les provenances étaient les mêmes, et dans ces travaux d'os ou d'ivoire, un spécialiste exercé retrouverait évidemment les différentes sortes qui sont encore aujourd'hui employées, depuis les défenses d'éléphant d'Afrique ou de l'Inde jusqu'aux dents d'hippopotame ; un certain nombre de pièces d'échiquier ou de trictrac, de l'époque romane, sont fabriquées avec cette matière très fine et très dure, parfois à demi transparente. Mentionnons, mais à titre de curiosité seulement, des sculptures exécutées sur des os de chameau ou des os de baleine. Il est évident que cet emploi d'une matière tout à fait inférieure et quelque peu spongieuse indique qu'on a voulu exécuter des travaux à bon marché ou que ces sculptures ont été faites dans des pays où l'ivoire véritable était particulièrement rare. Le prix de l'ivoire, encore très respectable aujourd'hui — il peut atteindre 40 et 50 francs le kilogramme — devait être singulièrement plus élevé au moyen âge, alors que la matière première, apportée par des caravanes, passait, avant de parvenir en Europe, par un nombre de mains bien plus considérable.

L'ivoire se débite à la scie exactement comme un bois dur, mais il faut continuellement arroser d'eau la pièce que l'on débite ; sans cela l'ivoire frotté par le travail de la scie s'échaufferait, offrirait trop de résistance et changerait de couleur dans les parties en contact continuel avec la lame d'acier. Aujourd'hui, avec les scies mécaniques on débite l'ivoire en plaques aussi minces qu'on peut le désirer, mais avec les instruments un peu primitifs d'autrefois c'était là une opération qui ne laissait pas que de présenter de grosses difficultés, étant donné surtout qu'on avait affaire à une matière coûteuse et qu'il convenait autant que possible de ménager. Suivant une tradition, les anciens possédaient un secret pour amollir l'ivoire avant de le travailler, à l'aide d'une préparation qui ne modifiait aucunement sa nature[1]. Il est permis de douter de l'exactitude de cette tradition. L'ivoire mouillé se travaille en effet beaucoup plus facilement, et c'est une précaution que tous les sculpteurs emploient ; mais quant à l'amener à un état voisin de l'état gélatineux, si la chose est possible en le traitant

---

1. Sur ces procédés, voyez l'article *Ebur*, dans le *Dictionnaire des Antiquités grecques et romaines*, de Saglio, t. III, p. 447-448.

par l'acide chlorhydrique, il serait impossible par contre de lui rendre ensuite son premier aspect. Il est donc à supposer que ce prétendu secret aujourd'hui perdu n'a jamais été mis en pratique; comme beaucoup d'autres prétendus secrets techniques ce n'était pour les gens de métier qu'un moyen ingénieux de paraître donner des explications sans livrer aucun de leurs tours de main. En réalité, le travail de l'ivoire n'est pas très différent de tout autre travail de sculpture : il s'opère au moyen de la scie, de burins, de grattoirs et de râpes; mais comme la matière est dure et doit être traitée avec d'infinies précautions, la mise en œuvre est plus longue et plus délicate que dans la sculpture en bois, en pierre ou en marbre.

ADDITIONS ET CORRECTIONS

Page 7. — Cfr. sur l'usage de l'ivoire dans la sculpture de l'antiquité classique, l'article *Ebur*, dans le *Dictionnaire des antiquités grecques et romaines*, de Saglio.

Page 71. — Note 3, 2ᵉ colonne, lignes 1-2, au lieu de « Musée Olivieri, à Ravenne »; *lisez* : « Musée Olivieri, à Pesaro. »

Page 107. — Ligne 14. À la suite de l'indication des sujets représentés sur les ivoires de la collection Pulszky, il convient d'ajouter l'indication de la scène figurée sur l'ivoire de la collection de M. le baron Oppenheim : *Un personnage décapitant un prisonnier* (voir pl. IX bis, nᵒ 3). L'absence de tout attribut ne permet pas de savoir si c'est là une scène de martyre.

Page 109. — Description du *triptyque Harbaville*. Ce n'est pas saint Jean l'Évangéliste qui est debout près du Christ, mais saint Jean-Baptiste.

Page 121. — Ligne 21, *supprimez* : « Wigbert. »

Page 190. — Légende de la gravure : *au lieu de* : « Villefranche-de-Rouergue », *lisez* : « Saint-Sulpice (Tarn) ». — Ce lapsus me fournit l'occasion de mentionner la récente publication de ce beau triptyque, par M. Saglio, dans *Fondation Eugène Piot : Monuments et Mémoires*, t. II, p. 227 et suiv., pl. XXVIII.

TABLE DES CHAPITRES

CHAPITRE I

		PAGES
LES IVOIRES DE LA DÉCADENCE ROMAINE		1
I.	Les diptyques consulaires	1
II.	Diptyques de fonctionnaires romains et diptyques dits impériaux	7
III.	Les diptyques des particuliers	11
	Liste des diptyques consulaires dont les dates peuvent être considérées comme certaines	17
	Diptyques consulaires anonymes	34
	Diptyques de fonctionnaires	40
	Diptyques de particuliers	43
IV.	Les ivoires à sujets chrétiens	49

CHAPITRE II

LES IVOIRES BYZANTINS		63
I.	Les monuments antérieurs à la période des empereurs iconoclastes	63
II.	La période des iconoclastes	79
III.	Les objets civils fabriqués par les Byzantins du VIIIe au XIe siècle	86
IV.	Les ivoires byzantins à partir du Xe siècle	95
	Appendice au chapitre II : Liste des triptyques byzantins	109

CHAPITRE III

LES IVOIRES DE L'ÉPOQUE CAROLINGIENNE		117
I.	La Renaissance carolingienne	117
II.	La légende de Tuotilo de Saint-Gall et les ateliers monastiques	127
III.	L'Art en Allemagne à l'époque des Ottons	141
IV.	Les imitations d'ivoires byzantins en Allemagne et en Italie au IXe et au Xe siècle	150
V.	L'ornementation anglo-saxonne dans les ivoires carolingiens	155

CHAPITRE IV

L'ÉPOQUE ROMANE		159
I.	Les ivoires français	159
II.	Quelques monuments d'Espagne	167
III.	Les ivoires allemands du XIe et du XIIe siècle	170
IV.	Les ivoires des Îles Britanniques et des pays Scandinaves	173

CHAPITRE V

Les ivoires de l'époque gothique 177

    I.   Notions générales 177
    II.   Les ivoires français à sujets religieux 182
    III.   Les ivoires français à sujets civils 195
    IV.   Les ivoires anglais et allemands au XIVe et au XVe siècle 199
    V.   Les ivoires italiens du XIIIe au XVe siècle 204

CHAPITRE VI

La Renaissance 211

CHAPITRE VII

Le XVIIe et le XVIIIe siècle 221

Additions et Corrections 238

TABLE DES PLANCHES HORS TEXTE

		PAGES
I.	Diptyque de Stilicon (Monza, Basilique)	2
II.	Diptyque de Probus (Aoste, Cathédrale)	17
III.	Feuillet de diptyque du consul Areobindus (Paris, Musée du Louvre)	22
IV.	Diptyque de Rufius Probianus (Berlin, Bibliothèque)	40
V.	Feuillet de diptyque. Épisode de la vie de saint Paul (Florence, Musée du Bargello). — Feuillet de diptyque. Un ange (Londres, Musée Britannique). — Feuillet de diptyque. Une impératrice (Florence, Musée du Bargello).	58
VI.	Feuillet de diptyque (Milan, Collection Trivulzio)	62
VII.	Partie antérieure du siège de l'évêque Maximien (Ravenne, Cathédrale)	68
VIII.	Coffret byzantin (Paris, Musée de Cluny)	88
IX.	Triptyque Harbaville (Paris, Musée du Louvre)	100
IX bis.	Plaque de coffret byzantin (Cologne, Collection de M. le baron Oppenheim). — Plaques de coffret byzantin (Pest, Collection Pulszky). — Flabellum de Tournus (Florence, Musée du Bargello)	106
X.	Reliure (Saint-Gall, Bibliothèque)	128
XI.	Reliure (Saint-Gall, Bibliothèque)	130
XII.	Reliure d'un lectionnaire (Ancienne Collection Spitzer)	132
XIII.	Plaques de reliure (Paris, Musée du Louvre)	154
XIV.	Diptyque (Tournai, Cathédrale)	160
XV.	Le Couronnement de la Vierge (Paris, Musée du Louvre)	182
XVI.	Triptyque (Paris, Collection Martin Le Roy)	184
XVII.	Vierge de la Sainte Chapelle (Paris, Musée du Louvre)	186
XVIII.	Troussequin de selle (Paris, Musée du Louvre)	192
XIX.	Crosse (Paris, Musée de Cluny). — Crosse (Ancienne Collection Spitzer)	194
XX.	Diptyque (Florence, Musée du Bargello)	196
XXI.	Triptyque (Paris, Musée du Louvre)	212
XXII.	La Vierge et l'Enfant Jésus (Paris, Musée du Louvre)	244
XXIII.	Cor (Paris, Collection de M. le baron Adolphe de Rothschild)	248
XXIV.	Bas-relief par Van Obstal (Paris, Musée du Louvre). — Bacchanale (Paris, Musée du Louvre)	230

TABLE DES GRAVURES INSÉRÉES DANS LE TEXTE

Diptyque de Félix, consul en 428 (Paris, Bibliothèque Nationale) 18
Diptyque de Boethius, consul en 487 (Brescia, Musée) 19
Diptyque de Sividius, consul en 488 (Paris, Bibliothèque Nationale) 20
Diptyque d'Areobindus, consul en 506 (Besançon, Musée) 21
Diptyque d'Anastasius, consul en 517 (Paris, Bibliothèque Nationale) 24
Diptyque de Magnus, consul en 518 (Paris, Bibliothèque Nationale) 26
Diptyque de Magnus, consul en 518 (Paris, Bibliothèque Nationale) 27
Diptyque de Justinianus, consul en 521 (Milan, Collection Trivulzio) 28
Diptyque de Justinianus, consul en 521 (Paris, Bibliothèque Nationale) 29
Diptyque de Philoxenus, consul en 525 (Paris, Bibliothèque Nationale) 30
Diptyque de Philoxenus, consul en 525 (Milan, Collection Trivulzio) 31
Diptyque de Philoxenus, consul en 525 (Paris, Bibliothèque Nationale) 32
Diptyque de Lampadius, consul en 530 (Brescia, Musée) 32
Diptyque consulaire anonyme, Ve ou VIe siècle (Bourges, Musée) 35
Diptyque consulaire anonyme, Ve ou VIe siècle (Londres, Musée Britannique) 36
Diptyque consulaire remanié, VIe siècle (Monza, Basilique) 37
Diptyque des Nicomaques et de Symmaques (Londres, Musée de South Kensington; Paris, Musée de Cluny) 43
Diptyque, Xe ou XIe siècle (Brescia, Musée) 44
Diptyque, VIe siècle (Monza, Basilique) 46
Diptyque, VIe siècle (Sens, Musée) 47
Livre d'ivoire de la Cathédrale de Rouen, Ve ou VIe siècle (Rouen, Bibliothèque) 53
Diptyque de Tongres, VIe siècle (Tongres, Cathédrale; ancienne Collection Spitzer) 55
Pyxide. L'Adoration des Bergers; l'Adoration des Mages (Rouen, Musée) 56
Diptyque, Adam dans le Paradis terrestre (Florence, Musée du Bargello) 58
Siège de l'évêque Maximien, VIe siècle (Ravenne, Cathédrale) 68
Dédicace d'une basilique (Trèves, Cathédrale) 74
L'Ange, symbole de saint Mathieu, IXe siècle (Ravenne, Bibliothèque) 86
Coffret byzantin, IXe-XIe siècle (Ancienne Collection Spitzer) 89
Coffret byzantin. Couvercle (Troyes, Cathédrale) 92
Coffret byzantin. Partie postérieure (Troyes, Cathédrale) 93
Oliphant. Travail oriental ou byzantin d'après un modèle oriental, XIe siècle (Paris, Musée du Louvre) 94
Romain IV et Eudoxie, XIe siècle (Paris, Bibliothèque Nationale) 97
Triptyque Harbaville. Revers (Paris, Musée du Louvre) 100
Centre d'un triptyque byzantin (Utrecht, Musée archiépiscopal) 104
Coffret byzantin. Fragment (Sens, Cathédrale) 106
Fragments de la décoration du sarcophage de saint Caltry 117

Coffret (Conques, Trésor de l'église abbatiale) ... 118
Le Psaume XXVI, Dessin du Psautier d'Utrecht ... 124
Le Psaume XXVI, ix⁰ siècle (Zürich, Musée National Suisse) ... 125
Sujet tiré du *Livre des Rois*, ix⁰ siècle (Paris, Musée du Louvre) ... 128
La Crucifixion, ix⁰ siècle (Paris, Bibliothèque Nationale) ... 138
L'Ascension, xi⁰ siècle (Ancienne Collection Spitzer) ... 139
La Crucifixion, ix⁰ siècle (Paris, Musée de Cluny) ... 139
La Crucifixion, x⁰ siècle (Ancienne Collection Spitzer) ... 140
Fragment de coffret, x⁰ siècle (Munich, Musée National Bavarois) ... 142
Plaque de reliure, x⁰ siècle (Milan, Collection Trivulzio) ... 143
Plaque de reliure, x⁰ siècle (Ancienne Collection Spitzer) ... 147
Peigne liturgique (Nancy, Cathédrale) ... 148
Peigne liturgique (Sens, Cathédrale) ... 148
Plaque de reliure (Londres, Musée de South Kensington) ... 151
Partie intérieure d'un coffret (Londres, Collection Saltyng) ... 152
Le Christ et les douze apôtres (Lyon, Collection Chalandon) ... 154
Châsse en ivoire (Brunswick, Musée) ... 155
Coffret (Munich, Musée National Bavarois) ... 157
Coffret en os, xiii⁰ siècle (Paris, Musée du Louvre) ... 164
Le Christ de Majesté, xii⁰ siècle (Ancienne Collection Spitzer) ... 171
Les douze Tribus d'Israël, xii⁰ siècle (Paris, Collection Martin Le Roy) ... 172
La Vierge et l'Enfant Jésus, xiii⁰ siècle (Ancienne Collection Spitzer) ... 183
Fragment de polyptyque, xiii⁰ siècle (Ancienne Collection Spitzer) ... 184
La descente de croix, xiii⁰ siècle (Paris, Musée du Louvre) ... 185
La Vierge et l'Enfant Jésus, xiii⁰ siècle (Cologne, Collection de M. le Baron Oppenheim) ... 186
La Vierge et l'Enfant Jésus, xiii⁰ siècle (Villeneuve-les-Avignon, église paroissiale) ... 187
L'Ange Gabriel, xiii⁰ siècle (Lyon, Collection Chalandon) ... 187
La Vierge et l'Enfant Jésus, fin du xiv⁰ ou commencement du xv⁰ siècle (Paris, Musée du Louvre) ... 188
Sainte Catherine d'Alexandrie, fin du xiv⁰ ou commencement du xv⁰ siècle (Paris, Musée de Cluny) ... 188
Une Sainte martyre, commencement du xv⁰ siècle (Paris, Musée du Louvre) ... 189
La Vierge et l'Enfant Jésus, xiv⁰ siècle (Ancienne Collection Spitzer) ... 189
Triptyque, fin du xiii⁰ siècle (Ancienne Collection Spitzer) ... 189
Triptyque de Villefranche-de-Rouergue (Paris, Musée de Cluny) ... 190
Triptyque, xiv⁰ siècle (Ancienne Collection Spitzer) ... 191
Diptyque, fin du xiv⁰ siècle (Paris, Collection de Mᵐᵉ Hartmann) ... 192
Coffret, xiv⁰ siècle (Dijon, Musée) ... 193
Reliquaire, xv⁰ siècle (Ancienne Collection Spitzer) ... 193
Crosse, xiv⁰ siècle (Ancienne Collection Spitzer) ... 194
Crosse, xiv⁰ siècle (Paris, Musée de Cluny) ... 194
Boîte de miroir, xiv⁰ siècle (Paris, Musée du Louvre) ... 195
Coffret, xiv⁰ siècle (Ancienne Collection Spitzer) ... 196
Boîte de miroir, xiv⁰ siècle (Ancienne Collection Spitzer) ... 196
Tablettes à écrire, fin du xiv⁰ siècle (Paris, Musée du Louvre) ... 197
Boîte de miroir, xiv⁰ siècle (Ancienne Collection Spitzer) ... 197
Harpe, fin du xiv⁰ ou commencement du xv⁰ siècle (Paris, Musée du Louvre) ... 198
Feuillet de diptyque, Angleterre, xv⁰ siècle (Paris, Musée du Louvre) ... 199
Diptyques, Angleterre, xv⁰ siècle (Anciennes Collections Soltykoff, puis Spitzer) ... 200
Feuillet de diptyque, Allemagne, xiv⁰ siècle (Paris, Musée du Louvre) ... 204

Triptyque en os et en marqueterie, xiv°-xv° siècle (Paris, Musée du Louvre) 203

Coffret en os et en marqueterie, xiv°-xv° siècle (Paris, Musée du Louvre) 206

Peigne, xvi° siècle (Ancienne Collection Spitzer) 208

Portrait de femme, Italie, xvi° siècle (Paris, Musée du Louvre) 214

Pulvérin, Italie, xvi° siècle (Paris, Musée du Louvre) 215

Frise, Espagne, xvi° siècle (Ancienne Collection Spitzer) 215

Tête de femme, Espagne, xvii° siècle (Paris, Musée du Louvre) 216

Miroir, France, commencement du xvii° siècle (Paris, Musée du Louvre) 217

Peigne, France, commencement du xvii° siècle (Paris, Musée du Louvre) 217

Baiser de Paix, la mort de la Vierge, commencement du xvi° siècle (Ancienne Collection Spitzer) 218

Couteau dit de Diane de Poitiers, France, xvi° siècle (Ancienne Collection Debruge) 218

Poire à poudre en corne de cerf (Paris, Musée du Louvre) 218

Psyché, Allemagne, xvi° siècle (Paris, Musée du Louvre) 219

La Vierge et l'Enfant Jésus, France, xvii° siècle (Ancienne Collection Spitzer) 222

Râpe à tabac, France, xvii° siècle (Paris, Musée de Cluny) 223

Bas-relief attribué à Gérard Van Obstal, xvii° siècle (Paris, Musée de Cluny) 229

Bas-relief, par Gérard Van Obstal, xvii° siècle (Paris, Musée du Louvre) 230

Vase attribué à Gérard Van Obstal, xvii° siècle (Paris, Musée du Louvre) 230

Bacchanale, bas-relief, par Elhafen (Munich, Musée National Bavarois) 234

Bénitier en jaspe orné d'un bas-relief, Italie, xvii° siècle (Ancienne Collection Spitzer) 235

SAINT, VROUAI FRÈRES, IMPRIMEURS